大專用書

(增訂四版)

民法總整理

曾榮振　著

三民書局　印行

國家圖書館出版品預行編目資料

民法總整理／曾榮振著. ——增訂四版一刷.——臺北市；三民，民91
面； 公分

ISBN 957-14-3557-0 (平裝)

1. 民法-中國

584 90019139

網路書店位址 http://www.sanmin.com.tw

著作人 曾榮振
發行人 劉振強
著作財產權人 三民書局股份有限公司
臺北市復興北路三八六號
發行所 三民書局股份有限公司
地址／臺北市復興北路三八六號
電話／二五〇〇六六〇〇
郵撥／〇〇〇九九九八——五號
印刷所 三民書局股份有限公司
門市部 復北店／臺北市復興北路三八六號
重南店／臺北市重慶南路一段六十一號
初版一刷 中華民國六十一年八月
增訂二版一刷 中華民國八十一年九月
修訂三版一刷 中華民國八十八年一月
增訂四版一刷 中華民國九十一年一月
編 號 S 58099
基本定價 拾伍元陸角
行政院新聞局登記證局版臺業字第〇二〇〇號

ISBN 957-14-3557-0 (平裝)

增訂四版序

本書前於民國六十一年間初版，其間經過多次增訂再版，均由三民書局列入大專用書，深獲讀者喜愛，在此敬表謝忱。

近年以來，社會現象變遷甚大，諸如旅遊、民間合會、人事保證等項，民法原條文均付闕如，其他不合時宜者亦多。爰就八十八年四月二十一日、八十九年四月二十六日修正公布債編，八十四年一月十六日修正公布物權編，八十五年九月二十五日、八十七年六月十七日、八十八年四月二十一日、八十九年一月二十九日修正公布親屬編，包含增訂或刪除在內，一併綜合歸納。此外，最高法院判決及司法院大法官會議解釋，分別收錄至八十六年及八十九年止，再將本書全部內容詳加檢視，融入相關判決要旨，為此增加篇幅不少，使讀者研讀應用時，得以一覽無遺，免除查對條文與判決之苦。

由於初版未附凡例，茲敘明之：㈠院：三十四年四月三十日以前司法院解釋文。㈡院解：三十四年五月四日以後司法院解釋文。㈢釋：司法院大法官會議解釋文。㈣上、渝上、非、抗、再、臺上、臺非、臺抗、臺再……最高法院裁判。以上凡例與坊間最新六法全書刊載體例相似，併此敘明。

曾榮振

九十年二月五日

增訂二版序

本書原係著者服務法曹時，就早年參加司法官高考之筆記及其相關資料，綜合方家學說與實務見解，精簡輯成，多年以來，承蒙讀者厚愛，供作各類科司法人員應考之需，甚感欣慰。

茲受三民書局董事長劉振強先生之盛邀，囑予增訂修正，適因民法總則、親屬及繼承各編，前經修正公布實施，爰依其立法意旨及條文內容予以補充詮釋，並對近年大法官會議解釋、最高法院判例(含判決)分別歸納列入，增訂結果，篇幅較初版超出一百餘頁，尤以物權、親屬、繼承部分，增寫較多，引用實務上之見解，也最為豐富。

新增資料計有：司法院大法官會議解釋續編、最高法院民事裁判要旨彙編、最高法院民事庭會議決議錄全文彙編、最高法院民事裁判選輯等，凡此皆為初版參考書目中所未列入，附此敘明。

曾榮振

八十一年七月十日

序

民法一科，體大思精，欲求深入了解，似甚容易而實際極難。因其法理龐雜，條文錯綜，範圍又極廣泛，初學之士，欲窺其堂奧，多感心餘力拙。坊間民法著作雖多，內容亦屬燦然大備，但此類書籍，或為廣徵本國判解，或為旁稽外國法例，顧其立論尤有軒輊，因是應考者每嘆莫衷一是。有感於此，筆者不揣譾陋，搜羅相關資料，證以實務事例，盡力旁徵博引，綜合歸納，然後寫成本書，將總則、債、物權、親屬及繼承各編，合為一冊，得四十餘萬字。書中所言既精且簡，省時易記，切合各種考試需要，如能供為有志者之參考，則筆者與有幸焉。

本書係在公餘脫稿，急就成章，錯漏之處，在所難免，尚祈明達，有以教之。

曾榮振

六十一年八月十日於臺中地方法院

民法總整理

目次

第二編 債編通則……一九七

第一編

總則

第一章　民法之概念

第一節　近代民法之原則

民法者，規律私人生活關係之私法法規也；既以私生活為其規律之內容，故在公私法分類中，屬於私法之範圍。民法固為規律私法關係之原則的私法，但非私法之全部；蓋在私法中，祇以民法為最重要之部分而已。良以民法為普通法，所有私法上之關係，皆以民法之規定為基本原則，其他諸如公司法、票據法、海商法、保險法、土地法及其他有關私人生活關係之法律，對於民法而言，則立於特別法之地位，職是之故，除各該法律有特別規定者外，仍應適用民法。

在個人主義時期，民法之基本理論，即在絕對尊重個人之人格，由此理論之具體表現，遂產生「個人意思自由」，「自己責任」與「所有權絕對」之三大原則，分別言之：

㈠**個人意思自由原則**　即在私法關係中，個人所取得之權利及所負之義務，原則上須基於個人之意思；且由個人意思所表現之行動，須任由當事人之自由，除違法外，概受法律之保護。例如債編中之各種契約，仍多尊重當事人之意思，即係本此原則而設，是為契約自由之主要表徵。

㈡**自己責任原則**　即私法關係中，個人僅就自己具有故意或過失之行為負其責任，對於他人所為之加害行為，縱有損害，亦無若何賠償義務。此種由於自己之行為，本於自己之意思活動，始負責任之原則，亦得謂之「過失責任」。例如第一八四條以下，關於各種侵權行為之構成，須以故意或過失為其負責賠償之基礎，即屬適例。

㈢**所有權絕對原則**　即認財產為個人之私有，所有權為絕對不可侵犯。權利之行使與否，悉屬個人之自由，縱有濫用，亦非他人所得干涉。例如第七六五條規定，在相當範圍內，仍許所有權人自由使用收益處分其所有物，乃係基於保護個人財產之理由。

上列三項原則，論其基本任務，端在保護權利，若貫徹實施，對於人類生活中之交易關係，極易蒙受不測之弊害。近代民法理論，逐漸由個人本位進入社會本位，故有下列修正理論之產生：

㈠**契約自由之限制**　認契約之內容，雖得由當事人自由訂定，但不得違反強行法規與公序良俗。縱未侵害他人之權利，而故意以背於善良風俗之方法，加損害於他人者，須負損害賠償責任，故契約之訂立，惟有遵守公序良俗之原則，始受法律之保護。其限制情形如下：①違反強制或禁止規定之法律行為無效（第七一條）。②有背於公共秩序及善良風俗之法律行為無效（第七二條）。③急迫輕率及無經驗之保護（第七四條）。④違約金之減少（第二五一條，第二五二條）。⑤最高利率之限制（第二〇五條）。⑥出租人終止契約之限制（第四五九條）。

㈡**無過失責任原則**　無過失之責任，為羅馬法上之最大原則，但自十九世紀以來，工商業漸趨發達，大企業日漸勃興，縱令企業者已為相當之注意，對於職工及第三人所生之危險，仍難避免，若因其無過失，即可免除損害賠償之責任，則此等之人勢必無從取償，衡諸情理，殊非公平，乃有無過失責任主義之產生。

關於無過失之賠償責任，分列於下：①無行為能力人或限制行為能力人之賠償責任（第一八七條三項）。②僱用人之賠償責任（第一八八條二項）。③無意識或精神錯亂中所為行為之賠償責任（第一八七條四項）。

㈢**所有權行使之限制**　現代法律思想，認為權利之行使，須不背公序良俗始有其自由，否則即為權利之濫用；而權利濫用者，不僅不生合法之效果，且因此損害他人者，須負賠償之責任。情形如下：①權利之行使，不得違反公共利益或以損害他人為主要目的，行使權利，履行義務，應依誠實信用方法（第一四八條）。②所有人須在法令限制之範圍內，始得自由使用收益處分，並排除他人干涉（第七六五條）。③土地所有權之行使，須在法令限制內，於其行使有利益之範圍內，及於土地之上下；如他人之干涉，無礙其所有權之行使者，不得排除之（第七七三條）。④土地所有人，不得設置屋簷或其他工作物，使雨水直注於相鄰之不動產（第七七七條）。⑤地役權人，因行使或維持其權利，得為必要之行為，但應擇於供役地損害最少之處所及方法為之（第八五四條）。

第二節　權　利

一、**權利之本質**

權利與義務二者，係屬相互對立。民法係以保護私人權利為其最大之任務，故民法上所謂權利，專指私權而言。究其本質如何，學者不一，其說：

㈠**意思說**　以意思為權利之基礎，無意思即無權利，權利之本質歸於意思。

㈡**利益說**　以權利為法律所保護之利益，法律既予保護，自應賦與得請求公力救濟之權。

㈢**法律上之力說**　認權利乃法律賦與之力，自實質上言，係法律上特定之利益。

以上三說，當以「法律上之力說」，最為妥適。蓋權利乃由特定利益與法律上之力兩種因素構成，如能支配其標的物而享受其利益者，即為特定利益。凡具有排他性，且又直接支配者，為法律上之力。

二、權利之分類

㈠**人身權與財產權**

1. **人身權**　人身權中，含有人格權與身分權兩種權利，乃存於人身而不可分離之權利。所謂人格權者，係以人格為標的之權利，考其特徵，即在與其主體之人格相終始，如身體權、生命權、自由權及名譽權等是。所謂身分權，係以身分為標的之權利，基於其特定之身分，始得享受，如家長權、配偶權、繼承權、監護權及親權等是。

2. **財產權**　以財產為標的之私權，一般而言，得分為四大類型：①債權，以特定人之行為或不行為為標的之權利，其要求之行為為物之給付時，其物謂之債權之標的物。②物權，乃直接管領物而可對抗一般人之權利，包含有體物（第六六條，第六七條），無體物（第八八二條，第九〇〇條）以及定著物（第六六條，第八七六條）在內。占有則為事實，非此所謂權利。民法上之物權，為所有權、地上權、永佃權、地役權、抵押權、質權、典權、留置權是。③準物權，即民法物權編以外之物權而準用民法物權之規定之權利。例如礦業權視為物權，除礦業法有特別規定外，準用關於不動產諸法律之規定（礦業法第一二條）。④無體財產權，即存在於精神上之構造形態而有經濟上利益之權利，例如著作權，商標權及專利權等是。

㈡**支配權、請求權、形成權與抗辯權**

1. **支配權** 謂直接行使於目的上之權利，其主要作用在於直接的支配，故有排他之效力。例如物權，直接行使於物體之上，在所有權人，得直接對物使用收益處分；在抵押權人，得直接將其抵押物拍賣取償是。

2. **請求權** 謂要求他人行為或不行為之權利，即為請求權。此項權利之權利人，不得直接使權利發生作用，權利人祇得請求他人為一定之行為，而由其行為間接取得利益。例如債權之主要作用，惟在得請求債務人為一定之行為，買受人得請求出賣人給付買賣之標的物；債權人雖有此權利，但不能因此請求直接取得利益，必債務人為此特定之行為，債權之內容方得實現。

請求權之特徵，在權利人欲享受權利標的之利益時，須有他人行為之介入，並不得直接支配權利客體，故請求權與其基本權利本身，異其內容，僅為基本權利附隨之權能而已。例如債權之清償定有期限者，在期限未屆至前，債權本身固已存在，但其清償請求權，須俟期限屆至，始能發生。

3. **形成權** 謂因一方之行為，使權利創設變更或消滅之權利。形成權之權利人，得以一方之意思，而使已成立之法律關係變更，乃為形成權之特徵。此等權利，在未經行使以前，對於原有之法律關係並無何等變化，一經行使以後，必對於原有之法律關係發生變化，是以行使形成權之行為，屬於單獨行為。又形成權非要求他人為一定行為之權利，此點與請求權不同。

形成權，依其作用觀察，得為種種之區分：

(1) 發生權利者 如無權代理之承認權（第一七〇條一項），其他承認權（第一一五條）是。

(2) 變更權利者 如債之選擇權（第二〇八條）是。

(3) 消滅權利者 如撤銷權（第一一四條以下），抵銷權（第三三四條以下），解除權（第二五四條以下），回贖權（第九三四條，第九三五條），離婚權（第一〇五二條），繼承拋棄權（第一一七四條以下）是。

4.**抗辯權**　乃妨礙相對人行使其權利之對抗權，亦即對於請求權之反抗權，其內容在於拒絕請求人所請求之給付。抗辯權之作用，惟在排除請求之效力，請求權仍屬有效存在，並非因此消滅，於債務人抗辯後，債權仍屬有效存在，並非因此消滅，在債務人抗辯後，債權人仍得行使其請求權；若不為抗辯而為給付，其給付仍為有效。至於抗辯權，在原則上祇有停止請求權行使之效力，與形成權有使權利創設變更或消滅之作用者，微有不同。其情形有二：

⑴永久抗辯權　係永久得為拒絕他人請求權之權利，即絕對得使他人請求權歸於消滅之權利，如消滅時效完成後之抗辯是。

⑵延期抗辯權　係暫時得為拒絕他人請求權之權利，即得一時防止他人行使請求權之權利，如同時履行之抗辯是。

抗辯權之作用，均係對有效存在之請求權行使而言，故必有有效之請求權存在，方足以言抗辯；故如上述之時效抗辯或同時履行抗辯，債權人之請求權仍屬有效存在，如其為抗辯，得排除請求之效力，否則債權人之請求仍應發生效力，債務人自應為給付。

㈢**絕對權與相對權**

1.**絕對權**　對於一般人請求其不作為之權利，有此權利者，得請求一般人不得侵害其權利，故謂為「不行為之請求權」。絕對權之特徵，即在義務人之不一定，與請求內容限於不行為之二點。例如物權、身分權、人格權與繼承權等是。

2.相對權　對於特定人請求其為一定行為之權利，有此權利者，不僅得向特定人請求不得侵害其權利，並得請求其為該權利內容之行為。相對權之特徵，則在義務人之一定，與其內容係請求為一定行為之二點。就債權最主要之內容觀之，可為相對權之適例。

㈣主權利與從權利

1.主權利　即無他種權利而能獨自存在之權利，例如原本債權為主權利，利息債權成為從權利。

2.從權利　即以他種權利之成立及存在為要件之權利，因係附隨於主權利之權利，故其發生消滅或移轉，均以隨從之權利為原則。例如留置權、質權、抵押權之於債權，地役權之於需役地所有權，利息債權之於原本債權是。

第三節　法　例

一、民事法則之適用

社會現象複雜之結果，成文法實難網羅無遺；且事物變化萬端，亦非立法者得以預料，而法院又不能就法律所未規定事項拒絕裁判，自不能不有補充之方法，故關於民事，法律所未規定者依習慣，無習慣者依法理（第一條）。所謂習慣，專指有法之效力之習慣而言，實例謂之習慣法則，此種習慣能產生法之效力，要素有二：①須有習慣之事實，即就同一事項，反覆而為同一行為。②須有法之觀念，即受此習慣支配之人，信以為法之決心。至習慣之有無，乃事實問題，苟當事人主張之習慣，為他造所否認，即應由主張習慣者，負舉證之責任。至於具有法之效力而足以補充成文法之習慣，以不背於公共秩序或善良風俗者為限

（第二條）。

如遇法律所未規定之事項，而習慣又無先例時，即應適用法理。所謂法理，乃正當之道理，但不可與法律之原理混同；良以法律之原理，仍須以法律為前提，而此之法理，則在法律之外，有其獨立之存在，即在現實社會生活中，凡應如此處置及當然如此遵循者，皆得成為法理。此與條理乃係自然之道理者，又異其趣。

二、法律行為之方式

法律行為之方式，有須使用文字者，如訂立書據是；有不須使用文字者，如結婚儀式是。如依法律之規定，有使用文字之必要者，得不由本人自寫，但必須親自簽名，若有印章代簽名者，其蓋章與簽名生同等之效力。如以指印十字或其他符號代簽名者，在文件上經二人簽名證明，亦與簽名生同等之效力（第三條）。

民事法律關係中，明定使用文字者甚多，例如不動產物權之移轉或設定（第七六〇條），夫妻財產契約之訂立、變更或廢止（第一〇〇七條），兩願離婚（第一〇五〇條），作成遺囑（第一一八九條），不動產之租賃（第四二二條），經理人之特別委任（第五五四條三項），代辦商之特別授權（第五五八條三項），終身定期金之契約（第七三〇條），皆須使用文字。此種情形，如不依照法定之方式，除法律另有規定外，其法律行為為無效（第七三條參照）。

三、確定數量之標準

㈠同時以文字及號碼表示者　關於一定之數量，同時以文字及號碼表示者，其文字與號碼有不符合時，如法院不能決定何者為當事人之原意，應以文字為準（第四條）。

㈡同時以文字或號碼為數次之表示者　關於一定之數量，以文字或號碼為數次之表示者，其表示有不符合時，如法院不能決定何者為當事人之原意，應以最低額為準（第五條）。

第二章 人

第一節 自然人

一、權利能力

權利能力，即享受私權之能力，凡人無分種族國籍宗教男女之別，皆得享有權利能力。關於人之權利能力，始於出生，終於死亡（第六條），人之權利能力既終於死亡，其權利義務因死亡而開始繼承，由繼承人承受，故關於遺產之法律行為，自當由繼承人為之，被繼承人生前委任之代理人，依第五五〇條之規定，其委任關係，除契約另有訂定，或因委任事務之性質不能消滅者外，自應歸於消滅（五一臺上二八一三）。至於胎兒以將來非死產者為限，關於其個人利益之保護，視為既已出生（第七條）。蓋權利能力既以出生為始期，則胎兒應無權利能力，勢必不利於胎兒，有悖人情，故設例外規定，用資保護。又胎兒之權利能力，乃以出生為條件，須待出生後，始得溯及既往，而有出生前之權利能力，觀之第七條之規定至為明瞭。至於土地法所稱之權利人，係指第六條及第二六條規定之自然人及法人而言，非法人之團體設有代表人及管理人者，依民事訴訟法第四〇條第三項規定，固有當事人能力，但在實體法上並無權利能力（六八臺抗八二）。

外國人有無權利能力？依民法總則施行法第二條規定，須在法令限制內，始與中國人同。故外國人之權利能力，原則上應與中國人無異，惟受有限制：

(一)外國人在中華民國取得或設定土地權利，以依條約或其本國法律，中華民國人民得在該國享受同樣權利者為限（土地法第一八條）。

(二)林地、漁地、狩獵地、鹽地、礦地、水源地、要塞地等，不得移轉、設定、負擔或租賃於外國人（土地法第一七條）。

(三)外國人不得所有中國航空器（民用航空法第七條）。

二、行為能力

行為能力者，以獨自之意思表示，得使其行為發生法律上效力之資格也。一般言之，法律行為能否發生法律上效力，以行為人之意思能力是否健全為斷；其意思能力健全者，其行為始能發生法律上完全之效力，否則不使其行為發生效力，或不發生完全之效力，立法意旨，在保護意思能力欠缺之人。故所謂行為能力，實指法律行為之能力而言。如遺失物之拾得，係不必有意思之合法行為，自與行為能力無關。

(一)行為能力之定義

1. 行為能力與權利能力　行為能力乃人之行為能發生法律上一定效力之能力，並非生而具有。權利能力則為享權利負義務之資格，人生而具有。凡人皆有享權利負義務之資格，但非皆有以獨自之意思為有效行為之資格，故有權利能力之人，未必有行為能力，例如未滿七歲之未成年人及禁治產人皆是。

2. 行為能力與意思能力　意思能力乃能判斷其行為之效果之能力，亦稱「識別能力」。凡無此能力者，即無行為能力，蓋人之行為，既生法律上之效果，故常須有此意思能力，方能認其具有行為能力。行為能力之有無，以法律規定為準，其無行為能力人或限制行為能力人之規定，並非因其不具備意思能力之故，乃無行為能力人之意思表示無效，故意思能力，亦可謂為責任能力之實質要件。

㈡行為能力之態樣

人之行為能力，就其態樣觀之，有完全行為能力人、限制行為能力人及無行為能力人三種，分別述之：

1. 有行為能力人　凡於法律上能為完全有效之法律行為者，皆為有行為能力人。具有此種能力者所為之法律行為，除另有無效或撤銷之原因外，皆絕對有效。情形有二：

⑴成年人　滿二十歲為成年（第一二條），此之成年人即有行為能力。

⑵未成年已結婚者　未成年人已結婚者，有行為能力（第一三條三項）。蓋其雖未成年而已結婚，則其智力體力，應已成熟，且既已結婚，財產上及身分上之法律關係，日趨複雜，雖非法定成年，亦可使其能獨立而為法律行為，以期便於實際生活，此等情形，論者謂之「結婚成年制」。惟未成年人已結婚者，雖取得行為能力，如欲離婚時仍須得其法定代理人之同意（第一〇四九條但書）。未成年前，遇有配偶死亡或離婚等婚姻關係消滅之情形，其已取得之行為能力，是否因此喪失？通說認為不喪失其行為能力，觀之下列各例自明：

①已結婚之未成年婦女，不因夫之死亡，而隨同喪失行為能力（院四六八）。

②未達法定年齡結婚者，在未依法撤銷前應認為有行為能力（院一二八二）。

③第一二一〇條所定不得執行遺囑之人，稱為未成年人及禁治產人，而不稱為無行為能力人，是關

於未成年人，顯係專就年齡上加以限制，故未成年人雖因結婚而有行為能力，仍應依該條規定，不得為遺囑執行人（院一六二八）。

因之，未達結婚年齡而結婚者，如其婚姻撤銷時，應喪失行為能力，故在撤銷前有行為能力，而於撤銷後則無行為能力。

2. **限制行為能力人** 即法律行為能力受有限制之人，凡滿七歲之未成年人，有限制行為能力（第一三條二項）。蓋以其智識究不如成年人之充足，故其雖得為法律行為，但應得法定代理人之允許或承認，始能發生法律上之效力。

3. **無行為能力人** 即絕對無為法律行為能力之人，此種制度之目的，在保護無行為能力人財產之散逸，故僅就財產法上之行為，有其適用；至身分上之行為，必須出於本人之意思，有時雖法定代理人亦不許代理，如婚約應由男女當事人自行訂定（第九七二條），男未滿十八歲，女未滿十六歲者，不得結婚（第九八〇條）。故在身分行為，毋庸區別為行為能力與限制行為能力，僅以行為人有意思能力為已足。情形有二：

(1) 未滿七歲之未成年人 凡未滿七歲之未成年人，無行為能力（第一三條一項），因其缺乏識別能力，故為法定的無行為能力之人。

(2) 禁治產人 對於心神喪失或精神耗弱，致不能處理自己事務者，法院得因一定之人之聲請，宣告禁治產，受此宣告之人，即為禁治產人。立法理由有二：①保護精神障礙之本人，蓋有精神障礙之人，其法律行為原應無效，然欲主張無效，則對於行為當時之精神狀態負舉證之責，禁治產制度之設，在避免舉證之困難。②保護與之交易之相對人，與此等之人交易之相對人，若不知其為有精神障礙之人而與之交易，則不免因法律行為之無效，致受不測之損害，故有保護之必要。

①宣告禁治產之要件

依第一四條規定：「對於心神喪失或精神耗弱致不能處理自己事務者，法院得因本人配偶或最近親屬二人或檢察官之聲請，宣告禁治產。」故其要件：

a.須心神喪失或精神耗弱致不能處理自己之事務　此為實質上之要件，凡心神喪失人之意思能力，極為欠缺，而精神耗弱人之意思能力，則較薄弱，均係精神障礙之人。

b.須有禁治產宣告之聲請　此為形式上之要件，聲請之人有三：一為本人或其配偶，二為本人之最近親屬二人，三為檢察官。

②禁治產宣告之效力

a.禁治產一經宣告，即行確定，非俟宣告撤銷，禁治產人之行為，不問其有無意思能力，均不生效。且宣告後發生絕對效力，對一般人亦生此效力。

b.禁治產宣告後，應置監護人（第一一一〇條），其財產之管理及財產法上之行為，以監護人為其法定代理人（第一一一三條，第一〇九八條）。

c.禁治產宣告後，即無行為能力（第一五條），其自為或自受之法律行為，皆為無效。

③禁治產宣告之撤銷

禁治產之原因消滅時，應撤銷其宣告（第一四條二項），此之撤銷，乃謂受此宣告者之意思能力業經回復，已無禁治產宣告之必要，由一定之人聲請而撤銷之，凡能為宣告禁治產之聲請者，皆得為之。其撤銷之效力，在使禁治產人回復以前未經宣告時之行為能力，惟如為未成年人，縱已撤銷禁治產之宣告，仍為限制行為能力人。

三、人格之保護

人類生活關係中之人格與財產，皆為私權中最主要之標的，故法律對於人格權之保護，設有適當之規定，保護之方法如次：

(一)消極方面

1. **權利能力與行為能力之保護** 凡權利能力及行為能力，不得拋棄（第一六條），此係強制規定之一種，無論拋棄二者之全部或一部，均非法之所許，因其雖非人格權，但前者乃一切人格之基礎，後者乃取得權利負擔義務之資格，均與個人利益或社會公益攸關，故明文禁止之。

2. **自由權之保護** 自由不得拋棄，又自由之限制，以不背公共秩序或善良風俗為限（第一七條）。蓋自由權若任意拋棄或濫加限制，必於人格權受莫大之缺損，故設此特別規定。

(二)積極方面

1. **人格權之保護** 人格權受侵害時，得請求法院除去其侵害，有受侵害之虞時，得請求防止之（第一八條一項），此種情形，如法律有特別規定，得請求損害賠償或慰撫金（第一八條二項）。所謂損害賠償，指精神上或非財產上所受之損害而言，而財產上之損害，雖無特別規定，得依侵權行為原則，請求賠償。至受精神上之損害得請求賠償者，法律皆有特別規定，例如第九條之姓名權，第一九四條之生命權，第一九五條之身體健康名譽及自由權，第九七九條及第九九九條之婚約違反與結婚無效或撤銷婚姻等情形，皆得請求非財產上之損害賠償。

2. **姓名權之保護** 姓名權受侵害時，得請求法院除去其侵害，並得請求損害賠償（第一九條）。因姓名權為區別人己而生之人格權，關係非淺，如受侵害，不問被人冒用影射，或自己使用而被他人妨害，皆得請求摒除或阻止，因此而受損害時，並可請求賠償。

四、住所

吾人之社會生活關係，就地域言，有其一定之中心，此種生活關係之中心地域，謂之住所。其在法律上發生種種不同之效果：①債務之清償（第三一四條）。②決定失蹤之標準（民事訴訟法第六二六條）。③決定土地管轄（民事訴訟法第一條）。④書狀之送達（民事訴訟法第一三七條）。⑤船舶碰撞之訴訟，應先向被告之住所或營業所所在地之法院起訴（海商法第一〇一條）。⑥和解及破產事件，專屬債務人或破產人住所地之地方法院管轄（破產法第二條）。住所因當事人之意定或法律之規定，而有不同：

㈠意定住所

由當事人之意思設定之住所，即為意定住所。依第二〇條第一項規定：「依一定之事實，足認以久住之意思，住於一定之地域者，即為設定其住所於該地。」故設定住所，主觀上須有久住之意思，客觀上須有常住之事實，但一人不得同時有兩住所（同條二項）。如依一定之事實，足認以廢止之意思離去其住所者，即為廢止其住所（第二四條）。

㈡法定住所

法律規定之住所，即為法定住所。情形有四：

1. **夫妻及無行為能力人或限制行為能力人之住所**　無行為能力人及限制行為能力人，以其法定代理人之住所為住所（第二一條）。而夫妻之住所由雙方共同協議定之，未為協議或協議不成時，得聲請法院定之（第一〇〇二條）。

2. **住所無可考者**　住所無可考者，其居所視為住所（第二二條一款）。此包含無住所及住所有無不明兩種情形而言。

3. **在中國無住所者**　在中國無住所者，其居所視為住所，但依法須依住所地法者，不在此限（第二二條二款）。

4. **選定居所**　因特定行為選定居所者，關於其行為，視為住所（第二三條）。因係法律行為，故須有行為能力人，方能選定居所，其效力僅及於該特定之行為，與住所為事實行為及對於一切行為均為有效之情形，稍有不同。例如因經商而選定者，關於其經商之行為，與住所同，此外之法律關係，仍須就其原住所以為解決。至其選定之暫時居所，當事人得自由變更或廢止之，自屬當然，無待明文規定。

五、死亡宣告

死亡宣告者，失蹤經過一定期間，由法院宣告其為死亡之制度也。自然人離去其住所或居所，而至去向不明或生死莫測時，影響於其身分上或財產上之法律關係，至為重大。如其長期失蹤，生死狀態不明，則其一切身分上或財產上之法律關係，皆陷於不確定之狀態，為期利害關係人之利益，有善後處置之必要，乃有死亡宣告之制度。

(一)死亡宣告之要件

失蹤人須具備一定之要件，依照一定之程序，始可受死亡之宣告，依第八條之規定其要件如左：

1.**須失蹤人生死不明**　所謂生死不明，即足以推測失蹤人死亡之情形，必須達此程度，始能起算期間，許於期滿時聲請宣告死亡。

2.**須滿法定期間**　普通情形失蹤滿七年，方得聲請宣告死亡。失蹤人為八十歲以上者，滿三年即可聲請，其遭遇特別災難者，得於特別災難終了滿一年後聲請。

3.**須經法院宣告**　法院依利害關係人或檢察官之聲請，認為合於法定要件，且為公示催告後，尚無生存事實之呈報者，始能為死亡宣告之判決（民事訴訟法第六二八條參照）。

㈡死亡宣告之效力

1.受死亡宣告者，以判決內所確定死亡之時，推定其為死亡，故經宣告死亡者，係推定死亡（第九條一項）。欲為反對主張者，仍得提出反證以推翻之，是以對於死亡宣告並無撤銷之規定，如因撤銷死亡宣告或更正死亡時期而有利益之人，仍得提起撤銷之訴，以資救濟。

2.死亡之時，應為第八條各項期間最後日終止之時，但有反證者，不在此限（第九條二項）。二人以上之失蹤人同時遇難，不能證明其死亡之先後時，推定其為同時死亡（第一一條）。

3.死亡宣告後，其效力及於一切身分上及財產上之關係。故死亡宣告一經判決，繼承即行開始，配偶亦得再婚，原婚姻關係因而消滅。失蹤人於他地尚生存者，仍有權利能力，並不受死亡宣告之影響。失蹤人一旦歸還，以前因死亡宣告所成之法律關係，非經撤銷宣告不能復活，嗣後之法律關係，縱未撤銷宣告，亦能有效成立。

4.失蹤人失蹤後，未受死亡宣告前，其財產之管理，依非訟事件法之規定（第一〇條）。

第二節 法人

一、法人之本質

法人者，即自然人以外之得為權利義務之主體也。因人類之社會生活，皆非僅以個人為中心，必於個人之外，另有大小強弱無數之團體為社會之構成分子，方能達到社會生活之目的。且此團體之存在，並不因其構成之個人常有變更或增減而受根本之影響，於是法人制度，應運而生。

法人制度之設立既有必要，惟其作用何在？得分社團與財團兩者言之：

㈠**就社團言** 二人以上互約出資，經營共同事業，固可用合夥方式為之，然合夥財產為合夥人之公同共有，如合夥人聲明退夥，資金即行減少，合夥人負擔債務，該合夥人之股份，應受債權人之扣押，均足以動搖合夥之營業。然以法人組織出現，此弊可免，因法人乃離其社員而為獨立之人格者，財產屬於法人本身，不因社員聲明退社或個人負債，影響及於法人之存在。

㈡**就財團言** 欲以一定之財產，達成一定之目的，每因個人之負債或死亡，而中斷其事業，設用財團組織，則此項財產，屬於法人本身。縱設立人負債或死亡，亦不影響法人之組織。

法律認許法人為獨立之權利主體，然則法人之本質如何？論者不一，分述如左：

㈠**法人擬制說** 謂權利義務之主體，惟限於自然人之個人，故自然人以外而得為權利義務之主體者，究不過為法律所擬設。

㈡法人否認說　認法人具有人格，在科學上全無價值，所謂法人，僅屬臆想而已。且認定法人之本體，如係法律所擬設，則除個人或財產之外，終無法人實體之存在。

㈢法人實在說　認法人具有獨立之實體存在，法人與自然人同具獨立之意思，自可獨立享權利負義務，在法律上乃形成獨立之人格，此為通說。

二、法人之分類

㈠公法人與私法人

依國家公法而設立之法人，謂之公法人。依私法而設立之法人，則為私法人。二者區別實益，在訴訟管轄、債之執行、侵權行為之賠償責任以及公私文書之區分等項。

㈡社團法人與財團法人

社團法人係以人之集合為成立基礎之法人。財團則以財產之集合為成立基礎之法人。二者性質並不盡同：

社團法人	財團法人
①有社員且有管理人。	①僅有管理人而無社員。
②社員共同自律之法人。	②固定性之他律法人。
③有須先受許可者，亦有不然者。	③必須先受許可。
④富有彈性，目的組織得隨時變更。	④具固定性，不得任意變更。
⑤以二人以上之社員為基礎。	⑤以捐助財產為基礎。

⑥有意思機關。　⑥無意思機關。

㈢公益法人與營利法人

公益法人乃以謀公益為目的之法人。營利法人則以營利為目的之法人。公益法人之設立，採許可主義，於登記前，應得主管機關之許可。營利法人之設立，則依特別法之規定，其取得法人資格，概採準則主義，無須先受許可。

法人須依法律而成立，其設立之要件如次：

1. **須有法律之依據**　法人非依本法或其他法律之規定，不得成立（第二五條），明示法人不得自由設立。所謂法律，並不包括命令在內。若為營利社團尚須依特別法之規定，例如公司之成立，必須依公司法始可。至公益社團及財團，則須得主管機關之許可。

2. **須經登記**　法人非經向主管機關登記，不得成立（第三〇條），蓋法人一經成立，即與社會其他人發生法律關係，他人有明瞭其實質之必要，故法人非經登記不得成立。

三、法人之能力

法人之能力，可分為權利能力、行為能力及責任能力三種，分別述之：

㈠權利能力

法人既為私權之主體，自有權利能力。其權利能力始於成立時（第三〇條），終於解散後清算終結之時（第四〇條二項）。是以法人於法令限制內，有享受權利負擔義務之能力，但專屬於自然人之權利義務，不在此限（第二六條）。故法人並非僅限於其目的範圍內有權利能力，原則上與自然人同，但有下列限制：

1. **基於法令之限制**　法人之所以有權利能力，原為法律所規定，則其權利能力之範圍，自得以法令限制之，此與自然人同。惟限制自然人之權利能力，乃基於法律之規定，而限制法人之權利能力，則基於法律及命令，是為二者不同之點。例如公司不得為他公司之無限制責任股東或合夥事業之合夥人（公司法第一三條一項），在自然人即無此項限制是。

2. **基於性質之限制**　專屬於自然人之權利能力，非法人所得享有，例如自然人專有之人格權（生命權、身體權、健康權、身體上之自由權），身分權（親權、家長權、法定繼承權），法人均不得享有。至於以人之身體勞務為給付之債務，法人不得負擔之，其他財產權上之權利義務，則與自然人同。

㈡**行為能力**

法人有無行為能力，因法人之本質所採學說而有不同。主擬制說者，謂法人原無行為能力，不過依其代理人之行為，得以取得權利義務；法人之董事即為法人之代理人，其行為非法人之行為，乃董事自身之行為，祇不過效力及於本人而已。主實在說者，謂法人既有團體意思，則本此意思所表現之法人機關之活動，自為法人之行為，故董事乃法人之機關，非法人之代理人，董事職務上之行為，非其個人之行為，係法人自身之行為，故法人有行為能力。我國民法向採實在說，是以法人之有行為能力，極為明瞭。

法人之行為，畢竟須由自然人實現之，故自然人於一定之場合所為之行為，即認為法人之行為。而此法人為行為之自然人，謂之「法人之機關」。凡屬法人行為能力範圍內之行為，皆由此機關行之。就一般言，法人之行為通常為董事，而董事就法人一切事務，對外代表法人（第二七條）。故董事就法人一切事務對外代表法人，董事代表法人簽名，以載明為法人代表之旨而簽名為已足，加蓋法人之圖記並非其要件（六三臺上三五六）。

㈢責任能力

法人之責任能力，即侵權行為能力。凡故意或過失不法侵害他人之權利者為侵權行為，行為人應負損害賠償責任（第一八四條）。法人之組織分子之行為，既為法人之行為，則其侵害他人權利之行為，自應認為法人之侵權行為。第二八條規定：「法人對於其董事或其有代表權之人，因執行職務所加於他人之損害，與該行為人連帶負賠償之責任。」明認法人有侵權行為能力，蓋董事或有代表權之人既為法人之機關，則董事或有代表權之人因執行職務所為之侵權行為，即法人之侵權行為，自應由法人負其責任。其成立要件如左：

1.須法人機關之行為　董事或其有代表權之人為法人之機關，其行為又為法人之行為，故法人對於機關之侵權行為，應連帶負責。至於非法人機關之受僱人之侵權行為，法人所負之責任，則依第一八八條之規定。

2.須因執行職務之行為　董事或其有代表權人之行為，必須與其職務有關，法人方負其責。在其職務範圍以外之行為，雖出於董事或其有代表權之人，亦僅其個人之行為，法人自不負責。第二八條所謂因執行職務所加於他人之損害，並不以因積極執行職務行為而生之損害為限，如依法律規定應負執行該職務之義務而怠於執行時所加於他人之損害，亦包括在內（六四臺上二二三六）。所謂職務範圍內之行為，究何所指？一般言之，情形有二：

(1)行為之外形上可認為職務行為者　如運送公司之機關，發出不正之提單；倉儲公司之機關，未收回倉單不法提出貨物。

(2)與其職務有適當牽連關係之行為者　如機關代表法人為訴訟，欲使對方敗訴，故為虛偽之告訴；代表法人為交易時，企圖不正當之有利交易而行賄。

由上觀之，職務範圍內之行為，祇要外形上足認為該董事或職員之職務行為，不問其為侵權行為與否，或為法律行為或事實行為否，祇須因此加損害於他人，即為法人之不法行為，應負連帶賠償責任。至法人與該行為人之責任，則應連帶負責，立法意旨在促其執行職務時能有特別之注意，並保護被害者之利益，使其對於法人本身或該行為人，皆可行使損害賠償請求權。至於董事或職員對於法人之內部關係，應以善良管理人之注意，行使其職務，如有違反致損害他人時，對於法人應負損害賠償責任。公務員因故意違背對於第三人應執行之職務，致第三人之權利受損害者，負賠償責任，其因過失者，以被害人不能依他項方法受賠償時為限負其責任，為第一八六條第一項所明定。因而可認公務員執行之職務，既為公法上之行為，其任用機關自無第一八八條第一項或第二八條之適用（六七臺上一一九六）。

3.須其行為具備一般侵權行為之要件　一般侵權行為之成立要件，在第一八四條設有規定，即：①行為人須有侵權行為能力。②行為人須有故意過失。③行為須為違法。④須因違法行為發生損害。

四、法人之機關

執行法人之事務及決定法人之意思者，皆為法人之機關。執行事務之機關，謂之「執行機關」；決定意思之機關，稱為「決議機關」。因法人須設董事（第二七條一項），其任務對外代表法人，對內執行職務，乃一強制規定，為法人必備之機關。

㈠董事之任免

董事為法人必備之機關，其選任方法，在社團法人依章程定之（第四七條三項），而其任免屬於社員總會之決議（第五〇條二項二款）。於財團法人則以捐助章程定之，如未訂定，法院得因利害關係人之聲請，為必要之處分（第六二條）。

㈡董事之權限

1. 法人代表　董事就法人一切事務，對外代表法人，董事有數人時，除章程另有規定外，各董事均得代表法人（第二七條二項），故凡屬法人之行為，董事皆得代表為之。此種「代表權」與「代理權」不可混同；蓋代表之行為即為法人之行為，代理則為代理人自身之行為，直接對本人發生效力；代表除得為法律行為外，並包含事實行為，代理僅得為法律行為或準法律行為，二者略有不同。

代表權之範圍，原則並無限制，但有例外：

⑴章程及總會決議之限制　對於董事代表權所加之限制，不得對抗善意第三人（第二七條三項）。此之得否對抗，係以第三人是否善意為準，與已否登記無關，雖已登記，亦不能對抗善意第三人，縱未登記，亦能對抗惡意第三人。法人登記後，有應登記之事項而不登記，或已登記之事項而有變更而不為變更之登記者，不得以其事項對抗第三人（第三一條）。此之得否對抗，則以已否登記為準，與第二七條第三項之適用不同。

⑵法人與董事之利益相反時　董事對此利益相反之事項，不應有代表權。如董事中之一人與法人之利

例。

益相反時，可由其他董事代表之。公司法中列有法人與董事有利益相反情事時，以監察人為代表，即其一例。

2. **事務執行**　董事有執行法人內部一切事務之權，民法雖無明文，要屬當然。主要者為：

⑴聲請登記　法人應行登記之事項，董事均須聲請登記之（第三一條）。

⑵編造財產目錄及社員名簿　此項簿冊之編造，應由董事為之（民法總則施行法第八條）。

⑶召集總會　社員總會，應由董事召集（第五一條）。

⑷聲請破產　法人如至不能清償其債務時，董事即須聲請破產（第三五條）。

⑸充任清算人　法人解散時，原則上以董事為清算人（第三七條）。

董事有數人時，其執行職務之方法，除章程另有規定外，取決於全體董事過半數之同意（第二七條一項），惟其對外關係，則各自代表法人。至法人以其主事務所之所在地為住所（第二九條），此種住所在法律上之效果，解釋上應與自然人同。

我民法原無監察人之規定，民國七十一年修正民法總則始增列之。第二七條第四項「法人得設監察人，監察法人事務之執行。監察人有數人者，除章程另有規定外，各監察人均得單獨行使監察權」，明示監察人乃法人得設之監察機關。惟監察人原則上非為法人之代表，例外亦得代表法人，例如董事自己與法人有交涉或訴訟時，應由監察人代表法人是（公司法第二一三條，第二二三條）。

五、法人之監督

㈠業務監督

凡受設立許可之法人，其業務皆由主管機關監督之。主管機關隨時得以其職權，檢查法人之財產狀況及其有無違反許可條件或其他法律之規定（第三二條）。受設立許可法人之董事或監察人，不遵主管機關監督之命令或妨礙其檢查者，得處以五千元以下之罰鍰（第三三條一項）。董事或監察人違反法令或章程，足以危害公益或法人之利益，主管機關得請求法院解除其職務，並為其他必要之處置（第三三條二項）。如法人違反設立許可之條件者，主管機關得撤銷其許可（第三四條）。

㈡清算監督

法人之清算監督權與法人之解散權，皆屬於法院。故法院隨時得以職權為監督上必要之檢查及處分（第四二條一項）。清算人如不遵守法院監督命令或妨礙檢查時，得處以五千元以下之罰鍰，董事違反第四二條第三項之規定者亦同（第四三條）。至法人之目的或其行為，有違反法律公共秩序或善良風俗者，法院得因主管機關、檢察官或利害關係人之請求，宣告解散（第三六條）。

六、法人之消滅

㈠解　散

解散者，法人不能依其原有目的享權利負義務之狀態也。此時法人之權利能力，並非因解散而全歸消滅，不過限制其範圍而已。受此限制之法人，名為「清算法人」，在清算之必要範圍內，得視為存續（第四〇條二項）。一般言之，解散之事由如次：

1.設立許可之撤銷　法人受設立許可後，如違反其設立許可之條件，主管機關仍得撤銷之（第三四條），許可一經撤銷，即已構成法人之解散。

2.宣告破產　法人之財產不能清償債務時，董事應向法院聲請破產（第三五條一項），不為上項聲請，致法人之債權人受損害時，有過失之董事，應負賠償責任，其有二人以上時應連帶負責（同條二項）。法人一經宣告破產，構成法人解散之原因。

3.法人之目的或其行為有違反法律或公共秩序或善良風俗者　法人有此原因存在時，法院得因主管機關或檢察官或利害關係人之請求，宣告解散之（第三六條）。此種解散之原因，無論為社團或財團皆適用之。

4.社團事務無從依章程所定進行時　此時法院得因主管機關、檢察官或利害關係人之聲請解散之（第五八條）。此種解散原因，惟在社團始有適用，蓋以社團之目的事業既無法達成，不如解散較為允當。

5.因情事變更致財團之目的不能達到時　此時得由主管機關斟酌捐助人之意思解散之（第六五條）。

6.社員之決議　社團得隨時以全體社員三分之二以上之可決解散之（第五七條）。

㈡清　算

清算者，結束法人一切關係之程序也。法人解散後，即開始清算。清算之程序有二：①破產時之清算。②其他解散時之清算。民法所定者，專屬於後者之清算，此種清算之程序，皆為強行規定，不得以章程或總會之決議加以變更，蓋清算之程序，關係第三人利害甚大故也。

1.清算人之選任

法人在清算中，以清算人為執行機關，並對外代表法人，其情形如下：①法定清算人，法人解散後，其財產之清算，由董事為之，但其章程有特別規定或總會另有決議者，不在此限（第三七條），法院認為必要時，得解除其職務（第三九條）。②選任清算人，依章程所定或總會之決議（第三七條但書），法院認為必要時，得解除其職務（第三九條）。③指定清算人，不能依第三七條定其清算人時，法院得因利害關係人之聲請，選任清算人（第三八條）。法院認有必要時，亦得解除其職務（第三九條）。

2. **清算人之職務**

依第四〇條之規定，清算人之職務如左：

⑴了結現務　結束法人解散時業已著手而未完成之事務。

⑵收取債權　請求法人之債務人，向法人為債務之清償。

⑶清償債務　清償法人所負之債務，但以已屆清償期者為限。

⑷移交賸餘財產　法人於清償債務後，如有賸餘財產，自應移交於應得者。賸餘財產究以何人為應得者？應分別言之：①營利法人應分配於社員。②公益法人應依章程之規定或總會之決議行之（第四四條一項），如無章程之規定或總會之決議，賸餘財產則屬於法人住所所在地之地方自治團體（同條二項）。

3. **清算人之監督**

⑴法人之清算，屬於法院監督，法院得隨時為必要上之檢查及處分（第四二條一項）。法人經主管機關撤銷許可或命令解散者，主管機關應同時通知法院（同條二項），法人經依章程規定或總會決議解散者，董事應於十五日內報告法院（同條三項）。

⑵清算人不遵法院監督命令或妨礙檢查者，得處以五千元以下之罰鍰，董事違反第四二條第三項之規

定者亦同（第四三條）。

社團設立之要件，有為公益社團及營利社團共通者，有為其單獨所具者，僅就兩者共通之要件，分別述之：

七、社　團

(一)社團之設立

1. **須有設立人**　須有二人以上之設立人，不問為自然人或法人，均無不可。

2. **須訂定章程**　章程為法人內部組織及其他重要事項之規則，必以書面為之，否則無效。依第四七條規定，設立社團者，應訂定章程，其應記載之事項如左：

(1)必要事項　章程中必須記載之事項有：①目的②名稱③董事之任免④總會召集之條件程序及其決議證明之方法⑤社員之出資⑥社員資格之取得與喪失。此等事項，如有不全，章程即歸無效，法人之設立行為，自不生效力。

(2)任意事項　社團之組織及社團與社員之關係，可視需要於章程中訂定之，但不得違反第五〇條至第五八條之規定（第四九條）。

3. **須經登記**　法人非經登記，不得成立（第三〇條）。依第四八條第一項規定，應登記之事項如下：①目的②名稱③主事務所及分事務所④董事之姓名及住所⑤財產之總額⑥應受設立許可者，其許可之年月日⑦定有出資之方法者，其方法⑧限制董事代表權者，其限制⑨定有存立時期者，其時期。社團之登記，應由董事向其主事務所及分事務所所在地之主管機關行之，並附具章程備案（第四八條二項）。此之主管機關，為法人所在地之法院（民法總則施行法第一〇條一項）。

社團設立後之登記，尚有補充登記、變更登記與消滅登記三種，其中補充登記與變更登記，於第三一條規定：「法人登記後，有應登記之事項而不登記，或已登記之事項有變更而不為變更之登記者，不得以其事項對抗第三人。」係採登記對抗主義，即在未登記前，社團不得以其事項與第三人對抗之。而以營利為目的之社團，其取得法人資格，依特別法之規定（第四五條）以公益為目的之社團，於登記前，應得主管機關之許可（第四六條）。

㈡社團之社員

社員為組織社團之主要構成分子，有向法人取得一定權利及負擔一定義務之資格，故社團與社員之間，發生特定之權利義務關係。分述如次：

1. 社員資格之得喪

⑴資格之取得　社團之設立人及其後加入為社員者，取得社員之資格，在公益社團之社員，具有專屬性，不得讓與或繼承。營利社團之社員資格，得為讓與或繼承，自無專屬性。

⑵資格之喪失　社員除法人消滅或本人死亡，而喪失社員資格外，尚有二種原因：

①退社　社員得隨時退社，但章程限定於事務年度終或經過預告期間後，始准退社者，不在此限（第五四條一項）。惟此預告退社期間，不得超過六個月（同條二項）。

②除名　社團有正當理由並經總會之決議，得開除社員（第五〇條二項四款），以防濫行除名之弊。

社員經退社或除名後，當即喪失其社員資格，其與法人之權利義務，隨之消滅。故已退社或開除之社員，對社團之財產，無請求權。但非公益法人，其章程另有規定者，不在此限（第五五條一項）。前項社員，對於其退社或開除以前應分擔之出資，仍負清償之義務（同條二項），蓋以此種應負擔之債務，不能因退社或除名而免除，以致影響法人財產之動搖。

2. **社員之權利義務**

⑴社員之權利　凡與社員資格相終始之權利，稱為「社員權」，諸如：①表決權（第五二條二項）。②請求或自行召集總會之權（第五一條三項）。③請求撤銷總會決議之權（第五六條）。

⑵社員之義務　凡與社員資格相終始之各種義務，則為社員義務，其中最重要者，厥為出資之義務，應於章程內訂定之（第四七條）。

㈢**社團之總會**

總會為社團之最高機關（第五〇條一項），係由全體社員組織而成，因其決議表現為社團之意思，故可成為社團之意思及必要之機關。總會既為全體社員之組織體，凡屬社員均有出席總會及平等表決之權。

1. **總會之召集**

召集總會之權，原則上屬於董事（第五一條一項），董事不為召集時，監察人亦得召集（同項後段），有全體社員十分之一以上之請求，表明會議目的及召集理由請求召集時，董事須召集之（同條二項），此時召集總會之權，乃出於社員之意思。董事如受前項之請求後，一個月內不為召集時，得由請求之社員，經法院之許可召集之（同條三項）。

2. **總會之權限**

法人之事務，凡未經章程或法律訂明屬於董事之權限者，均應由總會之決議。其他應經總會之決議者有四：①變更章程。②任免董事及監察人。③監督董事及監察人職務之執行。④開除社員，但以有正當理由時為限（第五〇條二項）。

3. **總會之決議**

(1) 決議之方式　決議為出席社員表示其意見時，已有同一內容之意思達於一定數額，此種多數意思表示之內容係並行的，係屬一種共同行為，與契約之成立為對立者，顯有不同。

(2) 決議之成立　決議之事項有二：①通常決議，除民法有特別規定外，以出席社員過半數決之，社員並有平等之表決權（第五二條二項），但在營利法人亦得以章程限制之（公司法第一七九條）。②特別決議，社團變更章程之決議，應有全體社員過半數之出席，出席社員四分之三以上之同意，或有全體社員三分之二以上書面同意，始可成立（第五三條一項）。因變更章程，關係社團至為重大，故其決議甚為慎重。已受設立許可之社團，變更章程時，並應得主管機關之許可（同條二項）。至解散社團之決議，須有全體社員三分之二以上之可決，方可為之（第五七條）。社團之事務無從依章程所定進行時，法院得因利害關係人之聲請解散之（第五八條）。

(3) 決議之效力　總會為社團之最高機關，其決議為多數社員之意思，自有拘束全體社員及董事職員之效力。惟其決議，如有違反法令或章程者，對該決議原不同意之社員，得請求法院宣告撤銷決議（第五六條一項），宣告撤銷決議之請求，應於決議後三個月內為之，逾期即不得再行請求。蓋以久不行使請求權，影響決議確定之效力，對於法人甚為不利也。但出席社員對召集程序或決議方法，未當場表示異議者不在此限（同條項但書）。又總會之內容違反法令或章程者無效（同條二項），不必經撤銷程序。社團法人總會之決議有違反法令或章程時，對該決議原不同意之社員，得請求法院宣告其決議為無效，固為第五六條所明定，惟此條規定，僅適用於總會之決議，如理監事之決議有違反法令或章程時，要不得援用上開法條規定提起同一訴訟（六四臺上二六二八）。至於股份有限公司之股東，依公司法第一八九條規定訴請撤銷股東會之決議，仍應受民法第五六條第一項但書之限制，如已出席股東會而其對於股東會之召集程序或決議方法未當場表示異議者，不得為之（七五臺上五九四，八五臺上一三七一）。

八、財　團

㈠財團之設立

財團須有設立人，並非由社員構成之團體，故其設立僅有一人，即可成立。其與社團之異同，分述如左：

⑴同點：

①須有設立人。

②非經主管機關登記，不得成立。

③公益社團與財團於登記前，均須經主管機關許可。

④須訂立章程並向主管機關登記。

⑵異點：

社團	財團
①設立人須有社員二人以上。	①捐助財產人無人數限制。
②設立行為為合同行為。	②無相對人之單獨行為。
③一有合法設立行為即可成立，未訂章程不得成立。	③除有捐助行為外，並須捐助財產。以遺囑捐助者，得以遺囑代替章程。
④有社員總會為其必要之最高意思機關。	④否。
⑤變更章程須依特別決議，受設立許可之社團因變更章程時，應得主管機關之許可（第五三條）。	⑤法院為維持財團目的或保存其財產，得變更其組織，主管機關因財團目的不能達到時，得變更其目的（第六三條，第六五條）。
⑥因社員之缺亡或全體社員三分之二以上可決而解散。	⑥否。
⑦總會之決議，有違反法令或章程者，對該決議原不同意之社員，得請求法院宣告撤銷決議，並於決議後三個月內為之（第五六條）。	⑦財團董事有違反捐助章程之行為時，法院得因利害關係人之聲請，宣告其行為無效（第六四條），但無期間之限制。

財團皆為公益法人，於登記前應得主管機關之許可（第五九條）。除此之外，尚有下列要件：

1. **須有設立人**　捐助財產者，即為設立人。
2. **須訂立捐助章程**　以訂立捐助章程為原則，但以遺囑捐助者，得以遺囑代之（第六〇條一項）。捐助行為之後，並應訂立捐助章程，其中應記載捐助之財產及法人之目的（同條二項）。但以遺囑捐助設立之財團法人者，如無遺囑執行人時，法院得依主管機關、檢察官或利害關係人之聲請指定遺囑執行人（同條三項）。其組織及管理方法，亦應由捐助人於捐助章程內定之（第六二條）。故在捐助章程中，以法人之目的及所捐財產為必要記載事項，否則無從成立財團法人，則其捐助行為應屬無效。凡以遺囑捐助者，載明所捐財產及法人目的者，即得成立法人，此種捐助章程所定之組織不完全，或重要之管理方法不具備者，法院得因主管機關或檢察官、利害關係人之聲請，為必要之處分（第六二條）。財團董事有違反捐助章程之行為時，法院得因主管機關、檢察官或利害關係人之聲請，宣告其行為為無效（第六四條）。蓋對於捐助章程之執行，並無監督之機關，故設此補救之方法。

3.**須受許可**　財團於登記前，應得主管機關之許可（第五九條），此項許可為財團成立要件之一，並為應登記之事項。

4.**須經登記**　財團設立時，應登記之事項如下：①目的②名稱③主事務所及分事務所④財產之總額⑤受許可之年月日⑥董事之姓名及住所，設有監察人者，其姓名及住所⑦定有代表法人之董事者其姓名⑧定有存立時期者其時期（第六一條一項）。財團之登記，由董事向其主事務所及分事務所所在地之主管機關行之，並應附具捐助章程或遺囑備案（同條二項），此點亦與社團相同。

㈡捐助行為

1.捐助行為之性質

捐助行為者，係以設立財團為目的而捐出財產之單獨行為也。故捐助行為須由二種意思表示相結合，始能成立，即一在設立一定之法人，一在捐出一定之財產，二者缺一，即不能認其成立。故設立財團者，應於捐助章程中訂明法人之目的及所捐財產（第六〇條）。是以捐助行為，實為要式行為，其以遺囑為捐助者，依遺囑之方式為之，且捐助行為無須相對人，即屬無相對人之單獨行為。設立人於捐助行為完成後，雖死亡或喪失行為能力，亦不影響於捐助行為之效力。

2. **捐助行為之撤銷**

捐助行為，能否撤銷？民法並無明文，依學者通說，分述如次：

(1)本人撤銷者　捐助行為以主管機關許可時，為其效力發生時期，故設立人於受主管機關許可前，得撤銷其捐助行為，惟如捐助行為發生法定撤銷原因（例如第八八條，第九二條之情形），設立人自得撤銷。

(2)繼承人撤銷者　設立人以遺囑為捐助行為者，原則上有拘束繼承人之效力，如遺囑本身並無撤銷原因，繼承人不得撤銷之。惟應得特留分之人，因設立人所為之遺囑，致其應得之數不足者，得按不足之數，由所捐財產扣減之（第一二二五條參照）。

(3)債權人撤銷者　捐助行為，如具備第二四四條第一項所定詐害行為之要件者，債權人得聲請法院撤銷之。

捐助行為，與贈與行為或遺贈，均係無償行為，但其法律上之性質各有不同，宜加分辨。關於贈與或遺贈之內容，均於相關篇幅說明之。

(三)**財團之變更**

財團之目的及其組織，能否變更，各國法律固有不同；依理論言，財團之設立人，於財團設立後，即脫離關係，自不能變更其目的及組織，但如維持財團之目的及財產，或其目的不能達到時，應許主管機關變更其目的及組織，以維公益。情形如次：

1. **財團組織之變更**　財團成立後，如因組織不良，致妨礙其目的與財產時，法院得因捐助人、董事或利害關係人之聲請，變更其組織（第六三條）。故財團組織之變更，須具備下列要件：①須為維持財團之目的或保存其財產。②須因捐助人、董事、主管機關、檢察官或其他利害關係人之聲請。③須由法院為之。

2. **財團目的之變更**　因情事變更，致財團之目的不能達到時，主管機關得斟酌捐助人之意思，變更其目的及其必要之組織，或解散之（第六五條）。蓋以財團之設立，須以公益為目的而捐出財產，如公益事項發生變化，或捐助財產不能繼續，則財團之目的必不能達成，故設此規定以資救濟。依此規定，須具備下列要件：①須因情事變更，致財團之目的不能達到。②須斟酌捐助人之意思。③須由主管機關為之。

財團組織之變更（第六三條）與財團目的之變更（第六五條），其變更之目的及方式並不相同。前者之變更組織，乃為維持原來之財團目的；後者之變更其必要之組織，在適應變更目的後之目的。前者所定之變更權在於法院；後者之變更權則在主管機關。

九、外國法人

外國法人者，即依外國法律而成立之法人。依第二五條規定，法人須依法律始能成立，則必依中國法律創設之法人，始能認為中國法人。但外國人在我國發生私法關係時，應認許其成立，分述如後：

㈠外國法人之認許

社團或財團之活動，每發生國際關係，如認外國法人在中國全無權利能力，殊不合理，故外國法人，除依法律規定外，不認許其成立（民法總則施行法第一一條）。所謂認許，即承認外國法人於中國亦得為法人而有權利能力，非云外國法人一經認許，即成為中國法人（公司法第三五三條至第三五六條參照）。是以外國法人欲受中國之認許，自須依中國之法律始能成立。至外國法人之權利義務如何？列述如左：

1.凡經認許之外國法人，於法令限制內與同種類之中國法人，有同一之權利能力（民法總則施行法第一二條一項）。此種限制，如外國法人在其本國所有之權利義務而為中國所不能有者，自不許有之；如在其本國所不能有之權利義務而為中國法人所能有者，則許其與中國法人同等有之。又民法總則施行法第一二條第二項規定：「前項外國法人其服從中國法律之義務，與中國法人同」，乃屬當然。

2.未經認許之外國法人，在中國當無權利能力，如事實上有何法律行為，其行為應屬無效。

(二)未經認許之外國法人

未經認許之外國法人，其在中國既不能視為法人，自無權利能力可言，惟事實上此種未經認許之外國法人，常在中國為法律行為，故在民法總則施行法第一五條定其責任：「未經認許其成立之外國法人，以其名義與他人為法律行為者，其行為人就該法律行為，應與該外國法人負連帶責任。」蓋在保護與其為法律行為之相對人，該外國人因無權利能力，就其無效之法律行為，當不得有何主張。

第三章 物

第一節 物之意義

私權之成立，須有三種要素，一為私權之主體，乃權利所屬之人；一為私權之客體，則為權利之對象。權利每依其對象而成立，其對象為何，須視權利之性質而定，故每一權利均有其內容，此權利之內容，即為權利之客體。私權之客體，依權利之種類而有種種不同：①債權之客體，為他人之行為。②人格權之客體，為權利主體之本人。③親權之客體，為親屬間之特定關係。④繼承權之客體，為繼承人所應繼承之權利義務。⑤無體財產權之客體，為精神產出之無形利益。

民法上之物，乃人力所能支配而獨立成為一體之有體物。因而物必能為吾人所支配，並可供為生活資料之獨立物體，且係存於外界，而非屬於人身者為限。茲析述之：

㈠須為有體物　所謂有體物，指有物質之存在而得以官能感覺之物而言。此種有體物，須在人力所能及之範圍，非人力所能及者，如日月星辰空氣等項，雖為物理上之物，然在實質上不能以人力支配，自不得謂為法律上之物。

㈡須為人類以外之自然界現象　物須為外界之一部而非屬於人身，即不能以人之身體為物權之客體。惟就自己身體一部分割之齒牙毛髮等物，自屬於本人所有，如以之為處分之標的，而成立契約行為時，可在不背公序良俗限度內，認為有效。

㈢須為獨立之物體　所謂獨立之物體，即能獨立有其個體，而非物之成分。而物之成分，雖可成為物理觀念上之物，究非法律觀念上之物，如就一隻鞋襪觀之，普通情形，當不能獨立滿足吾人之生活需要。惟原物解體後，其成分得能獨立為一體，例如房屋拆下之木料磚瓦，豬牛死後之毛皮，則得為物權之客體。

第二節　物之分類

物依種種之標準，得為種種之區別：

㈠動產及不動產

1. 不動產　稱不動產者，謂土地及其定著物（第六六條一項）。土地之出產物尚未與土地分離時，為固定的附著於土地之物，易與不動產之概念混淆，故第六六條第二項明定：「不動產之出產物尚未分離者，為該不動產之部分。」可知已與不動產分離之出產物，成為獨立之物。不動產在法律上之意義有二：

⑴土地　土地之概念，實指一定範圍之地面，包含上空與地下而言，故如地中之砂石等物，當然為土地之構成部分，不能視為已與土地分離之獨立物。

⑵定著物　土地之定著物，謂非以暫時為目的附著於土地之物，例如房屋、工廠及其他建築物，即為適例。凡尚未至與土地不能分離之程度者，不能謂為定著物，例如竹籬、工寮、花棚、假山等物，均非此之定著物。我民法基於固有習慣，認為土地及其定著物為各別之不動產，即定著物亦得獨立為權利之標的，

出賣土地者不當然失其定著物之所有權即其適例。

2. **動產**　稱動產者，為前條所稱不動產以外之物（第六七條）。依此規定，凡非不動產者，即為動產，故不動產之意義，與物之意義關係重大，宜加注意。

不動產之出產物，於分離前為不動產之部分，不得獨立為物權標的，觀之下列各例甚明：

⑴物之構成部分，除有如民法第七九九條特別規定外，不得單獨為物權之標的物。未與土地分離之甘蔗，依第六六條第二項規定，為土地之構成部分，與同條第一項所稱之定著物，為獨立之不動產者不同，自不得單獨就甘蔗設定抵押權（院一九八八）。

⑵向土地所有權人購買未與土地分離之樹木，僅對於出賣人有砍伐樹木之權利，在未砍伐以前，並未取得該樹木所有權，即不得對於更自出賣人或其繼承人購買該樹木而砍取之第三人，主張該樹木為其所有（三二上六二三二）。

⑶系爭之三角藺草，縱使如上訴人所云，曾由其土地所有權人某甲於民國三十九年訂約，出租於上訴人收益，此項契約祇能認為買賣契約，未與土地分離之三角藺草，依第六六條第二項規定，係為土地之出產物，不得為單獨租賃之標的物（四二臺上一一一四）。

⑷耕地既被徵收，則地上樹木乃該耕地之部分，當然隨之附帶徵收，不因清冊內未記明附帶徵收而受影響（四九臺上二五〇七）。

定著物之範圍如何？通常依社會觀念定之。例如橋樑、牌坊一般認為定著物，而隧道、堤防則被認係土地之成分，兩者極難辨別。實例認為：「向人租地，敷設以人力推動臺車之輕便軌道，以其可以隨時拆除，非民法第六十六條第一項所稱之定著物，應視為動產。」（四八臺上一九七四），惟此說為大法官會議解釋所否定，依釋字第九十三號解釋：「輕便軌道除係臨時敷設者外，凡繼續附著於土地而達其一定經濟上之目的者，應認為不動產。」其說可供參考，但附有「非臨時敷設」，「繼續附著於土地」及「達其一定經濟上目的」三項條件，於實用上不免發生若干疑難。

動產與不動產區別之實益，在法律條文中，屢見不鮮，分別述之：

(1)債權人之遲延　有交付不動產義務之債務人，於債權人遲延後，始得拋棄占有（第二四一條）。

(2)不動產租賃之特則　租賃物為不動產者，因價值之昇降，當事人得聲請法院增減其租金（第四四二條）。不動產之出租人，就租賃契約所生之債權，對於承租人之物置於該不動產者，有留置權（第四四五條一項）。

(3)承攬人之法定抵押權　承攬人之工作為建築物或其他土地上之工作物，或為此等工作之重大修繕者，承攬人就承攬關係所生之債權，對於其工作所附之定作人之不動產，有抵押權（第五一三條）。

(4)受任人之特別授權　不動產之出賣或設定負擔，受任人須有特別之授權（第五三四條）。

(5)經理人之書面授權　經理人除有書面之授權外，對於不動產，不得買賣或設定負擔（第五五四條二項）。

(6)因時效或占有而取得權利　動產之取得時效，為期五年（第七六八條）；不動產之取得時效，分別依占有之初為善意或惡意，定其期間為十年或二十年（第七六九條，第七七〇條）；動產之受讓人占有動產，而受關於占有規定之保護者，縱讓與人無移轉所有權之權利，受讓人仍取得其所有權（第八〇一條）。

(7)物權之得喪變更　動產物權之讓與，依交付生效（第七六一條）；不動產物權之移轉，則以書面為必要，並須登記始能生效（第七六〇條，第七五八條）。

(8)設定擔保物權之方法　設定抵押權之標的，為債務人或第三人之不動產（第八六〇條）；質權設定，以債務人或第三人移交之動產為限（第八八四條）。

(9)占有取回之方法　占有物被侵奪者，如係不動產，占有人得於侵奪後，即時排除加害人而取回之；如係動產，占有人得就地或追蹤向加害人取回之（第九六〇條二項）。

⑽監護人之處分權限　監護人對於受監護人之不動產為處分時，應得親屬會議之允許（第一一〇一條）。

此外，民事訴訟法關於裁判之管轄（該法第一〇條）、強制執行法關於執行方法（該法第四五條以下及第七五條以下），皆因動產與不動產之不同，而有差異。

㈡主物與從物

凡物皆有主從之分，主物即為有獨立效用之物，從物即為附屬於主物而補助其效用之物。在商場交易中，關於主物之買賣與借貸或擔保時，須將附屬於主物之從物包括之，惟當事人亦得以其意思為任意之主張，故關於「處分權之歸屬」問題，為避免爭端，乃設主物與從物之規定。從物之意義，第六八條第一項規定：「非主物之成分，常助主物之效用而同屬於一人者，為從物。但交易上有特別習慣者，依其習慣。」故從物之要件為：①須非主物之成分，而為與主物相獨立之物，例如房屋之樑柱是。②須常助主物之效用，而非僅以補助一時為目的之物，例如鎖之於箱是。③須從物與主物同屬於一人所有，例如房屋與門窗須為一人獨有，始生主從關係。④須無相反之習慣，例如米袋之類，通常觀念上不得視為從物。

主物之處分及於從物（第六八條二項），是為區別主物從物實益之所在。故對主物為買賣或讓與之處分時，其處分行為之效力，當然一併及於從物。所謂處分者，當指法律上之處分而言，如讓與、租賃、提供擔保等均屬之。惟此並非強制規定，自得為相反之約定。

㈢其他之分類

1.**融通物與不融通物**　即以物之有無交易能力為標準，故能交易之物為融通物，不能交易之物，則為不融通物。通常之物，皆得為權利之客體，並得為交易之標的，此為融通物至明。而不融通物之情形有三：①公有物，國家或其他公共團體所有而使用於公共目的之物，即為公有物。但公有物之中，有以收益為目的，例如林班之木材、公地之竹類等物，仍得為交易之標的，成為融通物。②公用物，即供公眾使用之物，私人亦得占有，故與公有物不同。③禁止物，即依法律規定，在交易上受禁止之物，例如鴉片、嗎啡及偽造之新臺幣，均為不融通物，如以此為交易之標的，應屬無效。

2.**代替物與不代替物**　代替物為得以種類品質數量而定之物，例如米麥、水果之類。不代替物則為不容以種類品質數量代替之物，例如古董、房屋等項。此種區分，在債編中極為重要，故消費借貸及消費寄託二者，僅能以代替物為交易之標的。

3.**可分物與不可分物**　凡物不因分割而變更其性質或減少其價值者，即為可分物，例如米麥、布疋、紙張之類。其因分割而變更其性質或減少其價值者，則為不可分物，例如牛馬、字典、房屋皆是。區別可分物與不可分物，非無實益，如共有物之分割為可分物時，依自然之分析而分配之，若係不可分物，原則上須賣得價金分配（第八二四條）。數人負同一債務或有同一債權，而其給付可分時，以平均分受或分擔為原則（第二七一條）。如為不可分物，各債權人僅得為債權人全體請求給付，債務人亦僅得向債權人全體履行給付（第二九三條一項）。

4.**特定物與不特定物**　凡依當事人之意思，具體指定之物，即為特定物，例如某頭牛、某幅畫是。惟依當事人之意思，泛指某種品質或數量之物，則為不特定物，例如市區土地一甲、男子大衣十件是。此種區分，純依當事人主觀意思決之，與代替物或不代替物乃依通常交易觀念上決定者，並不相同。故特定物與不特定物，及代替物與不代替物之區別，似同而實異：前者依具體交易中之主觀而為決定，後者則依一般交易中為客觀之決定。故代替物雖常為不特定物，但亦不妨依當事人意思，成為特定物，例如金錢為代替物，而封緘金錢之寄託，則須返還原物，是為代替物而成特定物。又不代替物雖常為特定物，仍得依當事人之意思，而為不特定物，例如以不代替物為種類債權之標的是。

特定物與不特定物區別之實益，列述如左：

(1)種類之債，應以不特定物為標的；特定之債，則以特定物為標的（第二〇〇條）。

(2)物權須以特定物為標的，不特定物不得為物權之客體。

(3)給付為非特定物者，債務人應給付中等品質之物（第二〇〇條一項）。

(4)以給付特定物為標的者，於訂約時其物所在地，作為清償地（第三一四條一款）。

第三節　物之孳息

物之孳息者，由原物或原本產生之收益也。凡由原物產生之收益，是為天然孳息；由原本產生之收益，則為法定孳息。天然孳息未由原物分離者，為原物之構成部分，其已由原物分離者，成為獨立之物，其歸屬問題宜有規定，以防爭端。

一、天然孳息

天然孳息者，依物之用法所收穫之出產物也。第六九條第一項規定：「稱天然孳息者，謂果實、動物之產物，及其他依物之用法所收穫之出產物。」即指此而言，故天然孳息之要件如下：①須為果實。②須為動物之產物。③須為依物之用法所收穫之出產物。

天然孳息在未與原物分離以前，既為原物之一部，自不生收取問題，至其已與原物分離時，應歸何人取得？民法採「原物主義」。第七〇條第一項明定：「有收取天然孳息權利之人，其權利存續期間內，取得與原物分離之孳息。」依此而言，凡天然孳息一經與原物分離，則有收取其權利之人，當然取得所有權，無須更行占有。至於何人為有收取天然孳息權利之人，應就其分離時對於原物之法律關係定之。例如所有人（第七六五條），地上權人（第八三二條），永佃權人（第八四二條），質權人（第八八九條），典權人（第九一一條），留置權人（第九三五條），善意占有人（第九五二條及第九五四條），承租人（第四二一條），親權人（第一〇八八條），監護人（第一一〇一條），受遺贈人（第一二〇四條）等，於其權利存續期間內，取得與原物分離之孳息。

實務認為，有收取天然孳息權利之人，其權利存續期間內取得與原物分離之孳息（第七〇條一項），故有權收取天然孳息之人，不以原物之所有權人為限（五一臺上八七三）。又土地所有人本於所有權之作用，就其所有土地固有使用收益之權，但如將所有土地出租於人而收取法定孳息，則承租人為有收取天然孳息權利之人，在租賃關係存續中即為其權利之存續期間，取得與土地分離之孳息（四八臺上一〇八六）。

二、法定孳息

法定孳息者，因法律關係所得之收益也。第六九條第二項規定：「稱法定孳息者，謂利息、租金及其他因法律關係所得之收益。」是以法定孳息之要件如下：①須為利息或租金。②須為因法律關係所得之收益。此之所謂法律關係，泛指一切法律關係而言。例如契約行為，單獨行為或依法律之特別規定，均無不可。至法定孳息由何人取得？第七〇條第二項設有規定：「有收取法定孳息權利之人，按其權利存續期間內之日數，取得其孳息。」則此收取權人，則為租賃契約之出租人、消費借貸之貸與人或為其他債權人。故有收取法定孳息權利之人，於其權利存續期間中，可按日收取，如收取權利人前後不同，仍得按其收取權利存續期間之日數，而為收取。

第四章 法律行為

第一節 概說

人之社會生活，凡受法律所規律者，即為「法律關係」。考其所以須受法律之規律者，即因由此生活關係所生之效果，要非純賴道德習慣之力所能保障，尚須依據法律始克有效。故在法律關係中，對於一定之生活關係，須予法律之保障，使其發生一定之效果，此種效果，稱為法律效果，又曰「法律現象」。惟所以發生現象，則必有法律上規定之原因，此種原因，則為「法律事實」，而法律行為，即為法律事實之一種。

一、法律現象

法律現象者，由法律事實適用法規所生之結果也。考其內容，不止一端，不外權利之取得、變更與喪失三者。

㈠權利之取得

權利之取得者，權利附著於特定人之現象也，又稱「權利之發生」，情形如左：

1. **原始取得** 不基於他人既得之權利，而為獨立取得之權利。例如無主物之先占（第八〇二條），遺失物之拾得（第八〇七條），埋藏物之發見（第八〇八條），時效取得（第七六八條以下），動產之即時取得（第八〇一條)，添附取得(第八一一條)，皆其適例。

2. **繼受取得**　基於他人既得之權利，而取得權利，此種取得，以他人之權利存在為前提，因其繼受狀態之不同，得為如下之分類：

(1)移轉繼受與創設繼受　前者就他人既存之權利，不變更其內容，而為繼受取得，此時繼受人所取得之權利，完全相同，祇生主體之變更而已，例如所有權之讓與，債權之讓與皆是。後者就他人既存之權利，創設新權利，而為繼受取得，例如土地或房屋所有人，於其所有物上設定抵押權、地上權等是。

(2)包括繼受與特定繼受　前者基於一定原因，繼受取得前權利人全部或全部中之一部權利，例如繼承、包括遺贈、公司合併等是。後者則基於各個之原因，而繼受取得前權利人特定之權利，例如買賣、贈與等是。

法律上，區別原始取得與繼受取得，非無實益。在繼受取得，後權利人不能取得大於前權利人之權利，原始取得則否；在繼受取得，被繼受人所無之權利，繼受人不能取得，且被繼受人之權利有瑕疵或負擔時，繼受人之權利亦有此瑕疵或負擔，而在原始取得之情形，則不受此限制。

(二)權利之變更

權利之變更者，權利形態之變更也。凡不影響於權利之本質，僅變更其主體客體及內容之現象，即為權利之變更。情形有三：

1. **主體之變更**　權利祇變更其主體，如買賣行為，由原主移屬於後主。

2. **內容之變更**　權利之內容發生變更，如固有債權變為損害賠償請求權。

3. **客體之變更** 權利之客體發生變更，如選擇之債變為特定之債。權利變更時，縱將來之權利其性質有所變更，然仍不失為同一之權利，此與舊權利消滅新權利發生，其舊權利為各別之權利不同。故在權利之變更，惟與權利發生之時期有關，而於擔保權及其他從屬之權利，則不生影響，仍然存續。

(三)權利之喪失

權利之喪失者，權利脫離其主體也，亦稱「權利之消滅」。情形有二：

1. **絕對的喪失** 即權利本身歸於消滅，如因物之滅失而消滅其所有權是。

2. **相對的喪失** 即權利之移轉，其權利雖脫離其前主，尚有他人為其新主，如買賣之結果，就原主觀之，固為權利之喪失；然就新主觀之，乃為權利之取得，其權利本身，並不因此消滅，僅可謂為相對的喪失。

二、法律事實

法律事實者，發生法律現象之原因也。凡法律現象之發生，必有法規賦與其效果之事實，此種事實即為法律事實。故凡私權之得喪變更，必基於一定之原因，方能發生一定之結果，其結果即為法律上之變動，其原因則成為法律上之事實。

在原則上，法律事實自完成時起，對於將來發生效力；惟亦有依法律事實之性質溯及既往者，例如法律行為經撤銷者，視為自始無效（第一一四條一項）。經承認之法律行為，如無特別規定，溯及為法律行為時，發生效力（第一一五條）。選擇之債之效力，溯及於債之發生時（第二一二條）。契約解除之效力，當事人雙方應負回復原狀義務（第二五九條）。非婚生子女認領之效力，溯及於出生時（第一〇六九條）。繼承之拋棄，溯及於繼承開始時發生效力（第一一七五條）。

㈠法律要件與法律事實

法律要件者，法律賦與法律效力所必具之一切事實，亦即發生法律效果之生活關係，其中最主要者，厥為「人之行為」。人之行為中，有違法行為與合法行為之分，凡侵害他人權利須負賠償責任者，為違法行為；而合法行為中，又有三種：①契約行為，如買賣借貸是。②合同行為，如社團法人之設立是。③單獨行為，如捐助行為是。在法律要件中，有由單一事實構成者，如人之出生死亡，於其事實發生時，即具備法律要件。亦有由多數事實構成者，如契約之要約及承諾，其最後事實發生時，始行具備法律要件。

㈡法律事實之分類

1. 人之行為　通常可分為合法行為與違法行為二種：

⑴合法行為　是為法律所容許之行為，情形有二：

①法律行為　以意思表示為其要素之行為，例如債權人向債務人表示免除其債務（第三四三條），買賣當事人互為希望買賣之表示（第三四五條），其主要成分，常為意思表示。

②準法律行為　法律行為以外之合法行為，依其意識上之不同，分為三種：

a. 意思通知　行為人表示其意思於外部，而法律不問其意欲之效果，逕使發生一定之效力。例如請求承認之催告（第八〇條），選擇權行使之催告（第二一〇條二項），此等情形，不問行為人之意思如何，皆生法律上一定之效果。

b. 觀念通知　對於過去現在或將來之事實，行為人所有之觀念或認識之通知。因其不包含行為人之意思成分，故與意思通知有別。而法律對此無何意欲之通知，賦與法律上之效果，則與意思通知相同。例如承諾遲到之通知（第一五九條），債權讓與之通知（第二九七條）均是。

c. 感情表示　行為人表現一定感情之行為，例如具有離婚之法定原因時，夫妻之一方為感情之表示而加宥恕者是。

(2) 違法行為　是為法律所不容許之行為，如侵權行為、債務不履行等是。

2. 人之行為以外之事實　通常得分為事件與狀態二種：

(1) 事件　為具體之自然事實，如出生、死亡、標的物之消滅及天然孳息之分離。

(2) 狀態　為抽象之自然狀況，如心神喪失、生死不明、動產之附合。

第二節　通　則

一、法律行為之意義

法律行為者，以意思表示為要素之法律事實也。且法律行為乃法律事實之一種，係以意思表示為要素，而足生法律上效果之法律事實。故法律行為非基於意思表示，不得成立，但法律行為與意思表示非完全相同，祇不過法律行為以意思表示為其構成分子而已，例如債權人表示免除債務之意思（第三四三條），其本身原已構成法律行為，然其意思表示僅係構成法律行為之一個法律事實，可知法律行為與意思表示之範圍，非必一致。

在羅馬法上，法律行為之種類及其內容，皆有一定之限制，凡法律未規定之法律行為不得為之，法律已規定之法律行為不得變更其內容。此等限制，因社會變遷，甚感不便，乃產生「私法自治之原則」，是為法律行為之自由。適用最廣者，厥為債權法上之行為，至於物權與親屬法上之行為，強制規定較多，不得任由當事人左右，鮮有適用餘地。

二、法律行為之要件

㈠成立要件

1. 一般要件　法律行為之成立，須有意思表示，並以當事人為主體，具有其標的，故其一般要件為：①當事人。②標的。③意思表示。

2. 特別要件　在要式行為或要物行為，須履行一定方式或為物之交付，法律行為始能成立。

㈡有效要件

1. 必其法律行為之當事人，具備行為能力。

2. 必其所為之意思表示，並無任何欠缺與瑕疵。

3. 必其標的為確定、可能、適法而正當。

三、法律行為之分類

㈠單獨行為、契約及共同行為

1. 單獨行為　依一方當事人之意思表示而成立之法律行為，此種行為，僅須一方為意思表示，無須得相對人之同意，即可發生法律效力，此與契約須俟相對人承諾者有異。例如捐助行為、遺囑、債務免除、契約解除、承認與撤銷等是。

2. **契約** 依雙方當事人相互之意思表示一致而成立之法律行為，乃由二個以上意思表示構成，而此二個以上之意思表示，必須趨於一致，始能成立。例如債權契約（買賣、贈與），物權契約（抵押權之設定），身分契約（結婚、收養），皆其適例。

3. **共同行為** 多數當事人之意思表示一致而成立之法律行為，例如社團之設立，總會之決議皆是。契約行為與共同行為，均須有二個以上之意思表示合致，雖頗類似，實則不同：①契約係由二個以上趨向不同之表示而成立，共同行為則由二個以上同一趨向之意思表示成立。②契約之內容及效果，彼此相反而相成。共同行為之內容及效果，彼此相同而並行。

㈡債權行為、物權行為、親屬行為及繼承行為

1. **債權行為** 凡以發生債權債務之效果為要素之法律行為，即為債權行為，其情形有二：①單獨行為，如無因管理是。②契約，如買賣借貸是。債權行為，於其行為後，尚須有履行行為，始能達其目的，是為債權行為之特徵。例如買賣行為，使買受人取得請求交付標的物之權利，並負給付價金之義務，出賣人則因此負交付標的物之義務，及取得請求給付價金之權利（第三四八條一項，第三六七條）。

2. **物權行為** 凡使物權發生得喪變更之效果之法律行為，即為物權行為。亦有二種情形：①單獨行為，如所有權之拋棄。②契約，如質權之設定。物權行為，於其行為後，不須再有履行之問題，是為其特徵。除債權行為外，是否有物權行為之存在？學說固不一致，通說以債權行為僅能發生債之關係，物權上之變動則由物權行為而生，故認有物權行為之存在，觀之下列規定甚明：

⑴不動產物權，依法律行為而取得設定喪失及變更者，非經登記，不生效力（第七五八條）。

⑵動產物權之讓與，非將動產交付，不生效力（第七六一條一項）。

⑶讓與動產物權，而讓與人仍繼續占有動產者，讓與人與受讓人間，得訂立契約，使受讓人因此取得間接占有，以代交付（第七六一條二項）。

⑷讓與動產物權，如其動產由第三人占有時，讓與人得以對於第三人之返還請求權，讓與於受讓人，以代交付（第七六一條三項）。

債權行為與物權行為，性質雖各不同，但兩者常有關連，分述如下：

⑴物權行為與債權行為同時並存者，例如即時買賣是。

⑵先有債權行為，後有物權行為者，例如不特定物之買賣是。

⑶僅有債權行為，而無物權行為者，例如僱傭契約是。

⑷僅有物權行為，而無債權行為者，例如因不當得利而返還原物是。

3. 親屬行為　發生親屬關係變動之效果之法律行為，如結婚、收養、協議離婚等是。

4. 繼承行為　發生繼承關係變動之效果之法律行為，如繼承之拋棄、繼承人之指定皆是。

㈢要式行為與不要式行為

1. 要式行為　須依一定之方式始能成立之法律行為，有由於法律規定者，如結婚、遺囑是；有由當事人約定者，如不動產之買賣約定以書面為之。近代法律多採「方式自由之原則」，以不要式為原則，要式為例外。

2. 不要式行為　無須依一定方式即可成立之法律行為，一般而言，法律行為除法律有特別規定之外，以不要式為原則。

㈣要物行為與諾成行為

1. **要物行為** 於意思表示外，尚須以物之交付，始能成立之法律行為。例如使用借貸，因借用物之交付而生效力，若僅一方表示欲借，一方表示願貸，未為物之交付者，借貸契約並未成立。

2. **諾成行為** 僅以意思表示即能成立之法律行為，例如買賣行為，一方表示願買，一方表示願賣，契約即告成立，至標的物之交付，則為契約履行之問題，與契約之成立無關。

㈤有償行為與無償行為

1. **有償行為** 以財產給付為標的之法律行為中，凡有對價關係者，即為有償行為。例如買賣、互易、租賃、僱傭、承攬等是。此等行為，祇須有對待利益已足，其利益是否相等，則非所問。有償行為，準用關於買賣之規定（第三四七條），是為區別有償無償之實益。

2. **無償行為** 當事人一方無所給付而取得利益之法律行為，例如贈與、使用借貸及無利息之消費借貸皆是。在債務人所為之無償行為，有害及債權者，債權人得行使撤銷權，此與有償行為之撤銷權要件不同（第二四四條）。

㈥主行為與從行為

1. **主行為** 能單獨成立，而不以其他法律關係之存在為要件之法律行為，例如抵押權設定以債權存在為前提，則此債權即為主行為。

2. **從行為** 其成立以他種行為或他種法律關係之存在為前提之法律行為，例如夫妻財產制契約以婚姻之成立為前提，此項婚姻即為主行為。從行為對於主行為既有從屬關係，則從行為自受主行為之支配，其法律上之命運，應依主行為或主法律關係決之。

(七)生前行為與死後行為

1. **死後行為**　因行為人之死亡發生效力之法律行為，例如遺囑、遺贈等是。

2. **生前行為**　死後行為以外之一切法律行為，例如保證、贈與、僱傭皆是。

(八)要因行為與不要因行為

1. **要因行為**　凡為財產之給付，事實上須有給付財產之原因始能成立者，即為要因行為，通常之債權行為屬之。要因行為，如欠缺原因，則其行為無效。一般債權行為，多因而負擔給付之義務，均為要因行為，其所謂原因，即給付之目的如何？略而言之：①清償目的：以使既存債務消滅為目的。②與信目的：以使相對人負擔債務為目的。③贈與目的：以使相對人無償取得利益為目的。④定金目的：以支付定金為目的。故如買賣行為，其價金及標的物之給付，實以買賣為原因，如其原因實現不能，違反強制或禁止規定，或有背公序良俗者，則其法律行為為無效。

2. **不要因行為**　凡為財產之給付，不須有給付財產之原因亦得成立者，即為不要因行為，亦稱「無因行為」，通常之物權行為及票據行為屬之。不要因行為，其原因之有無，與行為自身之效力無關，故縱欠缺原因，亦不過僅生不當得利返還之義務（第一七九條）。其與要因行為不同者：

要因行為	不要因行為
①以財產上之給付為標的，而以給付之原因為要素之法律行為。	①單以財產給付為標的，而不以給付之原因為要素之法律行為。
②必有給付之原因（目的）。	②並無給付之原因。
③欠缺原因，即不得成立，其法律行為為無效。	③原因存否，不影響其效力，原因不存在時其行為仍有效，僅生不當得利問題。

法律所以區別法律行為為要因與不要因者，旨在保護交易之安全。換言之，即不要因行為對於該行為原因之有效存否，並無關係，例如甲簽發支票與乙，交付買賣價款（原因），其後縱甲乙間之買賣無效（原因不存在），該支票亦不因之而無效（即仍須付票款責任）。債權行為為原則上為要因行為，但票據行為乃其例外。物權行為原則上為不要因行為，但亦得依當事人意思，使之為要因行為。

(九)處分行為與負擔行為

1.**處分行為**　當事人間直接讓與標的物之法律行為，即為處分行為。例如標的物之交付行為，債權之讓與行為，皆此適例。此之標的物，實包含物及權利在內。

2.**負擔行為**　當事人僅因該行為而負有交付標的物之義務者，即為負擔行為。例如租賃契約，一方使之供給租賃物，一方使之交付租金。一般而言，負擔行為僅生交付之債務，本質上屬於債權行為，故為要因行為。而處分行為即為物權行為，直接以給付行為本身為標的，故為不要因行為。

四、法律行為之方式

法律行為之方式者，即法律行為之意思表示所使用之方法也。得分為法定方式與約定方式二種，法定方式之情形有二：①以使用文字為必要者，如不動產物權之移轉或設定，應以書面為之（第七六〇條）。②履行文字以外之一定方式者，如結婚應有公開之儀式及二人以上之證人（第九八二條）。當事人如以契約定明須用一定之方式者，則為約定方式，此種場合，在該方式未完成前，推定其契約不成立（第一六六條），此時當事人自得提出反證，變更其承諾或要約（院一二七八）。

第七三條規定：「法律行為不依法定方式者無效，但法律另有規定者，不在此限。」所謂不依法定方式者無效，例如為委任事務之處理，須為法律行為，而該法律行為，依法應以文字為之者，其處理權之授與，亦應以文字為之（第五三一條），如不依此方式，則其處理權之授與，應歸無效。

五、法律行為之標的

法律行為之標的者，當事人依其法律行為所欲發生之事項也。法律行為以標的之存在為其要件之一，而標的之情形有三：

㈠標的須可能

指法律行為之內容，有實現之可能而言。如其標的不能實現，則法律行為為無效。標的不能而致法律行為無效者，僅指客觀的自始不能而言，他如主觀的嗣後不能，均屬給付不能，法律行為仍然有效，僅發生債務人得否免給付義務，債權人能否請求損害賠償之問題（第二二五條，第二二六條參照）。

標的不能之效力，民法未設一般規定，惟對於契約標的不能則有明文，依第二四六條第一項：「以不能之給付為契約標的者，其契約為無效。但其情形可以除去，而當事人訂約時並預期於不能之情形除去後為給付者，其契約仍為有效。」可解為一般法律行為標的不能之參考。

㈡標的須確定

法律行為之標的，於成立時須已確定或可得確定。所謂確定乃對不確定而言，通常不確定之情形有二：①法律行為之範圍全無限制，任由當事人一方自由定之者，如甲允許乙為一切請求是。②法律行為之範圍業已確定，惟其內容未具體確定者，如甲允贈乙鋼筆或毛筆一支是。通常所稱標的之不確定，專指前者而言，蓋在後者仍屬可得確定，而非不確定也。法律行為之標的，在法律行為成立當時未經確定，或嗣後無從確定者，其法律上之效力無由實現，自屬無效。

㈢標的須合法

1.不違反強行法規

法律規定中，原有強行規定與任意規定二種。強行規定為不問當事人之意思如何，必須適用之法律規定，物權親屬及繼承類多屬之。任意規定，則得由當事人之意思表示，排除其適用之法律規定，債權多屬於此。

⑴強行規定，可分二種：①強制規定，即命令其為某行為之法律規定，如法人須設董事（第二七條一項）。②禁止規定，即命令其不為某行為之法律規定，如權利能力及行為能力，不得拋棄（第一六條），自由不得拋棄（第一七條）。權利之行使，不得違反公共利益，或以損害他人為主要目的（第一四八條一項）。行使權利，履行義務，應依誠實及信用方法（同條二項）。法律行為違反強行規定之效力若何？民法設有明

文，即依第七一條：「法律行為，違反強制或禁止之規定者無效。但其規定並不以之為無效者，不在此限。」例如與人約定，縱為侵權行為，亦不負損害賠償責任，此項約定，應屬無效。惟法律設有規定並不以之為無效時，則仍有效，故如第九八一條未成年人結婚應得法定代理人之同意，此為強制規定，縱有違反，祇得撤銷而已（第九九〇條），並非當然無效。例如典權約定期限不得逾二十年，此乃強行規定，但違反之，其法律行為並非無效，因逾二十年者，縮短為二十年即是（第九一二條）。又訴訟上之和解成立者，固與確定判決有同一之效力（民事訴訟法第三八〇條一項），惟此項和解亦屬法律行為之一種，如其內容違反強制或禁止之規定者，依第七一條規定仍屬無效（五五臺上二七四五）。至何種法律行為構成違法之內容？依法律性質定之：

①親權、繼承及婚姻關係之身分法規，因關係社會公益至大，故多為強行規定。

②物權之種類及內容，直接關係第三人之利害，亦屬強行規定。

③暴利行為之禁止，流質契約之禁止及自由之拋棄，侵權行為等項，皆本於保護一定利益之旨趣，故為強行規定。

④訴訟費用之規定，注重國家之利益，仍屬強行法規。

(2)任意規定　情形有二：①補充規定，即於當事人無特別意思表示時，補充其意思之法律規定，如法人解散後，除章程有特別規定或總會另有決議外，其財產之清算，由董事為之（第三七條）。②解釋規定，即於當事人之意思表示不明時，解釋其意思之法律規定，如關於一定之數量，同時以文字或號碼表示者，其文字與號碼有不符合時，如法院不能決定何者為當事人之原意，應以文字為準（第四條）。

脫法行為（亦稱避法行為），是否有效？學者主張間有不同。通說認為脫法行為，實係利用迂迴方法巧避法律強制或禁止規定之行為，故非直接違反禁止規定，而依他種迂迴方法，使與被禁止之法律規定發生同一效果。情形有二：

①如其禁止規定，在於禁止目的，則手段雖不違法，仍屬無效。例如債權人以折扣或其他方法巧取利息限制以外之利益（第二〇六條），或債務人就其扶養請求權與債權人訂立契約，委任債權人代領養老金抵充債務，以避免養老金不得讓與之禁止皆是。

②如其禁止規定，僅在於禁止手段，則手段若不違法，即不能認為無效。例如流質契約，依第八九三條第二項雖加禁止，惟債務人以債權擔保之目的，信託的移轉動產所有權，則仍有效。因其禁止，僅限於以質權設定之手段為之故也。

2. **不背於公序良俗**

法律行為之內容，有雖未違反強行法規，而違反一般的秩序或道德觀念者，該法律行為亦應解為無效。蓋法律行為在法律制度上，並非承認個人一切意思活動，皆為絕對有效，惟在適當範圍內始為有效，故其內容須於公共秩序或善良風俗上認為適當者，方能有效，此為法律行為之目的，須合於社會性之法理也。

法律行為，有背於公共秩序或善良風俗者無效（第七二條）。所謂法律行為乃指法律行為本身背於公序良俗之情形而言，至構成法律行為要素之意思表示，如因被脅迫所為時，依第九二條僅得由表意人撤銷其意思表示，並非當然無效（六〇臺上五八四）。此之所謂公共秩序，係指國家社會之一般的利益而言；所謂善良風俗，則指社會之一般的道德觀念而言，二者有時極難區別，欲列舉公序良俗之具體的內容，在事實上似不可能，僅能抽象定其適用之準則，分述如次：

(1)違反人倫者　例如與人約定若與其配偶離婚，則與之結婚，此種契約，自可認為違反人倫道德，應為無效。

(2)違反正義觀念者　例如以告發為威脅犯罪人之手段，約定給付金錢報酬之對價，而得不正利益之契約，係不正行為，應為無效。

(3)顯然射倖性者　一方偶然獲得利益，同時為他方偶然之損失者，即為違反社會性，例如賭博契約，不能認為有效。

(4)有礙國民經濟者　例如贈與他人土地，而附以永久不得出賣之條件，則有損一般經濟上之利益，應認其為無效。

法律行為之動機，如有違反公序良俗，是否因之無效？學者間尚有爭論。所謂動機，乃法律行為之遠因，亦即當事人為法律行為之原因，故動機又稱「原因之原因」。同一種類之法律行為，其標的恆為一定，而其動機則千差萬別，此之所謂違反公序良俗，乃專指法律行為之標的而言，而動機並非法律行為之標的，故法律行為僅其動機違反公序良俗，尚非當然影響於法律行為之效力，故如為殺人而購刀，其購刀之動機雖在殺人，然購刀行為不失為有效。且動機存於人之內心，非他人於外部可得窺知，為維持交易之安全，不應影響於法律行為之效力。但有例外：

(1)如以動機為條件，則動機已成為法律行為之內容，如其不法，應為無效。例如明知用於賭博而貸與金錢，係以賭博為條件而貸與金錢，則貸與賭博用之金錢，可視為法律行為之內容，自應無效。

(2)不以動機為條件，則動機未能構成法律行為之內容，對法律行為之效力，則不生影響。但非以之為條件，如已經表示於外而為相對人所明知者，仍構成法律行為內容之違法，例如租屋以開設賭場為條件，並為他方知悉，則其租賃契約應為無效。

3.須非顯失公平

法律行為，係乘他人之急迫輕率或無經驗，使其為財產上之給付，或為給付之約定，依當時情形，顯失公平者，法院得因利害關係人之聲請，撤銷其法律行為，或減輕其給付（第七四條一項），是為「暴利行為」。此種顯失公平之行為，亦係違背善良風俗，本應無效，惟以其涉及整個社會利益者少，關係當事人利害者大，故定為並非無效，僅得由利害關係人聲請法院撤銷其行為或減輕其給付。所謂聲請撤銷，如非訟事件法別無規定時，應提起形成之訴，此項聲請，應於法律行為後一年內為之（同條二項），係一種除斥期間，過此撤銷權因期間之經過而消滅。暴利行為之適用，僅以財產給付為限，身分上之行為，關係公益，自無此適用，故如訂立兩願離婚契約，縱有上述顯失公平情形，亦不得據此請求撤銷。

第三節　行為能力

行為人須有行為能力，乃法律行為一般的有效要件之一；民法上所謂行為能力，指法律行為能力而言，故一時之無意識或精神錯亂，並不當然失其行為能力，惟為有效之意思表示，則仍須有識別能力。

一、無行為能力人

未滿七歲之未成年人及禁治產人，均無行為能力（第一三條一項，第一五條），此種無行為能力人之意思表示無效。雖非無行為能力人，而其意思表示係在無意識或精神錯亂中所為者亦同（第七五條）。故無行為能力人不問其實際上有無意思能力，其於財產上之一切行為，概屬無效。縱其法律行為，已得法定代理人之允許或承諾，亦不發生何種效力，是以自為或自受意思表示，解釋上蓋屬無效。惟身分上之行為，多設特別規定，宜排除而適用，例如：①禁治產人於結婚時受禁治產之宣告，於回復常態後，得為完全之婚姻，如在無意識或精神錯亂中為之者，其婚姻亦非無效，祇得撤銷（第九九六條）。②禁治產人於訂立、變更或廢止夫妻財產制契約，應得法定代理人之同意（第一〇〇六條）。③無行為能力人不得為遺囑（第一一八六條一項）。

無行為能力人，由法定代理人代為意思表示，並代受意思表示（第七六條）。所謂法定代理人，於未成年人，為行親權之父母及監護人（第一〇八六條，第一〇九八條）；於禁治產人，則為監護人（第一一一三條）。又法定代理人代為或代受意思表示，祇有代理權，而無能力補充權，蓋代理行為，係以代理人之意思為基礎，能力之補充，則以本人之意思為基礎，而無行為能力人本人，法律不認其有意思能力故也。法定代理人既祇有代理權，則其所代理者自以財產上之行為為限，身分上之行為不能代理。

無行為能力人之法定代理人，與限制行為能力人之法定代理人，雖各有代理權，但權限互有不同。前者僅有代理權，而無能力補充權；後者則有代理權，兼能力補充權。故限制行為能力人如得法定代理人之允許，尚得自為法律行為；而無行為能力人之法律行為，必須法定代理人完全代理，方生效力。

二、限制行為能力人

滿七歲以上之未成年人，有限制行為能力（第一三條二項）。限制行為能力人之意思能力，既非充足，亦非全無，故法律予以有限制之行為能力。

㈠限制行為能力人能力之補充

1.原則須得法定代理人之允許

限制行為能力人為意思表示及受意思表示，應得法定代理人之允許（第七七條前段）。所謂允許，為事先之意思能力之補充。法定代理人有允許限制行為能力人自為或自受意思表示之權限，是曰允許權。其對限制行為能力人自為而未經允許之契約，有與以承認之權限，則為承認權，二者性質並不相同：

⑴允許　允許在補充限制行為能力人意思之欠缺，其法律行為之當事人，仍為限制行為能力人，而非法定代理人。且允許為意思表示之一種，係有相對人之單獨行為，應適用關於法律行為及意思表示之規定。又允許之範圍，限於財產上之行為，原則上不及於身分上之行為，但有例外。例如未成年人訂定婚約及結婚，應得法定代理人之同意（第九七四條，第九八一條），監護人與受監護人結婚，經受監護人之父母同意始為有效（第九八四條），夫妻財產制契約之訂立、變更或廢止，當事人如為未成年人，應得法定代理人之同意（第一〇〇六條），夫妻兩願離婚，如為未成年人，應得法定代理人之同意（第一〇四九條）等是。

⑵承認　承認在補充限制行為能力人意思欠缺，此與允許同。惟允許係在事前為之，承認係在事後為之；允許無一定範圍之限制，承認則僅限於契約而已。承認屬於有相對人之單獨行為，應以意思表示為之，並適用關於法律行為及意思表示之規定。

允許與承認之異同：

(1)同點：

①在補充限制行為能力人意思之欠缺。

②均為意思表示，適用關於意思表示及法律行為之規定。

③非要式之行為，並為有相對人之單獨行為。

(2)異點：

允許	承認
①於事前為之，為能力之補充。	①於事後為之，乃效力之補充。
②效力發生於法律行為成立之時。	②效力發生於法律行為成立之後。
③無一定範圍之限制。	③惟於契約行為方有適用。
④無溯及效力。	④如無特別規定，則有溯及效力。
⑤允許撤回後，法律行為非當然無效。	⑤未得允許之契約，相對人得為催告。

2.例外無須得法定代理人之允許

限制行為能力人關於財產上之行為，雖以得法定代理人之允許為原則，但有左列情形之一者，則為例外：

(1)因純獲法律上利益之行為　限制行為能力人純獲法律上利益之行為，無須得法定代理人之允許（第七七條但書）。是否純獲法律上之利益，應依其法律行為之性質決之，非以經濟上之利益為準，故凡屬雙務契約、有償契約及抵銷行為等，雖獲經濟上之利益，均不得單獨為之。可資適用者為：①單純贈與之承認（第四〇六條）。②單純遺贈之承認（第一二〇七條）。③債務免除之接受（第三四三條）。④單純義務契約之解除或終止（第二五八條，第二六三條）。⑤第三人利益契約享受利益之表示（第二六九條二項）。此種行為，限制行為能力人，得獨立為之，蓋以其對於限制行為能力人有益無損故也。

⑵因日常生活所必需而為之行為　限制行為能力人，依其年齡及身分，日常生活所必需之法律行為，無須得法定代理人之允許（第七七條但書）。例如購買鉛筆零食之類，得獨立為之，以期實際上之便利。

⑶因法定代理人允許處分財產而為之行為　法定代理人允許限制行為能力人處分之財產，限制行為能力人，就該財產有處分之能力（第八四條）。此之所謂法定代理人之允許，係指為使限制行為能力人所為之特定行為有效，於其行為前表示贊同其行為之意思而言，故此項允許之意思表示，應對於限制行為能力人，或與之為法律行為之相對人為之，始生效力（四八臺上六六一）。所謂處分行為者，係指對其財產上之權利，得為變更消滅或限制之法律行為而言，故就該財產得為管理或保存及改良行為，其處分前提之債權行為，亦得為之。例如父母以一定金錢交與未成年人為機車修理費用，則未成年人即可本此目的而為自由處分。

⑷因法定代理人允許營業而為之行為　法定代理人允許限制行為能力人獨立營業者，限制行為能力人，關於其營業，有行為能力（第八五條一項）。蓋限制行為能力人，年齡漸長，每有自謀生計而獨立營業必要，故設此明文，以免煩擾。本條之允許，與第七七條及第八四條之允許，用意未盡相同，前者因與關於其營業有行為能力一語比照觀察，無復代理權可言；後者之法定代理人除補充限制行為能力人能力外，尚有法

定代理權，應加分辨。

限制行為能力之人，就其營業有不勝任之情形時，法定代理人得將其允許撤銷或限制之，但不得對抗善意第三人（第八五條二項）。本條項之撤銷及限制，均為單獨行為，須由法定代理人向限制行為能力人以意思表示為之。此之所謂撤銷，非以意思表示之瑕疵為原因，而以營業有不勝任之情形為原因，故與一般撤銷之效果不同。蓋一般撤銷之效果，視為自始無效（第一一四條），係因撤銷而生溯及效力；此之撤銷，則性質上不許生溯及效力，應自撤銷時起，對於將來發生效力。

3. 未得法定代理人允許之效力

⑴單獨行為未得允許者無效　限制行為能力人，未得法定代理人之允許，所為之單獨行為無效（第七八條）。不問為有相對人之單獨行為（如契約解除、債務免除），或無相對人之單獨行為（如捐助行為），要皆行為人受有損失，為保護限制行為能力人之利益，自應使之無效。蓋以單獨行為，為由行為人一方意思表示即可成立之行為，相對人原未參與其行為，縱令無效，相對人仍處於原來之狀態，不致有何積極之不利益也。

⑵契約行為經承認者有效　限制行為能力人，未得法定代理人之允許，所訂立之契約，須經法定代理人之承認，始生效力（第七九條）。蓋以契約行為係由雙方當事人之意思表示合致而成立，相對人已積極參與其行為，如使之無效，對於相對人未免受有不測之損害，故須得法定代理人嗣後承認，始生效力。此種承認，不僅法定代理人在事後得能為之，即限制行為能力人於限制原因消滅後，承認其所訂立之契約者，其承認亦與法定代理人之承認有同一效力（第八一條一項）。此之所謂「限制原因消滅」，指未成年人已成

年或結婚而言。

限制行為能力人所為之法律行為，除單獨行為與契約外，尚有合同行為。第七八條規定單獨行為無效，第七九條規定契約須經法定代理人之承認始生效力，設為合同行為，其效力如何？法無明文。依第七九條類推適用，應解為係效力未定之行為，即限制行為能力人未得法定代理人之允許所為之合同行為，須經法定代理人之承認，始生效力。

第七八條之無效，為絕對無效，不得依法定代理人之承認，使之變為有效。於限制原因消滅後，對此行為承認，亦祇能視為新行為，不生溯及既往效力。而第七九條為效力未定，非絕對無效，不過尚未發生效力而已，如經承認，除有特別規定外，溯及為法律行為時發生效力（第一一五條）。

民法上關於「允許」之用語甚多，各有不同之用意。第七七條、第七八條、第七九條及第八四條之允許，其內容相同，係補充限制行為能力人之能力，並有法定代理權。而第八五條之允許，則在擴張限制行為能力人之能力，即於允許之營業範圍內，將就限制行為能力人之行為能力所加之限制除去之，並非就營業範圍內之法律行為為概括之允許，二者在性質上，稍有不同。

㈡相對人之保護

限制行為能力人，未得法定代理人允許而為單獨行為時，民法定為無效，則法律行為之運命即已確定。惟限制行為能力人未得允許所訂之契約，欲其發生效力，尚有待於限制行為能力人之法定代理人或本人之承認，將使法律行為之效力陷於不確定之狀態，相對人勢必因此蒙受不利，為保護相對人之利益，乃設催告及撤回之規定，以救濟之。

1.**催告**　限制行為能力人未得法定代理人之允許而訂契約時，其相對人得定一個月以上之期限，催告法定代理人是否承認（第八〇條一項）。又限制行為能力人於限制原因消滅後，尚未自行承認未經允許所訂之契約以前，其相對人亦得向本人為同一之催告（第八一條二項）。如法定代理人或本人不於所定期限內為確答時，視為拒絕承認（第八〇條二項）。分述如左：

⑴催告之性質　催告為要求他人確答是否承認之意思通知，性質上為準法律行為。此種准許相對人行使催告之權利，即為「催告權」，乃為形成權之一種，使由催告發生法律上之效果，故應準用關於法律行為及意思表示之規定。

⑵催告之要件　催告須具下列要件：①須定一個月以上之期限。②須於未經承認前，向法定代理人為之；或於限制能力之原因消滅後，向其本人為之。③應表明確答是否承認之意旨。

⑶催告之效力　受催告人如為承認之確答，其法律行為自始有效，若拒絕承認則其法律行為自始不發生效力。故催告之效力有二：①催告本身發生之效力，準用第九四條及第九五條規定，以受催告人了解時，或通知到達時發生效力。②因催告而發生之效力，於受催告人不為確答時，視為拒絕承認，該契約即確定為自始不生效力。

2.**撤回**　限制行為能力人所訂立之契約，未經承認前，相對人得撤回之。但訂立契約時，知其未得有允許者，不在此限（第八二條）。此之撤回，實係撤銷之意。因撤回係對尚未發生效力之行為，防止其效力發生之行為；而撤銷則係對於業已生效之行為，使溯及的失效故也。分述如左：

⑴撤回之性質　乃相對人使已生效力之要約或承諾，自始無效之意思表示。性質上為意思表示，此種

准許相對人有撤回之權利，即為「撤回權」，乃形成權之一種，即因權利人一方之意思表示，即可發生效力，應適用關於意思表示及法律行為之規定。

⑵撤回之要件　撤回須具下列要件：①須在契約未經承認前為之。②須相對人在訂立契約時，不知其未得允許。相對人之不知，有無過失，則非所問。故相對人如為善意，則催告權及撤回權兼而有之，若係惡意，僅有催告權而無撤回權（第八二條但書參照），蓋已知未得允許，仍願與之訂約，是其甘受效力不確定之不利益，自無保護必要。

⑶撤回之效力　未得允許所訂之契約，在其未經承認以前，要約及承諾之效力尚係存續，故所謂撤回契約，實指撤回契約之要約及承諾而言，此與通常契約之由要約及承諾一致時，要約及承諾之效力即歸消滅，不能再行撤回之情形有異。

催告與撤回之同異點：

⑴同點：

①同為形成權，並向法定代理人或限制行為能力人本人行使。

②相對人須為善意，並為限制行為能力人未經法定代理人允許而訂立契約。

⑵異點：

催告	撤回
①意思通知，為準法律行為，準用關於意思表示及法律行為之規定。	①意思表示，為法律行為，適用關於意思表示及法律行為之規定。
②要求他方確答是否承認之「知」的表示行為。	②對未生效力之行為，防止其發生效力之「意」的表示行為。
③須定一個月以上之期限而為催告。	③須在契約未經承認前行使撤回權。
④相對人善意與否，可以不問。	④須相對人於訂約時，不知未得允許。
⑤如為承認之回答，其法律行為自始有效。	⑤一經撤回，即阻止法律行為效力之發生。

㈢強制有效之行為

限制行為能力人，用詐術使人信其為有行為能力人，或已得法定代理人之允許者，其法律行為為有效（第八三條）。在此情形，限制行為能力人未得有法定代理人之允許，但既能使用詐術，則對於一切法律行為，已能權衡利害，其意思能力自非薄弱，此時原無保護必要，而相對人轉有保護必要，即不論其為契約或單獨行為，亦不問是否得有允許或承認，概不得為無效之主張，是為法律行為強制有效之規定。

1.強制有效之要件

⑴須限制行為能力人出於故意　即使人信其為有行為能力人，或已得法定代理人允許之故意，惟此故意祇須就該法律行為存在已足，對其他法律行為有無故意，可以不問。例如提出偽造經父母允許之書信，

其有無偽造書信之故意，與此之故意無關。

(2)須限制行為能力人曾用詐術 所謂詐術，即指具體事實上曾用積極詐欺手段而言。例如提示偽造之結婚證書，使相對人誤信其為有行為能力人。

(3)須因相對人誤信而為法律行為 必相對人因誤信其為有行為能力人，或已得允許而為法律行為，始能適用本條之規定。

2.強制有效之效力

(1)限制行為能力人如用詐術，使人信其為有行為能力人，或已得法定代理人之允許，則所為之法律行為，應使之有效；其相對人得依第九三條規定，撤銷自己之行為，或依情形以侵權行為為理由請求損害賠償。

(2)法律行為既自始有效成立，則限制行為能力人自不得主張該行為為無效；相對人亦不得表示撤回，尤不須行使催告。

第四節 意思表示

一、意思表示之概念

對於外界，表彰法律行為上之意思之行為，謂之意思表示。自表意人為意思表示之過程言之，必先有一定之動機，次有目的意思，次有法效意思，次有表示行為，而意思與表示之間復有一定之連絡，然後意思表示始能成立。

(一)意思表示之成立要件

1. 目的意思

目的意思者，對於經濟上一定效果之慾望也，例如金錢之贈與是。目的意思，既為意思表示之內容，則意思表示之成立，自以有目的意思為必要，故如內心全然欠缺目的意思，或外表上全然欠缺目的意思，則非意思表示無效之問題，而為意思表示不成立之問題。目的意思，實際上必由一定動機而生，動機之如何，直接無關於意思表示之成立，惟動機含有錯誤時，則為效力意思之瑕疵，不得成立完全有效之法律行為。

2. 法效意思

法效意思者，欲於目的意思附以法律上效果之意思也。就其發生之次序言之，先有目的意思，後有法效意思，且一為經濟的意思，一為法律的意思。法效意思，在對於目的意思附以法律上之效果，乃契約及單獨行為所同有之要件，法律行為別於道德行為及有私法上自治之性質者，其故在此。例如乘坐火車搬運行李，如僱人為之，則生法效意思，故法效意思，必表彰於外部，為法律事實之一部，但在事實上不明示其法律效果者，事所恆有，例如乘坐火車未表明負擔車費是。

3. 表示行為

表示行為者，以目的意思及法效意思置於他人可以認識之狀態之行為也。意思表示，須有表示行為，且此表示行為，須為自由自覺之動作，故如遺失之信件，雖偶然入於受信者之手，然非遺失人之意思表示，蓋以其欠缺表示行為也。

㈡意思表示以外之合法行為

意思表示以外之合法行為，通常稱為「準法律行為」。其與法律行為，均為以內部之意思表達於外部之行為，二者之區別，在前者不以有法效意思為成立要件，從而由此所生之法律效果，為由法律當然發生，無須行為人意思之參加；而後者則以法效意思為其成立要件，故其所生法律上之效果，為由行為人之意思所發生。準法律行為之情形有三：

1. **意思通知**　此種行為與法律行為全無以異，唯一之不同，乃在法效意思之有無。蓋意思通知為法效意思以外之意思表示，例如承認之催告（第八〇條一項），承認之拒絕（第一七〇條二項），通姦之同意（第一〇五三條），一經有此表示，即生法律上之效力，但此效力，非因表意人之意思而發生，而為法律規定當然之結果。

2. **觀念通知**　為行為人對於某種事實之觀念或認識為通知之行為，例如債權讓與之通知（第二九七條），承諾遲到之通知（第一五九條一項），召集總會之通知（第五一條），此種行為並無法效意思，與法律行為微有不同。

3. **感情表示**　為表示一定感情之行為，例如宥恕（第一〇五三條，第一一四五條二項），不以具有法效意思為要件，此點亦與法律行為稍有差異。

二、意思與表示之不一致

意思表示，原為以內部之意思表示於外部之行為，則其外部之表示與內部之意思應相一致，如其不一致時之效力如何？論者見解不一：①意思主義，應以內部之意思為準。②表示主義，應以外部之表示為準。③折衷主義，應視情形之不同，折衷於二者之間。自一般交易之安全，及以表示行為為中心而觀察意思表示之本質時，仍以採取以表示主義為原則，而折衷於意思主義，較為妥當。

意思與表示之不一致，有二種情形：

⑴表意人知其不一致者（即故意之不一致），如真意保留及虛偽表示，適用第八六條及第八七條之規定。

⑵表意人不知其不一致者（即偶然之不一致），如錯誤及誤傳，適用第八八條至第九〇條之規定。

㈠故意之不一致

1.真意保留

真意保留者，表意人無欲為其意思表示所拘束之意思表示也，亦稱「非真意表示」或「單獨虛偽表示」。例如表意人本欲出賣甲地，而故意表示出賣乙地是。此種意思表示，雖缺乏法效意思，但不因之無效。

⑴真意保留之要件

表意人無欲為其意思表示所拘束之意，而為意思表示者，其意思表示不因之無效（第八六條）。故其要件有三：①須有意思表示之存在。②須表示與真意不一致。③須表意人自知其表示與真意不一致。至於表意人之動機，究係出於欺罔？抑係出於戲言？皆非所問。

⑵真意保留之效力

①原則為有效　表意人無欲為其意思表示所拘束之意而為意思表示者，其意思表示不因之無效（第八六條），蓋所以維護相對人之利益，而策交易之安全故也。所謂不因之無效，即不得以心中保留為理由，主張其意思表示之無效或可得撤銷。實務認為，第八七條所謂通謀為虛偽意思表示，乃指表意人與相對人互相故意為非真意之表示而言，故相對人不僅須知表意人非真意，並須就表意人非真意之表示相互為非真意之合意，始為相當，若僅一方無欲為其意思表示所拘束之意，而表示與真意不符之意思者，尚不能指為通謀而為虛偽意思表示（六二臺上三一六）。此因表意人雖無欲為其意思表示所拘束之意，而相對人仍信其有受拘束之意者，其意思表示仍屬有效，蓋以維持交易之安全也。

②例外為無效　第八六條但書：「但其情形為相對人所明知者，意思表示無效。」蓋相對人既已明知表意人為非真意，自無保護必要。本條但書，於有相對人之意思表示，固應適用。如無相對人之單獨行為，例如私生子之認知，所有權之拋棄，縱無相對人亦應適用。又依此例外規定而為無效時，能否對抗善意第三人？由第八七條之類推適用，可解為不得以其無效對抗善意第三人。

⑶真意保留之舉證責任

相對人主張意思表示為有效時，僅須證明有意思表示之存在，不須證明真意保留之不存在；如係表意人主張意思表示為無效時，不僅須證明真意保留，且須證明相對人明知其非真意。

2. 虛偽表示

虛偽表示者，表意人與相對人通謀，所為非真意之意思表示也，亦稱「通謀虛偽表示」。虛偽表示之特質，在當事人間欠缺法效意思，例如債務人為免其財產之被扣押，而與相對人通謀，假裝讓與，以之為名義上之所有人，因此種情形多以契約行之，惟不以加損害於他人或自得利益之意思為必要。故虛偽表示決不因其動機之不同，而異其效力。

⑴虛偽表示之要件

表意人與相對人通謀而為虛偽意思表示者，其意思表示無效（第八七條一項前段）。故其要件有四：①須有意思表示之存在。②須表示與真意不一致。③須表意人自知其不一致。④須表意人與相對人通謀。前三項與真意保留相同，後一項則為虛偽表示特有之要件。

⑵虛偽表示之效力

①當事人間之效力　任何一方當事人皆得主張無效，即令第三人主張為有效，當事人間亦不因之為有效，蓋在此情形無賦與法律拘束之必要也。此種行為有害於債權人之權利時，債權人祇須主張其無效，以保全自己之權利，因非第二四四條所謂債權人得聲請法院撤銷之債務人行為，故無聲請法院撤銷之必要（六九臺上三九二〇，七〇臺上二二四二）。假裝買賣係由雙方通謀所為之虛偽意思表示，依民法第八七條第一項之規定當然無效，並非得撤銷之行為，不得謂未撤銷前尚屬有效（二七上三一九五）。又第八七條第一項所謂通謀虛偽意思表示，係指表意人與相對人雙方故意為不符真意之表示而言，若僅一方無欲為其意思表示所拘束之意而表示與真意不符之意思者，即難指為通謀而為虛偽意思表示（五〇臺上四二一）。因之，虛偽買賣乃雙方通謀而為虛偽意思表示，依第八七條第一項規定，其買賣當然無效，與得撤銷之法律行為經撤銷始視為自始無效者有別。故虛偽買賣雖屬意圖避免強制執行，但並非第二四四條所謂債權人得聲請法院撤銷之債務人行為，即故在此（五〇臺上五四七，五二臺上七二二）。

②及於第三人之效力　對於第三人之效力如何，第八七條第一項但書設有明文：「不得以其無效對抗善意第三人」，所謂第三人，指虛偽表示之當事人及其一般的或特定的繼受人以外之人而言。善意與否，即知與不知之謂。不得對抗者，指當事人不得對於第三人主張其為無效，至第三人主張有效無效與否，則屬自由，不受若何限制。虛偽表示之當事人，得以合意撤回其虛偽表示，但不得以其撤回對抗善意第三人，以免第三人蒙受不測之損失。

第三人之知與不知，以何時為準？通說認為應依第三人與其虛偽表示之效力發生利害關係時決之：

a. 虛偽表示之成立，在第三人發生關係之先者，第三人祇須於發生關係之時，係屬不知，即為善意。例如甲偽將土地讓與於乙，丙不知而由乙買去之時是。

b. 虛偽表示之成立，在第三人發生關係之後者，第三人祇須於虛偽表示成立時，係屬不知，即為善意。例如債務人乙對於債權人丙負債在先，甲虛偽受讓乙之土地在後之時是。

③及於公署行為之效力　其情形如左：

a. 公署行為有創設效力時，公署之行為，不因當事人間之虛偽行為而受影響。例如法院對於虛偽訴訟之判決，不因其為虛偽訴訟而無效是。

b. 公署之行為與當事人之行為相合而成為法律事實，或當事人間所成立之行為惟告知公署，則公署行為之效力，應受虛偽表示之影響，例如虛偽行為之登記是。

實務上尚有左列問題可供參考：

①債權人以債務人與第三人通謀而為虛偽意思表示，將其所有不動產為第三人設定抵押權時，僅以

第三人為被告訴請塗銷即可，無贅列債務人為對造之必要（六九臺上一二三三）。

②債務人與第三人通謀移轉其財產權，其目的雖在使真正債權人之債權無法行使，而負債務不履行之責任，但債務人處分自己之財產，原得自由為之，不得謂為故意不法侵害債權人之權利。債權人如本於侵權行為訴請塗銷登記時，僅得向登記名義之第三人為之，不得以債務人為共同被告並併為請求（七〇臺上三二六八）。

③債務人欲免其財產被強制執行，與第三人通謀而為虛偽意思表示，將其所有不動產為第三人設定抵押權者，債權人可依侵權行為之法則，請求第三人塗銷登記，亦可行使代位權，請求塗銷登記，二者之訴訟標的原非相同（七三臺抗四七二）。

真意保留與虛偽表示之異同：

⑴同點：

①須有意思表示之存在，並須表示與真意不一致。

②須表意人知其表示與真意不一致。

③欠缺存於內部之法效意思，而使表示與意思不合。

④不得對抗善意第三人。

⑵異點：

真意保留	虛偽表示
①不必有相對人。	①必有相對人。
②表意人無欲為其意思所拘束。	②表意人與相對人通謀，而為虛偽表示。
③欲欺相對人，不必出於不道不義。	③欲欺相對人，出於欺罔或違法之目的。
④意思表示原則有效，當事人不得主張無效。	④意思表示無效，縱第三人主張有效，亦不因之有效。
⑤表意人之真意，祇在排除表示之效力。	⑤當事人雙方欠缺法效意思。
⑥其情形為相對人明知者，其意思表示無效。	⑥當事人不得對於善意第三人主張無效，至第三人主張有效與否，則屬自由。

(3)虛偽表示與隱藏行為

隱藏行為者，即於虛偽表示中所隱匿之他項法律行為也。此種行為，苟具備其成立要件及有效要件者，仍應適用關於該項法律行為之規定（第八七條二項）。例如甲實以土地贈與乙，為欺罔第三人，甲乙通謀作成買賣土地之契約，此時被隱藏之法律行為，即甲乙間之贈與行為，仍應適用關於贈與行為之規定。故第八七條第二項所謂虛偽意思表示隱藏他項法律行為者，適用關於該項法律行為之規定，係指為虛偽意思表示之當事人間，隱藏有他項真實之法律行為而言，其所隱藏之行為當無及於他人之效力（五〇臺上二六七五）。又通謀為虛偽意思表示，與圖章為他人盜用而為法律行為，為二個不同之法律概念，前者乃表意人與相對人互相故為非真意之表示，依第八七條規定其意思表示無效，但隱藏他項法律行為者，適用關於他項法律行為之規定。後者則係本人並未為意思表示，乃行為人以盜用之圖章所為之法律行為，該項法律行為對本人不生效力而已（八六臺上一三四九）。

隱藏行為之效力如何？法無明文，通說以其標的並非不法或不能，且有適當之表示，其行為為有效。故隱藏行為並不因其意思表示之隱藏即行無效，其有效無效，應視其是否具備一般的法律行為之有效要件決之。其與虛偽表示之異同，分別如左：

(1)同點：

①為虛偽表示，須有意思表示之存在。

②須表意人知其表示與真意不一致，並與相對人通謀。

③須為有相對人之意思表示。

(2)異點：

虛偽表示	隱藏行為
①全由虛偽表示而成立。	①確為當事人之真意。
②當事人間欠缺法效意思。	②雖係虛偽表示，但具有成立他種法律行為之意思。
③目的在詐欺或其他違法行為。	③否。

④無論具備何種要件，皆屬無效。	④如具備一般成立要件及有效要件，則適用該項法律行為之規定，使之有效。
⑤不得對抗善意第三人。	⑤得對抗第三人。

(4)隱藏行為與信託行為

信託行為者，乃表意人為充分達到某種經濟上之目的，而設定超過其內容之法律關係之法律行為也。例如即凡以對外發生權利移轉之效力，而在內部仍收與權利未移轉之同一結果為目的者，皆屬信託行為。例如以債務擔保為目的，而移轉所有權；或僅欲使他人代索債務，而竟讓與其債權是也。在此情形，當事人實有二個行為：一為外部之行為；一為內部一定目的之行為。如以債務擔保為目的而讓與所有權，一為外部之物之讓與行為，一為內部之擔保行為。債務人如不清償其債務，債權人得主張以其債權抵銷其物之價金，如其清償，則得以原價買回其物。凡此二個行為，皆為有效之行為。

信託行為，濫觴於羅馬法。蓋在羅馬法，法律行為之種類及其內容，設有嚴格之限制，當事人迫不得已，不得不依信託行為，以為適合於其目的之法律行為，時至今日，似無必要，惟猶認信託行為之存在者，蓋出於經濟上之目的也。至其效力如何，分別言之：

①信託行為之內部行為為有效，受託人在法律上為真正權利人，有任意處分受託財產之權限，用以保護交易之安全，故受託人讓與財產於第三人時，信託人不得以其為攻擊之手段。惟在當事人間，受託人原負有不得於一定範圍以外，行使其權利之義務，如有違反，應負損害賠償責任。

②信託行為之外部行為為有效，故其外部行為對於第三人亦為有效，自不發生得否對抗第三人之問題。

信託行為與間接代理，相似而實不同。蓋在後者，係以自己名義，為他人之計算所為之行為，行紀（第五七六條）即其適例。其本人不必移轉財產權於代理人，代理人縱占有權利標的物，亦不因之取得所有權，僅間接代理人取得法律行為之效果，再將其效果移轉於本人而已。而在前者，信託人須將其財產移轉於受託人，使受託人成為完全之權利人。

信託行為，我國民法並無明文規定，實務認為：

1.信託行為，係指信託人將財產所有權移轉與受託人，使其成為權利人，以達到當事人間一定目的之法律行為，在信託人終止信託契約前，受託人亦無返還受託物之義務（六九臺上一〇六四）。

2.通常所謂信託行為，係指信託人將財產所有權移轉與受託人，使其成為權利人，以達到當事人間一定目的之法律行為。受託人在法律上為所有權人，於受託人未將受託財產移還信託人以前，不能謂該財產仍為信託人所有（七〇臺上三四〇九）。

3.所謂信託行為，係指信託人授與受託人超過經濟目的之權利，而許可其於經濟目的範圍內行使權利之法律行為而言。就外部關係言，受託人固有行使超過委託人所授與之權利，就委託人與受託人之內部關係言，受託人仍應受委託人所授與權利範圍之限制（七〇臺上六一七）。又信託關係因委託人信賴受託人代其行使權利而成立，應認委託人有隨時終止信託契約之權利（六六臺再四二）。

4.債務人為擔保其債務，將擔保物所有權移轉與債權人，而使債權人在不超過擔保之目的範圍內，取得擔保物所有權者，為信託的讓與擔保，債務人如不依約清償債務，債權人得將擔保物變賣或估價，而就該價金受清償（七〇臺上一〇四）。

5.所謂信託，乃委託人為自己或第三人之利益，以一定財產為信託財產，將之移轉於受託人，由受託人管理或處分，以達成一定經濟上或社會上之目的之行為。受託人不特僅就信託財產承受權利人之名義，且須就信託財產依信託契約所定內容為積極之管理或處分。如委託人僅以其財產在名義上移轉於受託人，受託人自始不負管理或處分義務，凡財產之管理、使用或處分悉由委託人自行辦理時，是為消極信託，除有確實之正當原因外，通常多屬通謀而為之虛偽意思表示，極易助長脫法行為之形成，法院殊難認其行為之合法性（七一臺上二〇五二）。

6.信託人依信託契約將信託物所有權移轉為受託人所有後，該信託物之法律上所有人即為受託人而非信託人。雖受託人於信託關係終止後，負有返還信託物與信託人之義務，然在未辦畢返還登記以前，仍難謂受託人非信託物之所有人（七〇臺上一〇九七）。

7.受託人因受信託之土地被政府徵收，除所得之補償費仍為受託財產外，受託人因徵收可自政府獲配之其他期待權，及由期待權所得之財產，亦為受託財產。至受託人因配得財產所支出之金錢，為信託人於終止信託關係，請求返還信託物時如何償還之問題，尚不能因此謂該財產非受託財產（七八臺上二〇六二）。

信託行為與虛偽表示之異同：

(1)同點：

①須有意思表示之存在，且表意與真意不一致。

②表意人知其表示與真意之不一致。

③為有相對人之意思表示。

⑵異點：

虛偽表示	信託行為
①無發生法律上效果之意思。	①有發生法律上效果之意思。
②效力意思與表示行為二者不一致。	②有效力意思及表示行為，二者非不一致。
③其意思表示無效。	③內部行為及外部行為皆為有效。
④當事人通謀阻止法律行為效果之發生。	④為超過經濟上之目的，而設定之法律行為。
⑤不得以其無效對抗善意第三人。	⑤受託人將財產讓與第三人時，第三人取得物權，信託人不得追回，祇能向受託人請求損害賠償。

信託行為與隱藏行為之異同：

⑴同點：

①內部之法律行為，均為有效。

②須有意思表示之存在，且表意與真意不一致。

③表意人知其表示與真意之不一致。

(2)異點：

信託行為	隱藏行為
①其在經濟上之目的與法律上之手段不相一致。	①乃於虛偽表示之下，欲成立他種法律行為。
②外部之行為為有效。	②外部之虛偽表示無效。
③有欲生法律上效果之意思。	③確為當事人之真意，適用該項法律行為之規定。
④效力意思與表示行為，非不一致。	④與相對人通謀之虛偽表示。
⑤不能對抗善意第三人。	⑤外部行為有效，不生對抗與否之問題。

㈡偶然之不一致

1. 錯誤

錯誤者，表意人之意思與表示偶然的不一致也。例如誤騾為馬，誤銅為金皆是。錯誤雖為意思與表示之不一致，然其所以不一致者，係由於誤解事實，並非出於故意。就表意人之意思與表示不一致，且須有意思及表示行為之存在兩點觀之，實與真意保留及虛偽表示相同。其不同者有二：①真意保留及虛偽表示，其表意人知其表示與真意不一致，故為故意之不合。錯誤非出於表意人之故意，不知其不一致，故為偶然之不合。②真意保留及虛偽表示，其表示與意思不符，為表意人所明知。錯誤之表示，為表意人所不知。

(1)錯誤之類別

①意思表示內容之錯誤　意思表示內容有錯誤者，當事人得將其意思表示撤銷之（第八八條一項）。是本條規定係指意思表示之內容或表示行為有錯誤者而言，與為意思表示之動機有錯誤之情形不同（五一臺上三三一一）。所謂內容之錯誤，即意思表示之意義有誤，得為種種之觀察：

a.關於法律行為性質之錯誤　例如原係借貸誤為贈與，誤以連帶債務為保證。

b.關於標的物本身之錯誤　例如原欲出賣甲屋，而誤云出租乙屋，誤以英華辭典為華英辭典。

c.關於當事人本身之錯誤　例如欲將某地賣與甲，而誤賣與乙。當事人其人之錯誤，是否為內容之錯誤，而影響於意思表示之效力，應分別言之：①通常情形，當事人之於法律行為，僅為主體，而非內容，如一般之現金買賣，無記名證券之讓與，原則上不應認為內容之錯誤。②法律行為置重當事人其人，或以之為法律行為之要素時，則為內容之錯誤。例如贈與、使用借貸、委任、僱傭、收養及繼承人之指定等，多置重於當事人本身，應認為內容之錯誤。

d.關於當事人之資格或物之性質之錯誤　當事人之資格或物之性質，若交易上認為重要者，其錯誤視為意思表示內容之錯誤（第八八條二項）。交易上是否認為重要，依具體情形定之。當事人之資格者，例如誤信其為災民，而為贈與，實則並非災民。物之性質者，例如誤信其為純金戒指買入，實則並非純金。

②意思表示動機之錯誤　動機之錯誤，僅為意思與事實之不一致，例如誤信食米上漲而囤積稻穀是。因動機存於內部，非他人所得知，且同一種類之法律行為，表意人之動機千差萬別，如使動機足以影響意思表示之效力，勢必有害交易之安全。惟如動機表示於外，則成為意思表示之一部分，例如誤信老朽之劣

馬為受胎之良馬，而以高價購入，若特別表示為良馬，則應類推適用第八八條第二項之規定，視為內容之錯誤。

動機錯誤，原指意思表示之緣由有錯誤而言，此種錯誤，並無效果意思與表示行為不一致可言，因此少數學者將動機錯誤稱為「目的錯誤」，認為目的如已表示，其表示與意思並無不一致，並以動機無論在任何情形之下，不能影響意思表示之效力，如誤信自已之眼鏡失落而購買新眼鏡，其動機縱經表示，亦不影響其意思表示之效力，此種見解上之不同，實由於動機或目的之概念，混淆不清所致也。

(2) 錯誤與不知

錯誤之意思表示，表意人對於其表示之點原有認識，惟其認識不正確，故而發生錯誤。不知則指雖有表示存在，然對於其所表示之事項全然欠缺認識而言。例如欲寫十萬元誤寫五萬元，欲出賣甲地誤云乙地，此種情形，表意人對於其誤寫或誤云者，全無認識。第八八條第一項：「表意人若知其事情即不為意思表示者。」即指此而言。其與錯誤之異同如左：

(1) 同點：

①須有意思及表示之存在，表意人並知其不一致。

②無意之不一致，為偶然之不合。

③表意人得將其意思表示撤銷之。

(2) 異點：

錯誤	不知
①意思與表示均同時存在，但其間欠缺一致。	①雖有表示之存在，但對於表示事項全然欠缺認識。
②非全無認識，乃認識之不正確。	②表意人毫無認識。
③因認識與對象之不一致，而為錯誤之表示。	③對於其對象根本無認識。
④表意人對其表示有認識，而認其表示並無錯誤。	④對於其表示行為根本不知，若其知之，則不為此表示。

(3)錯誤與不知之效力

因表意人之錯誤，而使影響於其意思表示之效力，原係本於保護表意人之理由，蓋表意人既為意思表示，理應生效，但因此對於錯誤者勢必蒙受不測之損害，如以之為無效，又恐害及交易之安全，故於不害及相對人利益之範圍內，就錯誤效果之發生加以阻止，保護表意人之利益，適合私法自治之原則，此為第八八條之所由設也。茲將錯誤與不知二者之效力，分別述之：

①表意人之撤銷權

a.原則得撤銷　意思表示之內容有錯誤，或表意人若知其情事即不為意思表示者，表意人得將其意思表示撤銷之（第八八條一項）。故錯誤或不知之意思表示，並非當然無效，惟表意人得撤銷而已，既定為「得撤銷」，則表意人未撤銷前，其意思表示仍屬有效存在。因此，意思表示之內容有錯誤或表示行為有錯誤者，唯表意人始得將其意思表示撤銷之，又有撤銷權人欲撤銷其自己之意思表示或他人之法律行為者，除法律規定必須訴經法院為之者外，以意思表示為之為已足，毋庸提起形成之訴請求撤銷（五三臺上八三六）。

b.例外不得撤銷　表意人於有錯誤或不知事情時，原則上固得行使撤銷權，但以其錯誤或不知事情，非由表意人自己之過失者為限，方得撤銷（第八八條一項但書）。此之過失，通說認為限於重大過失，惟有反對見解。

撤銷權為形成權，惟此撤銷權如永久存續，則相對人及其他利害關係人之法律關係，勢必陷於不確定之狀態，而害及交易之安全，故錯誤意思表示之撤銷權，自意思表示後，經過一年而消滅（第九〇條）。和解不得以錯誤為理由撤銷之，但當事人之一方對於他方當事人之資格或對於重要之爭點有錯誤而為和解者，不在此限，觀之第七三八條第三款之規定自明。此種撤銷權之行使，既係以錯誤為原因，則第九〇條關於以錯誤為原因，行使撤銷權除斥期間之規定，於此當有其適用（八三臺上二三八三）。

②表意人之賠償義務

意思表示有重大錯誤時，表意人固得行使撤銷權，惟善意之相對人及第三人，若因信其意思表示為有效時，常因此受不測之損害，故有保護必要。第九一條規定：「依第八十八條之規定，撤銷意思表示時，表意人對於信其意思表示為有效而受損害之相對人或第三人，應負賠償責任。但其撤銷之原因，受害人明知或可得而知者，不在此限。」準此以解，受害人如果明知，即有惡意；或可得而知，即有過失，均無加以保護之必要。

2. **誤傳**

誤傳者，因傳達人或傳達機關傳達不實而生之錯誤也。誤傳之概念，民法設有明文，即意思表示，因傳達人或傳達機關傳達不實者，得比照第八八條之規定撤銷之（第八九條）。其情形可分兩種：

⑴因傳達人傳達已成立之意思表示而有錯誤者 例如書信二件，一約乙贈以千元，一約丙貸以萬元，由其使用人將與乙之信送之於丙，將與丙之信送之於乙是。此種情形，原無所謂錯誤，不過因誤傳而未到達，故應適用意思表示尚未到達之規定，並非錯誤之範圍。

⑵依傳達為表示行為而有錯誤者 例如以電報通知採購某物，因電碼錯誤，以致誤為託售某物是。此時之表示行為，須經傳達機關之傳達，民法所謂誤傳，係指此而言。

第八九條之所謂傳達不實，實指傳達人之表示與表意人之意思不一致而言，此種誤傳既與錯誤無異，故其法律上之效果，自應與錯誤同一論之（第八八條，第九〇條，第九一條參照）。

三、意思表示之不自由

因他人之詐欺或脅迫而為之意思表示，謂之有瑕疵之意思表示，而意思表示之不自由，即為意思表示瑕疵之一種，表意人亦得撤銷之。意思與表示表面雖屬一致，而其一致並非出於表意人之自由意思，顯受他人不當之干涉者，亦屬意思表示之瑕疵，仍應使其不能完全生效。此種意思不自由之情形，有詐欺及脅迫二種，在民刑法上各有不同之效果。在刑事責任上，詐欺與脅迫構成犯罪行為（刑法第三〇四條，第三〇五條，第三三九條，第三四六條），用以排除社會生活之障礙。在民事責任上，一則認定詐欺脅迫可構成侵權行為，行為人應負損害賠償責任。一則認定被害人得撤銷其因詐欺或脅迫而為之意思表示，使之不受拘束。故刑法上之處罰與民法上之損害賠償及撤銷，二者之目的既不相同，要件因之有異。

(一)因受詐欺而為之意思表示

詐欺者，以使人發生錯誤為目的之故意的行為也。詐欺行為須有詐欺之意思，以有意思能力為前提，但不以有行為能力為必要。民法所謂「因被詐欺而為意思表示」（第九二條），即指此而言。

1. 詐欺之要件

(1)須詐欺人有詐欺之行為 凡以不真實之事實為真實之表示行為者，皆屬詐欺。例如陳述虛偽之事實，隱匿真實之事實，變更真實之事實是。單純之沈默，得否構成詐欺？論者不一，通說以除法律上或信義之原則上及交易之習慣上有告知真實之義務外，不成詐欺，蓋以其缺乏違法之要素故也。

(2)須詐欺人有詐欺之故意 此種故意有二：①須詐欺人有欺罔相對人而使其陷於錯誤之意思。②須詐欺人有利用相對人之錯誤而令其為意思表示之意思。於此二種意思之外，有無欲得財產上利益之意思，及使相對人受財產上損失之意思，則非所問。

(3)須相對人因受詐欺而陷於錯誤 因受詐欺而生錯誤之內容有二：①須相對人已陷於錯誤。②須相對人陷於錯誤係基因於詐欺。兩者缺一，不成詐欺，蓋表意人如無陷於錯誤，雖有詐欺行為，不影響其效力也。

(4)須相對人因錯誤而為意思表示 表意人之錯誤須係由於詐欺行為，而其意思表示係由於錯誤。如其錯誤之發生非由於詐欺，或其為意思表示非由於錯誤，二者已無因果關係，自不能成立詐欺。

2. 詐欺之效力

因被詐欺而為意思表示者，表意人得撤銷其意思表示；但詐欺係由第三人所為者，以相對人明知其事實或可得而知者為限，始得撤銷之（第九二條一項）。情形有二：

⑴當事人間之效力

①詐欺人為當事人之一方時　詐欺人為當事人一方，他方當事人自得撤銷其意思表示（第九二條一項前段），此之撤銷權人為被詐欺而為意思表示之人，詐欺人自無何種撤銷權。是第九二條規定意思表示之撤銷，與第二五八條所定契約之解除，係屬二事。就契約之解除言，契約當事人之一方有數人者，行使解除權之意思表示，應由其全體或向其全體為之，若因被詐欺而為意思表示者，則無上開規定之適用（六九臺上二三四〇）。

②詐欺人為第三人時　因意思表示有無相對人而有不同：

a. 該意思表示有相對人者　以相對人明知其事實或可得而知者為限，表意人始得撤銷之（第九二條一項但書）。蓋此種情形，表意人雖受詐欺，但相對人既未參與，亦無故意過失，即應加以保護，較之保護表意人更為重要。

b. 該意思表示無相對人者　民法未設明文，惟解釋上認為既無應受保護之相對人存在，自應依原則規定，使表意人得以撤銷。分別言之：①權利之拋棄，如甲因乙之詐欺，拋棄地上權，所有權人丙受有利益，不問丙知其詐欺之事實與否，甲得撤銷其拋棄是。蓋以因權利拋棄而得利益者，乃一種反射利益，並非法律上應得之利益，縱使其不能獲得，亦無所謂不利益之可言。②繼承之拋棄，如甲乙同為丙之繼承人，甲因受第三人之詐欺，拋棄其繼承權，縱使他繼承人不知其情事，亦得撤銷之。

⑵對於第三人之效力

被詐欺而為之意思表示，其撤銷不得以之對抗善意第三人（第九二條二項）。善意第三人者，謂不知表意人之意思表示係受詐欺而由此發生法律上利害關係之第三人，立法旨趣，重在保護交易之安全，以期保護善意之第三人。例如甲被乙詐欺，而讓與其土地與乙，乙於受讓後，又復轉讓於丙，如丙不知甲被詐欺，即為善意之第三人，此時甲欲行使撤銷權，不得以之向丙對抗，此時乙丙間之轉讓行為，仍屬有效，蓋所以保護善意第三人之利益也。

⑶撤銷權之除斥期間

表意人之撤銷權，應於發見詐欺終止後一年內為之，但自意思表示後經過十年，不得撤銷（第九三條）。蓋以撤銷權關係相對人及利害關係人之權利甚大，不宜久懸不決也。又因被詐欺而為意思表示者，僅表意人得撤銷其意思表示，使該意思表示溯及既往失其效力而已。非謂在表意人行使撤銷權前，因該意思表示而成立之法律行為當然無效（七一臺上四七七四）。

3. 因受詐欺發生錯誤與表意人自己之錯誤

因受詐欺而發生之錯誤（第九二條），與表意人自己之錯誤（第八八條、第八九條），其效力微有區別：

①因詐欺而撤銷其意思表示者，對於相對人並無損害賠償責任，縱使其詐欺由第三人所為，亦無不同，受損害之表意人，得向詐欺人、相對人或第三人請求賠償（第一八四條二項、第一八四條參照）。蓋以第九二條規定，旨在保護表意人意思之自由，至於其是否受有損害，則非所問，縱使其受詐欺為有利者，仍得撤

銷。反之，因表意人自己之錯誤，而撤銷意思表示時，表意人對於信其意思表示為有效而受損之相對人或第三人，應負損害賠償責任（第九一條參照）。②被詐欺而為之意思表示，其撤銷不得以之對抗善意第三人（第九二條二項），惟受有損害之表意人得向詐欺人請求賠償。反之，表意人因自己錯誤而撤銷意思表示者，其效力及於第三人（第九一條參照），其撤銷原因為第三人明知或可得而知者，表意人則不負賠償責任。

(二)因被脅迫而為之意思表示

脅迫者，以使人發生恐怖為目的之故意的行為，即因相對人或第三人故意告以危害，致生恐怖，基此所為之意思表示，則為脅迫。

1.脅迫之要件

(1)須脅迫人有脅迫之行為　脅迫之構成，須有表示危害之行為，如其本身之舉動即為危害之行為，則為強暴，而非脅迫。故如對人表示倘不在切結書簽字，將予痛毆，是為脅迫；若一面痛毆，一面喝令簽字，則成強暴，受強暴而為之意思表示，根本無效，受脅迫而為之意思表示，則得撤銷。

(2)須脅迫人有脅迫之故意　脅迫之故意，須由兩種意思而成：①須有使表意人發生恐怖之故意。②須有使表意人因恐怖而為意思表示之故意。不須有得財產上利益之意思及使相對人受財產上損害之意思，此與詐欺同，蓋第九二條之立法趣旨，重在保護表意人意思之自由故也。

(3)須脅迫人之脅迫為不當　構成脅迫表示內容之行為，須為不當，此種不當，當然包含違法在內。例如揚言殺害以索債款，其手段為不法；告發犯罪以促履約，其目的為不法。後者雖係脅迫，但非不法，僅能謂為不當。

(4)須相對人因受脅迫而生恐怖 相對人須因脅迫人表示危害而發生恐怖，因恐怖，故其意思表示不能自由，方得撤銷。

(5)須相對人係因脅迫而為意思表示 相對人之發生恐怖係由於脅迫行為，而其為意思表示則由於恐怖，兩者須有因果關係之存在。

2.脅迫之效力

因脅迫而為意思表示者，表意人得撤銷之（第九二條一項），是與詐欺同。惟第九二條第一項但書及第二項規定，僅及詐欺而不及脅迫，從與其效力復與詐欺有異：

(1)脅迫係由第三人所為者，不問相對人知之與否，祗須表意人之意思表示係受脅迫而為者，即得撤銷。相對人如因此受有損害，自得依侵權行為之法理，請求第三人賠償。蓋被脅迫人所表示者非其意思，表意人之利益，應加以保護。

(2)被脅迫而為之意思表示，其撤銷得以對抗善意第三人，第三人受有損害時，自得向脅迫人請求賠償。以上二點，是為脅迫與詐欺根本不同之處，所以然者，蓋由於表意人被脅迫時，已陷於不易解脫之困境，其受法律之保護，是為當然；且較之善意第三人尤應加以體恤，故受脅迫之意思表示，表意人不問受相對人或第三人之脅迫，亦不論其為善意惡意，皆得撤銷。而詐欺不過為表意人之意思表示發生錯誤之問題，究其情節，較諸脅迫為輕，故有保護善意第三人之必要。

3.撤銷權之除斥期間

被脅迫而為意思表示之撤銷，應於發見脅迫終止後一年內為之，但自意思表示後經過十年者，不得撤銷（第九三條）。而此項撤銷權，祇須當事人以意思表示為之，並不須任何方式（五八臺上一九三八）。

因被詐欺或被脅迫而為負擔債務之意思表示，被詐欺人或被脅迫人於撤銷權消滅後，是否仍得請求該債權之廢止或拒絕履行？此為詐欺或脅迫之請求權競合之問題。實務認為，第九二條及第九三條之規定，無礙被脅迫人依關於侵權行為之規定，請求損害賠償。故謂：「因被脅迫而為負擔債務之意思表示者，即為侵權行為之被害人，固得於民法第九十三條所定之期間內，撤銷其負擔債務之意思表示，使其債務歸於消滅。但被害人於其撤銷權因經過此項期間而消滅後，仍不妨於民法第一九七條第一項所定之時效未完成前，本於侵權行為之損害賠償請求權，請求廢止加害人之債權，即在此項時效完成後，依民法第一九八條之規定，亦得拒絕履行。」（二八上一二八二）此項見解，對於因被詐欺而為負擔債務之意思表示，亦有適用。茲析言之：

①詐欺或脅迫之構成侵權行為者，如被害人之撤銷權，已經過第九三條所定之除斥期間而消滅，被害人如有損害，仍得依第一八四條之規定，取得損害賠償請求權，此項請求權之行使，應受第一九七條關於時效之限制。

②上項損害賠償請求權，如因罹於時效消滅，被害人尚得主張第一九八條之抗辯權，對於因侵權行為對於被害人取得之債權，拒絕履行。

虛偽意思表示，民法認為無效，而意思表示因被詐欺或脅迫而為之者，則僅認為可得撤銷，並非當然無效，究其立法理由何在？蓋虛偽意思表示，係表意人與相對人通謀，是欲欺第三人，非欲欺相對人，故相對人既明知表意人之意思表示為虛偽，表意人亦明知相對人明知其情事，則此種意思表示，無論對於相對人或第三人，當然無效。而被他人詐欺或脅迫所為之意思表示，表意人因被詐欺或脅迫而為意思表示時，原為其意思表示之動機，與法效意思之內容，不相一致，此種情形，其意思表示之發動，既係出於他人之詐欺脅迫，是其意思決定之自由，受有他人之不法干涉，則其意思表示之成立過程，已有欠缺，為保護表意人之利益，定有撤銷之權利，而非當然無效。

詐欺與脅迫之異同：

(1)同點：

①皆為表意人為所不願為之意思表示，同係意思表示之不自由。

②無須有取得財產上之利益，及使表意人受財產上損失之意思。

③所為之意思表示，表意人得撤銷之。

(2)異點：

詐欺	脅迫
①因陷於錯誤而為意思表示。	①因發生恐怖而為意思表示。
②詐欺人所要求之意思表示，須與被詐欺人現實所為之意思表示完全一致。	②被脅迫人雖因脅迫而生恐怖，但未因之而為意思表示。
③詐欺係由第三人所為者，以相對人明知其事情或可得而知者為限，始得撤銷。	③脅迫係由第三人所為者，不問相對人知之與否，概得撤銷。

④被詐欺而為之意思表示，僅生錯誤之問題。	④被脅迫而為之意思表示根本非其意思。
⑤其撤銷不得以之對抗善意第三人。	⑤其撤銷得以對抗善意之第三人。
⑥除斥期間自發見詐欺時起算。	⑥除斥期間於脅迫終止後起算。

四、意思表示之生效時期

意思表示之成立與效力之發生，非必同時。意思表示究於何時發生效力，因各種情形而不同。例如遺囑，因遺囑人完成遺囑要件之時而成立，而其效力之發生，則為遺囑人死亡之時。又如權利之拋棄，因其意思表示無相對人，其拋棄之意思一旦表示，權利即歸消滅。

(一)非對話意思表示之生效時期

非對話人者，表意人不能向之直接傳達意思之相對人也。此種非對話之意思表示，其法律上之效力，究自何時發生？立法例向有四種主義：①表意主義。②發信主義。③達到主義。④了解主義。我國民法採達到主義（第九五條一項），蓋此足以保護雙方當事人之利益，且最適合交易上之需要。所謂達到，以使相對人居於可以了解意思表示之狀態為已足，無須使相對人取得占有，始為達到。故通知已送達於相對人之居住所或營業所者，即為達到，不必交付相對人本人或其代理人，亦不問相對人之閱讀與否，該通知即可發生為意思表示之效力（五四臺上九五二）。意思表示達到後，產生種種效果：

1.不許撤回，因達到後，相對人每為相當之準備，表意人應受其拘束，如許隨時撤回，勢必蒙受不測之損害，故除撤回之通知，先於意思表示之通知達到，或同時達到者外，均不許撤回，用示保護（第九五條一項但書）。

2.表意人於發出通知後死亡，或喪失行為能力，或其行為能力受限制者，其意思表示不因之失其效力（第九五條二項）。因達到不過為意思表示之有效要件，意思表示之通知既經發出，即應成立，如以之為無效，相對人必蒙不利。

表意人非因自己之過失，不知相對人之姓名居所者，得依民事訴訟法公示送達之規定，以公示送達為意思表示之通知（第九七條）。此為意思表示之通知，不知相對人姓名居所時之救濟方法。

㈡對話意思表示之生效時期

對話人者，即向之直接可通意思表示之相對人也。向對話人為意思表示，民法採了解主義，即對話人為意思表示者，其意思表示以相對人了解時發生效力（第九四條），蓋以對話時，每因語言、聽能或誤會之關係，發生未盡了解情形，故以了解時發生效力。

㈢向無行為能力人或限制行為能力人為意思表示之生效時期

意思表示之通知，應向相對人為之，故以達到相對人發生效力。但依第九六條規定，向無行為能力人或限制行為能力人為意思表示者，以其通知到達法定代理人時發生效力。蓋以此等之人，既無為意思表示之能力，亦無受領意思表示之能力。故對之為意思表示者，應向其法定代理人為之，否則其意思表示雖已到達，亦不生若何效力。此種受領能力，有二種例外：

1.限制行為能力人所受之意思表示，已得法定代理人之允許，或由該意思表示純獲法律上之利益，或依其年齡身分係日常生活所必需者，得於達到限制行為能力人時，發生效力（第七七條參照）。

2.限制行為能力人對於已得法定代理人允許處分之財產及營業，得受意思表示，於通知達到本人時，發生效力（第八四條，第八五條參照）。

向無行為能力人或限制行為能力人對話為意思表示者，以其意思表示為法定代理人了解時，發生效力。但於限制行為能力人有行為能力之範圍內，則於限制行為能力人了解時，即生效力。

五、意思表示之解釋

意思表示之解釋者，即確定意思表示之意義也。蓋常人所為之意思表示，關於組成其表示行為之言語舉動多屬曖昧，或極不完全，且常人欠缺法律知識，所為之意思表示，每多非法律範圍，為使其合於法律之適用，乃有解釋之必要。

解釋意思表示，應探求當事人之真意，不得拘泥於所用之辭句（第九八條），蓋以專就辭句為解釋之方法，恐失其真意。下列各項，於解釋意思表示時，應加斟酌：

1.**當事人之目的**　如設定抵押權，縱契約載為質權，亦不得謂非抵押權。

2.**任意規定**　當事人別無訂定，而任意法規已有訂定者，應依該規定解釋或補充之。如有反於任意法規之訂定者，從其訂定。故解釋當事人訂約之真意，除雙方中途有變更訂約內容之同意，應從其變更以為解釋外，均以當事人訂約當時之真意為準（四九臺上三〇三）。

3.**誠信原則**　不能依任意規定或交易習慣而為解釋時，則依誠實信用原則，以為解釋。準此，解釋契約雖屬事實審法院之職權，惟其解釋如違背法令或有悖於論理法則或經驗法則，自非不得以其解釋為不當，援為上訴第三審之理由（八三臺上二一一八）。

4. **習慣** 當事人之意思不明，而無任意規定時，依習慣補充之，但不得違背公序良俗，乃屬當然。

第五節 條件及期限

表意人以客觀的不確定事實之成否為限制，以決定法律行為之效力，繫於將來確定時日之到來者，斯為期限；使負擔一定義務，以決定法律行為之效力者，則為負擔。以上三者，學說上謂之「法律行為之附款」，此種附款，乃係法律行為一部之意思表示，於法律行為之效力，至有關係。

附條件之法律行為與附負擔之法律行為（如附負擔之贈與），雖均以事實之成否決定其效力，並係附款之一種，惟二者並不相同：

附條件之法律行為	附負擔之法律行為
①由客觀決定之，屬於未確定之事實。	①由主觀決定之，屬於已確定之事實。
②於意思表示成立時，附停止條件者尚未生效，附解除條件者尚未失效。	②於意思表示時，即已確定生效，因此負擔有不履行者，得請求履行或撤銷之。

一、條件

㈠條件之意義

條件者，即法律行為之附款，而使其效力之發生或消滅取決於將來不確定事實之成否也。茲析述之：

1. **條件在定法律行為效力之發生或消滅**　例如甲與乙約，汝若律師考試及格，贈以金筆，是為停止條件。附有停止條件者，必須於條件成就後，該法律行為始能發生效力。又如甲與乙約，現贈金筆，汝若律師考試失敗，則應還筆，是為解除條件。附有解除條件者，必須於條件成就後，該法律行為始失其效力。

2. **條件係以將來不確定之事實為內容**　此種將來不確定之事實，即指客觀上將來成否不明之事實而言。如其為過去或主觀上不確實之事實，則非條件。

3. **條件係由當事人任意約定之附款**　條件既為法律行為之內容，當事人自得任意約定，即使法律行為效力之發生或消滅取決於不確定之事實時，必須完全出於當事人之意思，否則不能視為條件。

㈡**條件之種類**

1. **停止條件與解除條件**

⑴停止條件　限制法律行為效力「發生」之條件，例如汝若高考及格，贈與手錶，是其贈與效力之發生與否，視高考及格與否定之。法律行為於條件成就時，發生效力，於條件不成就時，不發生效力，是以附停止條件之法律行為，其效力之發生與否，在於不確定之狀態。

⑵解除條件　限制法律行為效力「消滅」之條件，例如贈君萬元，若高考不及格，則應還我，是其贈與效力之消滅與否，視高考及格與否定之。已發生效力之法律行為，於條件不成就時，保持其效力，於條件成就時，喪失其效力，是以附解除條件之法律行為，其效力之消滅與否，在於不確定之狀態。

2. **積極條件與消極條件**

(1)積極條件　即條件內容之事實，係與現在狀態不同，若該事實成就時，必生一定變動者。例如君於結婚時，即贈千元，於條件成就時，則生結婚之變動。

(2)消極條件　即條件內容之事實，係與現在狀態相同，其成就時，必不生一定之變動者，例如君於本年內不結婚，則贈千元，於條件成就時，本年內不生結婚之變動。

3. **隨意條件、偶成條件及混合條件**

(1)隨意條件　即由當事人之意思以決定成就與否之條件，其情形有三：

①純粹隨意條件　得完全由當事人一方之意思決定成否之條件，此種條件是否有效？應分別論之：如條件之成就，完全由權利人之單純意思所得左右時，是與無條件之法律行為同，自應認為有效，蓋以表意人原係有意受法律上之拘束故也。例如君欲收此金筆，余奉贈之是。如條件之成就，完全由義務人之單純意思所得左右時，效力如何？其為停止條件者，多認為無效，蓋其條件單繫於義務人一方之意思，與否，全憑一人之自由，與無法律行為同，不能認為有欲生法律上拘束之意思表示故也。其為解除條件者，則應解為有效，蓋義務人亦有受法律上之拘束，如書籍借與他人，約余欲用時，即應奉還，此種隨意之解除條件，雖係義務人一方之意思，而為已生效力之行為，故為有效。

②普通隨意條件　以當事人一方之意思決定條件成否，並須顧慮其他之事實，例如君如赴日留學，則贈千元，此種條件之成否，除一方意思外，尚有赴日留學事實之發生，始能成就，故以此為條件之法律行為，既含有客觀上不確定性，自得認為有效。

(2)偶成條件　即其成就與否，非由當事人意思所能決定之條件，例如明日降雨，則贈雨衣，此種以偶成之事實為條件者，皆得認為有效。

⑶混合條件　因當事人及第三人之意思，以決定成就與否之條件，例如君與某女結婚，則贈鋼琴，其條件之成否，須視相對人及第三人之意思定之，乃隨意條件與偶成條件之組合，應為有效。

4.表見條件

表見條件者，祇具條件之外觀，而無條件之實質也。此種條件，表面上雖屬條件，但非真正之條件，或不能發生法律上之效力，或其效力之發生，與是否表示以此為條件無關。情形如下：

⑴法定條件　是為法律所規定之生效要件，非當事人之意思所可左右，如遺贈效力之發生，當然以受贈人在遺贈人死亡時尚生存為條件，此種法定條件，並非任意之附款。

⑵既定條件　凡條件之成否，在為法律行為時已確定者，即為既定條件，此種條件，因其缺乏成否未確定之要件，自不能將法律行為之效力置於不確定之狀態，故不能認為真正之條件。故於法律行為成立時，其成就與否業已確定之條件，亦即法律行為所附條件，係屬過去既定之事實者，雖具有條件之外形，但並無其實質之條件存在，故縱令當事人於法律行為時，不知其成否已經確定，亦非第九九條所謂條件，我民法關於既成條件雖未設明文規定，然依據法理，條件之成就於法律行為成立時已確定者，該條件若係解除條件，則應認法律行為為無效（六八臺上二八六一）。其效力如何，應分別觀之：①條件之成就已確定者，若為停止條件，其法律行為視為無條件，例如甲與乙約，某機飛臺北則贈某物，實則某機昨已飛臺是。若為解除條件，其法律行為應為無效，例如甲與乙約，某丙回臺北時，解除租賃契約，實則某丙昨已回臺北是。②條件之不成就已確定者，若為停止條件，其法律行為為無效，例如甲與乙約，某船到達基隆，則購船

上之貨，實則某船已經沉沒是。若為解除條件，視為無條件，例如甲與乙約，某丙歸國，則解除使用借貸契約，實則某丙早已決定不歸國是。

⑶不法條件　是其內容之事實，足致法律行為不法之條件，例如以殺人為贈與之條件是。凡以不法行為為停止條件之行為，或以不為不法行為為解除條件之行為，概屬無效。

⑷不能條件　法律行為成立時，客觀上不能成就之條件，此種不能條件為停止條件時，其法律行為為無效，如為解除條件，則與未附條件同。

㈢不許附條件之行為

法律所以認許附有條件之法律行為之效力者，實與承認一般法律行為之效力，同出於個人在私法上得能自治之理由。惟有特殊情形，則不許附以條件，謂之「避忌條件之法律行為」，對此避忌條件之行為，而仍附以條件者，應為無效。蓋於此等情形，當事人之意思為附條件，如取消其條件，而認其意思為有效，則成無條件之意思而附以效力，則與對於表意人未表示之意思附以效力無異，顯然反於法律行為一般之原則故也。

1. **公益上不許附加條件者**　凡法律行為所附之條件，有違反強行法規或背於公序良俗者，皆為法所不許，以其行為之性質不能附有條件故也。例如婚姻、離婚、收養子女、非婚生子女之認領、繼承之拋棄及承認等是。

2. **私益上不許附加條件者**　法律行為所附之條件，如過於妨害私人之利益者，為法所不許。例如法律行為之撤銷（第八八條一項），承認（第七九條），選擇之債之選擇（第二〇九條），契約之解除（第二五八條）

及買回（第三七九條）之單獨行為等是。蓋以法律既許行為人得依單獨行為以決定法律關係，已屬保護其利益而有餘，如任其隨意附加條件，將愈陷相對人於不利之結果故也。依條件事實之性質，不致損害相對人之利益，或經相對人表示同意者，均可容許附加條件，良以相對人既已自願犧牲利益，自應仍依原則，許附條件。

(四)條件之成否

1. 條件之成就

條件之成就者，條件之內容業已實現也。就積極條件言之，則以對於現狀發生變動事實時，為條件之成就，例如以某甲結婚為條件事實，某甲果已結婚，則為條件之成就。若就消極條件言之，則以對於現狀不發生一定變動事實時，為條件之成就，例如以某甲三年內不結婚為條件事實，某甲確已如期未結婚，即為條件之成就。

2. 條件之不成就

條件之不成就者，條件之內容確定不實現也。就積極條件言之，於為條件內容之事實不發生時，為條件之不成就，例如君於本年不結婚，則贈君萬元，設本年內結婚，其條件為不成就。若就消極條件言之，於為條件內容事實之發生時，為條件之不成就，例如君不於本年內結婚，則贈萬元，設於本年內結婚，其條件為不成就。

3. 條件成就之擬制

因條件成就而受不利益之當事人，如以不正當行為阻其條件之成就者，視為條件已成就（第一〇一條一項），是為條件成就之擬制，茲分述要件如左：

⑴阻止條件之成就者，須為因條件成就而受不利益之當事人　所謂當事人，非僅指附條件法律行為之當事人，即其他立於因條件成就而受不利益之地位之人皆屬之。

⑵須以不正當行為阻其條件之成就　所謂不正當行為，須由於違反誠信原則，乃對於不誠信者所加之制裁。

本條立法意旨，以條件成就而受不利益之當事人，如無此種不正當行為之阻止，其條件將已成就。例如甲與乙約，若與丙女結婚，則贈金錶，惟如甲故意妨害其結婚之成立時，乙則視為條件已成就，得向甲請求給付金錶，蓋此時甲侵害乙因條件而得之權利也。

4. 條件不成就之擬制

因條件成就而受利益之當事人，如以不正當行為促其條件之成就者，視為條件不成就（第一〇一條二項），是為條件不成就之擬制，其要件及效果與前項相同。此之所謂「促其條件之成就」，必須有促其條件成就之故意行為，若僅與有過失，不在該條項適用之列（六七臺上七七〇）。

(五)附條件法律行為之效力

1. 條件成否確定時之效力

⑴停止條件成就時之效力　附停止條件之法律行為，於條件成就時，發生效力（第九九條一項）。故停止條件之成就，使法律行為發生效力。如其行為為債權行為時，因條件之成就，發生債權上之效力；例如附停止條件之房屋租賃，於條件成就時，一方得請求使用房屋，一方得請求給付租金是。如其行為為物權

行為時，因條件之成就，發生物權上之效力；例如附停止條件所有權之讓與，於條件成就時，所有權當然移轉。

(2)解除條件成就時之效力　附解除條件之法律行為，於條件成就時，失其效力（第九九條二項），故解除條件之成就，使法律行為失其效力。如其為債權行為時，其已發生之效力，因條件成就而消滅，例如附解除條件之租賃，於條件成就時，喪失租賃之效力是。實務認為，租賃契約訂有存續期間，同時並訂有以出租人確需自住為收回之解除條件者，必於條件成就時始得終止租約。所謂自住，係指客觀上有收回自住之正當理由及必要情形，並能為相當之證明者而言，不以主觀情事之發生為已足（四八臺上二二八）。又如不定期租賃，同時訂有以出租人確需收回自住之解除條件者，必於條件成就時，始得終止租約。所謂收回自住，亦係指客觀上有收回自住之正當理由及必要情形，並能為相當之證明者始可，不以主觀情事之發生，即謂租約所訂解除條件業已成就（五〇臺上一七六一）。如其行為為物權行為時，其已發生之效力，因條件成就而消滅，例如附解除條件所有權之讓與，於條件成就時，喪失所有權讓與之效力是。附解除條件之契約及契約之解除，二者法律效果截然不同。附解除條件之契約，於條件成就時，當然失其效力。而契約之解除則以解除權人行使解除權為必要，須以意思表示為之。契約之解除有溯及效力，解除條件之成就，原則上並無溯及效力。又契約解除時，當事人償還義務之範圍，依第二五九條之規定，附解除條件之契約，於條件成就而失其權利時，當事人間之償還義務則依不當得利之規定（七四臺上一三五四）。由此可見，第二五八條第一項係就契約有法定之解除原因，而行使其解除權之情形所為規定，如契約附有解除條件，則條件成就時，契約當然失其效力，無待於當事人解除權之行使（六〇臺上四〇〇一）。

條件成就確定時，有無溯及既往之效力？即其效力究應自條件成就時發生，抑應溯及法律行為時發生？學說不一，通說認為依第九九條第三項：「依當事人之特約，使條件成就之效果不於條件成就之時發生者，依其特約。」準此以解，條件之成就，原則並無溯及效力，即法律行為之效力，自停止條件成就時開始發生，於解除條件成就時始行終止，但有特約者則為例外，蓋第九九條第一、二項並無強制必要，當事人如以反對之意思表示，而定有特約，自應許其溯及既往。

如當事人以特約使條件之成就有溯及效力時，其究竟為債權的效力，抑為物權的效力？在其為物權行為時，關係第三人之利益甚大。如其發生債權效力，則其效力僅及於當事人間。若一方當事人於法律行為成立後條件成就前已處分其標的物時，並非無權處分，他方祇得請求賠償。如其發生物權效力，則其效力及於第三人，若一方已處分其標的物時，他方得主張其與第三人之處分行為為無權處分，兩者之效力，迥然不同。依法理言之，此種當事人之特約，應發生物權效力；良以第九九條第一、二項規定已有物權效力，則同條第三項「條件成就之效果不於條件成就時發生」，亦應解為有物權之效力，惟有害善意第三人之利益，此種情形，第三人之利益，可依物權法上規定而受保護，列舉如次：

①關於登記或交付之效力（第七五八條，第七六一條）。

②關於取得時效之效力（第七六八條至第七七〇條）。

③關於善意受讓之效力（第八〇一條，第八八六條）。

(3)條件不成就時之效力分為停止條件與解除條件二種：

①停止條件不成就，法律行為確定不生效力，在條件成否未定之權利義務，因之歸於消滅。

②解除條件不成就，法律行為應繼續發生效力，該法律行為原有之效力，因條件之不成就而繼續有效。

2. **條件成否確定前之效力**

附有條件之法律行為，在該條件成否未定中，當事人一方即有因條件之成就而受一定利益之期待，此種期待，實具有權利之性質。例如附有停止條件之受贈人，因條件之成就而有取得標的物之期待，學說謂之「期待權」，法律將其視為權利，設有保護之規定。然此種期待權之侵害，其賠償責任亦須俟條件成就時，方始發生。蓋附條件之法律行為，原須俟條件成就時始得主張其法律上之效果，在條件成否未定之前，無從預為確定以後因條件成就時之利益，如其條件以後確定不成就，即根本無所謂因條件成就之利益（六九臺上三九八六）。

⑴附條件之法律行為當事人，於條件成否未定前，若有損害相對人因條件成就所應得利益之行為者，負損害賠償之責任（第一〇〇條），旨在維持交易之安全。例如附停止條件之贈與，贈與人於條件成就前將標的物賣於他人，於條件成就時應負損害賠償責任。蓋以債權行為，其未附條件者，其效力於成立時發生，債務人不履行時，應負債務不履行之責任；若其附有條件，則在條件成就前，效力原未發生，債務人就其損害之效果，應依不法行為之原則，負責賠償。

⑵當事人損害者，如為物權行為（如因賣與他人而為所有權之移轉），則在同一標的物上有二個根本不相容之行為，其後一行為本應無效，惟前一行為為附有停止條件時，在條件成就前，後一行為為如已具備公示方法，得對抗第三人時（土地法第四十三條參照），依第一〇〇條規定，前一行為之相對人所受之損害，得

請求賠償。

⑶第三人侵害附條件權利時，效力如何，法無明文。通說認為構成第一八四條之侵權行為，蓋附條件權利屬於期待權，既為權利之一種，無論何人如有侵害，應負損害賠償之責任故也。

二、期　限

㈠期限之意義

期限者，法律行為之附款，而使其效力之發生或消滅，繫於將來確定事實之發生也。期限與條件二者，皆為法律行為之附款，基於限制法律行為之效力而設，並均有期待權之保護；但其性質及效力大異其趣：前者須為將來確實可以到來之事實，期限屆滿之效力，絕對不能溯及。後者則為將來客觀不確定之事實，條件成就如有特約得為溯及，宜加分辨。

㈡附期限法律行為之效力

1.**期限到來後之效力**　附始期之法律行為，於期限屆至時，發生效力（第一〇二條一項），附終期之法律行為，於期限屆滿時，失其效力（第一〇二條二項）。此種期限到來之效力，應自到來時起始能發生，絕無溯及效力，縱令當事人定有特約，亦所不許，蓋如許其溯及於法律行為時發生效力，則與附期限之法則相矛盾故也。

2.**期限到來前之效力**　當事人因期限到來所應得之利益，較之因條件成就所應得之利益，尤為確定，自應更加保護。故附期限之法律行為當事人，於期限未到來前，若有損害相對人因期限到來所應得利益之行為者，負損害賠償之責任（第一〇二條三項準用第一〇〇條）。蓋附期限法律行為之當事人，有因期限到來法律行為發生或失去效力，而可以取得相當利益，屬於期待權之一種故也。如第三人侵害此種期待權，應依侵權行為負責賠償。

㈢不許附期限之法律行為

期限與條件同，原則上許附期限，但二者之範圍非必一致。例如票據行為許附期限，而不許附加條件；繼承人之指定許附條件，而不許附加期限；債務之免除許附始期，而不許附加終期等是。又有背公序良俗之行為，如結婚、私生子女之認領，概不許附有期限。其他如撤銷、承認、選擇、解除之行為，均生溯及效力，如附始期，必生牴觸，而此種權利一經行使，即行消滅，故在性質上不得附有終期。

第六節　代　理

一、代理之意義

代理者，代理人於代理權限內，以本人之名義向第三人為意思表示，或由第三人受意思表示之行為也。代理人為意思表示或受意思表示，均為代理人自己獨立之行為，惟其行為係以本人之名義為之，是為代理人之特徵。設立代理人制度之必要有二：①私法自治之擴大：在私法關係中，最重要者為構成法律行為要素之意思表示及其收受，處此極端複雜之社會生活中，欲將一切必要之意思表示，悉由吾人親自為之，已為事實上所難能，故有利用他人才能，代為或代受意思表示之必要。②私法自治之補充：代理制度之另一效用，即在對於無能力者之保護，蓋以無行為能力人或限制行為能力人不能自為意思表示之故，乃有令其監護人代為或代受意思表示，使此等之人亦能參與社會活動。

代理既係代理人於代理權限內，以本人名義，向第三人為意思表示或受意思表示，直接對本人發生效力之行為（第一〇三條），其適用範圍，僅限於為意思表示或受意思表示。分析言之：

(1)代理人須本於代理權為之　代理人須有代理權之存在，且須在其代理權之範圍內而為代理行為，此即所謂「有權代理」，真正之代理，即指此而言。

(2)代理須以本人名義為之　代理人須有為本人為行為之意思，且須表示此項意思，表示之方法，即在以本人名義為之。如受任人以自己或第三人名義與他人為法律行為，則對於本人不生效力，其本人與法律行為之他造當事人間，自不發生何等法律關係（七二臺上二一二五，七三臺上四二八三）。此際該法律行為發生之效果，應由代理人自行承擔（七四臺上六〇五）。

(3)代理須關於法律行為之意思表示　法律行為之代理，實係構成法律行為要素之意思表示之代理，事實行為則不能成立代理。一般而言，財產上行為皆許代理，身分上行為（扶養、繼承）不許代理，蓋以此等行為均以本人自身之意思為必要故也。

(4)代理行為係直接對本人發生效力　凡由代理行為所發生之效果，皆由本人受之，即代理行為之結果，本人當然為權利人或義務人，此與間接代理有異。

應與代理區別之觀念，原有種種，分別比較：

(1)代表　代表為代表人之行為，視為本人之行為，例如法人之董事是。其與代理不同者有三：①代理為代理人之行為，惟其效果歸屬於本人；代表則為代表人之行為，視為本人之行為。②代理就法律行為或準法律行為為之；代表就法律行為以外之事實行為，亦得為之。③代理基於意思表示而成立；代表係由事實行為（如董事作成財產目錄）及不法行為（如加損害於他人）而成立。

⑵使者　使者為本人之手足，用以傳達本人之意思表示，藉以完成他人之意思表示，又稱「傳達人」。故使者僅為一種表示機關，而以他人有行為能力為必要，且關於錯誤、詐欺、脅迫、善意、惡意等問題，應就該他人決之，而代理則關於此等問題，應就代理人決之。其與代理不同者：

代理	使者
①代理人自行決定意思並為表示行為，以有意思能力為必要。	①使者僅傳達他人之意思表示，未必須有意思能力。
②代理人係意思之代理。	②使者係表示之代理。
③意思之有無錯誤詐欺脅迫善意惡意等影響於意思表示之事實，應就代理人決之。	③使者傳達之意思表示，乃本人之意思表示，上項各種事實，應就本人決之。
④效果意思由代理人決定。	④效果意思由本人決定。
⑤扶養繼承婚姻等身分上行為，不許代理。	⑤不許代理之法律行為仍可傳達，因其意思表示，仍為本人決定之故。

⑶代理占有　占有乃事實行為，而代理占有即代為事實行為。代理占有雖因占有所受之法律效果係歸之於本人，頗與代理相似。惟占有之本質，並非意思表示，代理占有，自非代為意思表示，故不能與代理混淆。

(4)間接代理　間接代理人，係以自己之名義，為本人計算，而為法律行為，例如行紀（第五七六條）是。此種代理其效果先對代理人發生，然後依代理人與本人之內部關係，而移轉於本人，此與直接代理不同，僅其為他人計算之一點，與直接代理相似而已。民法上所稱之「代理」，以直接代理為限。至其與直接代理之區別，列表說明：

直接代理	間接代理
①非具備完全行為能力之人，亦得為代理人。	①非具備完全行為能力之人，不得充之。
②代理行為之結果，本人當然為權利人或義務人。	②係由代理人先受效果，然後移轉其效果於本人。
③代理須以本人名義為之。	③無須以本人名義為之。
④代理行為直接對於本人發生效力。	④所取得之權利須經間接代理人移轉，本人始得有之。所負擔之義務，必須移轉本人始負其責。

二、有權代理

(一)代理權之本質

代理權者，代理人以本人名義，為意思表示或受意思表示，而使其法律效果直接對於本人發生之權能也。代理權雖稱之為「權」，但究其性質，與一般之權利，大異其趣，蓋權利以利益為基本要素，而代理權並不含有利益之概念，其行為之效果，直接歸屬於本人，於代理人並無利益或不利益可言，故非權利。

代理權之本質若何，學說有三：

1.**否認說**　認代理係本人與代理人間之委任關係，而別無所謂代理權之存在。惟吾國民法，代理與委任顯然有別，蓋代理為對外關係，委任為對內關係，自係於委任以外，有獨立之代理權，此說殊無足取。

2.**權利說**　認代理為一種權利，並為形成權。但形成權係依權利人單純之意思，即能發生法律效果之權利，而代理之效力，則非依代理人之意思而生，祇須有代理權之存在，不問代理人之意思如何，皆能發生代理之效力，自非形成權可知。

3.**能力說**　認代理權為一種能力，與權利能力及行為能力之性質相仿，均為法律上之地位或資格，代理人僅在代理權限內，具有代理人之資格，而為有效之代理行為，直接對於本人發生效力。故代理權實為一種資格或地位，而非權利，此種資格，必有其發生之原因，始有所謂代理權，此為一般之通說。

㈡代理權之發生

1.**代理發生之原因**

⑴法定代理　非由於本人之意思表示而生之代理權，為法定代理權，有此代理權之人，為法定代理人。列舉如下：①法律之規定者，如父母之於未成年之子女（第一〇八六條），夫或妻之日常家務（第一〇〇三條）。②法院之選任者，如法人之清算人（第三八條）。③私人之選任者，如親屬會議所選任之監護人及遺產管理人（第一〇九四條一項五款，第一一七七條）。

⑵意定代理　由於法律行為而發生之代理權，為意定代理權，有此代理權之人，為意定代理人，發生此種代理權之行為，謂之授權行為。

2.**授權行為之本質**

意定代理權基於本人之授權行為，至授權行為之本質如何，學說頗不一致：①委任契約說　認意定代理之授權行為，係委任契約。惟代理與委任不同，如由僱傭而生之代理權，則未經委任，可知代理權非必由委任而生。②無名契約說　認代理權雖非由於委任契約而生，但究係本人與代理人間之一種契約，此種契約，法律上別無名稱及規定，自屬無名契約。③單獨行為說　認代理權單依代理權授與之意思表示而成立，因代理權之授與，既係僅以代理人一種資格，不令負擔何等義務，自無須得代理人同意之必要，代理權惟由本人單獨行為而存在。此說為現今通說，吾國民法採此解釋。第一六七條規定：「代理權係以法律行為授與者，其授與應向代理人或向代理人對之為代理行為之第三人以意思表示為之。」依此觀之，授權行為，僅須本人一方之意思表示，且不限於向代理人為之，即向代理行為之相對人為之，亦無不可，至代理人與本人之內部關係，則屬另一問題。

3.**授權行為與其基本法律關係**

代理權之授與，無論係向代理人為之，抑向相對人為之，通常無不有其授與之原因，此種原因，即為授權行為之基本法律關係，而授權行為與此基本法律關係，能否分離而獨立存在？依第一〇八條規定，代理權之消滅，依其所授與之法律關係定之，可見代理權之授與行為，每為有因行為，故在本人授與代理權時，每有其原因法律關係存在，例如委任、僱傭、混同、合夥等是。例如執行業務之合夥人，對於第三人應有代理他合夥人之權，苟其所為之行為係屬業務範圍內者，雖於他合夥人有損，在法律上仍為有效，而其權利義務可直接及於他合夥人（一八上一二五三）。因而代理權之發生或存續，亦應從屬於其基本法律關係，但有特別意思表示而使其獨立存在，亦得認為有效，是則授權行為，即可解為「相對要因之單獨行為」。

㈢代理人之能力

1. **權利能力** 關於權利能力，代理人無須有之，因其非取得權利負擔義務之主體。但代理人必須有行為能力，否則代理行為不能成立。例如外國人不得享有不動產所有權，但得為中國人之代理人，而為取得不動產所有權之行為。

2. **行為能力** 因其為法定代理或意定代理而有不同：

⑴法定代理 法定代理人應有完全行為能力，良以法定代理人之選任，非基於本人之授權，乃係本諸法律之規定，以管理本人之身體或財產，故其責任繁重，自非有完全行為能力人不足勝任，且此法定代理人，多為無行為能力人或限制行為能力人而設，應以有行為能力為要件。例如監護人為受監護人之法定代理人（第一〇九八條），未成年人及禁治產人，不得為監護人（第一〇九六條），而未成年人及禁治產人為無行為能力人及限制行為能力人（第一三條，第一五條），可知無行為能力人及限制行為能力人，不得為未成年人及禁治產人之法定代理人。

⑵意定代理 代理人所為或所受意思表示之效力，不因其為限制行為能力人而受影響（第一〇四條），準此以解，關於行為能力，代理人無須完全有之。蓋以意定代理人必由本人之自由意思選任，其選任時，本人授權限制行為能力人與否，純由本人之意思決定，既令選任行為能力欠缺之人為代理人，則由其代理行為所發生之不利益，原為本人所預期，自無優予保護之必要，從而法律上並無限制之理由。

第一〇四條所稱「不因其為限制行為能力人而受影響」，僅指限制行為能力人而言，不包括無行為能力人在內，如本人願使無行為能力人為代理人，則法律效果由本人負責，不妨使之有效。

3. **意思能力** 代理人須有意思能力，蓋代理人係代本人為意思表示或受意思表示者，如無意思能力，當不能完成其任務。且在代理關係中，從事於法律行為者，既為代理人自己，本人僅受其效果而已。故關於代理人之意思表示，因其意思欠缺，被詐欺，被脅迫，或明知其事情，或可得而知其事情，致其效力受影響時，其事實之有無，應就代理人決之（第一〇五條）。此即代理行為之瑕疵問題，情形如下：

⑴意思欠缺　真意保留（第八六條），虛偽表示（第八七條），錯誤與不知（第八八條），誤傳（第八九條）。

⑵被詐欺脅迫　包含相對人及第三人之詐欺脅迫在內（第九二條）。

⑶明知或可得而知其事情　第九一條但書及第九二條第一項但書之情形。

上述事實之有無，均足影響其意思表示之效力，故應就代理人決之，不問法定或意定代理，積極或消極代理，均有適用。但因該事實所生之撤銷權，則屬於本人，代理人得代為行使。此項原則有重大之例外：第一〇五條但書：「但代理人之代理權，係以法律行為授與者，其意思表示如依照本人所指示之意思而為時，其事實之有無，應就本人決之。」例如本人委託代理人，購買指定物品，如代理人不知其物之瑕疵，而本人已知之者，相對人即不負瑕疵擔保責任，蓋以此時已無保護本人之必要。本條但書，僅適用意定代理，良以代理人非自行決定對於本人發生效力之意思表示，類似一傳達機關，故其事實之有無，應就本人決之，始足保護善意當事人。

㈣**代理權之範圍**

本人與代理人之關係，須有代理權存於其間，因之代理行為，必須於代理權之範圍內為之，此代理權之範圍，即為代理人之權限。苟代理人之行為，超越代理權之範圍，就該行為所為之事項，即不得謂為有權代理。

通常法定代理權之範圍，應依法律規定定之，例如法人董事之權限（第二七條），父母對於未成年子女之代理權限（第一〇八八條），監護人之代理權限（第一〇九八條，第一一〇〇條，第一一一三條）。意定代理權之範圍，則依授權行為定之，例如因委任而有其代理權限（第五三四條）是。

依據法律規定或授權行為，不能確定代理權之範圍時，究應如何處置，法無明文，參酌日本民法規定，得為左列行為：

1. **保存行為** 即維持財產現狀之行為，例如房屋之修繕，到期債務之清償，腐敗物體之拍賣，因修繕與他人訂約等，代理人有權為之。

2. **利用行為** 即以收益為基礎之行為，例如出租房屋而收取租金，存儲現金收取利息等，代理人亦有權為之。

3. **改良行為** 即增加使用價值或交換價值之行為，例如在房屋中施以適當之裝飾，將無息債權改為有息債權等，均無不可。

保存行為、利用行為及改良行為三者，可稱之為「管理行為」，係指於不發生權利喪失移轉之範圍內，以保存利用改良為目的之行為而言，此與「處分行為」之發生權利喪失移轉者，大有不同，蓋處分行為，非本人有特別授權，或法律有特別規定，代理人不得為之。例如受任人非有特別之授權，不得為不動產之出賣或設定負擔（第五三四條），經理人除有書面之授權外，對於不動產不得買賣或設定負擔（第五五四條二項）。

㈤雙方代理之限制

雙方代理者，代理人代理本人與自己為法律行為，或同時代理數人互為法律行為之代理也。例如甲之代理人乙，一方為甲之代理人，一方又以自己之資格，訂定甲乙間之契約，即為自己代理或自己契約。又如甲之代理人乙，一方為甲之代理人，一方又為丙之代理人，而訂定甲丙間之契約，即屬雙方代理或重複代理。此等情形，一人而兼具二種利害衝突之資格，代理人決不能盡其職務，故在原則上皆為法所禁止。

第一〇六條規定：「代理人……不得為本人與自己之法律行為，亦不得既為第三人之代理人，而為本人與第三人之法律行為。」此項規定，不問為法定代理或意定代理，單獨行為或契約，均有適用（六五臺上八四〇）。違反本條限制之行為，是否有效？一般之通說，認為縱有違反，亦屬無權代理行為，此種無權代理行為，得因本人於本人事後追認而生效力（第一七〇條），並非根本認為無效之行為。蓋以此種限制規定，究係保護私益，如本人事後追認，縱有損害，仍為本人所願，且係任意規定，並非強行規定故也。

雙方代理之禁止，既係保護私益之任意規定，民法設有左列情形之例外：

1. **已經本人許諾者**　禁止雙方代理，無非為保護本人之利益，既非強行規定，自不妨尊重當事人之意思，代理人如經本人許其代理本人與自己為法律行為，或許其為雙方之代理時，則為法所不禁（第一〇六條參照），蓋以既得本人之許諾，自無妨礙其利益之可言。惟所謂本人許諾者，乃專指意定代理而言，在法定代理自不適用。

2. 係專履行債務者　代理人之法律行為，如係專為債務之履行者，亦不加以禁止，雖未得本人許諾，仍得為之（第一〇六條但書）。所謂本人許諾，在雙方代理，自須取得兩造本人均加許諾，始為合法。而專履行債務，係指一造對他造負有債務，而為單純之清償行為而言。蓋以如係專為履行債務，自非重新交換利益之行為，彼此間並無利害衝突，本人不致因此受有損害，故當一方之債務已屆清償期，自能代理一方給付並代理他方受領也。

代物清償，係債權人受領他種給付以代原定之給付（第三一九條），此種情形，雖與清償有同一之效力，而使債之關係消滅，但含有法律關係之變更，仍須重新交換利益，偏頗非無可能，解釋上不許雙方代理。

抵銷，乃債務人於對債權人有給付種類相同之債權時，使其債權與債務均歸消滅之單獨行為（第三三四條）。此種抵銷債務，是否係專履行債務？一般通說認為債務之抵銷表示，與單純清償無異。蓋二個債務如具備抵銷條件，則縱令為抵銷之意思表示，亦不致發生新利害關係之對立，故不妨許其為自己代理或雙方代理。

同時履行抗辯，係雙務契約當事人之一方，於他方當事人未為對待給付前，得拒絕自己給付之權利（第二六四條）。此種因契約互負債務之「對待給付」，其清償行為於當事人間，尚須權衡利害，不得謂為專履行債務，非經本人許諾，亦不許雙方代理。

清償之抵充，乃債務人對於同一債權人，負為同種類給付之數宗債務時，因清償人所提出之給付，不足清償全部債額，而指定其應抵充之債務（第三二一條）。所謂數宗債務中，關於利息、期限及擔保等每有不同，如清償人所提出之給付，不足清償其全部債額，究應清償何部債額，最為有利，對於當事人頗有重大關係，如代理人未經本人許諾，自不得代本人行使此項清償時之抵充權，以保護本人之利益。

中斷時效之承認，乃因時效受利益之當事人，對相對人表示是認其權利存在之意思表示（第一二九條一項二款）。為承認之人，不必有拋棄時效利益之意思，由承認所生中斷之效力，亦與承認人之意思無涉，故承認並非重新負擔債務，亦非與相對人以新權利，不能認為處分行為，僅係管理行為，因之為承認之人，祇須有管理之能力與權限，即得為之。此種情形，代理人縱未經本人許諾，仍得為之。

此外，金錢以外之不作為債務，不得由他人代為清償之債務，未屆清償期之債務以及更改等，均須考慮利害，均不許雙方代理。

雙方代理之禁止，既非強行規定，則違反之者自非當然無效，僅成為無權代理之問題，如經本人之承認，自仍有效。

㈥代理權之消滅

1. 代理權消滅之原因

(1) 意定代理之消滅原因

①授與法律關係終了　代理權之消滅，依其所由授與之法律關係定之（第一〇八條一項）。例如代理權係由委任關係授與者，依委任關係之終了而消滅。

②本人或代理人之死亡、破產或喪失行為能力　委任關係，因當事人一方之死亡、破產或喪失行為能力而消滅（第五五〇條）。故代理權由委任關係而授與者，本人或代理人之死亡、破產或喪失行為能力，同時成為代理消滅之原因。

③代理權之限制　代理人普通所應有之代理權限，得依本人之意思表示而加限制，此項代理一經限制，則因其限制而一部消滅（第一〇七條參照）。

④代理權之撤回　乃以本人一方之意思，直接消滅代理權之意思表示。因代理權得於其所由授與之法律關係存續中撤回之，但依該法律之性質不得撤回者，不在此限（第一〇八條二項）。代理權一經撤回，則因其撤回而消滅。

⑵法定代理之消滅原因

①法律特別規定者，如親權之停止（第一〇九〇條），監護關係之消滅（第一一〇六條），遺產管理人之職務終了（第一一八四條），均使法定代理權消滅。

②未成年人已成年或禁治產人業經撤銷禁治產，代理權因之消滅。

③當事人之一方死亡，法定代理權消滅。

④本人破產，惟於破產財團有關事項，其代理權受有限制，並非當然消滅。

⑤法定代理人破產者，法定代理權不應因之消滅。蓋依第一一〇六條第二款規定，監護人無支付能力時，親屬會議得撤退之。由此以觀，監護關係既不因監護人無支付能力而消滅，則其法定代理權自不因破產而當然消滅，因法定代理以身分關係為基礎，不若意定代理之以信任為基礎故也。

2. **代理權消滅之效果**

⑴當事人間之效果　代理權消滅後，代理人不得再以本人名義為任何行為，否則成為無權代理。代理權消滅或撤回時，代理人須將授權書交還於授權者，不得留置（第一〇九條）。

(2)對於第三人之效果　情形有二：

①本人對於第三人之授權人責任　代理權之限制及撤回，不得以之對抗善意第三人，但第三人因過失而不知其事實者，不在此限（第一〇七條）。所謂代理權之限制，即代理人普通所應有或原有之代理權，得依法律之規定，或本人之意思表示加以限制。所謂代理權之撤回，指本人消滅代理人原有代理權全部之意思表示。適用本條應具下列要件：a.須第三人為善意，即第三人不知代理權消滅之事實。b.須第三人無過失，即第三人不知代理權消滅之事實，非由於自己之過失。c.須前代理人於其權限範圍內，以本人名義，而為一定之行為。

代理權之限制及撤回，對於第三人之效力如何？依第一〇七條規定不得對抗善意第三人，即第三人如不知其限制或撤回者，代理人之行為構成無權代理（第一七一條），第三人仍得主張其效力及於本人。但如其不知係由於自己之過失者，則不得主張，蓋出於過失，已無保護其利益之必要。此因第三人每有不知代理權已受限制或撤回之情事，若許以此限制及撤回與之對抗，勢必足令善意第三人易受不測之損害，故本人不得對第三人主張其限制及撤回為有效，代理人如仍為代理行為，亦應對本人生效。此因民法上所謂代理，係指本人以代理權授與他人，由他人代理本人為法律行為，該代理人之意思表示對本人發生效力而言，故必須先有代理權之授與，而後始有第一〇七條前段「代理權之限制及撤回，不得以之對抗善意第三人」規定之適用（六二臺上一〇九九）。

代理權經限制之無權代理，與表見代理不同。表見代理之成立，須由本人自己之行為表示以代理權授與他人，或知他人表示為其代理人而不為反對之表示（第一六九條），而代理權經限制者，本人原曾授與代理權，實則仍為限制其代理權，既非由自己之行為表示以代理權授與他人，更非知他人表示為其代理人，而不為反對之表示，兩者顯然有別（七二臺上四六六四）。

代理權在其所由授與之法律關係存續中，亦得撤回之（第一〇八條二項），如依該法律關係之性質不得撤回者，不在此限（同條但書）。此指該法律關係之存續與代理權之存續，有不可分離之關係而言，例如訴訟代理權與訴訟委任之關係是。

②代理人對第三人之賠償責任　無權代理人以他人之代理人名義，所為之法律行為，對於善意之相對人，負損害賠償之責（第一一〇條）。蓋以無權代理行為，除第一〇七條之情形外，第三人縱為善意，本人仍得拒絕承認，而使其行為成為無效，此等情形，第三人易受不測之損害，因係代理人之行為所致，故令其負責賠償。

三、無權代理

無權代理者，即無代理權而為代理人之行為。凡具備代理行為其他之要素，僅欠缺代理權者，即為無權代理。所謂欠缺代理權者，包含全然無代理權之存在及超過代理權之範圍者而言，故無權代理得分為「表見代理」與「狹義之無權代理」二種。

㈠表見代理

表見代理者，代理人雖無代理權，而因有可信其有代理權之正當理由，遂由法律視同有代理權也。蓋代理制度，原為交易之便利而設，如在表面上足令人信為有代理權，而事實上無之，遂致本人不負其責，相對人必蒙不利，是以表見代理制度，重在犧牲本人利益，保護相對人利益，以圖交易之安全。

1. 表見代理之要件

第一六九條規定：「由自己之行為表示以代理權授與他人，或知他人表示為其代理人而不為反對之表示者，對於第三人應負授權人之責任。但第三人明知其無代理權，或可得而知者，不在此限。」分述其要件如左：

⑴由自己之行為表示以代理權授與他人者　必依本人之行為，足以使第三人信其與代理人間有授權關係，始有適用，但無須有授權之表示。例如公司、商號許他人以其支店名義營業，即為表見代理之一例。至表見代理人之行為，須在本人表示之權限以內，且須以本人名義為之，是為當然。

⑵知他人表示為其代理人而不為反對之意思表示　即本人知他人表示為其代理人，仍不為反對之意思表示，足使第三人信其與代理人間有授權關係。知他人表示者，指明知而言，不含本人可得而知在內。

2. 表見代理之效力

⑴本人負授權人之責任，表見代理行為之本人，對於第三人應負授權人之責（第一六九條）。此時相對人得以有表見事實為理由，主張代理行為應對本人發生效力；或主張為無權代理而撤回其行為（第一七一條參照），二者任擇其一，均屬自由。

⑵第三人明知其無代理權，或可得而知者，本人不負授權人之責任，是為例外（第一六九條但書）。蓋相對人若為惡意或有過失者，即無保護必要。

表見代理，其代理行為之效果及於本人與否，相對人得依選擇而為主張。如主張及於本人，本人自不得主張對於自己不生效力；或相對人未為此項主張以前，則本人非經承認，不得逕向相對人有所請求。此與代理權之限制及撤回，第三人主張代理權之限制或撤回與否，均有選擇之自由者，其性質頗相類似，然究其效力，則有不同：

表見代理	代理權之限制及撤回
①須由本人自己之行為表示以代理權授與他人，或知他人表示為其代理人而不為反對之表示。	①本人原曾授與代理權，乃加以限制或撤回。
②對於非明知其無代理權者，本人應負授權人之責任。	②不得以之對抗善意第三人。
③第三人可得而知者，本人免責。	③第三人因過失而不知其事實者，仍得對抗。

(二)狹義無權代理

通常代理人所為之代理行為，必須有代理權，即表見代理，亦係法律視同有代理權，令其對本人生效。此之所謂「狹義無權代理」，乃係真正之無權代理，所以有別於表見代理也。在無代理權之一點上，二者固屬相同，但表見代理雖無代理權，尚有足以令人信有代理權之相當理由，狹義無權代理，則並此理由亦無之，此為二者最大之不同處。狹義無權代理，指除表見代理以外無代理權所為之一切代理行為而言，包含：

①根本無代理權，且不具備表見代理要件之代理。②授權行為無效之代理。③逾越代理權範圍之代理。④代理權消滅後之代理。

狹義無權代理，並非完全無效之行為，對於本人仍有一種不確定之效力，對於代理人，亦許於一定條件下，發生特種效力，蓋為實際交易之便利，維持代理制度之信用，不得不然。其可發生下列三面之關係：

1. **本人與代理人之關係**

無權代理人之行為，如為本人之利益，經本人承認者，成立無因管理，適用關於委任之規定（第一七八條）。如為本人之不利益，使本人受有損害者，構成侵權行為（第一八四條）。

2. **代理人與第三人之關係**

無代理權人以他人之代理人之名義，所為之法律行為，對於善意之相對人，負損害賠償之責（第一一〇條）。旨在保護善意相對人之利益，維持交易之安全。無權代理人對於相對人負責之要件有三：①須有無權代理人之行為。②須相對人為善意。③須本人未為承認。至其責任之內容，不惟相對人因信其有代理權所失之利益，無權代理人應為賠償，即代理行為如為有效，相對人所應得之利益，亦應包括在內。

3. **第三人與本人之關係**

無代理權人以代理人之名義，所為之法律行為，非經本人承認，對於本人不生效力（第一七〇條一項）。可知無權代理人所為之代理行為，對於本人，係處於效力未定之狀態，如經本人承認，自能確定其有效，否則經其拒絕時，則又確定其不生效。此項承認及拒絕固為本人之權利，而相對人亦有催告之權利（第一七〇條二項），並有撤回權（第一七一條）及損害賠償請求權（第一一〇條）。關於第三人與本人之關係，民法規定於債編「代理權之授與」中（第一七〇條，第一七一條），詳後述之。

第七節 無效及撤銷

一、無效

㈠無效之意義

無效者，法律上當然且確定的不發生其效力之謂。析言如左：

1. **無效之法律行為在法律上當然不生效力** 即其發生無效之結果，在法律上原以為當然，其無效並不須何人主張，亦不須法院宣告，因之無效之主張，隨時皆得為之，不生期間或時效之問題。至於不生效力，指法律行為依原應發生之效力而言，此外之效力，則不妨發生，例如發生侵權行為或不當得利之效力等是。

2. **無效之法律行為係確定不生效力** 無效之法律行為，當事人無論何時，皆得主張其無效，並不因承認、時效及無效原因之消滅變為有效。故無效之行為，在法律行為時，已確定不生效力，不因事後之情事變更或當事人之行為而回復為有效（七三臺上七一二）。此與得撤銷之行為，須經撤銷權人之撤銷始失其效力者，顯有不同（三二上六七一）。

3. **無效之法律行為以絕對不生效力為原則** 所謂絕對不生效者，即該法律行為之無效，無論由何人或對何人皆得主張。但有例外規定，對於特定之人不得以無效相對抗者。例如真意保留在原則上本為無效，但若善意之相對人信為真實時，表意人則不得對之主張無效；又如虛偽表示，在原則上亦屬無效，但表意人不得以其無效對抗善意第三人皆是。

4. **無效行為之無效係不發生其內容所欲生之效力** 所謂無效，專指不發生法律行為上之效力而言，至發生其他之效果與否，則非所問。例如無效行為具備侵權行為之要件時，發生損害賠償之效果是。

法律行為之無效與法律行為之不成立，應加區別。即不成立之法律行為，係因缺乏成立要件，根本即不成立；至於無效之法律行為，原已成立，惟因缺乏有效要件，故不發生其內容所欲生之效力。例如契約以有要約與承諾為其成立要件，缺一即不能成立，如二者具備，而契約之內容違法者，縱其契約可以成立，亦應無效。

無效之法律行為，原有種種：

(1)無行為能力人之意思表示（第七五條）。

(2)限制行為能力人未得法定代理人允許所為之單獨行為（第七八條）。

(3)違反強行法規或背於公序良俗之法律行為（第七一條至第七三條）。

(4)真意保留為相對人所明知之意思表示（第八六條但書）。

(5)表意人與相對人通謀而為虛偽之意思表示（第八七條）。

(6)雖非無行為能力人，但在無意識或精神錯亂中之結婚（第七五條）。

(7)無公開儀式及二人以上證人之結婚（第九八八條一款，第九八二條）。

(8)違反親屬結婚限制之結婚（第九八八條二款，第九八三條）。

(9)與有配偶者或一人同時與二人以上結婚（第九八八條二款，第九八五條）。

㈡無效之分類

1. 絕對無效與相對無效

(1)絕對無效　無論何人或對於何人，皆得主張無效，並不以當事人之間為限。

(2)相對無效　一定之人或對於一定之人不得主張無效，例如第八七條第一項但書關於虛偽表示不得對抗善意第三人之規定是。

2.自始無效與嗣後無效

(1)自始無效　乃於法律行為當時，即欠缺生效要件而無效，例如有背公序良俗之行為是。

(2)嗣後無效　乃於法律行為之成立與其效力之發生並非同時，而於其間發生無效原因，例如在停止條件成就前，標的物成為不融通物是。

3.全部無效與一部無效

(1)全部無效　法律行為之內容，其全部具有無效之原因者，謂之全部無效。

(2)一部無效　法律行為之內容一部為無效者，其情形有二：①法律行為之內容，雖屬單一，然於分量上之一部分，超過法律許可之範圍，其超過部分即為無效，例如第二〇五條所定之利息是。②法律行為由數個條項而成，其一個條項為無效者，例如給付一部不能，而其契約就其他部分仍為有效時，其他部分並不因之無效是（第二四七條二項）。

法律行為之一部分無效者，全部皆為無效（第一一〇條）。例如附不法條件之贈與，因條件無效，其贈與亦屬無效。但除去該部分亦可成立者，則其他部分，仍為有效（同條但書），例如贈與金錢及鴉片，則除去鴉片部分，於金錢贈與仍為有效。蓋以法律行為之內容，雖常有不可分之關係，應以其一部無效而令其全部無效為原則，但依該法律行為之性質或為法律之特別規定（如第二四七條二項），及依當事人之意思，並無不可分之關係者，自不因其一部之無效而使全部皆為無效。至得撤銷之行為，經撤銷後，原則上亦係絕對無效，然亦有相對無效者，如因被詐欺而為之意思表示，其撤銷即不得以之對抗善意第三人（第九二條二項）。

㈢無效行為之轉換

無效法律行為之轉換者，即某種法律行為，如以其甲種法律行為，應為無效，但因具備乙種法律行為之效力，發生要件時，即以其為乙種行為而認為有效也。第一一二條規定：「無效之法律行為，若具備他法律行為之要件，並因其情形，可認當事人若知其無效，即欲為他法律行為者，其他法律行為，仍為有效。」即指此而言，例如甲行為雖屬無效，然已具備乙行為之要件，且依當時情形，當事人實有若知甲行為無效，亦有願為乙行為之意思者，自不妨尊重其意思，使甲行為轉換為乙行為，而生乙行為之效力，蓋以符合當事人之效果意思，而期實際上之便利。

無效行為之轉換，情形有二：

1. **法律上之轉換** 就舊行為作為新行為生效者，如遲到之承諾，視為新要約（第一六〇條一項）。

2. **解釋上之轉換** 即第一一二條之規定，乃基於當事人之意思而為之轉換。如發生本票之行為，雖因法定條件欠缺而無效，若可作為不要因之債務承擔契約者，其契約仍為有效。

實務上，認得轉換之行為甚為廣泛，列舉如下：

1. 保險單之質入應為無效，可認為收取保險金額之授權。

2. 不具備票據方式之票據，可認為普通證券。

3. 欠缺法定方式之保證，可認為債務之承受。

4. 無效之背書，可認為依請求權之讓與而為所有權之移轉。

5. 無效的抵押證書之質入，可認為留置權之設定。

6. 無效的用益權之讓與，可認為使用權之委任。

無效之法律行為，原係確定不生效力，但由於行為人之「承認」，可否重新生效？民法未設明文。就理論上言，無效之法律行為，若當事人知其無效而承認者，視為新法律行為，故無效行為之承認，有兩種情形：

1. **溯及承認**　指溯及承認以前，使之生效而言，此於理論上為不可能。蓋無效之法律行為，原於行為成立時即已確定其不生效，自不能於事後更依當事人之承認，而能溯及自始為有效。

2. **非溯及承認**　指承認無效行為時，須除去自始無效之原因，使其自承認時起，重新認為有效行為而言。蓋為實際便利計，祇須除去以前無效之原因，無須重新更為行為。

(四)無效行為之效果

無效之法律行為，祇不能發生法律行為之效力，但非法律行為之效果，仍可發生。故第一一三條規定：「無效法律行為之當事人，於行為當時，知其無效或可得而知者，應負回復原狀或損害賠償之責任。」蓋為無效法律行為之當事人，無論係行為人或其相對人，在其為該行為時，如明知該行為為無效，或可得知而由於過失不知者，該法律行為雖根本無效，惟當事人之一方，難免不因該行為而為給付，或因該行為而受損害，為保護該方當事人之利益，其明知無效或可得而知之當事人，對於因該行為而為給付之當事人，負回復原狀之責；其不能或無須回復原狀，而已受損害者，則負損害賠償責任。故於契約無效，乃法律上當然且確定的不生效力，其當事人於行為當時，知其無效或可得而知者，應負回復原狀或損害賠償之責任。而於契約之解除，乃就現已存在之契約關係而以溯及的除去契約為目的，於契約解除時，當事人雙方均有回復原狀之義務，因之，契約無效與契約解除，性質上並不相同（四九臺上一五九七）。

基於無效行為所為之給付，如係債權行為，得依不當得利請求返還（第一八二條）。若給付本身亦屬無效，則他方當事人，得基於物之所有權為返還之請求（第七六七條）。

二、撤　銷

㈠撤銷之意義

撤銷者，因意思表示之有瑕疵，由撤銷權人溯及的消滅其法律行為之效力之法律行為也，述之如左：

1. **得撤銷之行為其效力乃已發生**　得撤銷之行為，其法律行為如已具備法定要件，即發生法律上之效力，惟其意思表示具有瑕疵，撤銷權人得為撤銷，使其效力歸於消滅，此與撤回之在阻止未生效力之行為發生效力者，極有差異。

2. **得撤銷之行為其效力在於未確定之狀態**　撤銷權人一經撤銷，則其行為確定自始無效。如撤銷權人一為承認或其撤銷權因除斥期間之經過而消滅，則其行為又自始確定有效。

3. **得撤銷之行為惟因撤銷喪失其效力**　表意人不為撤銷，則其撤銷權因除斥期間之經過而消滅，從而得撤銷之行為，即確定自始為有效。

4. **撤銷應由撤銷權人為之**　撤銷應由一定之人為之，此一定之人即為撤銷權人。得撤銷之法律行為，非有撤銷權人為撤銷之意思表示，不得認為有效。

民法上之撤銷，有不同之用意：

⑴法律行為之撤銷　情形有二：

①以意思表示有錯誤或瑕疵為原因者，例如暴利行為（第七四條）、錯誤與不知（第八八條）、誤傳（第八九條）、被詐欺被脅迫（第九二條）、無意識或精神錯亂中之結婚（第九九七條）等是。上述情形，既因意思表示有錯誤或瑕疵，由撤銷權人行使撤銷權，使法律行為之效力，溯及消滅，惟得因承認或除斥期間之經過，而確定不得撤銷。

②不以意思表示有錯誤或瑕疵為其原因者，例如限制行為能力人獨立營業有不勝任情形之撤銷（第八五條）、懸賞廣告之撤銷（第一六五條）、詐害行為之撤銷（第二四四條）、贈與行為之撤銷（第四〇八條，第四一六條，第四一七條）、婚姻之撤銷（第九八九條，第九九〇條，第九九一條，第九九五條至第九九七條）、遺囑之撤銷（第一二一九條至第一二二二條）。

⑵非法律行為之撤銷　例如禁治產原因消滅之撤銷（第一四條二項）、法人違反設立許可條件之撤銷（第三四條）。

以意思表示有錯誤或瑕疵為原因之撤銷，如撤銷權人一經撤銷，則其行為視為自始無效（第一一四條一項）。此為原則，尚有例外。即第九九六條及第九九七條結婚撤銷之效力，不溯及既往（第九九八條）。且此種撤銷，又應向法院聲請，不能僅依意思表示向相對人為之。與以意思表示有欠缺為原因之撤銷，其撤銷應以意思表示為之，並向相對人行使之情形，頗有不同（第一一六條）。

非法律行為之撤銷，例如禁治產宣告之撤銷，係基於聲請人之聲請，由法院以裁定行之，使其已發生之宣告效力，從撤銷時起歸於消滅，故撤銷前禁治產人自為之行為無效，而監護人代為之行為則屬有效。又如法人許可之撤銷，乃因法人違反設立許可之條件，由主管機關撤銷其許可。以上情形，皆非以意思表示為之，亦無相對人可言。

(二)撤銷權之性質

撤銷權，既為得依有撤銷權人之意思表示消滅法律行為效力之權利，論其本質，屬於形成權之一種，蓋以撤銷權之內容，在依撤銷權人一方之意思變更從來之法律關係，而發生與其不同之法律關係故也。惟撤銷權為從權利，不得與得因撤銷法律行為所生之權利，分離而為讓與，如其權利關係消滅，則亦因之消滅，至其不得獨立移轉，是為當然。

「無效」與「得撤銷」之法律行為，同係效力不完全之法律行為，當事人於行為當時，已知或可得而知其無效或得撤銷時，應負回復原狀或損害賠償之責任（第一一三條，第一一四條二項），但其性質與效力頗有不同：

無效之法律行為	得撤銷之法律行為
①無效之行為，不待特定人之主張當然為無效，即當然不生效力。	①得撤銷之行為，須有特定人（撤銷權人）之主張（撤銷）始喪失其效力。
②無效之行為，於法律行為時，即已確定不生效力。	②得撤銷之行為，在撤銷前，其效力乃已發生。

③在原則上，無論何人或對於何人，皆得主張無效。	③撤銷惟得由撤銷權人為之，故撤銷權人須具特定要件之人。
④無效之行為，已確定自始不生效力。	④得撤銷之行為，其效力在於未確定之狀態。
⑤不因時之經過，而生效力。	⑤因撤銷權之消滅，而不歸無效。但經撤銷者，則溯及無效。
⑥無效行為之承認，概無溯及效力。	⑥經撤銷後，視為自始無效。但結婚撤銷之效力，不溯及既往。

(三)撤銷權之主體

對於可以撤銷之法律行為，具有撤銷權之人，是為撤銷權人，亦係撤銷權之主體。何人為有撤銷權人，民法未設規定，須就一般規定與特殊規定，分別觀之。惟通常得以撤銷之法律行為或意思表示，均為有瑕疵之法律行為或意思表示，故撤銷權之主體，自屬於意思表示有瑕疵之表意人，此表意人如為代理人時，則其撤銷權仍屬於本人，而非代理人。依理論言，左列之人，得為行使：

1. **本人**　即意思表示有瑕疵之人，例如急迫輕率或無經驗之行為人（第七四條），錯誤、不知、誤傳、被詐欺被脅迫之表意人（第八八條一項，第八九條，第九二條一項），精神錯亂或被詐欺被脅迫而結婚之行為人（第九九六條，第九九七條），此等之人，為撤銷權行使之人。

2. **代理人**　如為有瑕疵之意思表示時，得由代理人行使撤銷權而為撤銷之意思表示；即由本人自為有瑕疵之意思表示，其行使撤銷權亦得由代理人為之。蓋以撤銷亦為法律行為，初無限於權利人本人之必要，尤無不許代理之性質，此為撤銷權之歸屬與撤銷權之行使，應加區別之重要概念。

3.**限制行為能力人**　此等之人，如為可得撤銷之法律行為時，其自身自可單獨行使撤銷權，無須取得法定代理人之同意。蓋撤銷既在回復未為法律行為時之原狀，故令限制行為能力人單獨行使，對其利益之保護並無疏失；若將其撤銷行為更行撤銷，必令法律關係更為複雜，尤非顧全相對人利益之方法。

4.**利害關係人**　例如暴利行為之利害關係人，包含與其行為之撤銷有利害關係之債權人在內（第七四條）。此項撤銷須經法院之宣示，與當事人自己所為之撤銷，應以意思表示為之者不同（第一一六條）。然經宣示撤銷，則其行為自始無效（第一一四條）。

5.**債權人**　例如詐害行為之債權人，得行使撤銷權（第二四四條）。惟此為實體法上之權利，為形成權之一種，並須聲請法院為之，與當事人自己所為之撤銷，亦有不同。

6.**繼承人**　所謂繼承人，係含包括繼承人與其他包括的繼受人兩種，因撤銷權並非專屬於本人，故本人死亡時，應許此等之人繼承撤銷權人之撤銷權而行使之，但撤銷權之除斥期間應前後通算。

(四)撤銷權之客體

因有瑕疵而被撤銷已生效力之法律行為或意思表示，是為撤銷權之客體。良以法律行為經撤銷者，視為自始無效（第一一四條一項），可知得撤銷之行為，因撤銷而喪失者，乃行為之效力，而非行為之本身。蓋法律行為或意思表示，乃一種事實，不能以人為除去，其能以人為除去者，僅為該事實所生之效力故也。因之，撤銷並非撤銷法律行為，而係撤銷意思表示之效力；故第七四條第一項「法律行為之撤銷」，與第八八條第一項，第八九條及第九二條第一項「意思表示之撤銷」，僅用語上之便宜，非謂法律行為或意思表示本身因撤銷而消滅。

㈤撤銷權之行使

1. 撤銷之方法

撤銷，應以意思表示為之（第一一六條一項），此種撤銷之意思表示，係屬單獨行為。且不須於訴訟上為之，在訴訟外為之，亦不必特行起訴，單以攻擊或防禦方法行之，亦無不可。惟例外須由訴訟上為之者，如暴利行為（第七四條）、詐害行為（第二四四條）及婚姻之撤銷（第九八九條至第九九一條，第九九五條至第九九七條）等是。蓋其影響甚大，須詳求撤銷原因之有無，以防濫用。又法律行為經撤銷者，視為自始無效，而塗銷有無效原因之不動產移轉登記，祇須向登記簿上現權利人請求，即可達到目的，無一併請求原權利人塗銷之必要（六九臺上二七三），宜注意及之。

2. 撤銷之相對人

⑴有相對人時　如相對人確定者，撤銷之意思表示，應向相對人為之（第一一六條三項）。此之相對人，應解為法律行為當初之相對人；不問為契約之他方當事人，及有相對人之單獨行為，均有適用。惟如相對人以其取得之權利讓與他人時，仍應以最初之相對人為撤銷之相對人。綜而言之，相對人之情形有下列數種：①契約或單獨行為之相對人。②相對人死亡者，其繼承人為相對人。③相對人為未成年人或禁治產人者，對其法定代理人為之。④意思表示應向官署為之者，則其官署為相對人。⑤第三人為詐欺者，撤銷之相對人，非詐欺人而為行為之相對人。⑥在為第三人之契約而取得權利者，雖為第三人，但其非契約之當事人，仍應以契約之相對人，為撤銷之相對人。⑦撤銷之相對人有數人時，原則上應對於其全體為之，但

法律行為之內容係屬可分者，自可不必對於全體為之。

⑵無相對人時　於無相對人之行為，其撤銷方法，並無明文。通說認為法律規定其撤銷方式者，應依其規定，否則依法律行為之性質分別定之。例如懸賞廣告（第一六四條），其撤銷應依其所為廣告之方法為之；遺囑人得隨時依遺囑之方式，撤回遺囑之全部或一部（第一二一九條），並定有視為撤回之規定（第一二二〇條至第一二二二條）。

㈥撤銷之效果

1. 撤銷之溯及效力

得撤銷之法律行為，一經撤銷後，即生撤銷之效果。故法律行為經撤銷者，視為自始無效（第一一四條一項）。故在法律上視為撤銷行為全與自始未為行為者相同，不惟對於已生效力者，使其不能發生，即將發生效力者，亦使不再發生。得撤銷之行為，於未撤銷前，其行為作為有效，一經撤銷，確定自始無效，若經承認或除斥期間之屆滿之原因，至撤銷權消滅時，則又確定自始有效。撤銷之效果，原則上溯及既往（第一一四條一項）。如當事人雙方於法律行為成立後，曾互為給付，則於撤銷後應互負回復原狀之義務（六九臺上三二九三）。但婚姻撤銷之效力，不能溯及既往（第九九八條），是為例外。

撤銷制度之設，重在保護撤銷權人，故僅原則上得對抗第三人，惟有例外規定，例如被詐欺而為之意思表示，其撤銷不得以之對抗善意第三人（第九二條二項）；因錯誤而為撤銷時，表意人須對損害之第三人負賠償之責任（第九一條），此皆為保護相對人及第三人之利益。

2. 撤銷行為當事人之責任

可得撤銷之法律行為，如為當事人所明知或可得而知者，其法律行為撤銷時，自應對相對人負回復原狀或損害賠償之責任（第一一四條二項準用第一一三條）。所謂當事人，指為得撤銷之法律行為之人及其相對人。蓋以表意人及其相對人，既明知有撤銷原因，或不知係有過失，而仍為該意思表示，自應使在撤銷時，對他人負回復原狀或損害賠償之責任。

此外，因錯誤而撤銷其意思表示者，表意人應對受有損害之相對人或第三人，負損害賠償責任（第九一條），期使相對人或第三人不受不利益之影響。

㈦撤銷權之消滅

1. **撤銷權之行使**　因撤銷權係形成權，自應因其行使而消滅。
2. **除斥期間之屆滿**　撤銷權在法定除斥期間屆滿時，則其撤銷權即因期間之經過而消滅。
3. **撤銷權之拋棄**　撤銷權人一經表示承認後，即使撤銷權歸於消滅，學理上謂之「承認」。

⑴承認之本質　法律行為之承認，乃承認權人使發生效力與否不確定之法律行為，確定發生效力之意思表示。民法第一一五條，第一一六條所稱承認，並非僅就撤銷之法律行為加以規定，其他一切效力不完全之法律行為，皆可適用，自係形成權之一種。須經承認之法律行為，分述於下：

①法定代理人對於限制行為能力人未經允許所訂契約之承認（第七九條）。

②限制行為能力人，於限制原因消滅後之承認（第八一條）。

③本人對於無權代理人所為代理行為之承認（第一七〇條）。

④無因管理事務，經本人之承認（第一七八條）。

⑤債權人對於第三人與債務人訂立債務承擔契約之承認（第三〇一條）。

⑥債務承擔之從屬權利，其由第三人就債權擔保之承認（第三〇四條）。

⑦向第三人為清償，經債權人之承認（第三一〇條）。

⑧親屬會議對於監護人於監護關係終止時，所為清算之承認（第一一〇七條）。

⑨繼承及遺贈之承認（第一一七八條，第一二〇七條）。

(2)承認之要件　行使承認之要件，除依特別規定外，下述情形，可認為承認之共通要件：①須由有承認權者為之。②須對於應經承認之法律行為為之。③須對於以前法律行為明知其應經承認後或其瑕疵原因終止後始生效力者。承認與撤銷，皆以意思表示為之已足，惟二者適為相反之行為，而結果則同為除去行為效力不確定之狀態，使之臻於安定。故在得撤銷行為之承認，具有左列特徵：

①承認乃撤銷權之拋棄，而非應經承認之法律行為之一部，自無須與應經承認之法律行為，採同一方式，例如承認得撤銷之票據行為，得以單純之意思表示為之。

②承認惟得於撤銷行為存在之時期為之，故對已撤銷之行為，不得再為承認。

③撤銷為法律行為，應具法律行為一般之要件，故撤銷行為，係因詐欺脅迫而為者，其撤銷亦得為撤銷之行為。

(3)承認之方法　關於承認之方法，與撤銷同，均應以意思表示為之，如相對人確定者，應向相對人為之（第一一六條）。至承認之意思表示，為單獨行為，須於撤銷之原因終止後未撤銷前為之。

(4)承認之效果　經承認之法律行為，如無特別訂定，溯及為法律行為時發生效力（第一一五條）。蓋因承認係撤銷權之拋棄，故其效力自應溯及既往，使其應經承認之行為，自始即為完全之行為。本條規定，於無權處分行為及效力未定行為，使生溯及效力，尚具意義，惟於得撤銷之行為，其效力原已發生，其經承認者，僅在確定其效力，而使撤銷權消滅而已，縱無溯及效力，結果仍無以異。

得撤銷行為之承認（第一一五條，第一一六條），消滅時效中斷之承認（第一二九條一項二款）及消滅時效完成後之承認（第一四四條二項），其性質與效力頗有不同，容後述之。

三、效力未定

效力未定者，發生效力與否尚未確定之法律行為也。蓋其法律行為業已成立，仍須他人為同意或承認，始能生效，故與停止條件成就前之法律行為，其效力是否發生，繫於將來不確定事實之成否者，固有不同，即與無效之法律行為，雖係效力不完全之法律行為，惟其性質及效力，大有區別，列表如左：

無效之法律行為	效力未定之法律行為
①無效之法律行為，其不能發生法律行為之效力，於行為當時，即已確定。	①法律行為雖已成立，但生效與否尚未決定。
②法律行為之初，即屬無效。	②須以他人之行為使之確定，即承認則有效，拒絕則無效。
③不因時之經過，而生效力。	③不因時之經過，而臻於確定。
④已確定自始不生效力。	④發生效力與否，尚未確定。

效力未定之法律行為與得撤銷之法律行為，同係效力不完全之行為，然性質各異：

得撤銷之法律行為	效力未定之法律行為
①撤銷之法律行為，於撤銷前，原已發生效力。	①法律行為雖已成立，但是否有效，處於不確定之狀態。
②得撤銷之法律行為，乃其結果歸於有效無效，非其法律行為效力尚屬未定。	②效力未定之法律行為，乃發生效力與否尚屬未定。
③撤銷權因承認或除斥期間之經過而消滅時，即確定自始有效。但經撤銷者，則溯及無效。	③效力未定之法律行為，因其效力尚未發生，故不因時之經過成為確定。
④效力雖已發生或將要發生，但未能確定。	④發生效力與否，尚屬未定。

(一)須得第三人同意之法律行為

凡法律行為依法律之規定，須得第三人之同意，始生效力者，是為「須得第三人同意之行為」。為此同意之人，並非由為法律行為之當事人為之，乃由第三人為之。一般而言，同意包含「承認」與「允許」二者，事先之同意謂之「允許」，事後之同意稱為「承認」。現依民法規定，分列同意、允許與承認之用例：

1. **同意**

(1)未成年人訂婚，須得法定代理人之同意（第九七四條）。

(2)未成年人結婚，須得法定代理人之同意（第九八一條）。

(3)未成年人或禁治產人之夫妻財產制契約，須得法定代理人之同意（第一〇〇六條）。

(4)夫對於妻之原有財產為處分時，應得妻之同意（第一〇二〇條）。

(5)夫妻之一方，對於共同財產為處分時，應得他方之同意（第一〇三三條）。

(6)未成年人兩願離婚，應得法定代理人之同意（第一〇四九條）。

(7)有配偶者被收養時，應得其配偶之同意（第一〇七六條）。

(8)遺產分割後，其未清償之被繼承人之債務，移歸一定之人承受，或劃歸各繼承人分擔，須經債權人之同意，各繼承人始能免除連帶責任（第一一七一條）。

2. 允許

(1)限制行為能力人為意思表示或受意思表示，應得法定代理人之允許（第七七條）。

(2)限制行為能力人未得法定代理人之允許，所為之單獨行為無效（第七八條）。

(3)監護人對於受監護人之不動產為處分時，應得親屬會議之允許（第一一〇一條）。

3. 承認

(1)限制行為能力人單獨訂立之契約，須經法定代理人之承認，始生效力（第七九條）。

(2)無權代理人所為之法律行為，非經本人承認，對於本人不生效力（第一七〇條）。

(3)無權利人就權利標的物所為之處分，經有權利人之承認，始生效力（第一一八條）。

(4)第三人與債務人訂立契約，承擔其債務者，非經債權人承認，對於債權人不生效力（第三〇一條）。

同意之性質，乃係「補助法律行為」，蓋其不過欲使他人所為之法律行為發生效力，其自身並無獨立之效力，故為補助行為。而此項效力意思，既為同意人所欲，法律即付與同一之效力，自應以意思表示為之。

依第一一七條規定，法律行為須得第三人之同意始生效力者，其同意或拒絕，得向當事人之一方為之。即第三人之允許、承認或拒絕承認，向任何當事人一方為之，即生效力，至其方法不問為明示默示，均屬有效。又事前所為之同意，得於法律行為前撤回之。

須得第三人同意之行為，究應發生如何之效果，條文規定極不一致，甚易混淆。分別列之：①得撤銷者，如未成年人結婚未得法定代理人之同意，法定代理人得請求法院撤銷之（第九八一條，第九九〇條）。②無效而不得對抗第三人者，如夫對妻之原有財產為處分時，應得妻之同意，否則無效，惟此項同意之欠缺，不得對抗第三人（第一〇二〇條）；又如夫妻之一方，對於共同財產為處分時，應得他方之同意，否則無效，但此項同意之欠缺，不得對抗第三人（第一〇三三條）。③未經允許即為無效者，如限制行為能力人未經法定代理人之允許，所為之單獨行為無效（第七八條）。④單純效力未定者，如無權代理人之代理行為（第一七〇條），限制行為能力人未得允許訂立之契約（第七九條），此種須得第三人同意，始生效力之行為，其未經同意既非無效，亦非有效，尤非得撤銷，其效力是否發生，須經事後之承認，補足事先允許之缺陷，是為效力未定行為之典型。

㈡無權處分行為

無權處分行為者，無權利人以自己之名義，就他人之權利標的物所為之處分行為也。此等無權利人，其所為之處分行為，往往成立犯罪或侵權行為，當然在法律上不生效力。但為此項處分行為時，出於善意或過失者，並非無之，如一律使其無效，勢必難圖實際之便利，故設救濟之規定：

1.無權利人就權利標的物所為之處分，經有權利人之承認，始生效力（第一一八條一項）。此種無權處分行為，一經有權利人之承認，當然有溯及效力；如有權利人不予承認，其處分行為則為自始無效。無權利人之處分既不為權利人所承認，應不生物權上之效力，故原權利人得本於物權而為返還之請求，惟第三人亦可援用第八〇一條，第八八六條，第九四八條或土地法第四三條之規定，資為保護。又本條項規定權利人得承認無權利人就權利標的物所為之處分，不以物權及準物權行為為限，買賣契約亦包括在內（六九臺上三〇三七）。

2.無權利人就權利標的物為處分後取得權利者，其處分自始有效（第一一八條二項）。蓋無權處分行為，雖未經有權利人之承認，然處分之後，已從有權利人受讓其權利標的物者，則其以前之處分行為，應自該行為時起發生效力。例如繼承人之財產，處分時本為無權利人，其後因被繼承人死亡，即由繼承取得該財產之權利是。此項規定既係溯及生效，則為保護原權利人或第三人之利益，民法此次修正加設但書：「原權利人或第三人已取得之利益，不因此受影響」，以資補救。

無權利人就權利標的物為處分後，因繼承或其他原因取得其權利者，其處分為有效，惟無權利人就權利標的物為處分後，權利人繼承無權利人者，其處分是否有效，法無明文。實務認為在此情形，繼承人就被繼承人之債務既負無限責任，實具有同一之法律理由，由第一一八條第二項之類推解釋，認其處分為有效（二九上一四〇五）。例如甲於其父丙生前，將丙之土地讓與乙為業，縱令當時係無權處分，但其後甲已因繼承丙之遺產，而取得此項土地之所有權，依民法第一一八條第二項之規定，其處分即屬自始有效。此際甲之處分土地行為，不能認係無權處分而主張無效（三一上二八九八）。

3.前項情形，若數處分相牴觸時，以其最初之處分為有效（第一一八條三項）。所謂數處分牴觸，乃指二個以上之處分，其性質上不能併存者而言。例如甲將乙所有房屋，先已出賣與丙，後又出賣與丁，此時丙丁如均主張取得該房屋之所有權，糾紛永無休止，故為避免爭議計，應以其最初之處分為有效。雖有數個處分行為，然並不相牴觸者，則不妨一併有效，而不適用此項規定。例如甲將乙之動產，先向丙設定質權，後因出賣而移轉所有權於丁，此際雖有二個處分行為，然並不互相牴觸，自不妨一併生效。

無權處分行為與無權代理行為，頗相類似，但有區別：

(1)同點：

①效力未定之法律行為，在其行為成立時，既非有效，亦非無效。

②須經承認始生效力，拒絕同意，即確定自始無效。

③經承認後如無特別規定，溯及於法律行為時發生效力。

④承認須以意思表示為之，乃補助之法律行為，並係有相對人之單獨行為。

(2)異點：

無權處分行為	無權代理行為
①係以自己之名義，且未表明為權利人。	①乃以本人之名義，並表明為本人之代理人。
②必以自己之名義處分他人之權利。	②係以權利人名義處分他人之權利。

③處分時為無權利人，經有權利人之承認，始生效力。	③不生有無權利之問題。
④不含債權行為。	④一切法律行為，均有適用。
⑤經權利人之承認，不問相對人知處分權欠缺與否，溯及生效，並不得撤回。	⑤未經本人承認前，相對人如不欲與本人發生關係，得撤回之。

無權處分行為，既得構成犯罪而負刑責，或發生侵權行為而負賠償責任，此項責任，並不因其行為經有權利人之承認而免除，蓋第一一八條乃對外效力之規定，對於刑事責任及行為人與權利人間之關係，則不生影響。實務認為，無權利人就標的物為處分時，如其行為合於侵權行為成立要件，雖其處分已經有權利人之承認而生效力，亦不得謂有權利人之承認，當然含有免除處分人賠償責任之意思表示（二三上二五一〇），可供參考。

無權處分，於處分行為後，有權利人承認以前，相對人有無撤回權及催告權？論者不一，法條亦無明文。一般而言，在限制行為能力人之契約及無權代理行為，相對人皆有催告權及撤回權，關於無權處分，既為效力未定行為之一種，似可作同一之解釋。蓋以有權利人之承認與否，聽從其便，如其久不作表示，相對人勢將坐待原權利人之請求返還，甚為不利。但按之情理，無權處分係以物權行為為內容，相對人已因其行為取得標的物之管領，權利人無待催告，即已急於主張自己之權利，與限制行為能力人之契約及無權代理行為，均以債權行為為主，對於有權表示承認之人並無任何不利之情形，並不完全相同，非可同論。

第五章　期日及期間

一、期日與期間之概念

私法關係中，常須以時間為標準，而測定事實發生之前後，以確定法律上應得之效果。所謂時間，即為測量事實前後之便利所定之尺度，其與法律效果原有種種密切之關係，成為權利得喪變更之重大原因。例如人之權利能力，始於出生，終於死亡（第六條），即依出生及死亡之時間，定其權利能力之始終。且關於行為能力之成立（第一二條），決定權利之取得（第七六八條至第七七〇條，第八〇七條，第八一〇條），決定權利消滅之時間（第一二五條至第一二七條），推定事實之時期（第九條），主張權利之最初點（第一四七條），撤銷權之行使（第九三條），均與法律效果有關，故時間在法律上常居重要之地位。

時間之內容，分為期日及期間二種。所謂期日，即指一定之日期而言，例如約定一月一日履行債務是。所謂期間，指從一定之時間，至另一一定之時間，例如七月一日至十二月一日讓與權利是。二者之差別，乃以有無繼續性為標準。

二、期日與期間之計算

法令、審判或法律行為所定之期日及期間，除有特別訂定外，須依民法關於期日及期間之規定計算（第一一九條），是為計算時間之一般規定。

㈠計算法之種類

期日與期間之計算法，原有二種：一為自然計算法，一為曆法計算法。前者即按實際時間精確計算，任何人不能加減；例如約定從一月一日下午二時起，經二日而給付者，即自當時起經四十八小時而終止是。後者則依國曆為計算方法，例如約定一日者，則從上午零時起至下午十二時止；約定一年者，則從一月一日起至十二月末日止，此種計算，不論月之大小，年之常閏，均從曆法計算。民法向以曆法計算法為原則，而以自然計算法為例外。故以時定期間者，即時起算（第一二〇條一項），稱月或年者，依曆計算（第一二三條一項）。

㈡期間之起算與終止

凡以時定期間者，依自然計算法，即時起算（第一二〇條一項）。如以日、星期、月或年定期間者，其始日不算入（同條二項）。至於以日、星期、月或年定期限者，以期間末日之終止，為期間之終止（第一二一條一項）；期間不以星期、月或年之始日起算者，以最後之星期、月或年，與起算日相當日之前一日，為期間之末日。但以月或年定期間，於最後之月，無相當日者，以其月之末日為期間之末日（同條二項）。

㈢期日或期間末日之延展

於一定期日或期間內應為意思表示或給付者，其期日或期間之末日為星期日、紀念日或其他休息日時，以其休息日之次日代之（第一二二條），因此等休息之日，不能強人工作，故應以其次日代之，以防無益之爭。

凡月或年非繼續計算者，往往無從依曆計算，故在第一二三條第二項規定，月或年非連續計算者，每月為三十日，每年為三百六十五日，以杜爭議。

三、年齡之計算法

年齡重在計算人之生存期間，亦足表明時間經過之久暫，法律上常有重要效果；諸如成年制度與行為能力之取得，即以年齡為基礎。關於年齡，自出生之日起算（第一二四條一項），蓋以年齡關係自然人之權益甚大，必須將其出生之日一併算入，方與人類出生之觀念相合。出生之月日無從確定之時，推定其為七月一日出生，知其出生之月，而不知其出生之日者，推定其為該月十五日出生（同條二項），既稱推定，自得依反證為相反之認定，是為當然。

第六章　消滅時效

時效者，一定事實狀態繼續存在於一定期間之法律事實也。權利人在此一定期間中，因有永續行使或不行使其權利之事實狀態，即生權利得喪之效果。因此，時效實為法律事實，而非法律行為，此種法律事實，有為取得權利之原因者，謂之「取得時效」，有為消滅權利請求權之原因者，謂之「消滅時效」，二者統稱之為時效。

民法關於時效制度，分別規定，以消滅時效定於總則編中（第一二五條以下），取得時效則於物權編中列入（第七六八條以下）。考時效制度之存在，實基於左列二種理由：

⑴永續狀態之保護　凡有與正當權利關係相反之事實關係發生時，權利人固能以其權利為依據，藉以推翻後之事實關係，而回復前之權利關係，然此事實關係若經永續達於若干之期間而為社會所信賴時，法律就此新秩序理應尊重之，不令回復以前權利關係之狀態。取得時效之基礎，即在於此。

⑵避免舉證之困難　某種事實狀態，如已經過長久之期間，則其證明資料，多屬湮滅，故法律特以時效為證據之代用，賦予法律上之效力，而使久不行使權利者喪失其權利。因正當之權利人，如長久期間未能行使其權利，即已成為「權利上之永眠者」，此等權利人對之不予法律上之保護，並無不當。在消滅時效上觀之，此理由最為顯著。

第一節 消滅時效之概念

消滅時效，即因繼續在一定期間內，不行使權利，以致權利歸於消滅之法律事實。故消滅時效係以有權利而不行使所造成無權利之事實狀態為基礎，此項一定事實達於一定期間之狀態，並非單純之事實狀態，乃為一種法律狀態，即因消滅時效之完成，而有引起私權變動之效果。惟僅為消滅權利之請求權，而不能消滅權利之本身。

消滅時效，須與除斥期間區別視之。所謂除斥期間者，乃其期間之經過，當然使其權利消滅之期間，關於時之經過而使權利消滅，屆滿與完成後之實際效力，二者並無不同，然其性質及效力，則大有分別：

消滅時效	除斥期間
①其權利係永久存續，並不受時間之限制。	①其權利自始即有存續期間之限制。
②得因中斷或不完成而延長。	②為不變期間，一經經過，其權利絕對消滅。
③期間以請求權可以行使或為行為時為起算點，民法設有一般性規定。	③應以其權利完全成立之時，為其起算點，除於各該條有規定外，未設一般規定。
④非當事人援用，法院不得依職權為裁判之資料。	④當事人縱不援用，法院亦得斟酌之。
⑤已完成之消滅時效，其利益可以拋棄。	⑤已屆滿之除斥期間，其利益不許拋棄。
⑥多為請求權，權利本身並不消滅。	⑥多為形成權，權利全歸消滅。

除斥期間與消滅時效之目的，固均在早日確定法律關係，而維持社會之秩序，但二者所維持之秩序，其本質恰好相反。因除斥期間所維持之秩序，為繼續存在之原秩序，而消滅時效所維持之秩序，乃反於原有秩序之新秩序，二者立法精神本有不同也。

法律所定期間，究係時效期間抑係除斥期間，應依權利之本質與法規之實質具體定之。在原則上，條文中有「請求權因若干年不行使而消滅」，「因時效而消滅」者，多屬消滅時效；而僅有「經過若干年而消滅」者，則為除斥期間。例如第七四條，第九〇條，第九三條，第四九八條，第九二三條第二項，第九二四條及第九四九條所定之期間，皆可解為除斥期間之規定。

第二節 消滅時效之客體

民法關於消滅時效之規定，僅於總則編中就請求權設有一般規定（第一二五條至第一二八條），但同時亦就請求權以外之權利，設有特別規定（如第四一六條二項，第四一七條，第五一四條等），可知消滅時效適用之範圍，並不以請求權為限，應就各種權利分別論之。

㈠得為消滅時效之客體者

1. **請求權** 屬於財產權中之請求權，不問其係由債權而生，抑由物權而生，亦不問其為行為之請求權，或為不行為之請求權，均得因時效而消滅，其期間除另定有特別期間外，並應適用第一二五條之一般期間。

⑴因債權而生之請求權，得為消滅時效之客體。例如消費借貸之請求權，因十五年間不行使而消滅。

⑵因物權而生之請求權，得為消滅時效之客體否？向有兩說：①肯定說，謂由物權而生之請求權，不

問其為人的請求權（損害賠償請求權），或物的請求權（返還請求權），如經過一定期間不行使，即應與一般請求權同視，使其因時效而消滅。②否定說，謂物權本身既不因消滅時效而消滅，則由物權而生之請求權，自不因消滅時效而消滅。以上二說，各具理由，實務概採肯定說，蓋民法規定請求權因時效而消滅，初無區別其請求係因債權而生，抑由物權而生之理由。觀之下列各例甚明：

①不動產所有權之回復請求權，自應適用民法第一二五條，關於消滅時效之規定（院一八三三）。此係對未登記不動產所有人之回復請求權而言，不包括已登記不動產在內。

②民法第一二五條所稱之請求權，不僅指債權的請求權而言，物權的請求權亦包含在內（院二一四五）。

③民法第一二五條所稱之請求權，包含所有物返還請求權在內。此項請求權之消滅時效完成後，雖占有人之取得時效尚未完成，占有人亦得拒絕返還（二八上二三〇一）。

④已登記不動產所有人之回復請求權，無民法第一二五條消滅時效規定之適用（釋一〇七）。係以第七六九條及第七七〇條，僅對於占有他人未登記之不動產者，許其得請求登記為所有人，而關於已登記之不動產則無明文，足見已登記之不動產，不適用關於取得時效之規定，為適應此項規定，應無第一二五條消滅時效之適用。若許已登記不動產所有人回復請求權，得罹於時效而消滅，將使登記制度失其效用，其故在此。

⑤上開釋字第一〇七號解釋，係就物上回復請求權而言，與登記請求權無涉。共有人成立不動產協議分割契約後，其分得部分所有權移轉請求權，自有第一二五條消滅時效規定之適用（六七臺上二六四七）。

⑥已登記不動產所有人之除去妨害請求權，不在大法官會議釋字第一〇七號解釋範圍之內，但依其性質，亦無第一二五條消滅時效規定之適用（釋一六四）。

⑦釋字第一〇七號及第一六四號解釋，謂已登記不動產所有人之回復請求權或除去妨害請求權，無民法第一二五條消滅時效規定之適用。所謂「已登記不動產」，係指依土地法辦理登記之不動產而言，而非指已登記為請求人名義之不動產。蓋不動產真正所有人之所有權，不因他人無權占有或侵奪其所有物或基於無效原因所為之移轉登記而失其存在，苟已依土地法辦理登記，其回復請求權或除去妨害請求權，即不罹於時效而消滅。故被繼承人基於已登記為其所有之不動產所生之回復請求權或除去妨害請求權，既不罹於時效而消滅，則繼承人承受其權利後，縱令尚未登記，亦無罹於時效而消滅之可言（八五臺上八）。

2. **贍養費**　物權以外之非財產權，如人格權、身分權之權利本身，固不因時效而消滅，惟由非財產權所生之請求權，如有財產上之價值者，則得為消滅時效之客體。例如第一一二六條之贍養費請求權是。

㈡不得為消滅時效之客體者

1. **所有權**　所有權為靜態之權利，與債權或他物權為動態之權利者不同，其權利本身，自不能因不行使而罹於消滅時效。至所有權得因取得時效之結果而致消滅，是屬當然。

2. **擔保物權**　擔保物權不能先於債權單獨經消滅時效而消滅，蓋以擔保物權，係從屬於債權之權利，法律且有特別規定，於債權之請求權已經消滅時效消滅時，尚不消滅（第一四五條一項，第八八〇條參照），自不得成為消滅時效之客體。至抵押權依第八八〇條規定雖可消滅，惟此為除斥期間，非消滅時效，蓋抵押權之消滅，乃為權利之本身，非請求權。

3.**形成權** 凡形成權中之撤銷權、解除權、催告權及承認權，其消滅為權利之本身，非請求權，故其法定之消滅期間，實係除斥期間，不適用時效之規定。實例認為，民法就形成權所定之存續期間，並無時效之性質。契約解除權為形成權之一種，第三六五條第一項所定六個月之解除權存續期間，自屬無時效性質之除斥期間（二二上七一六）。

4.與一定事實關係或法律關係相始終之權利，不能因消滅時效而消滅，分述如左：

(1)相鄰關係之請求權（第七七四條至第八〇〇條），其本身即以社會利益為基礎，且在相鄰關係存續間，當能隨之而存續，自不因時效而消滅。

(2)共有物分割請求權（第八二三條），並非得請求他共有人分割共有物之權利，而為共有人得主張分割共有物之權利，故共有人請求分割共有物之權利，其性質屬於形成權，並非請求權，要無消滅時效規定之適用（二九上一五二九，四〇臺上七七九參照）。

(3)同時履行抗辯權（第二六四條），乃以阻礙請求權行使為目的，僅於他方當事人發動請求時，方得行使，亦不受時效期間之拘束。

(4)保證人之先訴抗辯權（第七四五條），乃保證人於債權人未就主債務人之財產強制執行而無效果前，對於債權人，得拒絕清償之抗辯，論其性質不過一種延期抗辯，並無否認債權人請求權之效力，故無消滅時效之適用。

5.由人格權或身分權而生之非財產權，如其請求之內容著重於其人格或身分關係，而無財產價值者，不得認為消滅時效之客體。例如因夫妻關係所生之同居請求權（第一〇〇一條），人格權受損害時之除去請求權（第一八條），履行婚約請求權（第九七八條），皆為身分上所生之請求權，並無消滅時效之適用（四八臺上一〇五〇，五四臺上三一五七參照）。

第三節　消滅時效之期間

一、一般期間

即指第一二五條就普通請求權所定之期間為十五年，如有法律所定之期間較此為短者，可依其特別規定，例如票據法第二二條定有二個月至三年之短期時效，自宜優先適用。蓋消滅時效期間之長短，與社會經濟及私人權利關係甚大，苟其期間過長，則利害關係久不確定，影響於社會經濟之發展；然使期間過短，亦難保護個人之權利，故酌定為十五年，以求允洽。

二、特別期間

㈠五年短期消滅時效

第一二六條規定：「利息、紅利、租金、贍養費、退職金及其他一年或不及一年之定期給付債權，其各期給付請求權，因五年間不行使而消滅。」蓋以此項債權，係由日常行為而生，皆立時行使，如久不行使，則多無行使其權利之意思，且在習慣上，是等債務縱已清償，亦鮮給收據，即有收據，保存者亦少故也。

所謂「定期給付債權」，即以定期給付為標的之債權，乃一基本債權，而包含數次清償期之請求權；所謂「定期給付」，即其債權須經一定期間始應為一定給付，故發生各期給付請求權，是為該債權之性質所必需。若就其全體言之，稱為定期給付請求權，就其於各期應受之給付言之，稱為各期給付，由此各期給付而生之請求權，即為各期給付請求權。定期給付債權之要件有三：①須反覆於數回清償期為給付。②須有發生此定期給付債權之基本債權，例如終身定期金，一定期間之扶養費請求權是。③其請求權得各自獨立。

㈡二年短期消滅時效

依第一二七條規定，左列各款請求權，因二年間不行使而消滅：

(1)旅店、飲食店及娛樂場所之住宿費、飲食費、座費、消費物之代價及其墊款。

(2)運送費及運送人所墊之款。

(3)以租賃動產為營業者之租價。

(4)醫生、藥師、看護生之診費、藥費，報酬及其墊款。

(5)律師、會計師、公證人之報酬及其墊款。

(6)律師、會計師、公證人所收當事人物件之交還。

(7)技師、承攬人之報酬及其墊款。

(8)商人、製造人、手工業人所供給之商品及其產物之代價。

第四節　消滅時效之起算

消滅時效之成立，原以經過法定期間而不行使權利為其要件，則期間何時開始進行，須有明文規定。故消滅時效，自請求權可行使時起算。以不行為為目的之請求權，自為行為時起算（第一二八條）。分別述之：

㈠以作為為目的之請求權

本條前段所謂請求權可行使時，乃指其請求權並無法律上之障礙，而不行使之時，消滅時效即應開始進行；亦即指權利人得行使請求權之狀態而言，至於義務人實際上能否為給付，則非所問（六三臺上一八八五）。故僅事實上之障礙，如偶爾出國旅行之類，不能阻卻消滅時效之起算。蓋權利人本人不能行使，仍可由代理人行之（第一四一條），至法律上之障礙，乃法律規定權利行使之限制，在此障礙未除以前，權利人本無從行使其權利，故不問權利之種類如何，皆阻止時效之進行。

請求權可行使時，亦即消滅時效進行之時，分言如左：

⑴有確定期限之債權，自期限屆滿之時。

⑵不確定期限之債權，於期限屆至之時。

⑶附停止條件之債權，於條件成就之時。

⑷未定清償期之債權，於債權成立之時（第三一五條）。

⑸於通知終止契約後，經過一定期間，始得為一定之請求者（第四五〇條三項），自債權成立後經過一定之期間，消滅時效開始進行。蓋自得為解約之時觀之，其時已得為意思表示，故自其時經過一定期間後，即為可行使請求權之時。

⑹分期給付之債權（第三八九條），如約定一期給付遲延，即得請求全部給付時，如一期給付遲延，則自該一期給付遲延之時起，全部給付之時效即應開始進行。

(7)信託契約成立後，得終止時而不終止，並非因其信託關係當然消滅，信託人亦必待信託關係消滅後，始得請求返還信託財產，故信託財產之返還請求權消滅時效，應自信託關係消滅時起算（六七臺上五〇七）。

(8)第二六〇條規定解除權之行使，不妨礙損害賠償之請求，據此規定，債權人解除契約時，得併行請求損害賠償，其損害賠償請求權，自債務不履行時起即可行使，其消滅時效，亦自該請求權可行使時起算（五五臺上一一八八）。

(二)以不作為為目的之請求權

本條後段所謂以不行為為目的之請求權，其消滅時效，自為行為時起算。蓋以不行為為目的之請求權，債務人原負有不行為之義務，債務人如無違反義務之行為，債權人之權利自在滿足之狀態，並無請求之必要，故須於違反行為之時，始有積極請求除去之必要。

第五節　消滅時效完成之障礙

消滅時效，必自時效期間開始進行時起，至其終止時止，均有不行使權利之事實繼續存在，始告完成。若在一定期間內間有行使權利之事實發生，或雖未行使權利，而有難於行使權利之事實存在，皆可使時效不完成，為保護因此時效而致受不利益之當事人，乃將已進行之期間，令其全歸無效或暫行停止，謂之消滅時效完成之障礙。在此時效之障礙中，有時效中斷與時效停止二種。

消滅時效之中斷，乃在一定期間內間有行使權利之事實，則使已進行之期間全歸無效。此項時效之中斷，為永久之障礙，在中斷終止後，若更為新時效者，則其完成之效力，不能溯及舊時效起算之日。而消滅時效之停止（消滅時效之不完成），雖未行使權利，而實有礙難行使權利之事實，則使其已進行之期間暫告停止，此項時效之停止，僅為一時之障礙，其於停止事由發生以前，已經經過之時效期間，並不失其效力，俟時效再進行之時，可與其後之期間，合併計算。現將二者之異同，列表於後：

(1)同點：

①均為時效完成之障礙。

②保護因時效進行而受不利益之當事人。

③皆為中止時效期間之進行。

(2)異點：

消滅時效之中斷	消滅時效之不完成
①中斷係由當事人之行為。	①不完成乃由於當事人行為以外之事由。
②中斷之事由，共有八項（第一二九條）。	②不完成之事由，計有五項（第一三九條至第一四三條）。
③中斷事由終止重行起算，已經過期間歸於無效。	③停止前已進行之期間仍為有效，停止事由終止後仍須併算。
④為永久之障礙。	④為一時之障礙。
⑤其效力為相對的（對人的）。	⑤其效力為絕對的（對世的）。

一、消滅時效之中斷

消滅時效之中斷者，即因時效期間進行中有與消滅時效要件相反事實之發生，而使已進行之時效期間全歸無效。蓋時效制度之存在理由，原在尊重永續之事實狀態，如在事實狀態中已有相反之事由發生，自無尊重必要，故應使其中斷。

㈠時效中斷之事由

消滅時效中斷之事由，依第一二九條規定，列為因請求、承認、起訴及與起訴有同一效力事項之四種。除此之外，當事人不得類推擴張，因消滅時效係屬強制規定之故。

1. 請求

請求者，因時效受不利益之當事人，對其相對人主張權利之意思表示也。例如債權人催告債務人履行或承認債務，即為請求行為。此種請求，專指訴訟外之請求，至訴訟上之請求謂之起訴，另以其為獨立之中斷之事由。權利人於請求後經過相當期間，仍任義務人不為履行時，即可認定權利人並無行使權利之意思，故時效因請求而中斷者，若於請求後六個月內不起訴，視為不中斷（第一三〇條）。蓋因請求而生時效中斷之效力，係以權利人於請求後六個月內起訴為條件，並非因有請求，即能確定其中斷之效力。

2. 承認

承認者，因時效受利益之當事人，對相對人表示是認權利存在之行為也。義務人既為此表示，權利人自信賴之，其不行使權利，不得謂為出於怠忽，時效自須因之而中斷，旨在保護權利人之利益。至於承認之性質，僅為一種觀念表示，而非意思表示。因承認僅屬是認相對人權利之存在，並非重新負擔債務，為承認之人，初不必有拋棄時效利益之意思，由承認而生中斷之效力，亦與承認人之意思無關。職是之故，其承認自為事實之承認，而無債務創設之效力。

至承認之方法，無論以書面或言詞均得為之，且不限於明示（如審判上、審判外等），默示亦可（如一部清償、支付利息、提供擔保、請求緩期），惟此承認之表示，須向相對人行之，始生中斷時效之效力。

應注意者，因承認而生時效中斷之效力，為確定的，而非條件的，故無所謂視為不中斷之明文，此觀之第一三〇條以下之規定，至為明瞭，此點與請求起訴等因時效而受不利益當事人之行為，大有區別。

3. **起訴**

起訴者，為因時效而受不利益之當事人，向法院提起訴訟以主張其權利之行為也。權利人對於權利之行使，當以起訴為最確實而有效之方法，故於時效進行中，如經起訴，即成時效中斷之事由。所謂起訴，包含給付之訴、確認之訴及形成之訴在內。起訴應以訴狀提出於法院為之，故於訴狀提出時起，已生中斷之效力。蓋訴之提起，已可視為權利之行使，若俟送達於相對人，每因法院事務之稽延，足使權利人受不測之損害。

時效因起訴而中斷者，若撤回其訴，或因不合法而受駁回之判決，其判決確定，視為不中斷（第一三一條）。蓋以起訴而復撤回者，已足認其仍無行使權利之意思，自應不使時效因此而中斷；且起訴應指合法者而言，若受不合法之駁回而經判決確定者，自不能以此無效之訴為理由，而主張應生時效中斷之效力。又合意停止訴訟之當事人，自陳明合意停止時起，如於四個月內不續行訴訟者，視為訴之撤回（民事訴訟法第一九〇條），此種擬制之撤回，亦包括上述撤回之內。

4. **與起訴有同一效力之事項**

左列事項，與起訴有同一效力（第一二九條二項），故皆為消滅時效中斷之事由。列舉如下：

(1)依督促程序聲請發支付命令

債權人所請求之給付為代替物或有價證券之一定數量者，得聲請法院依督促程序發支付命令。債權人既聲請發支付命令，其為權利之行使，故生時效中斷之效力。又時效因聲請發支付命令而中斷者，若撤回聲請，或受駁回之裁判，或支付命令失其效力時，視為不中斷（第一三二條）。所謂支付命令失其效力，其情形有二：①發支付命令後三個月內，不能送達於債務人者。②債務人於法定期間內提出異議者。以上情形，仍與未發支付命令無異，自不生時效中斷之效力。

(2)聲請調解或提付仲裁

聲請法院調解，指依民事訴訟法第四〇五條之規定而言，但不以此為限。凡其他法律有得聲請調解之規定，而在性質上亦認與起訴有同一效力者，均包括在內（四八臺上七二二及九三六），又依仲裁法第三七條第一項規定：「仲裁人之判斷，於當事人間，與法院之確定判決，有同一之效力」，是提付仲裁亦應發生中斷時效之效力，故此次民法修正，將其列為時效中斷事由之一。至於時效因聲請調解，或提付仲裁而中斷者，若調解之聲請經撤回、被駁回、調解不成立或仲裁之請求經撤回、仲裁不能達成判斷時，視為不中斷（第一三三條）。

(3)申報和解債權或破產債權

即債權人對於破產人有債權，為加入破產財團之分配，向法院申報其債權，或向破產管理人申報債權

（破產法第一三二條，第六五條）。此種行為，亦為行使權利之方法，乃為時效中斷之事由，然其效力，非一經報明，即能確定。故時效因申報和解債權或破產債權而中斷者，若債權人撤回其申報時，仍視為不中斷（第一三四條）。蓋申報既經撤回，即可認其仍無行使權利之意思，從而自始不生中斷之效力。至於債權人申報和解或破產債權，因不合法而被駁回者亦同。

(4)告知訴訟

即訴訟當事人在訴訟拘束中，將該訴訟向有利害關係之第三人告知，而促其為從參加之行為，權利人既對於義務人為訴訟之告知，促其參加訴訟，其有行使權利之意思，甚為顯然，故為時效中斷之事由，至其發生效力之時期，應在告知之時。時效因告知訴訟而中斷者，若於訴訟終結後六個月內不起訴，不生時效中斷之效力（第一三五條）。蓋告知人於訴訟終結後已足影響其權利，而仍於六個月內不提起訴訟者，可知其無實行權利之意思，自與自始未行告知無異，要不生中斷之效力。

(5)開始執行行為或聲請強制執行

開始執行行為者，乃指依職權所為之執行而言，例如開始查封行為或發出一定之命令（強制執行法第四七條，第七六條，第一一五條，第一一六條）。聲請強制執行，即由當事人一方聲請法院對於他方以強制方法以實行其權利之行為。以上二種行為，皆為行使權利之最後手段，是以均為時效中斷之事由。

時效因開始執行行為而中斷者，若因權利人之聲請或法律上要件之欠缺，而撤銷其執行處分時，視為不中斷（第一三六條一項）。蓋以權利人既聲請撤銷執行處分，可知其仍無行使權利之意思；且執行處分因欠缺法律上之要件而撤銷，即與自始未為執行處分無異，故皆不生中斷時效之效力。時效因強制執行之聲請而中斷者，若撤回其聲請或其聲請被駁回時，視為不中斷（第一三六條二項）。良以聲請人撤回聲請，或聲請已被駁回，則與未曾聲請強制執行無異，時效因此事由而中斷者，至此自應視為不中斷。

㈡時效中斷之效力

1.對時之效力

時效中斷者，自中斷之事由終止時，重行起算（第一三七條一項）。即時效中斷前已經過之期間，概因中斷而失效，應自中斷之事由終止時，重行起算，故在中斷事由存續中，自不得進行時效。又重行起算後，如有中斷之事由，仍得適用第一二九條而生時效中斷之效力。時效中斷之事由，應於何時方為終止？須以法律規定之。情形有二：

⑴一般中斷事由之終止　為各個中斷事由（除起訴外）終止之時，即係各個中斷效力終止之時，必須自此時起，時效方得重行起算。時效既自中斷事由終止時，重行起算，則何時為中斷事由之終止？此因中斷事由之不同，而有差異。例如時效因請求而中斷者，則請求之通知達到時，即為中斷事由之終止而重行起算是。

⑵以起訴為中斷事由之終止　在第一三七條第二項設有左列規定，此中斷效力終止之時，即為新時效重行起算之時：

①自受判決確定時，為中斷事由之終止。

②因其他方法訴訟終結時（如訴之撤回及視同撤回，審判上之和解），為中斷事由之終止。

因確定判決或其他與確定判決有同一效力之執行名義所確定之請求權，其原有消滅時效期間不滿五年者，因中斷而重行起算之時效期間為五年（同條三項）。例如原為二年期間之時效，經判決確定後重行起算時，則變為五年時效期間是。

2. **對人之效力**

時效中斷，以當事人、繼承人、受讓人之間為限，始有效力（第一三八條）。當事人指為中斷行為之人及其相對人；繼承人指該當事人之一般繼承人（包括繼承）；受讓人則指該當事人之特定繼承人，除此特定人之間以外，皆不生中斷之效力。例如一方債務有二人，僅其中一人為承認時，則僅為該承認之人與被承認之人之間，始生中斷之效力。但此為原則，尚有左列之例外：

⑴連帶債權人中之一人為給付之請求，以致中斷其時效者，對於其他債權人亦生效力（第二八五條）。

⑵債權人向主債務人請求履行及為其他中斷時效之行為時，對於保證人亦生效力（第七四七條）。

⑶連帶債務人中之一人，有消滅時效中斷之事由時，其效力不及於其他連帶債務人。

關於取得時效之中斷，第七七一條設有規定，即占有人自行中止占有，或變為不以所有之意思而占有，或其占有為他人侵奪者，其所有權之取得時效中斷。蓋依時效而取得所有權，以經過一定期間，繼續占有他人之物為必要；故於開始占有後，凡有不繼續占有，或非以所有之意思而占有，或非和平公然占有，其已經過之期間，當然失其效力。準此以解，取得時效中斷之事由如下：①占有人自行中止占有。②占有人變為不以所有之意思而占有。③占有人之占有為他人侵奪者。④其他喪失占有情事（如占有遺失物而不能尋回；所有人對於占有人請求，而占有承認所有人之權利；所有人對於占有人起訴等）。

有關消滅時效中斷之規定，得準用於取得時效。例如丙占有甲乙共有之土地，丙惟甲為承認，則僅對於甲之關係，時效中斷，乙不因此而受利益，而丙因取得時效之完成，取得與乙為共有之應有部分是。

二、消滅時效之不完成

消滅時效之不完成者，即時效期間進行後已應完成，而因一定之事由以停止其進行，暫時不使其完成也。學說上稱為「時效之停止」。立法旨趣，在於保護因時效完成而受不利益之人；蓋有法律規定之事由存在者，必致因時效而受不利益之人，確難行使或不能行使其權利，法律為保護該權利人之利益，惟有對於已應完成之時效，令其暫行延期，以便該權利人尚能中斷時效，而有行使權利之機會，乃有時效不完成之制度。

㈠時效不完成之事由

1. 因事變之不完成

時效之期間終止時，因天災或其他不可避之事變，致不能中斷其時效者，自其妨礙事由消滅時起，一個月內，其時效不完成（第一三九條）。蓋時效期間一經屆滿而告完成時，一方即因時效完成而受利益，一方因之而受不利益，在此受不利益之一方，本可於時效期間屆滿時，依中斷時效之行為中斷之，使其時效不能完成，用以保全自己之利益；但如時效期間屆滿之時，適有天災事變情事，此時驟使時效完成，殊失事理之平故也。適用本條之要件有三：①須其事變為不可避免之事由。②須因該事變確足阻礙權利人不能為一切中斷行為。③須該事變係存在於時效期間終止之時。

2. 因繼承關係之不完成

屬於繼承財產之權利，或對於繼承財產之權利，自繼承人確定或管理人選定，或破產之宣告時起，六個月內，其時效不完成（第一四〇條）。蓋當繼承財產開始繼承時，如繼承人尚未確定，或管理人尚未選定，或尚須受破產之宣告時，均無人為中斷時效之行為，亦無人受中斷時效之行為，故應令其時效暫不完成，乃基於權利之性質，而保護因時效受不利益之當事人也。因此權利而致時效不完成者，須具下列要件：①須為繼承財產之權利，即屬於繼承財產之權利，或對於繼承財產之權利，均有適用。②須繼承開始時，時效尚未完成。③須繼承開始時，行使權利人或被行使權利人尚未確定。例如繼承人尚未確定，管理人或破產管理人均未選定是。

3. 因行為能力關係之不完成

無行為能力人，或限制行為能力人之權利，於時效期間終止前六個月內，若無法定代理人者，自其成為行為能力人，或其法定代理人就職時起，六個月內，其時效不完成（第一四一條）。蓋在時效期間終止以前之六個月內，無行為能力人，絕對不能自己行使權利，限制行為能力人，亦不能獨立為有效之權利行使，既無法定代理人代無行為能力人，或限制行為能力人為中斷時效之行為，或受中斷時效之行為，自須令其時效停止進行也。其成立要件有二：①須因時效而受不利益之人，僅以無行為能力人或限制行為能力人為限。②須在時效期間終止前之六個月內而無法定代理人。

4. 因監護關係之不完成

無行為能力人，或限制行為能力人，對於其法定代理人之權利，於代理關係消滅後一年內，其時效不完成（第一四二條）。此等之人，原立於其法定代理人保護之下，對之為行使權利之行為，事實上甚為困難，為保護其利益，故定為須於代理關係消滅（如親權喪失，本人已屆成年）後一年內，其時效不完成。其成立要件有二：①須為屬於無行為能力人或限制行為能力人之權利。②須限定對於法定代理人之權利。至對於法定代理人以外之權利，不在此限。

5.因婚姻關係之不完成

夫對於妻或妻對於夫之權利，於婚姻關係消滅後一年內，其時效不完成（第一四三條）。良以夫妻相互間之權利，若彼此互為中斷時效之行為，不免有礙難之處，且因相互之信賴，往往忽略權利之行使，故定為須於婚姻關係消滅後一年內，其時效不完成。本條之要件：①須為夫對妻或妻對夫之權利，其為因夫妻關係而生之權利，或非因夫妻關係而生之權利，在所不問。②須其婚姻關係尚未消滅。

㈡時效不完成之效果

消滅時效之不完成，僅在使其將完成之時效，於一定期間內暫不完成，其已進行之時效期間仍為有效。其不完成之事由終止後，時效仍須繼續進行，並非重新起算，係將以前經過之期間與此後經過之期間一併算入，但不算入時效停止之期間。此與消滅時效之中斷，應自中斷事由終止時起，重行開始時效期間之進行者，大不相同。至時效之不完成，因非由於特定人間之行為，故其效力為絕對的，對一切之人，皆生效力。

第六節　消滅時效之效力

消滅時效完成後，究竟發生何種之效力，立法例頗不一致：

㈠**權利消滅主義**　消滅時效完成後，權利之本身歸於消滅。

㈡**訴權消滅主義**　消滅時效完成後，權利之本身依然存在，但訴權歸於消滅。

㈢**抗辯權發生主義**　消滅時效完成後，權利本身並不消滅，僅債務人獲得阻止債權人行使權利之抗辯權。

以上三者，效力各異。如採訴權消滅主義，法院對於消滅時效完成之債權請求，不待債務人抗辯，逕依職權駁回；如採抗辯權發生主義，則非待債務人為時效抗辯，不得逕行駁回，其請求權依然存在。民法第一二五條至第一二七條均用「請求」之字樣，是則請求權因時效而消滅，其基本權利，並不因之消滅，係採訴權消滅主義。而依第一四四條及第一四五條第一項之規定，請求權非當然消滅，不過因債務人有得拒絕給付之抗辯權，請求權乃因之消滅而已。故時效完成後，債務人如為拒絕給付之抗辯，當然生消滅時效之效果，其請求權應因時效而消滅；反是如債務人不為拒絕給付之抗辯，則請求權依然存在，法院不得依職權以時效完成為理由，駁回債權人之請求。故第一四四條第一項所定「時效完成後債務人得拒絕給付」，不過為一種注意之規定，並不與請求權之消滅，有所牴觸，可知我國民法實採抗辯權發生主義，甚為瞭然，茲列舉實務如下：

⑴消滅時效之效力，我民法係採抗辯權發生主義，認為請求權之消滅時效完成後，債務人僅有拒絕給付之抗辯權，並非使請求權當然消滅（七一臺上八三三）。

⑵消滅時效完成之效力，不過發生拒絕給付之抗辯權，並非使請求權當然消滅，債務人若不行使其抗辯權，法院自不得以消滅時效業已完成，即認請求權已歸消滅（七二臺上八一六）。

⑶依第一四四條第一項規定，時效完成後，債務人得拒絕給付。債務人如不行使其抗辯權，債權人之請求權仍未消滅，債務人之遲延責任即不能因而免除（七二臺上二五二五）。

消滅時效之效力範圍若何？應依下列情形分別論之：

(一)及於債務人之效力

時效完成後，債務人得拒絕給付（第一四四條一項）。蓋時效完成之效果，債權人即喪失其請求權，債務人即得拒絕給付；惟如債務人既經債權人請求給付，而不為消滅時效之抗辯者，仍應給付之。如請求權已經時效消滅，債務人仍為履行之給付者，不得以不知時效為理由，請求返還，其以契約承認債務或提出擔保者，亦同（同條二項）。蓋請求權雖經時效而消滅，其基本權利，並未因之消滅，此時債務人仍為履行之給付，在債權人方面原非不當得利，可認係債務人已拋棄拒絕給付之抗辯權，債務人自不得於事後以不知時效為理由，請求返還。其以契約承認該債務，或提出擔保者，亦不得主張該契約無效，或撤回其擔保。

消滅時效完成後之承認，係屬契約行為，例如債務人與債權人約為分期之給付，或於時效完成後，債務人請求延期，而債權人同意是。此與得撤銷之法律行為之承認為單獨行為者不同，亦與消滅時效中斷之承認乃觀念通知者有異。故債務人雖有承認之意思而債權人未予同意者，不能發生承認之效力。如債務人請求分期或另行定期給付而債權人未予同意者，即不能認為有承認契約之成立。

已經時效消滅之債權，不得為抵銷。蓋時效制度之主要目的，在於免除審查權利之來源，而使現在權利狀態之確定，成為簡單化，而抵銷須二人互負債務，而其給付種類相同，並均屆清償期，始得為之（第三三四條），若以時效消滅之債權為之抵銷，自與時效制度之原則相違故也。惟債之請求權雖經時效而消滅，如在時效未完成前，其債務已適於抵銷者，則得為抵銷（第三三七條）。

基於同一事實而發生請求權與抗辯權時，縱令請求權經時效消滅，抗辯權亦不隨同消滅；蓋此種之抗辯權，多視為有獨立之性質。例如雙務契約當事人之一方，對他方之給付請求權，雖經時效消滅，該權利人仍得對他方為對待給付之請求，行使同時履行抗辯權。

㈡及於擔保物權之效力

凡以抵押權、質權或留置權擔保之請求權，雖經時效消滅，債權人仍得就其抵押物、質物或留置物取償（第一四五條一項）。蓋對人之請求權雖已消滅，而對於物上之擔保，則仍未消滅，得就該擔保物取償，以其為物權，債權人往往信賴擔保物，而未及時行使權利，故為此限制之規定，以鞏固擔保物權之效力，而保護債權人之利益。惟此項規定，於利息及其他定期給付之各期給付請求權，經時效消滅者，不適用之（同條二項）。蓋此等請求權，既有一定給付期，債權人不難按時行使，乃竟任其經時效消滅，顯係自有過失，殊無優予保護之必要。

㈢及於從權利之效力

主權利因時效消滅者，其效力及於從權利。但法律有特別規定者，不在此限（第一四六條）。蓋在原則上，從權利與主權利有附隨之關係，常共其命運（第三〇七條參照），故從權利原係附屬於主權利而存在，例如原本與利息，其利息之時效雖未完成，而原本既因時效而消滅，即利息之從權利亦應隨之消滅。但此有左列之例外：

1. 以抵押權、質權或留置權擔保之請求權，雖經時效消滅，債權人仍得就其抵押物、質物或留置物取償（第一四五條一項）。

2. 以抵押權擔保之債權，其請求權已因時效而消滅，如抵押權人於消滅時效完成後，五年間不實行其抵押權者，其抵押權消滅（第八八〇條）。

第七節　消滅時效之強行規定

時效制度，原為社會公益而設，故關於時效之規定，須具有強制性，除時效之起算點及其中斷與不完成等項，均有法定之強行力外，左列二項，乃為例示而已。

一、時效期間之加長縮短

時效期間，不得以法律行為加長或減短之（第一四七條前段）。良以時效制度，所以維持社會之現有秩序，既為強行法規，自不許當事人任意左右，如有違反應屬無效。故時效期間之變更，不問以契約或單獨行為，或是否因時效受利益或不利益之當事人所為，均非所許；從而時效中斷及不完成之事由，亦不得由當事人變更，因其直接影響時效期間故也。

二、時效利益之拋棄

因時效而受利益者，是否得將其利益拋棄之，應就時效完成前，與時效完成後，分別論之：

㈠時效完成前之拋棄

所謂時效利益之拋棄，乃因時效受利益之人，所為不欲受時效利益之意思表示，此意思表示，如於時效完成前，預先為之，則時效制度，將等於虛設，有害公益，故第一四七條後段明定不得預先拋棄時效之利益，苟當事人於時效完成前，即預定拋棄時效利益之契約，自應認為無效。惟若單純拋棄期間經過之利益，則可與承認同視，足生中斷之效力，不得謂為預先拋棄時效之利益，仍屬有效。此種情形，債務人須明知時效完成之事實，而仍為承認行為，始得謂為拋棄時效利益（六九臺上一四五九）。

㈡時效完成後之拋棄

時效完成後，依第一四七條之反面解釋，應許拋棄其利益，時效完成之利益一經拋棄，即回復時效完成前之狀態，債務人不得再以時效業經完成拒絕給付（二六渝上三五三）。蓋所有權人尚可自由拋棄其所有權，則因時效而受利益之人，自亦得拋棄其利益，且債權關係，既能因債權人表示免除之意思而歸於消滅（第三四三條），是則因消滅時效而受利益之人，尤得拋棄其利益。

拋棄得依契約或單獨行為為之，其性質為有相對人之意思表示，應對於時效完成受不利益之當事人為之，無須相對人之同意。既為意思表示，應適用關於意思表示之規定。因時效受利益之人如屬多數，除有明文規定外，一人之拋棄，其影響不及於他人（五二臺上八二三）。於時效完成後，支付所欠利息，請求延期清償，如債務人知時效之完成而為之，則為拋棄，否則雖有此行為亦不得謂為拋棄，然依其情形，仍得適用第一四四條第二項之規定，債務人仍為履行之給付時，不得以不知時效為理由，請求返還。又時效利益之拋棄係處分行為之一種，公同共有人中一人未得全體共有人同意，向他人為拋棄時效利益之意思表示者，依法無效（五三臺上二七一七）。

時效利益之拋棄（第一四七條後段），與拒絕給付之抗辯權（第一四四條一項）之不行使有異。拋棄在消滅時效之效力，則失時效之利益，不得再為援用；抗辯權之不行使，祇不於裁判上提出，不妨於他日行使之。

第七章 權利之行使

第一節 權利行使之概念

權利之行使者，實現其權利內容之行為也，即權利之主體者就其權利之客體，而實現其內容之正當行為。具體言之，權利既有種種之類別，因而對於各該權利之行使，亦有種種不同之行為。蓋以權利為法律賦予權利人法律上之力，故必須可以行使，始成其為權利，否則僅由法律規定之結果，吾人之利益即可實現者，即為反射利益，而非權利。

行使權利之行為，得為種種之觀察：①有為法律行為者，如依撤銷權而為撤銷，依抵銷權而為抵銷。②有為事實行為者，如所有權人任意處分其所有物，所有權人任意毀損其所有物。③有為準法律行為者，如依催告權而為催告。他如依請求權、支配權、形成權及抗辯權等正當權利而實現其內容者，皆為權利之行使，由此行使而享受其利益，方能完成權利之作用，如有妨害，權利人即得依法排除之。

左列情形宜與權利行使之觀念，嚴加區別：

(一)**權利之實現** 權利之行使與權利之實現不同，即權利之實現者，權利之內容已經實現也。其與權利之行使，僅係從事於實現權利之行為者，不可混同。權利之實現，例如債權因履行而實現，所有權因對所有物之使用收益而實現是；惟有於權利行使之外，尚須有其他之事實者，例如第二四四條之撤銷權，即於權利行使之外，再須法院之判決，其權利始能實現，故不能直視權利之行使，即為權利之實現。

㈡權利之主張　權利之行使與權利之主張亦異，即權利之主張者，依權利之作用，所得為之一切行為也，其範圍廣。權利之行使，則專指依權利之內容所得為之行為，範圍較狹。例如權利之讓與及提起確認之訴，祇得謂為權利之主張，而不得謂為權利之行使。

第二節　權利行使之限制

權利之行使與否，在個人主義時代原屬自由，不受限制，然自團體主義發達以來，權利行使之限制，幾成為普遍之要求，因法律賦予個人以權利，一方固所以滿足其私生活，而一方則使之顧及社會之共同利益。

一、權利限制之情形

㈠關於總則者

⑴權利濫用之禁止及誠實信用原則（第一四八條）。

⑵自由不得拋棄（第一七條一項）。權利能力及行為能力，不得拋棄（第一六條）。

⑶當事人如以不正當行為，阻其條件之成就，或促其條件之成就時，則視為條件已成就，或視為不成就（第一〇一條）。

㈡關於債編者

⑴債權之行使及債務之履行，均應依誠實及信用方法（第二四八條參照）。

⑵利息之限制（第二〇五條）。

⑶原狀回復義務之減輕，例如回復顯有重大困難者，應以金錢賠償損害（第二一五條），承攬人如修補所需費用過鉅者，得拒絕修補（第四九三條）。

⑷分期或緩期之給付（第三一八條）。

⑸賠償責任之減輕（第二一七條，第二一八條）。

⑹無過失之責任（第一八七條三項，第一八八條二項）。

⑺承租人留置權之限制（第四四六條二項）。

㈢關於物權者

⑴所有權之行使，應在法令限制之範圍以內（第七六五條）。

⑵不動產所有權，惟於其行使有利益之範圍內，及於土地之上下。如他人之干涉，不礙其所有權之行使者，不得排除之（第七七三條）。

⑶土地所有人，因鄰地所有人，在其疆界或近旁，營造或修繕建築物，而有使用其土地之必要者，應許其使用（第七九二條）。

㈣關於親屬者

⑴夫妻之一方，濫用代理權者，他方得限制之（第一〇〇三條二項）。

⑵父母濫用其對於子女之權利時，最近尊親屬或親屬會議，得糾正之（第一〇九〇條）。

(3)監護人非為受監護人之利益，不得使用或處分其財產，其為不動產之處分時，並應得親屬會議之允許（第一一〇一條）。

(4)家長行使管理家務之權利，應注意於家屬全體之利益（第一一二六條）。

㈤關於繼承者

(1)繼承人違反法律之規定，而不負擔其行使之義務，致被繼承人之債權人受有損害者，應負賠償之責（第一一六一條）。

(2)繼承人有隱匿遺產，或在遺產清冊為虛偽之記載，或意圖詐害被繼承人之債權人權利而為遺產之處分者，不得主張限定繼承之利益（第一一六三條）。

(3)繼承人行使分割遺產之權利，應保留胎兒之應繼分（第一一六六條）。

二、權利濫用之禁止

凡行使自己之權利者，無論何人，皆非不法，是為羅馬法上之原則。然至近代，法律之中心觀念，漸由個人移至社會，保護個人之自由及權利，成為共同生活之一致要求。惟不得已而損及於他人，其目的皆在維護自己正當之利益，若非如此，而違反公共利益或以損害他人為目的，則其行使權利，顯已溢出必要範圍，既為社會道德所不許，自亦為法律禁止，是為禁止權利濫用之原則。

第一四八條第一項規定：「權利之行使，不得違反公共利益或以損害他人為主要目的。」即認權利之行使，雖或不免使他人受不利之損害，但如係以行使權利為方法，違反公共利益或以損害他人為主要目的，則為權利之濫用，法所不許。至有加損害於他人之意思與否，雖為主觀之問題，然其權利之行使，於自己無益而於他人有害，或自己所得之利益極小，而對他人之損害極大者，通常可視為有加損害於他人之目的。因而可認權利之行使，是否以損害他人為主要目的，應就權利人因權利行使所能取得之利益，與他人及國家社會因其權利行使所受之損失，比較衡量以定之。倘其權利之行使，自己所得利益極小而他人及國家社會所受之損失甚大者，非不得視為損害他人為主要目的，此乃權利社會化之基本內涵所必然之解釋（七一臺上七三七）。觀之下列各例甚明：

①對於定做之物，以其絕小之瑕疵而拒絕受領，有反於誠實信義者。

②父對於其所仇視之子，禁止進入其子之母所埋葬之墓園。

③出賣人對出賣物品之瑕疵，已願為除去，而仍為解約之行為。

④以乾涸鄰地之淺井為目的，在自己之土地內挖掘毫無用途之深井。

關於權利之濫用，得發生下列效果：

①僅在限制權利之行使，非限制權利之內容，違反本條之規定者，法律上當然為違法，無須當事人之抗辯。

②權利之行使，如為法律行為，應屬無效；如係事實行為，對因之受損害者，負賠償責任（第一八四條）。

③權利行使原欲生之效果，若因權利之濫用，法律遂不使之發生，如解除契約是。

④父母濫用親權時，成為親權全部或一部停止之原因（第一〇九〇條）。

⑤有本條濫用權利之要件存在時，法院應依職權斟酌之，關於要件存否有爭執者，相對人負舉證

之責。

三、誠實信用原則

行使權利，履行義務，應依誠實及信用方法（第一四八條二項）是為誠實信用原則之規定。按此一原則本規定於債編第二一九條，限於債之關係適用，此次修正民法意旨認為「誠實信用原則，應適用於任何權利之行使及義務之履行，現行法僅就行使債權，履行債務之誠信原則，於債編第二一九條（現已刪除）中規定，似難涵蓋其他權利之行使與義務之履行。」爰於第一四八條增列第二項明示之。

關於誠實信用四字，雖係道德觀念，但現以法律化，而為一種法律原則，因之誠信原則之規定，法院應依職權而為適用，並係強行規定，當事人不得以契約排除之，是為當然。

第三節　自衛行為

凡屬權利人，均得正當行使權利，而享受其利益，如有妨害，權利人自得依法排除之，而符保護權利之本旨。此種保護私權之方法，原有自衛行為與自助行為二種，吾國民法對於自衛行為，承認正當防衛與緊急避難，分別述之。

一、正當防衛

對於現時不法之侵害，為防衛自己或他人之權利所為之行為，不負損害賠償之責。但已逾越必要之程度者，仍應負相當賠償之責（第一四九條）。蓋明認正當防衛為權利行為，雖因此致使加害人發生損害，亦不成立侵權行為，而負損害賠償之責任。例如物之出賣人，對於買受人，欲以腕力強奪其占有之舉動，為防衛所為之行為，致買受人衣物毀損而未逾越防衛程度者，對於買受人不負責任。其要件如左：

㈠**須為不法之侵害** 即指加害人所為之侵害行為，為法所不許而言。僅須客觀不法已足，主觀要件是否具備，可以不問，故加害人有無責任能力，或是否由其故意過失，皆可不論，蓋被害人實無甘受其不法侵害之理由。侵害須加於一定之權利，其為生命、身體、自由、名譽、所有權或其他權利，則非所問；又此所謂侵害，對於占有之侵害，當然包含在內。

㈡**須為現時之侵害** 指侵害行為已經著手或現正實施尚未完畢者而言。故對於過去之侵害，或將來之侵害，均不能成立防衛行為。惟法律祇定為須現時之侵害，則其情形是否急迫，可以不問。

㈢**須係防衛自己或他人之權利** 即對於現時不法之侵害行為，可不問被侵害之權利係屬於自己或他人，亦不問其權利之種類如何，均得為排除之行為。且其排除之行為，不問是否加侵害人以反擊，抑係加第三人以損害，皆得為之。

㈣**須未逾越必要之程度** 即謂防衛行為，僅能在排除侵害之適當範圍內為之，逾越此一範圍，即屬「過當行為」，仍得以侵權行為論之，應負相當之責任，至必要與否，乃客觀的狀況，須依社會上一般的觀念定之，如對於他人牛隻侵入自己菜園，而開槍將其射死，顯然超過必要程度之防衛。

具備以上要件者，阻卻違法，不構成侵權行為而負損害賠償之責；超過必要程度之防衛行為，仍應負賠償責任，其是否有過失，在所不問。因此，所謂正當防衛，乃對於現時不法之侵害為防衛自己或他人之權利，於不逾越必要程度範圍內所為之反擊行為，此等反擊行為，必加損害於他人，始生正當防衛之問題。至正當防衛是否過當，應視具體之客觀情事，及各當事人之主觀事由定之，不能僅憑侵害人一方受害情狀為斷（六四臺上二四四二）。

因避免自己或他人生命、身體、自由或財產上急迫之危險，所為之行為，不負損害賠償之責。但以避免危險所必要，並未逾越危險所能致之損害程度者為限（第一五〇條一項）。蓋在緊急狀態，因救護自己或他人之權利，以致加損害於他人者，法律上認為放任行為，不構成侵權行為之違法。

二、緊急避難

所謂緊急避難，情形有二：①防禦的緊急避難，謂對於發生危險之物之本身加以毀損；例如鄰人房屋被焚，破牆而入救火，以避免延燒之危險是。在防禦的緊急避難，其危險之發生原因，須非人之行為，否則屬於正當防衛而非緊急避難。②攻擊的緊急避難，謂對於不關危險之物加以毀損；例如甲為防衛乙之傷害，而破壞丙之門窗是。但對於加害人之物加以毀損，則為正當防衛之範圍。在攻擊的緊急避難，其危險之原因，不問為自然之災難、人類之行為，皆無不可，其攻擊之對象亦不限於他人之任何權利。

適用緊急避難，須具左列要件：

㈠**須有急迫之危險**　所謂危險，指因發生偶然事件實有危險之狀態，例如颱風、洪水、失火及海嘯等是。所謂急迫，指現有發生危害之緊急狀態而言，祇須為急迫之危險，不必限於由物而生，亦不必由於他人之物所生，惟其程度必須急迫而已。

㈡**須為及於自己或他人生命身體自由或財產之危險**　應加救護之法益，以自己或他人之生命、身體、自由或財產為限，名譽信用則不含其內，救護此等法益而加害行為，始成避難行為。若對於危險發生原因之人予以反擊，則為正當防衛，而非緊急避難。

(三)須其危險之發生，並非基於行為人之原因 即指危險之發生，行為人並未予以原因而言。如曾予以原因，則可不問其有無故意過失，或尚有其他原因，均須就該項危險之發生，負有責任（同條二項）。如行為人因此避免該項危險而致加害於人者，仍為侵權行為，應負賠償責任。例如挑唆猛犬，引起狂噬，將之撲殺，即可謂為行為人予以原因。

(四)須避免危險未逾必要之程度 避難行為，以脫卻危險為止，逾此程度，亦為不法，如已逾越必要之程度，或非避免危險所必要，仍得構成侵權行為。至如何始未逾越程度，應依當時社會觀念定之。

合於上列要件者，則成緊急避難，阻卻違法，不負損害賠償責任，其於危險之發生，行為人有責任者，應負賠償之責（第一五〇條二項）。

正當防衛與緊急避難，均係自衛行為，不負侵權行為之損害賠償責任，屬於自力救濟之一種。惟其性質及要件，大有區別：

正當防衛	緊急避難
①以有不法侵害為前提。	①須有緊急之危險為必要。
②正當防衛所加之損害，為對於侵害人。	②緊急避難所加之損害，為對於他人。
③以保護一切權利之受侵害為目的。	③以避免生命、身體、自由或財產急迫之危險為目的。
④過當與否，不以防衛所保全之法益，與反擊行為所加害之法益，為唯一之標準。	④所得避免之損害，不得大於其所加於他人之損害。

⑤為權利行為。⑤為放任行為。

第四節　自助行為

自助行為者，即權利人為保護自己之權利，而對於他人之自由或財產施以拘束押收或毀損也。此種行為，屬於自力救濟之一種，良以國家保護私權之範圍及手段，尚未達於完備階段，如請求公力救濟，由起訴以至強制執行完畢，時間過長，不足以資保護，故法律特許自助行為。

(一)自助行為之要件

為保護自己權利，對於他人之自由或財產，施以拘束押收或毀損者，不負損害賠償之責。但以不及受法院或其他有關機關援助，並非於其時為之，則請求權不得實行或其實行顯有困難者為限（第一五一條）。依此規定，分述如下：

1. 須為保護自己之權利　自助行為所保護之權利，專限於自己之權利，且由自助行為所保護之權利，應無種類之限制，凡屬自己之權利而實有保護之必要者，皆得由權利人或代理人保護之。惟所謂權利，須以得起訴之請求權，並得強制執行者為限。

2. 須為不及受法院或其他有關機關援助　即不得及時請求法院或其他有關機關之援助，至於其曾得及時為之與否，可以不問。例如出賣人將特定買賣標的物另行賣與他人，若不及聲請法院為假扣押之處分時，得以自力押收其物。

3. **須非於其時為之則請求權不得實行或其實行顯有困難**　即事屬急迫，有稍縱即逝之虞。例如債務人在本國無財產，而欲逃往外國，謂之不得實行。或債務人積欠鉅額債務，而將惟一之不動產處分，謂之實行顯有困難。其自助行為，限於對於他人之自由或財產，施以拘束押收或毀損。

㈡自助行為之處置

自助行為，乃公力救濟之例外，縱一時為之，應於自助行為後，聲請公力救濟，事屬當然。故不得已而拘束他人自由，或押收他人財產者，須即時向法院聲請處理（第一五二條一項），是為自助行為事後之限制。但此項聲請如被駁回，或其聲請遲延者，行為人仍應負損害賠償之責（同條二項）。綜而言之，自助行為後，行為人之義務有三：

⑴為物之毀損者，於行為後，無須請求援助。

⑵押收他人之財產，如不聲請強制執行，則應聲請假扣押。但為回復其已成立之權利之原狀，如所有人由盜者取回其物，無須請求援助。

⑶拘束債務人自由時，須將其債務人移送法院，依強制執行法之規定聲請管收（強制執行法第二二條，第二三條）。

自助行為與自衛行為二者，固同為自力救濟之行為，並不負損害賠償責任。惟自助行為須為權利人保護自己之權利，且僅得對於他人之自由，或財產施以拘束押收或毀損；而自衛行為則於自己或他人之權利亦得保護之，且不問生命、身體、自由或財產之危險，皆得為之。

第二編

債編通則

第一章 債之概念

第一節 債權之意義

債者，特定人間請求特定行為之法律關係也。得要求他方為一定行為之權利，謂之債權；他方所負為一定行為之義務，謂之債務。有債權必有債務，有債務必有債權，兩者不能分離。故債乃特定人間之關係，自債權人方面觀察，則為債權；自債務人方面言之，即為債務。總括債權人債務人間之全體法律關係，構成債權關係或債務關係。

債權係對於特定人之權利，即債權人僅得依據債權之內容，向債務人主張其權利，故為相對權。準此以解，一般之第三人，對於債權人，應負債權不可侵害之義務，如第三人確有侵害債權之行為，為確保債權效力，適應交易之需要，債權人得向該第三人，依據侵權行為之規定，請求損害賠償，用資救濟。蓋以債權之被侵害非不可能，既有可能，即應加以保護；且第一八四條所稱「不法侵害他人權利者，負損害賠償責任」，債權縱為相對權，仍不失為該條所定之權利，當然含有不可侵害之性質，故債權在相當之程度內，亦不無絕對性也。

債權之內容，在向債務人請求特定行為。故所謂行為，不僅作為，即不作為亦在其內。蓋因債權在使債權人取得利益，而利益之取得，須有債務人之作為或不作為，始得達其目的，故債務人之行為，斯為債權人之標的。

第二節　債權與他種權利之差異

債權與下列各種權利，在觀念上甚易混淆，分別言之：

一、債權與物權

債權與物權二者，雖同為財產權，然其性質及效力，均不相同：

㈠就性質上言　物權為直接管領物件之權利，而債權則為對於特定人請求行為之權利。且物權為絕對權，即任何人對物權人負不侵犯之義務；債權則為相對權，對於債權負擔義務者，惟特定之債務人。

㈡就效力上言　此項區別，大別為三：

1. 物權有優先權，債權則否。蓋物權具有排他性，即在同一物上，不能同時成立二個以上內容不相容之物權，例如數人在同一物上，不得各自獨立享有所有權是。且在同一物上，後發生物權，僅於不妨害先發生物權之範圍內，始得存在，故先發生物權，優先於後發生物權。例如次序在先之抵押權，優先於次序在後之抵押權，而受清償（第八六五條）。此之所謂優先權，僅得發生於他物權相互間，因所有權以外之他物權，係於一定範圍內，限制物之權利，故性質上當然具有優先於所有權之效力，自不生優先與否之問題。例如土地所有人於設定地上權後，該土地上同時存有所有權及地上權，地上權人當然得較土地所有人優先使用該項土地是。至於債權則無排他性，對於同一債務人，雖有數個債權，其效力並無不同，發生縱有先後，而效力則無優劣。例如甲先向乙借貸五千元，嗣復向丙借貸五千元，如甲僅有五千元財產，則乙丙僅得平均受償是。

2.物權有追及權，債權則否。物權追及的效力，指物權成立後，其標的物雖輾轉入於他人之手，物權之權利人均得追及物之所在，而主張權利。例如甲在乙所有土地上，設定抵押權，縱令該土地輾轉出賣於丙丁，甲仍得就該土地主張抵押權是。至於債權，其給付之標的物，一經離債務人之手，債權人即不得追及該物，對於第三人主張權利，僅得對於債務人請求債務不履行之損害賠償，或解除契約（第二二六條，第二五六條）。例如甲向乙買受汽車，乙於未交付前，更行出賣他人，則甲對該他人不得主張權利是。

3.物權較普通債權優先行使。即在同一事件，物權與債權並存時，物權之行使，得優先於債權，例如抵押權人得較他債權人，先受清償是。

二、債權與請求權

債權與請求權，同為請求行為之權利，然請求權究不過為由債權而生之權利之一種，兩者之範圍並非一致。故在請求權，必別有基礎權，然後由其滋生或構成其內容之一部。蓋以債權所滋生之權利，除請求權外，尚有代位權、撤銷權、抗辯權、抵銷權、解除權等其他權利，故債權與請求權，不可視為同一。請求權既為基礎權所滋生之權利，或為其構成部分，是以基礎權為標準，得分為債權的請求權與物權的請求權。前者因係債權之構成部分，債權一旦成立，則請求權隨之發生；後者僅對於一般人有妨阻侵害之權能，在其成立之初，並無請求權，必於物權被侵害時，始能發生請求權。

第二章　債之發生

債之發生者，謂債權債務之重新發生也。故必客觀的新發生之債權或債務，始得謂為債之發生，如因讓與而取得債權（第二九四條），或因承擔而負擔債務（第三〇〇條以下），則為債之移轉，並非新生債務之發生，故債之發生與債之移轉，應區別之。

債之發生原因，民法上列有五種，此即契約、代理權之授與、無因管理、不當得利及侵權行為。其中代理權之授與，雖列入債編中，但代理權並非債權，代理人亦不因代理權之授與而負為代理行為之義務，故在代理權之授與，並不足以發生債之關係，自不得謂為債之發生原因。

第一節　契　約

一、契約之意義

契約一語，原有廣狹二義。狹義契約又稱債權契約，即指以債之發生為目的之合意而言。故在債權契約，須有二人以上當事人，相互的所為意思表示一致，且以發生債權為目的之法律行為。因之，契約之成立須備下列要件：①須有二人以上之意思表示。②須二人以上之意思表示互相一致。③須為二人以上互相對立之意思表示。④須以特定人間發生債之關係為目的。

合意之成立，在各個意思表示間，是否須有因果關係？依通常情形言之，固以有因果關係為必要，如因要約而為承諾，契約即屬成立。惟成立契約，並不以要約承諾之方法為限，蓋就第一五三條第一項「當事人互相表示意思一致者，無論其為明示或默示，契約即為成立」觀之，祇須當事人互相表示意思一致，即可成立契約，初不必要約在前，承諾在後也。苟對於相對人之意思表示，雖無要約承諾之關係，但彼此內容如屬一致，而復均以健全意思為之，自得成立契約，故在甲向乙為購買汽車之要約時，在未到達前，適值乙亦向甲為此同一內容之要約，此種情形，謂之交錯契約。

實務認為：契約固須當事人互相表示意思一致始能成立，但所謂互相表示意思一致，並不限於當事人間直接為之，其由第三人為媒介而將各方互為之意思表示從中傳達因而獲致意思表示之一致者，仍不得謂契約並未成立（六八臺上一五〇四）。以非經登記不得移轉之財產為贈與者，在未為移轉登記前，其贈與不生效力，固為修正前民法第四〇七條所明定，但贈與實為債權契約，於第一五三條規定成立時即生效力，如依上開條文須經移轉登記始生效力，致不動產物權移轉之生效要件與債權契約之生效要件相同，而使贈與契約之履行與生效混為一事，為免適用上之疑義，修正後民法已將第四〇七條刪除。

二、契約之分類

㈠雙務契約與單務契約

1. 雙務契約　乃雙方當事人互負債務之契約，例如買賣、互易、租賃、承攬、有償委任、有償寄託、居間、合夥等是。此種情形，當事人雙方，均負擔債務，並須有對價之關係，如當事人雙方雖負擔債務，而無對價關係者，即非雙務契約。觀之左列法條甚明：

⑴契約成立後，當事人始因特別事由而負擔債務者。例如受任人因處理委任事務支出之必要費用，委任人應償還之（第五四六條）。

⑵雙方當事人負擔債務，係為契約當然之效力，並非立於對價關係者。例如受寄人因保管寄託物而支出之必要費用，寄託人應償還之（第五九五條）。

2. 單務契約　乃當事人一方負債務，他方享債權之契約，例如贈與、借貸、無償寄託、無償委任等是。契約之效力，雖使雙方當事人負擔債務，但未立於對價關係，及於契約成立後，當事人始因特別事由而負擔債務者，仍應解為單務契約。其與雙務契約區別之實益，在其應行適用之法律規定，頗有不同。即同時履行抗辯（第二六四條），危險負擔（第二六六條以下）問題，惟在雙務契約始能發生，對於單務契約，不能適用。

㈡有償契約與無償契約

1. 有償契約　乃雙方當事人各因給付而取得利益之契約，例如買賣、承攬、僱傭、租賃等是。此等情形，既為雙務契約，復為有償契約，雙方當事人相互負債務並享債權，當然均各取得對待利益。

2. 無償契約　乃當事人一方無所給付，而取得利益之契約，例如贈與、使用借貸等是。單務契約原則上多為無償契約，如使用借貸必為無償，若貸與人取得對待利益，則為租賃而非使用借貸。

雙務契約與單務契約之區別外，何以更設有償契約與無償契約之區別？學者通說皆謂其區別之理由，兩不相同。即前者係從雙方當事人是否負擔債務著眼，後者則從雙方當事人是否因給付取得利益著眼。故一從發生債務之點觀察，一從給付財產之點觀察，兩者領域，非必盡同。即雙務契約固必為有償契約，而單務契約則非必為無償契約，亦為有償契約，例如約定支付利息之消費借貸是。

下列情形，可認係有償契約與無償契約區別之實益：

(1)有償契約，準用關於買賣之規定（第三四七條），無償契約則否。

(2)有償契約，債務人注意程度重；無償契約，債務人注意程度輕（第五三五條，第五九〇條）。

(3)限制行為能力人，若未經法定代理人之允許，不得訂立有償契約；純獲法律上利益之有償契約，無須經法定代理人之允許（第七七條）。

(4)債權人撤銷權之行使，視有償無償行為而有不同（第二四四條）。

(5)無償行為相對人之錯誤，應得撤銷（第八八條二項），有償行為則以不得撤銷為原則。

(三)諾成契約與要物契約

1. **諾成契約** 僅以合意為成立要件之契約，例如買賣、租賃、僱傭、委任等是。

2. **要物契約** 於意思表示一致外，尚須實行給付始能成立之契約，例如使用借貸、消費借貸等是。此與諾成契約區別之實益，僅在契約成立之要件及其時期不同而已。

(四)要式契約與非要式契約

1. **要式契約** 契約之成立，須依一定方式者，即為要式契約。契約之須依法定方式者，如不依法定方式，其契約原則上為無效（第七三條）。例如不動產之租賃契約，其期限逾一年者，應以字據訂立是（第四二二條）。又契約之須依約定方式者，在該方式未完成前，推定其契約為不成立（第一六六條）。但契約以負擔不動產物權之移轉、設定或變更之義務為標的者，應由公證人作成公證書（第一六六條之一第一項）。未依前項規定公證之契約，如當事人已合意為不動產物權之移轉、設定或變更而完成登記者，仍為有效（第一六六條之一第二項）。

2. 非要式契約　契約之成立，不須依一定之方式者，即為非要式契約。近代法律，因受契約自由原則之影響，無論何種契約，祇以當事人合意為已足，不以履行一定方式為必要。

㈤要因契約與不要因契約

1. 要因契約　即其成立必須有原因存在之契約，故在要因契約，其契約行為與原因，不可分離，如原因欠缺則契約即屬無效。例如買受人之支付價金，係因出賣人之交付貨物，若出賣之買賣標的物滅失，以致債務不成立時，買受人之債務自不成立。通常之債權契約，多為要因契約。

2. 不要因契約　即其契約行為與原因，兩相分離，原因之存否，於契約之成立無關，故原因縱有欠缺，契約仍屬有效成立，惟如為無法律上之原因而受利益時，應依不當得利之規定，負返還之義務（第一七九條以下參照）。物權契約，多為不要因契約。

㈥預約與本約

1. 預約　約定將來訂立一定契約之契約，謂之預約。關於預約，民法未設若何規定，但依契約自由之原則，應認其為有效。凡訂有預約者，即負有訂立本約之義務，此種義務，不問在當事人雙方或當事人一方，皆可有效成立。債務人不履行預約者，債務人得請求其履行（第二二七條），或得解除其契約（第二五四條），並均得請求損害賠償（第二二七條後段，第二六〇條）。故預約係約定將來訂立一定契約（本約）之契約，倘將來係依所訂之契約履行而無須另訂本約者，縱名為預約，仍非預約（六四臺上一五六七）。預約之權利，在性質上不得讓與或繼承，蓋約定訂立本約，重在信用其人故也。但買賣預約書內，已有買賣雙方關於標的物及價金之約定，其性質即係買賣之本約，不因其稱為預約而受影響（七〇臺上八五五）。

預約與附停止條件契約，二者性質並不相同。在附停止條件契約，即屬本約，非祇發生訂立契約之債權債務，不過由該契約所生之債權債務須待條件成就，始能發生。而預約祇生訂立本約之債權債務，不但為其內容之債權債務尚未發生，且其本約尚未成立，應予分辨。

2.**本約** 為履行本約而訂立之契約，必須履行預約義務，為訂立本契約之必要行為，本契約始能成立。預約與本約，係二個獨立契約，故預約並非本契約之一部，兩者異其性質及效力。預約權利人僅得請求對方履行訂立本約之義務，不得逕依預定之本約內容請求履行。例如買賣預約，非不得就標的物及價金之範圍先為預定，作為將來訂立本約之張本，但不能因此即認為買賣本約業已成立（六一臺上九六四）。

三、契約之成立

㈠**要約** 凡以訂立契約為目的，所為之意思表示，即為要約。要約之目的，在訂立契約，但須經承諾，始得發生法律效果，故要約僅為契約之構成分子，並非獨立之法律行為。因之，要約為他方一經承諾，其契約即屬成立之意思表示，此與要約之引誘不同。蓋要約之引誘，不過使他方向自己為要約，僅有他方之意思表示，尚未能使契約成立，必他方為意思表示後，自己亦為意思表示，契約始能成立。至於要約，則須要約人自身已決定為一定契約之意思，其意思經表示後，他方對之承諾，契約即告成立，故要約為組成契約之意思表示；要約之引誘，不過為契約之準備行為，其性質為單純之觀念通知，而非意思表示。例如貨物標定賣價陳列者，視為要約，僅寄送價目表者，不視為要約（第一五四條二項），此為例示規定，實際上二者極難區別，一般可依下列標準決之：①意思表示已指定契約之內容，相對人得據以訂立契約者，為要約；未指定內容者，為要約之引誘，如寄送價目表是。②契約之訂立，不注重相對人其人者，為要約，如貨物標定賣價陳列是；若須斟酌相對人之人物信用資力，始與訂約者，則為要約之引誘，如出租房屋之招貼是。③行為地之習慣，亦為解釋之重要資料。

1. 要約之內容

要約之內容，須足以決定契約之必要之點，如要約之內容不足決定契約必要之點，則無從決定承諾之內容是否與要約一致，契約無法成立。故如買賣契約之標的物及價金，即為契約必要之點，必須在要約中表明，至於給付時期、給付方法等項，則為契約非必要之點，非必須在要約中表明。是以當事人對於必要之點意思一致，而對於非必要之點，未經表示意思者，推定其契約為成立。關於該非必要之點，當事人意思不一致時，法院應依其事件之性質定之（第一五三條二項）。當事人締結不動產買賣之債權契約，固非要式行為，惟對於契約必要之點意思必須一致，例如買賣契約以價金及標的物為其要素，價金及標的物二者，自屬買賣契約必要之點，苟當事人對此兩者意思未能一致，其契約即難謂已成立（四〇臺上一四八二，六九臺上一七一〇）。

2. 要約之效力

(1) 對於相對人之效力

要約生效後，受領要約之相對人即得為承諾而成立契約。此項效力，僅在與相對人予以承諾之權利，而相對人並無為承諾之義務。且在原則上，對於要約人，其承諾與否，概無通知義務，蓋要約人不得以其要約，拘束相對人故也。要約人與要約同時發送物品者，即所謂「現物要約」，要約受領人不因之而負接收保管之義務；如已接受，應負所有物之返還義務，或占有之不當得利返還義務。

(2)對於要約人之效力

要約一經生效，要約人即應受其拘束（第一五四條一項前段），是為要約之拘束力。即要約人受該要約之拘束，不得任意撤回其要約，縱令撤回，其撤回亦不生效力。但要約當時，預先聲明不受拘束，或依其情形或事件之性質可認當事人無受其拘束之意思者，不在此限（第一五四條一項但書）。要約生效後，既已發生拘束力，惟其應有一定期限之限制，分述於後：

①要約定有承諾期限者　如要約定有承諾期限者，非於其期限內為承諾，失其拘束力（第一五八條）。逾此承諾期限，相對人雖為承諾，不能成立契約。

②要約未定承諾期限者　情形有二：a.對話為要約者，非立時承諾，即失其拘束力（第一五六條）。b.非對話為要約者，依通常情形，可期待承諾之達到時期內，相對人不為承諾時，其要約失其效力（第一五七條）。

3.要約之消滅

(1)不為承諾　相對人於承諾期限內不為承諾，要約失其拘束力（第一五六條至第一五八條參照），實則要約之效力，完全消滅，嗣後雖為承諾，不得成立要約。惟遲到之承諾，除第一五九條情形外，視為新要約（第一六〇條一項），法律所以如此規定者，蓋認為通常合於承諾人之意思故也。

(2)要約之拒絕　要約經拒絕者，失其拘束力（第一五五條），此係對於特定人之要約言之，如為不特定人之要約則否，蓋該要約原係對於不特定人所表示，當不能因特定人之單獨拒絕而失其效力也。所謂拒絕，並非單指絕對拒絕而言，即將要約擴張、限制或變更而為承諾者，亦視為拒絕原要約，而為新要約（第一六〇條二項）。在此情形，該承諾之意思表示，具有雙重性質，一在拒絕原要約，一在新要約。

(3)要約之撤回　在要約未生效前，要約人得撤回其要約之通知（第九五條一項）。但撤回要約之通知，其到達在要約到達以後，而按其傳達方法，通常在相當時期內應先時或同時到達，其情形為相對人可得而知者，相對人應向要約人即發遲到之通知。若怠於通知，則要約撤回之通知，視為未遲到（第一六二條）。

㈡承諾　以與要約人訂立契約為目的，所為之意思表示，即為承諾。承諾之目的，固在與要約人訂立一定之契約，故要約之相對人，須知有要約，並對之承諾。若不知有要約而為意思表示，縱令偶然暗合，仍不生承諾之效力。承諾之有效成立，須具備下列要件：①須由受領要約之相對人為之。②須對於要約人為之。③承諾之內容須與要約之內容完全一致。④須於要約有效期間為之。職是之故，承諾與要約結合，始可成立契約，如將要約擴張、限制或為其他變更而為承諾，則視為拒絕原要約，而為新要約（第一六〇條二項），其所以認為新要約者，蓋以便於契約之成立，而免再為要約之重複也。

1.承諾之內容

承諾之內容應與要約之內容完全一致，方能成立契約，如當事人誤信其為一致，而實際上並不一致時，不能成立契約，此等情形，多由於誤解他方之意思而發生，故又稱為誤解。例如甲以鍍金之手錶示乙，向乙為萬元出賣之要約，乙信為純金之手錶，答稱願以萬元買此純金手錶，此時在當事人主觀上之意思與外部之表示，雖屬一致，但雙方之意思表示之內容迥不相同，蓋其一在出賣鍍金手錶，一在買受純金手錶，不能成立契約。此種無意識之不一致，與錯誤極易混淆。錯誤係表意人之意思與表示無意識的不一致，誤解則表意人之意思與表示本屬一致，不過雙方當事人之表示無意識的不一致而已。例如上列情形，乙如答稱願以萬元買此手錶，則為錯誤。因乙之真意為買受純金手錶，而其表示在客觀上為買此鍍金手錶。關於意思表示之內容有錯誤者，表意人得撤銷之（第八八條），但契約仍可成立；而誤解實由於二個意思表示之內容不一致，契約不能成立，自不生撤銷與否之問題。

2. 承諾之效力

(1)承諾之遲到　承諾未於承諾效力發生之時期內達到者，謂之遲到之承諾。此項承諾，不發生承諾之效力。但承諾之通知，按其傳達方法，依通常情形，在相當時期內，可達到而遲到，其情形為要約人可得而知者，要約人應向相對人即發遲到之通知（第一五九條一項），期使承諾人不致因誤信契約成立而受不測之損害，惟要約人怠於為此通知，其承諾視為未遲到（第一五九條二項）。此種承諾遲到之通知，乃事實通知之一種，而非意思表示，從而要約人於發送通知後，不得更行撤回，自不待言。

(2)承諾之遲延　遲到之承諾，固不生承諾之效力，但係相對人以訂立契約為目的，所為之意思表示，故法律為實際上便利起見，將遲到之承諾，除第一五九條情形外，視為新要約（第一六〇條一項），此時原要約人予以承諾，契約因之成立。

(3)承諾之撤回　即承諾人以不使承諾發生效力之目的，所為之意思表示，此項撤回承諾之通知，必須達到於要約人，且較承諾通知先時達到，至遲亦須同時達到，始生撤回之效力（第九五條但書）。但撤回承諾之通知，其達到雖在承諾通知達到之後，而按其傳達方法，依通常情形，應先時或同時達到者，要約人應向承諾人，即發遲到之通知，若怠於為此項通知，則撤回承諾之通知，視為未遲到（第一六三條），此時撤回仍屬有效，而使承諾不發生效力。

㈢意思實現　契約之成立，須有二個以上之意思，且各意思表示須為一致，其構成契約之各意思表示一致者，謂之合意，乃契約成立不可缺之要件。惟依習慣或依其事件之性質，承諾無須通知者，在相當時期內，有可認為承諾之事實時，其契約為成立。前項規定，於要約人要約當時預先聲明承諾無須通知者，準用之（第一六一條）。依此以觀，以有可認為承諾之事實，即意思之實現，無須為承諾之通知，其契約即成立。如何情形，始可認有承諾之事實？應就下列數點決之：①為契約履行之行為者，如發送訂購之物品是。②為契約所得權利之行為者，如使用或消費要約人送到之物品是。③為契約履行之準備行為者，如旅館主人對於所訂房間，令佣人打掃是。

毋庸為承諾之通知，而契約得因意思實現而成立者，以左列情形為限：

1. 依習慣承諾無須通知者　要約人所在地有此習慣時，除要約人有反對意思表示外，皆可適用。

2. 依事件之性質承諾無須通知者　指現實要約而言，即不為要約之通知，依物品之送付表示要約之意思。

3. 依要約人之意思表示，承諾無須通知者　即要約人於要約當時，預先聲明承諾無須通知者是。

四、懸賞廣告

㈠懸賞廣告之性質

懸賞廣告者，以廣告之方法聲明對完成一定行為之人給與報酬之行為也。其法律上之性質，學說不一，可分為契約說及單獨行為說二種。依契約說，則懸賞廣告不過為契約之要約，並非債之發生原因，對於廣告完成其指定行為以為承諾時，契約始為成立，債之關係始行發生。依單獨行為說，認懸賞廣告係因廣告人一方之意思表示負擔債務，指定行為之完成，為廣告人負擔債務之停止條件。現今通說，多採「契約說」。民法將懸賞廣告，規定於契約款中，認係契約成立之方法，故懸賞廣告，實有要約之效力。

㈡懸賞廣告之要件

懸賞廣告，既係契約之要約，除一般要約之要件外，尚須具備特殊之要件：

1. **須以廣告之方法而為其意思表示** 廣告云者，即使不特定之多數人得知之表示方法，得以書面或言詞為之，如為特定之人，非此所謂懸賞廣告。

2. **須表示給與一定報酬之意思** 必須聲明給與報酬，至於報酬之種類，則無限制。

3. **須表示對於完成一定行為之人給與報酬之意思** 其行為之種類，並無限制。但懸賞之標的，自以一定行為為限，不問其為作為或不作為，事實行為或法律行為，皆得為之。

4. **廣告人須有負擔債務之意思** 即廣告人對於完成廣告上所指一定行為之人，必須負給付報酬之義務。懸賞廣告，僅有要約之效力，必須受有承諾，始能成立契約。何時始為懸賞契約成立之時期？通說認為將完成一定行為之結果，交與廣告人後，即認為已有承諾，蓋數人完成一定行為時，不以完成之先後為依據，而以通知之先後為標準（第一六四條二項），足見最先為承諾之通知，即得成立契約。此時廣告人對於最先通知者所為報酬之給付，有消滅給付義務之效力，如廣告人尚未向最先通知者為報酬之給付，仍應向最先完成行為之人或同時完成行為人之全體，給付報酬。

㈢懸賞廣告之效力

行為人完成一定行為後，對於廣告人表示承諾之意思時，懸賞契約即為成立，行為人因以取得請求報酬之債權，而廣告人因之負擔給付報酬之債務，對於不知有廣告而完成廣告所定行為之人，亦同（第一六四條一、四項）。

行為人如係數人，如何給付報酬，情形有二：

1. 數人先後分別完成一定行為時，由最先完成該行為之人，取得請求報酬之債權。數人共同或同時分別完成行為時，由行為人共同取得報酬請求權（第一六四條二項）。此項情形，廣告人善意給付報酬於最先通知之人時，其給付報酬之義務，即為消滅（第一六四條三項）。

2. 數人共同完成一定行為時，則由數人共同取得債權，適用多數債權人之規定（第二七一條至第二九二條）。

因完成第一六四條之行為而可取得一定之權利者，其權利屬於行為人，但廣告另有聲明者，不在此限（第一六四條之一）。蓋完成一定行為之結果，如可取得一定權利者，例如專利權或著作權之類，因係行為人個人心血及勞力之結晶，其權利仍屬於行為人，乃屬當然。

㈣懸賞廣告之撤回

懸賞廣告既為要約，故關於要約效力消滅之原則，亦適用之。惟懸賞廣告之撤回，民法設有特別規定。因懸賞廣告為對於不特定人之要約，在行為人完成行為前，依第一五四條第一項但書規定，並無拘束力，故於行為完成前，應許廣告人任意撤回之。預定報酬之廣告，如於行為完成前撤回時，除廣告人證明行為人不能完成其行為外，對於行為人因該廣告善意所受之損害，應負損害賠償之責，但以不超過預定報酬額為限（第一六五條一項）。

廣告人於廣告中，定有完成行為之期間者，通常情形，可解為廣告人於該期間內，有受其拘束而不撤回之意思，未便由廣告人任意於期間屆滿前予以撤回，以免一般大眾誤信其不撤回而從事指定行為致受不測之損害，此等情形，推定廣告人拋棄其撤回權（第一六五條二項）。

㈤**優等懸賞廣告**

1. 以廣告聲明對完成一定行為，於一定期間內為通知，而經評定為優等之人給與報酬者，為優等懸賞廣告，廣告人於評定完成時，負給付報酬之義務（第一六五條之一）。所謂優等懸賞廣告係指完成廣告所指定之行為人有數人，就其中經評定為優等者，始給與報酬之廣告。論其性質有三：①廣告中聲明完成一定行為者須經評定為優等始給與報酬。②須定有一定期間。③須有應徵之通知。

2. 優等懸賞廣告，因優等之評定而發生效力，其評定由廣告中指定之人為之，廣告中未指定者，由廣告人決定方法評定之（第一六五條之二第一項）。依前項規定所為之評定，對於廣告人及應徵人有拘束力（同條二項）。

3. 被評定為優等之人有數人同等時，為示公平，應由數人共同取得報酬請求權。但廣告另有聲明者，依契約自由原則，自應從其聲明（第一六五條之三）。

4. 優等懸賞廣告與通常懸賞廣告性質上固有不同，惟對應徵人之保護應無二致，故第一六四條之一之規定，於優等懸賞廣告準用之（第一六五條之四）。

第二節 代理權之授與

一、代理權之發生

代理權者，代理人之意思表示，直接對於本人發生效力也。代理權之法律上性質，通說皆採「資格說」，認代理權既非義務，又非權利，乃得為他人為有效法律行為之法律上地位。蓋代理權並非代理人對於本人之權利，代理人之有代理權，在本人及代理人雙方，既無何種權利或義務，因之代理權亦不能成為侵權行為之標的。

代理權發生之原因，大別為二。因本人之意思表示而發生者，謂之意定代理；不因本人之意思表示而發生者，謂之法定代理。本款所稱代理權之授與，專指意定代理權之授與而言。

二、授權行為之性質

授權行為者，本人以代理權，授與他人之行為也。究其性質若何，固多爭議。民法認係單獨行為，蓋以代理權之授與，僅由本人一方之意思表示，即可成立，無得代理人同意之必要，故第一六七條規定「代理權以法律行為授與者，其授與應向代理人或代理人對之為代理行為之第三人，以意思表示為之」，謂之意定代理。良以代理權既非權利，亦非義務，僅係可代本人為有效意思表示之地位，代理權授與行為，不過決定代理人之意思表示應否對於自已發生法律效果而已。

民法第一六七條所稱之代理權，與同法第五三一條所稱之處理權，迥不相同。蓋代理權之授與，因本人之意思表示而生效力，無須一定之方式，縱代理行為依法應以書面為之，而授與此種行為之代理權，仍不必用書面（四四臺上一二九〇）。實務上見解，認為此之處理權與代理權迥不相同，為免解釋上發生歧見，爰於第五三一條修正增列「其授與代理權者，代理權之授與亦同」，使處理委任事務時，僅授與處理權者，則該處理權之授與應以文字為之，如授與處理權與代理權者，則二者之授與，均應以文字為之，以杜爭議。

授權行為固為單獨行為，但代理權之授與，通常必有其授與之原因，此種原因，即授權行為之基本法律關係。授權行為之成立，在本人與代理人間，是否須有基礎法律關係？依第一〇八條解釋，代理權之消滅，依其所由授與之法律關係定之，則代理權授與行為，實係有因行為。因代理權常為達到某種目的而授與，例如委任、僱傭、合夥等契約關係，此種情形，其授權行為全然從屬於其基本法律關係，是基本法律關係無效或撤銷時，其代理權隨之消滅，不能獨立存在。

代理權之授與，是否足以發生債之關係？學者見解不一。要而言之，概採否定說。蓋本人雖對於代理人授與代理權，而代理人對於本人，仍不因此而負為代理行為之義務。其負有此義務者，乃本人與代理人間之委任契約或其他內部法律關係之效果，非代理權授與行為之效果也。是代理權之授與不發生何等債務關係，從而代理權之授與與否，僅關係其效力及於本人與否，與債之關係發生與否，並無關係，乃民法將之列入債之發生之原因，實欠妥適。

三、共同代理

共同代理者，於代理人有數人時，應由數代理人共同行使其代理也。其代理人雖有數人而代理權則祇一個，並非各有獨立之代理權。故其代理行為，應共同為之，但法律另有規定或本人另有意思表示者，不在此限（第一六八條）。是就同一代理權，而有數代理人時，原則上屬共同代理，但有下列例外：①法律另有規定時，例如法人之董事有數人，原則上各得單獨代理（第二七條二項）。②本人另有意思表示時，從其本人之意思。

實務認為：合夥之事務約定由合夥人中數人執行者，不惟其內部關係依第六七一條第二項應由該數人共同執行之，即第六七九條所規定之對外關係，依第一六八條亦應由該數人共同為代理行為，若僅由其中一人為之，即屬無權代理行為，非經該數人共同承認，對於合夥不生效力（二八上一五三二）。

代理人之意思欠缺、被詐欺脅迫，或明知其事情或可得而知其事情，致其效力受影響時，其事實之有無，應就代理人決之（第一〇五條）。在共同代理，究應就代理人一人決之，抑應就其全體決之？民法未有明文。惟共同代理，係數人共同為一個意思表示，故應就各代理人一人決之，例如數代理人中之一人被詐欺時，其意思表示即應許其撤銷是。

四、無權代理

無權代理者，無代理權而為代理行為也。此種情形，大別為二：①表見代理，其雖無代理權，而表面上足令人信為有代理權，法律並據此理由使本人負一定責任。②狹義無權代理，乃事實上既無代理權，而表面上亦無足使他人信其有代理權之情事。分別述之如次：

(一)表見代理

表見代理者，無代理權人，而有相當理由，足令人信其為有代理權，法律即使本人負授權人之責任也。是其事實上雖無代理權，而依外形之表見的事實，可信為有代理權。良以代理制度在圖交易之便利而設，如在表面上足使人信為有代理權，而因事實無之，本人即不負若何責任，則與代理人為交易者，必多受其損害，故設表見代理制度，重在保護交易之安全，維護代理制度之作用。

1. 表見代理之要件

第一六九條規定：「由自己之行為表示以代理權授與他人，或知他人表示為其代理人，而不為反對之表示者，對於第三人應負授權人之責任。」本條關於表見代理之規定，惟意定代理有其適用，若法定代理則無適用該規定之餘地（七九臺上二〇一二）。表見代理之情形有二：

⑴由自己之行為表示以代理權授與他人者。於此情形，必依本人之行為，足以使第三人信其與代理人間有授權關係，始有適用。

⑵知他人表示為其代理人，而不為反對之意思表示者。此所謂知，指明知而言，不包含本人可知而知之情形在內。

2. 表見代理之效力

表見代理，在使本人對於第三人，負授權人之責任（第一六九條前段）。既僅負責任，自不得據以主張利益，故本人不得主張為代理行為，向相對人請求履行。僅於相對人向本人請求時，本人即應負責，不得以未授與代理權，與之對抗而已。法律所以使本人就表見代理，對於第三人負授權人之責任，蓋恐第三人信為有代理權，蒙受不測之損害。如第三人明知無代理權，或可得而知者，則本人不負授權人責任（第一六九條但書）。因在此等情形，既有惡意或過失，自無保護必要。

本條之適用，與第一六七條之有權代理不同。因第一六七條係向第三人表示以代理權授與他人，係一種意思表示，因其表示生代理權授與之效力；此種有權代理行為，並直接對於本人發生效力（第一〇三條），本人對於相對人，得請求履行。惟本條係向第三人通知其曾將代理權授與他人之事實，乃一種觀念通知，並不因其通知而生代理權授與之效力，不過因其有此通知，雖事實上未將代理權授與他人，對於第三人亦應負授權人之責任。此時本人對於相對人，不得主張有代理行為，而有所請求。

關於表見代理之要件及其效力，實務甚多：

1. 第一六九條係為保護善意第三人而設，故本人有使第三人信以為以代理權授與他人之行為而與之交易，即應使本人負其責任。又此本人責任係指履行責任而言，並非損害賠償責任，故本人有無過失在所不問（四四臺上一四二四）。

2. 表見代理云者，即代理人雖無代理權而因有可信其有代理權之正當理由，遂由法律課以授權人責任之謂。而代理僅限於意思表示範圍以內，不得為意思表示以外之行為，故不法行為及事實行為，不僅不得成立代理，且亦不得成立表見代理（五五臺上一〇五四）。

3. 由自己之行為表示以代理權授與他人者，對於第三人應負授權人之責任，必須本人有表見之事實，足使第三人信該他人有代理權之情形存在，且須第三人基此表見之事實，主張本人應負授權人之責任，若第三人不為此項主張，法院不得逕將法律上之效果，歸屬於第三人（六〇臺上二一三〇）。

4. 第一六九條所謂知他人表示為其代理人而不為反對之表示者，以本人實際知其事實為前提，其主張本人知此事實者，應負舉證之責（六八臺上一〇八一）。

5. 表見代理云者，原係指代理人雖無代理權，而有可使人信其有代理權之情形而言，與第一〇七條所定代理權之限制及撤回之情形無關（七〇臺上三五一五）。

6.第一六九條但書「知他人表示為其代理人，而不為反對之表示者，對於第三人應負授權人之責任」之規定，限於第三人明知他人無代理權，或依其情形可得而知，而猶與他人為法律行為者，始足當之。如第三人於為該項法律行為時，明知或可得而知他人無代理權，仍與之為法律行為，係出於故意或過失，本人自不負授權人之責任（八五臺上七六〇）。

7.第一六九條之表見代理，本質上仍屬無權代理，祇因客觀上有表見之事實，足使第三人信其有代理權，為維護交易之安全，法律乃規定應負授權人之責任。如於法律行為成立後，知其情事而未為反對之表示，對業已成立之法律行為已不生影響，自難令負授權人之責任（八六臺上四一七，八六臺上一一九七）。

(二)狹義無權代理

狹義無權代理，指除表見代理以外，無代理權所為之一切代理行為而言。大別為四：①不具備表見代理要件者。②授權行為無效者。③逾越代理權之範圍者。④代理權消滅者。在狹義無權代理，本人不負何等責任，然並非全然無效之行為，尚有不確定之效力，乃效力未定之法律行為，如經本人之承認，對於本人仍生效力。實務上以第一七〇條所謂無代理權人，不僅指代理權全不存在者而言，有代理權而逾越其範圍者，亦包含在內。故代理人逾越代理權所為之法律行為，非經本人承認，對於本人不生效力（二三上三八八八）。但不許代理之法律行為，例如兩願離婚，其由無代理權為之者，本人縱為承認，亦不因之而生效力（二九上一九〇四）。又代表與代理固不相同，惟關於公司機關之代表行為，解釋上應類推適用關於代理之規定，故無代表權人代表公司所為之法律行為，若經公司承認，即對於公司發生效力（七四臺上二〇一四）。

關於無權代理之效力，得分三方面觀察：①本人與代理人之關係。②代理人與第三人之關係。③第三人與本人之關係。其中第三人與本人之關係，在第一七〇條，第一七一條設有規定，分述如後。其他兩種關係，則於第一編總則中論述之。

1. 本人之承認

無代理人以代理之名義，所為之法律行為，非經本人承認，對於本人不生效力（第一七〇條一項）。蓋無權代理人所為之法律行為，對於本人原不生效力；惟無代理權人係以為本人之意思而為法律行為，相對人亦係以與本人發生法律關係之意思而為法律行為，是認本人有承認權，使與自始有代理權生同一之效果。承認，以使無代理權所為之行為，與有代理權所為之行為，發生同一效力為目的之單獨行為。故本人之承認權，為以一方意思表示得使發生法律效果之權利，論其性質為形成權。至其承認之方法，須以意思表示，向無權代理人或其相對人為之。故承認之要件有二：①承認之本身，須具備法律行為所應具備之要件，蓋承認即係法律行為之一種故也。②被承認之法律行為，除代理權欠缺外，須具備代理行為之成立要件。蓋代理權之欠缺，得因承認而補正之，代理行為欠缺其他要件時，不得因承認而補正也。

承認非新為法律行為，乃就已存在之法律行為，補充其欠缺，故無權代理行為，一經本人承認，即溯及行為之時，發生效力（第一一五條）。例如債權契約經本人承認時，自其契約成立時，發生債權債務之關係是。又無代理權人以代理人之名義所為之法律行為，係效力未定之法律行為，固得經本人承認而對於本人發生效力。惟本人如已為拒絕承認，該無權代理行為即確定的對於本人不生效力，縱本人事後再為承認，亦不能使該無權代理行為對於本人發生效力（八五臺上九六三）。

2. 相對人之催告

無權代理行為，本人得隨時承認之，在未為承認前，相對人之法律地位，頗不確定，故第一七〇條第二項規定：「前項情形，法律行為之相對人，得定相當期限，催告本人確答是否承認，如本人逾期未為確答者，視為拒絕承認。」其立法意旨在保護相對人，賦與催告之權。催告，乃要求本人確答是否承認無權代理行為之意思通知，其催告所應生之法律效果，不必為催告人所欲，故非法律行為。惟以要求本人行為之意思為要素，故為意思通知，屬於準法律行為之一種，此種催告之權利，有形成權之性質。

3. 相對人之撤回

無權代理行為，相對人除有催告權外，並有撤回權。故無代理權人所為之法律行為，其相對人於本人未承認前，得撤回之（第一七一條）。撤回為有相對人之單獨行為，撤回之意思表示，須向本人或無權代理人為之，亦為形成權之一種，蓋因撤回之意思表示，無權代理行為，即自始全然無效也。且撤回須於本人未經承認前為之，如經承認，則其效力已經確定，不得復行撤回。而撤回權，僅善意之相對人，得享有之，若為法律行為時，相對人明知無權代理人無代理權者，則不得有此撤回權（第一七一條但書）。蓋此種不確定狀態，原所預知，而仍與無權代理人為法律行為者，僅在希望本人之承認而已，故僅授與催告權，已足保護，毋庸認其有撤回權之必要。

第三節　無因管理

無義務而為他人管理事務，謂之無因管理。因無因管理之本人與管理人間，發生債權債務之關係，故為債之發生原因。此種並無義務而為他人管理事務，固為人類之美德，但對於他人事務妄行干預，亦非法之所許。故法律一面認許事務管理，以保護管理人；一面限制其範圍，嚴定其義務，此即無因管理之立法理由。

一、無因管理之要件

無因管理者，乃未受委任，並無義務，而為他人管理事務也（第一七二條前段）。因無因管理所生之效果，乃本於法律之規定，而非本於當事人之意思，故其性質為事實行為，而非法律行為。至其成立必須具左列要件：

㈠**須管理事務**　事務云者，依勞務得管理之一切事項也。其管理之事項，無論為法律行為，或為事實行為，均包含之。管理云者，處理事務以保全本人之利益也。例如為他人修繕房屋，即係管理行為；又如為他人出賣物品，乃係處分行為，均足成立無因管理。所謂管理事務，須就他人之事務為一行為或數行為，此與委任契約（第五二八條）所指處理事務，意義雖同，而範圍略廣。委任處理事務，須達本人所定目的而為行為，無因管理則無此種關係；委任處理事務，不得以單純之勞務，以之為目的之契約；而無因管理則可，例如將他人戶外之物，移於戶內，以防被竊是。無因管理成立後，管理人因故意或過失不法侵害本人之權利者，侵權行為仍可成立，非謂成立無因管理後，即可排斥侵權行為之成立（五五臺上二二八）。

㈡**須有為他人之意思**　所謂為他人之意思，即因其行為所生事實上之利益，意欲歸諸他人。至為他人之意思，究由如何之動機而生，可以不問。例如清償他人之債務或修繕他人之房屋，即為客觀的他人之事務；又如為他人收買獲利股票或為他人租賃房屋，則成主觀的他人之事務。但性質上屬於自己之事務，誤為他人之事務而管理者，例如他人之家畜，信為自己之家畜，加以飼養是。或雖知係他人之事務，而為自己利益管理其事物者，例如竊盜修繕其竊取之物品是。

㈢**須無義務**　須未受他人委任，而為他人管理事務，始成立無因管理。惟不必為全無義務，有義務而超過其範圍，亦得成立無因管理，例如受任人超過委任之範圍是。又對於本人苟無義務，而對於第三人負有應為該事務之義務時，不妨無因管理之成立。例如連帶債務人於對外關係雖負全部清償之義務，而其對內關係，則在自己負擔部分以外，不負清償之義務，故有求償權。

二、無因管理之效力

㈠管理人之義務

1.**管理義務**　管理人為本人管理事務，應依本人明示之意思，或可得推知之意思，以有利於本人之方法為之（第一七二條後段）。蓋務求保護本人之利益，適合交易之觀念，如本人之意思，違反強行法規或公序良俗者，自無尊重必要。

2.**注意義務**　管理人之管理事務，應以善良管理人之注意為之（第一七五條之反面解釋），故負輕過失之責任。但此為原則，尚有例外，即管理人為免除本人之生命、身體或財產上之急迫危險而為事務之管理者，對於因其管理所生之損害，除有惡意或重大過失者外，不負賠償之責（第一七五條）。蓋在緊迫情形，重在救濟危難，雖管理人稍欠注意，亦非反於常理，故特減輕其注意義務。

3.**賠償義務** 管理人違反本人明示或可得推知之意思而為事務之管理者，對於因其管理所生之損害雖無過失，亦應負賠償之責（第一七四條一項）。蓋管理人違反本人明示或可得推知之意思而為管理，其行為已屬故意或過失，縱其管理之方法並無過失，亦應負賠償之責。管理人違反本人明示或可得推知之意思，而為本人盡公益上之義務，或為其履行法定扶養義務，或本人之意思違反公共秩序善良風俗者，例如對自殺者之救助，對放火者之滅火，此種管理行為亦不應令管理人負管理無過失之損害賠償責任，如就管理行為並無過失，本人雖因其管理而生損害，不負賠償之責（第一七四條二項），蓋本人此種意思，係以不法為目的，無尊重之必要也。

4.**通知義務** 管理人開始管理時，以能通知為限，應即通知本人，如無急迫之情事，應俟本人之指示（第一七三條一項）。違反此種義務，致本人受有損害時，應負第一七四條所定之責任。

5.**計算義務** 第五四〇條至第五四二條關於委任之規定，於無因管理準用之（第一七三條二項）。分列如下：①管理人應將管理事務進行之狀況，報告本人，管理關係終止時，應明確報告其顛末（第五四〇條）。②管理人因管理事務，所收取之金錢物品及孳息，應交付於本人；管理人以自己之名義，為本人取得之權利，應移轉於本人（第五四一條）。③管理人為自己之利益，使用應交付於本人之金錢，或使用應為本人利益而使用之金錢者，應自使用之日起，支付利息，如有損害，並應賠償（第五四二條）。

㈡**本人之義務**

1.**管理事務利於本人並不違反其意思時**

管理人管理事務，利於本人，並不違反本人明示，或可得推知之意思者，以及其管理係為本人盡公益上之義務，或為其履行法定扶養義務者，本人對於管理人，應負左列義務（第一七六條）：

⑴必要及有益費用之償還　管理人為本人支出必要或有益之費用時，得請求本人償還其費用，及自支付時起之利息。其支出之費用，是否必要或有益，應依支出當時之情事，以客觀標準決之。

⑵債務之代償　管理人以自己名義，或以本人名義為本人負擔債務時，得請求本人為之清償。此種債務，亦以必要或有益之費用為限。

⑶損害之賠償　管理人為本人管理事務，受有損害時，得請求本人賠償。例如救助溺水之人，污損自己之衣服是。

2.**管理事務不利於本人並違反其意思時**

管理事務不利於本人，或違反本人明示或可得推知之意思者，適法之無因管理不能成立。此時本人與管理人間之法律關係，應依關於不當得利或侵權行為之規定解決之。惟所謂管理事務不利本人，並違反其意思者，乃指管理行為之不利本人，並違反其意思，尚不分明時，或僅管理方法不利本人，或違反其意思而言。在此情形，仍得成立無因管理，於本人與管理人間，發生債權債務之關係，故本人仍得享有無因管理所得之利益（第一七七條一項前段），並負其義務。而本人所負第一七六條第一項對於管理人之義務，以其所得之利益為限（第一七七條一項後段）。故本人請求償還之額數，不得逾越本人所得利益之範圍，並非以實額為標準。此項規定，於管理人明知為他人之事務，而為自己之利益管理之者，準用之（第一七七條二項）。

管理人開始管理後，若經本人知悉，而為明示或默示之承認者，則本人與管理人間，成立委任契約，適用關於委任之規定（第一七八條）。此項承認效力，除當事人有特別意思表示外，溯及開始管理之時（第一一五條參照）。

第四節　不當得利

無法律上之原因而受利益，致他人受損害者，謂之不當得利。其法律上之性質，屬於所謂「事件」，即自然之事實，因此事實，受損人與受益人間即發生債權債務之關係，故不當得利，斯為債之發生原因。至損益之內容是否相同，及受益人對於受損人有無侵權行為，可以不問（六五臺再一三八）。

無因管理與不當得利，分別為債之發生原因之一，其成立要件與效果各別，前者為未受委任，並無義務而為他人管理事務，後者則為無法律上之原因而受利益，致他人受損害。因而適法之無因管理，本人之受利益，既係基於法律所允許之管理人無因管理行為，自非無法律上之原因，僅管理人對於本人取得必要或有益費用償還請求權、債務清償請求權及損害賠償請求權。至不當得利之受害人對於不當得利之受領人，則取得不當得利返還請求權，二者不得牽混（八六臺上二二三九）。

一、不當得利之要件

無法律上之原因而受利益，致他人受損害者，應返還其利益（第一七九條）。故其要件如左：

㈠一方受利益　受利益云者，謂因一定事實之結果而增加其財產總額也。無論為積極的增加或消極的增加，均包含之。所謂積極的增加，例如所有權限制物權及債權之取得，既存權利之擴張以及債務之免除是。

所謂消極的增加，例如因喫他人之食物，住他人之房屋，因而節省自己之支出；因他人負擔債務，自己應負擔之債務，得以免除是。不當得利之受領人應返還其所受之利益，並不以明知其所受之利益為無法律上之原因為要件，僅於受領人為善意時，以現實利益為限負返還義務，若受領人於受領時為惡意者，則不問所受利益是否存在，均須返還（八五臺上四五）。

㈡他方受損害　不當得利之成立，必須因自己受益，以致他人受損，故自己雖受利益，而他人並未因此受損害者，不成立不當得利。例如為保護自己之耕地，造防風林，而其鄰地因之受益；或鐵路公司興築鐵路，沿線地價，藉此暴漲，地主因以受益之情形，他人均不因此而受損害，自不成立不當得利。所謂受損害，不僅指減少既存財產而言，本應增加而受增加之妨礙時，亦包含之。

㈢損害與受益間須有因果關係　受利益致他人受損害，須互為因果，至有無因果關係，應視受利益之原因事實與受損害之原因事實是否同一為斷。如非同一事實，縱令兩事實之間有所牽連，亦無因果關係。例如甲以乙之牧草，飼養丙之牛馬，乙之受損與丙之受益，同出於甲之行為，則有因果關係。又如甲拋棄某物後，乙占有之，不得謂乙之占有為不當得利。蓋以甲之受損，出於拋棄，而乙之受益，出於先占，乃本於各別之事實故也。

㈣無法律上之原因　僅自己受利益，致他人受損害者，尚不得謂為不當得利，必更須無法律上原因而受利益。蓋在不當得利，應返還其利益者，係以所受利益，無法律上之原因為限。何謂無法律上之原因，學說主張並不一致。有認為可就一切情形得一共通觀念者，是為統一說；有認為應就各種不同情形，分別論之者，則為非統一說。通說採統一說中之「權利說」，蓋以取得利益，如無權利而取得利益，即無法律上之原因。

不當得利之要件完備時，受益人與受損人間，即發生返還利益之債權債務關係；雖有法律上之原因，而其後已不存在者亦同（第一七九條後段）。依此規定，則受領人於受利益當時，雖有法律上之原因，但嗣後其原因已依法律之規定，當事人之意思，或其他情事歸於消滅時，即與自始無原因無異，而生不當得利問題。例如債權人於受清償後，不得繼續占有其質物，即基於占有質物之權利已歸消滅是也。又不當得利請求權，係以使得利人返還其所受利得為目的，非以受損人所受損害之填補為目的，故與損害賠償請求權之性質不同（七三臺上三三九八，七二臺上四〇一二）。

二、不當得利之例外

凡受利益人，於具備前述要件時，即成立不當得利，對於受損害人，應返還其利益。惟依第一八〇條規定，給付有左列情形之一者，不得請求返還：

㈠給付係履行道德上之義務者

道德上之義務，法律上本不強制其履行，然如已任意履行，即不得就其給付請求返還。其於給付時是否明知無法律上之義務，則所不問。道德上之義務，屬於自然債務之一種。例如債務人受確定勝訴判決後而為之給付；未經約定而給付之利息；消滅時效完成後所為之給付；超過法定最高利率限制所為之給付等是。

履行道德上義務之給付，與贈與之給付，應區別之。蓋贈與為無償行為，而其所以為此給付者，實使他人無償取得利益之意思，是為單純一方之給與，在此情形，受贈人有法定不義行為時，贈與人得撤銷其贈與（第四一六條，第四一七條），並得依不當得利請求返還其贈與物（第四一九條）。至於自然債務，則在道德上先有一種義務存在，此種義務，一經履行，即與法律上義務之履行無異，故有關贈與之規定，不能適用於自然債務。惟因履行道德上之義務而為贈與（第四〇八條二項），因履行贈與而為給付者，固為履行法律上之義務，不在第一八〇條第一款規定之列。然其贈與不成立時，依本條款之規定，仍不得就其給付請求返還。例如父母對於子女因結婚分居，而給與之財產，即屬第四〇八條第二項所稱履行道德上義務所為之贈與，仍應適用贈與之規定，並非不當得利之問題。

㈡**清償期前之清償**

債務人於未到期之債務，因清償而為給付者，不得請求返還。蓋債務人不過拋棄期限利益，先期履行，並非對於不存在之債務，而行清償。故其給付之目的，既在消滅原存之債務，自不得謂為無法律上之原因。若將未屆清償期之債務，計至清償期為止，扣息清償者，固無問題；即非扣息之清償，不問是否出於錯誤，亦無不當得利之性質，債務人不得請求返還，以免法律關係益趨繁雜也。

㈢**明知無債務而為之清償**

因清償債務而為給付，實際無給付之義務者，謂之「非債清償」。故因清償債務而為給付，其給付自始欠缺給付目的，自為無法律上之原因，原則上應成立不當得利，依第一七九條之規定，當然得請求返還。但按第一八〇條第三款反面解釋，須具左列要件：

1.**須無給付義務**　所謂無給付義務，乃指給付當時，於給付人並無應為其給付之債務關係而言。如原無債務，誤信為債務人；或債務業經消滅，而誤信為尚猶存在；或將他人之債務，誤信為自己之債務等是。

債權於消滅時效完成後，債務人仍為履行之給付者，不得以不知時效為理由，請求返還（第一四四條二項前段）。蓋民法關於消滅時效之效力，係採抗辯權發生主義，其消滅時效完成之結果，僅使債務人得拒絕給付而已，其債權並非當然消滅（第一四四條一項），若債務人拋棄拒絕給付之抗辯，而仍為履行之給付者，則係對於尚猶存在之債務，予以清償，自不得據不當得利之法理，請求返還。

2. **須因清償而為給付**　因清償而為給付，即以消滅現在之債務為目的而為之給付，如給付之目的，係在將來若發生債務則充清償之用，嗣後債務不發生時，雖給付時明知無給付之義務，亦得請求返還。至以其他目的所為給付，則不得謂為非債清償，不得適用本款之規定。

3. **清償須出於錯誤**　即須不知無給付之義務，而誤信為有此義務，予以清償，始得成立非債清償之不當得利。所謂錯誤，即指不知而言，有無過失，則非所問。

具備上述要件，給付人於給付時不知無給付之義務者，得依不當得利請求返還。惟關於無給付義務，是否不知，應由何方舉證，不無爭議。實例上認為原告祇須證明第一七九條之事實，即可請求返還。被告若欲免其返還義務，則須就第一八〇條第三款所定給付人明知無給付義務之特別事實，負舉證之責。蓋明知無給付義務而仍為給付者，本屬例外事項，前項第一八〇條第三款，又為第一七九條之例外規定故也（三八上一七三九參照）。

因清償債務而為給付，於給付時明知無給付之義務者，不得請求返還（第一八〇條三款）。良以明知自己無給付義務，而仍為清償之給付者，純係無意義之行為，法律毋庸保護也。惟本款之適用，以任意給付為必要，如因避免強制執行或其他事由不得已而為給付，雖明知無給付之義務，仍應許其請求返還（七四臺上一〇五七)。

㈣不法原因之給付

因不法之原因而為給付者,不得請求返還。但不法原因,僅於受領人一方存在者,不在此限(第一八〇條四款)。蓋不法原因為法所不許,凡給付之原因係不法者,不得謂為無法律上之原因,苟無何等規定,給付人似得據以請求不當得利之返還。惟無論何人,既不得以自己不法行為為理由,主張權利,且因自己不法行為而受損害者,亦不宜保護,故否認有此請求權。所謂不法原因之給付,例如因賭博而給付財物,因通姦而給付報酬,因殺人而給付金錢等是。

本款之適用,須具左列要件:

1. **須已為給付** 給付云者,本於受損人之意思所為財產上之給付也。例如物權之設定移轉,債權之讓與,債務之免除,票據之發行,皆包含之。如因給付以外之原因而受利益者,不得適用,故因法院之分配行為而受利時,雖其受利益之原因為不法,仍得請求返還。

2. **須因不法之原因** 凡違反法律所禁止者,皆為不法。至因不法原因而為給付,例如因充作偽造貨幣之費用而給與金錢,則其所以給付之原因原係不法,自不得請求返還。

因不法之原因而為給付時,其給付人雖無不當得利返還請求權,而其他之請求權,仍不妨其行使。例如本於所有權而行使物上請求權,此時給付人祇須主張自己之所有權,並不以自為違法行為為其主張之原因,故不受本款之限制。若被害人以侵權行為為理由,請求賠償,如有主張自己違法行為之必要時,則依本款之類推解釋,不得請求賠償。例如甲詐欺乙,與之共同偽造貨幣,乙因而支出偽造費用時,乙不得以侵權行為為理由，請求賠償。

不法之原因，僅於受領人一方存在時，給付人得請求返還（第一八〇條四款但書）。蓋此時給付人之請求返還，並非以自為違法行為為理由故也。所謂不法原因，僅於受領人一方存在，即原因不法之理由，僅於受領人一方存在，而於給付之一方不存在。例如約使他人不為某項犯罪，而給與金錢；或約求公務員行使正當職務，而贈與財物皆是。

三、不當得利之效力

(一)受領人之義務

1. 返還之標的

不當得利之受領人，返還其所受之利益，以返還原物為原則（第一八一條）。其所受之利益為物者，應為移轉所有權或占有之行為；如為債權或其他權利，應為讓與契約，如於該利益更有所取得者，並應返還。如房屋出租之租金，金錢借貸之利息，母牛所生之小牛等是。返還原物，如依其利益之性質或其他情形有所不能者，應償還其價額（第一八一條但書）。例如因物之使用而受利益，或物已出賣毀損滅失是。

2. 返還之範圍

(1)善意受領人之返還範圍　不當得利之受領人，不知無法律上之原因，而其所受之利益已不存在者，免負返還或償還價額之責任（第一八二條一項）。不知無法律上之原因者，不問其不知是否由於過失，惟於所受利益現尚存在之限度，負返還義務。所謂利益現尚留存，非僅指利益之原物存在，凡受領人之財產總額，尚猶留存其增加狀態者，均包含之。如因消費所受利益，而節省他項費用；或因所受利益之毀滅減少，得有代償利益，均得謂為現尚存在。決定利益存在與否之時期，以請求返還之時為準，蓋返還不當得利，係屬不定期限之債務故也。本條項所謂其所受之利益已不存在者，非指所受利益之原形不存在而言，原形雖不存在，而實際上受領人所獲財產總額之增加現尚存在時，不得謂利益已不存在（四一臺上六三七）。

(2)惡意受領人之返還範圍　受領人於受領時知無法律上之原因者，應將受領時所得之利益，附加利息，一併償還。如有損害，並應賠償（第一八二條二項）。依此規定，惡意受領人之義務，大別為三：①須將受領時所得之利益，全部返還。②所得利益，如為金錢，則須附加法定利息。即非金錢，亦應折算金錢，附加法定利息。③除返還利益全部，並附加利息外，如有損害，並應賠償。

受領人其後知無法律上之原因，應將知無法律上之原因時所現存之利益，附加利息，一併償還，如有損害，並應賠償（第一八二條二項）。即受領人於受領時不知無法律上之原因，而其後知之者，應自知之以後，與知無法律上原因之受領人負同一之責任。

(二)轉得人之義務

不當得利之受領人，以其所受者，無償讓與第三人，而受領人因此免返還義務者，第三人於其所免返還義務之限度內，負返還責任（第一八三條）。良以不當得利之受領人，將其所得利益，移轉於第三人時，該第三人雖因此受益，原則上亦不負返還之義務。蓋第三人所受利益，與受損害人所受損害，並無直接之因果關係，故不成立不當得利。例如甲以向乙買受之物，贈與於丙，嗣後因甲未付價金，而乙解除契約時，乙對於丙不得以不當得利，請求返還。因在此情形，乙之受損害與丙之受利益，為另外之原因事實，而丙受利益以前，乙業已受損害也。但甲如不知其受利益無法律上之原因，則將該物贈與於丙後，依第一八二條第一項之規定，對於乙即免返還義務。此時乙無取償可能，丙則無償取得利益，實際上之結果，未免不平，故本條特設例外，於甲所免返還義務之限度內，使丙負返還責任。

上述情形，係指善意受領人而言。如受領人為惡意者，而以其利益讓與第三人時，則不論其讓與為有償或無償，惡意受領人均應負返還受領時所得利益之責。

第五節 侵權行為

一、概說

侵權行為者，不法侵害他人權利之行為也，屬於所謂違法行為之一種。至債務不履行，為債務人侵害債權之行為，論其性質，亦係侵權行為，但法律以其侵害債權，係出於債務人之行為，另定為債務不履行。故侵權行為之規定，在債務不履行，自不適用。惟同一行為，於債務不履行外，復侵害債權人其他之權利時，例如受寄人故意毀損寄託人所有之寄託物時，寄託人既有債務不履行之損害賠償請求權，亦有侵權行為之損害賠償請求權，若行使侵權行為之損害賠償請求權，自應適用關於侵權行為之規定。

侵權行為乃對於被害人所受之損害，由加害人予以填補，此與不當得利在剝奪受益人之得利，使返還受損人之制度，兩者均基於公平之原則，固無不同，但其目的及要件，則有區別，不妨併存，當事人得擇一行使，通常以行使不當得利請求權較為有利。蓋其消滅時效期間稍長，且不必就受益人之故意過失舉證。列表如左：

侵權行為	不當得利
①因故意過失，不法侵害他人權利之行為。	①無法律上之原因而受利益，致他人受損害。
②不以行為人受利益為其成立要件。	②使他人受損害而自己不受利益。
③填補被害人之損害。	③剝奪受益人之得利。
④被害人發生損害，加害人曾否受益，在所不問。	④於受損人受有損害外，更須受益人之受益。
⑤損害賠償請求權之消滅時效為二年或十年（第一九七條）。	⑤返還請求權消滅時效為十五年（第一二五條）。
⑥應由權利人就加害人之故意過失舉證。	⑥不必就受益人之故意過失負舉證之責。

不法侵害他人法益之行為，多同時發生兩方面之責任。一面認為刑法上之犯罪，應受刑罰制裁，謂之刑事責任；他面認為侵權行為，發生損害賠償，謂之民事責任。雖其均係不法侵害他人法益之行為，但兩者主要之目的則異：

民事責任	刑事責任
①重在保護被害人，填補過去之損害。	①重在防衛社會，維持將來之安寧。
②損害之發生，為侵權行為不可缺之要件。	②犯罪之成立，不以損害之發生為要件。
③侵權行為之成立，其故意與過失之效果同一。	③故意與過失，在犯罪各異其效果。

④不以故意過失為成立要件，例如無過失責任。
④必以故意或過失為犯罪構成之一般要件。

二、一般侵權行為

侵權行為，可分一般侵權行為與特殊侵權行為兩種。第一八四條規定者，為一般侵權行為。第一八七條至第一九一條規定者，為特殊侵權行為。前者應以自己之行為為其成立要件，後者則為他人之行為，或人之行為以外之事實，兩者成立之要件，並非全然相同。

(一)一般侵權行為之成立要件

1. 主觀之要件

(1)責任能力　即行為人於其行為之結果，負法律上責任之能力，以意思能力為基礎。如無意思能力，即無責任能力。蓋侵權行為之成立，原則上須有故意過失，自須有意思能力，即侵權行為能力，方足構成。故如無行為能力人或限制行為能力人於行為當時，無識別能力者，均無責任能力（第一八七條一項）。其他之人在行為當時無意識或精神錯亂中者亦然（第七五條後段，第一八七條四項）。

(2)故意過失　侵權行為之成立，原則上須以故意或過失為要件，除有特別規定外，原告就此事實，有舉證責任。但侵權行為人，違反保護他人之法律致生損害於他人者，負賠償責任（第一八四條二項）。所謂違反保護他人之法律，指以保護人之利益為目的之保護法規而言。係屬獨立之侵權行為類型，惟為避免對行為人課以過重之責任，同條項但書規定：「能證明其行為無過失者，不在此限」，俾資平衡。

2. 客觀之要件

⑴自己之行為　侵害權利，出於自己之行為者，始得謂為一般侵權行為；如因他人之行為或人之行為以外之事實而成立者，則為特殊侵權行為。至於行為，非專指作為而言，不作為亦包含之。

⑵侵害他人之權利　侵害權利，為一切侵權行為之要件，故因故意或過失，侵害他人之權利者，負損害賠償責任（第一八四條一項前段）。惟民法認有例外，即故意以背於善良風俗之方法，加損害於他人時，雖非侵害權利，亦得成立侵權行為（第一八四條一項後段）。實務上認為現行民法雖不認有所謂夫權，但如明知為有夫之婦而與之通姦，依社會一般觀念，不得謂非以違背善良風俗之方法，加損害於人之故意，苟其夫因此受有財產上或非財產上之損害，行為人應負賠償責任（四一臺上二七八）。

侵害權利，即妨害權利之行使或享有，使權利人失其權利之全部或一部，但不以達此程度為必要，如已妨害其享受權利內容之利益，亦為侵害權利。又侵害權利，有妨害權利人享受現存利益者，物權及其他支配權之侵害屬之；有妨害權利人享受將來可享之利益者，債權之侵害屬之。債權能否成為侵權行為之標的？現今通說，凡屬權利，均應受法律保護，不容他人侵犯，且債權雖不過一種享受利益之希望，然此種希望，非僅事實上之希望，乃法律所保護之希望，故第三人侵害其希望之實現，仍應解為侵害權利。債權之侵害，大別為三：

①債權歸屬之侵害　非債權人而以債權準占有人（第三一〇條），或收據持有人（第三〇九條二項）受領清償，致債權因之消滅者，對真正債權人，除成立不當得利外，並構成侵權行為。

②債權標的物之侵害　債務人應交付之標的物，如為第三人毀滅時，則因給付不能而債權消滅，當事人間發生危險負擔問題（第二六六條參照）。在此情形，債權人與第三人間，固不成立侵權行為，但債權

人對於轉賣該標的物所預期利益之喪失，如第三人有預見時，亦得向其請求損害賠償。

③債務人履行之侵害　債務人與第三人通謀妨害債務履行時，則構成以違反善良風俗之方法，加損害於他人；或對債務之不履行，曾為教唆或幫助者，均得成立侵權行為。例如債務人為免其財產被強制執行，與第三人通謀而為虛偽意思表示，將其所有不動產為第三人設定抵押權者，債權人可依侵權行為之法則，請求第三人塗銷登記，亦可行使代位權，請求塗銷登記，二者之訴訟標的並不相同（七三臺抗四七二）。

⑶損害之發生　民事責任，以填補損害為主要目的，故侵害權利，而不發生損害時，侵權行為無由成立。故侵權行為之賠償責任，以被害人受有實際損害為其構成要件，至侵權行為人是否受益，則非所問。所謂損害，兼指財產上之損害及非財產上之損害而言（四九臺上九八七）。又財產上之損害，應解為包含積極的損害（減少現存財產）及消極的損害（妨害現存財產之增加）而言。

⑷因果關係　侵害權利與損害之間，須有因果關係，始生侵權行為之責任，實務認為侵權行為之賠償責任，以加害人之故意或過失與損害有因果聯絡者，始得成立；且按諸一般情形，某行為不適於發生某結果者，即非有相當因果關係（院一六六二、三三上七六九）。至損害賠償之債，以有損害之發生及有責任原因之事實，並兩者之間有相當因果關係為成立要件，如不合於此項成立要件，即難謂有損害賠償請求權存在（六九臺上一六五三）。

⑸不法　侵害權利，雖常屬違法，蓋凡屬權利，均有不可侵性，而侵害權利，又係違背不可侵犯義務，故謂侵害權利，常屬違法也。此所謂不法，即明示侵權行為之成立，以阻卻違法之事由不存在為其要件。如阻卻違法事由存在時，雖侵害權利，而其違法性，已被阻卻，不能成立侵權行為。茲舉其事由於左：

①權利之行使　權利之行使云者，權利人因享受其權利內容之利益所為之行為也。此項行為，為適法行為，故因權利之行使而侵害他人之權利時，不成立侵權行為。惟權利之濫用，不能認為權利之適法行使（第一四八條），故因權利之濫用而侵害他人之權利時，仍成立侵權行為。例如於適當限度，使煤煙惡臭傳入鄰地，為自己所有權之行使，仍不失為適法行為，但超過適當限度者，則為權利之濫用。

②被害人之承諾　被害人之承諾，原則上得阻卻違法，蓋權利人本得自行侵害其權利，故允許他人侵害，法律上並無何等妨礙。但允許他人侵害權利，既為意思表示之一種，若其內容違背公序良俗或強行法規，則不生承諾之效力（第七二條）。例如容許剝奪身體自由之承諾（第一七條），係違反強行法規，不阻卻違法。

③無因管理　無因管理為適法行為，得阻卻侵權行為之違法。蓋管理他人事務，多致侵害他人之權利，如修繕房屋而侵害他人所有權是。在此情形固成侵權行為，然如出於圖本人利益之意思，則失其違法性，不成立侵權行為。惟無因管理成立後，管理人因故意或過失不法侵害本人之權利者，侵權行為仍可成立，非謂成立無因管理後，即可排斥侵權行為之成立（五五臺上二二二八）。

④正當防衛　對於現時不法之侵害，為防衛自己或他人之權利，所為之反擊行為，即為正當防衛（第一四九條）。故正當防衛為適法行為，阻卻違法，不負侵權行為之賠償責任。

⑤緊急避難　因避免自己或他人生命、身體、自由或財產上急迫之危險，所為之加害行為，即為緊急避難（第一五〇條）。凡在緊急狀態，因救護自己或他人之權利，以致加害第三人，乃係放任行為，阻卻侵權行為之違法，不負賠償之責。

依第二一三條至第二一八條之規定。

㈡一般侵權行為之效力

一般侵權行為之效果，在於行為人應負損害賠償責任。其賠償之方法及範圍，除本款有特別規定外，依第二一三條至第二一八條之規定。

數人共同不法侵害他人之權利者，謂之共同侵權行為。數人共同不法侵害他人之權利者，連帶負損害賠償責任，不能知其中孰為加害人者亦同（第一八五條一項）。造意人及幫助人，視為共同行為人（同條二項）。在共同侵權行為，須數人皆備侵權行為之要件，數人如有一人具阻卻違法之事由，或無故意過失，則其人即非侵權行為人。共同實施侵權行為人間，是否須有意思聯絡，學說不一。有謂須有主觀之共同，有謂須有客觀之共同，始得成立。現今通說，認為祇須客觀的共同侵害權利，即可成立，蓋惟其如此，過失侵權行為始能成立共同侵權行為。又共同侵權行為必共同行為人均已具備侵權行為之要件，且以各行為人故意或過失不法之行為，均係所生損害之共同原因，始克成立（八四臺上二二六三）。所謂共同侵權行為，既須共同行為人皆已具備侵權行為之要件始克成立，若其中一人無故意過失，則其人非侵權行為人，不負與其他具備侵權行為要件之人連帶賠償損害之責任（二二上三四三七）。

民事上之共同侵權行為（狹義的共同侵權行為，即共同加害行為）與刑事上之共同正犯，其構成要件並不完全相同。共同侵權行為人間不以有意思聯絡為必要，數人因過失不法侵害他人之權利，苟各行為人之過失行為，均為其所生損害之共同原因，即所謂行為關連共同，亦足成立侵權行為，依第一八五條第一項前段之規定，各過失行為人對於被害人應負全部損害之連帶賠償責任（六七臺上一七三七）。

三、特殊侵權行為

㈠公務員之責任

公務員因故意違背對於第三人應執行之職務，致第三人受損害者，負賠償責任（第一八六條一項前段）。所謂對於第三人應執行之職務，言其負擔之職務，應為合法適當之處置。如於職權範圍內之事項明知違法，以致侵害他人之權利，即屬故意違背對於第三人應執行之職務。本條所定公務員執行之職務，既為公法上之行為，其任用機關自無民法第一百八十八條第一項或第二十八條規定之適用（六七臺上一一九六）。

公務員因過失違背對於第三人應執行之職務，致第三人受損害者，以被害人不能依他項方法受賠償時為限，負其責任（第一八六條一項後段）。在此情形，公務員並無利用其職務行為之意思，僅欠缺注意，以致違背職務，故特減輕其賠償責任，以不能依他項方法賠償時為限。例如別無負責之人，或雖有之，而因其人逃匿，或毫無資力，不能達賠償目的時，始負賠償責任。

公務員違背職務所受損害，在法律上設有救濟方法者，被害人應盡其方法以除去其損害，如因故意或過失而不為之，例如對於法院之裁判不聲明不服，對於行政處分，不提起訴願或行政訴訟，則在法律上無保護必要，縱令公務員之違背職務，係出於故意，亦不負賠償責任（第一八六條二項），是為公務員免責之規定。公務員與政府間雖為公法上關係，若公務員於執行公務時，假公務上之權力，故意不法侵害其所服務機關私法上之權利者，仍非不得成立侵權行為（七〇臺上一五六一）。

㈡法定代理人之責任

無行為能力人或限制行為能力人，不法侵害他人之權利者，以行為時有識別能力為限，與其法定代理人連帶負損害賠償責任。行為時無識別能力者，由其法定代理人負損害賠償責任（第一八七條一項）。良以無行為能力人或限制行為能力人，於行為時有識別能力者，應依侵權行為負責，其侵權行為所生損害，應由法定代理人與行為人連帶負責賠償者，蓋以此等之人，究竟有無辨別能力，實際上不易判定，在被害人則因證明困難，往往難受填補。且加害行為之發生，在法定代理人亦有監督疏懈之處，故規定使負連帶責任，使被害人對於法定代理人及行為人，得任意選擇請求（第二七三條）。法定代理人履行賠償後，對於行為人，得依連帶債務之規定，請求償還（第二八一條，第二八〇條二項）。惟行為人賠償時，對於法定代理人則無求償權，蓋民法雖無明文，然在性質上及實際上，理應如此。又上述行為人於行為時無識別能力者，其侵權行為所生之損害，由法定代理人單獨負責者，蓋以法定代理人為監督義務人，須課賠償義務，以促注意。但此項無行為能力人，因無侵權行為能力，對於所為加害，原則上既不負責，自應另有賠償之人，以資救濟，故使法定代理人負責賠償也。

前項情形，法定代理人如其監督並未疏懈，或縱加以相當之監督，而仍不免發生損害者，不負損害賠償責任（第一八七條二項）。蓋法定代理人若於監督並未疏懈，或其監督之疏懈與加害行為並無因果關係者，無使其負責之理，故在此情形，免除其責任。

行為人無責任能力，其法定代理人又已完全履行監督義務，或所生損害與監督義務，並無因果關係時，被害人自無從請求損害賠償。在此情形，法院因被害人之聲請，得斟酌行為人及法定代理人與被害人之經濟狀況，令行為人為全部或一部之損害賠償（第一八七條三項），蓋法律基於經濟上公平之理由而設之救濟途徑。此項規定，於其他之人，在無意識或精神錯亂中所為之行為，致第三人受損害時，準用之（同條四項），蓋使精神障礙之人，就其損害結果，亦負責任也，是為無行為能力人或限制行為能力人之無過失責任。

㈢僱用人之責任

受僱人因執行職務，不法侵害他人之權利者，由僱用人與行為人連帶負損害賠償責任。但選任受僱人及監督其職務之執行，已盡相當之注意，或縱加以相當之注意而仍不免發生損害者，僱用人不負賠償責任（第一八八條一項）。蓋受僱人職務上之侵權行為，本由受僱人自負責任，惟受僱人通常為無資力者，若僅使負責，被害人請求賠償，往往有名無實；且僱用人既役使他人，享受利益，亦應負擔損失；而僱用人為應自己需要而僱用他人，其活動範圍擴張，責任範圍尤應隨之增加，使其選任監督充分注意，預防損害，故法律定為連帶負責也。所謂執行職務，指因執行職務而生者，例如汽車司機駕車失慎，撞傷他人是。但其加害他人，雖在執行職務之時，惟非因執行職務而生者，則非此之執行職務。例如電氣工人修理線路，故意擲石擊傷行人是。本條項所稱受僱人，係以事實上之僱用關係為準，凡客觀上被他人使用為之服勞務而受其監督者，均係受僱人，至僱用人與受僱人間已否成立書面契約，在所不問（四五臺上一五九九，七三臺上二二七二）。

如被害人依本條第一項但書之規定，不能受損害賠償時，法院因其聲請，得斟酌僱用人與被害人之經濟狀況，令僱用人為全部或一部之損害賠償（第一八七條三項）。蓋僱用人在此情形，原無過失，僅因社會政策上之理由，令負賠償，是為僱用人之無過失責任。

僱用人與受僱人對於被害人，雖負損害賠償之連帶債務，然就僱用人與受僱人之內部關係言之，損害之發生，究係受僱人之侵權行為所致，應專由受僱人負擔，僱用人並無分擔部分（第二八〇條），故僱用人賠償損害時，對於受僱人就其賠償之全部有求償權（第一八八條三項），而受僱人賠償損害時，對於僱用人則無求償權。

㈣定作人之責任

承攬人因執行承攬事項，不法侵害他人之權利者，定作人不負損害賠償責任。但定作人於定作或指示有過失者，不在此限（第一八九條）。蓋以承攬人非定作人之受僱人，而其執行承攬事項，亦係獨立為之，非受定作人之監督故也。惟定作人於定作或指示有過失，以致侵害他人權利時，乃利用承攬人，實係間接自為侵權行為，依第一八四條規定，當然應負損害賠償責任。在此情形，毋庸承攬人亦有故意過失，若承攬人具備侵權行為之要件，則為共同侵權行為。所謂定作有過失者，係指定作之事項具有侵害他人權利之危險性，因承攬人之執行，果然引起損害之情形。而指示有過失者，係指定作並無過失，但指示工作之執行有過失之情形而言（八六臺上二二三〇）。蓋此情形，承攬人有似定作人之使用人，仍不能免賠償之義務。

㈤動物占有人之責任

動物加損害於他人者，由其占有人負損害賠償責任。但依動物之種類及性質，已為相當注意之管束，或縱為相當注意之管束，而仍不免發生損害者，不在此限（第一九〇條一項）。蓋以動物富有加害危險性，特使占有人負責，以促注意預防故也。動物係由第三人或他動物之挑動，致加損害於他人者，其占有人對於該第三人或該他動物之占有人，有求償權（同條二項）。例如猛犬之噬人，係由第三人嗾使；或牛之撞斃，係因避他牛觸擊，占有人仍須負責賠償，惟對於第三人或該他動物之占有人，取得求償權而已。

㈥工作物所有人之責任

土地上之建築物或其他工作物，所致他人權利之損害，由工作物之所有人負賠償責任。但其對於設置或保管並無欠缺，或損害非因設置或保管有欠缺，或於防止損害之發生，已盡相當之注意者，不在此限（第一九一條一項）。蓋以工作物之設置或保管，如有欠缺，最易發生倒塌之危險，故設此規定，以促所有人之注意防止。所謂地上之工作物，指就土地或連接土地施加工作所成之物，例如房產、工廠、圍牆、花棚、電桿等是。其設置或保管有欠缺，例如設計錯誤、材料粗劣；或久未檢查、怠於修繕，皆包含之。此之所謂設置有欠缺，係指土地上之建築物或其他工作物，於建造之初即存有瑕疵而言。所謂保管有欠缺，係指於建造後未善為保管，致其物發生瑕疵而言（五〇臺上一四六四）。

前項損害之發生，如別有應負責任之人時，賠償損害之所有人，對於該應負責者，有求償權（同條二項）。例如設置或保管之欠缺，係出於建築之承攬人，或前所有人，或工作物之占有人，則賠償損害之所有人，對於該應負責者，有求償權。

㈦商品製造人之責任

商品製造人因其商品之通常使用或消費所致他人之損害，負賠償責任。但其對於商品之生產、製造或加工、設計並無欠缺或其損害非因該項欠缺所致或於防止損害之發生，已盡相當之注意者，不在此限（第一九一條之一第一項）。商品製造人之責任，宜採侵權行為說，對其商品所生之損害，應負賠償責任，以保護消費者之利益，欲免除其責任須證明其有本條項但書所列之情形。前項所稱商品製造人，謂商品之生產、製造、加工業者，其在商品上附加標章或其他文字、符號，足以表彰係其自已所生產、製造、加工者，視為商品製造人（第一九一條之一第二項）。此之視為商品製造人，係指不論何人，如有此等情形，使負與商品製造人同一之責任。又商品之品質、功能，與其說明書或廣告之內容不符，使該商品之購買或消費者而為使用，致生損害，即應視為商品之生產、製造或加工有欠缺，應負損害賠償責任（第一九一條之一第三項）。商品如係國外所輸入者，因轉賣、運銷等原因，使該商品之製造人難於追查，應使該商品之輸入業者，對該商品之瑕疵，負與製造人同一責任（第一九一條之一第四項）。

㈧動力車輛駕駛人之責任

汽車、機車或其他非依軌道行駛之動力車輛，在使用中加損害於他人者，駕駛人應賠償因此所生之損害，但於防止損害之發生，已盡相當之注意者，不在此限（第一九一條之二）。爰因近代交通發達，而因動力車輛肇事致損害人之身體或財產者，日見增多，乃設本條規定。

㈨一般危險之責任

經營一定事業或從事其他工作或活動之人，其工作或活動之性質或其使用之工具或方法有生損害於他人之危險者，對他人之損害應負賠償責任。但損害非由於其工作或活動或其使用之工具或方法所致，或於防止損害之發生已盡相當之注意者，不在此限（第一九一條之三）。為使被害人獲得周密之保護，請求賠償時，被害人只須證明加害人之工作或活動之性質或其使用之工具或方法，有生損害於他人之危險性，而在其活動或工作中受損害即可，不須證明其間有因果關係存在。

四、侵權行為之效果

侵權行為之效力，在使被害人對於加害人，取得損害賠償之債權，故成立損害賠償之債。損害賠償之債，非僅於侵權行為發生，於債務不履行及其他法律有特別規定之情形（第一七四條一項，第一七六條一項，第一八二條二項），亦均發生。故損害賠償之一般規定（第二一三條至第二一八條），除侵權行為另有規定外，於侵權行為上之債權，當然適用。

㈠**損害賠償之當事人**

1.**債務人**　損害賠償之債務人，原則上為行為人。但於特殊侵權行為，則另有法定代理人、僱用人、定作人、動物占有人、工作物所有人、商品製造人、動力車輛駕駛人及經營一定事業或從事其他工作或活動之人。

2.**債權人**　損害賠償之債權人，原則上為被害人。但生命權被侵害時，間接受害之第三人，亦為債權人。情形如左：

⑴為被害人支出殯葬費之人　不法侵害他人致死者，對於支出殯葬費之人，亦應負損害賠償責任（第一九二條一項）。此種之人，不論其與被害人之關係如何，凡係支出費用之人，均得請求賠償。

⑵被害人負有法定扶養義務之人　被害人對於第三人負有法定扶養義務者，加害人對於該第三人，亦應負損害賠償責任（第一九二條二項）。所謂第三人，即法律上對於被害人有扶養請求權之法定扶養權利人，如父母、配偶、兄弟、姊妹等是。此等之人，如被害人之死亡，致喪失扶養權利時，得向加害人，請求損害賠償。

⑶被害人之父母子女及配偶　不法侵害他人致死者，被害人之父母子女及配偶，雖非財產上之損害，亦得請求賠償相當之金額（第一九四條）。此為非財產上損害賠償之一種，僅限於被害人之父母子女及配偶，始得請求。此種請求權，因法律之特別規定，獨立取得損害賠償請求權，並非因被害人生命權被侵害而對

被害人為賠償，故不得讓與或繼承（第一九五條二項參照）。

㈡**損害賠償之範圍及方法**

1. **一般規定** 損害賠償，以補償財產上之損害為原則（第二一六條參照）。在侵權行為，其損害賠償之範圍，亦適用損害賠償之債之規定（第二一三條至第二一八條）。

2. **特別規定** 除一般規定外，法律另有特別規定，情形如左：

⑴原則 損害賠償，除法律另有規定，或契約另有訂定外，應回復他方損害發生前之原狀（第二一三條）。若不能回復原狀，或回復顯有重大困難者，則應以金錢賠償其損害（第二一五條）。可知損害賠償之方法，以回復原狀為原則，金錢賠償為例外。

⑵例外 依法律之特別規定，大別為四：①不法侵害他人之身體、健康、名譽、自由、信用、隱私、貞操或不法侵害其他人格法益而情節重大者，被害人雖非財產上之損害，亦得請求賠償相當之金額。其名譽被侵害者，並得請求為回復名譽之適當處分（第一九五條一項）。②不法侵害他人之身體或健康者，對於被害人因此喪失或減少勞動能力，或增加生活上之需要時，應負損害賠償責任（第一九三條一項）。此項損害賠償，法院得因當事人之聲請，定為支付定期金，但須命加害人提出擔保（同條二項），以確保將來之履行。③第一九五條第一、二項之規定，於不法侵害他人基於父、母、子、女或配偶關係之身分法益而情節重大者，準用之（第一九五條三項）。④不法毀損他人之物者，被害人得請求賠償其物因毀損所減少之價額（第一九六條）。

㈢**損害賠償請求權之特點**

1. **讓與**　損害賠償請求權，能否讓與或繼承，依其所受損害之種類而異：①財產上之損害，以所侵害之財產權，不必專屬被害人本身，故得為讓與或繼承。②非財產上之損害，以所侵害為身體、健康、名譽、自由、信用、隱私、貞操或不法侵害其他人格等法益，專屬於被害人本身，與有不可分離之關係，自不得讓與或繼承（第一九五條二項）。但以金額賠償之請求權，已依契約承諾或已起訴者，不在此限（同條項但書）。蓋以雖非財產之損害賠償請求權，而已因當事人間之契約，或將因法院之判決，變為純粹金錢關係之債權，故不問其發生原因如何，均使得為讓與或繼承也。

2. **抵銷**　因故意侵權行為而負擔之債務，其債務人不得主張抵銷（第三三九條）。蓋因故意侵權行為而負擔之債，若許債務人主張抵銷，則加害人對於被害人有債權時，必以抵銷之意思而為侵權行為，其結果即與誘致侵權行為無異，故禁止抵銷。惟因過失侵權行為而負擔之債，仍許其債務人主張抵銷者，以過失之加害人，決非以抵銷之意思而為侵權行為，雖予以抵銷權，亦不生誘致侵權行為之結果。

3. **時效**　因侵權行為所生之損害賠償請求權，雖係第一二五條所謂請求權之一種，但民法以原因事實之有無，損害額數之多寡，越時過久，難以證明，且被害人明知受有損害，而久置不理，亦毋庸保護，故設短期消滅時效，務使此種法律關係從速確定。是以因侵權行為所生之損害賠償請求權，自請求權人知有損害及賠償義務人時起，二年間不行使而消滅。自有侵權行為時起逾十年者，亦同（第一九七條一項）。此之所謂知有損害及賠償義務人之「知」，係指明知而言，其因過失而不知者，並不包括在內（七二臺上一四二八）。此外，關於侵權行為損害賠償請求權之消滅時效，應以請求權人實際知悉損害及賠償義務人時起算，非以知悉賠償義務人因侵權行為所構成之犯罪行為經檢察官起訴，或法院判決有罪為準（七二臺上七三八）。

損害賠償之義務人，因侵權行為受利益，致被害人受損害者，於前項時效完成後，仍應依關於不當得利之規定，返還其所受之利益於被害人（第一九七條二項）。在此情形，被害人有損害賠償請求權與不當得利請求權，兩者併存，而不相妨，是為請求權之競合。請求權競合時，若一請求權因目的達到而消滅，他請求權固隨之消滅；但一請求權因時效而消滅時，他請求權仍應存在。職是之故，此項損害賠償請求權，雖因時效而消滅，而其不當得利返還請求權，至第一二五條之消滅時效完成前，仍得行使之。

因侵權行為對於被害人取得債權者，被害人對該債權之廢止請求權，雖因時效而消滅，仍得拒絕履行（第一九八條）。例如詐欺或脅迫被害人，因而取得債權。在此情形，被害人須行使撤銷權，以廢止該債權，始不受法律上拘束（第九二條）。若被害人之此項廢止請求權，已因時效而消滅，則無以免除拘束，無異獎勵不法，違反正義，故規定仍得拒絕履行。所謂「廢止請求權」，與第九三條之「撤銷權」不同，前者為債權，其得行使之期間，為消滅時效之期間；後者為形成權，其得行使之期間，為除斥期間。故如被害人因詐欺或脅迫而為負擔債務之意思表示者，即成侵權行為之被害人，該被害人得於第九三條所定之期間內，撤銷其意思表示，使其債務歸於消滅。但被害人於其撤銷權因經過此項期間而消滅後，仍得於第一九七條第一項所定時效未完成前，本於侵權行為之損害賠償請求權，請求廢止加害人之債權，即在此項時效完成後，依第一九八條之規定，仍得拒絕履行（二八上一二八二）。

第三章　債之標的

債之標的，即債務人基於債之關係所應為之行為。蓋債之關係，為債權人向債務人請求行為之法律關係，凡基於債之關係，債權人所得請求，而債務人所應實行者，均為債務人之行為，稱此為給付，債務人應給付之物，即係給付物。故債權人基於債之關係，得向債務人請求給付（第一九九條一項）。是於契約成立後，債務人有依契約內容而為履行之義務，縱其契約標的為給付不能，不免罹於無效，而對於非因過失信其契約為有效，致受損害之他方當事人，仍負賠償責任（五二臺上五一一八）。

債之標的，固為債務人之行為，然非一切行為，均可有效成立債權，必須具備可能、適法、確定之要件，始得認為有效，此外在給付上，無須有財產價格（第一九九條二項）。蓋人類生活，常有享受無形之利益，例如教師之講演，醫師之診療等項，雖無交易上之金錢價格，而法律上認得為債之標的，故給付自不能以有財產價格者為限。

又債之標的，不以作為為限，即不作為亦得為給付（第一九九條三項），學理上謂之消極給付。不作為之給付，情形有二：①單純之不作為，如在同一地域不營同業，不於鄰地建築高樓等是。②容許，即聽許債權人為某種行為，不加妨害，如出租人為保存租賃物之必要行為時，承租人不得加以妨害是。

第一節　種類之債

一、種類之債之性質

種類之債者，以給付某種類之物為標的之債也。例如給付黃豆千斤，或大豆百包是。此種債權發生之初，其給付物，僅以種類指示，並未具體的指定。論其性質，大別有二：①須以種類之名稱指示其給付物。②須以種類中一定數量抽象的指示其給付物。故種類之債之給付物，雖非自始確定，但有得確定之狀態，是以自始發生效力。

種類之債，其給付標的一經特定，即變為特定之債。但所謂特定，不過將不特定給付物，變為特定給付物，使債務人負擔交付特定給付物之債務而已。故種類之債與特定之債，應區別之：

種類之債	特定之債
①以某種類之物為給付之標的。	①乃具體指定之給付，不得以同一種類之他物代替之。
②不因事變而免責。	②因事變給付不能而免責。
③於給付時得變更給付物。	③原則上不能變更給付標的。
④原則上無給付不能情形。	④發生給付不能之問題。
⑤發生特定之問題。	⑤其標的本已確定，無須特定。

二、種類之債數量品質之確定

種類之債，係以種類指示，而非具體的指定某物，如欲具體的確定其實行給付之物，必先確定應給付之物數量品質。其確定之方法有二：①數量之確定，此非於債之發生時，即須確定，祇須得以確定為已足。②品質之確定，其確定之方法，應依法律行為之性質，或當事人之意思定之，如不能依此方法定其品質時，債務人應給以中等品質之物（第二〇〇條一項）。蓋以如斯規定，最合乎交易信用，及當事人之意思也。

三、種類之債之特定

債之成立，雖得以某種類之物為給付之標的，惟於給付之時，必須特定。故履行種類債務，應將給付物具體的確定之。

(一)特定之方法

1. **債務人交付其物之必要行為完結時**　在此情形，其物即為特定給付物（第二〇〇條二項前段）。其交付必要行為，如何始為完結，則依各種債權之內容，頗不一致，尤應著眼其清償地而決定之：①以債權人之住所地為清償地之債務（第三一四條二款），必於清償地實行提出給付，始為完結。但債權人預示拒絕受領之意思者，則以準備給付之情事通知債權人為已足（第二三五條但書）。②以債務人之住所地為清償地之債務，或其他需債權人之行為，始得給付之債務，祇須以準備給付之情事通知債權人，其交付之必要行為，即為完結。③依債權人之請求，將標的物送交清償地以外之處所，而無送交之義務者，則以發送其物之時，為必要行為之完結（第三七四條）。如有送交義務者，則以實行提出給付，始為完結。

2. **經債權人同意指定其應交付之物時**　在此情形，由債務人一方指定其應交付之物，經債權人同意後，即為特定。此項特定方法，乃形成權之一種，並非雙方之契約，惟以債權人之同意，為有效之條件。其指定應以意思表示為之，使因指定權之行使，而生特定。

㈡**特定之效力**

種類之債，其給付物特定時，即變為特定之債，嗣後效力，與特定之債無異，分別述之：

1. **保存義務**　債務人於其未交付以前，應以善良管理人之注意保存其物，欠缺此項注意，即為過失。如給付物因此滅失毀損時，債務人應負損害賠償責任（第二二〇條一項參照）。

2. **給付不能之免責**　在給付物特定以前，本為種類債權，其給付物縱因事變滅失毀損，債務人仍不得免給付義務。但一經特定，則為特定之債，其物因事變滅失毀損，以致給付不能時，債務人免其給付義務，無須給付同種類之他物（第二二五條一項參照）。

3. **危險負擔**　種類之債，雖由不特定變為特定，但因給付標的物之所有權尚未移轉，故其危險仍由債務人負擔。例如買賣應交貨物特定後，因洪水火災之事由滅失，出賣人向買受人，仍不得請求貨價是。但有例外：①債權人請求將標的物送交清償地以外之處所者，其特定後，危險負擔移轉於債權人（第三七四條參照），蓋將物之標的交付運送承攬人，可認為物之所有權已經移轉故也。②標的物經特定後，債權人如有受領遲延情事，自債權人遲延時起，危險負擔移轉於債權人（第二六七條參照）。蓋以債權人若早予受領，或不致發生此項損害，故債權人應負其責任。

4. **不能變更給付標的**　種類之債，其給付物既經特定，嗣後自應給付特定之物，原則上不得變更。惟如此項變更，於債權人並無不利時，不妨許其變更，否則債權人有違誠信原則，法所不許（第二一九條）。

第二節　貨幣之債

以給付一定數額之貨幣，為債之標的者，為貨幣之債。雖非以貨幣給付為標的之債，但至給付不能而變為損害賠償時，亦成為貨幣之債。

凡以特種通用貨幣之給付，為債之標的者，如其貨幣至給付期失通用效力時，應給以他種通用貨幣（第二〇一條）。所謂特種通用貨幣，乃以特定種類之標的，為其給付標的，如該特種貨幣至給付期喪失通用效力時，應給以他種通用貨幣，債務人不得以給付不能為理由，免其給付義務。至以外國通用貨幣定給付額者，債務人得按給付時給付地之市價，以中華民國通用貨幣給付之，但訂明應以外國通用貨幣為給付者，不在此限（第二〇二條）。

第三節　利息之債

以利息為給付標的之債，為利息之債。利息云者，乃原本債權孳生之所得，應以對於原本債權之一定比例，按存續期間之長短，而支付之金錢或其他代替物。故利息之發生，以有原本債權為前提，無原本即無利息。

利息之債，因從屬於原本，論其特質，大別為二：

(一)**從屬性**　利息之債，乃從屬於原本之債之從權利，自應與原本之債，共其運命。因而①原本之債，自始不成立時，利息之債，無從發生。②原本之債，發生無效、撤銷或消滅事由時，利息之債同歸消滅。③原本債權轉讓時，未支付之利息，推定其隨同原本移轉（第二九五條）。

㈢**獨立性**　利息之債，雖從屬於原本之債，但兩者究屬各別之債，並非合而為一，故亦獨立發生法律上之變動。因之①利息債權，得單獨讓與，其效力不及於原本債權。②利息債權，得儘先清償（第三二三條參照）。③已生之利息債權，雖原本債權歸於消滅，仍不妨獨立存在。④利息債權與原本債權之請求權，各因不同之時效而消滅（第一二五條，第一二六條）。

利息之債之發生，固由原本之債而來，但原本之債未必皆有利息。其有利息者，如由於法律行為者，即為約定利息；若係法律規定者，即為法定利息。至利息之計算，概以利率為準據，分別述之：

㈠**約定利率**　係以法律行為所定之利率，法律設有下列限制：①約定利率逾週年百分之十二，經一年後，債務人得隨時清償原本，但須於一個月前預告債權人（第二〇四條一項），以解除債務人之拘束。所定隨時清償原本之權利，惟債務人有之，如債務人就其債務設定抵押權後，復將抵押物讓與他人，該他人無此權利（三三上三一一八）。此項清償之權利，具有強制性，不得以契約除去或限制之（同條二項）。②約定利率，超過週年百分之二十者，債權人對於超過部分之利息，無請求權（第二〇五條）。此項規定，無論對於何種約定利息，均有適用。③債權人除前條限定之利息外，不得以折扣或其他方法巧取利益（第二〇六條），是為巧取利益之禁止規定。

㈡**法定利率**　係由法律規定之利率，民法對此設有規定：應付利息之債務，其利率未經約定，亦無法律可據者，週年利率為百分之五（第二〇三條），是利率如有約定，從其約定，否則應從法律之規定，例如遲延利息之利率是。

利息不得滾入原本，再生利息（第二〇七條一項）。但當事人以書面約定，利息遲付逾一年後，經催告而不償還時，債權人得將遲付之利息，滾入原本者，依其約定（同條一項但書）。惟此項規定，如商業上另有習慣者，不適用之（同條二項）。

第四節　選擇之債

一、選擇之債之性質

選擇之債者，乃於數宗給付中選定一宗給付，為其標的之債也。在未履行選擇權以前，債之內容雖為數宗給付，而其標的則為一個，須俟選擇後，債之標的始歸確定。例如約定給付房屋一棟或土地一塊是。故選擇之債成立之初，原以數宗給付之擇一履行為標的，嗣後履行其債權，必經由選擇，以定其履行之給付。

選擇之債與種類之債，皆以不特定給付為其標的，其成立之初，給付均不確定，兩者固屬相同，但有差異：

選擇之債	種類之債
①指示選擇範圍，俾得擇一行使，所指示必須個別預定。	①指示種類範圍，俾得確定其給付物，所指示並不個別預定。
②注重於各宗給付之個性。	②注重於給付之種類。

③因債權人債務人或第三人選擇之意思表示而生特定，亦可因給付不能而特定。	③不因選擇之意思表示而生特定，更不能因給付不能而特定。
④特定之效力，溯及既往。	④特定之效力，無溯及力。
⑤數宗給付，原則上應為各個之物。	⑤給付物，必須為同種類之物。

二、選擇之債之特定

由數宗給付中，確定一宗給付，即為選擇之債之特定。一經特定，變為單純之債，可得履行。至特定之方法有三：

1. **契約**　選擇之債得依契約而特定，事屬當然。

2. **選擇**　於數宗給付中，選定應履行之給付之意思表示，即為給付之選擇。分別言之：

(1)選擇權之性質　選擇權者，得為選擇之給付之意思表示之權利，為形成權之一種。蓋以權利人一方之意思表示，即發生由選擇之債變為單純之債之變更的效力故也。且選擇權與選擇之債，有不可分離之關係，當然受同一處分，良以選擇為選擇之債不可缺之要件。再選擇權非專屬之權利，故得為繼承或債務之承擔而移轉於特定繼受人，但第三人有選擇權時，如注重其知識人格，則選擇權不因第三人之死亡而移轉於繼承人，此際當事人如別無約定，依第二一〇條第三項之規定，選擇權屬於債務人。

(2)選擇權人　有選擇權者，究為何人，情形有二：①由法律規定發生者，依其規定。例如買賣因物有瑕疵，而出賣人負擔保責任者，買受人得解除其契約或請求減少價金（第三五九條）。②由法律行為發生者，依其訂定。例如契約訂明為債權人、債務人或第三人均可。惟法律並無規定，或契約別無約定時，其選擇權屬於債務人（第二〇八條）。蓋債務人之給付內容不確定時，其不確定通常係為債務人之利益，且選擇為履行之前提，由債務人為之，亦與當事人之意思相符，故選擇權應以屬於債務人為原則也。惟在雙務契約，如僅一方之債權為選擇之債時，其債務人有選擇權。例如買賣價金已定，標的物依選擇而定時，出賣人有選擇權。若雙方之債權均為選擇之債時，雙方各就自己之債務，得為選擇。但對立之給付，二宗以上互在選擇之關係時，例如約定買賣萬元黃豆或千元罐頭，則任何一方選定自己之給付，同時亦得選擇他方之給付，是以第二〇八條之規定，不能適用。此際應解釋當事人之意思，以定選擇權人。如不能決定，則欲請求給付時，祇可使相對人選擇之。

⑶選擇權之行使　債權人或債務人有選擇權者，應向他方當事人以意思表示為之（第二〇九條一項）。選擇權屬於第三人時，應向債權人及債務人以意思表示行使之（同條二項）。此項意思表示，為單獨行為，不必經他方當事人之同意。且選擇之意思表示，不得附以條件或期限，蓋以附有條件或期限，不能變為單純之債，仍屬不確定故也。又選擇之意思表示一經生效，債之標的即歸確定，自不得撤銷或變更。

⑷選擇權之移轉　選擇權既為權利，如選擇權人不行使選擇權時，自不得強制為之，然若不選擇，則債務人無從履行，法律關係，久懸不定，對於相對人頗為不利。故法律設有左列規定：

①債權人或債務人有選擇權時　因選擇權有無行使期間而異：a.定有行使期間者，如於該期間內不行使時，其選擇權移屬於他方當事人（第二一〇條一項）。b.未定行使期間者，債權至清償期時，無選擇權之當事人，得定相當期限，催告他方當事人行使其選擇權，如他方當事人不於所定期限內行使選擇權者，

其選擇權移屬於為催告之當事人（同條二項）。即具備清償屆期、催告及催告期內不行使三項要件時，選擇權人喪失權利，移由他方取得。

②第三人有選擇權時　第三人僅有選擇之權利而無其義務，自不得強制為之，若不選擇，當事人之法律關係，即在不定地位，故由第三人為選擇者，如第三人不能或不欲選擇時，選擇權移屬於債務人（第二一〇條三項）。所以移屬於債務人者，蓋以給付之內容，應視為債務人之利益也。

3. **給付不能**　數宗給付中，有自始不能或嗣後不能給付者，債之關係僅存於餘存之給付（第二一一條）。蓋選擇之債之各宗給付，本互為補充，如數宗給付皆屬不能，則無本條之適用。尚餘存二宗以上可能給付時，選擇之債之範圍，不過為之縮短，如僅餘一宗可能給付時，則選擇之債即變為單純之債，而生特定。分別言之：

⑴自始不能　數宗給付中之一宗自始不能時，債之關係僅存於餘存之給付（第二一一條）。若選擇之債發生當時，其數宗給付，均屬不能時，其選擇之債全然不能發生。

⑵嗣後不能　情形有三：

①因不可歸責於雙方當事人之事由，以致不能給付時，在此情形，債之關係，存在於餘存之給付（第二一一條）。

②因可歸責於有選擇權人之事由，以致不能給付時　其情形又有二種：a.債權人為選擇權人，並因其過失，以致不能給付時，債務人關於不能給付，固可據侵權行為，向加害之債權人，請求損害賠償。但仍應就餘存之可能給付，履行其債務。b.債務人為選擇權人，並因其過失，以致不能給付時，債務人亦僅

應就餘存之可能給付，履行其債務。故債權人不得就不能之給付，請求損害賠償；債務人亦不得選擇不能之給付賠償損害，以免其餘存給付之義務。

③因可歸責於無選擇權人之事由，以致不能給付時　第二一一條但書規定：「但其不能之事由，應由無選擇權之當事人負責者，不在此限。」所稱不在此限者，即選擇權人並不因可歸責於無選擇權人之事由致給付不能時，而喪失其選擇權也。蓋其不能給付，乃出於無選擇權人之侵權行為，選擇權，自不因此喪失，故選擇權人仍得行使其選擇權，並不因不能給付而生特定。情形有二：a.債務人有選擇權時，因債權人之過失，以致不能給付，則債務人得選擇不能給付，以免給付義務（第二二五條參照），或選擇餘存之可能給付，以履行其債務。b.債權人有選擇權時，因債務人之過失，以致給付不能，則債權人得選擇不能給付，據以向債務人請求損害賠償（第二二六條參照），或選擇餘存之可能給付，請求履行。

三、選擇之效力

(一)選擇之債經選擇之後，即變為單純之債。但選擇之結果，非必變為特定之債，若選定之給付，係以種類指示者，尚須依第二〇〇條之規定，再行特定。

(二)選擇之效力，溯及於債之發生時（第二一二條）。即視為債權自其發生時起，與自始成立以選定之給付為惟一標的之單純之債無異。考其理由，在使選擇權人於第二一一條但書情形，仍得選擇不能之給付故也。若選擇之效力僅向將來發生，則選擇時已屬客觀的不能之給付，即不得選擇之。因客觀的不能之給付，不得為債之標的之故。

四、任意之債

任意之債，乃債務人或債權人得以他種給付，代替原定給付之債也。此項代替之權利，乃形成權之一種，蓋由當事人一方，即得以他種給付替代故也。任意之債依代物清償之所屬，大別為二：①債務人之任意之債，例如原定給付房屋一棟，而債務人得給付萬元，以代替免責是。②債權人之任意之債，例如原定給付房屋一棟，而債權人得請求給付萬元，以代替原定給付是。

實務認為：選擇之債，謂於數宗給付中，得選擇其一以為給付之債，任意之債，謂債務人或債權人得以他種給付代替原定給付之債。選擇之債，在特定前，數宗給付處於同等地位以待選擇，非予特定，債務人不能為給付，債權人亦不能請求特定之給付，任意之債，其給付物為特定，代替給付僅居於補充地位而已，故債務人有代替權時，債權人祇得請求原定之給付，債權人有代替權時，債務人應為原定之給付。選擇權之行使，以意思表示為之，即生效力，代替權之行使，則為要物行為，代替之意思雖已表示，若未同時提出代替物，其債之標的仍為原定給付（七八臺上一七五三）。

任意之債與選擇之債，頗相類似：

⑴同點：

①任意之債之代替，與選擇之債之選擇，同屬意思表示。

⑵異點：

②任意之債於給付當初雖確定，但事後有代替可能，選擇之債於給付當初即不確定。

任意之債	選擇之債
①給付標的，自始即屬確定，不過附以他種給付代替之權利。	①以數宗給付之擇一行使為標的，在未選擇以前，給付尚未確定。
②其給付於債之發生當初即已特定。	②得依選擇而生特定。
③標的為單一給付，僅附有補充給付以代替之。	③各宗給付，處於平等地位，未給付前，給付之標的，不能特定。
④任意之債，其本來給付自始不能，或嗣後不能時，債權歸於消滅。	④一宗給付不能而他宗給付可能時，債之關係，仍存於餘存之可能給付。
⑤代替權之行使，屬於要物行為，非同時提出代替物，其債之標的仍為原定之給付。	⑤選擇權之行使，以意思表示為之，即生效力。

第五節　損害賠償之債

回復或填補他人所受之損害，謂之損害賠償。其以賠償損害為標的之債，則為損害賠償之債。此種之債，自權利方面言之，稱為損害賠償債權；自義務方面言之，稱為損害賠償責任。其發生之原因，大別為二：①法律行為，即依契約而負損害賠償責任者，如保險契約、擔保契約是。凡出於契約者，其成立要件、賠償方法及賠償範圍等項，均依契約所定。②法律規定，即法律據其事實，使負損害賠償責任者，如侵權行為、債務不履行、公用徵收是。

一、損害賠償之債之要件

㈠**損害之發生**　無損害則無賠償，此為損害賠償之原則。故損害之發生，為損害賠償請求之要件。

㈡**責任原因之事實**　法律上須定有所以負責之原因事實，始負賠償責任，此種法律上之原因，謂之責任原因。例如基於侵權行為之損害賠償，須有侵權行為之事實是。

㈢**因果關係**　所生損害與其原因事實之間，須有原因結果之關係。故損害須為責任原因事實所生之結果，賠償義務人，始負責任，否則縱有損害，亦不負責。至因果關係之標準如何，通說均採相當因果關係說，即在相當因果關係範圍內之損害，始負賠償之責。

㈣**須賠償義務人有過失**　損害賠償責任之成立，原則上以有過失為要件。惟在債務不履行，除有過失者外，亦不乏就不可抗力或事變負責之情形。其由契約發生者，則契約別有訂定外，賠償義務人須有過失。

二、損害賠償之方法

民法規定損害賠償之方法，以回復原狀為原則，金錢賠償為例外。分別述之：

㈠**原則**　負損害賠償責任者，除法律另有規定或契約另有訂定外，應回復他方損害發生前之原狀（第二一三條一項）。若因回復原狀而應給付金錢者，自損害發生時起，加給利息（同條二項）。例如奪取者為金錢，則應返還金錢，並加給利息，以資補償。本條第一項情形，債權人得請求支付回復原狀所必要之費用，以代回復原狀（第二一三條三項）。

㈡**例外**　左列情形，應以金錢賠償之：

1. **法律另有規定** 法律上另定損害賠償之方法者，依其規定（第二一三條一項）。例如侵害人格權、生命權、勞動能力者，規定賠償相當之金額是（第一九二條至第一九五條）。

2. **當事人訂有特約者** 當事人間以特約另訂以金錢賠償時，依其特約（第二一三條一項）。蓋回復原狀之規定，並非強行法規，例如違約金之約定是（第二五〇條）。

3. **回復原狀遲延者** 應回復原狀者，如經債權人定相當期限催告後，逾期不為回復時，債權人得請求以金錢賠償其損害（第二一四條）。蓋以回復原狀，不易強制執行，且逾期之回復原狀，於債權人無益也。

4. **回復不能或困難者** 不能回復原狀或回復顯有困難者，應以金錢賠償其損害（第二一五條）。例如給付不能、負擔費用過鉅等情形，不得強人所不能，故為公平計，應以金錢賠償其損害。

三、損害賠償之範圍

損害賠償之範圍，除法律另有規定，或契約另有訂定外（第二一六條一項前段），須由法院依一般標準決之。茲就法定及約定賠償範圍，分別說明：

㈠法定賠償之範圍

損害賠償之目的，在回復被害人損害發生前之原狀，故在相當因果關係範圍內，由責任原因所生之一切損害，無論積極的或消極的，均應賠償。是其範圍應以填補債權人所受損害及所失利益為限（第二一六條一項後段）。所謂所受損害，為現實所受損害；所謂所失利益，乃妨害利益之增加。凡依通常情形，或依已定之計劃設備或其他特殊情事，可得預期之利益，視為所失利益（第二一六條二項）。例如工廠照常工作，可收取日常利益，如承包修理機械之人，逾期修理，以致停工，則喪失日常利益，是為依通常情形可得預期之利益。又如米廠收購稻穀，可認為轉賣得利，出賣人未按期交貨，致喪失轉賣得利之利益，是為依已定計劃可得預期之利益。

左列情形，於法定賠償範圍中，應斟酌之：

1. **損益相抵**　被害人因損害賠償請求權之同一原因事實，受有利益時，應自所受損害，扣除所得利益，以酌定損害賠償範圍，是為損益相抵。例如交牛遲延，固有遲延損害，但在買受人，亦因遲延而受節省飼料之利益是。第二一六條之一規定：「基於同一原因事實受有損害並受有利益者，其請求之賠償金額，應扣除所受之利益」，係以第二一六條第一項規定，損害賠償既以填補債權人所受損害及所失利益為限，則損害賠償之債權人，基於與受損害之同一原因事實，受有利益，自應於所受之損害內，扣除所受之利益，以為實際之賠償額。此損益相抵之原則，於損害與利益，係基於同一原因事實而生者，即可適用（八五臺上一一二七）。

2. **過失相抵**　損害之發生或擴大，被害人與有過失者，法院得減輕賠償金額或免除之（第二一七條一項）。例如寄託物因有過失，於寄託物之危險性質，未予告知，而倉庫營業人，於保管方法，亦欠缺注意，以致寄託物起火燒燬。在此情形，被害人本得防止損害，而不採應有之手段，則自己之過失，亦為損害發生或擴大之共同原因，故須自任其責。重大之損害原因，為債務人所不及知，而被害人不預促其注意或怠於避免或減少損害者，為與有過失（第二一七條二項）。蓋此情形，可認為被害人之不作為所致也。至雙方互毆乃雙方互為侵權行為，與雙方行為為損害之共同原因者有別，自無第二一七條過失相抵原則之適用（六八臺上九六七，七〇臺上二九〇五）。實務上之見解，認為第二二四條於過失相抵之情形，被害人應有其類推適用，即第二一七條第一項及第二項關於被害人之代理人或使用人之過失，應視同被害人之過失，方得其平（第二一七條三項）。

3.**義務人之生計關係**　損害非因故意或重大過失所致者，如其賠償致賠償義務人之生計，有重大影響時，法院得減輕其賠償金額（第二一八條）。蓋其損害既非故意或重大過失所致，情節不無可原，而因賠償致賠償義務人之生計有重大影響時，其境況尤屬可憫也。

㈡**約定賠償之範圍**　即依當事人之意思而定之賠償範圍，例如違約金之約定，視為因債務不履行而生損害之賠償總額（第二五〇條二項）。蓋當事人為避免賠償算定之困難，及訴訟之拖累，於債務人不履行債務時，無論所生損害之多寡，均得支付約定賠償。

四、賠償代位

損害賠償請求權人，關於其物或權利之喪失或損害，負賠償責任之人得向損害賠償請求權人，請求讓與基於其物之所有權，或基於其權利對於第三人之請求權（第二一八條之一第一項）。此項讓與之請求，謂之賠償義務人之讓與請求權。蓋損害賠償之目的，僅在填補損害，不許更受利益，若賠償權利人，關於物或權利之損害，已受全部賠償，而仍享有其物或權利，即受二重之利益，顯與損害賠償之本旨不符也。

讓與請求權之成立，須具左列要件：

㈠**須有關於物或權利之喪失或損害**　情形有四：①物之喪失，指被第三人侵奪致喪失占有而言。例如受寄人因過失致其寄託物被盜是。②物之損害，指第三人故意或過失致物全滅或毀損而言。例如借用人因過失致其借用物被毀是。③權利之喪失，指喪失其權利行使之要件而言。例如財產管理人因過失而遺失保管之票據是。④權利之損害，指減損其權利之價值而言。例如受任人索取債務，因怠於收取，使債務人已變為無支付能力是。

(二)須因關於物或權利之喪失或損害，對於權利人而負賠償責任。

(三)須賠償義務人已賠償物或權利之全部價額。

具備以上要件時，賠償義務人得向賠償權利人，請求讓與基於其物所有權之請求權，或基於其對第三人權利之請求權。此項讓與請求權，應與損害賠償請求權同時發生，故賠償義務人被訴請賠償時，得提出同時履行之抗辯，因此，第二六四條之規定，於前項情形準用之（第二一八條之一第二項）。

第四章 債之效力

債之效力者，實現債的內容之作用也。債權人對於債務人有給付請求權，債務人對於債權人有給付義務，乃債之主要效力。茲就債之通常效力，分別述之。

第一節 給 付

一、給付之方法

債權人為實現其請求給付，而行使債權；或債務人為實現其應為給付，而履行債務時，應依誠實及信用之方法（第二四八條二項參照）。何謂誠實信用？即斟酌各該事件之特別情形，考量雙方當事人彼此利益，務使在交易上公平妥當，是為誠實信用之原則。例如房屋出租人，於應行收回房屋時，適值承租人家有重病患者，勢難遷移，而仍主張必須如期收回，則為違反誠信原則，不得謂為妥當。

二、故意或過失

(一)故 意

故意者，知自己之行為，可生一定結果，並有意使其發生或許其發生之心理狀態也。凡債務人就其故意之行為，應負責任（第二二〇條一項）。蓋債務人既負擔債務，自無許其故意為違反債務之行為。是以故意責任，不得預先免除（第二二二條），否則無效（第七一條，第七二條）。

㈡過失

過失者，可預見結果之發生，因欠缺注意而不預見，或雖預見而確信其不發生之心理狀態也。是過失乃欠缺注意，而債務人應盡之義務，依各種債的關係之性質，異其程度。其欠缺注意之過失，大別為三：

1. **抽象的過失** 即謂欠缺善良管理人之注意，並不以自己之注意能力為標準，通常債務人以負抽象的過失為原則。例如承租人保管租賃物之責任（第四三二條一項），借用人保管借用物之責任（第四六八條一項），有償受任人之責任（第五三五條後段），有償受寄人之責任（第五九〇條），質權人保管質物之責任（第八八八條）等是。

2. **具體的過失** 即謂欠缺與處理自己事務為同一之注意，乃以債務人本身之注意力為標準，故其注意程度，係具體的定之。例如無償受任人之責任（第五三五條前段），無償受寄人之責任（第四九〇條前段），合夥人履行合夥契約之責任（第六七二條），監護人管理受監護人財產之責任（第一一〇〇條）等是。

3. **重大過失** 即謂顯然欠缺普通人之注意，如何謂有重大過失，應按各該情形定之。例如無因管理人對於急迫危害之賠償責任（第一七五條），承租人之失火責任（第四三四條）等是。

債務人就其過失之行為，應負責任（第二二〇條）。其注意義務之程度與責任之輕重，分為三種：①抽象的過失，注意之程度高，故債務人之責任重。②具體的過失，注意之程度較低，故債務人之責任較輕。③重大過失，注意之程度最低，故債務人之責任最輕。因之，債務人就具體的過失負責時，則就重大過失，更應負責。故應與處理自己事務，為同一之注意者，如有重大過失，仍應負責（第二二三條）。且重大過失之責任，不得預先免除（第二二二條），蓋與債務人之履行義務，適相牴觸，並有背強行法規及公序良俗故也。

過失之責任，依事件之特性而有輕重，如其事件非予債務人以利益者，應從輕酌定（第二二〇條二項）。所謂事件之特性，即依該事件之性質，分別酌定責任之輕重。大體言之：①僅債務人自己一方受利益時，應就抽象的過失，負其責任，例如承租人對於租賃物之保管是（第四三二條一項）。②他方受利益，而自己亦受利益時，須就具體的過失，負其責任，例如合夥人之注意義務是（第六七二條）。③僅他方受利益，而債務人自己不受利益時，僅就故意或重大過失，負其責任，例如贈與人之責任是（第四一〇條）。

㈢事　變

事變者，非由於債務人之故意或過失所生之事實也。即債務人雖無故意過失，仍生債務不履行結果之事實。例如天災、地變、戰亂、瘟疫等是。事變得分為二，通常之事變及不可抗力是已。通常事變係由債務人業務範圍內之事由，或第三人之行為所致。例如旅店、飲食店、浴堂主人，對於客人攜帶物品之喪失毀損（第六〇六條一項，第六〇七條），運送人對於運送物之喪失毀損或遲到（第六三四條），旅客運送人對於旅客因運送所受之傷害與運送之遲延（第六五四條），縱令自己無過失，仍應就通常事變負其責任。至不可抗力，係由於外界之力量，非人力所得抵抗。例如債務人在遲延中對於因不可抗力而生之損害（第二三一條二項），質權人對於因轉質所受不可抗力之損失，應負之責任（第八九一條）。在此情形，對於不可抗力所生債務不履行之結果，仍應負責。

㈣債務人之責任能力

故意或過失之成立，以有意思能力為前提。而意思能力，即識別能力，此與一般侵權行為成立要件之故意或過失無異。故債務人為無行為能力人或限制行為能力人時，應依第一八七條之規定，定其責任（第二二一條）。即以行為時有識別能力為限，就故意或過失負其責任。如行為時無識別能力，則其行為不過為一種事變，不負何等責任。

㈤履行輔助人之故意過失

債務人之代理人或使用人，關於債之履行有故意或過失時，債務人應與自己之故意或過失，負同一之責任（第二二四條），本條所謂代理人，應包括法定代理人在內（七三臺上二二〇一）。蓋債務人既因自己之利益而使用他人，則對其過失，自應負責，用以保護交易之安全，故債務人履行債務，如使用他人輔助時，縱令自己並無過失，而對其使用人之過失，仍應負責。其須具備左列要件：

1. **債務人須因履行債務而使用他人**　所謂使用他人，謂基於債務人之意思而輔助債務履行之人。情形有二：①以債務人之代理人（含法定代理人及意定代理人）而履行債務者。②債務人自己履行債務時，予以協助者。故凡履行債務之輔助行為，而基於債務人之意思，不問有無委任關係，均有適用，例如託友人送還借用書籍，即屬履行債務之輔助行為。

2. 使用人須關於債務履行因有過失，對於債權人加以損害　如債權人雖有損害，而使用人並無過失；或雖有過失，而與債務履行無關，均無此適用。例如西服店主人之使用人，因過失燒燬承做之衣服，即有過失。

3. **債務人須無過失**　因使用人之行為，致債權人受損時，若出於債務人之過失，則應自負其責。所謂出於債務人之過失，大別為二：①債務人用人不當，監督不周者。②法律規定或特約禁止使用他人履行債務，而債務人違背之者。

債務人履行債務，使用他人時，對於使用人之過失，固負其責，但當事人另有訂定時，不適用之（第二二四條但書）。故債務人就代理人或使用人之故意或重大過失所負責任，仍得預先免除。

債務人對於使用人之責任（第二二四條），與僱用人對於受僱人之責任（第一八八條），不可混同：①前者以原有債的關係為前提，債務人之使用人，須關於債務履行，因有過失，對於債務人加以損害；後者則係受僱人一般的對於第三人，加以損害。②前者係因使用人之過失，發生債務不履行，以致債權人受損；後者則因受僱人之侵權行為，以致他人受損。③前者使用他人之債務人，並無過失；後者之僱用人，則以無過失而免責。故第一八八條之規定，於第二二四條之情形，不得適用。

(六)給付不能

給付不能者，不能實現給付之內容也。給付不能，不僅指物理上或論理上不能者而言，即依社會一般觀念可認為不能時，亦包含之。例如音樂家與人約定日期演奏，屆期父病垂危，不能履約，亦認為不能。此之所謂給付不能，指債之發生後所生之給付（嗣後不能）而言，至於債之發生當時即屬不能者（自始不能），則為第二四六條關於契約是否生效之問題，與此無關。

1. 給付不能之分類

(1)自始不能與嗣後不能　自始不能為債之原因事實發生當時所存之給付不能，乃關於契約能否生效問題（第二四六條）。嗣後不能為債之原因事實發生以後所生之給付不能，此之所謂給付不能，則指客觀的不能而言。

(2)主觀不能與客觀不能　給付因債務人本身之情事而不能者，為主觀的不能。因以外之情事而不能者，為客觀的不能。此之所謂給付不能，則指客觀的不能而言。

(3)全部不能與一部不能　給付之全部不能者，謂之全部不能；給付之一部不能者，謂之一部不能。給付不可分者，祇有全部不能，無所謂一部不能。惟給付可分者，始生一部不能之情形，例如給付物之一部滅失時，因抵押權或共有權之存在，致不能移轉完全之所有權是。

(4)永久不能與一時不能　永久不能者，乃於債務之給付期，或於債務人得為給付之時期，不能履行給付；一時不能者，原雖一時不能，而嗣後可以除去，仍可給付。惟此種區別，並無實益。苟給付期或債務人得為給付之時期，給付已屬不能，不問其為永久不能與否，皆當發生給付不能之結果。

2.給付不能之效力

債務人之責任，以可歸責為條件。故給付不能之效力，以其不能是否出於因可歸責於債務人之事由，而有差異：

(1)因不可歸責於債務人之事由致給付不能

①債務人免給付義務　因不可歸責於債務人之事由，致給付不能者，債務人免給付義務（第二二五條一項）。所謂不可歸責於債務人之事由，即指債務人無故意過失而言。一部不能者，債務人就不能之部分免給付義務，就餘存之可能部分，仍負給付義務。此之不能，指嗣後不能與客觀不能而言。

②債務人之代償請求權　債務人因第二二五條第一項給付不能之事由，對第三人有損害賠償請求權

者，債權人得向債務人請求讓與其損害賠償請求權，或交付其所受領之賠償物（第二二五條二項）。蓋債務人既因此項給付不能事由，免除給付義務，而因此所得利益，若仍猶保存，未免享受不當得利，自應使債權人得請求償還，以期公允。此種請求權，謂之代償請求權。其與原債權非同一之權利，自屬新發生之債權，從而附屬於原債權之擔保權及其他從權利，當然消滅；消滅時效之進行，應重新起算。例如給付物為第三人毀滅，債務人對第三人有基於侵權行為之損害賠償請求權時，債權人得向債務人請求讓與其損害賠償請求權，或交付其所受領之賠償物是。

債權人行使代償請求權時，雖在第二六六條之情形，仍須為對待給付，蓋債權人不得受有二重之利益故也。

(2)因可歸責於債務人之事由致給付不能

①全部不能　因可歸責於債務人之事由，致給付不能者，債權人得請求賠償損害（第二二六條一項）。至於債權係因契約而生者，債權人尚得解除契約（第二五六條）。故依第二五六條規定，債權人於有第二二六條之情形時，得解除其契約。蓋在雙務契約，債權人解除契約即可免除自己之對待給付，但債權人不解除契約而逕請求不履行之損害賠償，亦非法所不許（八五臺上一五七九）。此之所謂給付不能，係指給付全部不能而言。如為給付一部不能，除有同條第二項情形外，債權人僅得就不能部分請求賠償損害，不得請求全部不履行之損害賠償（六九臺上二七八八）。

②一部不能　因可歸責於債務人之事由，致給付一部不能者，若其他部分之履行，於債權人無利益時，債權人得拒絕該部之給付，請求全部不履行之損害賠償（第二二六條二項）。蓋給付一部不能者，債務

人僅對其歸責事由所生結果，應負其責；故債權人僅得就給付不能部分，請求賠償損害。至於債權係因契約而生者，在其給付可分時，債權人得就其不能部分，解除契約。惟其他部分之履行，於債權人無利益時，則無論給付是否可分，債權人得解除全部契約（第二五六條，第二六〇條）。又如物之出賣人有使買受人取得該物所有權之義務，惟買賣契約成立後，出賣人為二重買賣，並已將該物所有權移轉於後之買受人者，移轉該物所有權於原買受人之義務，即屬給付不能。原買受人對於出賣人僅得請求賠償損害，不得請求為移轉該物所有權之行為（三〇上二五三，七一臺上一五四八）。

第二二六條之損害賠償請求權，與原債權之內容，雖屬有異，仍為同一之權利，僅為權利內容之變更。論其性質，認係原債權之繼續，僅形態上變更而已，不包括為伸張原債權而支出之費用在內（六九臺上二八六三）。故其消滅時效，非重新開始進行，從權利亦非當然消滅。此與消滅時效之起算點，及擔保權之存續與否，均有重大之關係。

(七)不完全給付

不完全給付者，債務人雖為給付，而未依債務之本旨也。例如交付病牛，致債權人之牛，全受傳染；運送人誤寫交付處所，貨物未能收到皆是。此等情形，乃債務人所為給付，與其負擔之給付不符，債權人受有損害。既非不為給付，自與給付遲延有別；又非不能為給付，亦與給付不能不同，故為債權積極侵害之一種。

1. 不完全給付之要件

(1)須已為給付　不完全給付之侵害債權，係債務人積極的為其不符之給付，如未為給付、給付遲延或給付不能，均非不完全給付。

(2)須給付不完全　給付不完全之情形，大別為二：①瑕疵給付，例如數量不符，品質不合，方法不當，時間不宜等項，皆其適例。②加害給付，例如給付轉動系統失靈之汽車，致債權人遭受車禍成傷即其一例。

(3)須因可歸責於債務人之事由　不完全給付，應認為債務違反之一種。須因可歸責於債務人之事由而致者，債務人始負責任，此與給付不能與給付遲延相同。

2.不完全給付之效力

因可歸責於債務人之事由，致為不完全給付者，債權人得依關於給付遲延或給付不能之規定，行使其權利（第二二七條一項）。所謂不完全給付，指債務人提出之給付，不合債務之本旨而言。如因不完全給付而生前項以外之損害者，債權人並得請求賠償（第二二七條二項）。

(八)債務不履行侵害人格權之賠償

債務人因債務不履行，致債權人之人格權受侵害者，準用第一九二條至第一九五條及第一九七條之規定，負損害賠償責任（第二二七條之一）。按債權人因債務不履行致財產權受侵害者，固得依規定求償，如同時侵害債權人之人格權致受非財產上之損害者，僅得依侵權行為之規定求償，以期充分保護債權人之權益。

(九)情事變更原則之適用

契約成立後，情事變更，非當時所得預料，而依其原有效果顯失公平者，當事人得聲請法院增減其給付或變更其他原有之效果。此項規定，於非因契約所發生之債，準用之（第二二七條之二）。

第二節　遲　延

一、債務人遲延

(一)債務人遲延之要件

債務人遲延者，即債務人本能為給付，而不於清償期為給付也。因不按期給付，已屬侵害債權，債務人應負其責，故又稱為給付遲延，分述其要件如左：

1. **債務之存在**　債務人遲延，為對於既存債務，不按期給付，自必先有債務之存在。故附有停止條件之債務，在條件未成就前，不生遲延問題。

2. **債務已屆清償期**　債務未屆清償期以前，債務人無給付之義務，雖不給付，亦不負遲延之責，故須已屆清償期，始負其責。惟債務人應何時為給付，因左列情形而異：

(1)給付有確定期限者　給付有確定期限者，債務人自期限屆滿時起，負遲延責任（第二二九條一項）。此際不待債權人之催告，自期限屆滿時起，當然負遲延之責。

(2)給付無確定期限者　給付無確定期限者，債務人於債權人得請求給付時，經其催告而未為給付，自受催告時起，負遲延責任（第二二九條二項前段）。所謂無確定期限者，不外兩種：

①定有不確定期限者　即清償期之到來，固屬確定，而其到來之時，尚不確定。在此情形，債務人於債權人得請求給付時，經其催告，而未為給付，自受催告時起，負遲延之責。

②未定期限者　即不能依當事人之意思，給付之性質或法律之規定，而定其清償期。在此情形，須

經債權人之催告，而未為給付，始自催告時起，負遲延責任。

以上兩種情形，固均自催告時起，負遲延責任。但催告定有期限者，債務人即應自期限屆滿時起，負遲延責任（第二二九條三項），蓋以催告於一定期限內清償，即視同給付有確定期限也。至催告者，債權人向債務人請求清償之意思通知也。因催告而發生債務遲延之效果，不以債權人欲使發生為必要，故為法律行為，自為意思通知之一種，惟關於意思表示之規定，得準用之。催告不以一定方式為必要，其經債權人起訴而送達訴狀，或依督促程序送達支付命令或為其他相類之行為者，與催告有同一之效力（第二二九條二項後段）。至於債權人之為催告，須於得請求給付時為之，不定期限之債務，債權人雖得自債務發生時起，隨時請求給付（第三一五條），定有不確定期限之債務，債權人不得於期前請求給付（第三一六條），故於期前為催告者，債務人不因之而負遲延責任，須於期限屆至時更為催告，債務人始負遲延之責。

債務人基於債之關係，對於債權人所負給付之義務，不因債權人對之取得執行名義而免除，其依第二一九條應負之遲延責任，不因此而受影響（七〇臺上七八二）。至雙務契約當事人之一方，於他方所負債務已屆清償期，應為給付而未給付時，即得請求給付。該他方當事人縱享有同時履行抗辯權，在未行使此抗辯權以前，仍可發生遲延責任之問題，必須行使以後始能免責（五〇臺上一五五〇，七一臺上四四二八）。給付無確定期限者，債務人固得於債權人得請求給付時，經其催告而未為給付，自受催告時起，負遲延責任（第二二九條二項前段）。而債權人非因債務人遲延給付當然取得契約解除權，仍須定相當期限催告其履行，於期限內不履行時，始得解除契約，此觀第二五四條規定甚明（八六臺上三二三一）。

3. 須可歸責於債務人　未為給付，須因可歸責於債務人之事由，債務人始負遲延責任（第二三〇條反面解釋)。此種可歸責於債務人之事由，原則上指過失而言。故如不知債務之存在，或不知債權人究為何人，或不知清償期之屆至，致未給付者，不負遲延責任。

4. **未為給付須無法律上正當理由**　債務人因法律上有正當理由，未為給付者，不負遲延責任，例如債務人有同時履行之抗辯權時(第二六四條)，債務人有留置權時(第九二八條)，給付之完結須債權人之協助，而債務人不予協助時(第二三五條參照)，均應認債務人有正當理由，未為給付。

(二)債務人遲延之效力

債務人於遲延給付後，對於債務人應負左列之責任：

1. **債務人應賠償因遲延而生之損害**　債務人之給付義務，不因遲延而消滅。債權人因債務人之遲延得請求其賠償因遲延而生之損害(第二三一條一項)。此項賠償，非賠償全部不履行之損害，乃賠償因遲延所生之損害。惟所謂消滅，乃指以後免遲延責任而言，若以前已生遲延之效果，並非因此當然消滅，故債權人就以前遲延所生之損害，仍得請求賠償(五八臺上七一五)。又債務人給付遲延者，經債權人允許緩期給付者，僅為債務人遲延責任終了之原因，並非當然使已發生之遲延賠償請求權隨同消滅(八六臺上三七〇三)。

2. **債務人應賠償因不可抗力而生之損害**　債務人在遲延中，對於因不可抗力而生之損害，亦應負責(第二三一條二項)，蓋債務人若於適當時期為給付，債權人不致受此損害也。例如出賣人之貨品早日交付，即不因鄰居失火延燒是。但債務人證明縱不遲延給付，而仍不免發生損害時則不負責(同條二項但書)。蓋雖不遲延，損害仍然發生，則遲延與損害間，已無因果關係，故不應賠償。例如出賣之房屋，雖如期交付，而仍不免被洪水流失是。

3.債務人應賠償因不履行而生之損害　遲延後之給付，於債權人無利益者，債權人得拒絕其給付，並得請求因不履行而生之損害（第二三二條）。由此觀之，遲延後之給付，在一般情形，債權人尚應受領，不得拒絕給付，惟於債權人無利益時，債權人得拒絕給付，不予受領，而請求全部之損害賠償。例如筵席之承攬，係屬嚴格定期行為之債務，如已遲延，債權人另定筵席，此種情形，得拒絕給付，而請求賠償損害。

4.金錢債務遲延之損害賠償　遲延之債務，以支付金錢為標的者，債權人得請求依法定利率之遲延利息。但約定利率較高者，仍從其約定利率（第二三三條一項），是為遲延利息之規定。對於利息，則無須支付遲延利息（同條二項）。以上兩種情形，債權人證明尚有其他損害者，並得請求賠償（同條三項）。

至於違約金之約定，有屬於懲罰之性質者，有屬於損害賠償約定之性質者，如為懲罰之性質，於一方履行遲延時，他方得請求違約金外，自仍得依第二三三條規定，請求給付遲延利息及賠償其他損害，如為損害賠償約定之性質，則應視為就因遲延所生之損害，業已依契約預定其賠償額，不得更請求遲延利息及賠償損害（六二臺上一三九四，八四臺上二八三九）。

至於債務人之遲延，因給付之提出，給付之延期，債務之消滅，以及債權人拒絕受領或不能受領等情形，而歸於消滅，自不待言。

二、債權人遲延

㈠債權人遲延之要件

債權人遲延者，債權人對於已提出之給付拒絕受領或不能受領也。蓋債權人有受領給付之權利，不負受領給付之義務，故債務人不得強制債權人受領給付，惟清償債務，多需債權人之協力，始克完成，若債權人不予協力，則債務人不得按時解除債務之拘束，故法律為調和雙方利益，設受領遲延之制度。此種情形，又稱為受領遲延，分述其要件如左：

1. **須其給付需有債權人之協力**　債務依其內容，其實行給付需債權人之協力者，始生債權人遲延問題。例如當給付行為之初，需債權人之指示，始得工作之債務；或給付行為之完結，需債權人之受領，承認為債務之履行是。

2. **須債務人已提出給付**　債務人必須已有給付之合法提出，債權人始負遲延責任（第二三四條）。如債務人非依債務本旨實行提出給付者，不生提出之效力（第二三五條）。故如承攬人交付之工作物，與契約訂定之內容不符者，不得謂為依債務之本旨提出，自不生提出之效力，定作人得拒絕受領（八四臺上三〇〇一）。故於不得為清償之時期（第三一六條參照），或於非清償地提出給付（第三一四條參照），或僅提出給付之一部（第三一八條），均不生提出之效力。至於提出之方法，原則上以現實提出為之，必須有法定特別情形，始得以言詞提出為之。

⑴現實提出　即債務人已為其因實行給付所必要之一切行為，須已完結，故以債權人之住所地為清償地之債務，須將給付物送交債權人之住所，使債權人居於得受領之地位，一經受領，而清償即可實現之情形，即為現實提出。

⑵言詞提出　即債務人未為現實提出，僅將準備給付之事情，通知債權人，並催告其受領。故債權人預示拒絕受領之意思，或給付兼需債權人之行為者，債務人得以準備給付之事情，通知債權人，以代提出（第二三五條但書）。蓋債權人預示拒絕受領之意思時，債務人雖實行提出，殊少實益，徒增勞費；且給付

兼需債權人之行為時，債權人若不為其行為，債務人即無從實行提出，故於此等情形，債務人得以準備給付之事情，通知債權人，以代提出。

3. 須無債權人之受領　債權人對於已提出之給付，拒絕受領者，自提出時起，負遲延責任（第二三四條）。此際不問其拒絕受領，基於如何之理由，概自提出時起，負遲延責任。但不能受領，須因債權人主觀的情事所致，諸如債權人不在家中，外出旅行，倉庫充塞等項，不能即行受領始可。又不能受領與給付不能，應區別之。前者僅因債權人主觀的不能協力，且其給付原屬可能，於債權人遲延時，債務人仍難免給付義務，債務人之債務，並不因之消滅。後者在一般情形，可認為給付行為之基本要素已有欠缺，且在給付不能，須不能為給付，如因非可歸責於債務人之事由，則債務人免給付義務（第二二五條參照），是以兩者極易相混，不可不辨。

因契約而互負債務，一方有先為給付之義務者，縱其給付兼需他方之行為始得完成，而由於他方之未為其行為，致不能完成，並不能因此而免除給付之義務。嗣後向他方請求給付時，他方仍得為同時履行之抗辯。又雙務契約之一方當事人受領遲延者，其原有之同時履行抗辯權，並未因而歸於消滅，故他方當事人於其受領遲延後，請求為對待給付者，仍非不得提出同時履行之抗辯。除他方當事人應為之給付，因不可歸責於己之事由致給付不能，依第二二五條第一項規定，免其給付義務外，法院仍應予以斟酌，如認其抗辯為有理由，應命受領遲延之一方當事人，於他方履行債務之同時，為對待給付（八六臺上三一七四）。

給付有確定期限，而債務人於期限屆滿時，提出給付者，債權人若拒絕受領或不能受領，固應自提出時起，負遲延責任。然給付無確定期限，或債務人於清償期前得為給付者，債權人就一時不能受領之情事，不負遲延責任（第二三六條）。蓋在無確定期限，債務人本得隨時給付，於債權人無從準備，若自提出時即負遲延責任，未免過酷故也。但債務人提出給付，由於債權人之催告，或債務人已於相當期間前預告債權人者，仍自提出時起，負遲延責任（同條但書）。蓋此際債權人已有準備受領之時間，乃設此項規定。

(二)債權人遲延之效力

債權人雖遲延受領，債務人仍不能免其給付義務，僅使債務人減輕責任，或依免責方法，以替代給付而已，並非使債務歸於消滅。分述其效力如左：

1. **注意義務之減輕**　債務人於給付義務，原則上應以善良管理人之注意為之，其對輕過失，原應負責。但在債權人遲延中，則債務人僅就故意或重大過失，負其責任（第二三七條）。法律所以不全免債務人之注意義務，使仍就故意或重大過失負責者，蓋與規定故意或重大之責任不得預先免除之規定，理由相同。

2. **利息支付之停止**　在債權人遲延中，債務人無須支付利息（第二三八條）。蓋債權人之遲延，並無消滅債務之效力，債權人將來是否請求，頗難逆料，而債務人亦仍須常作清償之準備，不得利用金錢取得利益，故停止一切利息之發生，但當事人有特別約定者，從其約定。

3. **孳息返還義務之減縮**　債務人應返還由標的物所生之孳息，或償還其價金，在債權人遲延中，以已收取之孳息為限，負返還責任（第二三九條）。蓋債權人若無受領遲延情事，債務人即已免其債務，無須更注意於孳息之收取，因債權人受領遲延，仍使其負收孳息之義務，不合公平之觀念，故僅以事實上所收取者，返還於債權人已足。

4. **費用賠償之請求**　債權人遲延者，債務人得請求其賠償提出及保管給付物之必要費用（第二四〇條）。

蓋以此種費用，由於債權人遲延受領而支出，當得請求賠償。債務人除依本條規定，得向債權人請求賠償費用外，其因債權人受領遲延所受其他之損害，不得向債權人請求賠償。蓋債權人無受領義務，且受領遲延不以過失為要件也。

5. **不履行責任之免除** 債務人因不履行所應負之責任，均歸免除。即債權人不得請求遲延賠償，不得請求違約金，及不得解除契約。良以債務未按時履行，非出於債務人之不履行，乃出於債權人之遲延，自不得更由債務人負責。

6. **自行消滅債務** 債權人遲延時，債務人固減輕責任，但給付義務仍猶存在，終屬煩累，故設下列免責方法：①債權人受領遲延時，債務人得將其給付物，以債權人之危險及費用，為債權人提存之（第三二六條）。如給付物不適於提存，或有毀損滅失之虞，或提存需費過鉅者，債務人並得聲請清償地之法院拍賣，而提存其價金（第三三一條）。②有交付不動產義務之債務人，於債權人遲延後，得拋棄其占有（第二四一條一項），即使債務人得由拋棄占有，以免交付義務。此項拋棄，應預先通知債權人，但不能通知者，不在此限（同條二項）。如其違反此項通知義務，債之關係不因拋棄占有而消滅，若有損害發生，債務人仍應負債務人不履行之責任。至於債權人遲延，因債權之消滅，遲延之免除及給付不能等情形，使其歸於消滅。

第三節 保全

債權為對於債務人請求一定給付之權利，故除第三人不法侵害此種請求權外，其效力以不及於第三人為原則，法律對此原則，設有例外，雖第三人不為侵權行為時，仍認債權之效力及於第三人者，即為債權人代位權與債權人撤銷權二者。凡債務人就屬於其財產之權利怠於行使時，債權人得代為行使，謂之債權人代位權；債務人為減少其財產之行為時，債權人得撤銷其行為，使財產復歸於債務人，謂之債權人撤銷權。

一、債權人代位權

㈠代位權之性質

代位權者，債權人得以自己之名義行使債務人權利之權利也。蓋債務人之財產，為債權人之共同擔保，而債務人之權利，則為其財產之一部，債務人若怠於行使其權利，將使債權人之共同擔保，益趨薄弱，故法律使債權人得代債務人，行使其權利，防止其財產之減少，或代謀其財產之增加，藉以確保自己之債權。

代位權乃債權人之權利，其內容在行使債務人之權利，但非訴訟法上之權利，實係實體法上之權利，為形成權之一種。且代位權，債權人係以自己之名義行使之，故與代理權不同。惟其所行使者，為債務人之權利，故其行使權利之效果，當然及於債務人。例如代位行使債務人所有之撤銷權時，其撤銷之效果，就債務人發生是。故代位權係債權人代行債務人之權利，其代行者與被代行者之間，必須有債權債務關係存在，否則即無行使代位權可言（四九臺上一二七四）。

㈡代位權之要件

債務人怠於行使其權利時，債權人因保全債權，得以自己之名義，行使其權利（第二四二條）。分述其要件如左：

1. **須因保全債權**　代位權惟於有保全債權之必要時，得行使之。即指債權人債權，有不能受清償之危險時，始得行使。若債務人之財產，足以充分清償其債務，則債權人不得行使代位權。

2.**須債務人已負遲延責任**　給付定有確定期限者，須期限屆滿後，債權人始得行使；給付無確定期限者，須經催告後，債權人始得行使代位權（第二四三條）。惟專為保存債務人權利之行為，不在此限（同條但書）。例如債務人之權利消滅時效將完成時，為中斷時效之行為；第三人破產時為債權之呈報，雖在債務人負遲延責任以前，亦得為之。蓋此種行為，不外為防止債務人權利消滅變更之行為，不惟於債務人並無不利益，且俟債務人負遲延責任後，始為此種行為，每有坐失時機者，故法律使債權人得於債務人負遲延責任前為之。

3.**須債務人怠於行使其權利**　債務人怠於行使權利時，債權人始得行使代位權。若債務人已行使其權利，則雖其行使之方法不適當，債權人亦不得更為行使。例如債務人已就其對於第三人之權利提起訴訟時，縱令其訴訟方法不當，致受敗訴之判決，債權人亦不得更行起訴。

㈢代位權之標的

債權人雖得代位行使債務人之權利，但左列情形，則為例外：

1.**取得權利之權能**　尚屬法律上之權能，未經實現為權利者，債權人不得行使。例如債權人不得就債務人之所有物代為出租；債務人受有利之要約，債權人不得代為承諾；債務人之財產管理方法不當時，債權人不得代為變更。蓋以此種權能之行使，僅足以取得某種權利或利益而已，此種權利或利益，債務人是否願意取得，應屬債務人之自由，債權人不得妄加干涉故也。

2.**專屬於債務人之權利**　雖係債務人之財產，然專屬於債務人本身者，債權人不得行使（第二四二條但書）。所謂專屬於債務人本身之權利，係指性質上須依權利人本身之意思，決定行使與否之權利而言。分別述之：

(1)基於無形利益之權利　此項權利，係基於身分權或人格權而來，故債權人不得代位行使。例如債務人之代理權，夫對妻原有財產之管理權（第一〇一九條，第一〇四五條），父母對子女特有財產之管理權（第一〇八八條），以及受扶養之權利（第一一一五條以下），皆其適例。

(2)基於純然財產利益之權利　此項權利，除法律另有規定外，原則上均得由債權人代為行使。例如因契約所生之債權關係，因無因管理所生之債權關係，不當得利之返還請求權，以及債務不履行之賠償請求權等是。惟侵權行為所生非財產之損害，固得請求以金錢賠償，然其權利之基礎，乃債務人之無形利益，原非債權之擔保，債權人自不得代位行使。

(3)同時基於無形利益及財產利益之權利　此項權利，應視其究重在財產之利益，抑或重在無形之利益，以決定是否得代為行使。例如被詐欺或被脅迫之撤銷（第九二條），雖在保護表意人之自由，與無形之利益不無關係，然重在財產利益，債權人自得代為行使。又如繼承回復請求權（第一一四六條），特留分之權利（第一二二三條），均為法定權利，而其內容，亦重在財產利益，故債權人得代為行使。至於贈與之撤銷（第四一六條），重在當事人間之情感關係；繼承或遺贈之承認或拋棄（第一二〇六條，第一二〇七條），重在繼承人或受遺贈人之身分或道義關係，屬於無形利益，故債權人均不得行使之。

3. **禁止扣押之權利**　債務人之債權禁止扣押者，原非債權人之共同擔保，例如債務人對於第三人之債權，係維持債務人及其共同生活之親屬生活所必需者，不得為強制執行（強制執行法第一二二條），債權人雖代位行使，亦不能達到保全債權之目的，故債權人不得代為行使。

4. **不得讓與之權利** 法律上認為不得讓與之權利，大別為四：①依權利之性質不得讓與者，債權人不得代位行使。例如肖像權及以不作為或勞務為標的之債權，皆不得代位行使。蓋以此種債權，原亦無法強制執行，縱使代位行使，亦無由滿足也。惟如其變為損害賠償請求權時，則可代為行使。②依法律之規定不得讓與者，例如第一九九條第二項，第九九條第三項，第七三四條之情形，因其係以精神上利益為基礎，故不得代為行使。③依當事人之特約不得讓與者，債權人僅行使債務人之權利，並不違反讓與之禁止，故債權人不妨代為行使。④依公益上之理由不得讓與者，例如受扶養之權利，禁止扣押之權利，債權人均不得代為行使。

㈣代位權之行使

1. **行使之方法** 債權人行使代位權，應以自己之名義為之（第二四二條），並應以善良管理人之注意為之，無論於審判上（起訴、聲請強制執行）或審判外（通知、催告），均無不可。債權人依第二四二條規定以自己名義代位行使者，為債務人之權利，而非自己之權利，若債務人自己並無該項權利，債權人即無代位行使之可言（六九臺上一五三五）。至債權人代位行使債務人對於第三人之請求權，得為代位受領（五九臺上四〇四五，七二臺上四三六三）。但債權人主張債務人與第三人所為之不動產買賣，係通謀虛偽意思表示，而代位債務人請求塗銷不動產移轉登記者，僅得向該第三人為之，不得對債務人一併為此請求（七一臺上四三四二）。

2. **行使之範圍** 代位權行使之目的，在保全債權，故其行使之範圍，須屬於債務人之權利，債務人以外第三人之權利，不得行使。且須債務人之財產權，債權人始得行使，如為非財產權，如婚生子女之否認（第一〇六三條），非婚生子女之認領（第一〇六五條），婚約之解除（第九七六條），婚姻之撤銷（第九八九條以下），離婚之請求（第一〇五二條），子女之懲戒（第一〇八五條）等項，債權人均不得代為行使。至於代位權行使之範圍，法律雖無明文，然不以保存行為為限，故以權利之保存或實行為目的之一切審判上審判外之行為，例如假扣押，假處分，受領第三債務人之清償，參加於他人之訴訟，債權人皆得為之。惟債務之免除及權利之拋棄，均為減少債務人財產之處分行為，自不得代位行使。又債權人僅因保全債權得行使債務人之權利，故其行使之範圍，當以保全債權所必要者為限。債權人行使債務人之一個權利，已足保全自己之債權時，不得就債務人之其他債權更為行使；惟債務人之一個權利，超過債權額時，仍不妨行使其全部。

㈤代位權之效力

1. **對於債務人之效力**　債權人行使代位權後，債務人之對於該權利之處分權，是否因此受有限制？學說尚有爭議。積極說認應喪失處分權，蓋以若不禁止債務人處分，則債權人雖行使代位權，仍無由達成保存債務人財產之目的。例如債權人代債務人中斷其債權之時效，而債務人則向第三人表示債務之免除是。消極說認仍得予以處分，良以債權人代位行使之權利，既為債務人之權利，債務人對於其權利，並未喪失，自得加以處分。例如債權人與第三人訴訟進行中，債務人仍得將其權利讓與他人，或與第三人進行和解是。在此情形，如其處分行為害及債權時，債權人僅可行使撤銷權（第二四四條），在未經撤銷前，債務人與第三人之行為仍屬有效。現今通說，認以積極說為妥。

2. **對於第三人之效力**　債權人行使之權利，乃債務人之權利，故受其行使之第三人，得以對於債務人之一切抗辯，對抗債權人。例如權利不發生之抗辯，同時履行之抗辯，權利消滅之抗辯，皆得主張。惟代位權行使後所生之抗辯，不得以之對抗債權人。蓋代位權行使後，債務人已喪失其處分權，故嗣後債務人所為免除、讓與、和解等項，第三人不得以之對抗債權人。

3. **對於債權人之效力**　債權人行使債務人權利之效果，應歸屬於債務人。蓋代位權不過使債權人得行使債務人之權利，非將債務人之權利，移轉於債權人。故如自第三人受領之物，因強制執行所得之物，均應歸屬於債務人。又其結果雖歸屬於債務人，但仍為債權人之擔保，乃全體債權人之共同擔保，該行使代位權之債權人，不得優先受償，僅得與其他債權人平均分配。

二、債權人撤銷權

(一)撤銷權之性質

撤銷權者，乃債權人對於債務人所為有害債權之行為，得予撤銷之權利也。蓋債務人積極的為減損其財產之行為時，如將自己之財產低價出售或無償贈與，致債權人不得受償，此種行為，實為詐害債權人之行為，債權人得聲請法院撤銷其行為，是為撤銷權之立法理由。

民法第二四四條之撤銷權，即學說所謂之撤銷訴權，須以訴之形式向法院請求為撤銷其行為之形成判決，始能發生撤銷之效果，此與同法第一一六條所定僅以意思表示為撤銷者，迴然不同。故第二四四條所規定債權人撤銷權之行使方法，與一般撤銷權不同，一般撤銷權僅一方之意思表示為之即可，本條所定之撤銷權，則必須聲請法院撤銷之，學說上稱之為「撤銷訴權」。因此，撤銷訴權實為實體法上之權利，倘非以訴之方法行使，即不生撤銷之效力，在未生撤銷之效力以前，債務人之處分行為尚非當然無效，從而亦不能因債務人之處分具有撤銷之原因，即謂已登記與第三人之權利當然應予塗銷（五六臺上一九）。

撤銷權，為實體法上之權利，非訴訟法上之權利，究其權利，仍為民法上之私權。至於實體法上之性質如何，則有三說：

1. **債權說**　謂撤銷權係對於因債務人之行為，而受利益之第三人，直接請求返還財產之債權，故為請求權。

2. **物權說**　謂撤銷權係撤銷債務人之行為，使其溯及消滅其效力之形成權。

3. **折衷說**　謂撤銷權非特係使債務人之行為，自始歸於無效，且使債務人之財產上地位，回復原狀之權利。

以上三說，各具理由，學者多採「物權說」。蓋以受益人之享受利益，係得自債務人之行為，非先撤銷債務人之行為，無從對受益人主張返還財產之請求權。且受益人因債務人之處分行為而受利益，本有其法律上正當之權源，債權人自無直接對受益人請求返還其受益之權利。故撤銷權之行使，祇能以債務人之處分行為有害及債權為理由，而先撤銷其行為，使其歸於無效，再對受益人主張其由債務人之行為所得之利益，請求返還。惟我國實務則採「折衷說」，考其理由，認此權利兼具形成權與請求權之雙重性質，不僅以撤銷債務人之行為為內容，且含有請求回復原狀之作用，故非單純之形成權或請求權，蓋欲避免雙重訴訟而取其便利也。觀之左列判例甚明：

①撤銷權之效力，在回復行為以前之原狀，使債務人已失之財產，歸於債務人，而不得即歸於行使

撤銷權之人，故受判決之利益者，實為總債權人（四上七四二）。

②債務人移轉其不動產於第三人之處分行為，如合於第二四四條第一項第二項之情形，債權人得提起撤銷該行為及塗銷登記之訴，以資救濟（院一八八九）。

③債權人行使其撤銷權，如僅起訴請求撤銷債務人之行為，應以行為當事人為被告。即其行為為單獨行為時，應以債務人為被告；如其行為為雙方行為時，應以債務人及其相對人為共同被告，當事人之適格始無欠缺（二八上九七八）。

④債權人依第二四四條第二項行使撤銷權，訴請撤銷債務人所為抵押權設定行為，並塗銷該抵押權設定登記，因抵押權設定行為為雙方行為，必以債務人及相對人為被告，其當事人之適格始無欠缺。而塗銷抵押權設定登記，參照土地登記規則第一三一條規定之法意，則以抵押權人為被告，即為已足（七四臺上二七一）。

撤銷權與代位權，雖均以保全債權之共同擔保為目的，然撤銷權須聲請法院為之，而代位權則否。究其理由，以代位權係代位行使債務人現有之權利，無論對於第三人或債務人，影響甚小；而撤銷權乃在撤銷債務人所為之行為，由第三人取回擔保之財產，對於已成立之法律關係，加以破壞，影響自極重大，故撤銷權須呈訴為之，概依裁判之方法行使。

㈡撤銷權之要件

1.須債務人曾以財產為標的之行為

撤銷權乃撤銷債務人行為之權利，必須債務人曾為行為，始有撤銷權可言。所謂行為，指法律上之行為而言，且此行為，須以財產為標的，若債務人之行為，非以財產為標的者，或僅有害於以給付特定物為標的之債權者，均不得適用撤銷權之規定（第二四四條三項）。

2. **須債務人之行為害及債權人之債權**

債務人之行為，不問其為有償行為，抑為無償行為，均以害及債權者為限，始得撤銷之。其行為在事實上並不害及債權者，縱令債務人係以詐害債權之意思為之，亦不得撤銷之。所謂害及債權，即債務人積極的減少財產，或消極的增加債務，因以減削債務人之清償資力，使債權清償不能或困難。至債務人減少其清償資力之方法有二：①減少積極財產，例如讓與所有權，設定他物權，讓與債權，免除債務等是。②增加消極財產，例如債務人負擔新債務是。

債務人對於任何債權，苟有清償不能或困難時，債權人即可行使撤銷權，並非須債權人自己債權，有此危險狀態，始可行使撤銷權。蓋撤銷權之結果，不過使曾經債務人處分之財產，復歸於債務人，在行使撤銷權之債權人，並無優先受償之權利，是撤銷權之行使，係為全體債權人之利益。

3. **有償行為須以惡意為要件而無償行為則否**

(1)無償行為時　債務人所為之無償行為，有害及債權者，債權人得聲請法院撤銷之（第二四四條一項）。此即明定無償行為，僅具備有害債權之客觀要件時，即得撤銷，毋庸再有惡意之主觀要件。蓋債務人於資力薄弱時，仍為贈與、免除債務或拋棄繼承等無償行為，致害債權人，其情本屬可疑，自可不問是否明知。至最初受益人，在無償行為之撤銷，僅喪失無償取得之利益，並未受積極的損害，故無保護之必要，自不以惡意為撤銷權之要件。

⑵有償行為時　債務人所為之有償行為，於行為時，明知有損害於債權人之權利者，以受益人於受益時，亦知其情事者為限，債權人得聲請法院撤銷之（第二四四條二項）。此即明定有償行為之撤銷，於有害債權之客觀要件外，並須有惡意之主觀要件。故在債務人之有償行為，既須有害債權，更須債務人及受益人，均係惡意，始得撤銷。

①債務人之惡意　所謂債務人於行為時，明知有損害於債權人之權利者，言債務人明知自己行為，足以發生債權清償不能或困難之結果，祇須有損害債權之認識，無須有損害債權之意思，蓋採認識主義。是否明知，以行為時為準，且其不知，是否出於過失，則非所問。

②受益人之惡意　凡因債務人之行為而受利益者，謂之受益人。通常在契約及有相對人之單獨行為，即指債務人之相對人，受益人於受益時明知其情事者，即為惡意，亦採認識主義。是否明知，以受益時為準。至是否與債務人通謀，或知悉債務人惡意與否，均非所問（二六上六〇九）。

債務人之行為害及債權，及其行為係以財產為標的，為撤銷權之客觀要件。此項要件，不問其行為為有償或無償，皆須具備。惟撤銷無償行為，祇須具備客觀的要件，撤銷有償行為，尚須具備主觀的要件（即須有惡意）。此因無償行為，受益人取得利益，並未為對待給付，縱令撤銷，於受益人僅屬少得利益，並無積極之損害。若在有償行為，受益人已為對待給付，債務人之財產並取得對價之補償，如為撤銷，受益人損害甚大，故債務人與受益人均須有惡意，始得撤銷。如其有一不知，或因過失而不知，其行為即不得撤銷。

㈢撤銷權之主體

1. 有撤銷權之債權人

撤銷權之主體，為債務人之行為有害及其債權者之債權人，祗須債務人之行為有害及其債權為已足，至其債權取得之原因，究為有償行為或無償行為，在所不問（七一臺上一一七七）。得行使撤銷權之債權人，須具備下列要件：

⑴須為以財產給付為標的之債權　債務人之行為，以財產為標的者，始得撤銷（第二四四條三項）。故非以財產為標的者，諸如婚姻、收養、離婚及認領等項，縱令足以減少債務人之債權清償能力，其債權人亦不得撤銷。又如不作為債權，或以給付勞務為標的之債權，均不包含在內。

⑵須因共同擔保之減少而受損害之債權　債務人雖減損其財產，並不影響其債權者，該債權人不得行使撤銷權。例如設定抵押權，本得就其特別擔保而受清償，毋庸另有撤銷權之保護。至於以特定物為標的之債權，是否包含在內，論者不一：

①積極說　認為以特定物為給付標的之債，債務人如以之讓與第三人時，債務人雖有資力賠償，但債權人不能直接清償，不無有害及債權。惟物權之移轉，以登記或交付為生效要件，故先登記或先受交付之第三人既已取得物權，為維持交易之安全，以認債權人不得撤銷為宜。然其物權行為致債務人成為無資力時，則仍應許其撤銷。

②消極說　認債權人之撤銷權，係以維持共同擔保為目的，非以確保特定債權之直接履行。如以移轉特定物為標的之債權，得適用撤銷權，無異承認債權人直接對於物上取得權利，顯與第七五八條及第七六一條以登記或交付為移轉成立要件之規定，有所衝突。例如甲對乙負有交付特定動產或不動產之債務，

又將該動產或不動產讓與知情之丙，丙先受動產之交付，或先為不動產之取得登記時，乙之債權雖因甲之二重讓與行為，致不能直接履行，亦不得撤銷甲丙間之行為，使丙返還其標的物是。惟甲因其二重讓與行為，致無資力時，如其他之一般債權人得撤銷時，乙亦得撤銷之，以其有損於債權人之共同擔保故也。在理論上，以採消極說為當。惟實務認為，在特定債權，倘債務人所為之有償行為，於行為時明知有損害於債權人之權利，而受益人於受益時，亦知其情事者，債權人即得行使撤銷權，以保全其債權，並不以債務人因其行為致陷於無資力為限（四五臺上一三一六參照）。

(3)須為債務人之法律行為前發生之債權　債權人之取得債權，如在債務人行為之後，自無保護必要，要無撤銷權可言。有此撤銷權者，以債權為限，物權不在其內。但基於物權之請求權者，因有債權之性質，亦可有撤銷權。

2. **無撤銷權之債權人**

(1)行為後之債權人　債務人行為後成立之債權，其債權人不應有撤銷權。蓋以債之關係成立前之行為，雖致債務人之財產減少，但非減少為此債權擔保之財產，故其行為對於後成立之債權，無損害可言。惟債務人及受益人預存加害將來債權之意思而行為者，仍得撤銷。

(2)未到清償期之債權人　未屆清償期之債權人，既不得請求清償，當無撤銷權。但撤銷權之目的，在保全將來履行，故債務人無資力時，不問已否屆至清償期，債權人得行使撤銷權。

(3)有特別擔保之債權人　有特別擔保之債權，如質權或抵押權，其債權人雖仍得請求給付，非必就其擔保物受償，但其債權終無不得受償之危險，故如擔保物存在而足供清償者，自無行使撤銷權必要。惟其擔保因價值減少不足抵償債權額，或因不可抗力滅失，以及保證人變為無資力等情形，致有不足清償者，應有撤銷權。

⑷附停止條件之債權人　在條件未成就之前，債權之效力，能否發生，尚未確定，無須預為保護，自無撤銷權。

⑸特定物為標的之債權人　以給付特定物為標的之債權，其債權人無撤銷權（第二四四條三項）。蓋撤銷權係以維持共同擔保為目的，非以確保特定債權之直接履行為目的故也。

㈣撤銷權之客體

撤銷權之客體，為債務人之行為。此項行為，乃指法律上之行為而言。不問為契約或單獨行為，均得撤銷。雖為債務人行為，如係關於不得行使代位權之權利之行為，則不得撤銷。蓋以其行為縱被撤銷，其權利仍歸債務人，債務人不行使其權利時，債權人既不得代位行使，於債權人亦無利益可言，仍難達其保全債權之目的也。

債務人之行為，須以財產為標的者，方得撤銷（第二四四條三項）。所謂以財產為標的之行為，係指財產上受直接影響之行為而言。因撤銷權係為保全債權而設，如債務人之行為，非以財產為標的，縱使撤銷，亦不能達其保全債權之目的。故下列行為不得撤銷：

1.債務人之身分行為，例如婚姻、離婚、認領、收養等行為，縱影響債務人財產，亦不得撤銷。

2.拒絕利益取得之行為，例如贈與之拒絕，第三人承擔債務之拒絕，因撤銷權祇在保全清償力，並非增加其清償力，故此等行為，不得撤銷。

3.清償債務之行為，一方減少積極財產，一方減少消極財產，於債務人之總財產既屬無損，而各債權人立於同等地位，以受清償，故不得撤銷。惟代物清償（第三一九條），係以消滅債之關係為目的之有償行為，仍得為撤銷權之客體。

4.債務人之不作為，不得為撤銷權之標的。蓋撤銷權為形成權，乃使債務人原為行為，視為自始無效，而消極之不作為，則無由為之。

5.無效行為，例如虛偽表示（第八七條），不得為撤銷權之標的。蓋以原本無效，毋庸再事撤銷。

6.禁止扣押或不得讓與之權利之行為，縱令債權人撤銷其行為，亦不能強制執行，故不得撤銷之。

(五)撤銷權之效力

1.**對於債務人之效力** 債務人之行為經撤銷者，視為自始無效（第一一四條一項）。故曾經發生之法律關係，歸於消滅；而曾經消滅之法律關係，仍行復活。詐害行為人並應負回復原狀或損害賠償之責任（同條二項）。

2.**對於受益人之效力** 撤銷之效力，祇能及於債權人與受益人之間。至債務人與受益人間之關係，依然存在，受益人所受損害，得請求債務人賠償。如因而受利益之人，應負返還其利益之責任（第一七九條），惟此項返還之權利，應返還於債務人，為債權人之共同擔保，行使撤銷權之債權人，不得據為己有。

3.**對於債權人之效力** 行使撤銷權之債權人，為滿足自己之債權，得聲請強制執行，但不得優先受償。債務人破產時，其利益仍應歸屬於破產財團，債務人之其他債權人，均得享受（破產法第七八條至第八〇條）。

4. **對於轉得人之效力**　撤銷權之效力，原則上僅及於債權人與受益人間，轉得人與受益人間之行為，不受影響。惟轉得人亦為無償受益人，或有償而惡意時，則債權人得以其為共同被告，自為效力之所及。且債務人之行為，一經撤銷，視為自始無效，其最初受益人，亦視為自始未取得權利。故轉得人係無權利人，繼受權利，自應失其權利，並負返還之義務。因此，第二四四條第四項規定：「債權人依第一項或第二項之規定聲請法院撤銷時，得並聲請命受益人或轉得人回復原狀。但轉得人於轉得時不知有撤銷原因者，不在此限。」

㈥撤銷權之消滅

撤銷權，自債權人知有撤銷原因時起，一年間不行使，或自行為時起經過十年而消滅（第二四五條）。蓋民法總則所定之消滅時效，僅以請求權為客體（第一二五條以下），關於消滅時效之效力與中斷或不完成之事由，亦僅就請求權設有規定，故本條所定期間，為除斥期間，不適用消滅時效之規定（五〇臺上四一二）。此項期間經過時，權利絕對消滅，非如消滅時效之僅認債務人有抗辯權（第一四四條一項），雖被告不援用時，法院亦應依職權適用之。故此項除斥期間有無經過，縱未經當事人主張或抗辯，法院亦應先為調查認定，以為判斷之依據（八五臺上一九四一）。

三、締約過失之責任

第二四五條之一規定：「契約未成立時，當事人為準備或商議訂立契約而有左列情形之一者，對於非因過失而信契約能成立致受損害之他方當事人，負賠償責任：

㈠就訂約有重要關係之事項，對他方之詢問，惡意隱匿或為不實之說明者。

㈡知悉或持有他人之秘密，經他方明示應予保密，而因故意或重大過失洩漏之者。

㈢其他顯然違反誠實及信用方法者。

前項損害賠償請求權，因二年間不行使而消滅。」

當事人為訂立契約而進行準備或商議，即已建立特殊信賴關係，如一方未誠實提供資訊，嚴重違反保密義務或違反進行締約時應遵守之誠信原則，致他方受損害，既非侵權行為，亦非債務不履行之範圍，故增設本條規定，為使早日確定權利之狀態，而維持社會之秩序，訂有除斥期間之限制。

第四節 契約之效力

一、契約之標的

依契約自由之原則，契約之內容雖得自由定之，但仍須具備適法、確定及可能三項，為其生效要件。若以不能之給付為契約之標的，其契約無效，不生何等效力。

㈠契約之無效

以不能之給付為契約標的者，其契約為無效（第二四六條一項）。所謂不能，係指自始不能與客觀不能而言，如其後嗣後不能或主觀不能，則為給付不能之問題，對於契約之生效，並無妨礙。下列情形，則為例外：

1. **預期於不能之情形除去後為給付者** 第二四六條第一項但書規定：但其不能情形可以除去，而當事人訂約時，並預期於不能之情形除去後為給付者，其契約仍為有效。蓋訂約當時雖屬不能，而其不能情形，嗣後可以除去，終有履行之望，自無妨於契約之生效。例如於黃金解禁後，以黃金為給付，如此項禁令，僅為一時現象，可以解除，當事人並預期於解禁後為給付者，其契約即為有效。

2. **契約生效前不能之情形已除去者** 附停止條件或始期之契約，於條件成就或期限屆至前，不能之情形已除去者，其契約為有效（第二四六條二項）。蓋於此際認其契約為有效，於事實既無妨礙，亦合當事人之意思，自無害於其效力之發生。

關於契約無效之實務，摘述如下：

(1)公同共有人中之一人或數人，以公同共有物所有權之移轉為買賣契約之標的，並非所謂以不能之給付為契約之標的，其移轉所有權之處分，雖因未經其他公同共有人之承認，不能發生效力，但其關於買賣債權契約則非無效（三三上二四八九，六九臺上二六一六，七〇臺上一五三六）。

(2)出賣人以第三人所有之物為買賣標的物與買受人訂立之買賣契約，並非所謂以不能之給付為契約之標的，即不得依第二四六條第一項前段規定認該買賣契約為無效（七一臺上三六八八）。

㈡**當事人之賠償責任**

契約因以不能之給付為標的而無效者，當事人於訂約時知其不能或可得而知者，對於非因過失而信契約為有效，致受損害之他方當事人，應負賠償責任（第二四七條一項）。蓋當事人於訂立契約當時，應為相當之注意，否則對於惡意無過失之他造當事人，應負損害賠償之責任，謂之「訂約上之過失」。在此情形，請求賠償之範圍，僅限於因信契約有效所受之損害，即所謂消極的契約利益為限。例如訂約費用，準備履行之所需費用等項。至於積極的契約利益，即因契約所得之利益，不在得為請求賠償之列（五一臺上二一

○一）。

給付一部不能，而契約就其他部分仍為有效者，或依選擇而定之數宗給付中有一宗給付不能者，其他當事人，如因一部不能或一宗不能，致受損害，則準用第二四七條第一項之規定，由有過失之當事人，負賠償責任（第二四七條二項）。又契約成立後，債務人有依契約內容而為履行之義務，縱其契約標的為給付不能不免罹於無效，而對於非因過失信其契約為有效，致受損害之他方當事人，仍負賠償責任（五二臺上五一八）。分別述之：

1. **標的一部不能**　契約標的一部不能者，契約一部無效，而契約一部無效者，原則上全部皆為無效（第一一一條）。在此情形，應適用第二四七條第一項之規定。但除去不能部分，僅就其他部分亦可成立契約者，則契約就其他部分，仍為有效。例如購買字典一部與鋼筆一支，其中字典如為標的不能，就鋼筆一支亦可成立契約，此際則應準用同條第一項之規定。

2. **選擇之債一宗標的不能**　在選擇之債中，數宗給付中有自始客觀的不能者，其不能之給付無效；如其有餘存之可能給付時，債之關係僅存在於餘存之可能給付，選擇權人不能選擇不能之給付（第二一一條）。在此情形，其契約仍為有效，他方當事人因信另一宗標的為有效而受之損害，依第二四七條第二項後段規定，請求賠償。

第二四七條第一項及第二項損害賠償請求權，因二年間不行使而消滅，是為短期時效期間之規定。

㈢附合契約

為使社會大眾知法守法，並為防止契約自由之濫用及維護交易之公平，乃有明定附合契約之定義，列舉有關他方當事人利害之約定，如按其情形顯失公平者，明定該部分之約定為無效。因此第二四七條之一規定：依照當事人一方預定用於同類契約之條款而訂定之契約，為左列各款之約定，按其情形顯失公平者，該部分約定無效：

1. 免除或減輕預定契約條款之當事人之責任者。
2. 加重他方當事人之責任者。
3. 使他方當事人拋棄權利或限制其行使權利者。
4. 其他於他方當事人有重大不利益者。

二、契約之確保

(一)定　金

定金云者，謂因訂立契約，由當事人一方，交付他方之金錢或其他代替物也。定金之交付，多見於雙務契約，故支付定金之當事人，同時為債權人及債務人。交付定金之目的，大別為四：①成約定金，謂以定金為契約成立之要件。②證約定金，謂以定金為契約成立之證明。③違約定金，謂以定金為契約不履行之損害賠償。④解約定金，謂以定金為自由解除契約之對價。實務上認有「解約定金」之存在，係以定金為保留解除權之代價，定金付與人固得拋棄定金以解除契約，定金收受人亦得加倍返還定金以解除契約，惟此項解除須於相對人著手履行前為之；相對人已著手履行時，則不得再為此項解除權之行使（七二臺上八五）。至於定金之效力如下：

1. **契約視為成立**　訂約當事人之一方，由他方受有定金時，推定其契約成立（第二四八條）。定金苟有交付，不問種類如何，推定契約即屬成立。

2. **契約不能履行時賠償額之預定**　定金之交付，除當事人另有約定外，依第二四九條規定，應為契約不能履行時最低賠償額之預定。故發生左列效果：

(1)契約履行時，定金應返還或作為給付之一部。

(2)契約因可歸責於付定金當事人之事由，致不能履行時，定金不得請求返還，應視為損害之法定賠償額。

(3)契約因可歸責於受定金當事人之事由，致不能履行時，該當事人應加倍返還其所受之定金，以此視為損害之法定賠償額。所謂不能履行，必須於契約成立後發生給付不能之情形，始足當之。如所訂契約之標的並非不能履行，而僅其品質或規格與約定內容不符者，僅生債務人應否負物之瑕疵擔保責任問題，此與本條款所謂「不能履行」之情形不同（六九臺上三九三五）。

(4)契約因不可歸責於雙方當事人之事由，致不能履行時，定金應返還之。蓋契約之履行不能，雙方當事人均無過失，原應免責（第二二五條一項，第二六六條一項），故應返還定金，不生損害賠償問題。

(二)違約金

違約金者，約定債務人不履行債務時，所應支付之金錢也。違約金通常依契約定之，論其性質，可分為二：一為固有之違約金，以之為債務不履行之制裁。二為賠償額之預定，以之為損害賠償額之預定。當事人得約定債務人於債務不履行時，應支付違約金（第二五〇條一項）。約定違約金之目的如何，應依當事人之意思定之；如無特別約定，視為因不履行所生損害之賠償總額。分述違約金之效力如左：

1.**為債務不履行時所應支付之違約金**　違約金除當事人另有訂定外，視為因不履行而生損害之賠償總額（第二五〇條二項前段）。在此情形，債權人於債務不履行時，或請求支付違約金，或請求履行主債務，必須選擇其一，不得併為請求。蓋債務不履行之損害賠償，即所以代債務之履行，兩者在性質上不得併存故也。

2.**為債務不適當履行時所應支付之違約金**　當事人約定，如債務人不於適當時期或不依適當方法履行債務時，即須支付違約金者，債權人除得請求履行債務外，違約金視為因不於適當時期或不依適當方法履行債務所生損害之賠償總額（第二五〇條二項後段）。此等情形，債權人於債務不履行時，除請求支付違約金外，並得請求履行主債務，或請求不履行之損害賠償。此種賠償額預定之違約金，不過約定賠償不完全履行所生損害，債權人雖併為請求，亦非享受二重利益。

違約金有賠償性違約金及懲罰性違約金，其效力各自不同。前者以違約金作為債務不履行所生損害之賠償總額，後者以強制債務之履行為目的，確保債權效力所定之強制罰，於債務不履行時，債權人除得請求支付違約金外，並得請求履行債務或不履行之損害賠償。當事人約定之違約金究為何者，應依當事人之意思定之，如無從認定，則依第二五〇條第二項規定，視為賠償性違約金（八六臺上一六二〇）。

約定之違約金額過高者，法院得減至相當之數額（第二五二條）。又債務已為一部履行者，法院得比照債權人因一部履行所受之利益，減少違約金（第二五一條）。良以關於履行部分，防止債權人享受二重利益也。實務認為，當事人約定契約不履行之違約金過高者，法院固得以職權減至相當之數額，惟是否相當，仍須依一般客觀事實、社會經濟狀況及當事人所受損害情形，以為酌定標準。而債務已為一部履行者，亦得比照債權人所受利益減少其數額（四九臺上八〇七）。此項違約金之約定，雖不因契約之解除而隨同消滅，惟依第二六〇條規定意旨推之，其因契約解除所生之損害，自屬不在斟酌之列。

第二五〇條至第二五二條之規定，於約定違約金時，應以金錢以外之給付者，準用之（第二五三條）。

三、契約之解除

㈠契約解除之意義

契約之解除者，乃有解除權之一方向他方為意思表示，使已成立之契約，溯及既往而歸於消滅之行為也。故解除契約為當事人一方解除權之行使，而解除權為形成權之一種，解除權一經行使，契約即自始歸於消滅。且解除權係由債權關係而發生，為從權利，不得獨立轉讓。

解除與下列法律行為，甚相類似，實則不同：

1. 解除與撤銷

⑴同點：均在使契約所生效力，自始全歸消滅（第一一四條一項，第二五九條）。

⑵異點：

解除	撤銷
①有法定及約定解除權。	①僅有法定撤銷權。
②多因當事人一方不履行債務，其解除原因，全為契約成立後新生之事實。	②乃因錯誤、詐欺、脅迫等項，其撤銷原因，則為契約成立時存在之事實。

③除約定解除外，以給付遲延及給付不能為原因。	③通常以意思表示有瑕疵為原因。
④解除之效果，依回復原狀之規定。	④撤銷之效果，當事人間之返還義務，依不當得利之規定。
⑤限於契約始能發生。	⑤契約或單獨行為均可發生。

2.解除與解除條件

(1)同點：附有解除條件之契約，因條件成就失其效力，與契約之解除，使契約所生效力全歸消滅，二者相同。

(2)異點：

解除	解除條件
①必須以意思表示為內容。	①得以意思表示為內容，亦可以自然事實為內容。
②解除在使契約所生效力，自始全歸消滅，故有溯及力。	②解除條件成就，苟無特約，並無溯及力。
③雖有解除原因發生，而行使與否，則隨解除權之意思。	③解除條件成就，當然失其效力，毋庸表示解除之意思。
④契約之解除，其債權人得更請求損害賠償。	④解除條件為當事人約定，苟無特約，不得請求賠償。

⑤返還義務之範圍，依回復原狀之規定。	⑤解除條件成就，失其效力時，返還義務之範圍，則依不當得利之規定。

3. **解除與撤回**

(1)同點：均使法律行為之效力，歸於消滅。

(2)異點：

解除	撤回
①解除權有法定與約定之分。	①撤回權應依法律規定。
②消滅已生效力之法律行為。	②消滅未生效力之法律行為。
③須向他方當事人以意思表示為之。	③不以意思表示為限。
④解除之原因，多為給付遲延及給付不能。	④撤回之原因，在於法律行為之本身。
⑤解除有溯及效力。	⑤撤回對於將來生效。

(二)解除權之發生

1. 約定解除權　契約當事人，得約定保留解除權，以解除契約。因契約既由雙方合意而成立，自得由雙方合意，使歸消滅。此項約定保留，無論為雙務契約或片務契約，均得為之。約定解除權之行使方法及效果，得由當事人自由定之，如未約定，則依第二五七條以下之規定。

2. **法定解除權**　解除權之發生，由於法律規定者，即為法定解除權。情形有二：①一般解除權，乃規定各種契約共同之解除原因。例如第二五四條至第二五六條是。②特種解除權，乃規定某種契約特有之解除原因。例如第二五九條，第四九四條，第四九五條是。

一般解除權之法定原因，分別言之：

⑴因給付遲延之解除　債務人遲延給付時，債權人得解除契約。蓋以給付遲延，債權人雖得聲請強制執行（第二二七條），並請求賠償因遲延所生之損害（第二三一條），如遲延後之給付於債權人無利益者，債權人並得拒絕給付，而請求全部不履行之損害賠償（第二三二條）。但此等方法，債權人仍不能免自己之給付，故法律更賦與解除權，用以保護債權人。論其情形，大別為二：

①非定期之行為　契約當事人之一方遲延給付者，他方當事人得定相當期限，催告其履行，如於期限內不履行時，得解除契約（第二五四條）。此等情形，債務人如於債權人所定期限內不履行時，債權人即取得解除權。惟此時債權人仍不失其履行請求權，債權人或請求本來之履行及遲延賠償，或於第二三二條情形請求代履行之損害賠償，或解除契約，三者之中，任擇其一。至債權人取得因遲延給付之解除權後，債務人提出給付時，債權人是否尚得行使其解除權？民法雖無明文，但解除權發生後未行使前，契約依然存續，而此時之解除，依以遲延給付為理由，其遲延之效果，因提出給付而消滅之後，自不得再行解除。

關於第二五四條所定非定期行為給付遲延之解除契約，實務見解如左：

a. 契約當事人之一方因他方遲延給付而催告其履行時，倘同時表明如於期限內不履行即解除契約，即係於催告之同時，表示附有停止條件之解除契約之意思表示，倘他方當事人未依限履行，則停止條件成就，解除契約之意思表示發生效力，毋須另為解除契約之意思表示（八六臺上二〇一二）。

b.給付無確定期限者，債務人於債權人得請求給付時，經其催告而未為給付，自受催告時起，負遲延責任，而債權人非因債務人遲延給付當然取得契約解除權，仍須定相當期限催告其履行，於期限內不履行時，始得解除契約（八六臺上三三三一）。

c.契約之合意解除為契約行為，法定解除則為單獨行為，其發生效力與否，端視有無法定原因之存在，既無待他方當事人之承諾，更不因他方當事人之同意或不反對而成為合意解除（八六臺上三三〇〇）。

②定期之行為　依契約之性質或當事人之意思表示，非於一定時期為給付，不能達契約之目的，而契約當事人之一方，不按照時期給付者，他方當事人，得不為前條之催告，解除契約（第二五五條）。所謂定期行為，言以一定時期為履行期，且為契約要件，而過期履行，則不能達契約之目的。例如定期宴客而包訂筵席，定製慶祝國慶牌坊，及趕時間而包租汽車等是。此種債務，如其遲延給付，債權人固得拒絕，並請求賠償因不履行而生之損害（第二三二條），但在雙務契約，仍不能免自己之給付，故法律規定其更得解除契約，使之回復原狀（第二五九條）。

⑵因給付不能之解除　因可歸責於債務人之事由，致給付不能者，債權人得解除契約（第二五六條）。此種解除權，得不經催告而解除契約，此點與第二五四條之情形有異。蓋在給付不能，雖經催告，亦屬無益也。在給付全部不能時，債權人固得請求損害賠償，但在雙務契約，債權人仍應為對待給付，因使債權

人得解除契約，以免除自己之對待給付。給付一部不能而其他部分之履行，於債權人無利益時，債權人得拒絕該部之給付，請求全部不履行之損害賠償（第二二六條），在此情形，債權人得解除全部契約。如一部不能而其他部分於債權人仍有利益時，債權人不得拒絕該部之給付，祇得將不能之一部解除而已。因之，債權人於有第二二六條因可歸責於債務人之事由，致給付不能之情形，得解除契約。又契約一經解除，與契約自始不成立生同一效果，故因契約所生之債權債務，溯及當初全然消滅，其已由他方所受領之給付物，依第二五九條第一款之規定，自應返還（四〇臺上一〇二〇）。故依第二五六條規定，債權人於有第二二六條之情形時，得解除契約，已如前述。蓋在雙務契約，債權人解除契約即可免除自己之對待給付，但債權人不解除契約而逕請求不履行之損害賠償，亦非法所不許（八五臺上一五七九）。

(3)因給付不完全之解除　給付不完全而可能補正者，應類推適用第二五四條之規定，債權人得定相當期限催告其補正，逾期不為補正時，得解除契約。給付不完全而不能補正者，應適用第二五六條解除契約。此等情形，必以該不完全給付因可歸責於債務人之事由致不能補正，而陷於給付不能者始得為之。

(三)解除權之行使

解除權之行使，應向他方當事人以意思表示為之（第二五八條一項）。故因一方之意思表示而生效力，為形成權，且係單獨行為。如契約當事人之一方有數人者，解除之意思表示，應由其全體或向其全體為之（同條二項）。蓋以數解除權中之一人，獨自解除契約，又或僅對於他方數人中之一人，行使解除權，必至關係複雜，殊多不便。故規定應由其全體或向其全體為之，是為「解除權不可分之原則」。至解除契約之意思表示，不得撤銷（同條三項），良以解除之意思表示如得任意撤銷，有使法律關係不能確定，而影響交易之安全。惟如有法定撤銷事由（第八八條，第九三條），仍許撤銷。又第二五八條第一項係就契約有法定之解除原因，而行使其解除權之情形所為規定，如契約附有解除條件，則條件成就時，契約當然失其效力，無待於當事人解除權之行使（六〇臺上四〇〇一）。

契約之一方違約時，他方得解除或終止契約，此項解除及終止權之行使固屬於他方，惟在他方解除或終止契約前，契約仍屬存在，契約當事人自應同受契約之拘束，他方仍應依債務之本旨履行其債務，如因他方亦因違約而發生解除或終止契約之原因者，契約之一方亦得據以解除或終止契約，不因契約之一方曾經違約，即謂其不得行使此契約解除或終止權（八五臺上一四一六）。

㈣契約解除之效力

1. **回復原狀** 契約一經解除，即與契約自始不成立生同一結果，故因契約所生之債權債務，溯及當初全然消滅，當事人雙方，負回復原狀之義務。惟契約之解除，不過僅生原狀回復之義務而已。故解除祇生債權之效力，並不生物權的效力。蓋債權契約，與履行該契約之給付行為，彼此獨立；即債權契約因解除消滅時，給付行為，並不因此失其效力，不過給付行為，致失所以為其給付之原因，原領受人應負返還之義務而已。因此，本於債權契約而成立物權移轉契約後，如有解除契約之原因，固得將該債權契約解除，惟債權契約解除時，因物權行為具有獨立性及無因性，物權契約自不因而失其效力，僅依第二五九條第一款之規定，受物權移轉之一方，負有將該物權移轉於他方，以回復原狀之義務，而不得訴請塗銷原已辦理之物權登記（八四臺上二八五八）。

解除契約，當事人如已履行其債務，則他方之受領給付，即失其法律上之原因，依不當得利之原則，自得請求返還，然其請求返還，何以另設第二五九條之規定，使其負回復原狀之義務？考其理由有二：①不當得利，以使受益人將其所受之利益或現存之利益，返還於相對人為目的，他方之財產狀態，是否因此回復原狀，可以不問。而解除契約，其返還目的，則在使他方之財產上狀態，回復未解約以前原狀，此二種返還義務之範圍，非必一律。②不當得利，受領給付物之一方為善意時，其返還範圍僅以現存利益為限；而契約解除，當事人受領給付物均為善意，其物雖已滅失，受領人有無過失，均負償還價額之義務。故契約解除其返還義務之範圍，民法不依不當得利一般之原則定之，特使負回復原狀之義務，蓋必如此，始適於解除之目的也。

又契約之合意解除與法定解除權之行使性質不同，效果亦異。前者為契約行為，即以第二次契約解除第一次契約，其契約已全部或一部履行者，除有特別規定外，並不當然適用第二五九條關於回復原狀之規定。後者為單獨行為，其發生效力與否，端視有無法定解除原因之存在，既無待他方當事人之承諾，更不因他方當事人之不反對而成為合意解除（六三臺上一九八九）。

契約無效，乃法律上當然且確定的不生效力，其當事人於行為當時，知其無效或可得而知者，應負回復原狀或損害賠償之責任。至契約之解除，乃就現已存在之契約關係而以溯及的除去契約為目的，於契約解除時，當事人雙方均有回復原狀之義務，故契約無效與契約解除，性質上並不相同（四九臺上一五九七）。

契約解除時，當事人雙方回復原狀之義務，除法律另有規定或契約另有訂定外，依左列之規定（第二五九條）：

①由他方所受領之給付物，應返還之。

②受領之給付物為金錢者，應附加自受領時起之利息償還之。

③受領之給付為勞務或為物之使用者，應照受領時之價額，以金錢償還之。

④受領之給付物生有孳息者，應返還之。

⑤就返還之物，已支出必要或有益之費用，得於他方受返還時所得利益之限度內，請求其返還。

⑥應返還之物有毀損滅失，或因其他事由，致不能返還者，應償還其價額。

2. **損害賠償** 解除權之行使，不妨礙損害賠償之請求（第二六〇條）。此之所謂損害賠償，係指債務不履行之損害賠償而言。債權人一方解除契約，請求回復原狀，而於債務不履行之損害賠償，仍得請求。所稱不妨礙損害賠償之請求，並非積極的承認新的賠償請求權，乃使因債務不履行所生之舊賠償請求權，不因解除而失其存在，仍得請求而已。故因契約消滅所生之損害，並不包括在內，因該條所規定之損害賠償請求權，係專指債務不履行之損害賠償而言（五五臺上二七二七）。第二六〇條固規定解除權之行使，不妨礙損害賠償之請求，但此所謂損害賠償，係指債務人債務不履行，給付不能或遲延給付，因債權人解除契約時，債權人已經發生之損害賠償而言。故契約之解除，如係基於契約當事人兩造之合意，除另有特約外，當事人之一方自不得本於合意解除，再依第二六〇條請求損害賠償（七二臺上三六七八，七四臺上一〇七一）。其賠償之範圍，應依一般損害賠償之法則，就所受損害及所失利益，均得請求（第二一六條）。

3. **雙務契約規定之準用** 當事人雙方因解除契約，互負回復原狀之義務，或互負損害賠償之義務時，其相互義務之關係，適與雙務契約同，故準用第二六四條同時履行抗辯及第二六七條危險負擔之規定（第二六一條）。

㈤解除權之消滅

1. **期間之經過** 解除權之行使，未訂有期間者，他方當事人得定相當期限，催告解除權人於期限內確答是否解除，如逾期未受解除之通知，解除權即消滅（第二五七條）。

2. **解除權人之過失** 有解除權人，因可歸責於自己之事由，致所受領之給付物有毀損滅失或其他情形，不能返還者，解除權消滅（第二六二條前段）。所謂可歸責於自己之事由，指解除權人之故意過失而言。若雖有返還不能情事，而非出於解除權人之故意過失者，解除權並不消滅。

3. **給付物之變更** 有解除權人，因加工或改造，將所受領之給付物，變其種類者，解除權消滅（第二六二條後段）。至其種類有無變更，應依交易上之觀念決之。

㈥契約之終止

契約之終止者，使契約嗣後歸於消滅之行為也。終止契約，由當事人約定者，從其約定；依法律規定者，例如第四二四條，第四三五條情形，則須依第二六三條規定終止之。終止權之行使，應向他方當事人以意思表示為之，當事人一方為多數者，應由其全體或向其全體為之，謂之終止權之不可分性。此項意思表示，不得撤銷（第二六三條準用第二五八條）。終止契約，自終止時起發生效力，即不發生回復原狀之問題。至於終止時，得併行請求損害賠償，則與解除時無異（第二六三條準用第二六〇條）。

契約解除與契約終止，二者異同，比較如下：

⑴同點：

①形成權，因一方之意思表示而生效力，故為單獨行為。

②行使之方法，應向他方當事人以意思表示為之，此項意思表示不得撤銷。

③解除或終止權之行使，不妨礙損害賠償之請求。

(2)異點：

契約解除	契約終止
①解除之效力，使契約所生效力，自始消滅，故有溯及力。	①終止之效力，僅使契約所生效力，嗣後消滅，故無溯及力。
②已為給付者，因喪失給付之原因，雙方當事人有回復原狀之義務。	②自終止時起發生效力，而以前之債權債務關係，不受影響。
③以雙務契約為主要對象。	③適用於繼續的契約關係。
④解除權之發生，以債務不履行為主。	④終止權之發生，依種種理由而生。

四、雙務契約之效力

雙務契約者，乃雙方當事人因對價關係，互負義務互享權利之契約也。故雙務契約之效力，在使雙方當事人，互負債務，互有債權，而其債權債務，並須立於對價關係。同時雙方給付有交換利益之目的，故在行使上及存續上，發生牽連關係，此種牽連，不外兩種情形：一為行使上之牽連，即同時履行抗辯之問題；一為存續上之牽連，即危險負擔之問題。

㈠同時履行抗辯權

1. 同時履行抗辯權之性質

同時履行抗辯權者，雙務契約當事人之一方，於他方當事人未為對待給付前，得拒絕自己給付之權利也。依第二六四條第一項：「因契約互負債務者，於他方當事人未為對待給付前，得拒絕自己之給付。」在此情形，無須自己先行提出給付，或先為給付，方得請求他方為對待給付。一方當事人儘可先向他方請求給付，惟他方得以其未為對待給付為抗辯，而拒絕給付。得為此種抗辯之權利，謂之同時履行抗辯權。

同時履行抗辯權與留置權，就拒絕自己之給付言之，似頗相類，但兩者之性質效力等項，均不相同：

同時履行抗辯權	留置權
①債權，以拒絕相對人之請求為內容，僅得對抗特定之人。	①物權，以物之支配為內容，具有排他性，對任何人均得主張。
②所保護之債權，限於雙務契約之對待債權。	②凡與占有動產有牽連關係之債權，均在保護之列。
③以給付之交換為目的。	③以債權之擔保為目的。
④在促使雙方交換履行，故除他方財產顯然減少，有難為對待給付之情形外，不許提出擔保，使歸消滅。	④目的在確保債權之履行，故許債務人提出相當擔保，使留置權消滅。
⑤得拒絕之給付，其種類並無限制。	⑤以動產為限。
⑥以同一雙務契約而生之二個債權為必要。	⑥以關於動產而生之債權為已足。

⑦僅得暫時拒絕他方之請求。

⑦他方如不清償，得就標的物受償。

2. **同時履行抗辯權之成立要件**

⑴須因雙務契約互負債務　當事人雙方，須因雙務契約互負債務，其一方被請求時，始有適用。二人互負債務，非因同一之雙務契約而發生，或因同一之雙務契約而發生，然其一方為從屬之給付，與他方之給付，並無對價關係者，均無從適用同時履行之抗辯（五九臺上八五〇）。例如有償委任，委任人雖不償還受任人支出之費用，受任人亦不得以此為理由，拒絕處理委任事務是。

⑵須雙方各無先為給付之義務　祇請求人自己有先為給付之義務時，無同時履行之抗辯權（第二六四條一項但書）。故同時履行抗辯權，須雙方債務均屆清償期時，始能發生。惟當事人之一方，應向他方先為給付者，如他方之財產於訂約後顯形減少，有難為對待給付之虞時，於他方未為對待給付或提出擔保前，得拒絕自己之給付（第二六五條）。蓋所以保障有先為給付義務者之利益也。

⑶須他方未依債務之本旨為給付　他方債務人未為給付，或未為全部之給付，或給付不完全，均得提出同時履行之抗辯。惟他方當事人已為部分之給付時，依其情形，如拒絕自己之給付，有違背誠實信用之方法者，不得拒絕自己之給付（第二六四條二項）。蓋任何權利之行使，應依誠實及信用之方法。故如繼續的供給契約（租賃、僱傭），各當事人得以他方當事人前期未為對待給付之理由，而拒絕自己後期之給付。

3. **同時履行抗辯權之效力**

⑴同時履行抗辯權之行使，祇能暫時得拒絕自己給付之權利，並非否認他人之權利。故於他方當事人

未為對待給付前，得拒絕自己之給付（第二六四條一項）。

⑵同時履行抗辯權，必須當事人援用，始能生效。故在訴訟上，被告不為主張，法院即應為原告勝訴之判決；如其主張，法院亦不得為原告敗訴之判決，仍應諭知原告勝訴，而為交換給付之判決。蓋必如此，始可保持雙務契約雙方當事人債務履行上之牽連關係（二九上八九五，三九臺上九〇二）。

⑶債務人享有同時履行抗辯權者，在未行使此抗辯權以前，仍可發生遲延責任，必須行使以後，始能免責（五〇臺上一五五〇，七一臺上三九八六，七二臺上一七六〇）。蓋債務人如具備給付遲延之要件，即應負遲延責任，而同時履行抗辯權，則必須債務人援用，始得發揮作用，雖有此抗辯權，而並不行使，則無以阻卻給付遲延之責任。

㈡雙務契約上給付不能之效力

給付不能，在第二二五條及第二二六條已有規定，但此僅就債務人一方而言。若雙務契約，雙方當事人皆為債務人及債權人，一方之給付不能時，他方之給付，應生如何影響，民法對於此一問題，設有左列規定：

1.因不可歸責於雙方當事人之事由致給付不能時

因不可歸責於雙方當事人之事由，致一方之給付不能時，他方是否免為對待給付之義務，即為危險負擔之問題。所謂不可歸責於雙方當事人之事由，通常指事變、不可抗力或第三人之故意過失而言。在此情形，依第二二五條規定，債權人免給付義務。一方因給付不能而免其債務時，若不得對於他方請求對待給付，此為債務人負擔危險；反之，若仍得對於他方請求對待給付，則為債權人負擔危險。民法上危險負擔之規定，關於一般雙務契約，由債務人負擔危險（第二六六條）；關於特定物之買賣契約，則由所有人負擔危險（第三七三條）。

因不可歸責於雙方當事人之事由，致一方之給付全部不能者，他方免為對待給付之義務，如僅一部不能者，應按其比例，減少對待給付（第二六六條一項），由此以觀，不能給付之危險，應由債務人負擔。故他方未履行對待給付之義務時，嗣後無須再為履行，若已為全部或一部之對待給付，則有不當得利之返還請求權（同條二項）。但明知給付不能而為對待給付者，無返還請求權（第一八〇條三款）。

2. 當事人之一方因可歸責於他方之事由致給付不能時

當事人之一方，因可歸責於他方之事由，致給付不能者，得請求對待給付（第二六七條）。此之所謂他方當事人，係指債權人而言。因可歸責於債權人之事由致給付不能，亦即因不可歸責於債務人之事由致給付不能。在此情形依第二二五條規定，債務人免給付義務，而對於他方債權人，依第二六七條規定，仍得請求對待給付。惟其因免給付義務所得之利益或應得之利益，均應由其所得請求之對待給付中扣除之（第二六七條但書）。所謂所得之利益，例如因免給付義務所節省之費用是。所謂應得之利益，即應可取得之利益，而實際怠於取得是。蓋債務人若保有此種利益，即生不當得利之結果也。

所謂可歸責於他方債權人之事由，不可解為債權人之過失。良以債權人並不負何種義務，對於債務人之為給付，亦無何種應為之注意可言。故可歸責於債權人者，乃足害債務人給付可能之狀態也。舉其情形，略有數項：

⑴債權人之侵權行為，致債務人給付不能者。例如債權人將給付標的物毀損是。

(2)給付兼須債權人之行為而不行為，致債務人給付不能者。例如僱用木工而未準備材料是。

(3)債權人就債務人應給付之標的物，因他種關係負有義務，而違反此義務，致債務人給付不能者。例如承租人違背保管之注意義務，租賃物被盜，以致出租人不能供其使用收益是。

(4)債權人受領遲延後，始因不可歸責於雙方當事人之事由，致給付不能者。例如給付蘋果，因債權人拒絕受領，致已敗壞是。

因可歸責於債權人之事由，致不能給付者，無論其為全部不能或一部不能，債務人均得請求全部之對待給付。故在繼續的債之關係，因可歸責於債權人之事由，致某期間不能給付時，債務人仍得請求全部之對待給付。例如僱用人傷害受僱人，致令一時不能服勞務時，受僱人仍得請求全部之報酬。

3.因可歸責於債務人之事由致給付不能時

雙務契約之一方債務人，因歸責於自己事由，致給付不能時，債權人或依第二二六條之規定，向債務人請求損害賠償，或依第二五六條及第二六〇條解除契約，並請求損害賠償。

4.因可歸責於雙方當事人之事由致給付不能時

此種情形，民法雖無明文，但應解為可歸責於債務人之事由致給付不能，從而債權人或依第二五六條解除契約，並請求已發生之損害賠償，或依第二二六條之規定，請求損害賠償。債權人擇行損害賠償時，法院得依第二一七條過失相抵之規定，減輕賠償金額或免除之。

五、涉他契約

(一)第三人負擔契約

第三人負擔契約，又稱「約由第三人為給付之契約」，乃契約當事人之一方，約由第三人對於他方為給付之契約（第二六八條前段）。負有使第三人對債權人為給付者，為債務人；享有請求債務人對其為給付者，為債權人；又契約所指定為給付之人，即為第三人。例如甲與乙訂立契約，負擔由丙為乙給付花籃之債務是。

1. 第三人負擔契約之性質

此種契約，其當事人仍為訂約雙方，第三人則非契約當事人；故第三人對於契約之當事人，並不因此契約而發生任何權利義務關係，僅以第三人之給付行為為標的而已。一般契約，除給付不能得請求損害賠償外，遲延給付及不完全給付，尚得請求履行，並須因可歸責於債務人之事由，始能免責。而第三人負擔契約，無論給付不能，遲延給付及不完全給付，均祇得請求損害賠償，且不以可歸責於債務人為免責之要件。

第三人負擔契約與保證契約，均係擔保第三人為給付之契約，但有區別：

第三人負擔契約	保證契約
①以擔保第三人給付為內容，僅為一個獨立契約。	①乃從契約，與主債務契約，為二個債之關係。
②第三人非契約當事人，其債之關係僅發生於契約當事人之間。	②保證人負有擔保主債務人履行債務之責任。

③債權人祇得請求債務人使第三人為給付，不得直接向第三人請求給付。	③債權人應向主債務人請求給付，主債務人不履行債務時，方由保證人代負履行責任。
④第三人不為給付時，債務人應負損害賠償責任，此為獨立之債務。	④主債務人不履行時，由保證人負代為履行之責，故為從債務。

2. 第三人負擔契約之效力

債務人於第三人不為給付時，應負損害賠償責任（第二六八條後段）。蓋此種契約，僅在當事人之間，約由第三人為給付，其所生效力，僅限於當事人間，並不及於第三人，故債務人於第三人不為給付時，無論其事由如何，均應負損害賠償責任。在此情形，固為絕對責任，但有特約者，不在此限。

債務人所負責任，固為損害賠償，並非本來給付。如給付之內容，非有專屬性者，應解為得由債務人代為給付，以期免責。且在第三人負擔契約，不以可歸責於債務人為免責之要件，蓋以第三人行為之性質，係事變之一種，對於債務人原則上為不可歸責。是其不以不可歸責於債務人之事項為標的，如須可歸責於債務人方使負責，即所有第三人不給付之事由，均屬不可歸責，債務人將無負責之可能故也。

㈡第三人利益契約

第三人利益契約，又稱「為第三人之契約」，乃當事人之一方，約使他方向第三人為給付，第三人即因此取得直接請求給付權利之契約。此種契約之特點，即在第三人對於債務人直接取得債權。例如保險契約，使受益人取得保險金請求權；運送契約，使受貨人直接對於運送人取得權利等是。

1. **第三人利益契約之要件**

(1)須約由當事人一方向第三人為給付　在以契約訂定向第三人為給付(第二六九條一項前段)，此約向第三人為給付者，即為債務人，至其給付之種類，則無限制。

(2)須第三人對於債務人取得直接請求給付之權利　係使第三人因此契約，對於債務人，取得直接請求給付之權利(第二六九條一項後段)。故第三人對於該項契約，不必承諾，即得向債務人請求給付。

(3)第三人取得之權利限於債權　第三人取得之權利，僅為債權，而非物權。蓋在物權契約，以移轉或登記為生效要件，不因當事人間之意思表示，而生取得物權之效力。

(4)要約人須有得請求債務人向第三人為給付之權利　第三人利益契約，在要約人約使債務人向第三人為給付，故第三人得請求債務人向第三人為給付(第二六九條一項中段)。

2. **第三人利益契約之效力**

(1)對於第三人之效力　第二六九條第一項規定：「以契約訂定向第三人為給付者，其第三人對於債務人，有直接請求給付之權」，是此契約最主要之特徵。故第三人之取得權利，並不以第三人之承諾為要件，更非繼承要約人之權利，乃當然直接取得權利。第三人對於契約之債務人，直接處於債權人之地位，凡一般債權人所有之權能，如讓與債權，供為抵銷，免除債務，債務人不履行時請求損害賠償，第三人皆得為之。但第三人僅有債權人之權能，非有契約當事人之權能，故本於契約之權利，如撤銷或解除契約，不得行使。

第三人未表示享受其利益之意思前，契約之當事人得變更其契約或撤銷之(第二六九條二項)。故第三人之權利，雖由契約直接取得，但在未有受益表示前，尚未確定。且第三人之權利，雖因當事人間之契約而發生，惟第三人對於當事人之一方，表示不欲享受其契約之利益時，視為自始未取得其權利（同條三項）。蓋第三人既表示不欲受益，自不宜強使享有權利，此種意思，向當事人一方表示，即生效力。

⑵對於要約人之效力　第三人利益契約，其當事人為要約人及債務人。故要約人對於債務人，有請求其向第三人為給付之權利（第二六九條一項）。惟要約人之債權，與第三人之債權，兩者內容各別，即第三人得請求債務人向自己為給付，而要約人僅得請求債務人向第三人為給付，不得請求其向自己為給付。故債務人不履行其債務時，第三人得請求賠償未向自己給付所生之損害，而要約人則請求賠償未向第三人給付所生之損害。

第三人已為受益之意思表示後，債務人不履行債務，或因可歸責之事由致履行不能時，除原有特別訂定或第三人同意外，要約人不得解除契約。蓋第三人取得之權利，因第三人之受益意思表示，業已確定，故禁止之。

⑶對於債務人之效力　債務人因第三人利益契約，對於第三人直接負擔債務（第二六九條一項後段），但債務人得以由契約所生之一切抗辯，對抗受益之第三人（第二七〇條）。蓋第三人雖獨立取得權利，而其權利之取得，乃本於契約，自不得脫離契約所生之瑕疵，故債務人本於契約得對抗要約人之抗辯，均得以對抗第三人。所謂由契約所生之抗辯，例如同時履行抗辯，契約無效，得撤銷或期限未屆至等項，均得為之。

對於要約人之抗辯，由契約以外原因所生者，債務人不得以之對抗第三人。例如以對於要約人之債權為原因之抵銷抗辯，以要約人免除債務為理由之債務消滅抗辯等是。又無效或撤銷，依一般原則，不得對抗善意第三人（第八七條一項，第九二條二項），惟在第三人利益契約之情形，債務人仍得對抗受益之善意第三人。蓋第三人之取得權利，由契約直接發生，應以當事人間契約之有效成立為絕對要件也。

3. **補償關係與對價關係**

(1) 補償關係　為要約人與債務人間之關係，即要約人所以約使債務人向第三人為給付之原因關係。例如要約人與債務人有買賣關係，另行約定使債務人將價金向第三人為給付是。此種基礎行為與第三人利益契約，不論同時成立或先後成立，應認為一個行為，與第三人利益契約構成整個契約之一部分。

(2) 對價關係　為要約人與第三人間之關係，即要約人所以行使第三人取得債權之原因關係。例如要約人向第三人為贈與，使其取得債權是。此種原因關係之成立或有效與否，對於第三人利益契約之效力，毫無影響。蓋此種契約，訂立於要約人與債權人之間，自非要約人與第三人間之關係所得左右。惟對價關係不存在時，要約人對於第三人，得依不當得利之規定，請求返還。

第五章　多數債務人及債權人

第一節　可分之債

可分之債者，以可分給付為標的，而以其給付，分割於各債權人或債務人間之多數主體之債也（第二七一條）。可分之債之標的，為可分之給付，若給付本不可分而嗣後變為可分者，亦為可分之債（第二七一條後段）。例如甲乙丙三人共同向丁購買貨物，應付價金三萬元，謂之數人負同一債務，即係可分債務；又如甲乙丙三人共同借款三萬元與丁，謂之數人有同一債權，即係可分債權。

可分之債，具備成立要件時，發生左列效力：

㈠**對外效力**

1. **債權債務各自獨立**　可分之債，係各自獨立之數個債之關係。如債權人為多數時，各債權人惟就其自己部分行使其權利；債務人為多數時，債務人惟就其自己部分負擔債務。故債務人中一人或債權人中一人所生事項，如清償、給付不能、履行遲延、受領遲延及免除債務等項，對於他債權人或債務人，均不生效力。

2. **在同一給付標的上仍互相牽連**　可分之債，係以同一給付為標的，多出於同一之原因，其相互間不無關聯。例如買賣契約，買受人中之一人不支付價金時，出賣人得提出同時履行之抗辯（第二六四條）。如欲解除契約，則應由其全體或向其全體，以意思表示為之（第二五八條二項）。

3. **平等分析** 可分之債，除法律另有規定或契約另有訂定外，應各平均分擔或分受之（第二七一條中段）。所謂平均分擔，即各債務人僅就自己部分，負給付義務，其他債務人縱不履行，與自己無涉。所謂平均分受，即各債權人僅就自己部分，有請求權，對於其他部分，則無請求權。

㈡ **對內效力**

可分之債，多數債務人或債權人之債務或債權，固以平均分擔或分受為原則，惟此僅適用對外關係。在當事人間，其分析比例若何，應依當事人間之特約或法律行為之性質定之，如無此項標準，則解為準用對外關係之規定，平均分擔或分受。又第二七一條規定數人負同一債務而其給付可分者，應各平均分擔之，此項可分之債，應於平均分擔後，各就其分擔之部分負清償之責，不能就他人於平均分擔後已清償之餘額，再主張平均分擔（六二臺上二六七三）。

第二節 連帶之債

連帶之債者，謂債的關係，以同一給付為內容，而有數債務人或數債權人，並僅因一個之全部給付，即使全體債的關係，歸於消滅也。其有數債務人時，各債務人對於債權人，各付全部給付責任，並可因一個之全部給付，即使全體債務關係，歸於消滅者，謂之連帶債務。其有數債權人時，各債權人對於債務人，各得為全部給付之請求，並可因一個之全部給付，即使全體債權關係，歸於消滅，謂之連帶債權。

連帶之債之主體為多數，而以同一給付為標的之多數之債，此與可分之債相同。惟連帶之債，其債務人對債權人各負全部給付之義務，債權人對各債務人有請求全部履行之權利；而可分之債，其債權人之權利與債務人之義務，應依其人數平均分受或分擔之。故連帶之債，其多數當事人間，互有連鎖關係，一債權人已受領給付或一債務人已為全部清償，他債權人之權利或他債務人之義務，因之消滅；若在可分之債，雖形式上有多數當事人，然其所享權利及所負義務，彼此各自獨立。

一、連帶債務

㈠連帶債務之意義

連帶債務者，數債務人對於同一給付，均須為全部之給付，而依一次之全部給付，各債務均歸消滅之多數主體之債也。第二七二條第一項規定，數人負同一債務，並對於債權人各負全部給付之責任者，為連帶債務。其成立要件為：①須有數債務人。②連帶債務須係數個債務。③數個債務須係同一給付。④數個債務須有同一目的。⑤數個債務之發生無須本於同一原因。⑥各債務人均負全部給付之義務。至於連帶債務之發生原因有二：

1. **法律行為**　數人負同一債務，明示對於債權人各負全部給付之責任者，為連帶債務（第二七二條一項）。在法律行為中，發生連帶債務者，通常固多為契約，然單獨行為，亦得發生。例如數繼承人，因遺囑對於遺贈清償債務，負連帶責任是。惟無論契約或單獨行為，必須有明示之意思表示，否則連帶債務不能成立。

2. **法律規定**　無前項之明示時，連帶債務之成立，以法律有規定者為限（第二七二條二項）。例如第二八條，第一八五條，第一八七條，第一八八條等是。

㈡連帶債務之效力

1. 債權人之權利

連帶債務之債權人，得對於債務人中之一人或數人或其全體，同時或先後請求全部或一部之給付（第二七三條一項）。準此以解，其結果如下：①債權人之選擇請求：債權人得就債務人中，自由選擇一人，向其請求全部或一部之給付，其受請求之債務人，不得主張分擔之抗辯。②債權人之同時請求：債權人得同時對於債務人中之一人或數人或全體，請求全部或一部之給付。③債權人之先後請求：債權人得先後對於債務人中之一人或數人或全體，請求全部或一部之給付。

連帶債務未全部履行前，全體債務人仍負連帶責任（第二七三條三項）。蓋各債務人均各負全部給付之責任，雖已履行一部，仍應就其餘額，負連帶責任。故對於債務人中之一人，已得有清償之確定判決後，在未受全部履行前，得更向他債務人起訴。

2. 就連帶債務人中一人所生事項之效力

依第二七九條規定，就連帶債務人中之一人所生之事項，除前五條規定或契約另有訂定者外，其利益或不利益，對他債務人不生效力。故就一債務人所生事項，對於他債務人，自以生相對效力為原則，惟連帶債務，雖為多數之債務，因有共同之目的，凡滿足此共同目的之事項，其效力應及於全體。故除法定或約定而生絕對效力者外，其他事項，均僅生相對效力。分別述之：

⑴絕對效力事項

①清償　因連帶債務人中之一人為清償而債務消滅者，他債務人亦同免其責任（第二七四條）。蓋連

帶債務既因清償達其共同目的，債權人已得滿足，不能再行請求。如清償債務之一部時，於其範圍內，他債務人免其責任。連帶債務人以外之第三人清償債務時，連帶債務消滅，各債務人均免其責任。

②代物清償或提存　因連帶債務人中之一人為代物清償或提存，而債務消滅者，他債務人亦同免其責任（第二七四條）。蓋代物清償或提存，均視同清償（第三一九條，第三二六條），故生絕對效力。

③抵銷　因連帶債務人中之一人為抵銷，債務消滅者，他債務人亦同免其責任（第二七四條）。蓋抵銷達到之結果，與清償無異，能使債權人得實質之滿足，應生絕對效力，惟此僅就一債務人以自己之債權而主張抵銷之情形而言。若一債務人，對於債權人有對待債權時，他債務人能否主張抵銷？就不得處分他人債權之理論言之，本屬不能主張抵銷。蓋連帶債務之目的，在確保債權之效力，使債權人得向任一債務人請求全部之給付，今許他債務人主張抵銷，即與許為一部清償無異，自以不許他債務人主張抵銷為當。惟自實際言之，先由清償連帶債務之債務人，向有債權之債務人請求償還其應分擔之部分，再由有債權之債務人向債權人請求清償自己之債權，實足增加訟累，故第二七七條規定，連帶債務人中之一人，對於債權人有債權者，他債務人以該債務人應分擔之部分為限，得主張抵銷，實本於便宜上理由，許他債務人主張抵銷也。

④混同　連帶債務人中之一人，因混同而消滅債務者，他債務人亦同免其責任（第二七四條）。按混同雖為債的關係之消滅原因（第三四四條），而債權人並未因此獲得滿足，本無生絕對效力之理。但混同如僅生相對效力，則混同之債務人，雖得以債權人資格，自他債務人領受全部清償，仍須以連帶債務人中之一員，向清償債務人償還自己分擔部分，法律關係益趨複雜，故特設便宜規定，使生絕對效力。例如甲乙

為連帶債務人，甲因混同而同時為債權人，如混同僅生相對效力，甲得向乙請求全部給付，乙再向甲請求償還其應分擔部分。若生絕對效力，則僅須由甲請求乙償還其應分擔部分已足。

⑤確定判決　連帶債務人中之一人受確定判決，而其判決非基於該債務人之個人關係者，為他債務人之利益，亦生效力（第二七五條）。所謂基於該債務人之個人關係者，例如債務人負擔債務之法律行為無效或撤銷之原因，致受敗訴之判決是。故除基於此外其他事由者，則對於他債務人，亦生效力。例如因連帶債務不成立，而受敗訴判決之債權人，向他債權人請求履行時，他債務人得援用該判決，拒絕履行。

⑥債務免除　債權人向連帶債務人中之一人免除債務，而無消滅全部債務之意思表示者，除該債務人應分擔之部分外，他債務人仍不免其責任（第二七六條一項）。情形有二：a.債權人向連帶債務人中之一人，已表示消滅全部債務之意思者，他債務人亦同免其責任。b.債權人向連帶債務人中之一人免除債務，而未表示消滅全部債務之意思者，則他債務人僅就已受免除之債務人應行分擔之部分免其責任而已。蓋免除債務，債權人並未因此獲得滿足，惟本於便宜上之理由，就該債務人應分擔部分，認他債務人亦同免其責任。

⑦時效完成　連帶債務人中之一人，消滅時效已完成者，準用關於免除之規定（第二七六條二項）。蓋消滅時效之完成，債權非得實質之滿足，故連帶債務人中之一人消滅時效已完成者，他債務人仍不得拒絕給付（第一四四條一項參照）。惟基於便宜上之理由，就該債務人應分擔之部分，認他債務人有拒絕給付之權，蓋在免求償之循環也。

⑧遲延受領　債權人對於連帶債務人中之一人有遲延時，為他債務人之利益，亦生效力（第二七八

條）。蓋受領遲延，不惟侵害債務人之權能，且他債務人亦無由享受清償免責之利益，故以生絕對效力為宜。

⑵相對效力事項

就連帶債務人中之一人所生之事項，除前五條規定或契約另有訂定者外，其利益或不利益，對他債務人不生效力（第二七九條）。分別言之：

①債務人之過失　連帶債務人中之一人有過失時，在他債務人僅為一種事變，僅生相對效力。故過失責任，由該債務人負責，而他債務人不負損害賠償之責。

②債務人遲延　連帶債務人中一人之給付遲延，僅生相對效力，故債權人因遲延所生損害，僅該債務人負賠償責任。至債權人不得以該債務人之遲延，向全體解除契約，亦不得僅向該債務人解除契約。蓋契約當事人之一方有數人時，其解除權之行使，應向其全體為之故也（第二五八條二項）。

③給付不能　一債務人給付不能，而他債務人之給付可能者，債權人仍得對他債務人請求給付。故給付不能之效果，僅歸屬於該債務人，而於他債務人，則無影響。

④消滅時效中斷或停止　連帶債務人中一人之時效中斷或停止，僅生相對效力。故債務人中一人，雖因承認，或被訴，或受強制執行，以致時效中斷，而於他債務人並無影響。

⑤履行之請求　債權人向連帶債務人中之一人請求履行時，對他債務人不生效力。故無確定期限之連帶債務，債權人向其中一人請求履行時，僅該債務人自受請求時起負遲延責任。連帶債務之消滅時效進行中，債權人向其中一人請求履行時，僅對該債務人之消滅時效中斷。

⑥連帶之免除　所謂連帶之免除，乃指免除債務人分擔部分以外之債務，即使該債務人僅就其分擔

部分，負擔債務，此與免除全部債務有別。債權人對連帶債務人中一人所為之連帶免除，僅生相對效力，對他債務人不生效力，該債務人雖僅就應分擔部分負擔債務，而他債務人，仍負全部給付之責任。

3. **債務人相互間之效力**

連帶債務人相互間，除法律另有規定或契約另有訂定外，應平均分擔義務（第二八〇條），此實基於公平原則，所設之規定。但因債務人之一人應單獨負責之事由所致之損害及支付之費用，由該債務人負擔（同條但書）。

連帶債務人之連帶責任，係外部關係，在債務人相互間，仍有其應分擔部分，如一債務人之行為，使他債務人同免責任時，得向他債務人請求償還，是為連帶債務人相互間之求償權。分別述之：

(1)求償權之發生　連帶債務人中之一人，因清償、代物清償、提存、抵銷或混同，致他債務人同免責任者，得向他債務人請求償還其各自分擔之部分，並自免責時起之利息（第二八一條一項）。故債務人中之一人之行為，須為致他債務人同免責任者，始能發生求償權。惟須因清償、代物清償、提存、抵銷、混同等有償行為，使全體連帶債務人同免責任時，始有求償權。至於無償而使免責者，例如免除或時效完成，則不發生求償問題。

(2)求償權之範圍　求償權人，得向他債務人請求償還其各自分擔之部分，並自免責時起之利息（第二八一條）。但因債務人中之一人應單獨負責之事由所致之損害及支付之費用，由該債務人負擔（第二八〇條但書）。由此觀之，各債務人應分擔者，包括債務本身，免責時起之利息，共同免責行為不可避免之損害及支付之費用。

(3)求償權之擴張　連帶債務人之一人，不能償還其分擔額者，其不能償還之部分，由求償權人與他債務人，按比例分擔之。但不能償還係由求償權人之過失所致者，不得對於他債務人請求其分擔（第二八二條一項）。此項規定，蓋恐求償權人獨受損害，故更使擴張求償，以期公平。在此情形，他債務人中之一人，其應分擔部分雖已免責，仍依此比例分擔之規定，負其責任（同條二項）。所謂他債務人中之一人應分擔之部分已免責者，例如他債務人中之一人，消滅時效已完成，或經債權人免除其債務是。此際該債務人應分擔之部分，依第二七六條之規定，其餘之債務人亦同免責任，自無更受求償之事。但有不能向求償權人償還分擔部分之債務人時，則其不能償還之部分，該債務人仍應分擔之。

(4)求償權人之代位權　求償權人於求償範圍內，承受債權人之權利（第二八一條二項）。例如關於原債權之擔保權利，求償權人得承受之，但此項權利之行使，不得損害債權人之利益而主張權利（同條項但書）。故如二千元之連帶債務，祇有一千元之抵押物，求償權人向債權人清償一千元時，該抵押物上之權利，應仍由債權人就未受清償之一千元完全行使之，求償權人不得主張與債權人平均分配，以損害債權人原有之利益。

二、連帶債權

(一)連帶債權之意義

連帶債權者，數債權人以共同目的，有同一給付之債權，而其各債權人對於債務人，均各有請求全部給付之權利也（第二八三條）。故連帶債權，須具下列要件：①須有數債權人。②須係數個債權。③數個債權須係同一給付。④數個債權須有同一目的。至於連帶債權之發生原因，多由於當事人之意思，但非必為明示之意思，此點與連帶債務有異。例如甲向乙丙二人借得五千元，約定甲得向乙或丙為全部之給付者，即為連帶債權。故所謂連帶債權，係指多數債權人有同一目的之數個債權，得各自或共同請求全部或一部之給付，而債務人對於其中任何一人為全部給付即可消滅其債務而言。與公同共有之債權為一個權利，其債務人僅得向公同共有人全體清償者不同。至繼承人共同出賣公同共有之遺產，其所取得之價金債權，仍為公同共有，並非連帶債權，除得全體公同共有人同意外，應共同受領之（七四臺上七四八）。

㈡連帶債權之效力

1. 債權人之權利

連帶債權之各債權人，各得獨立向債務人為全部給付之請求（第二八三條）。故連帶債權人中之一人，雖已為全部給付之請求，或已提起給付之訴，他債權人亦不妨更為請求或更行起訴；惟債務人已向債權人中之一人為全部之給付時，在其與他債權人之訴訟中，得以債務已因履行而消滅為抗辯。又連帶債權之債務人，得向債權人中之一人為全部之給付（第二八四條）。雖在債權人中之一人已提起給付之訴之後，仍得向他債權人為給付。

2. 就債權人中一人所生事項之效力

就連帶債權人中一人所生事項，除前五條規定或契約另有訂定者外，其利益或不利益，對他債權人不生效力（第二九〇條）。此即表明以生相對效力為原則，除此以外，得生絕對效力之事項，分述如左：

⑴給付之請求　連帶債權人中之一人為給付之請求者，為他債權人之利益，亦生效力（第二八五條）。故債務人因被請求給付而負遲延責任時，所有債務人亦負遲延之效果；債務人對於各連帶債權人之消滅時

效，因連帶債權人中一人為給付之請求，均被中斷（第一二九條參照）。

(2)清償及視同清償之事項　因連帶債權人中之一人，已受領清償、代物清償，或經提存、抵銷、混同而債權消滅者，他債權人之權利亦同消滅（第二八六條）。在此情形，各債權之共同目的，既經達到，自應歸於消滅。至連帶債權人中之一人與債務人間有混同時，債權人雖非受實質之滿足，然債務人本有選擇連帶債權人中之任何一人而為履行之權利，此項權利，不因連帶債權人中之一人與債務人之間有混同而受影響，故債務人選擇有混同之債權人而為履行，無異於混同之債權人由其自己取得清償，故生絕對效力。

(3)債權人遲延　連帶債權人中之一人有遲延者，他債權人亦負其責任（第二八九條）。蓋債務人本有任意選擇債權人，向其履行之權利，否則不能貫徹給付之本旨。

(4)確定判決　連帶債權人中之一人受有利益之確定判決者，為他債權人之利益，亦生效力（第二八七條一項）。例如確認連帶債權成立，債務人更向他債權人提起確認連帶債權不成立之訴時，他債權人得為既判力之抗辯是。如連帶債權人中之一人受不利益之確定判決者，如其判決非基於該債權人之個人關係時，對於他債權人亦生效力（同條二項）。例如確認連帶債權不成立，若此判決，係基於受判決之債權人之個人關係（如債權人已向債務人免除債務），因而受敗訴之判決時，對於他債權人不生效力，否則即生絕對效力，他債權人應受其拘束。

(5)債務免除　連帶債權人中之一人，因債務人免除債務者，除各該債權人應享有之部分外，他債權人之權利仍不消滅（第二八八條一項）。在此情形，僅限該為免除之債權人應行分受部分，始生絕對效力，即債務人對他債權人僅負其餘部分之給付義務。

(6)時效完成　連帶債權人中之一人，消滅時效已完成者，準用關於債務免除之規定（第二八八條二項）。故連帶債權人中之一人消滅時效已完成者，除該債權人應享有之部分外，他債權人之權利，仍不消滅。蓋消滅時效之完成，債權人非受實質之滿足也。

3. 債權人相互間之效力

連帶債權人相互間，除法律另有規定或契約另有訂定外，應平均分受其利益（第二九一條）。在此情形，連帶債權人中之一人主張有反對之特約時，就其特約之存在，應負舉證之責。

第三節　不可分之債

不可分之債者，債之主體為多數而以同一不可分給付為標的之債也。數人負同一債務，而其給付不可分者，謂之不可分債務；數人有同一債權，而其給付不可分者，謂之不可分債權。故不可分之債之特點，在於其給付為不可分。例如甲乙丙三人對於丁，負交馬一匹之債務，此即數人有同一債務；又如甲乙丙三人共有之房屋，由丁承包修理，此即數人有同一債權。

一、不可分債權

不可分債權者，數債權人享有以同一給付為內容之債權，而其給付並係不可分也。在此情形，每一債權人對債務人有一債權，故每一債權人得向債務人請求全部之給付，但其間並無連帶關係，祇得為債權人全體請求（第二九三條）。

數人有同一債權，各債權人僅得為債權人全體請求給付，債務人亦僅得向債權人全體為給付（第二九三條一項）。故各債權人各得請求全部之給付，但應為全體債權人為之。且債務人必須向債權人全體履行，始得免除全體債務。故除此項規定外，債權人中一人與債務人間所生事項，其利益或不利益，對他債權人不生效力（同條二項）。是債權人中一人所生事項，僅為全體請求給付及受領給付，對他債權人發生效力；其因一債權人之請求而時效中斷或負遲延責任者，其效力及於全體債權人。惟債權人中一人之債權消滅時，債務人雖不得向債權人全體為全部之給付，但得依不當得利之規定，請求返還該債權人應分受之利益。不可分債權，其債權人相互間之關係，準用第二九一條之規定（第二九三條三項）。

不可分債權與連帶債權，雖債權人同有數人，各得單獨請求給付，並有各自分受部分，但有不同：

不可分債權	連帶債權
①必須一次全部給付，專因其給付不可分，決非各債權人原得請求全部給付。	①無論給付可分或不可分，其本來性質上，各債權人即得請求全部之給付。
②各債權人須請求向全體給付，且須全體共同受償。債務人須向全體債權人履行，始免全體債務。	②各債權人得單獨請求給付，毋庸以全體名義受償。債務人得就債權人中，任擇一人向其履行。
③法定生絕對效力事項，僅請求給付之一種。	③法定生絕對效力事項，較為廣泛。

二、不可分債務

不可分債務者，數債務人負擔以同一給付為內容之債務，而其給付並係不可分也。故給付不可分，為不可分債務之特點，至給付是否可分，依給付之性質或當事人之意思定之。不可分債務之債權人，得對於債務人中之一人或數人或全體同時或先後請求給付（第二七三條參照）。是數人負同一債務，而其給付不可分者，準用關於連帶債務之規定（第二九二條）。本條專為不可分債務而設，係以數人負同一債務，而其給付不可分者，各債務人各有為全部給付之義務，此與連帶債務並無不同，乃有準用關於連帶債務之規定。

不可分債務之各債務人，須為全部之給付，雖與連帶債務無異，然有左列區別：

不可分債務	連帶債務
①必須一次全部給付，專因其給付不可分，故給付變為可分時，即成可分債務。	①無論給付可分或不可分，其本來性質，其各債務人須負全部之給付義務。
②各債務人所以不得不為全部之給付者，以其給付為不可分之原因。	②各債務人本應為全部之給付，故當然須為全部之給付。
③給付之性質上，發生全部給付之義務。	③債務之性質上，發生全部給付之義務。
④因給付不可分，必須一次全部給付，債權人無由請求一部給付，債務人亦無由為一部清償。	④債權人除得請求全部給付外，更得請求一部給付，債務人亦得應其請求而為一部清償。

第六章　債之移轉

債之主體有變更，而債之關係前後仍不失為同一者，謂之債之移轉。所謂主體有變更，即以新債權人替代舊債權人，或以新債務人替代舊債務人。其變更債權人者，謂為債權之移轉，其變更債務人者，謂為債務之移轉。債之主體雖有變更，而債務並未有何變更，仍猶存續，故債之移轉，與債之消滅不同。

第一節　債權讓與

一、債權讓與之性質

債權讓與者，以移轉債權為內容之契約也，是為債權讓與契約。債權讓與乃讓與人與受讓人間之契約，債務人僅為第三人，並非契約當事人。故債權讓與契約，係以債權之讓與為標的之契約，故債權讓與契約發生效力時，該債權即生移轉於受讓人，而發生債權主體變更之效果。

債權讓與，與債權讓與基本原因之債權契約（即原因行為），各自獨立。基本原因之債權契約，通常為債權之買賣或債權之贈與。在債權之買賣或贈與契約，祇成立應將債權移轉於他方之債務，由履行此項債務所為之債權讓與契約，債權始行移轉。故債權讓與，與其原因之債權契約之關係，與物權契約與其原因之債權契約之關係，完全相同；是債權之買賣或贈與契約，雖屬無效，而債權讓與契約，亦非當然無效，但此時讓與人得依關於不當得利之規定，請求將已移轉之債權，再移轉於自己而已。惟如當事人之一方將其因契約所生之權利義務，概括的讓與第三人承受，係屬契約承擔，與單純的債權讓與尚有不同，非經他造之承認，對他造不生效力（七三臺上一五七三）。

二、債權之讓與性

債權人得將其債權讓與於第三人（第二九四條一項），是債權以得讓與為原則。惟例外有不得讓與者三種，分述如左：

㈠**依債權之性質不得讓與者**　即謂注重於當事人之因素之債權而言，此種給付之性質，重在原債權人其人，若向原債權以外之人為履行，則未免使債權之內容，發生變更故也。例如僱傭、委任、租賃、使用借貸等契約所生之債權，皆係基於當事人間之信任，故以不得讓與為原則，惟經債務人之同意，或租賃物為房屋時，得讓與之（第四四三條一項）。又法律明定不得讓與之債權，如身體、健康、名譽、自由、信用、隱私、貞操或其他人格法益被侵害之損害賠償請求權，皆屬不得讓與（第一九五條一、二項）。

㈡**依當事人之特約不得讓與者**　此項特約，依契約自由之原則，當為有效；此項不得讓與之契約，不得以之對抗善意第三人（第二九四條二項），蓋所以保護善意第三人。若第三人不知有此特約而受讓債權，其讓與則為有效（五〇臺上五三九）。

㈢**債權禁止扣押者**　禁止扣押之債權，意在使債權人及其家屬，得維持其必要之生計，自以不許任意處分為宜，故亦不得讓與。

三、債權讓與之效力

㈠讓與人與受讓人間之效力

1. **從權利隨同移轉**　讓與債權時，該債權之擔保及其他從屬之權利，隨同移轉於受讓人。但與讓與人有不可分離之關係者，不在此限（第二九五條一項）。所謂擔保，如質權抵押權等是；所謂其他從屬之權利，如利息債權違約金債權皆是。此等從權利，原則上應與主權利同其處分，且為主權利所附之利益，故當然隨同移轉。惟有下列之例外：

⑴特約訂明不得隨同移轉者，從其約定。

⑵契約之解除、契約之終止或契約之撤銷。

⑶與讓與人有不可分離之關係者，不在移轉之列。例如讓與人依第九二九條之規定有留置權時，若將其債權讓與於他人，該留置權並不隨同移轉。

2. **債權瑕疵之隨同移轉**　受讓人係繼承讓與人之地位，而取得同一之債權，其債權原有之瑕疵，亦移轉於受讓人，故債務人所得對抗讓與人之事由，皆得以對抗受讓人。

3. **證明文件之交付及必要情形之告知**　讓與人應將證明債權之文件交付受讓人，並應告以關於主張該債權所必要之一切情形（第二九六條）。又債權之擔保，既隨同債權移轉於受讓人，則讓與人所占有之擔保物，自應交付受讓人。

㈡債務人與受讓人間之效力

1. **債權讓與之通知**

讓與人與受讓人間成立債權讓與契約時，債權即移轉於受讓人。惟讓與契約之成立，非債務人之所知，故債務人每因此而受不測之損害，故為保護債務人，債權之讓與，非經讓與人或受讓人通知債務人，對於債務人不生效力（第二九七條一項）。此種讓與之通知，為通知債權讓與事實之行為，其法律上之性質為觀念通知，而非意思表示。至其通知，在讓與人或受讓人，皆得為之。例如租用基地建築房屋，如當事人間無禁止轉讓房屋之特約，固應推定出租人於立約時，即已同意租賃權得隨建築物而移轉於他人，但租賃權亦屬債權之一種，其讓與非經讓與人或受讓人通知出租人，對於出租人不生效力（五二臺上二〇四七）。但此項通知，法律另有規定時，不在此限（同條項但書）。例如指示證券之讓與，應以背書為之，自不必為此通知（第七一六條二項）。又受讓人將讓與人所立之讓與字據提示於債務人者，與通知有同一之效力（第二九七條二項），蓋債務人閱覽讓與字據，可知讓與之事實，自應視同通知。

2. **表見讓與之效力**

表見讓與者，乃讓與人已將讓與事實通知債務人，而嗣後讓與並未成立，但其行為表面上，已足令債務人信有讓與之事實也。在此情形，應由讓與人負真實讓與之同一責任，以保護交易之安全，故第二九八條第二項規定：「讓與人已將債權讓與通知債務人者，縱未為讓與或讓與無效，債務人仍得以其對抗受讓人之事由對抗讓與人。」故讓與之通知係由讓與人所為者，債務人即應以受讓人為債權人，其對之所為之一切有關債務之行為，均屬有效。縱使讓與未成立或無效，債務人之行為仍屬有效，仍得以其對抗受讓人之事由對抗讓與人。蓋債務人對於債權人自己之行為，並無加以注意之義務，且其通知涉及受讓人之利益，債務人既受通知，當無拒絕向受讓人履行其債務之理由。是以通知之後，非經受讓人之同意，不得撤銷（同條二項）。此重在保護受讓人，因其受通知後，已取得債權人之地位，獲得清償，如許無故撤銷，自有害於受讓人之利益故也。

3. **債務人與受讓人間之關係**

⑴抗辯權之援用　債務人於受通知時，所得對抗讓與人之事由，皆得以之對抗受讓人（第二九九條一項）。如對於讓與人關於債權不存在之抗辯，無效之抗辯，權利消滅之抗辯以及拒絕給付之抗辯均是。蓋債權讓與之性質，係按其原有狀態，移轉於受讓人，是以債權原有之瑕疵，自亦隨同移轉於受讓人。

⑵抵銷權之援用　債務人於受通知時，對於讓與人有債權者，如其債權之清償期，先於所讓與之債權，或同時屆至者，債務人得對於受讓人，主張抵銷（第二九九條二項）。準此以觀，債務人得以對讓與人所有之對待債權，而對受讓人，主張與所讓受之債權，互相抵銷。蓋債權讓與，不可使債務人蒙受不利益，其原有之抵銷權，自不因讓與而被剝奪，故仍得對於受讓人主張抵銷。故債權之讓與，債務人於受通知時對於讓與人有債權者，方得於第二九九條第二項所定之條件下，對於受讓人主張抵銷，否則其債權縱令早已存在，而債務人受通知時尚未取得，亦無對受讓人主張抵銷之餘地（四九臺上一一九〇）。在此情形，由抵銷之性質言之，債務人對於讓與人雖有債權，債務人仍不得對於受讓人主張抵銷。因抵銷須雙方互負債務（第三三四條），而債務人以對於讓與人之債權，向受讓人主張抵銷，與此要件不合也。惟債務人對於原債權人所以負債務又有債權者，通常不外二個原因：一因已有債權，故對之負擔債務；二因已負債務，故對之取得債權。故債務人於嗣後負擔債務或取得債權，目的多為抵銷，如原債權人得因讓與其債權而免抵銷，債務人即因債權之讓與而陷於不利益之地位，此第二九七條之所由設也。

適用第二九九條第二項之抵銷權時，應具備左列要件：

①須給付之種類相同，並無抵銷之禁止（第三三四條）。

②須債務人於受通知時，對讓與人有債權。

③須債務人對讓與人之債權之清償期，先於所讓與之債權，或同時屆至。

由是觀之，在普通二人互負債務之情形，債務人對於債權人之債權之清償期，雖在債權人之債權之後，債務人仍一面負遲延責任，一面俟自己之債權屆清償期時，主張抵銷。而在債權讓與，即其債權之清償期，必須先於所讓與之債權或同時屆至，方得對受讓人主張抵銷，以其置重於債務人之抵銷利益，並保護受讓人之利益也。

第二節　債務承擔

債務承擔者，以移轉債務為內容之契約也。其契約當事人為第三人與債權人，原債務人無為當事人之必要。契約之成立，祇須有當事人之合意，不必得債務人之同意，故契約一經成立，債務即移轉於該第三人。

債權讓與及債務承擔，二者均屬契約行為，皆非要式行為，並係債之移轉。惟有重大不同：

債權讓與	債務承擔
①使債權人發生變更。	①使債務人發生變更。
②為債權人與第三人間訂立之契約，因契約之訂立，即生債權移轉之效力。並以通知為對於債務人之生效要件。	②為第三人與債權人間，或第三人與債務人間訂立之契約。前者其債務於契約成立時移轉於第三人。後者非經債權人承認，對債權人不生效力。
③通知債權讓與事實之行為，為觀念通知。	③第三人與債務人訂立承擔契約，其債權人之同意，為意思表示。
④債權之擔保及其他從屬之權利，除與債務人有不可分離之關係者外，即隨同移轉於受讓人。	④除與債務人非有不可分離之從屬於債權之權利，及債務人自己設定之擔保，隨同移轉外，其餘擔保因債務之承擔而消滅。

一、債務承擔之方法

(一)債權人與第三人間之承擔契約

第三人與債權人訂立契約承擔債務人之債務者，其債務於契約成立時，移轉於該第三人（第三〇〇條）。蓋債權人對於自己之債權，本有處分權利，第三人既與債權人訂立承擔契約，則債務人之債務，即於契約成立時移轉於第三人，從而第三人為新債務人，舊債務人即可免其責任，故第三人與債權人訂約承擔其債務，於債權人債務人及第三人均無不利。故債務承擔契約成立時，債務移轉於承擔人，其債務人是否承諾及知悉，均非所問。此際承擔人所負擔之債務，即為原債務人所負擔之債務，債務之內容及原因均不變更。故原債務如為因侵權行為之損害賠償義務，仍應適用第一九七條之短期消滅時效；因故意侵權行為而負擔之債務，承擔人亦不得主張抵銷（第三三九條）。

㈡債務人與第三人間之承擔契約

第三人與債務人訂立契約承擔其債務者，非經債權人承認，對於債權人不生效力（第三〇一條）。因第三人同意代債務人負擔債務，而債務人亦同意由第三人代為負擔，自生債務承擔之效力。惟債務不得僅由債務人與第三人之契約，即行移轉，須經債權人之承認，始生債務承擔之效力。蓋債務人之更易，於債權人有重大之利害關係也。至債務之承擔，乃第三人與債權人或債務人所為以移轉債務為標的之契約，如債務人之債務並無移轉，而僅就其給付或履行方法有所約定，尚不得謂為債務之承擔（六九臺上一五九七）。

債務人與第三人間之債務承擔契約，得由債權人之承認而生效力，在理論上似有不妥。蓋任何人未經他人同意，不得處分其權利，為不變之原則。而債務人與承擔人之契約，為處分他人債權之契約，此種不由債權人之意思，以第三人代原債務人，即係侵害債權人之債權，此種債務承擔契約本屬無效。惟處分他人之權利，經權利人承認時，即為有效。故債權人承認此項債務承擔契約時，其債務之承擔，亦為有效。

債權人之承認，為容許他人侵害自己債權之意思表示，故為一方行為，是債權人並不因承認而為債務承擔契約之當事人。在未經債權人承認前，債務人或承擔人得定相當期限，催告債權人於該期限內確答是否承認，如逾期不為確答者，視為拒絕承認（第三〇二條一項）。債權人拒絕承認時，債務人或承擔人，得撤銷其承擔之契約（同條二項）。惟債務人與承擔人之內部關係，不因債權人拒絕承認而受影響，承擔人如對於債務人負有為之向債權人清償之義務，仍應負履行之責。

二、債務承擔之效力

㈠承擔人之抗辯權

1. **承擔人得援用債務人之抗辯**　債務人因其法律關係所得對抗債權人之事由，承擔人亦得以之對抗債權人（第三〇三條一項）。因債務之承擔，債務人雖有變更，而其債務仍為同一之債務，故如權利不發生之抗辯，權利消滅之抗辯，同時履行之抗辯等項，承擔人皆得以之對抗債權人。至原債務人有撤銷權或解除權時，承擔人不得行使之。蓋撤銷權或解除權，僅契約當事人有之，承擔人祇承擔債務，不因此成為契約當事人。但原債務人行使撤銷權或解除權時，承擔人得以其行使之結果為抗辯，是為當然。

2. **不得以債務人之債權主張抵銷**　承擔人不得以屬於債務人之債權，對於債權人主張抵銷（第三〇三條一項但書）。蓋債務人對於債權人所有之對待債權，乃債務人之財產，若許承擔人得持以抵銷，即生處分他人權利之結果也。但債務人若於債務承擔前已為抵銷，則承擔人得為債權消滅之抗辯，以對抗債權人。

3. **不得以承擔之原因關係之事由對抗債權人**　承擔人因其承擔債務之法律關係所得對抗債務人之事由，不得以之對抗債權人（第三〇三條二項）。承擔人承擔債務，其與債務人間，常有種種之原因關係，或為贈與，或為貸與信用，或為抵償欠債。如原因行為無效或得撤銷，承擔人對於債務人，自得主張之。惟債務承擔之發生效力，乃本於債務承擔契約，而債務承擔契約為無因契約，無論其原因行為效力如何，並不受其影響。故無論債務之承擔，係用何種方法，承擔人因其承擔債務之法律關係所得對抗債務人之事由，皆不得以之對抗債權人。例如承擔人因買受抵押不動產，承擔出賣人之債務時，不得以買賣契約無效或出賣人未為對待給付，對於債權人為抗辯。

債務之承擔與保證債務不同，保證債務為於他人不履行債務時，代負履行責任之從債務，該他人仍為主債務人，故除有第七四六條所列各款情形之一者外，保證人於債權人未就主債務人之財產強制執行而無效果前，對於債權人得拒絕清償。而債務之承擔，則係債務之移轉，原債務人已由債之關係脫退，僅由承擔人負擔債務，故承擔人縱令曾與原債務人約明將來清償債務之資金，仍由原債務人交付承擔人向債權人清償，亦不得以之對抗債權人（二二上四三六）。

㈡債權人之權利

債務之承擔，僅債務人有所變更，其債務仍不失為同一之債務，故從屬於債權之權利，不因債務之承擔而妨礙其存在（第三〇四條一項）。惟有下列二種例外：

1. **與債務人有不可分離之關係者** 從屬於債權之權利，固不因債務之承擔而妨礙其存在。但與債務人有不可分離之關係者，不在此限（第三〇四條一項但書）。例如債務人以自己之勞務充為利息者，則其債務由第三人承擔時，該利息債權即歸消滅。

2. **對於第三人之擔保債權** 由第三人就債權所為之擔保，除第三人對於債務之承擔已為承認外，因債務承擔而消滅（第三〇四條二項）。是第三人就債權所為之保證，或其所設定之物上擔保，除該第三人對於債務之承擔已為承認外，因債務之承擔而消滅。蓋第三人之為擔保，係信任債務人其人，若係承擔人，並無為擔保之意思也。

三、併存的債務承擔

併存的債務承擔者，第三人承擔債務而原債務人仍未免除其債務也。在此情形，債務人之債務並未移轉，此與普通的債務承擔，因第三人承擔債務，而使債務人免其責任之情形，稍有差別。且併存的債務承擔，乃按原債務之原因，以為承擔，故承擔人之債務與原債務之原因同一，又非從債務，即與保證債務之原因，在擔保他人債務，故保證債務與其主債務原因各異，復為從債務，二者性質上不同。情形有二：

㈠財產或營業之概括承受　就他人之財產或營業概括承受其資產及負債者，因對於債權人為承受之通知或公告，而生承擔債務之效力（第三〇五條一項）。此項情形，債務人關於到期之債權，自通知或公告時起，未到期之債權自到期時起二年以內，與承擔人連帶負其責任（同條二項）。此際雖生承擔債務之效力，仍使債務人於一定期間內，與承擔人連帶負其責任，以免債權人因此而受不利益。

㈡營業之合併　一營業與他營業合併而互相承受其資產及負債者，與前條之概括承受同。其合併之新營業，對於各營業之債務負其責任（第三〇六條）。此非互易其營業，乃合併其營業而成為新營業，故除對於他營業之債務，因承擔而負責任外，就其各自原有營業之債務，仍負其責。故第三〇五條第二項關於二年以內負其責任之規定，不適用之。

第七章　債之消滅

債之消滅者，謂債之關係已客觀的不存在也。若僅主觀的失其存在，而有他人取得其債權或負擔其債務，則為債之移轉，其原有之債權債務，仍屬存續，並不消滅，故債之消滅與債之移轉，實不相同。

債之消滅，必有原因。由其消滅之理由觀之，約有四種：①目的達到。蓋債之關係因清償而消滅，即因目的達到也。因連帶債務人中一人之清償，他債務人免其債務；因保證債務之清償，主債務歸於消滅，皆因內容實現，使債之關係無復存在必要。②給付不能。此即所謂債之內容不能實現，如第二二五條第一項因不可歸責於債務人之事由，致給付不能是。③達到經濟上利益。蓋債權之終局目的，在達到經濟上之利益，如已達到經濟上利益，則債之關係，已無實現之必要。④已無請求之必要。蓋債權人之請求，為債權存立之基礎，如已至無請求必要，則債權人已缺存立基礎，故債之關係應歸消滅。

民法所定債之消滅原因，為清償、提存、抵銷、免除、混同五種。然債之消滅原因，實不止此。他如法律行為之撤銷（第一一四條一項），解除條件之成就（第九九條二項），終期之屆滿（第一〇二條二項），給付不能（第二二五條），契約之解除（第二五四條以下），撤銷權之行使（第二四四條），均其適例。

債之關係消滅時，其債權之擔保及其他從屬之權利，亦同時消滅（第三〇七條）。至於債之全部消滅者，債務人得請求返還或塗銷負債之字據。其僅一部消滅或負債字據上載有債權人他項權利者，債務人得請求消滅事由，記入字據（第三〇八條一項）。負債字據如債權人主張有不能返還或有不能記入之事情者，債務人得請求給與債務消滅之公認證書（同條二項）。

第一節　清　償

一、清償之性質

清償者，謂依債務之本旨，而實現債務內容之行為也。蓋債之關係，以給付為內容，如依債務之本旨，實行原定給付，以實現內容，則債之目的即已達到，而債之關係應歸消滅。清償重在債之消滅，指債務人實行其應實行之行為，以實現內容而言。此與給付乃著眼債之構成內容，即指債務人所應實行之行為者，微有區別。

清償係準法律行為，祇須債務人之行為，客觀的適合於債權之內容，即足消滅其債務；至債權人或債務人有無消滅其債權債務之意思，則非所問。且依第三〇九條第一項規定，苟依債務之本旨，而為清償行為，則債之關係消滅。是即依債務之本旨，實行原定給付，以實現債務內容，即為清償行為。故債務之履行，不問債務人是否真意，既有交付行為，即應生效（八統九四八）。

二、清償人

清償必有為其行為之人，其得充清償之人如左：

㈠**債務人**　債務人既負清償債務之義務，則清償人原則上應為債務人。

㈡**第三人**　債之清償，得由第三人為之（第三一一條一項）。蓋在通常情形，債務人不因第三人之清償而受不利益，而債權人受第三人之給付，亦可達其債之目的，故認許第三人之清償。第三人既得為清償，則債權人於第三人提出之給付拒絕受領時，自應負遲延責任。惟下列情形，第三人不得為清償：

1. **當事人另有訂定者** 債權人與債務人訂立契約，禁止第三人清償，必須債務人自為清償時，則第三人不得為清償（第三一一條一項但書）。

2. **依債之性質不得由第三人清償者** 此乃依債之性質，非債務人自為清償不能達債之目的者，第三人不得為清償（第三一一條一項但書）。例如教授或演戲，均須債務人自為清償。

3. **第三人之清償，債務人有異議並經債權人拒絕者** 第三人之清償，債務人有異議時，債權人得拒絕其清償。但第三人就債之履行有利害關係者，債權人不得拒絕（第三一一條二項）。蓋第三人為清償，債務人既有異議，債權人自得拒絕其受領，故債權人雖拒絕之，亦不負遲延責任。債權人如不拒絕而予受領，則其清償仍屬有效。所謂就債之履行有利害關係之第三人，乃言第三人就債務之清償，有法律上之利害關係，恐因債務人行使權利，致喪滅自己之利益。例如擔保財產之第三取得人，以自己財產供債務擔保之第三人或共有人之類。此項有利害關係之第三人，於債務之清償，既有利益，其所為清償，縱使債務人異議，債權人不得拒絕，重在保護第三人之利益也。但保證人或連帶保證人，非此所謂之第三人，自不包含在內。

三、受領清償人

㈠**債權人** 清償須向有受領權人為之，在受領權人中，首推債權人。如依債務本旨向債權人為清償，經其受領者，債之關係消滅（第三〇九條一項）。但法定代理人通常固有受領清償之權限，如為意定代理人，受領權人之有無，尚應依授與代理權之範圍定之（六六臺上一八九三）。但債權被扣押，或債權人受破產之宣告者，債權人不得受領清償。

㈡債權人以外之受領權人　即非債權人，而有受領清償權限之人。情形如左：

1.債權人之代理人　債權人之法定代理人，原則上有受領清償之權限。至意定代理人，則依授權行為之範圍，定其有無此種權限。

2.收據之持有人　持有債權人簽名之收據者，視為有受領權人。惟債務人若已知或因過失而不知其無權受領，不視為有受領權人，即其清償，仍屬無效。

3.向第三人為清償經其受領者　其效力依左列各款之規定（第三一〇條）。

⑴經債權人承認，或受領人於受領後取得其債權者，有清償之效力。

⑵受領人係債權之準占有人者，以債務人不知其非債權人者為限，有清償之效力。此之所謂債權之準占有人，指以自己意思而行使債權之人（第九四四條，第九四五條）。

⑶向第三人為清償，經其受領者，於債權人因而受利益之限度內，有清償之效力。

四、清償之內容及時地

清償須依債務本旨為之，至如何之給付，始為依債務之本旨，應依情事按債之關係之內容定之。但債務人無為一部清償之權利（第三一八條一項）。債務人既無為一部給付之權利，而清償期又為債務人應行清償之時期，則清償期屆至時，債務人自應為全部之清償。但法院得斟酌債務人之境況，許其於無甚害於債權人利益之相當期限內，分期給付或緩期清償（同條項但書）。法院許為分期給付者，債務人一期遲延給付時，債權人得請求全部清償（同條二項）。其給付不可分者，僅得許其緩期清償，不許分期給付（同條三項）。

清償地，即債務人應為清償之地；債務人如於清償地外為給付之提出，不生提出之效力。至清償地如何確定，依第三一四條規定，除法律另有規定，或契約另有訂定，或另有習慣，或得依債之性質或其他情形決定者外，應依下列之規定：①以給付特定物為標的者，於訂約時其物所在地為之。按以給付特定物為標的者，實指特定債務而言。即債務發生之初，其應給付物體，業經特定。在此情形，債權人之意思，常欲於當初所在地使用或處分其物，故法律於特定債務，定為以訂約時其物所在地為清償地。例如租賃物之返還，應於承租當時該物之所在地行之是。②其他之債於債權人之住所地為之。蓋債務人對於債權人，負債務清償義務，債務人往債權人住所實行清償，適合債務清償之觀念也。所謂債權人之住所地，非債之發生時之住所地，亦非清償時之住所地，乃現為清償時之住所地。

清償期，即債務人應為清償之時期。清償期如何確定，依第三一五條規定，清償期除法律另有規定，或契約另有訂定，或得依債之性質或其他情形決定者外，債權人得隨時請求清償，債務人亦得隨時為清償。至於定有清償期者，債權人不得於期前請求清償。如無反對之意思表示時，債務人得拋棄期限之利益，期前清償（第三一六條）。

清償債務之費用，除法律另有規定，或契約另有訂定外，由債務人負擔。但因債權人變更住所或其他行為，致增加清償費用者，其增加之費用，由債權人負擔（第三一七條）。至於買賣費用之負擔，第三七八條設有特別規定。

五、第三人之代位權

就債之履行有利害關係之第三人為清償者，於其清償之限度內承受債權人之權利，但不得有害於債權人之利益（第三一二條），謂之第三人之代位權，又稱「代位清償」。蓋第三人為債務人清償債務，依其內部關係，對於債務人固有求償之權利，如更授以代位權，使第三人對於債務人，得代位行使債權人之權利，則固有之求償權，益加確保。

就債之履行有利害關係之第三人為清償後，依第三一二條規定，以自己之名義所代位行使者，係債權人之權利，而非第三人之求償權。第三人之求償權雖於代位清償時發生，但第三人以自己之名義代位行使債權人之權利時，其請求權是否因罹於時效而消滅，應以債權人之請求權為準（七七臺上二一一五）。是以本條所稱之第三人代位權，係一種法律規定之債權移轉，該第三人為清償後，即得按其限度，居於債權人之地位，逕以自己名義代位行使債權人之權利，無待乎債權人之再行移轉（八五臺上二一八〇）。

代位權，乃法律上之債權移轉，即法律上認為債權人之權利，因第三人清償之結果，當然移轉於第三人，故代位之效力，與債權讓與無異。惟代位為法律上之債權移轉，其債權之移轉，乃本諸法律規定。而債權讓與，其債權之移轉，乃本諸讓與契約，二者又屬有別。至第三人代位權之發生，須具備下列要件：①第三人須向債權人為清償。②須係利害關係之第三人。③第三人須對於債務人有固有之求償權。基此以觀，第三人須以自己之名義，於已為清償之範圍內，代位行使債權人之權利。蓋債權人之債權，因第三人清償之結果，當然移轉於第三人，故第三人代位行使權利，須以自己之名義行之，且不得有害於債權人之利益（第三一二條但書）。從而就債之履行有利害關係之第三人，代債務人為清償者，其對債務人雖有求償權及代位權兩種權利，但此兩種權利之行使方法不同，且係由第三人選擇行使之（七〇臺上四〇七二）。

第三人之代位權與債權讓與，均同為債權之移轉，故第二九七條及第二九九條之規定，於前條之承受權利準用之（第三一三條）。是第三人與債務人間之效力，應準用債權讓與之規定。

六、代物清償

代物清償者，謂債權人受領他種給付，以代原定給付，而消滅債之關係也（第三一九條）。蓋債務人不能為原定給付，願以他種給付代償，或因債權人不喜原定給付，而欲取得他種給付，當事人雙方自得約定代物清償。例如債務人以房屋抵償原負之金錢債務是。論其法律上性質，實係一種要物且有償之獨立契約，即因受領他種給付，以替代原定給付，而使債之關係消滅之契約。因代物清償為要物契約，其成立僅當事人之合意尚有未足，必須現實為他種給付（如為不動產物權尚須登記），其僅約定將來應為某種給付以代原定給付時，則屬債之標的之變更，而非代物清償（六五臺上一三〇〇）。

代物清償之成立，須具備下列要件：①須原有可供消滅之債。其原有之債，無論所定給付之種類如何，均得以代物清償消滅之。②債務人須現實為他種給付以代原定給付。即債務人所為給付，須與原定給付不同，且應現實為之。如僅約定將來為他種給付，以代原定給付者，則為任意之債，並非代物清償。③須經債權人之受領。即債務人為他種給付以代原定給付，必須債權人受領，然後債之關係，始因此消滅。至於代物清償之效力，與清償相同，債之關係及其從屬之權利，均因代物清償歸於消滅。

七、間接給付

間接給付者，謂因清償舊債務，而負擔新債務，並因新債務之履行，而使舊債務消滅也。依第三二〇條規定，因清償債務而對於債權人負擔新債務者，除當事人另有意思表示外，若新債務不履行時，其舊債務仍不消滅。例如因清償千元之債務，而發行同額之本票是。在此情形，債務人對於債權人負擔新債務時，如為代物清償，應依第三一九條之規定，舊債務因新債務之成立而消滅；若為使債權人受清償之方法，則必債權人行使其新債權而受履行時，舊債務始行消滅。

第三二〇條之規定學說稱新債清償，因清償既得由第三人為之，是第三人與債權人亦得訂立新債清償契約，惟限於第三人與債權人成立契約，第三人承擔之新債務與債務人之舊債務不同其內容，於新債務履行時，舊債務始歸消滅者，方屬新債清償。若第三人承擔之新債務與債務人之舊債務之內容完全相同，且於第三人承擔之同時舊債務消滅者，倘其承擔契約為要物契約，即為代物清償，承擔契約為諾成契約，則為債之更改（八五臺上二三八八）。

間接給付，係以負擔新債務為舊債務之履行方法，其舊債務必俟新債務履行，始歸消滅；且新債務成立後，因不可歸責於債務人之事由，致給付不能時，仍須履行舊債務。而代物清償，乃現實為他種給付，以替代原定給付之清償，目的在使債務即行消滅；且因不可歸責於債務人之事由，致給付不能時，債務人免其責任。故間接給付與代物清償，其效力差異極大。

八、清償之抵充

㈠清償抵充之要件

債務人對於同一債權人，負擔給付種類相同之數宗債務，而清償人所提出之給付，不足清償全部債額時，究應消滅何宗債務，自應加以決定，謂之清償之抵充。蓋數宗債務中，關於利息、期限或擔保等有不同時，則何宗債務應先消滅，在當事人間，頗有重大利害關係，且不決定所充償之債務，則清償亦無由成立，故有關於抵充清償之規定。至其成立要件如左：

1. **須債務人對於同一債權人負數宗債務** 所負擔之數宗債務，不問其為自始於債權人與債務人間所發生，抑為嗣後自他人讓受或承擔而來，皆應適用關於抵充之規定。又數宗債務，不必均屆清償期，祇須債務人得於清償期前為清償，即可適用。

2. **須數宗債務之給付係屬同種** 即數個債務之給付，其性質須屬相同。例如三個金錢債務，自係同種之給付。其給付之種類不同者，即其清償何宗債務，得依其給付之性質定之，不生抵充問題。

3. **須因債務人所提出之給付不足清償全部債額** 蓋債務人所提出之給付，足以清償全部債額時，則所有債務全已消滅，不生抵充問題。債務人所提出之給付，不足清償其中一宗債務時，受領人若不承諾而拒絕之，亦不生抵充問題。

(二) 清償抵充之方法

1. **契約上之抵充** 清償人與受領清償人，得以契約定其應抵充之債務，惟當事人之契約，至遲應於清償時訂之。若無關於抵充之契約，則清償人有指定權。

2. **指定上之抵充** 當事人未以契約定其所應抵充者，債務人於清償時，指定其應抵充之債務（第三二一條）。蓋清償為清償人之行為，故給付與債權之關係，清償人得決定之。此項指定權，為形成權之一種，應向受領人以意思表示行之，已指定後不得撤回。再其指定，應於清償時為之，在清償後，不得更為指定。蓋清償時若不為指定，即應依第三二二條定其應抵充之債務。

3. **法律上之抵充** 債務之抵充，當事人未以契約訂定，債務人又未於清償時指定者，依左列之規定，定其應抵充之債務（第三二二條）：①債務已屆清償期者，儘先抵充。②債務均已屆清償期，或均未屆清償期者，以債務之擔保最少者，儘先抵充。擔保相等者，以債務人因清償而獲益最多者，儘先抵充。獲益相等者，以先到期之債務儘先抵充。③獲益及清償期均相等者，各按比例抵充其一部。清償人所提出之給付，應先抵充費用，次充利息，次充原本。其依前二條之規定抵充債務者亦同（第三二三條）。是第三二一條及第三二二條之抵充順序，在數宗原本債務，且應各付利息及費用，亦應適用。

九、清償之效力

清償為實現債務內容之行為，一經清償，債之目的即已達到，故債之關係應歸消滅。債權既經消滅，則其從屬權利，如債權擔保及利息債權等，均隨同消滅（第三○七條）。又債務已清償與否，清償人負證明之責，故清償人對於受清償人得請求給與受領證書（第三二四條）。

關於利息或其他定期給付，如債權人給與受領一期給付之證書，未為他期之保留者，推定其以前各期之給付已為清償（第三二五條一項）。良以按照通常情形，定期給付，乃按期依次為之，後期之給付，既經證明受領，即以前各期，當已清償，故如此推定。又債權人給與受領原本之證書者，推定其利息亦已受領（同條二項）。若債權證書已返還者，推定其債之關係消滅（同條三項）。以上各項法律上之推定，債權人仍得提出反證以推翻之。

第二節 提　存

一、提存之性質

提存者，謂債務人因為免責，將其給付，為債權人寄託於提存所也。蓋須債權人受領之給付，在債權人受領遲延，或不能確知孰為債權人而難為給付時，即無從依清償之方法而免債務，故認提存之方法，以為清償之代用。提存乃提存人與提存所間之契約，論其性質，實包含寄託契約與為第三人之契約，並為私法上之行為。是提存非向債權人實行給付，僅使債權人取得直接請求交付提存物之權利，且提存為契約，而清償則非法律行為，故提存與清償有別，不過為清償之代用方法而已。

提存之原因，必須債權人受領遲延，或不能確知孰為債權人而難為給付者，始得為之（第三二六條）。例如主張債權者有數人，而孰為真債權人不明；債權雖已讓與而受讓人真正與否有疑；繼承遺產其繼承人不明等是。至其不能確知之理由，究由事實之原因，抑由法律上之原因，在所不問。

二、提存之方法

提存應於清償地之法院提存所為之（第三二七條）。清償人於非法院提存所之處所為提存時，其提存為無效。

給付物不適於提存，或有毀損滅失之虞，或提存需費過鉅者，清償人得聲請清償地之地方法院拍賣，而提存其價金（第三三一條）。拍賣所得價金，仍應提存之，不得以之與自己對於債權人之金錢債權相抵銷。如給付物有市價者，該管法院得許可清償人，照市價出賣而提存其價金（第三三二條）。

三、提存之效力

提存係為第三人之契約，債權人因此契約，對於提存所，取得直接請求交付提存物之權利。故債權人得隨時受取提存物，如債務人之清償，係對債權人之給付而為之者，在債權人未為對待給付或提出相當擔保前，得阻止其受取提存物（第三二九條）。此惟於雙務契約有其適用，與第二六四條之規定，出於同一旨趣。蓋債權人不自為對待給付，或提出相當擔保，與公平之原則不合，提存人得阻止其受取提存物，以促交換給付。至阻止之方法，應由提存人提交提存書時，載明債權人應為對待給付及對待給付之標的(提存法第六條二項)。

三、提存後給付物因事變而毀損滅失時，其危險由債權人負擔。故債務人對於債權人之對待給付請求權，不因給付物之毀損滅失而受影響。又自提存時起，無須支付利息或賠償其孳息未收取之損害(第三二八條)。債權人關於提存物之權利，應於提存後十年內行使之，逾期其提存物歸屬國庫(第三三〇條)。據此規定，債權人之受取提存物，雖歸消滅，而提存人對於提存物，仍不能取回，自喪失支配權。蓋以既因提存而免債務，無許提存人取回之必要。提存拍賣及出賣之費用，由債權人負擔(第三三五條)。

第三節　抵　銷

一、抵銷之性質

抵銷者，債務人對於債權人有給付種類相同之債權時，使其債權與債務均歸消滅之單獨行為也。論其性質，係消滅雙方債務之單獨行為。蓋雙方對立之債務，如適合抵銷之狀態，謂之「抵銷適狀」。因此事實，尚不足以消滅雙方債務，必須行使抵銷權，然後使雙方債務消滅。故抵銷權之行使，僅以當事人之一方意思表示為之，故抵銷為單獨行為，而非契約(第三三五條一項前段)。如當事人訂立契約，使發生抵銷之同一效果者，則為抵銷契約，非此所謂之抵銷。

抵銷，何以發生消滅債務之效力？良以抵銷在使債權消滅，因二人互負債務，而其給付種類相同，並均屆清償期者，各得以其債務，與他方之債務互相抵銷（第三三四條）。在此情形，相互抵銷，雙方所獲經濟上利益，與實受清償相同，且可避免交換給付之勞費，故法律認許抵銷為獨立的債之消滅原因，實基於便宜與公平之原則故也。

左列情形，為實務上所常見：

1.查抵銷不以雙方之債權明確為要件，故損害賠償債權之當事人間，雖於其成立或範圍有所爭執，亦非必俟判決確定後始得抵銷（七〇臺上四三三六）。

2.抵銷為消滅債務之單獨行為，只須與民法第三三四條所定之要件相符，一經向他方為此意思表示，即生消滅債務之效果，原不待對方表示同意（五〇臺上二九十，七一臺上一九三）。

3.抵銷係以二人互負債務，而其給付種類相同並均屆清償期為要件，故得供債務人抵銷之債權，須為債務人自己對於其債權人之債權始可，若對於他人之債權，即無執以主張抵銷之餘地（七三臺上二一八〇）。

4.抵銷應以意思表示向他方為之，其性質為形成權之一種，為抵銷時既不須相對人之協助，亦無經法院裁判之必要（四七臺上三五五）。

5.抵銷除法定抵銷之外，尚有約定抵銷，此項抵銷契約之成立，除法律另有規定（如民法第四〇〇條以下交互計算之抵銷）外，無須受第三三四條所定抵銷要件之限制。即給付種類不相同或主張抵銷之主動債權已屆清償期，而被抵銷之被動債權未屆清償期，惟債務人就其所負擔之債務有期前清償之權利者，亦得於期前主張抵銷之（五〇臺上一八五二）。

二、抵銷之要件

㈠須二人互負債務　抵銷須二人互負債務，即須雙方互有債權存在，始得抵銷。惟債之請求權，雖經時效而消滅，如在時效未完成前，其債務已適於抵銷者，亦得為抵銷（第三三七條）。蓋抵銷因當事人一方之意思表示生其效力，故為抵銷之債權，須於為抵銷之意思表示時，具備抵銷之要件，其債之請求權，已因時效而消滅者，自不得更為抵銷。但雙方之債權，在適於抵銷之狀態時，當事人以為隨時得為抵銷，因怠於為抵銷之意思表示者，實所常見，若因遲延抵銷之意思表示，竟至不得抵銷，殊失公平，故特設例外之規定。至於主張抵銷者之債務，其請求權已因時效而消滅時，得拋棄時效抗辯之利益，而為抵銷；即或債務人不知時效，依第一四四條之規定，債權消滅時效之完成，僅債權之請求權消滅，而債權仍舊存續，此際亦應認其抵銷為有效。

抵銷之債權，須屬有效成立。故法律行為無效時，不生可為抵銷之債權。法律行為得撤銷時，在撤銷前，雖得以由該行為所生之債權為抵銷，但撤銷有溯及效力（第一一四條），是法律行為經撤銷時，其抵銷為無效。又附解除條件之債權，得為抵銷；嗣後條件成就時，如當事人無使條件效果溯及既往之特約（第九九條），其抵銷得保持其效力，但相對人得依不當得利請求權，請求債權之回復。

㈡雙方債務須為同種給付　雙方互負之債務，須其給付種類相同，始得抵銷。雙方給付物，種類相同，而品質不同時，不得抵銷。至於以特定之給付為標的之債權，縱令兩物客觀的屬於同一種類，亦不許抵銷。蓋以特定物注重個性，不容以他物充代，故雙方給付不得謂同一種類。但雙方債權，均係以給付同一物為內容，得為抵銷。例如甲對乙有請求交付某特定物之債權，同時又對丙負給付該物之債務，嗣後乙繼承丙時，則甲乙雙方互有債權，而其內容均同為給付某特定物是。

㈢**雙方債務須均屆清償期** 債務須屆至清償期，債權人始得請求清償，故雙方債務均屆清償期，始許抵銷。惟自動債權，非屆清償期不許抵銷；蓋若許其抵銷，即無異於期前強令債務人清償也。至受動債權，不必已屆清償期；蓋定以期限，多為債務人之利益，受動債權之債權人，自得拋棄期限之利益，以相抵銷也。

清償地不同之債務，亦得為抵銷。但為抵銷之人應賠償他方因抵銷而生之損害（第三三六條）。至其損害賠償之範圍，應依相當因果關係定之。抵銷人之損害賠償義務，非基於債務違反或侵權行為而生，乃特別之法律上義務。

㈣**債務之性質須能抵銷** 依債務之性質，不能抵銷者，不許抵銷（第三三四條但書）。即言給付之性質上，除實際履行外，不得以抵銷而達到債權所以成立之目的也。例如不作為債務，單純之作為債務（教授、繪畫、演技），縱為同種之不作為或作為，亦不許抵銷。自動債權附有同時履行之抗辯者，宜解為性質上不能抵銷；蓋以若許抵銷，則被抵銷者，必致無故剝奪抗辯權，既屬不當，且無由達抗辯之目的。例如出賣人甲，向買受人乙，請求交付價金時，乙得於甲未交貨前，拒絕交付價金，以期雙方交換履行。如甲將請求交付價金之債權，得主張與欠乙之他項金錢債務，兩相抵銷，則乙拒絕交付價金，以促甲交貨之目的，即無由達到，故不許抵銷（七二臺上一六五九）。

㈤**須無不得抵銷之特約** 第三三四條所定具備抵銷要件者，得相抵銷，僅為任意法規，當事人得另訂契約，禁止抵銷。但此項特約，不得對抗善意第三人（第三三四條二項）。

三、抵銷之禁止

法律禁止抵銷者，各有所以禁止之理由，茲依民法規定，分述如左：

㈠**禁止扣押之債**　凡禁止扣押之債，其債務人不得主張抵銷（第三三八條）。蓋法律上所以禁止扣押者，乃因維持債權人之日常生活所必需者，務必使債權人獲得現實滿足，在公益上有其必要。若許債務人主張抵銷，則債權人將不能受現實之滿足，故不許債務人主張抵銷。但禁止扣押之債權，如為自動債權，則得為抵銷。蓋禁止扣押之債，其債務人雖不得主張抵銷，而債權人主張抵銷，則無不可。本條為強行規定，債務人違反而為抵銷時，其抵銷無效，債權依然存續。

㈡**因故意侵權行為而負擔之債**　因故意侵權行為而負擔之債，其債務人不得主張抵銷（第三三九條）。蓋若許抵銷，則加害人對於被害人有債權時，安知其不以抵銷之意思而為侵權行為，實同誘導侵權行為，有害公益也。因過失侵權行為而負擔之債，仍許債務人主張抵銷。因過失之加害人，絕非以抵銷之意思而為侵權行為，雖與以抵銷權，亦不生誘致侵權行為之結果。然此項損害賠償債權，如為自動債權，則得為抵銷，故其債權人自仍得主張抵銷。至於損害賠償之債，除由侵權行為發生者外，尚有因債務不履行或其他之原因而發生者，後者因有特別規定不適用侵權行為之法則，自無第三三九條不得主張抵銷規定之適用（七〇臺上七三七）。

㈢**受債權扣押命令之第三債務人**　受債權扣押命令之第三債務人，於扣押後始對債權人取得債權者，不得以其所取得之債權，與受扣押之債權為抵銷（第三四〇條）。蓋債權一經扣押，即禁止債權人處分債權，並禁止第三債務人向自己之債權人清償，既禁止債務人向債權人清償，則向債權人抵銷，自應禁止。故第三債務人不得以其對債權人所取得之債權，與受扣押之債權，互為抵銷。惟第三人於扣押前，對其債權人取得債權者，仍得以其所取得之債權，與受扣押之債權為抵銷。蓋此項第三債務人，對其債權人取得債權，或出於預期可相抵銷，若嗣後因債權人之債權受扣押，而以前對其債權人取得之債權，亦不許抵銷，未免有違情理也。

(四)約定向第三人為給付之債務　約定應向第三人為給付之債務，不得以其債務與他方當事人對於自己之債務為抵銷（第三四一條）。蓋在為第三人之契約，第三人本此契約，對於債務人，取得直接請求給付之權利；而他方當事人，不過得請求債務人向第三人為給付而已。是第三人請求給付之權利，乃債務人對於第三人所負之債務，縱令他方當事人對於債務人負有債務，不得謂為他方當事人與債務人互負債務，故法律明定不許抵銷。

四、抵銷之方法

抵銷應以意思表示向他方為之，故其方法及效力發生時期，適用關於意思表示通則之規定。但抵銷之意思表示，附有條件或期限者無效（第三三五條二項）。蓋附以條件或期限，使其效力不確定，實反於抵銷本旨，且有害於他方之利益也。

當事人之一方，向他方行使抵銷權時，其相互間債之關係，溯及最初得為抵銷時，按照抵銷數額而消滅（第三三五條一項）。所謂最初得為抵銷時，係指抵銷人最初得為抵銷之時而言。已抵銷後，被抵銷人不得更為抵銷之意思表示，使其效力溯及自己最初得為抵銷之時，蓋其抵銷權已因他方為抵銷之意思表示而消滅故也。

五、抵銷之效力

㈠**雙方債務按照抵銷數額而消滅** 雙方債務因抵銷適狀，而生抵銷權；又因抵銷權之行使，而生抵銷之效力。故雙方當事人之債務，均因抵銷同時消滅。

㈡**抵銷之效力溯及最初得為抵銷時** 抵銷係法律行為之一種，而法律行為之效力，在理論上本不溯及既往。惟雙方之債權，適於抵銷時，當事人以為隨時可以抵銷，因而怠於為抵銷之意思表示者，實所常見。若其抵銷之意思表示，僅向將來發生效力，易生不公平之結果，故抵銷之意思表示，溯及最初得為抵銷時，生其效力；即其相互間債之關係，溯及最初得為抵銷時，按照抵銷數額而消滅。

㈢**準用關於清償抵充之規定** 當事人雙方皆有數宗債權，或僅一方有數宗債權，而其給付之種類相同者，如一方之債權，不足抵銷全部債額，即生抵充之問題，故第三二一條至第三二三條之規定，於抵銷準用之（第三四二條）：

1. 依第三二一條之準用，抵銷人有指定權。抵銷人既得指定供抵銷之自動債權，並得指定被抵銷之受動債權；其指定之意思表示，應與抵銷之意思表示同時為之。指定之意思表示，為抵銷意思表示之一部，非獨立之意思表示，故抵銷之意思表示無效時，指定之意思表示，亦屬無效。抵銷人不為指定時，則準用第三二二條抵充之，抵銷人不指定受動債權時，亦準用同條之規定。

2. 抵銷人或被抵銷人，於原本債權之外，有費用債權及利息債權時，依第三二三條之準用，應先抵充費用，次充利息，次充原本。

第四節　免　除

免除者，債權人向債務人表示免除其債務之意思，而使債之關係消滅也（第三四三條）。故免除為債權人拋棄其債權之行為，因債權人向債務人表示免除其債務之意思而成立，毋須經他方債務人之同意，債之關係，即因此消滅。是免除為無因之單獨行為，並非契約。至於如何之原因而為免除，則非所問。

免除之意思表示須向債務人為之，其向第三人為免除之意思表示者，即為無效。但免除之意思表示，係向債務人之代理人為之者，自屬有效。在連帶債務，得向連帶債務人中之一人，表示免除債務之意思，以免除部分債務，或免除全部債務。至免除有使債之關係消滅之效力，債務既經消滅，即其從屬債務，自亦隨同消滅（第三〇七條參照）。

第五節　混　同

混同者，謂因債權與其債務同歸一人，而使債之關係消滅也（第三四四條前段）。故混同為債權與債務同歸一人之事實，毋須別有意思表示，是混同乃行為以外之事實，又稱事件。至混同所以為債之消滅原因者，蓋債之關係存立，必須有各異之二個主體，兩相對立。因無論何人，絕不能對自己行使權利，亦不能對自己負擔義務；如債務與債權同歸一人，即在混同時，則債權存立基礎之請求權，已無從行使，債之關係，自無存在必要，故法律以混同為債之獨立消滅原因。

混同之原因，其主要者，則為債權或債務之繼承，此與物權法上之混同，係指二個並無存在必要之物權，同歸於一人時而言之情形，微有不同。債之關係，雖因混同而消滅，但其債權為他人權利之標的時，或法律另有規定時，不在此限（第三四四條後段）。例如甲以對於乙之債權為丙設定質權時（第九〇〇條），雖乙承繼甲，或甲承繼乙，其債權仍不消滅，丙之質權，依然得行使之，此為保護第三人所設之例外。又如票據債務人由背書取得票據時，其債權與債務雖同歸一人，依通常混同法理言之，票據上之權利，應歸消滅。然票據重在流通，在未到期前，尚可輾轉流通，依票據法第三四條第二項之規定，得更以背書轉讓之，故票據上之債權，不因混同而消滅。

第三編

債編分則

第一章　買　賣

第一節　買賣之性質

買賣者，當事人約定一方移轉財產權於他方，他方支付價金之契約也（第三四五條一項）。約定移轉財產權之一方，稱為出賣人；約定支付價金之一方，稱為買受人。故出賣人與買受人就出賣之標的物及價金互相同意時，買賣契約即為成立（同條二項）。其法律上性質，分述如左：

㈠買賣為雙務契約及有償契約　買賣之雙方當事人，互負債務，顯有對價的關係，故係雙務契約。又雙方當事人，須給付財產，始能自他方取得利益，自係有償契約。

㈡買賣為諾成契約及不要式契約　買賣之雙方當事人，對於出賣之標的物及價金，互相表示意思一致時，即行成立，不以實行給付為成立要件，故為諾成契約。又其成立，在當事人間，祇須有意思表示已足，不拘何種方式，故為不要式契約。至移轉不動產物權之物權契約，固以訂立書面為必要（第七六〇條），惟買賣不動產之債權契約，仍非要式行為（二二上九一四，三一上三二五六，七四臺上一二七四）。至公同共有人中之一人，以公同共有物所有權之移轉為買賣契約之標的，並非所謂以不能之給付為契約標的，其移轉所有權之處分，雖因未經其他公同共有人之承認而不能發生效力，而關於買賣債權契約則非無效（七一臺上二〇六四）。

(三)買賣係以移轉財產權為標的之契約　買賣最主要之特徵，在使出賣人對於買受人負擔移轉財產權之債務；而其財產權不以現已屬於出賣人所有者為限，即將來可取得或將來始發生之財產權，實務上均認其得為買賣之標的物（三上四五，三七上七六四五）。又買賣為債權契約，契約當事人之出賣人自不以所有人為限，其故在此（六九臺上三九七）。

(四)買賣係以支付價金為標的之契約　買賣在使買受人負支付價金之債務，其對出賣人之對待給付，須為金錢，若係金錢以外之其他財產權，則為互易，此為兩者不同之點。至價金雖未具體約定，而依情形可得而定者，視為定有價金（第三四六條一項）。價金約定依市價者，除契約另有訂定外，視為依標的物清償地清償時之市價（同條二項）。

買賣契約之成立，在當事人一方，約定移轉財產權，而他方則約定支付價金，故常係債權契約。而履行該約定債務之行為，即實行移轉及支付，則為物權契約。既令在現實買賣之場合，亦僅屬債權契約與物權契約同時成立，而非可視現實買賣為物權契約（二〇上二四〇五，三九臺上五八三參照）。故不動產買賣預約雖已成立，而賣主之物權尚未移轉，僅發生一種訂立正式契約之債權關係；倘預約之賣主將預約標的之不動產另賣與第三人時，該預約之買主，除得對於預約之賣主請求賠償其損失外，不能對於該第三人主張其已成立之買賣契約為無效（二三上一五〇〇）。此外，買賣契約僅有債之效力，不得以之對抗契約以外之第三人。因此在二重買賣之場合，出賣人如已將不動產之所有權移轉登記與後買受人，前買受人縱已占有不動產，後買受人仍得基於所有權請求前買受人返還所有物，前買受人即不得以其與出賣人間之買賣關係，對抗後買受人（八三臺上三二四三）。

買賣之規定，於買賣契約以外之有償契約準用之，但為其契約性質所不許者，不在此限（第三四七條）。

第二節　買賣之效力

一、出賣人之義務

㈠財產權移轉之義務　物之出賣人，負交付其物於買受人，並使其取得該物所有權之義務（第三四八條一項）。權利之出賣人，負使買受人取得其權利之義務；如因其權利而得占有一定之物者，並負交付其物之義務（同條二項）。故出賣人應依關於移轉權利之方法，實行移轉，使買受人得作財產權之主體，而取得其權利。實務認為：關於讓與物權之債權契約，乃非要式行為，雙方就其讓與之物權及價金業已互相同意，則其買賣契約即為成立，讓與物權之一方即有成立移轉物權之書面，使買受人取得該不動產物權之義務（七三臺上二七四一）。又未經保存登記之房屋買受人，因未辦所有權移轉登記而未取得其所有權，但得代位行使出賣人之所有權而為法律上或事實上之處分行為，乃因一般不動產買賣之觀念，出賣人將標的物交付買受人時，已同意將使用收益權及事實上之處分權隨同交付行為移轉於買受人，而買受人於受領交付後，就買賣標的物為事實上之處分行為，亦不違背出賣人之本意故也（六九臺上一二〇四）。

關於出賣人財產權移轉之義務，實務上見解如下：

1. 單獨所有土地之特定部分買受人，除出賣人有不能將該部分分割後移轉登記與買受人之情形外，不得請求出賣人移轉登記按該部分計算之土地應有部分，而與原所有人共有該土地（七五臺上四〇四）。

2.依第三四八條第一項規定，物之出賣人固負有交付其物於買受人之義務，惟應有部分乃共有人對於共有物權利抽象之成數，而非共有物具體之某一部分，是應有部分之出賣，與物之出賣，自屬有別。故除共有物係轉讓其全部應有部分與他人，該共有人又基於分管契約已占有共有物之特定部分，得類推適用同條第二項規定，認應將該分管之特定部分交付受讓人外，受讓人無從請求交付共有物之特定部分（八四臺上二五一三）。

3.消滅時效完成，僅債務人取得拒絕履行之抗辯權，得執以拒絕給付而已，其原有之法律關係並不因而消滅。又在土地買賣之情形，倘出賣人已交付土地與買受人，雖所有權移轉登記請求權之消滅時效已完成，惟買受人之占有土地，如係出賣人本於買賣之法律關係所交付，即具有正當權源，原出賣人尚不得認係無權占有而請求返還土地（八五臺上三八九）。

買賣標的物之危險，究應由何人負擔，此即買賣之危險負擔問題。所謂標的物之危險，乃因不可歸責於雙方當事人之事由，而有滅失毀損，致生損害之虞也。此項危險，在交付前由出賣人負擔，而交付後則由買受人負擔，係以交付時為準，定其歸屬。是買賣標的物之利益及危險，除契約另有訂定外，自交付時起，均由買受人承受負擔（第三七三條）。至於買受人已否取得物之所有權，則非所問。惟如該物為動產，而買受人請求將該物送交清償地以外之處所者，自出賣人交付其標的物於運送承攬人時起，標的物之危險，由買受人負擔（第三七四條，第三七七條）。但買受人關於標的物之送交方法，如曾有特別指示而出賣人無緊急之原因，違其指示者，對於買受人因此所受之損害，應負賠償責任（第三七六條，第三七七條）。

關於買賣之危險負擔，實務如下：

1.不動產所有權之移轉與不動產之交付，係屬兩事。前者為所有權生效要件，後者為收益權行使要件。縱所有權已經移轉，但在未交付前，原所有權人仍得行使其收益權（六九臺上三九八五）。

2.不動產之出賣人固負有交付其不動產於買受人之義務，但在未交付前，出賣人繼續占有該買賣標的物，究難指為無權占有，亦不因已辦理所有權移轉登記而異。因土地所有權移轉登記，為移轉所有權生效要件，行使土地之收益權，依第三七三條規定，以先經交付為前提，故所有權雖已移轉，而標的物未交付者，買受人仍無收益權，自難謂原出賣人為無權占有（七二臺上二五三）。

3.第三七三條規定買賣標的物之利益及危險，自交付時起，均由買受人承受負擔。是以不動產買賣契約成立後，其收益權屬於何方，應以標的物已否交付為斷。所有權雖已移轉，而標的物未交付者，買受人仍無收益權（七二臺上二〇八二）。

4.有關瑕疵擔保之規定，原則上於危險移轉後，始有其適用。惟於危險移轉前，買受人已發現標的物有瑕疵，倘出賣人無法提出無瑕疵之物，或擔保除去該瑕疵後為給付，買受人亦有拒絕受領瑕疵物之權利，並得解除契約（八六臺上三四〇七）。

㈡瑕疵擔保責任　出賣人之擔保責任，情形有二：

1.**權利瑕疵之擔保**　出賣人應擔保第三人就買賣之標的物，對於買受人不得主張任何權利（第三四九條）。債權或其他權利之出賣人，應擔保其權利確係存在；有價證券之出賣人，並應擔保其證券未因公示催告而宣示為無效（第三五〇條）。惟債權之出賣人對於債務人之支付能力，除契約另有訂定外，不負擔保責任；如約定就債務人之支付能力負擔保責任者，則推定其為擔保債權移轉時債務人之支付能力（第三五二條）。以上所稱權利之瑕疵，即權利有所欠缺之謂；而權利之瑕疵，出賣人對之負擔保責任者，以買賣契約當時業已存在者為限，若於契約成立當時權利並無瑕疵，而嗣後權利始有欠缺者，則僅生債務不履行或危險負擔之問題，與權利瑕疵擔保責任無關（七一臺上四一一四）。就買賣標的之財產權，舉其欠缺情形有五：①財產權全部欠缺者。②財產權一部欠缺者。③財產權受他項權利之限制者。④財產權因其標的物之一部滅失或數量不足而生變更者。⑤財產權在法律上欠缺存在之原因者。

出賣人對於買受人，須具左列要件，始負權利瑕疵擔保責任：

(1)權利之瑕疵，須於買賣契約成立時，有其存在　出賣人對之負擔保責任者，以買賣契約成立時所已存在者為限，至於權利之瑕疵是否因可歸責於出賣人之事由而發生，則非所問。故契約成立時並無瑕疵，而嗣後欠缺者，雖生債務不履行或危險負擔之問題，而非權利瑕疵擔保之範圍。

(2)權利之瑕疵，買受人於買賣契約成立當時，須不知之　買受人於契約成立時，知有權利之瑕疵者，出賣人不負擔保之責，但契約另有訂定者，不在此限（第三五一條）。蓋買受人既明知權利有瑕疵仍願買受，可認為有拋棄擔保權之意思也。

(3)買賣當事人間須無特約　權利瑕疵擔保責任之規定，僅為準則之規定，如有特約，原則上應依其特約。惟以特約免除或限制出賣人關於權利瑕疵擔保責任者，如出賣人故意不告知其瑕疵者，其特約則為無效（第三六六條）。

出賣人不履行第三四八條至第三五一條所定之義務者，買受人得依關於債務不履行之規定，行使其權利（第三五三條）。論其效力如左：

⑴權利全部欠缺，或雖一部欠缺而其他部分之履行於買受人無利益者，買受人得向出賣人，請求全部不履行之損害賠償（第二二六條），或解除契約並請求損害賠償（第二五六條，第二六〇條），或免付全部價金（第二六六條一項）。

⑵權利雖有一部欠缺，而買受人尚欲受領其他部分之履行者，則得就欠缺部分，向出賣人請求一部不履行之損害賠償（第二二六條二項反面解釋），或按其比例減少價金（第二六六條一項）。

⑶買受人於出賣人，未向自己完全移轉權利前，得拒絕支付價金，蓋依同時履行抗辯之原則故也（第二六四條參照）。

2.物之瑕疵擔保　物之出賣人，關於買賣標的物之瑕疵，對於買受人應負其責，謂之物的瑕疵擔保。此項制度，肇自羅馬，近代法制，莫不認之。物之瑕疵，即存在於物之缺點，凡依通常交易觀念或依當事人之意思，認為物所應具之價值、效用或品質，而不具備者，即為物有瑕疵，且不以物質上應具備者為限。若出賣之特定物其所含數量缺少，足使物之價值、效用或品質有欠缺者，亦屬之（七三臺上一一七三）。法律為顧全交易之信用，特使出賣人就物之瑕疵，負擔保責任。例如買賣不動產之面積短少，則與前述之權利瑕疵無涉，應屬第三五四條所定物之瑕疵之範圍（七二臺上四二六五）。

⑴物之瑕疵擔保之要件　出賣人對於買受人，在具備左列要件時，始生物之瑕疵擔保責任：

①買賣標的物須有瑕疵　依普通交易觀念或當事人意思，認為物所應具備者，如不具備，必至減少價值及效用，或違背其所保證者，即有瑕疵。例如牛之買賣，健康者為良，若牛有疾病，即屬減少價格，不合通常效用，而成瑕疵。但減少之程度無關重要者，不得視為瑕疵（第三五四條一項但書）。

②物之瑕疵須於危險移轉當時存在　買賣標的物之危險，自標的物交付時起，移轉於買受人（第三七三條）。而出賣人應擔保之瑕疵，必以危險移轉以前，或移轉當時存在者為限（第三五四條一項）。但此種瑕疵，無須於買賣契約成立時即已存在（二九上八二六），至出賣人是否知悉此項瑕疵之存在，及此項瑕疵是否因可歸責於出賣人之事由，均非所問。又出賣人所負關於瑕疵擔保責任，係屬一種法定責任，不以出賣人對於瑕疵之發生，有故意或過失為必要（七〇臺上四二二一）。此點與債務不履行之必因可歸責於債務人之事由者，稍有不同。

③買受人須不知情並無重大過失　買受人須於契約成立時，不知標的物之瑕疵，出賣人始負物之瑕疵擔保之責（第三五五條一項）。但其不知係因買受人之重大過失者，出賣人原則上不負擔保責任。例如皮鞋店告示本店近遭火災，殘貨廉價出售，則出賣之皮鞋，曾經浸水或焚煙，買受人自應知之，皮鞋店不負瑕疵擔保之責是。但有下列情形之一時，則為例外：a.出賣人曾保證其無價值或效用之瑕疵者。b.出賣人故意不告知買受人該項瑕疵者（第三五五條二項）。

④買受人須踐行檢查通知之程序　買受人行使物之瑕疵擔保權，必須踐行檢查通知之條件，此種程序之踐行，為買受人行使該項擔保權之條件，除出賣人故意不告知買受人物之瑕疵外，買受人非為檢查通知，不得令出賣人負物之瑕疵擔保責任（第三五六條，第三五七條），分列如下：a.買受人應按物之性質，依通常程序從速檢查其所受領之物，如發見有應由出賣人負擔保責任之瑕疵時，應即通知出賣人（第三五六條一項）。若怠於此項通知，視為承認其所受領之物（同條二項）。b.不能發見之瑕疵，至日後發見者，應即通知出賣人，怠於此項通知，視為承認其所受領之物（第三五六條三項）。c.出賣人隱匿瑕疵，故意不

告知買受人時，則買受人雖未踐行檢查通知之條件，仍得行使瑕疵擔保權（第三五七條）。d.異地之買賣，買受人對於由他地送到之物，主張有瑕疵，不願受領者，如出賣人於受領地無代理人，買受人有暫為保管之責。前項情形，如買受人不即依相當之方法證明其瑕疵之存在者，推定於受領時為無瑕疵（第三五八條一項）。

(2)物之瑕疵擔保之效果　出賣人應負物之瑕疵擔保責任時，買受人得選擇左列方法之一，行使其權利：

①買受人得解除契約　出賣人應負物之瑕疵擔保責任時，買受人得解除買賣契約，買受人此項解除權，為特殊的法定解除權，無待於催告出賣人先行修補瑕疵，即得行使（第三五九條一項，八六臺上一三○三）。因主物有瑕疵而解除契約者，其效力及於從物；惟從物有瑕疵者，買受人僅得就從物之部分為解除（第三六二條）。為買賣標的之數物中，一物有瑕疵者，買受人僅得就有瑕疵之物為解除，其以總價金將數物同時賣出者，買受人並得請求減少與瑕疵物相當之價額（第三六三條一項）。此種情形，當事人之任何一方，如因有瑕疵之物，與他物分離而顯受損害者，得解除全部契約（同條二項）。如買受人主張物有瑕疵者，出賣人得定相當期限，催告買受人於其期限內，是否解除契約。買受人於該期限內不解除契約者，喪失其解除權（第三六一條）。買受人因物有瑕疵，而得解除契約或請求減少價金者，其解除權或請求權，於買受人依第三五六條規定為通知後六個月間不行使或自物之交付時起經過五年而消滅。前項關於六個月期間之規定，於出賣人故意不告知瑕疵者，不適用之（第三六五條一、二項）。此項期間，就解除權而言，為無時效性質之法定期間；蓋民法所定之消滅時效，僅以請求權為其客體，故就形成權所定之存續期間，並無時效之性質，而契約解除權為形成權之一種，是第三六五條第一項所定六個月之解除權存續期間，自屬無

時效性質之法定期間（二二上七一六，七二臺上五〇三二）。

②買受人得請求減少價金　買賣因物有瑕疵，出賣人應負擔保之責者，買受人得解除其契約，或請求減少其價金，如依情形解除契約顯失公平者，買受人僅得請求減少價金（第三五九條）。除出賣人故意不告知瑕疵之情形外，買受人之減少價金請求權，於物之交付後六個月間不行使而消滅（第三六五條）。此項期間，就該請求權而言，應屬消滅時效之性質。

③買受人得請求不履行之損害賠償　出賣人故意不告知物之瑕疵，或買賣之物缺少出賣人所保證之品質者，買受人得不解除契約或請求減少價金，而請求不履行之損害賠償（第三六〇條）。本條所定買賣之物缺少出賣人所保證之品質者，買受人請求不履行之損害賠償，係代契約之解除，倘其契約業經解除，即不得再為此項請求（七三臺上三〇八二）。是第三六〇條係就約定物之瑕疵擔保責任所為之特別規定，必出賣人就買賣標的物曾與買受人約定，保證具備某種品質，而其物又欠缺所保證之品質時，買受人始得依該條規定請求出賣人負債務不履行之損害賠償責任。苟無此種約定，縱其物有第三五四條至第三五八條之瑕疵，亦僅得依第三五九條解除契約或請求減少其價金（七一臺上二〇八）。

④買受人得請求另行交付無瑕疵之物　買賣之物，如僅指定種類者，如其物有瑕疵，買受人得不解除契約或請求減少價金，而即時請求另行交付無瑕疵之物；出賣人就另行交付之物，仍負擔保責任（第三六四條）。

上開出賣人之瑕疵擔保責任之規定，僅於買賣當事人間無特約時，始有適用。惟以特約免除或限制出賣人關於權利或物之瑕疵擔保義務者，如出賣人故意不告知其瑕疵，其特約無效（第三六六條）。有關瑕疵擔保之規定，原則上於危險移轉後始有適用。因出賣人有給付無瑕疵物之義務，故在危險移轉前，買受人亦有拒絕受領瑕疵物之權利。又因物有瑕疵而被拒絕受領，致發生給付遲延時，出賣人尚不能以有瑕疵擔保之規定而免其遲延責任，是為當然（七一臺上一五五三）。

物之瑕疵擔保，近年判例甚多，摘其主要者如左：

(1)所謂物之瑕疵擔保係存在於物之缺點而言，凡依通常交易觀念，或依當事人之決定，認為物應具備之價值、效用或品質而不具備者，即為物有瑕疵，且不以物質上應具備者為限。若出賣之特定物所含數量缺少，足使物之價值、效用或品質有欠缺者，亦屬之（七三臺上一一七三）。

(2)第三五四條規定出賣人應擔保其物在危險移轉於買受人時，無瑕疵之存在，係使出賣人於危險移轉前仍得除去瑕疵而為交付，如於交付前已有瑕疵存在，而該瑕疵已確定不能除去，或出賣人明確表示拒絕擔保者，縱出賣人尚無交付標的物之義務，買受人亦得依瑕疵擔保之規定行使權利（八六臺上一〇二三）。

(3)第三五四條有關物之瑕疵擔保規定，原則上固於危險移轉後始有適用，但出賣人既有給付無瑕疵物之義務，買受人亦有拒絕受領瑕疵物之權利，在特定之買賣，該為買賣標的之特定物於危險移轉時，倘已有明顯之瑕疵，如經買受人催告出賣人補正，出賣人仍不為補正時，應解為買受人得拒絕給付相當之價金，以免往後之法律關係趨於複雜，損及買受人之權益（八六臺上二八〇八）。

(4)出賣人就其交付之買賣標的物有應負擔責任之瑕疵，而其瑕疵係於契約成立後始發生，且因可歸責於出賣人之事由所致者，則出賣人除負物之瑕疵擔保責任外，同時構成不完全給付之債務不履行責任，買受人如請求補正瑕疵，則在出賣人補正以前，買受人非不得行使同時履行抗辯權。又因契約互負債務者，他方提出之對待給付若有瑕疵而不完全，既非依債務本旨為之，在未補正前，自得拒絕自己之給付（八六臺上三八一八）。

(5)依第三五六條第一項之規定，買受人固有依通常程序檢查，通知所受領之物之瑕疵義務，但若物之瑕疵係為出賣人所明知而故意不告知買受人者，買受人即可免除此項檢查及通知之義務，而不視為其承認所受領之物，此觀第三五七條之規定自明（八六臺上三六七一）。

權利瑕疵擔保與物之瑕疵擔保，其買受人須於契約成立當時不知之，且無特約免除或限制此種責任，此點二者固無不同，然有左列之差異：

權利瑕疵擔保	物之瑕疵擔保
①因權利有欠缺。	①因物存有缺點。
②限於自始不能之情形。	②發生於自始不能、錯誤、或不可歸責於雙方當事人之事由而給付嗣後不能之情形。
③基於過失責任之原則。	③基於買賣為有償契約之原則。
④權利之瑕疵，必於買賣契約成立時存在。	④物之瑕疵，須於危險移轉當時存在。
⑤得請求全部不履行之損害賠償，或解除契約，並請求賠償或免付價金。	⑤解除契約，請求減少價金，或請求不履行之損害賠償，僅能擇一行使。

二、買受人之義務

㈠交付價金之義務　在買賣契約，買受人既約定支付價金，自應對於出賣人負交付約定價金之義務（第三六七條）。惟價金之交付，與買賣標的物之給付，為兩相對待之給付，買受人除未受出賣人所為買賣標的物給付以前，得為同時履行抗辯外（第二六四條參照），即買受人於出賣人已給付其買賣標的物時，如有正當理由，恐第三人主張權利，致失其因買賣契約所得權利之全部或一部者，亦得拒絕支付價金之全部或一部（第三六八條一項），學說上謂之追奪迫害之抗辯。惟此情形，出賣人如已提出相當擔保者，不在此限（同條項但書）。此項規定，並不以出賣物業已交付，而排除其適用（五九臺上四三六八）。又買受人行使追奪迫害之抗辯以拒付價金時，出賣人得請求買受人提存價金（同條二項）。至買賣標的物與其價金之交付，除法律另有規定或契約另有訂定，或另有習慣外，應同時為之（第三六九條）。當事人間未約定價金之交付期限者，則推定其以標的物之交付期限，為價金交付之期限（第三七〇條）。又交付價金之處所，如標的物與價金同時交付者，其價金應於標的物之交付處所交付之（第三七一條）。

㈡受領標的物之義務　出賣人固有交付標的物之義務，而買受人亦有受領標的物之義務（第三六七條）。故經出賣人合法提出而不受領時，買受人不僅須負受領遲延之責任，且負債務人履行遲延之責任。結果如下：①出賣人得請求損害賠償或解除契約，並請求損害賠償（第二三一條一項，第二三二條，第二五四條，第二五五條，第二六〇條）。②有違約金之約定者，買受人應支付違約金（第二五〇條）。③出賣人對於該物之保管，僅就故意或重大過失負其責任。標的物非因出賣人之故意或重大過失而滅失毀損，或有其他不能給付之情形時，出賣人仍得請求支付價金（第二三七條，第二六七條）。④出賣人得請求賠償費用之償還

（第二四〇條）。⑤出賣人得提存標的物，免除保管責任（第三三六條）；如係不動產，得拋棄占有（第二四一條）。⑥出賣人得聲請法院裁定許可拍賣標的物而提存其價金，或經法院裁定許可而照市價變賣，提存其價金（第三三一條，第三三二條）。

㈢**保管標的物之義務**　買賣標的物如有瑕疵，買受人固得拒絕受領，即予返還；但對於由他地送到之物，主張有瑕疵，不願受領者，如出賣人於受領地無代理人，則買受人有暫為保管之責（第三五八條一項）。前項情形，如買受人不即依相當方法證明其瑕疵之存在者，推定於受領時為無瑕疵（同條二項）。送到之物易於敗壞者，買受人經依相當方法之證明，得照市價變賣之，如為出賣人之利益，有必要時並有變賣之義務（同條三項）。買受人為變賣後，應即通知出賣人，如怠於通知，應負損害賠償之責（同條四項）。

三、買賣費用之負擔

因出賣物之所有權而須交付其物，或因出賣其他以物之占有為內容之權利而須交付其物者，買賣標的物之利益及危險，自交付時起，均由買受人負擔，但契約另有訂定者，不在此限（第三七三條）。買受人請求將標的物送交清償地以外之處所者，自出賣人交付其標的物於為運送之人或承攬運送人時起，標的物之危險，由買受人負擔（第三七四條）。出賣人於危險移轉後，該物之交付前，其所支出之必要費用，買受人應依關於委任之規定，自出賣人支出時起，加算利息，償還出賣人。出賣人所支出之費用，如非必要者，買受人應依關於無因管理之規定，負償還責任（第三七五條）。至於買賣費用之負擔，除法律另有規定，或契約另有訂定，或另有習慣外，依下列之規定：①買賣契約之費用，由當事人雙方平均負擔。②移轉權利之費用，運送標的物送至清償地之費用及交付之費用，由出賣人負擔。③受領標的物之費用，送交清償地以外處所之費用，由買受人負擔（第三七八條）。又第三七三條所稱之危險負擔，除契約另有訂定外，概自標的物交付時起移轉於買受人，至買受人已否取得物之所有權，在所不問（四七臺上一六五五）。

第三節　買　回

買回者，出賣人對於已出賣之標的物，於一定期限內，再向買受人買回之謂也。按其性質，所謂買回，係另有再買賣之契約，並非原來買賣契約之解除。此再買賣契約之成立，固在隨同訂立之時，但附有出賣人買回表意之停止條件，苟出賣人於一定期限內，表示其買回之意思，則條件成就，而再買賣契約即發生效力，故買回者，係以出賣人買回表意為停止條件之再買賣契約。民法第三七九條第一項規定，出賣人於買賣契約保留買回之權利，則亦認為權利之保留，已無疑義。

由出賣人表示買回之意思，即可成立再買賣契約之權利，謂之買回權。有此約定者，出賣人得返還其所受領之價金，而買回其標的物。至於原價金之利息，與買受人就標的物所得之利益，視為互相抵銷（第三七九條三項）。出賣人欲行使買回權，必須於訂立買賣契約時隨同訂立（二三上一一六五）。又買回之期限，不得超過五年，如約定之期限較長者，縮短為五年（第三八〇條）。此種約定之買回權行使期限，乃公益規定，故不得以特約延長之，逾此期限，買回權即行消滅，成為絕賣。

保留買回權之出賣人實行買回時，原則上應返還原價金以為買回價金，但另有特約者，從其特約（第三七九條二項）。其買賣費用由買受人支出者，買回人應與買回價金連同償還之；而買回之費用，則由買回人負擔（第三八一條）。買受人為改良標的物所支出之費用及其他有益費用，而增加價值者，買回人應償還之，但以現存之增價額為限（第三八二條）。原買受人既為買回之出賣人，對於買回人負交付標的物及其附屬物之義務。買受人如因可歸責於自己之事由，致不能交付標的物，或標的物顯有變更者，應賠償因此所生之損害（第三八三條）。

第四節　特種買賣

一、試驗買賣

試驗買賣，係以買受人為承認標的物為停止條件而訂立之契約（第三八四條）。故試驗買賣之契約，於訂立當時即已成立，惟以買受人之承認標的物（或稱買受人之適意）為停止條件，限制其效力之發生，必須俟買受人承認標的物之表意，始生買賣之效力。試驗買賣之出賣人，有許買受人試驗其標的物之義務（第三八五條），故出賣人不得拒絕試驗，以妨害條件之成否（第一〇一條），而買受人亦不得直接請求買賣之履行。標的物經買受人試驗後，為承認之通知時，買賣契約所附條件，即行成就，而變為無條件之買賣。

如買受人不明白表意，則依左列標準，以決定之：

㈠標的物經試驗而未交付者，買受人於約定期限內，未就標的物為承認之表示，視為拒絕；其無約定期限，而於出賣人所定之相當期限內，未為承認之表示者，亦視為拒絕（第三八六條）。

㈡標的物因試驗已交付於買受人，而買受人不交還其物，於約定期限或出賣人所定之相當期限內，不為拒絕之表示者，視為承認（第三八七條一項）。

㈢買受人於試驗後，已支付價金之全部或一部，又或就標的物為非試驗所必要之行為者，即已行使契約所得權利之行為者，視為承認（第三八七條二項）。

試驗買賣，與貨樣買賣不同。貨樣買賣，為出賣人對於買受人約明以符合貨樣之物品為給付之無條件買賣。此項契約，多為不特定物之給付；例如約定按照貨樣，交米十包，即為不特定物之給付。凡按照貨樣，約定買賣契約者，即視為出賣人擔保其交付之標的物，與貨樣有同一之品質（第三八八條）。此際應適用第三五四條第二項及其他有關瑕疵擔保之規定，如標的物不具備貨樣之品質時，買受人得拒絕受領，於危險移轉後，並得依第三五九條、第三六〇條規定行使其權利（七二臺上九四二）。

二、分期付價之買賣

分期付價之買賣，為當事人約定分期支付價金之買賣契約。此種買賣，除價金之交付有分期之特約外，其餘與普通買賣無異。惟為保護經濟上之弱者，民法設有下列約款之限制：①分期付價之買賣，如約定買受人有遲延時，出賣人得即請求交付全部價金者，除買受人遲付之價額已達全部價金五分之一外，出賣人仍不得請求支付全部價金（第三八九條）。②分期付價之買賣，如約定出賣人於解除契約時，得扣留其所受領價金者，其扣留之數額，不得超過標的物使用之代價，及標的物受有損害時之賠償額（第三九〇條）。蓋以防無謂之爭議，故本條明為規定。

三、拍　賣

拍賣者，謂以競爭出價，而定價金之方法，所訂立之買賣契約。故拍賣僅為買賣契約締結之方法，依此方法所訂立之買賣契約，與通常方法訂立之買賣契約，其性質別無所異，僅其締結之方法不同而已。凡屬拍賣必由拍賣人，先為欲拍賣之表示，此項表示，為要約之引誘。拍賣人為拍賣表示後，應買人爭出高價，而為應買之表示，此項應買之表示即為要約，應買人不得撤回，此為一五六條之例外規定。

拍賣，因拍賣人拍板或依其他慣用之方法，為賣定之表示而成立（第三九一條）。此項賣定表示，即為承諾，一經表示，契約即行成立。此時拍賣人除拍賣之委任人有反對之意思表示外，得將拍賣物拍歸出價最高之應買人（第三九三條）。拍賣人對於應買人所出最高之價，認為不足者，得不為賣定之表示而撤回其物，停止拍賣（第三九四條）。又拍賣人對於其所經營之拍賣不得應買，亦不得使他人為其應買（第三九二條）。拍賣之買受人，應於拍賣成立時或拍賣公告內所定之時，以現金支付買價（第三九六條）。拍賣之買受人如不按時交付價金者，拍賣人得解除契約，將其物再行拍賣（第三九七條一項）。再拍賣所得之價金，如少於原拍賣之價金及再行拍賣之費用者，原買受人應負賠償差額之責任（同條二項）。

拍賣與標賣，皆為使競買人各自提出條件，擇其最有利者而出賣之方法，同為競爭締結之一種，但依實務觀之，二者實有不同：

拍　賣	標　賣
①拍賣時各應買人為應買之表示，各人所提出之條件，彼此知悉。	①標賣時各投標人為投標之表示，互不知他人之條件。
②應買人所為應買之表示，自有出價較高之應買人時，即失其拘束力。	②投標人所為投標之表示，雖有出價較高之投標，仍繼續其拘束力。

拍賣	標賣
③原則上應拍歸出價最高之應買人。	③應斟酌投標人之信用資力，非必與出價最高之人訂約。
④拍賣之表示，為要約之引誘。	④標賣之表示，通常雖為要約之引誘，但明示與出價最高之投標人訂約者，應視為要約。

第二章 互易

互易者，謂當事人雙方，約定互相移轉金錢以外財產權之契約（第三九八條前段）。凡金錢以外之財產權，無專屬性者，不論為何種權利，皆得為互易之標的物。互易與買賣不同者，僅在其給付之內容而已。即買賣一方之給付，必係金錢；而互易雙方之給付均係金錢以外之財產權，其他性質，則與買賣無異，故互易準用關於買賣之規定（同條後段）。互易之財產權，其價值不相等者，當事人多約定一方於移轉財產同時，並應交付金錢，以找補差額。關於交付金錢部分，與買賣之價金無異，應準用關於買賣價金之規定（第三九九條）。

關於互易、承攬兩者，有時極難區別，實務上常見之情形如下：

1. 土地所有人提供其土地由他人建築房屋，雙方按土地價款與房屋建築費用之比例，以分配房地之約定，係屬何種性質之契約，應依具體情事決定之。如建築之房屋由建築人原始的取得所有權，於建造完成後將部分移轉於土地所有人，土地所有人則將部分土地移轉於房屋建築人，以互相交換，固為互易。但若建築之房屋，建築人自己不取得所有權，由土地所有人原始的取得所有權，於建造完成後，將部分房地移轉於房屋建築人，以作為完成房屋之報酬，則應屬承攬（七一臺上二七三六）。

2. 土地所有人提供土地由建築商出資合建房屋，雙方按土地價款與房屋建築費用之比例，以分配房地之約定，如其契約當事人於訂約時言明，須俟房屋建竣後，始將應分歸地主之房屋與分歸建商之基地，互易所有權者固屬互易契約，惟如契約言明，建築商向地主承攬完成一定之工作，而將地主應給與之報酬，充作買受分歸建商之房屋部分基地之價款，則屬買賣與承攬之混合契約（七三臺上三七九六）。

3. 地主出地建商出資合建房屋，其行為究為合夥、承攬、互易或其他契約，應探求訂約當事人之意思表示及目的決定之。如其契約重在雙方約定出資（一出土地，一出建築資金）以經營共同事業，自屬合夥。倘契約重在建築商為地主完成一定之建屋工作後，接受報酬，則為承攬。如契約之目的，在於財產權之交換（即以地易屋）則為互易（七二臺上四二八一）。

第三章　交互計算

交互計算者，乃當事人約定以其相互間之交易所生之債權債務為定期計算，就其總額，互相抵銷，而僅支付其差額之契約（第四〇〇條）。論其效力，可分為二：

㈠**記入計算中之效力**　即一定期限內之各債權債務，不分別行使及履行，惟以為交互計算上之一項目，而記入於交互計算中。但匯票及其他流通證券，記入交互計算者，如證券之債務人不為清償時，則無從收抵銷之效，當事人得將該記入之項目除去之（第四〇一條）。此等債權債務一經記入，即行停止其作用，故債權人不得請求履行，債務人亦不得為其履行，各債權債務不得各別抵銷，並不得與交互計算外之債權債務抵銷，又各債權不得轉讓，或為質權之標的。記入交互計算之項目，得約定自記入之時起，附加利息（第四〇四條一項）。

㈡**計算行為之效力**　即當事人於計算期末，各截止記入，將各債權債務，為一總結，就其總額互相抵銷，算出差額而支付之。此種計算行為須經合意，始得成立。因之①記入交易計算之債權債務，於計算期間屆滿而結算時，當然生互相抵銷之效力。②一方記入交互計算之項目，他方如認為不正當，得請求將該項目除去。但自計算後經過一年，不得請求除去或改正（第四〇五條）。③債權債務相互抵銷後所餘差額，應即支付，但不妨約定以之記入次期交互計算中，為其項目。債權人就算定之差額，並得請求自計算時起至實行支付時止，支付利息（第四○四條二項）。

交互計算，重在信用，故當事人之一方得隨時終止交互計算契約，而為計算；但此項規定，既非公益規定，當事人不妨約定於特定期間內，不為終止（第四○三條）。

第四章 贈與

第一節 贈與之性質

贈與者，謂當事人約定，一方以自己之財產無償給與他方，經他方允受之契約（第四〇六條）。此所謂自己之財產，不以現在屬於自己之財產為限，將來可屬自己之財產，亦包含在內（二六渝上一二四一）。故贈與自係契約之一種，此與遺贈為單獨行為，略有不同。論其法律上性質，大別為四：

㈠**贈與為債權契約** 贈與契約，在使贈與人負擔無償給與財產之債務，於當事人間，僅發生債務關係，其債務之履行，必須更有履行行為，故為債權契約。即在現物贈與，亦不過贈與契約之訂立，與其履行行為，同時為之而已。

㈡**贈與為片務及無償契約** 贈與契約僅為一方負擔債務，贈與契約之當事人，不因給付財產而取得利益，故為片務及無償契約。即在附有負擔之贈與，受贈人之負擔義務與贈與人之給與財產，亦無對價關係，仍係無償契約。

㈢**贈與為不要式及諾成契約** 贈與人與受贈人，關於給與財產及無償兩點，彼此意思一致時，贈與契約即行有效成立。立有字據之贈與，僅為不得撤銷而已。但贈與之標的物，如係非經登記不得移轉之財產者，則於合意外，更須為移轉登記，惟此僅係契約之生效要件，而非以之為成立要件。

(四)**贈與之目的在給與財產** 為贈與標的物之財產，不以現在屬於自己之財產為限，將來可屬自己之財產，亦得為贈與之標的物。又給與之財產權，不必現在屬於贈與人所有，雖他人之物或權利，亦得以為贈與之標的物。

第二節 贈與之種類

(一)**單純贈與** 凡贈與未附有條件期限或負擔者，謂之單純贈與。

(二)**附條件贈與** 贈與效力之發生，繫於某種條件者，謂之附停止條件之贈與。贈與效力之消滅，繫於某種條件者，謂之附解除條件之贈與。

(三)**附期限贈與** 贈與定於某期限屆至時，發生效力者，謂之附始期贈與。贈與定於某期限屆滿時，失其效力者，謂之附終期贈與。

(四)**附有負擔之贈與** 贈與人約為贈與時，得為自己第三人或公益計，而附加約款，使受贈人負擔某種給付之義務。例如學校對於某畢業生，約定贈與留學費用，而附以歸國後在本校服務之約款，此即為自己利益計之例；又如甲對於乙，約定贈與金錢，而附以須收養丙之約款，此即為第三人利益計之例；再如甲對於乙，約定贈與金錢，而附使專攻某項學科之約款，此即為公益計之例。在此情形，受贈人履行負擔以前，贈與契約即已發生效力，非如停止條件，限制效力之發生，故與附條件之贈與不同。又贈與負擔，僅有主從牽連之關係，而非對價關係，且僅為附加約款而限制贈與之效力，非由給付而取得利益，故與雙務契約不同，亦與有償契約有別。

1. **負擔之履行**　贈與人須先履行贈與，方得向受贈人請求履行負擔，故贈與人不得主張同時履行之抗辯，而應先為自己之給付。贈與人已為給付，而受贈人不履行其負擔時，贈與人得請求受贈人履行其負擔，或撤銷贈與（第四一二條一項）。其撤銷後，贈與人即得依關於不當得利之規定，請求返還贈與物。贈與人死亡時，其繼承人得請求受贈人履行負擔或撤銷贈與（第一一四八條參照）。負擔如以公益為目的者，於贈與人死亡後，主管機關或檢察官得命受贈人履行其負擔。又附有負擔之贈與，其贈與之物或權利如有瑕疵，贈與人於受贈人負擔之限度內，負與出賣人同一之擔保責任（第四一四條）。

2. **負擔之履行不能**　因不可歸責於贈與人之事由，致贈與履行不能時，受贈人既免履行贈與之義務（第二二五條一項參照）。但依不可歸責於受贈人之事由，致負擔履行不能時，則僅受贈人免其義務，而贈與人之給付義務，並不免除，仍須履行其贈與。蓋因贈與為主，負擔為從，故負擔義務，隨贈與之履行不能而消滅，而贈與義務，則不因負擔之履行不能而消滅。至於贈與不足償其負擔者，受贈人僅於贈與之價值限度內，有履行負擔之責任（第四一三條）。

第三節　贈與之效力

贈與為片務契約，在使贈與人對於受贈人，負擔無償的給與財產之債務，故應為關於財產移轉之必要方法，務使受贈人取得贈與之財產。論其效力如次：

㈠贈與人就第四〇八條第二項所定之贈與給付遲延時，受贈人得請求交付贈與物，其因可歸責於自己之事由，致給付不能時，受贈人得請求賠償贈與物之價額。此項情形，受贈人不得請求遲延利息或其他不履行之損害賠償（第四〇九條）。

(二)贈與之標的物，在未交付以前，有滅失毀損時，致給付不能時，贈與人僅就其故意或重大過失，對受贈人負賠償責任（第四一〇條）。此項責任，自亦限於受贈人請求履行之情形，始負擔之。蓋以贈與係屬無償行為，特減輕贈與人之責任。

(三)贈與標的物之物或權利如有瑕疵，贈與人不負擔保責任。惟贈與人如有下列情形之一者，對於受贈人因瑕疵所生之損害，負賠償之義務（第四一一條）：①贈與人故意不告知其瑕疵者（第四一一條但書）。②贈與人保證其無瑕疵者（同條但書）。③當事人關於擔保責任，定有特約者。④附有負擔之贈與，其贈與人於受贈人負擔之限度內，負與出賣人同一之擔保責任（第四一三條）。

(四)定期給付之贈與，因贈與人或受贈人之死亡，失其效力，但贈與人有反對之意思表示者，仍從其意思（第四一五條）。又當事人未訂有存續期間之定期贈與，亦因當事人一方之死亡，而失其效力。

第四節　贈與之撤銷

(一)**撤銷之原因**　贈與除得依一般撤銷原因撤銷外（第八八條，第八九條，第九二條），另有其特殊原因，分述如下：①贈與物之權利未移轉前，贈與人得撤銷其贈與。其一部已移轉者，得就其未移轉之部分撤銷之（第四〇八條一項）。此項規定，於經公證之贈與，或為履行道德上義務而為贈與者，不適用之（第四〇八條二項）。②附有負擔之贈與，如贈與人已為給付而受贈人不履行其負擔時，贈與人得撤銷其贈與（第四一二條一項）。③受贈人對於贈與人，有下列情形之一者，贈與人得撤銷其贈與：a.對於贈與人，其配偶、直系血親、三親等內旁系血親或二親等內姻親，有故意侵害之行為，依刑法有處罰之明文者。b.對於贈與人有扶養義務而不履行者。此項撤銷權，自贈與人知有撤銷原因之時起，一年內不行使而消滅，贈與人對於受贈人已為宥恕之表示者，亦同（第四一六條）。④受贈人以故意不法之行為，致贈與人死亡，或於贈與人生前，以故意不法行為，妨礙其為撤銷者，贈與人之繼承人，得撤銷其贈與。但其撤銷權，自知有撤銷原因之時起，六個月間不行使而消滅（第四一七條）。

㈡撤銷之方法　贈與之撤銷，應向受贈人以意思表示為之（第四一九條一項），本條項規定與第二五八條第一項所定解除權之行使應向他方當事人以意思表示為之者，具有同一之法律理由，自應類推適用第二五八條第二項之規定。故贈與契約當事人之一方有數人者，撤銷贈與之意思表示，亦應由其全體或向其全體為之（七二臺上八〇二）。蓋受贈人為確定之相對人，自應向受贈人為之，故受贈人死亡時，贈與之撤銷權，因而消滅（第四二〇條）。

㈢撤銷之效果　贈與之撤銷，與一般法律行為無異，即視為自始無效（第一一四條一項）。贈與撤銷後，贈與人已為給付者，得依關於不當得利之規定，請求返還贈與物（第四一九條二項）。

㈣贈與之拒絕履行　贈與人於贈與約定後，其經濟狀況顯有變更者，如因贈與致其生計有重大之影響，或妨礙其扶養義務之履行者，得拒絕贈與之履行（第四一八條）。至其經濟狀況變更之原因，是否非可歸責於自己之事由，則非所問（四一臺上四）。此拒絕履行權之性質，乃一種延期抗辯權，義務並不消滅，贈與人於失其拒絕履行之理由後，仍須履行。

第五章 租 賃

第一節 租賃之性質

租賃者，當事人約定，一方約以物租與他方使用收益，而他方支付租金之契約（第四二一條一項）。通常情形，租金固多以金錢支付，然不妨以租賃物之孳息充之（同條二項）。租賃契約，於雙方當事人對於租賃要件，意思一致時，即行成立，不以租賃物之交付或租金之支付，為成立之要件，是為諾成契約。故與使用借貸及消費借貸之要物契約不同。且一般租賃契約之成立，毋庸履行一定之方式，雖不動產之租賃契約，其期限逾一年者，應以字據訂立之，然未以字據訂立者，法律上並不使之無效，亦不過視為不定期限之租賃（第四二二條）。由於租賃乃特定當事人間所締之契約，出租人自不以所有人為限，則在租賃關係存續中，關於租賃上權利之行使，例如欠租之催告，終止之表示等項，應由締約名義人行之，始能生效（四八臺上一二五八）。至租用基地建築房屋者，承租人於契約成立後，得請求出租人為地上權之登記（第四二二條之一）。蓋土地法第一〇二條所定協同辦理地上權設定登記之請求權，有「二個月」之期間限制，惟實務上見解以為該期間為訓示規定，縱令經過二個月期間，不生失權效果，承租人仍得請求出租人為地上權之登記，為保護承租人，並期規定之明確，特將土地法前述特別規定移列於本法，故有第四二二條之一新增之規定。

租賃之期限，通常並無限制，但最長不得逾二十年，逾二十年者，縮短為二十年（第四四九條一項）。又租賃契約之期限，當事人得更新之（同條二項）。此期限之更新，仍與新結租賃契約，受同一之限制，即自更新之時起，不得逾二十年。又第四四九條第一項所定租賃契約之期限不得逾二十年，係指定有期限之租賃而言（院五三六，三〇渝上三一一，六二臺上三一三八）。至於租用基地建築房屋者，不適用第四四九條第一項之規定（第四四九條三項）。

第二節　租賃之效力

一、出租人之權利義務

㈠交付並保持約定之狀態　出租人應以合於所約定使用、收益之租賃物，交付承租人，並應於租賃關係存續中保持其合於約定使用、收益之狀態（第四二三條）。此乃出租人之主要義務，而與承租人租金之支付義務互有對價關係，出租人如不盡此義務，承租人自得行使其同時履行抗辯權（六九臺上一七九八）。如遲延交付租賃物，或因可歸責於其自己之事由，致不能交付，則承租人得依關於債務不履行之規定，行使其權利（第三四七條參照）。在租賃關係存續中，因不可歸責於承租人之事由，致租賃物之一部滅失，或因第三人就租賃物主張權利，致承租人不能為約定之使用收益者，承租人得請求減少租金，承租人就其存餘部分不能達租賃目的者，並得終止契約（第四三五條，第四三六條）。實務認為：出租人應以合於所約定使用、收益之租賃物，交付承租人，並應於租賃關係存續中保持其合於約定使用、收益之狀態。故出租人不僅有忍受承租人為使用、收益租賃物之消極義務，並有使其能依約定使用、收益租賃物之積極義務。倘承租人之使用、收益租賃物受有妨害或妨害之虞時，不問其係基於可歸責於出租人之事由或第三人之行為而生，亦不問其為事實上之侵害或權利之侵害，出租人均負有以適當方法除去及防止之義務（八六臺上三四九〇）。

㈡**擔保責任** 租賃為有償契約，故準用關於買賣之規定（第三四七條），其出租人負與出賣人同一之擔保責任。是出租人應擔保第三人就租賃物，對承租人不得主張妨害其使用收益之權利（第三四九條）。出租人將租賃物交付於承租人時，其物存有滅失或減少約定使用收益之瑕疵，或出租人以特約確保其品質無瑕疵時（第三五四條一項），承租人得終止其契約，或請求減少其租金（第三五九條）。租賃物如為房屋，或其他供居住之處所者，如有瑕疵，危及承租人或其同居人之安全或健康時，承租人雖於訂約時，已知其瑕疵，或雖以特約拋棄其終止契約之權利，仍得終止契約（第四二四條）。故在房屋租賃之情形，第四二四條為第三五五條之例外規定，亦屬承租人依法律規定之原因而終止契約之一種。

此之所謂第三人主張之權利，須為可以妨礙承租人為使用收益之權利，例如所有權或用益物權，至於擔保權之抵押權，因不妨礙租賃物之使用收益，故僅主張抵押權之設定時，不在此限，但如主張抵押權之實行時，則租賃物之使用收益即受現實之妨礙（第八六三條，第八六六條），是以此種主張亦包括在內。實務上認為：「抵押權之效力並及於抵押物扣押後由抵押物分離之天然孳息，或就該抵押物得收取之法定孳息，故不動產所有人於設定抵押權後，得就同一不動產與第三人設定權利者，其所設定之權利，對於抵押權人自不生效。如於抵押權設定後與第三人訂立租賃契約，不問其契約之成立，在抵押物扣押之前或後，對於抵押權人亦當然不能生效。抵押權人因屆期未受清償或經確定判決，聲請拍賣抵押物時，執行法院自可逕予執行，抵押權設定後取得權利之人，除得向設定權利之人求償損害外，不得提起異議之訴」，即其適例（院一四四六）。

㈢**修繕責任**　租賃物之修繕，除契約另有訂定或另有習慣外，由出租人負擔（第四二九條一項）。惟出租人為保存租賃物所為之必要行為，則不問出租人是否有修繕義務，均得為之，承租人不得拒絕（同條二項）。凡違反修繕義務，即係債務不履行，情形有二：①出租人在租賃物之交付前，不履行修繕之義務時，應依關於債務不履行之規定，承租人得解除契約（第二五四條），或聲請強制執行，並得請求損害賠償（第二二七條）。②租賃關係存續中，租賃物如有修繕之必要，應由出租人負擔者，承租人得定相當期限，催告出租人修繕，如出租人於其期限內不為修繕者，承租人得終止契約或自行修繕，而請求出租人償還其費用，或於租金中扣除之（第四三〇條）。

㈣**負擔稅捐**　出租人雖將租賃物租與承租人使用收益，而其所有權，仍屬自己所有，故就租賃物應納之一切稅捐，由出租人負擔（第四二七條）。但此並非強行規定，當事人有相反之特約者，從其約定（院二四一、六五臺上一一一九）。

㈤**償還費用**　此因費用性質，各不相同：①租賃物為動物者，其飼養費由承租人負擔（第四二八條）。②承租人就租賃物支出有益費用，因而增加該物之價值者，如出租人知其情事，而不為反對之表示，於租賃關係終止時，應於現存增值額之限度內，償還其費用（第四三一條一項）。上項規定，係本於不當得利之法則而設，但並非強行規定，如有相反之特約，應從其特約（二九上一五四二）。承租人就租賃物所增設之工作物，得取回之，但應回復租賃物之原狀（同條二項）。又承租人之償還費用請求權及工作物取回權，均自租賃關係終止時起算，因二年間不行使而消滅（第四五六條）。

㈥**法定留置權** 不動產之出租人，就租賃契約所生之一切債權，對於承租人之物置於該不動產者，有留置權。但禁止扣押之物，不在此限（第四四五條一項）。此種留置權之標的物，須以屬於承租人之動產，且置於該不動產者為限。故出租人所有之法定留置權不以占有為要件，此與普通債權人所得享有之留置權，本以屬於債務人之動產為限，且以占有為要件之情形，極有差異（第九二八條參照）。出租人所得行使之留置權，僅於已得請求之損害賠償，及本期與以前未交之租金之限度內，得就留置物取償（第四四五條二項）。此外債權，則僅承租人不得自租賃之不動產取去留置物而已。

上項法定留置權，因下列原因歸於消滅：①承租人將留置物自租賃物之不動產取去者，出租人之留置權消滅。但其取去係乘出租人之不知，或出租人曾提出異議者，不在此限（第四四六條一項）。而出租人並得以此終止契約（第四四七條二項）。惟承租人如因執行業務取去其物，或其取去適於通常之生活關係，或所留之物足以擔保租金之支付者，出租人不得提出異議（第四四六條二項）。出租人有提出異議者，得不聲請法院，逕行阻止承租人取去留置物。如承租人離去租賃之不動產者，並得占有該留置物（第四四七條一項）。②承租人得提出擔保，以免出租人行使留置權，並得提出與各個留置物價值相當之擔保，以消滅對於該物之留置權（第四四八條）。

二、承租人之權利義務

㈠**支付租金** 承租人應依約定日期，支付租金。無約定者依習慣，無約定亦無習慣者，應於租賃期滿時支付之。如租金分期支付者，於每期屆滿時支付之。如租賃物之收益有季節者，於收益季節終了時支付之（第四三九條）。承租人租金支付有遲延者，出租人得定相當期限，催告承租人支付租金。如承租人於其期限內不為支付，出租人得終止契約（第四四〇條一項）。所謂支付租金之催告，屬於意思通知之性質，其效力之發生，應準用第九五條關於意思表示之規定（四一臺上四九〇，五四臺上九五二）。如催告人非因自己之過失，不知相對人之居所者，僅得準用第九七條，依民事訴訟法公示送達之規定，向該管法院聲請以公示送達為催告之通知，始生催告之效力。但租賃物如為房屋者，遲付租金之總額非達兩個月之租額，不得據此終止契約。其租金約定於每期開始時支付者，並應於遲延給付逾二個月時，始得終止契約（第四四〇條二項）。租用建築房屋之基地，遲付租金之總額，達二年之租額時，適用前項之規定（第四四〇條三項）。而承租人因自己之事由，致不能為租賃物全部或一部之使用收益者，不得免其支付租金之義務（第四四一條）。不動產之不定期租賃，其租賃契約成立後，因該不動產本身價值昇降，致原定租金數額與之相較有不相當時，當事人得聲請法院增減其租金（第四四二條）。但在未聲請法院增減其租金以前，原約定之租金額，仍有拘束雙方當事人之效力（六九臺上三七五六）。又本條之適用須具備左列條件：

①租賃物須為不動產，例如土地房屋固然屬之，而同稱以不動產為標的之地上權之地租、永佃權之佃租亦類推適用（院九八六，院二二六七）。

②租賃物之價值須有昇降，但以租賃物本身價值之漲落為準（二六滬四）。又租金不敷納稅時，並非法定增租之原因（四八臺上八八六）。

③須為不定期租賃，此即排除定期租賃之適用，即不確定期限之租賃，亦不在本條增減租金之列（四七臺上一六三五）。

㈡**使用收益**　承租人應依約定方法，為租賃物之使用、收益，無約定方法者，應以依租賃物之性質而定之方法為之（第四三八條一項）。承租人違反上項規定，為租賃物之使用收益，經出租人阻止而仍繼續為之者，出租人得終止契約（同條二項）。所謂違反約定使用方法，係指不依約定方法使用，並積極的為約定以外方法之使用者而言。如僅消極的不為使用，應不在違反約定使用方法之列（六四臺上一一二二）。如因此致租賃物受有損害者，並應負賠償之責（第四三二條二項後段反面解釋）。此項賠償請求權，自受租賃物之返還時起算，因二年間不行使而消滅（第四五六條）。

㈢**保管租賃物**　承租人應以善良管理人之注意，保管租賃物，租賃物有生產力者，並應保持其生產力。承租人違反上述保管義務，致租賃物毀損滅失者，應負賠償之責（第四三二條）。對於因失火而致租賃物毀損滅失者，以承租人與有重大過失，始對出租人負賠償責任（第四三四條）。如因承租人之同居人，或因承租人允許為租賃物之使用、收益之第三人，應負責之事由，致租賃物毀損滅失者，承租人應負損害賠償責任（第四三三條）。

㈣**通知義務**　租賃關係存續中，租賃物如有修繕必要，應由出租人負擔者，或因防止危害，有設備必要，或第三人就租賃物主張權利者，承租人應即通知出租人。承租人怠於通知，致出租人不能及時救濟者，應賠償出租人因此所生之損害（第四三七條）。

㈤**返還租賃物**　承租人於租賃關係終止後，應返還租賃物，其租賃物有生產力者，並應保持其生產狀態，返還出租人（第四五五條）。此所謂租賃關係終止，實際指租賃關係消滅而言。承租人此項返還租賃物之義務，與其費用償還請求權，或押租金返還請求權，均無對價關係，故承租人不得以有益費用或押租金未受返還，而拒絕租賃物之返還（三三上二三三六）。

㈥**優先購買權**　建築基地之出租人將基地出賣於第三人時，承租人之租賃權雖繼續存在，然其使用與所有仍不能合一，承租人在承租基地上設置之建築物出賣於第三人時亦然。為達到使用與所有合一之目的，促進物之利用並減少糾紛，爰參照土地法第一〇四條，增訂第四二六條之二規定，租用基地建築房屋，出租人出賣基地時，承租人有依同樣條件優先承買之權，承租人出賣房屋時，基地所有人有依同樣條件優先承買之權（同條一項）。此項情形，出賣人應將出賣條件以書面通知優先承買權人。優先承買權人於通知達到後十日內未以書面表示承買者，視為放棄（同條二項）。出賣人如未以書面通知優先承買權人而為所有權之移轉登記者，不得對抗優先承買權人（同條三項）。

第三節　租賃對於第三人之關係

一、租賃權

租賃權者，承租人得直接對於租賃物使用收益之權利也。租賃權之性質，自羅馬法以來，多認為債權。蓋承租人得就租賃物直接使用收益，係基於租賃契約出租人履行其積極的給付義務之結果，並非依承租人一方之行為，故為債權。揆之最高法院三十七年上字第六八八六號判例，認為租賃關係之成立與存續，係基於當事人間之信任，故租賃權通常為不得讓與之債權，甚為明瞭。

出租人以其租賃物之所有權讓與他人時，承租人不得以其租賃權對抗新所有人，謂之「買賣破壞租賃」之原則。基此原則，對於租賃之效用，難以發揮，而承租人意外受損，殊失公平。故為保護承租人計，各國學者盛唱「買賣不破壞租賃」之說，認租賃物所有權變動時，新所有人應繼為出租人。民法第四二五條規定：「出租人將租賃物交付後，承租人占有中，縱將其所有權讓與第三人，其租賃契約，對於受讓人仍繼續存在。」即受讓人於承租人之租賃權繼續中，應享有由租賃所生之權利，並負擔由租賃所生之義務，不得主張收回租賃物，以妨害承租人之權利。惟此項規定，於未經公證之不動產租賃契約，其期限逾五年或未定期限者，不適用之（同條二項）。良以在長期或不定期限之租賃契約，其於當事人之權利義務關係影響甚鉅，宜付公證，俾可防止實務上常見之弊端，例如債務人於受強制執行時，與第三人虛偽訂立長期或不定期限之租賃契約，以妨礙債權人之強制執行即是，因此增訂本條項以防巧取不當利益。

本條所定所有權讓與不破壞租賃之原則，實務上見解可供參考：

1. 第四二五條規定之適用，固以讓與租賃物之所有人為出租人為其要件，然第三人如得所有人同意而為出租時，仍得類推適用該條之規定（八四臺上一六三）。

2. 第四二五條所定所有權讓與不破壞租賃原則，應以所有權移轉業已生效為其要件，不動產所有權依法律行為移轉者，非經登記，不生效力，如房屋未為保存登記，縱令屬於出租人所有，而於出租後贈與第三人，無從辦理所有權移轉登記，該第三人未取得房屋之所有權，應無本條規定之適用（六九臺上七二〇）。

3. 違章建築之讓與，雖因不能為移轉登記，而不能為不動產所有權之讓與，但受讓人與讓與人間如無相反之約定，應認為讓與人已將該違章建築之事實上處分權讓與受讓人。又租用基地建築房屋，如當事人間無禁止移轉房屋之特約，應推定出租人於立約時，即已同意租賃權得隨建築物而移轉於他人，故承租人將房屋所有權讓與第三人，應認其對於出租人仍有租賃關係之存在，且所謂讓與不以房屋之所有權已未移轉登記而有異（八五臺上五一）。

土地及其土地上之房屋同屬一人所有，而僅將土地或僅將房屋所有權讓與他人，或將土地及房屋同時或先後讓與相異之人時，土地受讓人或房屋受讓人與讓與人間或房屋受讓人與土地受讓人間，推定在房屋得使用期限內，有租賃關係，其期限不受第四四九條第一項規定之限制。此項情形，其租金數額當事人不能協議時，得請求法院定之（第四二五條之一）。本條旨在規定土地所有人與房屋所有人之租賃關係，除有反證外，推定有租賃關係，其期限不受第四四九條第一項租賃期限二十年之限制。出租人於租賃物交付於承租人後，雖未將所有權讓與第三人，但就租賃物設定物權，致妨礙承租人之使用收益者，亦將使承租人蒙受損害，故在此情形，準用上開規定（第四二六條）。易而言之，承租人得以其租賃權對抗受設定物權之權利人，此種規定，與第四二五條同為債權法則之例外。所謂出租人將租賃物設定限制物權，其情形有三：

⑴該物權之設定，係以占有標的物為要件者，如地上權、典權、質權等，在租賃期限屆滿前，該限制物權，應不發生效力。

⑵該物權之設定，雖不以占有為要件，而於承租人之使用收益有妨礙者，例如地役權之設定，承租人既得以其租賃權對抗該權利人，則該項物權取得人，自亦僅在不侵害承租人使用收益之程度，行使權利。

⑶該物權之設定，不以權利人占有標的物為要件者，例如抵押權之情形，仍得有效成立。但因行使結果，新取得抵押不動產之人，仍對之繼續發生租賃關係。

房屋所有權移轉時，實務上認為除當事人有禁止轉讓房屋之特約外，應推定基地出租人於立約時，即已同意租賃權得隨建築物而移轉於他人，房屋受讓人與基地所有人間，仍有租賃關係存在，故第四二六條之一規定：租用基地建築房屋，承租人房屋所有權移轉時，其基地租賃契約，對於房屋受讓人，仍繼續存在，以杜紛爭。

二、押租金

出租人於租賃物交付後，將其所有權讓與第三人，依第四二五條規定，其租賃契約對於受讓人仍繼續存在者，承租人與受讓人間，無須另訂契約，於受讓之時即當然發生租賃關係，受讓人當然繼承原出租人行使或負擔由租賃契約所生之權利義務，而原出租人脫退租賃關係，不復負擔租賃契約上之義務，亦不得行使權利（二三上三〇九二，二六上三六五）。於此情形，必須讓與租賃物之原出租人為租賃物之所有人，始有適用（七二臺上一二三三）。惟承租人於按期支付租金外，習慣上有時交與承租人一種「押租金」，其目的係在擔保租金之支付，並非以之按期抵租，故承租人於交付押租金後，仍應依約按期支付租金，不得主張於押租金內扣抵而拒絕付租（一九上三四五，院一五七九）。而第四二五條所謂對於受讓人繼續存在之租賃契約，係指第四二一條第一項所定意義之契約而言，若因擔保承租人之債務而授受之押租金，則為別一契約，不包含在繼續存在之租賃契約以內，原出租人如未將押租金交付受讓人時，則受讓人即未受押金權之移轉，對承租人自不負返還押租金之義務，應仍由原出租人負責。但押租金如視為預付租金者，則受讓人雖未受押租金之支付，承租人亦得以之對抗受讓人。此即認為受讓人並不當然承繼押租金，要視讓與人已否交付為斷（院一九〇七參照）。以此解釋為依據，最高法院產生左列判決：

1.押租金契約之移轉，以交付押租金為其生效要件，民法第四二五條所謂對於受讓人繼續存在之租賃契約，係指同法第四二一條第一項所定意義之契約而言，並不包括押租金契約在內。上訴人既未提出證據，證明前出租人已將押租金移轉於被上訴人，自難據為交還之藉口（五一臺上一四二八）。

2.依院字第一九〇九號解釋，出租人未將押租金交付於受讓人時，受讓人對於承租人雖不負返還押租金之義務，惟受讓人承受之租賃關係，依其讓與契約內容，如為無押租金之租賃，當不得向承租人請求押租金之交付，如為有押租金之租賃，則除承租人尚未履行交付押租金者，得依原約請求交付外，若承租人已依原約將押租金交付於原出租人時，則其既已依約履行，受讓人如欲取得押租金以供租金之擔保，亦屬是否可向原出租人請求轉付之問題（五一臺上二八五八）。

3.第四二五條所謂對於受讓人繼續存在之租賃契約，係指第四二一條第一項所定意義之契約而言。若因擔保承租人之債務而接受押租金，則為別一契約，並不包括在內。此項押租金契約為要物契約，以金錢之交付為其成立要件，押租金債權之移轉，自亦須交付金錢始生效力（六五臺上一五五六）。

4.承租人以金錢貸與出租人，約定以息抵租者，則屬租賃與消費借貸之聯立契約。在租賃關係存續中，出租人將租賃物讓與第三人時，除租賃契約對於受讓人仍繼續存在外，關於消費借貸，如該受讓租賃物之第三人，未有承擔債務之情形，原出租人與承租人間，關於該項消費借貸關係，對於該第三人不發生任何影響（四五臺上五九〇）。

三、租賃權之轉讓

租賃權雖屬債權之一種，但租賃關係之成立與存續，係基於當事人間之信任，乃由於承租人之主觀的關係，故租賃權為依其性質不得讓與之債權（第二九四條一項但書一款）。至於得出租人之同意而轉讓租賃權者，應解為承租人、第三人與出租人三方面訂立債之更改，而變更承租人，由出租人與新承租人間發生新的租賃關係，此種情形，與債權之讓與僅由債權人與第三人成立讓與契約，無庸經債務人同意者，迥然不同。若承租人擅將租賃權讓與他人者，其讓與行為應屬無效，實務上且認為其情形有甚於全部轉租，出租人得據以終止契約（三七上六八八六）。

承租人未經出租人之同意，雖不得將租賃權讓與第三人，但允許他人為租賃物之使用收益，依第四三三條解釋，應無不可。蓋使用收益，乃租賃權之效果，承租人允許第三人享受租賃權之效果，其自己仍為租賃權之權利人，自與讓與租賃權之情形有異故也。

四、租賃物之轉租

轉租者，謂承租人將自己向出租人租得之租賃物，又出租於次承租人，約定使次承租人得就之為使用收益也。承租人為轉租時，其與出租人間之原租賃關係，照舊存在，故與租賃權之讓與有別。惟租賃契約著重租賃物使用收益人之主觀關係，除租賃物為耕地或房屋另有訂定外，其他租賃物，承租人非經出租人承諾，不得以之轉租於他人。承租人未得出租人承諾，而將租賃物轉租他人者，不論為就租賃物一部分轉租或全部轉租，出租人均得終止契約（第四四三條一項前段及二項）。承租人得出租人承諾，而將租賃物之一部分或全部轉租他人者，其與出租人間之租賃關係，仍就租賃物全部繼續存在。因次承租人應負責之事由所生之損害，承租人負賠償責任（第四四四條）。

依上而言，租賃物之轉租情形，大別為二：

⑴合法轉租　轉租業經出租人承諾，或房屋一部轉租而無反對之約定者，承租人得將其轉租他人（第四四三條一項）。

⑵不合法轉租　承租人違反應經承諾之規定，將租賃物轉租他人者，出租人得終止契約（第四四三條二項）。

第四節　租賃關係之消滅

㈠期限屆滿　租賃定有期限者，其租賃關係，於期限屆滿時消滅（第四五〇條一項）。惟租賃期限屆滿後，承租人仍為租賃物之使用收益，而出租人不即表示反對之意思者，視為以不定期限繼續契約（第四五一條）。此即所謂租賃契約之默示更新，故視為以不定期限繼續契約。所指「承租人仍為租賃物之使用收益」者，應包括承租人本人及其家屬、受僱人與經承租人允許之其他第三人，而為租賃使用收益之情形在內（六〇臺上二二四六）。所謂不即表示反對之意思，係指一般交易觀念所認為相當之時間不表示反對之意思而言。此種反對之意思表示，應於租期屆滿後，承租人仍為租賃物之使用收益時即行表示之，惟出租人慮承租人取得此項默示更新之利益，而於租期行將屆滿之際，向之預為表示不願繼續契約者，仍不失為有反對之意思表示（四二臺上四一〇）。其後因承租人於期滿後未返還租賃物，而出租人繼續收受其支付之租金者，如依其情形，可認為租賃關係消滅後，因租賃物遲延返還而受領之損害賠償，則不能謂出租人已改變其反對之意思，而視為以不定期限繼續契約（四二臺上四九二）。本條所謂出租人不即表示反對之意思，固不以明示之反對為限，但若僅於租期屆滿後未收取租金，則係一種單純的沈默，尚難認為已有默示反對續租之意思（四六臺上一八二八）。

租賃之定有期限者，其租賃關係於租期屆滿時消滅，必租期屆滿後，承租人仍為租賃物之使用收益，而出租人不即表示反對之意思者，始視為以不定期限繼續租約（八四臺上二一五二）。而第四五一條所定出租人於租期屆滿後預即表示反對之意思，始生阻止續租之效力，意在防止出租人於租期屆滿後，明知承租人就租賃物繼續使用收益而無反對之表示，過後忽又主張租賃關係消滅，使承租人陷於窘境而設，並非含有必須於租期屆滿時，始得表示反對之意思存在，故於訂約之際，訂明期滿後絕不續租，或續租應另訂契約者，仍有阻斷續約之效力（五五臺上二七六）。且定期租賃契約期滿後之得變為不定期租賃者，在出租人方面係以有無即表示反對之意思為條件，而非以有無收取使用收益之代價為條件，故苟無即表示反對之意思而未為使用收益代價之收取，其條件仍為成就，苟已即為反對之意思而為使用收益代價之收取，其條件仍為不成就（四七臺上一八二〇）。

(二)終止契約　情形有二：

1.依當事人之意思而終止契約，在租賃未定期限者，除有利於承租人之習慣，應從其習慣外，各當事人得隨時終止契約，並應先期通知（第四五〇條二項）。在租賃定有期限者，固不得任意終止契約，但有下列之例外：①承租人死亡者，租賃契約雖定有期限，其繼承人仍得終止契約，並應先期通知（第四五二條）。②定有期限之租賃契約，如約定當事人之一方，於期限屆滿前，得終止契約者，該當事人得終止契約，並應先期通知（第四五三條）。在此兩種情形，其契約終止時，如終止後始到期之租金，出租人已預先受領者，應返還於承租人（第四五四條）。終止契約固應依習慣先期通知，但不動產之租金，以星期、半個月或一個月定其支付之期限者，出租人應以曆定星期半個月或一個月之末日為契約終止期，並應至少於一星期、半個月或一個月前通知之（第四五〇條三項）。此項所定應先期通知終止租約，係指依同條二項規定，對於未定期限之租賃，隨時任意終止租約者而言（六〇臺上二二三）。

2.依法律規定之原因而終止契約，如第四二四條、第四三〇條、第四三五條第二項、第四三六條、第四三八條第二項、第四四〇條、第四四三條第二項等是。在此情形而終止契約時，無須先期通知對方。

㈢**租賃物滅失**　租賃物因天災事變或其他不可歸責於雙方當事人之事由，致全部滅失者，依第二二五條第一項及第二六六條第一項之規定，出租人免其以租賃物與承租人使用收益之義務，承租人亦免其支付租金之義務，租賃關係當然從此消滅（院一九五〇，院一九九四）。至於因可歸責於承租人之事由致租賃物全部滅失，則出租人依第二二五條第一項固免其義務，但承租人依第二六七條規定，仍有支付租金之義務，在此情形，租賃關係並非當然消滅。

第五節　耕地之租賃

租用耕地者，多為貧苦農民，在社會政策上自應受特別之保護，故耕作地之租賃，不僅民法設有特別規定，土地法訂有耕地租用一節，另有耕地三七五減租條例之適用，就民法而言，後二者均為特別法。是以所謂耕地之租賃，即以自為耕作為目的，約定支付租金，使用他人農地者也（土地法第一〇六條）。茲依民法第四五七條至第四六三條之一規定，論述耕地租賃之一般規定如左：

一、耕地租賃之租金

耕作地之承租人，因不可抗力，致其收益減少或全無者，得請求減少或免除租金，此項租金減免請求權，不得預先拋棄（第四五七條）。此為保護承租人生計而設，其租金減免請求權極為必要，並不得預先拋棄。又耕作地之出租人不得預收租金，承租人不能按期支付應交租金之全部，而以一部支付時，出租人不得拒絕收受（第四五七條之一）。

二、耕地租約之終止

耕作地租賃於租期屆滿前，有左列情形之一時，出租人得終止契約：①承租人死亡而無繼承人或繼承人無耕作能力者。②承租人非因不可抗力不為耕作繼續一年以上者。③承租人將耕作地全部或一部轉租於他人者。④租金積欠達二年之總額者。⑤耕作地依法編定或變更為非耕作地使用者。此項規定，實為兼顧出租人與承租人雙方利益之平衡，參照平均地權條例第七六條，耕地三七五減租條例第一七條，土地法第一一四條等規定而設。

未定期限之耕作地租賃，出租人除收回自耕或有第四五八條各款情形，以及承租人租金支付遲延，經定期催告仍不支付，得終止租約外，其他須有一定限制，即非：①承租人違反善良管理義務，致耕作地毀損滅失（第四三二條）。②承租人未經出租人承諾，將耕作地轉租於他人（第四四三條一項）。③承租人因可歸責於自己之事由，將租賃清單所載之物滅失，而不為補充者（第四六二條二項），不得終止租約，蓋以耕作地之承租人，均為經濟上弱者，法律特予保護。又耕作地之出租人終止契約者，應以收益季節後次期作業開始前之時日，為契約之終止期（第四六〇條）。

三、耕作地之返還

耕作地出租人將耕作地出賣或出典於第三人時，承租人之租賃權雖繼續存在，然使用與所有仍不能合一，為促進耕地之利用，並期減少糾紛，第四六〇條之一規定：「耕作地出租人出賣或出典耕作地時，承租人有依同樣條件優先承買或承典之權。第四二六條之二第二項及第三項之規定，於前項承買或承典準用之。」而耕作地之承租人，因租賃關係終止時未及收穫之孳息，所支出之耕作費用，得請求出租人償還之，但其請求額不得超過孳息之價額（第四六一條）。

耕作地承租人於保持耕作地之原有性質及效能外，得為增加耕作地生產力或耕作便利之改良，但應將改良事項及費用數額，以書面通知承租人。此項費用，承租人返還耕作地時，得請求出租人返還，但以其未失效能之價額為限（第四六一條之一）。另外，耕作地之租賃，附有農具、牲畜或其他附屬物者，當事人應於訂約時，評定其價值，並繕具清單，由雙方簽名，各執一份。清單所載之附屬物，如因可歸責於承租人之事由而滅失者，由承租人負補充之責任。附屬物如因不可歸責於承租人之事由而滅失者，則由出租人負補充之責任（第四六二條）。再者，租賃關係終止時，承租人依清單所受領之附屬物，應於租賃關係終止時，返還於出租人，如不能返還者，應賠償其依清單所定之價額，但因使用所生之通常折耗，應扣除之（第四六三條）。

第六章 借貸

第一節 使用借貸

一、使用借貸之性質

使用借貸者，當事人一方以物交付他方，約定他方於無償使用後返還其物之契約（第四六四條）。因認使用借貸為要物契約，於當事人合意外，更須交付借用物始能成立，是為當然。且使用借貸為無償契約，原屬貸與人與使用人之特定關係，除當事人另有特約外，無移轉其權利於第三人之可能，而使用借貸非如租賃之有第四二五條之規定，縱令原借用人將借用物概括允許第三人使用，該第三人亦不得對現在之借用物所有人主張有使用該借用物之權利（八六臺上三七七六）。其交付方法不以現實交付為限，貸與人將其出租於他人之物出借時，得將對該他人之返還請求權，讓與借用人，由借用人直接向該他人請求返還，以代現實之交付（六〇臺上二四〇一）。故使用借貸為要物契約，自與消費借貸同，而與租賃有異。又使用借貸之標的物，以有體物為限，但不必為貸與人所有，非貸與人所有之物，亦不妨成立使用借貸。又使用借貸既為要物契約，常先有預約之訂立，惟其亦為無償契約，故於預約成立後，預約貸與人如不欲受預約之拘束，法律應許其撤銷預約，始為合理。但預約借用人已請求履行預約而預約貸與人未即時撤銷者，不在此限（第四六五條之一）。

使用借貸與租賃，雖同為不要式契約，標的物不以貸與人（出租人）所有者為限，且均須將原物返還，惟二者仍有極大之差異：

使用借貸	租賃
①片務及無償契約。	①雙務及有償契約。
②以交付標的物為成立要件。	②僅有合意即可生效。
③僅以使用為限。	③重在使用收益。
④交付借用物，為完成使用借貸契約之成立要件。	④交付租賃物，為基於租賃契約所負之義務。
⑤非經貸與人同意，不得允許第三人使用。	⑤不受此限制。
⑥貸與人於借貸關係存續中，僅負聽許借用人使用之消極義務。	⑥出租人負有租賃關係中，保持租賃物合於使用收益狀態之積極義務。

二、使用借貸之效力

(一)貸與人之義務

1. **聽許使用**　使用借貸之貸與人，僅負聽許使用之消極義務，對於借用人之使用，不應妨害而已。貸與人之交付借用物，為完成使用借貸契約之成立要件，在交付前，使用借貸契約尚未成立，故其交付行為並非始於契約所負之義務。

2. **瑕疵擔保** 使用借貸為無償契約，對於借用物之權利原有瑕疵，或借用物存有瑕疵時，貸與人均不負擔保責任。惟貸與人故意不告知借用物之瑕疵，致借用人受損害時，負賠償責任（第四六六條）。此項賠償請求權，自借貸關係終止時起算，其消滅時效期間為六個月（第四七三條）。

㈡借用人之權利義務

1. **使用權利** 借用人之使用借用物，固為基於使用借貸所享有之權利；但借用人應依約定方法，使用借用物，無約定方法者，應以依借用物之性質而定之方法使用之（第四六七條一項）。借用人非經貸與人之同意，不得允許第三人使用借用物（同條二項）。借用人尤不得以借用物轉貸與第三人使用，或出租與第三人使用，惟此所謂第三人，當不包含借用人之同居人在內。

2. **保管借用物** 借用人就借用物為使用後，應返還借用物。故自受領交付時起迄返還時止，應以善良管理人之注意，保管借用物。倘違反此項義務，致借用物毀損滅失者，負損害賠償責任。但依約定之方法或依物之性質而定之方法使用借用物，致有變更或毀損者，不負責任（第四六八條）。貸與人就借用物所受損害，對於借用人賠償請求權，其消滅時效期間，自受借用物返還時起算，為六個月（第四七三條）。

3. **負擔保管費用** 借用物之通常保管費用，應由借用人負擔。借用物為動物者，其飼養費亦由借用人負擔（第四六九條一項）。借用人就借用物支出有益費用，因而增加該物之價值者，準用第四三一條第一項之規定（同條二項）。借用人因使用借用物，曾增加工作物者，得取回之，但應回復借用物之原狀（同條三項）。此項有益費用償還請求權及其工作物之取回權，因六個月間不行使而消滅（第四七三條）。

4. **返還借用物**　借用人應於契約所定期限屆滿時，返還借用物。未定期限者，應於依借貸之目的使用完畢時返還之。但經過相當時期可推定借用人已使用完畢者，貸與人亦得為返還之請求。借貸未定期限，亦不能依借貸之目的，而定其期限者，貸與人得隨時請求返還借用物（第四七〇條）。又數人共借一物者，對於貸與人連帶負責（第四七一條），此際返還借用物，應由共同借用人連帶負責。

借貸定有期限者，其借貸關係，於期限屆滿時消滅。惟貸與人於有下列情形之一者，得終止契約：①貸與人因不可預知之情事，自己需用借用物者。此項規定之適用，不問使用借貸是否定有期限，均包括在內。②借用人違反約定或依物之性質而定之方法，使用借用物；或未經貸與人同意，允許第三人使用者。③因借用人怠於注意，致借用物毀損或有毀損之虞者。④借用人死亡者（第四七二條）。但借用人死亡者，貸與人固得終止借貸契約，如貸與人不為終止，而積極表示借用人之繼承人得繼續其契約時，此後貸與人即不得更以原借用人死亡為由，向其已繼續借貸契約之繼承人，為借貸契約之終止（六九臺上八五四，七〇臺上四三九五）。

第二節　消費借貸

一、消費借貸之性質

消費借貸者，當事人一方移轉金錢或其他代替物之所有權於他方，而約定他方以種類、品質、數量相同之物返還之契約（第四七四條一項）。當事人之一方對他方負金錢或其他代替物之給付義務而約定以之作為消費借貸之標的者，亦成立消費借貸（同條二項），故為要物契約。標的物之交付，通常固多以現實交付行之，但依其情形，用簡易交付或間接交付（第七六一條一項但書），均無不可。在金錢借貸契約，固屬要物契約，但如因買賣或其他原因，借用人以其對於貸與人所負之金錢債務，作為金錢借貸所應交付之金錢而合意成立消費借貸，亦應解為具有要物性（六一臺上二一七七）。因消費借貸既為要物契約，關於交付金錢或其他代替物之事實，如有爭執者，應由主張已為交付之貸與人負舉證責任（六九臺上七〇九，七〇臺上三一三七，七一臺上一三一五）。又消費借貸之借用物為代替物，由借用人約以種類、品質、數量相同之物而為返還，並非返還貸與人原交付之物，此與使用借貸及租賃情形，均不相同。

消費借貸如為有償契約，其約定之消費借貸有利息或其他報償，當事人之一方於預約成立後，成為無支付能力者，預約貸與人得撤銷其預約（第四七五條之一一項）。消費借貸之預約，其約定之消費借貸為無報償者，準用第四六五條之一之規定（同條二項）。

二、消費借貸之效力

(一)貸與人之責任

消費借貸為片務契約，貸與人除移轉借用物之所有權於借用人外，並不負何等義務。惟消費借貸約有利息或其他報償者，如借用物有瑕疵時，貸與人應另易以無瑕疵之物，倘借用人因此致受損害時，並得請求損害賠償（第四七六條一項）。但借用人知悉標的物於契約成立時，有瑕疵者，貸與人不負擔保責任（第三五五條參照）。借用人因重大過失而不知有瑕疵，貸與人又未保證其無瑕疵，亦非故意不告知瑕疵者，貸與人不負其責（第三四七條參照）。惟消費借貸為無報償者，如借用物有瑕疵時，原則上貸與人不負瑕疵擔保責任。借用人得照有瑕疵原物之價值，返還貸與人（第四七六條二項）。蓋無償消費借貸，為貸與人示恩之舉，同乎贈與，應不負擔保責任。但貸與人故意不告知瑕疵，借用人因此所致之損害，得請求貸與人賠償（同條三項）。

㈡借用人之義務

1. **返還借用物**　借用人僅須返還種類品質數量相同之物，並非返還貸與人交付之原物。借用人不能以種類品質數量相同之物返還者，應以其物在返還時返還地所應有之價值償還之。若返還時或返還地未約定者，則以其物在訂約時或訂約地之價值償還之（第四七九條）。至借用物之返還期限，如有約定者，借用人應於約定期限內為返還。未定返還期限者，借用人得隨時返還，貸與人亦得定一個月以上之相當期限，催告返還（第四七七條）。又金錢借貸之返還，除契約另有訂定外，依下列規定辦理：①以通用貨幣為借貸者，如於返還時，已失其通用效力，應以返還時有通用效力之貨幣償還之。②金錢借貸，約定折合通用貨幣計算者，不問借用人所受領貨幣價格之增減，均應以返還時有通用效力之貨幣償還之。③金錢借貸，約定以特種貨幣為計算者，應以該特種貨幣，或按返還地之市價，以通用貨幣償還之（第四八〇條）。上項規定，並無第四七九條第二項之準用，故縱令當事人未約定返還時返還地，亦應依實行返還時返還地為準，自不待言（院一九八二，院二三五九）。如以貨物或有價證券折算金錢而為借貸者，縱有反對之約定，仍應以該貨物或有價證券按照交付時交付地之市價所應有之價值，為其借貸金額（第四八一條）。

2. **支付利息**　借用人在有償消費借貸，應負支付利息之義務。其利息或其他報償，應於契約所定期限支付之，未定期限者，應於借貸關係終止時支付之，但其借貸期限逾一年者，應於每年終支付之（第四七七條）。雖利息或其他報償之數額，得由當事人約定之，但不得違反禁止巧取利益之規定（第二〇六條參照）。

第七章 僱傭

第一節 僱傭之性質

僱傭者，當事人約定，一方於一定或不定之期限內為他方服勞務，而由他方給付報酬之契約（第四八二條）。僱傭契約以受僱人服勞務為目的，此與承攬或委任同係廣義之供給勞務契約，但承攬以完成一定工作為目的，委任以處理事務為目的，與僱傭係以服勞務之本身為契約之目的者，稍有區別。又給付報酬為僱傭契約之要件，當事人間雖無報酬之合意，而依供給勞務人之身分、職業以及交易習慣等情形，非受報酬，即不服勞務者，視為允與報酬（第四八三條一項）。僱傭未定報酬額者，按照價目表所訂給付之，無價目表者，按照習慣給付（同條二項）。

第二節 僱傭之效力

㈠受僱人應依契約本旨及誠實信用原則，服其勞務（第三〇九條，第二一九條）。至勞務之內容，則由契約定之。受僱人不供給勞務，或因其應負責之事由，而為不完全之供給者，應負債務不履行之責。受僱人明示或默示保證其有特種技能者，如無此種技能時，僱用人得終止契約（第四八五條）。

㈡僱傭契約之成立與存續，注重當事人之主觀關係，故僱用人非經受僱人同意，不得將其勞務請求權讓與第三人。受僱人非經僱用人同意，不得使第三人代服勞務。當事人之一方違反上項規定時，他方得終止契約（第四八四條）。

㈢僱用人受領勞務遲延者，受僱人無補服勞務之義務。即雖未供給勞務，仍得請求報酬。但受僱人因不服勞務所減省之費用，或轉向他處服勞務所取得或故意怠於取得之利益，僱用人得由報酬內扣除之（第四八七條）。所謂僱用人受領勞務遲延，實指僱用人無正當理由拒絕受領，或主觀的不能受領而言。

㈣僱用人對於受僱人，負支付報酬之義務。且報酬應依約定之期限給付之，無約定者依習慣，無約定亦無習慣者，依下列之規定：①報酬分期計算者，應於每期屆滿時給付之。②報酬非分期計算者，應於勞動完畢時給付之（第四八六條）。

㈤受僱人服勞務，因非可歸責於自己之事由，致受損害者，得向僱用人請求賠償，前項損害之發生，如別有應負責任之人時，僱用人對於該應負責者，有求償權（第四八七條之一）。

㈥僱傭定有期限者，其僱傭關係，於期限屆滿時消滅。僱傭未定期限，亦不能依勞務之性質或目的定其期限者，各當事人得隨時終止契約，但有利於受僱人之習慣者，從其習慣（第四八八條）。當事人之一方遇有重大事由，其僱傭契約，縱定有期限，仍得於期限屆滿前終止之（第四八九條一項）。其未定期限者，更得終止。此為強制規定，當事人不得以特約排除其適用。至重大事由，如因當事人一方之過失而生者，他方得向其請求損害賠償（同條二項）。

第八章 承攬

第一節 承攬之性質

承攬者，當事人約定，一方為他方完成一定之工作，他方俟工作完成，給付報酬之契約（第四九〇條一項）。承攬契約約定由承攬人供給材料之情形，其材料之價額，在無反證前，推定為報酬之一部（同條二項）。所謂工作，即勞務所發生之結果，而其結果有無財產上之價值，亦非所問。承攬人之供給勞務，非以供給勞務為目的，乃以發生結果為目的，而供給勞務不過為其手段而已，此與僱傭僅在供給勞務，並無其他目的之情形，微有區別。又給付報酬，為承攬契約不可缺之要件。當事人間雖無報酬之合意，而依完成工作人之身分職業以及交易上習慣等情形，非受報酬，即不為完成其工作者，視為允與報酬（第四九一條一項）。故承攬人雖供給勞務，而工作並未完成，即未發生預期之結果時，原則上不得請求報酬，此與僱傭之僅負供給勞務，工作有無結果均得請求報酬者，亦有不同。

承攬之工作需用材料者，其材料通常由定作人供給之，但亦有由承攬人自已供給材料者。在定作人供給材料時，有約明可由承攬人以其他同種類材料代替者，此種契約究為互易抑為承攬，頗有爭議。通說認為如當事人之意思重在材料財產權之互相移轉，則為互易。例如以白米供給餅店搭作糕餅，而可取回若干糕餅是。若當事人之意思重在完成一定工作，則為承攬。例如以舊金飾交與銀樓，改製新金飾是。實務認為，合建房屋分歸地主部分之房屋，其建造執照以地主名義領取者，應解為承攬性質，房屋為地主原始取得。至地主移轉與建築商之土地，則屬承攬之報酬（七二臺上四八八三）。但如地主提供土地，由建築商出資興建房屋，然後分屋與地主，論其性質實為互易，應適用買賣之法律關係（六九臺上九八二）。故由定作人供給材料，而復約明不妨由承攬人以其他同種材料代替之承攬契約，謂之「不規則承攬」。此項特約，重在完成，應解為通常之承攬契約。此時定作人所供給之材料，應於承攬人處分該材料或以其他同種材料代替時，始歸屬承攬人所有。定作人所供給之材料，因不可抗力而毀損滅失之危險，雖經承攬人受領後，仍由定作人負擔（第五〇八條二項）。必須該材料之所有權，歸屬於承攬人後，始由承攬人負擔。

第二節　承攬之效力

一、承攬人之義務

㈠完成工作　承攬人對於約定之工作，應負完成之義務。完成工作之期限，定有特約者，承攬人應於約定期限內完成工作。如未定有特約，應於相當期限內完成。倘因可歸責於承攬人之事由，致工作逾約定期限始完成，或未定期限而逾相當時期始完成者，定作人得請求減少報酬或請求賠償因遲延而生之損害（第五〇二條一項）。此項規定，為第二三二條及第二五四條之例外。蓋以債務人遲延之給付，債權人依該二條規定，本得拒絕給付而請求賠償因不履行所生之損害，或解除契約。然依承攬契約所完成之工作，雖有遲延，通常對於定作人仍非無利益。而解除契約，將使承攬人供給之勞務及依勞務所得之結果，全無代價，對承攬人未免過苛，故承攬人完成工作遲延，定作人僅得請求減少報酬。

一般承攬契約，其承攬人完成工作遲延時，定作人固僅得請求減少報酬，不得解除契約。但在確定期限承攬，即以工作於特定期限完成或交付為契約之要素者，如因可歸責於承攬人之事由，致工作逾特定期限始完成，則定作人仍得解除契約（第五〇二條二項）。定作人於此情形，除得解除契約外，如因此受有損害，並得請求債務不履行之損害賠償（第二五五條，第二六〇條）。在完成期限以前，因可歸責於承攬人之事由，遲延工作，顯可預見其不能於限期內完成而其遲延可為工作完成後解除契約之原因者，定作人得依第五〇二條第二項之規定解除契約，並請求損害賠償（第五〇三條）。若工作遲延後，定作人受領工作時，不為保留者，則可視為承認工作之完成，承攬人對於遲延之結果，不負責任（第五〇四條）。惟依工作之性質，無須交付，以工作完成時視為受領者，則無第五〇四條之適用。

㈡交付工作　承攬人完成之工作，按工作之性質，有須交付者，有無須交付者。工作屬於有形的結果者，原則上固多須交付，但不無例外。例如修繕房屋或安設機器之承攬是。如依工作之性質無須交付者，以工作完成時視為定作人受領工作（第五一〇條）。工作之須交付者，則承攬人之交付義務，必待定作人為受領行為後，始能完結。故除當事人間特別約定定作人負受領義務外，一般情形，定作人僅有受領之權利，承攬人不得依債務人遲延責任之規定，請求損害賠償或解除契約（第二三一條，第二三二條，第二五四條參照）。實務認為：承攬完成之工作，依工作之性質，有須交付者，有不須交付者。大凡工作之為有形的結果者，原則上承攬人於完成工作後，更須將完成物交付於定作人。是承攬人此項交付完成物之義務，與定作人給付報酬之義務，並非同時履行，承攬人不得於定作人未為給付報酬前，遽行拒絕交付完成物（五〇臺上二七〇五）可資參考。

㈢瑕疵擔保　承攬為有償契約，關於買賣擔保責任之規定，在承攬契約固得準用，但民法就此設有特別規定，分述如左：

1.工作物之瑕疵擔保　承攬人完成工作，應使其具備約定之品質，及無減少或滅失價值，或不適於通常或約定使用之瑕疵（第四九二條）。工作物有瑕疵者，除第四九六條前段所定情形外，定作人得依左列三種方法，行使其權利：

⑴工作有瑕疵者，定作人得定相當期限，請求承攬人修補之。承攬人不於此項期限內修補者，定作人得自行修補，並得向承攬人請求償還修補必要之費用。但如修補所需費用過鉅者，則屬不經濟之行為，承攬人得拒絕修補，定作人亦不得自行修補，而向承攬人請求償還修補必要之費用（第四九三條）。在此情形，定作人僅得解除契約，或請求減少報酬，如承攬人有過失時，更得請求損害賠償而已（第四九四條，第四九五條參照）。

⑵定作人得解除契約請求減少報酬者，其情形有二：①承攬人不於定作人所定請求修補之期限內，修補瑕疵者，定作人須定相當期限，先向承攬人請求修補，必俟經過相當期限，而不修補時，始得解除契約或請求減少報酬。②承攬人因修補所需費用過鉅，而拒絕修補者；或依工作之性質，其瑕疵不能修補者，定作人毋庸經請求修補之程序，得逕行解除契約，或請求減少報酬（第四九四條）。但瑕疵如非重要，或所承攬之工作為建築物，或其他土地上之工作物者，定作人僅可請求減少報酬，不得解除契約（同條但書）。第四九四條但書規定，所承攬之工作為建築物或其他土地上之工作物者，定作人不得解除契約，係指承攬

人所承攬之建築物，其瑕疵程度尚不致影響建築物之結構或安全，毋庸拆除重建者而言。倘瑕疵程度已達建築物有倒塌之危險，應解為定作人仍得解除契約，不受上開條文規定之限制（八三臺上三二六五，八五臺上二五九六）。

⑶工作之瑕疵，如可歸責於承攬人之事由而發生者，定作人除得依第四九三條及第四九四條規定，分別情形，請求修補或解除契約或請求減少報酬外，並得請求損害賠償（第四九五條一項）。此所謂損害賠償，包含因遲延所生之損害或不履行之損害而言。至定作人依本條請求損害賠償，並不以承攬契約經解除為要件（七〇臺上二六九九）。此項情形，所承攬之工作為建築物或其他土地上之工作物，而其瑕疵重大致不能達使用之目的者，定作人得解除契約（第四九五條二項）。

上述擔保責任之規定，多係任意規定，故除第五〇一條為強行法規外，其擔保責任，得由當事人以特約免除或減輕之。但承攬人知工作有瑕疵，希圖矇混，故意不告知定作人者，其特約無效（第三四七條，第三六六條）。惟工作之瑕疵，因定作人所供給材料之性質，或依定作人之指示而生者，承攬人不負前述之擔保責任。但承攬人明知其材料之性質或指示不適當，而不告知定作人者，仍應負責（第四九六條）。

2. **擔保責任之存續期限**　定作人主張及行使其瑕疵擔保權，均有一定期限：①一般工作之承攬，其期限為一年。自工作交付時起算，工作依其性質無須交付者，則自完成時起算。承攬人明知工作有瑕疵而故意不告知定作人者，此項期限延長為五年。②工作為建築物，或其他土地上之工作物，或為此等工作物之重大修繕者，其期限為五年。承攬人明知此等工作有瑕疵而故意不告知定作人者，延長期限為十年（第四九八條，第四九九條及第五〇〇條）。依第四九八條及第四九九條所定之期限，當事人均得以契約加長之，但不得減短（第五〇一條）。蓋以延長，足以保護定作人之利益，而減短則不易發見其瑕疵，故此不得減短之規定，為公益規定，違反之者，其約定無效。如以特約免除或限制承攬人關於工作之瑕疵擔保義務者，如承攬人故意不告知其瑕疵，其特約為無效（第五〇一條之一）。③定作人之瑕疵擔保權，其消滅時效之期限定為一年。即瑕疵修補請求權、修補費用償還請求權、減少報酬請求權、損害賠償請求權或契約解除權，均因一年間不行使而消滅，其一年之期限，則自瑕疵發見時起算（第五一四條一項）。又定作人之行使瑕疵擔保權，須於工作交付後或完成後為之。但在工作進行中，因承攬人之過失，顯可預見工作有瑕疵，或有其他違反契約之情事者，定作人得定相當期限，請求承攬人改善其工作，或依約履行。承攬人不於定作人所定期限內依照改善或履行者，定作人得使第三人改善或繼續其工作，凡因此所需之費用，及工作毀損滅失之危險，均仍由承攬人負擔（第四九七條）。

二、定作人之義務

(一)**給付報酬**　定作人基於承攬契約，對於承攬人應負給付報酬之義務。報酬之數額，由當事人約定，未約定者按照價目表所定給付之，無價目表者，按照習慣給付（第四九一條二項）。工作須交付者，報酬應於交付時給付之，工作無須交付者，應於工作完成時給付之（第五〇五條一項）。但工作係分部交付，而報酬係就各部分定之者，應於每部分交付時，給付該部分之報酬（同條二項）。訂立承攬契約時，僅估計報酬之概數者，如其報酬，因非可歸責於定作人之事由，超過概數甚鉅者，定作人得於工作進行中或完成後，解除契約（第五〇六條一項）。但工作為建築物或其他土地上之工作物，或為此等工作物之重大修繕者，如其工作物已完成時，定作人僅可請求相當減少報酬，不得解除契約。若其工作物尚未完成，定作人得通知承攬人停止工作，並得解除契約（同條二項）。定作人據以上情形解除契約時，對於承攬人應賠償相當之損害（同條三項）。承攬人之損害賠償請求權或契約解除權，因其原因發生後一年間不行使而消滅（第五一四條二項）。於定作人受領工作前，因定作人供給材料之瑕疵，或其指示不適當，致工作毀損滅失或不能完成者，承攬人如及時將材料之瑕疵或指示不適當之情事，通知定作人時，承攬人無須完成工作，而得請求其已服勞務之報酬及墊款之償還。定作人有過失者，承攬人於請求已服勞務之報酬及償還墊款外，如尚有損害，並得請求賠償（第五〇九條）。承攬之工作，以承攬人個人之技能為契約之要素者，如承攬人死亡，或非因其過失致不能完成其約定工作時，其契約雖當然終止，但工作已完成之部分，於定作人為有用者，定作人仍有給付相當報酬之義務（第五一二條）。

㈡**受領工作**　工作需定作人之行為始能完成，而定作人不為其行為時，承攬人得定相當期限，催告定作人為之。定作人不於承攬人催告所定期限內為其行為者，承攬人得解除契約，並得請求賠償因契約解除而生之損害（第五〇七條）。工作依其性質，如無須交付者，於工作完成時，即視為受領（第五一〇條）。對於承攬人完成之工作，定作人通常僅有受領之權利而無受領之義務。定作人受領遲延時，承攬人僅可依債權人負遲延責任之規定，提存工作物或拋棄工作物之占有，以免交付之義務，及請求費用之償還而已（第二三四條至第二四一條參照）。

㈢**法定抵押權**　承攬之工作為建築物，或其他土地上之工作物，或為此等工作物之重大修繕者，承攬人得就承攬關係報酬額，對於其工作所附之定作人之不動產，請求定作人為抵押權之登記，或對於將來完成之定作人之不動產，請求預為抵押權之登記（第五一三條一項）。此項請求，承攬人於開始工作前亦得為之

（同條二項）。前二項之抵押權登記，如承攬契約已經公證者，承攬人得單獨申請之（同條三項）。本條第一項及第二項就修繕報酬所登記之抵押權，於工作物因修繕所增加之價值限度內，優先於成立在先之抵押權（同條四項）。此項抵押權，依法律之規定而發生，故為法定抵押權，毋需當事人間為設定行為及登記，即可發生效力（第八八三條參照）。就同一不動產設定數抵押權者，其次序依登記先後定之，則此情形，法定抵押權雖無需登記，如成立生效在先，其受償順序自應優先於嗣後成立生效之設定抵押權（六三臺上一二四〇）。

第五一三條之法定抵押權，倘其所擔保之債權，屆期不獲清償時，自得聲請法院拍賣抵押物，就其賣得價金而受清償，此與一般抵押權無異，但有左列不同：

1. 一般抵押權因已登記，其所擔保之債權自亦一併登記在內，因而就抵押關係有所爭執時，應由債務人提起確認之訴，而債權人則無起訴之必要。在法定抵押權因未登記，故就債權之存在有爭執時，應由承攬人（債權人）提起確認之訴，而定作人（債務人）則無起訴之必要。

2. 一般抵押權如就同一標的物有多數抵押權存在，其次序依登記之先後定之，抵押物賣得價金即按各抵押權人之次序分配之。而法定抵押權既未登記，如與一般抵押權競合時，則依成立之先後定其次序，即成立在前者，其次序優先。

㈣**危險負擔**　關於承攬之危險負擔，係以受領時為準：在受領前，由承攬人負擔，而受領後，則由定作人負擔。故工作毀損滅失之危險，於定作人受領前，由承攬人負擔。惟依工作之性質須交付者，則須定作人為受領行為，始得完結其交付，如定作人受領遲延者，危險仍由定作人負擔（第五〇八條一項）。又約定由定作人供給材料者，其材料雖已歸承攬人占有，但因不可抗力而毀損滅失時，其損失仍歸定作人負擔，承攬人不負其責（同條二項）。

工作未完成前，定作人得隨時終止契約，但應賠償承攬人因終止契約所生之損害（第五一一條）。此項終止契約之權，惟定作人有之，且限於工作未完成前始得行使。其損害賠償之範圍，應包括承攬人為完成工作而支出之費用，勞務之代價以及預期可得之利益。

第九章　旅　遊

第一節　旅遊之性質

旅遊營業人者，謂以提供旅客旅遊服務為營業而收取旅遊費用之人，此項旅遊服務，係指安排旅程及提供交通、膳宿、導遊或其他有關之服務（第五一四條之一）。為使旅客明悉與旅遊有關之事項，旅遊營業人因旅客之請求，應以書面記載下列事項，交付旅客：①旅遊營業人之名稱及地址。②旅客名單。③旅遊地區及旅程。④旅遊營業人提供之交通、膳宿、導遊或其他有關服務及其品質。⑤旅遊保險之種類及其金額。⑥其他有關事項。⑦填發之年月日（第五一四條之二）。

第二節　旅遊之效力

一、旅客之義務

㈠旅遊需旅客之行為始能完成，而旅客不為其行為者，旅遊營業人得定相當期限，催告旅客為之。旅客不於此項期限內為其行為者，旅遊營業人得終止契約，並得請求賠償因契約終止而生之損害（第五一四條之三第一、二項）。旅遊開始後，旅遊營業人依本條第二項規定終止契約時，旅客得請求旅遊營業人墊付費用將其送回原出發地，於到達後，由旅客附加利息償還之（同條三項）。

㈡旅遊開始前，旅客得變更由第三人參加旅遊，旅遊營業人非有正當理由，不得拒絕。第三人依此項規定為旅客時，如因而增加費用，旅遊營業人得請求其給付，如減少費用，旅客不得請求返還（第五一四條之四）。

二、旅遊營業人之義務

㈠旅遊營業人非有不得已之事由，不得變更旅遊內容。如旅遊營業人依此項規定變更旅遊內容時，其因此所減少之費用，應退還於旅客，所增加之費用，不得向旅客收取（第五一四條之五第一、二項）。旅遊營業人依本條第一項規定變更旅程時，旅客不同意者，得終止契約。旅客依此項規定終止契約時，得請求旅遊營業人墊付費用將其送回原出發地，於到達後，由旅客附加利息償還之（同條三、四項）。

㈡旅遊營業人提供旅遊服務，應使其具備通常之價值及約定之品質（第五一四條之六）。

㈢旅遊服務不具備第五一四條之六之價值或品質者，旅客得請求旅遊營業人改善之，旅遊營業人不為改善或不能改善時，旅客得請求減少費用，其有難於達預期目的之情形者，並得終止契約（第五一四條之七第一項）。如旅遊服務不具備第五一四條之六之價值或品質，係可歸責於旅遊營業人之事由所致者，旅客除請求減少費用或並終止契約外，並得請求損害賠償（同條二項）。旅客依前二項規定終止契約時，旅遊營業人應將旅客送回原出發地，其所生之費用，由旅遊營業人負擔（同條三項）。

㈣如因可歸責於旅遊營業人之事由，致旅遊未依約定之旅程進行者，旅客就其時間之浪費，得按日請求賠償相當之金額。但其每日賠償金額不得超過旅遊營業人所收之旅遊費用總額每日平均之數額（第五一四條之八）。

㈤旅遊未完成前，旅客得隨時終止契約，但應賠償旅遊營業人因契約終止而生之損害。旅客依此項規定終止契約時，為免身處異地陷於困境，應準用第五一四條之五第四項之規定（第五一四條之九）。

㈥旅客在旅遊中發生身體或財產上之事故時，旅遊營業人應為必要之協助及處理。前項事故，如係因不可歸責於旅遊營業人之事由所致者，其所生之費用，由旅客負擔之（第五一四條之十）。此係旅遊營業人之附隨服務，如有違反，應負債務不履行之責。

㈦旅遊營業人安排旅客在特定場所購物，其所購物品有瑕疵者，旅客得於受領所購物品後一個月內，請求旅遊營業人協助其處理，如有違反，應負債務不履行之責任（第五一四條之十一）。

關於旅遊規定之增加、減少或退還費用請求權，損害賠償請求權及墊付費用請求權，均自旅遊終了或應終了時起，一年間不行使而消滅（第五一四條之十二）。鑑於旅遊行為時間短暫，為期早日確定法律關係，乃規定其因此所生之各項請求權以從速行使為宜。

第十章 出版

第一節 出版之性質

出版者，當事人約定，一方以文學、科學、藝術或其他之著作，為出版而交付於他方，他方擔任印刷或以其他方法重製及發行之契約。投稿於新聞紙或雜誌經刊登者，推定成立出版契約（第五一五條）。出版契約係由出版權授與人，使出版人享有印刷及發行之出版權；著作財產權人之權利僅於契約實行之必要範圍內轉移於出版人，著作之重製權利，則仍歸出版權授與人保有（第五一六條一項）。故著作如已依著作權法註冊或已聲請註冊，則在出版契約存續中，出版人即享有出版之權利，他人若有侵害其出版利益之行為，出版人得對之提起訴訟（院一六四八）。又出版人對於出版權授與人，並非必須支付報酬，故支付報酬非出版契約之成立要件。惟如依情形，非受報酬，即不為著作之交付者，視為允與報酬（第五二三條一項）。

第二節　出版之效力

㈠出版權授與人，須以適合於出版之狀態交付著作。故交稿之後，著作人尚得訂正或修改其著作，但限於不妨害出版人出版之利益或增加其責任之範圍內為之，但對於出版人因此所生不可預見之費用，應由著作人負賠償責任（第五三〇條一項）。又出版權授與人在前已將著作之全部或一部，交付第三人出版，或經由第三人公開發表，為其所明知者，應於契約成立前，將其情事告知出版人（第五一六條三項）。

㈡出版權授與人，於出版人重製發行之出版物未賣完時，不得就其著作之全部或一部，為不利於出版人之處分，但契約另有訂定者，不在此限（第五一七條）。出版人違反此項不作為之義務者，應依債務不履行之法則，負其責任。

㈢出版權授與人，應擔保其於契約成立時，有出版授與之權利。如著作受法律上之保護者，並應擔保該著作有著作權（第五一六條二項）。出版權授與人違反此項擔保義務時，出版人自得依關於債務不履行之規定，請求不履行之損害賠償（第二二六條）。滅失之著作，如出版權授與人另存有稿本者，有將該稿本交付於出版人之義務。無稿本者，如出版權授與人係著作人，且不多費勞力即可重作者，應重作之。惟著作人再交付稿本或重作時，得另請求相當之賠償（第五二五條二、三項）。

㈣出版人對於著作，不得增減或變更。又出版人應以適當之格式重製著作，並應為必要之廣告及用通常之方法，推銷出版物。出版人所定出版物賣價，由出版人定之，亦不得過高，致礙出版物之銷行（第五一九條）。同一著作人之數著作，為各別出版而交付於出版人者，出版人不得將其數著作併合出版。出版權授與人就同一著作人或數著作人之數著作為併合出版而交付出版人者，出版人亦不得將其著作各別出版（第五二一條）。

㈤出版之次數，由當事人約定。版數未約定者，出版人僅得出一版。若出版人依約得出數版，或永遠出版者，則於前版之出版物賣完後，即有續出新版之義務。怠於新版之重製時，出版權授與人得聲請法院，令出版人於一定期限內再出新版，逾期不遵行者，喪失其出版權（第五一八條）。出版人重製新版前，應予著作人以訂正或修改著作之機會（第五二〇條二項）。又重製完畢之出版物，於發行前，因不可抗力致全部或一部滅失者，出版人得以自己之費用，就滅失之出版物補行出版，對於出版權授與人，無須補給報酬（第五二六條）。

㈥出版人是否支付報酬，由當事人約定之。如依情形非受報酬，即不為著作之交付者，視為允與報酬。出版人有出數版之權者，其次版之報酬，及其他出版之條件，推定與前版相同（第五二三條）。又著作全部出版者，於其全部重製完畢時，分部出版者，於其各部分重製完畢時應給付報酬。報酬之全部或一部，依銷行之多寡而定者，出版人應依習慣計算，支付報酬，並應提出銷行之證明（第五二四條）。

㈦著作未完成前，如著作人死亡或喪失能力，或非因其過失致不能完成其著作者，其出版契約關係消滅。在此情形，如出版契約關係之全部或一部之繼續，為可能且公平者，法院得許其繼續，並命為必要之處置（第五二七條）。又著作如因可歸責於著作人之事由致不能完成，則著作人原來所負完成著作以交付之債務，即變為損害賠償之債務（第二二六條二項參照）。

第十一章 委任

第一節 委任之性質

委任者，當事人約定，一方委託他方處理事務，他方允為處理之契約（第五二八條）。委任契約以無償為原則，僅由當事人約定須給付報酬，或雖未約定報酬，而依習慣或依委任事務之性質，應給與報酬者，受任人始得請求報酬（第五四七條）。所謂委託，含有信任之意義，多少有獨立之決定權。苟不妨害受任人之獨立性，縱令其處理事務，依從委任人之指示，仍不失為委任（第五三五條）。委任既為契約，其成立自須有受任人之承諾。但原有承受委託處理一定事務之公然表示者（如會計師、律師、醫師之類），如對於該事務之委託，不即為拒絕之通知時，視為允受委託（第五三〇條）。但委任與代理則有不同，委任係委任人與受任人間之契約行為，受任人處理委任事務得以自己名義為之，僅其為委任人取得之權利，應移轉於委任人而已。代理則為對外關係，代理人必須以本人名義與第三人為法律行為，而其法律效果直接對於本人發生效力（七二臺上四一九五）。又當事人之任何一方，得隨時終止委任契約，是委任契約不論有無報酬，或有無正當理由，均得隨時終止。

在給付勞務之契約，最難區別者，厥為委任與僱傭。二者均以給付勞務為內容，且為諾成及不要式契約，且債權人非經債務人之同意，不得將處理委任事務或勞務請求權，讓與第三人。惟其異點如左：

委　任	僱　傭
①委任之目的，在事務之處理，其供給勞務，並非其契約之目的。	①僱傭在使應服勞務，僅以給付勞務為目的，別無其他目的。
②受任人處理事務，有獨立之決定權。	②勞務方法及內容，全依僱用人之指示。
③多為有償或無償。	③必須給付報酬。
④受任人應自己處理事務，但經委任人之同意或另有習慣，或有不得已之事由，始得使第三人代為處理。	④受僱人非經僱用人之同意，不得使第三人代服勞務。

委任係為他方處理事務，固與承攬係為他方完成一定工作，頗相類似，但有左列之不同：

委　任	承　攬
①委任之處理事務，不以完成工作即發生結果為要件。	①承攬重在完成一定之工作。
②受任人應自己處理事務，原則上不得使第三人代為處理。	②苟能完成一定工作，非必承攬人自盡其勞務。

③處理事務雖未完畢，其受任人之應受報酬者，得按其已處理之部分，請求報酬。	③報酬之給付，係對於工作之完成。原則上非俟工作完成，不得請求報酬。

供給勞務契約，除僱傭外，尚有委任、承攬、寄託、居間、運送等項，其中委任一種，尤堪為供給勞務契約之典型。故關於勞務給付之契約，除具備僱傭、承攬、寄託、居間、運送之要件，自應分別依各該契約之規定外，若其不屬於法律所定其他契約之種類者，則應適用關於委任之規定（第五二九條）。例如甲種存戶簽發支票委託銀行付款者，存戶與銀行間即發生委任關係，與銀行接受無償存款與存戶之間發生金錢寄託關係之情形不同（六九臺上二六五八，七一臺上五四七，七二臺上二六五五）。

第二節　委任與代理權

委任與代理權授與行為，觀念各別，不宜相混。蓋委任乃於當事人間發生權義關係，而代理權授與行為，乃本人以代理權授與他人，使有代理之法律上資格，前者為契約，後者則為單獨行為，性質已有不同。雖委任人委託受任人處理事務，因受任人多須對外與第三人發生關係，故通常委任人多同時授與受任人以代理權，使其因處理事務而與第三人為法律行為時，得直接對於本人發生效力。然其授權行為與委任契約之締訂，仍非一事，不過以委任契約，為其所以授與代理權之基礎法律關係而已，委任究非代理權發生之原因。

為委任事務之處理，須為法律行為，而該法律行為，依法應以文字為之者，其處理權之授與，亦應以文字為之，其授與代理權者，代理權之授與亦同（第五三一條）。所稱「處理權之授與」，究何所指，學者間意見不一，實務上之見解，認為此之處理權，與代理權迥不相同，故本條所定「其授與代理權者，代理權之授與亦同」，使處理委任事務時，僅授與處理權者，則該處理權之授與應以文字為之，如授與處理權及代理權者，則二者之授與，均應以文字為之，以杜爭議（四四臺上一二九〇參照）。

委任人之權限，應依委任契約之訂定，若未訂定者，依其委任事務之性質定之。委任人得指定一項或數項事務而為特別委任，或就一切事務而為概括委任（第五三二條）。例如委任購買某種物品，則為特別委任；又如將營業上一切事務，總括的委任處理，謂之概括委任。在特別委任，其目的在使受任人處理個別的或部分的委任事務，如欲達此目的，應授與特別代理權。故受任人受特別委任者，就委任事務之處理，得為委任人為一切必要之行為（第五三三條）。若於概括委任，其目的均在使受任人，處理總括的委任之一切事務，如欲達此目的，應授與一般代理權，故受任人受概括委任者，得為委任人為一切行為（第五三四條）。從而在特別委任推定有特別代理權，在概括委任則推定有一般代理權。但概括委任場合，關於特別重要之行為，與委任人關係重大，須有特別代理始得為之。故下列行為須有特別之授權：①不動產之出賣或設定負擔。②不動產之租賃，其期限逾二年者。③贈與。④和解。⑤起訴。⑥提付仲裁（同條但書）。

第三節　委任之效力

一、受任人之義務

㈠**處理委任事務**　受任人處理委任事務，應依委任人之指示（第五三五條前段）。若變更指示，即為不依債務之本旨，應負損害賠償之責。受任人非有急迫情事，並可推定委任人若知有此情事，亦允許變更其指示者，不得變更委任人之指示（第五三六條）。至其注意程度，在有償委任，受任人應以善良管理人之注意為之；而在無償委任，則僅須與處理自己事務，為同一之注意（第五三五條後段）。又委任人非經受任人同意，不得將處理委任事務之請求權，讓與第三人（第五四三條）。受任人亦應自己處理委任事務，但經委任人同意或另有習慣，或有不得已之事由者，得使第三人代為處理（第五三七條）。受任人違反第五三七條之規定，使第三人代為處理委任事務者，就該第三人之行為，與就自己之行為，負同一責任。若受任人依法得為複委任而為複委任者，則僅就第三人之選任及對於第三人所為之指示，負其責任（第五三八條）。受任人如使第三人代為處理委任事務者，委任人對於該第三人關於委任事務之履行，有直接請求權（第五三九條）。

(二)**移轉權利**　受任人以自己之名義，為委任人取得之權利，應移轉於委任人（第五四一條二項）。受任人經委任人授與代理權者，其與第三人為法律行為，係以委任人之名義，而所生權利義務，自直接歸屬於委任人（第一〇三條一項參照）。若受任人未經委任人授與代理權者，其與第三人為法律行為，係以受任人自己之名義，而所生權利義務，乃歸屬於受任人，此際受任人應將此項權利，轉移於委任人。在未移轉前，不能認為委任人已取得該項權利（二一上九三四，四一臺上一〇一一）。因之，受任人本於委任人所授與之代理權，以委任人名義與他人為法律行為時，固直接對委任人發生效力，若受任人以自己名義與他人為法律行為，因而為委任人取得之權利，則須經受任人依第五四一條第二項規定，將其移轉於委任人，委任人始得逕向該他人請求履行。前者，因法律行為發生之權利義務，於委任人及該他人之間直接發生效力，後者，則該他人得以對抗受任人之事由，對抗委任人，二者尚有不同（七二臺上四七二〇，八五臺上一一一二）。又受任人在處理事務中，應將委任事務進行之狀況，報告委任人；委任關係終止時，應明確報告其顛末（第五四〇條）。

㈢**交付金錢物品** 受任人因處理委任事務所收取之金錢物品及孳息，應交付於委任人（第五四一條一項）。所謂孳息，包含天然孳息及法定孳息而言。如有約定交付期限而逾期不交付，或無交付期限經委任人催告而不交付者，受任人應負遲延責任（第二二九條）。受任人如為自己之利益，使用應交付於委任人之金錢或使用應為委任人利益而使用之金錢者，應自使用之日起，支付利息。如有損害，並應賠償（第五四二條）。蓋受任人此項使用行為，顯係違背契約，故不問故意或過失，應使自使用之日起，支付法定利息。

㈣**損害賠償** 受任人應以相當之注意，處理委任事務，若欠缺注意，即屬有過失。委任人因此受損害時，受任人對於委任人，應負賠償之責。又受任人因處理委任事務有過失，或因逾越權限之行為所生損害，對於委任人應負賠償之責（第五四四條）。

二、委任人之義務

㈠**償還費用** 委任人因受任人之請求，應預付處理委任事務之必要費用（第五四五條）。若委任人不為此項預付，則受任人得拒絕事務之處理。又受任人因處理委任事務，支出之必要費用，委任人應償還之，並付自支出時起之利息（第五四六條一項）。受任人於支出當時，以善良管理人之注意，認為處理事務所必須支出者，即可請求償還。至客觀的是否必要，及支出有無實益，則非所問。

㈡**清償債務** 受任人因處理委任事務，負擔必要債務者，得請求委任人代其清償。未至清償期者，得請求委任人提出相當之擔保（第五四六條二項）。例如處理事務須開支費用時，受任人以自己名義，借用金錢；或委託購買物品時，受任人以自己名義，負擔價金支付之債務。又受任人處理委任事務，因非可歸責於自己之事由，致受損害者，得向委任人請求賠償（第五四六條三項）。蓋委任人既利用受任人，代自己處理事務，享受其利益，故受任人因此所受之損害，亦應由委任人負擔。受任人處理委任事務所受損害，如係因其使用之輔助人輔助處理委任事務所致者，即應視同可歸責於受任人之事由（第二二四條），受任人對委任人自無損害賠償請求權。前項損害之發生，如別有應負責任之人時，委任人對於該應負責者，有求償權（同條四項）。

㈢**支付報酬**　委任固以無償為原則，但在有償委任，其委任人有支付報酬之義務。當事人約定給付報酬，或縱未約定，或依習慣，或依委任事務之性質，應給與報酬者，受任人得請求報酬（第五四七條）。給付報酬之時期，除契約另有訂定外，非於委任關係終止及為明確報告顛末後，不得請求給付（第五四八條一項）。委任關係，因非可歸責於受任人之事由，於事務處理未完畢前已終止者，受任人亦得就其已處理部分，請求報酬（同條二項）。

第四節　委任關係之消滅

㈠委任契約，以當事人間之信用為基礎，信用既失，任何一方均得隨時終止契約（第五四九條一項）。惟於不利於他方之時期終止契約，應負損害賠償責任（同條二項）。例如因處理事務之旅行中，須自備歸途之旅費是。至因非可歸責於該當事人之事由，致不得不終止契約者，則不負損害賠償責任（同條項但書）。例如受任人因看護重病父母，不能處理事務是。

㈡當事人一方死亡、破產或喪失行為能力者，委任關係，當然原則上消滅（第五五〇條前段）。蓋當事人一方死亡或喪失行為能力者，其繼承人或法定代理人與他方當事人間，未必能互相信任，而一方如宣告破產，則信用已失，自均無仍使其委任關係繼續存在之理由。惟契約另有訂定，或因委任事務之性質不能消滅者，其委任關係，仍不消滅（同條但書）。例如委託處理生前之生活及身後之喪葬事宜，即不因委任人死亡而消滅委任關係是。在上項情形，如委任關係之消滅，有害於委任人利益之虞時，受任人或其繼承人，或其法定代理人，於委任人或其法定代理人，能接受委任事務前，應繼續處理其事務（第五五一條）。

㈢委任關係之消滅原因發生時，應即歸於消滅。但委任關係消滅之事由，係由當事人之一方發生者，他方當事人未及知之，若立即消滅，他方難免因此受損。故他方知其事由，或可得而知其事由前，委任關係視為存續（第五五二條）。蓋使受任人仍應繼續處理以保護委任人之利益，或使受任人仍得請求報酬。至於因當事人一方解除或終止契約歸於消滅者，不適用此項規定。

第十二章　經理人及代辦商

第一節　經理人

經理人者，謂由商號之授權，為其管理事務及簽名之人（第五五三條一項）。所謂經理權，乃兼指內部之營業全體權限，及對外之一般商業代理權而言。商號選任經理人，委託其處理營業事務，為對內部分經理權之授與，其性質為委任關係；至其商業代理權之取得，則另須由商號授與，此項代理權之授與，即為對外部分經理權之授與。故經理權必須授與，其授與之表示，明示默示均無不可（第五五三條二項）。又經理權得限於管理商號之一部或商號之一分號或數分號（第五五三條三項）。

經理人之權限，其對內部分，為所任營業事務處理之權；其對外部分，即為商號代理權。在營業事務之處理權，得為商號管理事務及為其簽名。商號得將經理權授與數經理人，共同行使經理權，謂之共同經理。經理人中有二人之簽名者，對於商號亦生效力（第五五六條）。又經理人對於第三人之關係，就商號或其分號，或其事務之一部，視為有為管理上一切必要行為之權（第五五四條一項）。故經理人於其權限內，固得代理商號為票據行為，負票據上債務，但為人保證，則除屬於商號之營業範圍外，經理人無代為之權（一九上三七六，二二上一〇一二）。經理人在其代理權限內所為之行為，其所生之權利義務，依代理之法則，直接歸屬於商號。至其代理所為是否有利於商號，僅為商號與經理人之內部關係，商號不得以之對抗第三人。故經理人關於營業之行為，縱有舞弊，商號仍應負責（一九上三九）。惟商號因此受有損害時，得向經理人請求賠償。再不動產買賣及其設定負擔之行為，關係重大，除由商號主人以書面特別授權外，經理人不得為之（第五五四條二項）。前項關於不動產買賣之限制，於以買賣不動產為營業之商號經理人，不適用之（第五五四條三項，八五臺上一八一三）。又其行為，以營業存在為前提。故營業之轉讓及歇業，非經特別授權，經理人自亦不得為之。經理人除上述營業上私法行為之代理權外，就所任之事務，視為有代表商號為原告或被告或其他一切訴訟行為之權（第五五五條）。經理人代表商號為訴訟行為者，其在訴訟上應準用法定代理人之規定。至公司所設置之總經理或經理，第五五五條之規定並未排斥適用（七五臺上一五九八）。

經理權有其法定範圍，然商號主體授與代理權，不欲如是廣大，得就交易之種類、價值及時期等項，任意加以限制，此在商業主體與經理人間，自有效力，但不得對抗善意第三人（第五五七條）。至於法定限制，如第五五三條第三項、第五五四條第二項及第五五六條所規定者，則無論第三人是否善意，均得對抗之。經理人非得其商號之允許，不得為其自己或第三人經營與其所辦理之同類事業，亦不得為同類事業公司無限責任之股東（第五六二條）。經理人有違反此項規定之行為時，其商號得請求因其行為所得之利益，作為損害賠償。此種請求權，自商號知有違反時起，經過二個月或自行為時起，經過一年不行使而消滅（第五六三條）。故如公司經理人違反公司法第三二條競業禁止之規定者，其所為之競業行為並非無效，但公司得依第五六三條之規定請求經理人將因其競業行為所得之利益，作為損害賠償（八一臺上一四五三）。又經理人死亡破產或喪失行為能力時，經理權固應因而消滅（第五五〇條）。但商號所有人死亡破產或喪失行為能力時，經理權並不因而消滅（第五六四條）。

第二節　代辦商

代辦商者，謂非經理人而由商號授與代辦權，委託其於一定處所或一定區域內，辦理該商號事務之全部或一部，且對外代理該商號之獨立的商業輔助人也（第五五八條一項）。故代辦商乃受商業主體之委託，辦理其特定商號之營業事務，其所得辦理範圍如何，依契約之內容定之。一般商場上所謂總代理，論其性質係屬民法上代辦商之一種，代辦商與委託人間之關係，為委任性質，除民法代辦商一節別有規定外，準用關於委任之規定（七三臺上二五三八）。代辦商與經理人，同為特定商號之商業輔助人，而非一般之商業輔助人，但其性質有別：

經理人	代辦商
①經理人為隸屬的商業輔助人。	①代辦商為獨立的商業輔助人。
②常輔助一個特定商號之營業。	②輔助一個或數個特定商號之營業。
③在其商號之營業所處理事務。	③在其自己之營業所處理事務。
④執行業務之費用，由商號負責。	④因營業所生之費用，原則上歸自己負擔。
⑤經理人之報酬，通常按期支付。	⑤通常依其所辦理之事務，收取佣金。

代辦商之權限，得分為對內處理事務及對外代理商號二種。在處理範圍內，凡因達到代辦事務之目的，其必要之一切行為，均得代商業主體為之。惟負擔票據上債務之行為，或消費借貸行為，或訴訟行為，非經商業主體以書面特別授權，代辦商不得為之（第五五八條三項）。至於代辦商對於第三人之關係，就其所代辦之事務，視為其有代商業主體為一切必要行為之權。即代辦商在其所受委託之範圍內，視為享有代理權（同條二項）。又代辦商與商業主體間，為委任關係，除契約另有訂定及法律另有規定外，自可適用委任之規定。且代辦商就其所代辦之事務，應隨時報告其處所或區域之商業狀況於其商號。並應將其所為之交易，即時報告之（第五五九條）。代辦商亦得依契約所定，請求報酬，或請求償還其費用。無約定者依習慣，無約定亦無習慣者，依其代辦事務之重要程度及多寡，定其報酬（第五六〇條）。至代辦商競業禁止之義務，與經理人無異（第五六二條，第五六三條）。代辦權並不因商號所有人之死亡破產或喪失行為能力而消滅，亦與經理權相同（第五六四條）。惟代辦權未定期限者，當事人之任何一方雖得終止契約，但應於三個月前通知他方。其因非可歸責於自己之事由，致不得不終止契約者，則得不先期通知而終止之（第五六一條）。

第十三章　居間

居間者，謂當事人約定，一方為他方報告訂約之機會或為訂約之媒介，而他方給付報酬之契約（第五六五條）。居間契約必為有償，故給付報酬，為居間契約不可缺之要件。如依情形，非受報酬即不為報告訂約機會或媒介者，視為允與報酬。未定報酬額者，按照價目表所定給付之，無價目表者，按照習慣給付（第五六六條）。居間人因媒介應得之報酬，原則上由契約當事人雙方，平均分擔。但當事人訂有特約，或行為地另有習慣者，仍依特約或習慣（第五七〇條）。是以居間人以契約因其報告或媒介而成立者為限，始得請求報酬。契約附有停止條件者，於該條件成就前，居間人不得請求報酬（第五六八條）。約定之報酬，較居間人所任勞務之價值為數過鉅，失其公平者，法院得因報酬給付義務人之請求酌減之，但報酬已給付者，不得請求返還（第五七二條）。如因婚姻居間而約定報酬者，就其報酬無請求權（第五七三條）。蓋婚姻生活重在真意，恐居間人因貪利而勉強說合，弊害其大，故禁止之。

居間人因報告訂約機會或媒介訂約而支出之費用，原則上不得請求返還。蓋以居間人既收受報酬，不得更請求費用之償還。如居間人已為報告或媒介，而契約不成立者，雖未收報酬，亦不得請求費用之償還（第五六九條）。居間人於契約因其媒介而成立時，即得請求報酬，其後契約因故解除，於其所得報酬，並無影響（四九臺上一六四六）。居間人違反其對於委託人之義務，而為利於委託人之相對人之行為，或違反誠實及信用方法，由相對人收受利益者，不得向委託人請求報酬及償還費用（第五七一條）。在此情形，委託人更得依債務人故意違反債務之規定，請求損害賠償。又居間人關於訂約事項，應就其所知，據實報告於各當事人。對於顯無支付能力之人，或知其無訂立該約能力之人，不得為其媒介（第五六七條一項）。以居間為營業者，關於訂約事項及當事人之履行能力或訂立該約之能力，有調查之義務（同條二項）。

居間人僅雙方說合，使自訂約，並無代理權，不得代為訂約。故居間人就其媒介所成立之契約，既不得自得權利，亦不自負義務。原則上自無為當事人給付，或受領給付之權利義務（第五七四條）。但當事人之一方，指定居間人不得以姓名或商號告知相對人者，居間人有不告知之義務，謂之隱名媒介（第五七五條一項）。在此情形，居間人應就該方當事人由契約所生之義務，自己負履行之責，並得為其受領給付（第五七五條二項）。此項規定，旨在保護相對人，使居間人代隱名當事人履行及受領，故居間人僅有介入之義務，而無介入之權利。

第十四章　行　紀

第一節　行紀之性質

行紀者，以自己之名義，為他人之計算，為動產之買賣或其他商業上之交易，而受報酬之營業也（第五七六條）。行紀人為委託人與相對人為交易行為，係以自己之名義為之，其與相對人間，自為交易行為之當事人。其為委託人之計算所為之交易，對於交易之相對人，自得權利並自負義務（第五七八條）。委託人與該相對人間，須於行紀人將其權利義務，依債權讓與或債務承擔之法則，移轉於委託人後，始生權利義務之關係；在未移轉前，委託人與相對人間不得直接主張，學者謂為間接代理之一種。行紀人與委託之他人間之關係，係委任契約，但無代理權之授與關係，故除法律就行紀有特別規定者外，均適用關於委任之規定（第五七七條）。

代辦商與行紀人，雖均自為營業主體，但有差異：

代辦商	行紀人
①為一定商業主體輔助。	①廣為一般人輔助。
②以委託人名義為交易行為。	②以自己名義為交易行為。
③直接代理。	③間接代理。
④乃為商業主體，於一定區域內，保持或增進其營業利益，非僅以承辦某種行為為限。	④所擔任者，則在承辦動產買賣及其他商業上之交易行為。

第二節 行紀人之權利

㈠**報酬費用請求權** 行紀人得依約定或習慣請求報酬、寄存費及運送費，並得請求償還其為委託人之利益而支出之費用及其利息（第五八二條）。至於為委託人所支出之必要及有益費用，以及所負擔之必要債務，則應適用委任中第五四六條之規定（第五七七條）。行紀人之報酬，應為行紀人承辦委託之交易行為之報償。如行紀人事實上未為交易行為，即除因可歸責於委託人之事由致不能辦理之情形外，行紀人即不能請求報酬，委託人亦得拒絕給付報酬（一八上二一一〇）。又因非可歸責於行紀人之事由，交易行為未完畢而終止者，行紀人得就其已承辦之部分，請求報酬（第五七七條，第五四八條）。

㈡**拍賣提存權** 行紀人依委託人之指示所買入之物，其交付時，委託人應即受領。如委託人拒絕受領時，行紀人得定相當期限，催告委託人受領，逾期不受領者，行紀人得拍賣其物。如為易於敗壞之物，行紀人得不經催告，而逕行拍賣。又委託行紀人出賣之物不能賣出，或委託人撤回其出賣之委託者，如委託人不於相當期間取回或處分其物時，行紀人亦得依此程序，拍賣其物。在此二種情形，其拍賣所得價金，並得提存。行紀人對於委託人因委託買入或出賣之關係，生有債權時，並得自拍賣價中取償，僅提存其賸餘（第五八五條，第五八六條）。

㈢**介入權**　行紀人受委託出賣或買入動產時，固應以自己名義向第三人出賣，或自第三人買入。惟受託出賣或買入之物為貨幣、股票或其他市場定有市價之物者，除有反對之約定外，行紀人得自為買受人或出賣人。其價值以依委託人指示而為出賣或買入時市場之市價定之（第五八七條一項）。行紀人怠於注意，於不利於委託人之時機介入，則委託人因此所受差額之損害，得請求行紀人賠償（第五七七條，第五三五條，第五四四條一項）。行紀人介入而自為買受人或出賣人時，仍得行使第五八二條所定報酬及費用之請求權（第五八七條二項）。

第三節　行紀人之義務

行紀人除依關於委任之規定，負受任人之義務外，並依關於行紀之規定，負有種種義務：

㈠**依指定價額買賣**　委託人委託行紀人買賣時，多有指定價額者，如行紀人以低於委託人所指定之價額賣出，或以高於委託人所指定之價額買入者，應補償其差額（第五八〇條）。除差額外，如尚有損害，應解為仍得請求賠償。如行紀人以高於委託人所指定之價額賣出，或以低於委託人所指定之價額買入時，則為行紀人以善良管理人之注意為交易行為之當然結果，故其利益均仍歸屬於委託人（第五八一條）。

㈡**直接履行契約** 行紀人為委託人之計算所訂立之契約，其契約之他方當事人，不履行債務時，除契約另有訂定或另有習慣外，應由行紀人對委託人負直接履行契約之義務（第五七九條）。行紀人此項義務，頗與保證債務類似。但契約他方當事人，並非委託人之債務人，自與代債務人負履行責任之保證債務有別。且行紀人負此義務，並無檢索之抗辯，故與保證債務究屬不同。

㈢**介入義務** 行紀人受託買賣之物為貨幣、股票或其他市場上有市價之物，且當事人間無禁止行紀人介入之約定時，行紀人原得自為買受人或出賣人。故行紀人如僅將訂立契約之情事，通知委託人而不以他方當事人之姓名或商號告之者，縱令行紀人並未介入，亦視為介入，而應由行紀人自己負擔該方當事人之義務（第五八八條）。

㈣**處置委託物** 行紀人為委託人之計算，所買入或出賣之物，為其占有時，適用寄託之規定（第五八三條一項）。例如客戶委託證券商買賣股票，彼此間為行紀關係，證券商為客戶買進之股票，為其占有時，依第五八三條第一項規定，適用關於寄託之規定。而寄託除消費寄託須將寄託物之所有權移轉於受寄人始可外，一般寄託或類似消費寄託之混藏寄託，寄託人雖將寄託物交付受寄人保管，但自己仍保有該物之所有權（八五臺上八九五）。行紀人因得請求寄存費，故應以善良管理人之注意為之，並應自己保管之。惟除委託人另有指定外，行紀人不負付保險之義務（第五八三條二項，第五九〇條，第五九二條）。委託出賣之物，於到達行紀人時有瑕疵，或依其物之性質易於敗壞者，行紀人為保護委託人之利益，應與保護自己利益為同一之處置（第五八四條）。

第十五章　寄　託

第一節　寄託之性質

寄託者，當事人一方以物交付他方，而他方允為保管之契約（第五八九條一項）。寄託之主要目的，在為物之保管，故契約之內容，必須約使保管，其交付保管之物，謂之寄託物。寄託係以物之交付為契約成立之要件，故與使用借貸及消費借貸，同為要物契約；惟使用借貸與消費借貸，以交付為生效要件（第四六五條，第四七九條參照），而寄託以交付為成立要件，此二者不同之點。又寄託以無償為原則，有償為例外，故受寄人除契約另有訂定，或依情形非受報酬即不為保管者外，不得請求報酬（第五八九條二項）。

寄託與僱傭、承攬及委任等，雖均為供給勞務之契約。但寄託之目的，在物之保管；與僱傭之目的在供給勞務，承攬之目的在完成一定之工作，及委任之目的在處理事務者，均有不同。又寄託與租賃及使用借貸，雖均須移轉標的物之占有，而消費寄託移轉標的物之所有權，亦與消費借貸類似；惟寄託之目的，在於為寄託人之利益而為物之保管，與租賃及借貸之為承租人或借用人之利益，目的在標的物之使用收益或消費者，亦各有別。

第二節　寄託之效力

一、受寄人之義務

㈠保管寄託物　保管寄託物，為受寄人之主要義務。受寄人受有報酬者，應以善良管理人之注意保管寄託物，其不受報酬者，即應與處理自己事務為同一之注意（第五九〇條）。蓋以受有報酬之受寄人，對於寄託物之滅失，非證明自己於善良管理人之注意無所欠缺，不能免其賠償責任（八五臺上八四四）。蓋無償寄託，受寄人毫無利益，故減輕其責任。當事人如就保管之方法有約定者，則受寄人應依約定之方法保管。非有急迫之情事並可推定若知有此情事，亦允許變更其約定方法時，受寄人不得變更之（第五九四條）。受寄人保管寄託物不盡其應盡之義務，或違反約定之保管方法者，均為債務違反，如因此致寄託物毀損滅失，自應負賠償責任（二九上一一三九）。

受寄人保管寄託物，原則上不許受寄人使用。故受寄人非經寄託人之同意，不得自己使用或使第三人使用。受寄人違反此項規定，而擅自使第三人使用寄託物者，對寄託人應給付相當報償，如有損害，並應賠償。但受寄人能證明縱不使用寄託物，仍不免發生損害者，不在此限（第五九一條）。又寄託契約重在對人的信用關係，故受寄人應自己保管寄託物（第五九二條）。但有例外：

①受寄人自己保管時，得使用第三人，以為單純輔助人。惟就該輔助人之行為，應與自己之行為，負同一之責任（第二二四條參照）。

②經寄託人之同意，或另有習慣，或有不得已之事由者，受寄人得使第三人代為保管（第五九二條

但書）。所謂不得已之事由，例如受寄人疾病不能自己保管是。受寄人適法使第三人代為保管者，僅就第三人之選任及其對於第三人所為之指示，負其責任（第五九三條二項）。如違法使第三人代為保管者，對於寄託物因此所受之損害，應負賠償責任。但能證明縱不使第三人代為保管，仍不免發生損害者，不在此限（同條一項）。

(二)**返還寄託物**　寄託契約終了時，受寄人自應返還寄託物。受寄人返還寄託物時，應將該物之孳息，一併返還。所謂孳息，係指天然孳息而言（第五九九條）。其未定有寄託物返還之期限者，寄託人固得隨時請求返還，受寄人亦得隨時返還。雖其約定返還期限，寄託人仍得隨時請求返還，而受寄人則非有不得已之事由，不得於期限屆滿前返還寄託物（第五九七條，第五九八條）。蓋寄託係為寄託人利益而設，應准許寄託人拋棄其期限利益，而受寄人原則上有遵守期限之義務也。寄託物之返還，於該物應為保管之地行之。受寄人如依第五九二條或第五九四條之規定，將寄託物轉置他處者，得於物之現在地返還之（第六〇〇條）。又第三人就寄託物主張權利者，受寄人仍應將寄託物返還於寄託人。但第三人已就寄託物對於受寄人提起訴訟，或就寄託物已為扣押者，則受寄人即無將寄託物返還於寄託人之義務，此際受寄人應即通知寄託人（第六〇一條之一）。

二、寄託人之義務

(一)**償還費用**　受寄人因保管寄託物而支出之必要費用，寄託人應償還之，並付自支付時起之利息，但契約另有訂定者，不在此限（第五九五條）。此項費用償還請求權，自寄託關係終止時起，一年間不行使而消滅（第六〇一條之二）。

㈡**損害賠償**　受寄人因寄託物之性質或瑕疵所受損害，寄託人應負賠償責任。但寄託人於寄託時，非因過失而不知寄託物有發生危險之性質或瑕疵，或為受寄人所已知者，不在此限（第五九六條）。例如寄存火藥爆發之損害，寄存病牛傳染之損害，均為此種損害。據此規定，受寄人苟因寄託物之性質或瑕疵，致受損害，即不問寄託人有無過失，均使賠償。但寄託人如證明於委託時，不知有發生危險之性質或瑕疵，而其不知又無過失，或證明受寄人原所已知，則得免賠償責任。此項損害賠償請求權，自寄託關係終止時起，一年間不行使而消滅（第六〇一條之二）。

㈢**給付報酬**　寄託約定報酬者，應於寄託關係終止時給付之。分期定報酬者，應於每期屆滿時給付之。寄託物之保管，因非可歸責於受寄人之事由，而中途終止者，除契約另有訂定外，受寄人得就其已為保管之部分，請求報酬（第六〇一條）。此項報酬請求權，自寄託關係終止時起，一年間不行使而消滅（第六〇一條之二）。

第三節　消費寄託

消費寄託，又稱不規則寄託。即寄託物為代替物時，如約定寄託物之所有權移轉於受寄人，並由受寄人以種類品質數量相同之物返還之寄託契約。消費寄託之主要目的，在使寄託人與受寄人雙方之利益，均得兼顧，故自受寄人受領寄託物時，即消費寄託契約成立時起，準用關於消費借貸之規定（第六〇二條一項）。而銀行放款為消費借貸，銀行存款則為消費寄託，依院解二八八五號解釋：「存金錢於銀行，約定金錢之所有權移轉於銀行，並由銀行以種類品質數量相同之金錢返還者，當事人訂約之目的，不在金錢之使用，而在金錢價格之保管，誠為寄託之一種，而非消費借貸，惟依第六〇二條之規定，此項寄託，自銀行受領金錢時起，準用關於消費借貸之規定」，可見消費寄託與消費借貸相類似而仍不相同。

消費寄託與通常寄託，同以寄託物之保管為目的，且均屬要物契約，但有下列不同：

通常寄託	消費寄託
①寄託物得為代替物或不代替物。	①必須為代替物。
②寄託人僅移轉寄託物之占有於受寄人。	②寄託人除移轉寄託物之占有外，更移轉寄託物之所有權於受寄人。
③寄託物之危險及利益，無論在交付之前後，均歸寄託人負擔及承受。	③寄託物交付受寄人時，其危險及利益，即移轉由受寄人負擔及承受。
④雖定有返還期限，寄託人仍得於期限屆滿前，隨時請求返還。	④定有返還期限者，寄託人非有不得已之事由，不得於期滿前請求返還。
⑤受寄人應返還原寄託物。	⑤受寄人以種類品質數量相同之物返還。
⑥寄託人因保有寄託物之所有權，故於受寄人破產時，寄託人有取回權。	⑥寄託物所有人既已移轉於受寄人，故受寄人破產時，寄託人無取回權。

寄託物為金錢時，推定其為消費寄託（第六〇三條）。即在金錢寄託，雖無消費寄託之約款，亦推定為消費寄託。因而寄託金錢之利益及危險，自交付時起，移轉於受寄人。金錢之返還定有期限者，寄託人非

有不得已之事由，不得於期限屆滿前，請求償還（同條三項）。蓋以所定期限，亦兼為受寄人之利益故也。未定返還期限者，受寄人得隨時返還，寄託人亦得定一個月以上之相當期限，催告受寄人返還，此蓋準用關於消費借貸規定之當然結果。

金錢寄託，受寄人之返還債務屬於金錢債務，祇有給付遲延之問題，而無給付不能之問題，實務如下：

1. 銀行接受無償存款，其與存戶間乃屬金錢寄託關係。按寄託物為金錢時，推定受寄人無返還原物之義務，僅須返還同一數額。又受寄人僅須返還同一數額者，寄託物之利益及危險，於該物交付時移轉於受寄人。本件存款倘確係被第三人所冒領，則受損害者乃上訴人銀行，被上訴人對於銀行仍非不得行使寄託物返還請求權，不能謂其權利已受損害，而認銀行及其職員應對被上訴人負損害賠償責任（五五臺上三〇一八）。

2. 因不可歸責於債務人之事由，致給付不能者，免其給付義務，固為第二二五條第一項所明定。惟寄託物為金錢時，如依第六〇三條規定，其危險已移轉於受寄人，即不生給付不能之問題，自無適用第二二五條第一項規定之餘地（二九上二〇五）。

寄託物為代替物，如未約定其所有權移轉於受寄人者，受寄人得經寄託人同意，就其所受寄託之物與其自己或他寄託人同一種類、品質之寄託物混合保管，各寄託人依其所寄託之數量與混合保管數量之比例，共有混合保管物。此即通稱混藏寄託，此等混藏寄託之受寄人，得以同一種類、品質、數量之混合保管物返還於寄託人，是為當然（第六〇三條之一）。

第四節　場所寄託

旅店或其他以供客人住宿為目的之場所主人，以及飲食店、浴堂之主人，其與客人間之關係，常為包含多種法律關係之混合契約，此等營業主體，謂之場所主人。法律以此等場所之客人，其攜帶之物品既存放於場所內，應認其與場所主人間，除有租賃、買賣、僱傭關係外，更有寄託關係，故場所主人對於客人之物品，負重大之責任。分別言之：

㈠旅店或其他以供客人住宿為目的之場所主人，對於客人所攜帶之物品，不問曾否交付保管，如有毀損喪失，均應負賠償責任。但因不可抗力或因物之性質或因客人自己或其伴侶、隨從或來賓之故意或過失所致者，不在此限（第六〇六條）。飲食店、浴堂或其他相類場所之主人，則限於對客人所攜帶之通常物品之毀損喪失，負賠償責任。惟物品之毀損喪失，如因不可抗力或因其物之性質，或因客人自己或其伴侶隨從或來賓之故意或過失所致者，不負賠償責任（第六〇七條）。蓋因不可抗力所致者，此乃外部事變，不屬於業務範圍，若猶令負責，未免過苛，故使場所主人對於不可抗力，不負責任。此等事實，為主人之免責要件，應由主人負舉證之責。

㈡客人之金錢、有價證券、珠寶或其他貴重物品，非經報明其物之性質及數量交付保管者，主人不負責任（第六〇八條一項）。惟主人無正當理由，拒絕為客人保管前項物品者，則對於其毀損喪失，縱令由於通常事變所致，仍應負賠償責任。至其物品因主人或其使用人之故意或過失致毀損喪失者，雖未交付保管，主人仍應負責（同條二項）。此所謂使用人，乃受主人選任、監督或指揮之人，不限於僱傭關係，亦不以在經濟上或社會上有從屬地位者為限。

㈢主人就住宿、飲食、沐浴或其他服務及墊款所生之債權，於未受清償前，對於客人所攜帶之行李及其他物品，有留置權（第六一二條一項）。此種法定留置權，不以其標的物為主人所占有為其發生要件，故對於客人未交付保管之物品，亦得享有之，惟以非禁止扣押之物為限。場所主人之留置權與出租人之留置權，均不以占有為發生要件，故就第四四五條至第四四八條之規定，於本條留置權準用之（第六一二條二項）。

上述場所主人，以揭示限制或免除第六〇六條至第六〇八條所定主人之責任者，其揭示無效。蓋此為公益規定，屬於強行法規故也（第六〇九條）。客人知其物品毀損喪失後，應即通知主人。怠於通知者，喪失其損害賠償請求權（第六一〇條）。又物品曾交付保管者，則其毀損喪失，主人應不待通知，故應解為無須通知。依第六〇六條至第六〇八條之規定，所生之上述各種損害賠償請求權，自發見喪失或毀損之時起，六個月不行使而消滅；自客人離去場所後，經過六個月者，亦同（第六一一條）。

第十六章　倉庫

第一節　倉庫之性質

民法所稱之倉庫，非謂作倉庫之房屋場所，而係指倉庫營業或倉庫契約而言。倉庫營業人者，即以受報酬而為他人堆藏及保管物品為營業之人也（第六一三條）。故倉庫營業人須設備倉庫，將他人之物品，堆藏於倉庫而保管之。至所設備之倉庫，或為自有，或租自他人，均非所問。倉庫營業人既為他人擔任寄託，其與他人（即寄託人）間之關係，自為寄託契約，故倉庫除本節有規定外，準用關於寄託之規定（第六一四條）。其與通常寄託同為要物及非要式契約，有償寄託時須以善良管理人之注意保管，並有保管之專屬性（第六一四條準用第五九二條，第五九三條）。但有左列之不同：

通常寄託	倉庫寄託
①須有保管場所，而不必特設倉庫。	①須設備倉庫，將他人物品堆藏於倉庫。
②寄託物不以動產為限。	②僅以動產得為其標的物。
③以無償為原則，有償為例外。	③須以營業行之，其契約必須為有償契約。

④其保管期間屆滿前，受寄人如有不得已情事，有請求移去之權利。

④其約定期間屆滿前，雖有不得已情事，仍應繼續保管。

第二節　倉庫契約之效力

倉庫契約，除特有規定外，其當事人間之權義關係，均準用寄託之規定。其特別規定者分別言之：

㈠倉庫契約終止後，寄託人或倉單持有人，拒絕或不能移去寄託物者，倉庫營業人得定相當期限，請求於期限內移去寄託物。逾期不移去者，倉庫營業人得拍賣寄託物。由拍賣代價中扣去拍賣費用，及保管費用，並應以其餘額交付於應得之人（第六二一條）。所以使得拍賣者，蓋以免除保管責任。所謂應得之人，即享有寄託物之權利之人，通常即為寄託人；如填發倉單者，即為倉單持有人。至於拍賣之寄託物，本為寄託人或倉單持有人之所有物，拍賣代價扣除之餘額，自應交還之。

㈡倉庫營業人於約定保管期間屆滿前，不得請求移去寄託物。未約定保管期間者，自為保管時起六個月，倉庫營業人得隨時請求移去寄託物，但應於一個月前通知（第六一九條）。以上二種情形之設，蓋以防杜另索高額保管費，或恐致廉價拋棄貨物也。惟倉庫營業人因不可歸責於自己之事由，致不能為堆藏保管時，則自當免其繼續保管之義務，不問是否定有保管期間，得即時請求移去寄託物（第二二五條參照）。

㈢倉庫營業人，因寄託人或倉單持有人之請求，應許其檢點寄託物，或摘取樣本或為必要之保全行為（第六二〇條）。此項義務，蓋使接洽出賣或出質該寄託物時，得以樣本出示。

第三節　倉　單

倉庫營業人於收受寄託物後，因寄託人之請求，應填發倉單（第六一五條）。故倉庫寄託非必有倉單，須寄託人請求時，倉庫營業人始有填發之義務。是倉單乃用以處分寄託物之證券，蓋倉庫寄託之標的物必為動產，而動產之轉讓或出質，必須交付，其在倉庫營業人保管中時，無以交付不便處分。故填發倉單代表寄託物，以倉單之交付，替代寄託物之交付，而便於處分。至於倉單應記載下列事項，並由倉庫營業人簽名：①寄託人之姓名及地址。②保管之場所。③受寄物之種類品質數量及其包皮之種類個數及記號。④倉單填發地及填發之年月日。⑤定有保管期間者，其期間。⑥保管費。⑦受寄物已付保險者，其保險金額保險期間及保險人之名號。上列各項之記載如有欠缺，或未經倉庫營業人簽名，不生倉單之效力，此等事項，並應記載於倉單簿之存根（第六一六條）。倉單填發後，倉單持有人得請求倉庫營業人將寄託物分割為數部分，並填發各該部分之倉單，但持有人應將原倉單交還。此項分割及填發新倉單之費用，由持有人負擔（第六一七條）。

倉單為代表寄託物之證券，論其特質有五：

㈠**倉單為有價證券**　倉單所表彰之權利，為寄託物之所有權；而該寄託物所有權之移轉，又以轉讓倉單為必要（第六一八條參照）。而請求交付寄託物，亦須以倉單為之。是其權利之處分及行使，與倉單之占有有不可分離之關係，故倉單為有價證券。倉單如有遺失，須依民事訴訟法公示催告程序，經法院為除權判決後，始使持有人生失權之效果（五一臺上三一九七）。

㈡**倉單為要式證券**　倉單必須記載第六一六條第一項所列各款事項，並由倉庫營業人簽名。如有欠缺，不生倉單之效力，故倉單為要式證券。

㈢**倉單為文義證券**　倉單得以背書讓與，輾轉流通，故為文義證券。關於寄託事項，在倉庫營業人與倉單持有人間，應依倉單記載之文義定之。倉庫營業人縱令未受領物品而填發倉單，或倉單所記載物品之種類品質數量等項，與實際受領者不符，其對寄託人以外之倉單持有人，應依倉單之記載，履行交付義務。惟倉庫營業人與寄託人之間，其權利義務關係，仍依當初寄託契約定之。

㈣**倉單為指定證券**　倉單所載之貨物，非由寄託人或倉單持有人於倉單背書，並經倉庫營業人簽名，不生所有權移轉之效力（第六一八條）。是移轉貨物之所有權，必須轉讓倉單，而倉單得以背書轉讓之。即就倉單所載貨物，設定質權亦應由寄託人或倉單持有人在倉單背書，並交付倉單於質權人，始生設定質權之效力（第九〇八條參照）。

㈤**倉單為物權證券**　倉單所表彰之權利，為寄託物之所有權。倉單所載貨物，必須移轉倉單，然後貨物之所有權，始可移轉，其倉單之交付與貨物之交付，有同一之效力，故為物權證券。如倉單遺失、被盜或滅失者，倉單持有人得於公示催告程序開始後，向倉庫營業人提供相當之擔保，請求補發新倉單（第六一八條之一）。

第十七章　運送營業

運送營業者，乃以收受運費在陸上或水上運輸貨物或旅客為營業者也，其於輔助買賣業之作用，甚為重要。民法之運送，係就陸上運送而為規定。故稱運送人者，謂以運送物品或旅客為營業，而受運費之人（第六二二條）。運送人必須約為運送，至其運送器具屬於何人，則非所問。關於物品之運送，如因喪失毀損或遲到而生之賠償請求權，自運送終了或應終了之時起，一年間不行使而消滅（第六二三條一項）。關於旅客之運送，因傷害或遲到而生之賠償請求權，自運送終了或應終了之時起，二年間不行使而消滅（第六二三條二項）。

第一節　物品運送

(一)物品運送之委託

物品運送契約，為諾成契約。託運人因運送人之請求，應填給託運單（第六二四條一項）。託運單之填發，並非運送契約成立之要件；而託運單亦非運送契約書，故託運單僅用為運送之證據方法，並非有價證券。至於託運單應記載下列事項，並由託運人簽名：①託運人之姓名及住址。②運送物之種類品質數量及其包皮之種類個數及記號。③目的地。④受貨人之名號及住址。⑤託運單之填給地及填給之年月日（第六二四條）。又託運人對於運送人應交付運送上及關於稅捐警察所必要之文件，並應為必要之說明（第六二六條）。

運送物依其性質，對於人或財產有致損害之虞者，託運人於訂立契約前，應將其性質告知運送人。怠於告知者，對於因此所致之損害，應負賠償之責（第六三一條）。至於運送物因包皮有易見之瑕疵而喪失或毀損時，運送人如於接收該物時，應保留異議。否則因此而喪失或毀損時，應負賠償責任（第六三五條）。

㈡提　單

提單者，即運送人所交與託運人之運送物收據，而同時作處分運送物之證券也。運送人於收受運送物後，因託運人之請求，應填發提單（第六二五條）。提單應記載下列事項，並由運送人簽名：①第六二四條第二項所列第一款至第四款事項。②運費之數額及其支付人為託運人或為受貨人。③提單之填發地及填發之年月日。在物品運送，非必即有提單，須運送人請求時，託運人始有填發之義務。提單之填發，非運送契約成立之要件，而提單亦非運送契約書，此與託運單無異。惟託運單須由託運人填發，僅為運送證據方法之證書，與提單由運送人填發，並係證券之情形，略有不同。

提單之特質，與倉單大致相同。故提單乃表彰運送物之所有權，交付提單於有受領物品權利之人時，其交付就物品所有權移轉之關係，與物品之交付有同一之效力（第六二九條）。而請求交付運送物，亦須以提單為之（第六三〇條）。因此，運送人係託運貨物之直接他主占有人，託運人則為間接自主占有人。在託運人將載貨證券交付於有受領權利之人以前，託運人仍為託運貨物之所有人，此所有權不因運送人將託運貨物轉託他人而受影響（八六臺上三一三五）。又提單填發後，運送人與提單持有人間，關於運送事項，依其提單之記載(第六二七條)。故其提單上之記載，對於當初運送契約，縱有不符，仍以提單上記載文義為準。且提單具有背書性，縱為記名式，仍得以背書移轉於他人。但提單上有禁止背書之記載者，不在此限(第六二八條)。第六一八條之一之規定，於提單適用之(第六二九條之一)。

㈢運送人之責任

物品運送人，依運送契約所定，對於託運人負有多種義務及責任。分別言之：

1. 運送人對於託運物品，應於約定期間內運送之。無約定者依習慣，無約定亦無習慣者，應於相當期間內運送之。所謂相當期間，應顧及各該運送之特殊情形，分別定之(第六三二條)。運送人對於運送物之喪失、毀損或遲到，應負之責任。但運送人能證明其喪失、毀損或遲到，係因不可抗力，或因運送物之性質或因託運人或受貨人之過失而致者，不在此限(第六三四條)。是運送人所負者為通常事變責任，除能舉證證明運送物之喪失、毀損或遲到有本條但書所列情形外，不問其喪失、毀損或遲到之原因，是否可歸責於運送人之事由，運送人均應負責(八六臺上三三三六)。運送人處理運送，應依託運人之指示，非有急迫之情事，並可推定託運人若知有此情事，亦允許變更其指示者，不得變更託運人之指示(第六三三條)。又運送人於運送物達到目的地時，應即通知受貨人(第六四三條)。

2. 運送人未將運送物之達到通知受貨人前，或受貨人於運送物達到後，尚未請求交付運送物前，託運人對於運送人如已填發提單者，其持有人對於運送人，得請求中止運送，返還運送物或為其他之處置(第六四二條一項)。在託運人或倉單持有人，請求中止返還運送物或為其他處置時，運送人有依從其請求之義務。此際運送人得按照比例，就其已為運送之部分，請求運費，及償還因中止、返還或為其他處置所支出之費用。如有損害，並得請求相當之賠償（同條二項）。蓋以此等處分，乃圖託運人或提單持有人之利益故也。惟運送物達到目的地，其運送人已通知受貨人後，或雖未通知，而受貨人已請求交付後，託運人即喪失其處分權，不得再行請求。蓋以受貨人請求交付後，業已取得因運送契約所生之權利，託運人之處分權，自不宜存續（第六四四條）。

3. 如有第六三三條（變更指示之限制）、第六五〇條（請求指示義務、寄存拍賣權）、第六五一條（受領權之歸屬訴訟）之情形，或其他情形足以妨礙或遲延運送，或危害運送物之安全時，為保護運送物所有人之利益，運送人應為必要之注意及處置。若運送人怠於此項之注意及處置者，對於因此所致之損害，應負責任（第六四一條）。

4. 運送物由數運送人相繼運送者，除其中能證明無第六三五條所規定之責任外，對於運送物之喪失、毀損或遲到，應連帶負責（第六三七條）。此為相繼運送人之連帶責任，係以第六三四條為相繼運送人共同免責之事由，其中任何運送人如能證明有該條情形，其他運送人同免責任，乃當然之法理。

5. 運送人對於運送物之喪失毀損或遲到，固應負責。但下列事項免其責任：①因不可抗力所致者，例如天災地震是。蓋此為外部事變，不屬業務範圍也。②因運送物之性質所致者，例如自然之破裂或溶解是。此係本應由運送物所有人自己負擔之損害。③因託運人或受貨人之過失所致者，例如指示搬運失當是。以此行為本應由行為人負責。④因包皮瑕疵所生之喪失毀損所致者，例如包裝用紙破損是。此等事項，出於託運人之過失故也。⑤運送物為金錢、有價證券、珠寶或其他貴重物品時，必須託運人於託運之初，報明其性質及價值者，運送人對其喪失或毀損，始負損害賠償責任，若不報明，則不負責。再價值經報明者，運送人僅以所報價額為限，負賠償責任（第六三九條）。

6.運送物有喪失毀損或遲到者，其損害賠償額，應依其應交付時目的地之價值計算之。惟計算賠償額時，運費及其他費用，因運送物喪失毀損，無須支付者，應由賠償額中扣除之（第六三八條一、二項）。因遲到之損害賠償額，不得超過因其運送物全部喪失可得請求之賠償額（第六四〇條）。運送物之喪失毀損或遲到，係因運送人之故意或重大過失所致者，如有其他損害，託運人並得請求賠償（第六三八條三項）。再運送人交與託運人之提單或其他文件上，有免除或限制運送人責任之記載者，除能證明託運人對於其責任之免除或限制明示同意外，不生效力（第六四九條）。

(四)受貨人之權利

受貨人原非運送契約之當事人，自不得依運送契約，當然取得權利。然法律以其為重要關係人，故特設規定，使取得權利。即運送物達到目的地，並經受貨人請求交付後，受貨人取得託運人因運送契約所生之權利（第六四四條）。受貨人請求交付運送物時，應將提單交還（第六三〇條）。因提單為受領物之憑證，受貨人受領物品，應以提單為憑，乃當然之理。如運送契約所載之受貨人不憑提單請求交付運送物，運送人不拒絕而交付，如因而致託運人受有損害，應負損害賠償責任（八六臺上二五〇九）。

(五)運送人之權利

物品運送人之權利，多係對於託運人為之。分別述之：

1.**請求運費**　運送人乃以運送為業而受運費之人（第六二二條參照），自有運費之請求權。運送物於運送中，因不可抗力而喪失者，運送人不得請求運費，其因運送而已受領之數額，應返還之（第六四五條）。惟在下列情形，則屬例外：①運送人未將運送物之達到通知受貨人前，或受貨人於運送物達到後，尚未請求交付運送物前，託運人對於運送人，如已填發提單者，其持有人對於運送人，得請求中止運送，返還運送物或為其他之處置（第六四二條一項）。前項情形，運送人得按照比例，就其已為運送之部分，請求運費及償還因中止、返還或其他處置所支出之費用，並得請求相當之損害賠償（第六四二條二項）。②運送人為保全其運費及其他費用，得受清償之必要，按照比例，對於運送物有留置權（第六四七條一項）。若關於運費及其他費用之數額有爭執時，受貨人得將有爭執之數額提存，請求運送物之交付（同條二項）。

2. **運送物寄存拍賣**　運送人於受貨人拒絕受領或其他理由無由交付時，則不能履行其交付義務。故①受貨人所在不明或對運送物受領遲延或有其他交付上之障礙時，運送人應即通知託運人，並請求其指示。如託運人未即為指示或其指示事實上不能實行，或運送人不能繼續保管運送物時，運送人得以託運人之費用，寄存運送物於倉庫（第六五〇條一、二項）。②運送物如有不能寄存於倉庫之情形，或有易於腐壞之性質，或顯見其價值不足抵償運費及其他費用時，運送人得拍賣之（第六五〇條三項）。其拍賣時，拍賣人得就拍賣代價中，扣除拍賣費用、運費及其他費用，並應將其餘額交付於應得之人，如應得之人所在不明者，應為其利益提存之（第六五二條）。③寄存或拍賣運送物時，應於可能之範圍內，將寄存倉庫或拍賣之事情，通知託運人及受貨人（第六五〇條四項）。第六五一條之規定，於受領權之歸屬有訴訟，致交付遲延者，適用之（第六五一條）。

(六) 相繼運送

運送物由數運送人相繼為運送者，除其中有能證明無第六三五條所規定之責任者外，對於運送物之喪失毀損或遲到，應連帶負責（第六三七條）。在此情形，得任意向其中一人，請求全部之損害賠償（第二七三條）。運送物由數運送人相繼運送者，其最後之運送人，就運送人全體應得之運費及其他費用，得行使第六四七條、第六五〇條及第六五二條之權利（第六五三條）。故運送人於受領運費及其他費用前交付運送物者，對於其所有前運送人應得之運費及其他費用，負其責任（第六四六條）。蓋在通常情形，運費之支付及其他費用之償還，多係於運送物運到後交付之時，兩相對換。是以在相繼運送，當係指共同運送而言，並不包含部分運送及受託運送在內。又運送人於運送物交付時，有請求支給全部運費及其他費用之權，其為數人相繼運送之者，最後運送人，最後亦有請求全部費用及其他費用之權，若受貨人不清償其運費及其他費用，運送人得依第六四七條對於運送物行使留置權。運送人怠於行使權利，而於運費及其他費用未受清償之前，遽將運送物交付於受貨人，致無從取償者，應使對於所有前運送人應得之運費及其他費用，負賠償之責任，此為第六四六條所由設也。

第二節　旅客運送

旅客運送，在依約定之方法與時間，以運送旅客為其目的。關於旅客運送人之責任，分為二種：

㈠**旅客身體之責任**　旅客運送人對於旅客因運送所受之傷害及運送之遲到，應負責任。但因旅客之過失或其傷害係因不可抗力所致者，不在此限（第六五四條一項）。運送之遲到係因不可抗力所致者，旅客運送人之責任，除另有交易習慣者外，以旅客因遲到而增加支出之必要費用為限（第六五四條二項）。良以旅客運送人對於旅客之運送，應為相當之注意，旅客運送人始負其責任，但其傷害之原因，係因不可抗力，而非可歸責於運送人，或其傷害及遲到係因旅客自己過失所致者，旅客運送人即可免責。

㈡**旅客行李之責任**　運送人對於旅客所交託之行李，縱不另收運費，其權利義務，除旅客運送款中另有規定外，準用關於物品運送之規定（第六五七條）。運送人對於旅客所未交託之行李，如因自己或其受僱人之過失，致有喪失或毀損者，仍負責任（第六五八條）。此之所謂過失，包含故意在內，運送人對於旅客所未交託之行李，因其受僱人之故意致有喪失或毀損者，亦負責任（二六渝上四三八）。此項過失，為旅客運送人之負責要件，旅客據此請求賠償時，應負舉證之責。至於運送人交與旅客之票、收據或其他文件上，有免除或限制運送人責任之記載者，除能證明旅客對於其責任之免除或限制明示同意外，不生效力（第六五九條）。

旅客之行李，及時交付運送人者，運送人應於旅客達到目的地時返還之（第六五五條）。旅客於行李到達後一個月內，不取回行李者，運送人得定相當期限催告旅客取回，逾期不取回者，運送人得拍賣之。旅客所在不明者，得不經催告逕予拍賣。如行李有易於腐壞之性質者，運送人得於到達後經過二十四小時拍賣之。其拍賣所得代價除扣除拍賣費用運費及其他費用外，並應將其餘額交還旅客，如旅客所在不明者，應為其利益提存之（第六五六條、第六五二條）。

第十八章　承攬運送

承攬運送者，謂以自己名義，為他人之計算，使運送人運送物品而受報酬之營業也（第六六〇條一項）。承攬運送人之代他人訂立運送契約，乃以自己之名義，為他人之計算，其承攬方法與行紀無異。即行紀在代為動產買賣或其他商業上之交易，而承攬運送則在代辦運送事件。故承攬運送除本節有規定外，準用關於行紀之規定（同條二項）。關於承攬運送人之權利義務，除準用行紀之規定外，分述如左：

㈠承攬運送人對於託運物品之喪失毀損或遲到，應負責任。但能證明其於物品之接收保管、運送人之選定、在目的地之交付，及其他與承攬運送有關之事項，未怠於注意者，不在此限（第六六一條）。此種重大責任之規定，須因託運物品之喪失毀損遲到三種事項所生之損害，始負賠償之責。若因其他事項所生之損害，則承攬運送人僅依通常債務不履行或侵權行為之規定，負賠償責任，不復適用此項重大責任之規定。承攬運送人不僅就自己過失，應負其責。而其代理人或使用人之過失，亦與自己之過失，負同一責任（第二二四條）。故承攬運送人自己及其使用人或代理人，關於辦理承攬之運送事件，怠於注意即有過失時，對於託運物品之喪失毀損或遲到，均應負賠償責任。承攬運送人既就過失行為負其責任，其對無過失之免責要件，負舉證之責，此為普通舉證原則之例外。但對於承攬運送人因運送物之喪失毀損或遲到所生之損害賠償請求權，自運送物交付或應交付之時起，一年間不行使而消滅（第六六六條）。

(二)承攬運送人為保全其報酬及墊款，得受清償之必要，得按其比例，對於運送物有留置權（第六六二條）。據此規定，承攬運送人行使留置權，須因運送物所生之報酬及墊款，且僅得於足以清償之範圍內，留置該運送物之相當部分而已。

(三)承攬運送人，除契約另有訂定外，得自行運送物品。如自行運送，其權利義務與運送人同（第六六三條）。在此情形，承攬運送人對於委託人，實兼居運送人之地位，故其權利義務與運送人同，謂之介入權。再行紀之介入，必須具備市場市價及無特約禁止二種條件（第五八七條一項）。而承攬運送人，則僅具備無特約禁止之一種條件，即可介入，其介入範圍，較為廣泛。如就運送全部約定價額，或承攬運送人填發提單於委託人者，視為承攬人自己運送，不得另行請求報酬（第六六四條）。此際僅得請求運送人之報酬，不得更請求承攬運送人之報酬，因無第五八七條第二項類似之規定故也。

(四)第六三一條、第六三五條及第六三八條至第六四〇條之規定，於承攬運送準用之（第六六五條）。

第十九章 合 夥

第一節 合夥之性質

合夥者，謂二人以上互約出資，以經營共同事業之契約（第六六七條一項）。此訂立契約之人，名為合夥人。由此契約所生之關係，謂之合夥關係。合夥人與他合夥人間之權義，係處於獨立關係。合夥雖係契約關係，並無獨立人格，惟其具有團體性，觀之下列規定甚明：①合夥財產，使為合夥人全體之公同共有，並以為合夥債權人之第一擔保，且禁止合夥財產之分析及限制股份之處分（第六六八條，第六八一條，第六八二條一項，第六八三條）。②執行事務之合夥意思，由合夥人全體或一部之共同或過半數決定之（第六七一條，第六七三條）。③禁止合夥債權之抵銷，使對於合夥之債務，與對於合夥人個人之債務，再有區別（第六八二條二項）。④一合夥人之死亡破產，不認為合夥解散之原因，僅認為退夥之原因（第六八七條）。⑤合夥人於合夥清算前，不得請求合夥財產之分析（第六八二條一項）。

由於合夥非有獨立之人格，其財產為各合夥人全體公同共有，故因合夥事務而涉訟者，除由執行業務之合夥人代表合夥為原告或被告外，應由全體合夥人為原告或被告，其當事人之適格始無欠缺（七二臺上八三二一）。

合夥為非要式行為，除當事人間有以作成書面為成立要件之約定外，苟二人以上已為互相出資以經營共同事業之約定，雖未訂立書據，其合夥亦屬成立（二二上一四四二）。又合夥為諾成契約，苟經合法表示入夥意思，則股金是否實交，股票是否收執，均非所問（一八上二五二四）。至於合夥契約祇須各合夥人悉為出資之約定，並不以各合夥人皆以實行出資為成立要件。合夥人不履行出資之義務者，雖得依第二五四條解除契約，或依第六八八條予以開除，要不得因此而謂合夥契約尚未成立（二二上二八九四，五六臺上二五六八）。

第二節 合夥財產

合夥人均有出資之義務，其出資得為金錢或其他財產權，或以勞務、信用或其他利益代之（第六六七條二項）。如以其他財產權（如債權，準物權，無體財產權等）出資者，祇須估定金額，並非不可（院三五四七）。金錢以外之出資，應估定價額為其出資額，未經估定者，以他合夥人之平均出資額視為其出資額（第六六七條三項）。損益分配除另有規定外，應依出資額之比例定之，勞務出資之合夥人則不負擔損失。再合夥人除有特別訂定外，無於約定出資之外，增加出資之義務；因損失而致資本減少者，合夥人無補充之義務。但不妨以全體同意之續訂契約，予以增加或補充（第六六九條）。至於合夥之決議，應以合夥人全體之同意為之。前項決議，合夥契約約定得由合夥人全體或一部之過半數決定者，從其約定。但關於合夥契約或其他事業種類之變更，非經合夥人全體三分之二以上之同意，不得為之（第六七〇條）。

合夥因經營事業之目的，所構成之財產集團，謂之合夥財產。合夥財產構成之種類，法無限制，不問物權、債權或無體財產權，凡足供經營之用者，均無不可。且各合夥人之出資及其他合夥財產，為合夥人全體之公同共有（第六六八條）。蓋合夥雖為一種團體，然未成為法人，並非權利主體，未能獨立享有權利，故使合夥財產，屬於合夥人全體公同共有。

合夥財產不足清償合夥債務時，合夥人就該不足之額，始以其全部財產，連帶負其責任（連帶係就合夥人相互間而言），亦即合夥之債權人，始得向合夥人請求清償（第六八一條）。而合夥人連帶責任之發生須以合夥財產不足清償合夥債務為要件。是債權人主張合夥人就合夥債務負清償責任時，應就此項要件之存在，負舉證之責任（七二臺上三四三九）。同一理由，實務認為合夥之債務應由合夥財產清償，於合夥財產不足清償時，各合夥人對於不足之額始負連帶清償責任，故合夥人之債權人請求合夥人清償合夥之債務者，應就合夥財產不足清償合夥之債務，負舉證之責（四九臺上一一一八）。第六八一條所定之情形，如合夥之債權人為合夥人中之一人時，因自己亦為連帶債務人中之一人，其對於合夥之債權與其所負之連帶債務已因混同而消滅，依第二七四條之規定，他合夥人亦同免其責任，故該合夥人對於他合夥人僅得依第二八一條、第二八二條之規定，行使其求償權，不得更行請求連帶清償（二九上一二〇五）。合夥契約訂定合夥人中一人，於出資限度外不負分擔損失之責任者，不得以之對抗合夥之債權人，仍應依第六八一條負其責任（二六上九七一）。為保全合夥財產，法律設有左列規定：

㈠財產分析之禁止　合夥人於合夥清算前，不得請求合夥財產之分析（第六八二條一項）。蓋合夥係以合夥財產，經營合夥事業，且合夥財產為各合夥人全體公同共有，依第八二九條規定在合夥關係存續中，亦不得請求分析，故在合夥清算前，禁止請求分析。若以合夥人全體同意，就合夥財產提出一部分析，則應解為有效。

㈡**股份處分之限制** 合夥人非經他合夥人全體之同意，不得將自己之股份轉讓於第三人，但轉讓於他合夥人者，不在此限（第六八三條）。因合夥關係之成立，以互相信用為基礎，若股份得轉讓與第三人，將有素無關係之人介入，且合夥財產因此減少，合夥債權人之擔保，必致薄弱，故禁止之。但經其他合夥人全體之同意時，自得讓與第三人，此乃合夥契約內容之變更，既經合夥人全體同意，自應認為有效。合夥人之債權人，就該合夥人之股份，得聲請扣押。前項扣押實施後兩個月內，如該合夥人未對於債權人清償或提供相當之擔保者，自扣押時起，對該合夥人發生退夥之效力（第六八五條）。蓋以合夥財產固應維持，而合夥人之債權人，亦應保護故也。至於利益分配請求權，因利益業經確定分配，已變為各合夥人各自享有之權利，非復全體公同共有合夥財產之範圍，故得自由讓與或出質。至於合夥人之債權人，就該合夥人所有利益分配請求權，得聲請扣押，尤不待言（第六八四條但書）。至於合夥財產為合夥人全體之公同共有，自不得以合夥財產之一部，為合夥人中一部分債務之執行標的物，第六八五條第一項雖規定合夥人之債權人，就該合夥人之股份得聲請扣押，然由同條第二項之規定推之，其扣押之標的物，實僅為合夥人因退夥所得行使之出資返還請求權及利益分配請求權，仍非以合夥財產之一部為合夥人中一部分人債務之執行標的物。此就第六八三條所定合夥人非經他合夥人全體之同意，不得處分其對於合夥財產應有之部分，對照以觀，甚為瞭然（三一上三〇八三，八六臺抗六二二）。

㈢**債權人代位之禁止** 合夥人之債權人，於合夥存續期間內，就該合夥人對於合夥之權利，不得代位行使，但利益分配請求權，不在此限（第六八四條）。因合夥關係所生之權利，如事務執行權及代表權等項，均須由合夥人始得行使，乃專屬於合夥人本身之權利，其債權人自不得代位行使（第二二四條但書）。惟合夥人對於合夥所有之利益分配請求權，因已變為合夥人各自享有之權利，合夥人之債權人，自得代位行使。即如退夥時之股份返還請求權，解散時之賸餘財產返還請求權，不在合夥存續期間內，當無禁止代位行使之理由。

㈣合夥債權抵銷之禁止　對於合夥負有債務者，不得以其對於任何合夥人之債權，與所負之債務抵銷（第六八二條二項）。蓋對於合夥負債務者，即合夥之債務人；其所負債務，即合夥之債權，此為合夥財產之構成部分，屬於合夥人全體公同共有。故合夥之債務人，不得以其對於合夥人之債權，與其對於合夥所負債務，主張抵銷。且若許抵銷，必減少合夥財產，有礙保全合夥財產之旨趣。又合夥人對於合夥之債務人，亦不得以合夥債權，與自己債務抵銷。但合夥之債務人，則得以其所負債務，與其對於合夥之債權抵銷，蓋以彼此互負債務故也。

合夥有利益或損失時，得分配於各合夥人，謂之損益分配。分配損益之成數，曾經以合夥契約或其他特約訂定者，自依所定；若未經約定，則應按照各合夥人出資額之比例定之（第六七七條一項）。各合夥人若僅就利益，或僅就損失，定其一方之分配成數者，則視為損益共通之分配成數，使損益雙方均適用之（同條二項）。又合夥之決算及分配利益，除契約另有訂定外，應於每屆事務年度終為之（第六七六條）。如係損失分配，除另有約定外，亦應於每屆事務年度終決算時，依分配損失之成數，在計算上減少合夥人之股份額而已。在此情形，必須俟至清算時，合夥財產不足清償合夥債務，合夥人始應另以財產，實行填補損失。

第三節　內部關係

合夥之成立，在經營共同事業，凡因經營事業所生一切必要事務，在內須有執行之人。此為合夥人相互間，關於事務執行之權利義務問題。故合夥之事務，除契約另有訂定或另有決議外，由合夥人全體共同執行之。如約定或決議由合夥人中數人執行者，由該數人共同執行之（第六七一條一、二項）。至於合夥之通常事務，無論在合夥人全體共同執行事務時，或在一部合夥人共同執行事務時，均得由有執行權之各合夥人，單獨執行之。但其他有執行權之合夥人中任何一人，對該合夥人之行為有異議時，應停止該事務之執行（同條三項）。上述情形，其有執行權之合夥人，對合夥而言，均有一定之權利義務，此項權利義務，本為合夥契約當然之效果，並非另有委任契約。此就事務執行權人對合夥之關係言之，實與委任關係大致相同。故第五三七條至第五四六條關於委任之規定，於合夥人之執行合夥事務準用之（第六八〇條）。

合夥人中之一人或數人，依約定或決議執行合夥事務者，非有正當理由，不得辭任。此項執行合夥事務之合夥人，非經其他合夥人全體之同意，不得將其解任，以其與變更合夥契約無異也（第六七四條）。數人執行事務，雖得共同執行，但亦得以契約定某特定事務，須有執行權之合夥人以過半數決定。故合夥之決議，其有表決權之合夥人，無論其出資之多寡，推定每人僅有一表決權（第六七三條）。至於執行事務之合夥人，應與處理自己事務為同一之注意，其受有報酬者，應以善良管理人之注意為之（第六七二條）。故執行事務若有欠缺，即有過失，應負損害賠償責任。又無執行合夥事務權利之合夥人，縱契約有反對之訂定，仍得隨時檢查合夥之事務及其財產狀況，並得查閱帳簿（第六七五條）。此種合夥人之檢查權，縱契約有禁止檢查之反對約定，其禁止無效。如事務執行人無正當理由而拒絕檢查，則足為解任之原因。合夥人因此致受損害時，並應負賠償責任。合夥人因合夥事務所支出之費用，得請求返還。合夥人執行合夥事務，除契約另有訂定外，不得請求報酬（第六七八條）。

第四節　對外關係

執行合夥事業之合夥人，若須對外與第三人為行為時，其方法有二：①事務執行權人，以自己之名義，於合夥之計算，與第三人為之。此為間接代理之性質，並不生代表權與否之問題。②事務執行權人，代表合夥以其名義，與第三人為之。此種行為，乃代表合夥之行為，須有代表之權限，始得視為合夥人全體之行為。故合夥人依約定或決議執行合夥事務者，於執行合夥事務之範圍內，對於第三人，為他合夥人之代表（第六七九條）。合夥有一定名稱並設有代表人，且有一定營業所或事務所者，即有訴訟當事人能力（民事訴訟法第四〇條三項）。而執行事務者有數人，其對外代理行為，應共同為之。

實務上認為，合夥之事務約定由合夥人中數人執行者，不惟其內部關係依第六七一條第二項應由該數人執行之，即第六七九條所規定之對外關係，依第一六八條亦應由該數人共同為代理行為，若僅由其中一人為之，即屬無權代理行為，非經該數人共同承認，對於合夥不生效力（二八上一五三三）。又如執行合夥事務之合夥人，在其權限內以本人名義代表合夥與他人訂立租賃房屋契約，其租賃權應屬於合夥，而不屬於該執行合夥之合夥人，故在合夥存續期間內，縱令出名訂約之合夥人有變更，其與出租人之租賃關係仍為繼續，不得視為消滅（三七上六九八七）。

第五節 退夥

合夥人對於合夥，脫離關係，至喪失其合夥人資格者，謂之退夥。其原因有二：

(一)**聲明退夥**　以一方的意思表示，而終止與他合夥人之合夥關係，此項聲明退夥權，實為契約終止權之一種，應向其他合夥人全體以意思表示為之（第二五八條參照）。如僅向合夥之代表權人為之者，不生退夥之效力。合夥人之聲明退夥為合夥契約之一部終止，僅使退夥之合夥人與其他合夥人間終止合夥關係，其他合夥人間之合夥關係仍繼續存在（六九臺上二〇六三）。情形有二：①未定存續期間者，或經訂明以合夥中一人之終身為其存續期間者，各合夥人得聲明退夥。但應於兩個月前通知他合夥人，且不得於退夥有不利於合夥事務之時期為之（第六八六條一、二項）。②定有存續期間者，不得任意聲明退夥。但合夥人如有非可歸責於自己之重大事由時，縱定有存續期間，仍得聲明退夥，不受前二項規定之限制（同條三項）。

(二)**法定退夥**　遇有法定原因，即生退夥效力，毋庸經過合夥人聲明退夥。依第六八七條規定之情形有三：①合夥人死亡者，當然退夥。但此非有關公益，如契約訂明其繼承人得繼承者，仍可由繼承而為合夥人。②合夥人受破產或禁治產之宣告者，應當然退夥。③合夥人經開除者，亦當然退夥。但此項開除，須有正當理由，並以他合夥人全體之同意為之，應通知被開除之合夥人，始謂合法（第六八八條）。若僅有二人之合夥，不得以此一人，開除彼一人，自不適用開除之規定。

合夥人自退夥時起，喪失合夥人之資格，稱為退夥人。論退夥之效力，得分為二：

(一)退夥無溯及效力，故退夥人與他合夥人間之結算，應以退夥時合夥財產之狀況為準。不問出資之種類，退夥人之股份，均得由合夥以金錢抵還之（第六八九條一、二項）。故有盈餘時，除出資外，更分派利益，有損失時則在出資額內扣除，若扣除後仍有不足，合夥人仍須找給。至勞務之出資，則該勞務無所用其返還，但如有盈餘，仍應分配，有損失則不使負擔。但合夥人於退夥後，應與他合夥人先為財產之結算，其請求返還出資之對象應為合夥，而非其他合夥人。若合夥事務於退夥時，尚未了結者，於了結後計算，並分配其損益，此僅該事務之計算，延期保留而已（第六八九條三項）。

㈡退夥前之合夥債務，照樣負責；退夥後所生合夥債務，則不負責（第六九〇條）。蓋退夥乃嗣後發生效力，並不溯及既往。而退夥前所生合夥債務，在合夥人又原負責任，故不得因退夥而免責。惟合夥組織之商號，已依商業登記法登記者，合夥人退夥如未經登記，不得對抗善意第三人（四九臺上一七二二，四一臺上一一三）。

合夥成立後，非經合夥人全體之同意，不得允許他人加入為合夥人。加入為合夥人者，對於其加入前合夥所負之債務，與他合夥人負同一之責任（第六九一條）。蓋以加入人既與原合夥人，同居合夥人之地位，則對於合夥債務，無論發生在加入之前後，均應與原合夥人，同負連帶無限之責任。

第六節　解散及清算

㈠**解散**　凡足使合夥終結之原因事實，謂之解散。合夥解散，為終結合夥契約，使合夥關係歸於消滅。惟解散後在清算之範圍內，仍視為存續（一八上二五三六）。合夥因下列事項之一而解散：①合夥存續期限屆滿者。②合夥人全體同意解散者。③合夥之目的事業已完成或不能完成者（第六九二條）。惟合夥所定期限屆滿後，合夥人仍繼續其事務者，視為以不定期限繼續合夥契約（第六九三條）。

㈡**清算**　合夥解散時，因了結一切法律關係所為之程序，謂之清算。合夥雖已解散，而其合夥關係，則在清算之範圍內，視為存續，須俟清算終結，合夥關係始歸消滅。合夥解散後，其清算由合夥人全體或由其所選任之清算人為之。此項清算人之選任，以合夥人全體之過半數決之（第六九四條）。合夥之解散，其清算固應依第六九四條之規定，由合夥人全體或其所選任之清算人為之，但合夥中之一人於解散清算經合法通知而故不到場者，其餘合夥人之清算，對該未到場之人並非無效（院一五九八，八六臺上一五九八）。以合夥契約選任合夥人中一人或數人為清算人者，非有正當理由，並經其他合夥人全體同意，不得將其解任；而清算人非有正當理由，亦不得辭任（第六九六條）。如數人為清算人時，關於清算之決議，應以過半數行之（第六九五條）。至於清算人之職務，與法人清算人之職務，大致相同，分別言之：①了結現務。②收取債權。③清償債務（第四九條參照）。合夥財產，應先清償合夥之債務，其已屆清償期者，應即清償。若尚未至清償期或在訴訟中者，應將其清算所必需之數額，由合夥財產劃出保留之（第六九七條一項）。④返還出資。凡清償債務或劃出必需之數額後，其賸餘財產，應返還各合夥人金錢或其他財產之出資（同條二項）。若賸餘之合夥財產，不足返還各合夥人之出資者，按照各合夥人出資之比例返還之（第六九八條）。但金錢以外財產權之出資，應以出資時之價額返還之（第六九七條三項）。如為清償債務及返還合夥人之出資，應於必要限度內，將合夥財產變為金錢（第六九七條四項）。⑤分配賸餘財產。凡合夥財產於清償合夥債務及返還合夥人出資後，尚有賸餘者，即為賸餘財產，應按各合夥人應受分配利益之成數分配之（第六九九條）。

實務認為，合夥解散後，應先經清算程序，合夥財產於清算完畢，清償合夥債務或劃出必需數額後，始能就賸餘財產返還合夥人之出資及應受分配利益之成數，在未經清算終結確定盈虧以前，各合夥人不得就原來出資為全部或一部返還之請求（五三臺上二〇三）。且第六八一條第一項規定合夥人於合夥清算前，不得請求合夥財產之分析，是合夥解散後，應先經清算程序。而合夥財產依第六九七條第一項應先清償合夥債務，或劃出必要之數額後尚有賸餘，始應返還各合夥人之出資，必清償合夥債務及返還各合夥人之出資，尚有賸餘者，始應按各合夥人應受分配利益之成數，分配於各合夥人，此觀第六九七條第二項及第六九九條規定自明，宜加注意（八六臺上二九九五）。

第二十章　隱名合夥

第一節　隱名合夥之性質

隱名合夥者，為約定隱名合夥人對於出名營業人之事業出資，而分享其營業所生之利益，及分擔其所生損失之契約也（第七〇〇條）。隱名合夥人必須約為出資，而其出資，又限於財產出資，如為勞務出資，因無從利用，自不得以為出資。故隱名合夥人之出資，其財產權移屬於出名營業人（第七〇二條）。隱名合夥與合夥雖同為契約，又同稱合夥，其出資以分配利益之情形，初無二致，故隱名合夥，除本節有規定者外，準用關於合夥之規定（第七〇一條）。

實務上見解，認合夥為二人以上互約出資以經營共同事業之契約，隱名合夥則為當事人約定一方對於他方所經營之事業出資，而分受其營業所生之利益，及分擔其所生損失之契約。故合夥所經營之事業，係合夥人全體共同之事業，隱名合夥所經營之事業，則係出名營業人之事業，非與隱名合夥人共同之事業。苟其契約係互約出資以經營共同之事業，則雖約定由合夥人中之一人執行合夥之事務，其他不執行合夥事務之合夥人，僅於出資之限度內負分擔損失之責任，亦屬合夥而非隱名合夥（四二臺上四三四）。然隱名合夥，實質上並非合夥之一種，兩者並不相同：

合夥	隱名合夥
①為各合夥人共同經營之事業，合夥人對外均為權利義務之主體，對合夥債務負連帶責任。	①為出名營業人經營之事業，隱名合夥人對於第三人毫無權利義務關係。
②各合夥人之出資及其他合夥財產，為合夥人公同共有。	②隱名合夥人之出資，其財產權移屬於出名營業人。
③合夥人之出資，除金錢及其他財產權外，更得以勞務或信用為出資。	③隱名合夥人之出資，以金錢或其他財產權為限。
④各合夥人均須出資，為合夥契約之要件。	④僅隱名合夥人必須出資，出名營業人之出資，並非契約之要件。
⑤合夥營業，為全體合夥人之共同營業，原則上由全體共同執行。	⑤隱名合夥之事業，為出名營業人所有，隱名合夥人只有檢查權而無執行權。
⑥合夥具有團體性，故其關係之終止，不曰終止，而曰解散。	⑥隱名合夥無團體性，故其關係之終了，不曰解散，而曰終止。

第二節　隱名合夥之效力

㈠內部關係

隱名合夥之事務，專由出名營業人執行之（第七〇四條一項）。故營業上事務執行權，專屬出名營業人。但出名營業人如變更隱名合夥契約，或逾越其原定營業範圍，須先經隱名合夥人之同意。隱名合夥人得於每屆事務年度終，查閱合夥之帳簿，並檢查其事務及財產之狀態，縱有禁止之特約，仍得為之。如有重大事由，法院因隱名合夥人之聲請，得許其隨時為此項查閱及檢查（第七〇六條）。出名營業人，除契約另有訂定外，應於每屆事務年度終，計算營業之損益，其應歸隱名合夥人之利益，應即支付之。若應歸隱名合夥人之利益而未支取者，仍聽隱名合夥人隨時支取，不得認為出資之增加，但另有約定，則依所定（第七〇七條）。至於隱名合夥人，僅於其出資之限度內，負分擔損失之責任（第七〇三條）。

㈡對外關係

在隱名合夥，其營業乃出名營業人經營之營業，非當事人間共同之營業，故隱名合夥人並無代表權，凡對外與第三人為交易行為時，專以出名營業人之名義行之。隱名合夥人，就出名營業人所為之營業上行為，對於第三人不生權利義務關係（第七〇四條二項）。是以隱名合夥人關於營業上所負債務，對於債權人並無責任，僅在內部關係，於其出資之限度內，負分擔損失之責任而已。惟隱名合夥人，如參與合夥事務之執行，或為參與之表示，或知他人表示其參與執行而不否認者，則與出名營業人極相類似，足使第三人誤信，致受不測之損害，為期保護第三人，使對於第三人仍負出名營業人之責任。即關於營業上所負債務，對於債權人負無限責任，縱有反對之約定，仍不得除去（第七〇五條）。因此，依第七〇四條第二項規定，隱名合夥人就出名營業人所為之行為，對於第三人不生權利義務之關係，故隱名合夥人除有第七〇五條規定情形外，合夥債權人不得請求隱名合夥人清償債務（三三上九〇）。

㈢契約之終止

隱名合夥契約之當事人，得以其一方意思表示，聲明退夥，此與第六八六條之規定相同。如有下列事項之一者，當然終止：①存續期限屆滿者。②當事人同意者。③目的事業已完成或不能完成者。④出名營業人死亡或受禁治產之宣告者。⑤出名營業人或隱名合夥人受破產之宣告者。⑥營業之廢止或轉讓者（第七〇八條）。隱名合夥契約終止時，出名營業人應返還隱名合夥人之出資。如營業之純財產，較多於營業財產，則於返還出資外，須按照利益分配之成數，給與應得之利益。但出資因損失而減少者，僅返還其餘存額（第七〇九條）。而隱名合夥依第七〇一條除本身有規定外，準用關於合夥之規定，是故隱名合夥契約縱告終止，而隱名合夥人與出名營業人間，仍得主張非經清算終結，其合夥關係不得消滅，合夥之債權人就該合夥人之權利，不得代位行使（五六臺上一〇〇五）。

㈣合夥規定之準用

隱名合夥與合夥相類，以無特別規定者為限，得準用關於合夥之規定。合夥規定準用者，計有第六六九條、第六七〇條、第六七二條、第六七六條、第六八〇條、第六八五條、第六八六條、第六九三條。其依性質不得準用者，計有第六六七條、第六六八條、第六七一條、第六七三條、第六七四條、第六七八條、第六七九條、第六八一條、第六八四條、第六八八條至第六九二條、第六九四條至第六九七條、第六九九條。

第二十一章 合會

第一節 合會之性質

合會者，謂由會首邀集二人以上為會員，互約交付會款及標取合會金之契約，其僅由會首與會員為約定者，亦成立合會（第七〇九條之一第一項）。本條規定合會之定義，係將民間習慣明文化，俾資適用。此項合會金，係指會首及會員應交付之全部會款，且會款得為金錢或其他代替物，以期周延（第七〇九條之一第二、三項）。合會之會首及會員，以自然人為限，以防止合會經營企業化，造成鉅額資金之集中，而有抵觸金融法規之虞。而會首不得兼為同一合會之會員，此因逾期未收取之會款，會首應代為給付，並於給付後有求償權，如會首兼為同一合會之會員，則對等之債權債務將集於一身，致使法律關係混淆，並易增加倒會事件之發生，故明文禁止之（第七〇九條之二第一、二項，第七〇九條之七第二項）。至無行為能力及限制行為能力人不得為會首，亦不得參加其法定代理人為會首之合會（第七〇九條之二第三項）。係以無行為能力人及限制行為能力人，其本身思慮未周，處事能力不足，且資力有限，難認有擔任會首之能力故也。

合會應訂立會單，記載下列事項：①會首之姓名、住址及電話號碼。②全體會員之姓名、住址及電話號碼。③每一會份會款之種類及基本數額。④起會日期。⑤標會期日。⑥標會方法。⑦出標金額有約定其最高金額或最低金額之限制者，其約定。此項會單，應由會首及全體會員簽名，記明年月日，由會首保存並製作繕本，簽名後交每一會員各執一份。會員已交付首期會款者，雖未依前項規定訂立會單，其合會契約視為成立（第七〇九條之三）。

第二節　合會之效力

㈠標會之方法

標會由會首主持，依約定之期日及方法為之，其場所由會首決定並應先期通知會員。會首因故不能主持標會時，由會首指定或到場會員推選之會員主持之（第七〇九條之四）。每期標會，每一會員僅得出標一次，以出標金額最高者為得標，最高金額相同者，以抽籤定之，但另有約定者，依其約定。如有無人出標之情形，除另有約定外，當以抽籤定其得標人，最為公允，且每一會份限得標一次，已得標之會份，不得再行參與出標（第七〇九條之六）。

㈡交付會款之期限

民間合會之首期合會金不經投標，係由會首取得，其餘會員應於每期標會後三日內交付會款，會首並應於前項期間內，代得標會員收取會款，連同自己之會款，於期滿之翌日前交付得標會員，逾期未收取之會款，會首應代為給付（第七〇九條之七第一、二項）。會首對已收取之會款有保管之義務，故會款在未交付得標會員前發生喪失、毀損之情形，自應由會首負擔，惟如因可歸責於得標會員之事由致喪失、毀損者，則應由得標會員負責，始為公允（第七〇九條之七第三項）。又會首非經會員全體之同意，不得將其權利及義務移轉於他人，且為維持合會正常運作及維持穩定性，會員亦非經會首及會員全體之同意，不得退會，更不得將自己之會份轉讓於他人（第七〇九條之八）。本條第一項所稱「移轉」，第二項所稱「轉讓」，係指依法律行為而為移轉或轉讓者而言，不包括繼承之情形在內。

合會如遇會首破產、逃匿或有其他事由致合會不能繼續進行時，為保障未得標會員之權益，由會首及已得標會員應給付之各期會款，應於每屆標會期日平均交付於未得標之會員，但另有約定者，依其約定。會員因前項事由致合會不能繼續進行時，其就已得標會員依此規定應給付之各期會款，負連帶責任（第七〇九條之九第一、二項）。如會首或已得標會員依本條第一項規定應平均交付於未得標會員之會款遲延給付，其遲付之數額已達兩期之總額時，該未得標會員得請求其給付全部會款，以保障未得標會員權益。如因會首破產、逃匿或有其他事由致合會不能繼續進行時，得由未得標之會員共同推選一人或數人處理相關事宜（第七〇九條之九第三、四項）。

第二十二章　指示證券

第一節　指示證券之發行

指示證券者，謂指示他人將金錢、有價證券或其他代替物，給付第三人之證券。此項為指示之人，稱為指示人。被指示之他人，稱為被指示人。受給付之第三人，稱為領取人（第七一〇條）。故指示證券之內容，在給付金錢、有價證券或其他代替物。而指示證券之證券行為，有發行、背書、承擔三種；此與無記名證券之證券行為，僅有發行一種之情形，實有不同。

指示證券之發行，必須由指示人以創設證券關係之目的，作成證券，並將該證券交付於領取人，而後指示證券始得有效。指示證券之指示人，雖發行證券，但既不自負給付義務，亦不負承擔及給付之擔保責任，縱令嗣後被指示人拒絕承擔或給付，而領取人對於指示人，仍不得追索，指示人僅依債務不履行之規定，負其責任（四〇臺上一三七一）。指示人對於領取人，原負債務，因交付指示證券，以清償原有債務時，究係指示證券與原有債務，兩相併存，抑為原有債務，因證券之交付即歸消滅？應分別言之：

(一)指示人為清償其對於領取人之債務，而交付指示證券者，其債務於被指示人為給付時消滅（第七一二條一項）。在此情形，新交之證券，不過確保原有債務，在證券未為實現結果以前，原有債務仍不消滅，兩相併存；必被指示人已為給付時，原有債務始歸消滅。指示證券與原有債務兩相併存時，債權人應先就指示證券行使。故債權人受領指示證券者，不得請求指示人就原有債務為給付（同條二項）。但於指示證券所定期限內，其未定期限者於相當期限內，不能由被指示人領取者，仍得請求指示人就原有債務為給付（同條項但書）。

㈡指示證券之發行，雖為單獨行為，而交付所發行之指示證券，以清償原有債務，則為間接給付契約。必須債權人有明示或默示之受領意思，始得認為已有承諾。如債權人不願由債務人受領指示證券者，應即通知債務人（第七一二條三項），否則視為默示承諾，應成立間接給付契約。

第二節 指示證券之背書

指示證券之領取人或其他持有人，將其指示證券之所有權，讓與第三人，此項讓與應以背書為之（第七一六條二項）。是明認凡屬指示證券，不問記名式或指定式，均得以背書轉讓，此即所謂背書性。如指示人於指示證券有禁止讓與之記載者，則為指名證券，不得以背書轉讓（同條一項）。在此情形，僅可依普通債權之方式及效力轉讓之（第二九七條至第二九九條參照）。至於背書讓與後，被指示人對受讓人，得為何種抗辯？情形有二：

㈠**承擔前背書讓與者** 領取人於被指示人尚未承擔前，得以背書，將其指示證券，讓與受讓人，在此情形，被指示人尚不負給付義務，對於受讓人僅可拒絕承擔或給付，自不生抗辯問題。但被指示人於受讓人請求承擔時，已為承擔者，則受讓人請求給付時，不得以自己與領取人間之法律關係所生之事由，與受讓人對抗（第七一六條三項）。所謂被指示人與領取人間之法律關係所生之事由，言債務人（即承擔人）與讓與人間，因其個人特別關係所得主張之事由。此項限制抗辯之規定，與普通債權之讓與，債務人於受通知時所得對抗讓與人之事由，皆得以對抗受讓人之情形，大不相同（第二九九條一項參照）。至於被指示人本於指示證券之內容，或自己與受讓人間之法律關係所得對抗之事由，則得以對抗受讓人。

㈡**承擔後背書讓與者**　領取人以背書讓與指示證券，多在被指示人承擔之後。在此情形，讓與之前既經承擔，讓與之後毋庸再經承擔。被指示人對於受讓人，當然應負給付義務。且受讓人乃原始取得證券上權利，則被指示人與領取人間個人關係，亦與受讓人無涉。故被指示人不得對抗與得對抗者，亦均與承擔前背書讓與之情形無異。

第三節　指示證券之承擔

被指示人表示依指示人所指示，而給付證券上標的物之證券行為，謂之指示證券之承擔。此種意思表示，不僅對於領取人，而對於嗣後證券受讓人，均有效力，故承擔行為，應解為單獨行為。此與債務承擔之性質，有二點不同：①指示證券之承擔，乃以被指示人之意思表示，發生應為給付之新債務，並非將指示人之委託給付債務，移轉於被指示人；而債務承擔，則以當事人之意思表示，移轉既存之債務。②指示證券之承擔，為單獨行為；而債務承擔，乃出於債權人與新債務人之契約，或舊債務人與新債務人之新債務契約（第三〇〇條，第三〇一條參照）。

被指示人向領取人承擔所指示之給付者，有依證券內容而為給付之義務（第七一一條一項）。是被指示人為承擔後，即應依證券上文義，負給付義務。被指示人雖對於指示人負有債務，無承擔其所指示給付或為給付之義務，仍得拒絕承擔或給付。惟被指示人已向領取人為給付者，就其給付之數額，對於指示人免其債務（第七一三條）。若被指示人對於指示證券拒絕承擔或拒絕給付者，領取人應即通知指示人（第七一四條）。怠於此項通知，應負損害賠償之責。

被指示人為承擔後，即依證券上文義，負給付義務。惟法律設有承擔後抗辯之規定：

㈠**得為對抗者** 被指示人因承擔致負給付義務時，僅得以本於指示證券之內容，或其與領取人間之法律關係所得對抗領取人之事由，對抗領取人（第七一一條二項）。所謂本於指示證券之內容，言證券上所載事項及證券性質上之事項。例如日期未滿，時效完成等是。所謂本於指示人與領取人間之法律關係，言彼此間個人特別關係。例如可以抵銷，曾經免除等是。上述二種情形，始得以為抗辯之理由，拒絕領取人之給付請求。

㈡**不得對抗者** 被指示人所得對抗之事由，既以上述者為限，則此外事由，概不得對抗。故被指示人與指示人間之法律關係，不得以對抗領取人。蓋承擔所發生之債務，乃一新債務，並非被指示人與指示人間，或指示人與領取人間原有債務之移轉。而被指示人承擔，又不以對於指示人原負有債務為前提，縱係負有債務者，承擔與否，亦係被指示人之自由故也。

第四節　指示證券之給付

指示證券上之權利，須以證券始能行使。指示證券之權利人向被指示人請求給付時，須為指示證券之提示，不為證券之提示而請求者無效。提示證券請求給付之人，在未經背書讓與之證券，應為證券上所載之領取人。在已經背書讓與者，應為證券上所載之最後受讓人，而以前之背書並應連續。

指示證券，因左列原因而消滅：

㈠**指示證券之撤回**　指示人於被指示人未向領取人承擔所指示之給付或為給付前，得撤回其指示證券。其撤回應向被指示人以意思表示為之（第七一五條一項）。若被指示人已為承擔，則領取人與被指示人間，已生權義關係，不得更行撤回。若被指示人已為給付，則證券關係業已完結，無須撤回。又指示人於被指示人未經承擔或給付前，受破產宣告者，其指示證券視為撤回（同條二項）。蓋指示人既經宣告破產，信用已失，其結果與上述撤回無異。

㈡**短期之消滅時效**　指示證券領取人或受讓人，對於被指示人因承擔所生之請求權，自承擔之時起，三年間不行使而消滅（第七一七條）。此項消滅時效，較普通債權為短，重在減輕債務人之責任，並使證券糾葛，早日了結故也。

㈢**指示證券之喪失**　指示證券遺失、被盜或滅失者，法院得因持有人之聲請，依公示催告之程序，宣告無效（第七一八條）。故持有人喪失指示證券時得向該管法院為公示催告之聲請，於公示催告開始後，並聲請為除權判決，而行使證券之權利。

第二十三章 無記名證券

第一節 無記名證券之性質

無記名證券者，謂持有人對於發行人得請求其依所記載之內容，為給付之證券也（第七一九條）。在無記名證券，未載權利人之姓名，其持有人即為權利人。至其給付之種類，民法並無限制，無論金錢物品，有價證券或勞務，均得為無記名證券之給付內容。其與指示證券同為有價證券、流通證券、設權證券及不要因證券，且以交付而流通，表彰之權利均在給付。但二者實有差異：

無記名證券	指示證券
①證券行為，僅有發行一種。	①有發行、背書、承擔三種。
②毋庸記載權利人姓名，持有人即得請求給付。	②須記載權利人姓名。
③發行人自當給付，故為自付證券。	③委託他人給付，故為委託證券。
④依所載內容以為給付，標的物之種類別無限制。	④標的物以金錢有價證券及其他代替物為限。
⑤以交付轉讓之。	⑤以背書轉讓之。

無記名證券，必須由發行人作成證券，並交付之，然後發行行為始克完成。且無記名證券，不因發行在發行人死亡或喪失能力後，失其效力（第七二一條二項）。蓋發行乃單獨行為，在發行人簽名證券上，以為意思表示時，僅須再有交付行為，即生發行之效力。故發行人為發行行為後，雖有死亡或喪失行為能力情事，而原已成立之發行行為，並不受其影響（第九五條二項）。

第二節　無記名證券之給付

無記名證券，因券上未記載權利人姓名，凡享有證券所有權而占有其證券者，即為正當持有人。故其讓與方式，僅須有讓與合意並交付證券，即生讓與效力（第七六一條參照）。無記名證券發行人，其證券因遺失、被盜或其他非因自己之意思而流通者，對於善意持有人，仍應負責（第七二一條一項）。證券之遺失被盜，其義甚明；其他非因己意者，如被脅迫被詐欺是。此等情形，以欠缺交付行為，證券所有權尚未移轉，自不生發行之效力。既未發行，本無從發生證券上權利。發行人對於此等惡意讓受證券之人，雖不負責，但自惡意占有人，善意讓受證券者，仍係善意持有人，發行人仍應負給付責任，不得以遺失被盜等理由對抗之，蓋以獎勵證券之流通，而保護善意第三人也。無記名證券，因毀損或變形不適於流通，而其重要內容及識別記號仍可辨認者，持有人得請求發行人，換給新無記名證券。此項換給證券之費用，應由持有人負擔。但證券為銀行兌換券或其他金錢兌換券者，其費用應由發行人負擔（第七二四條）。

無記名證券持有人請求給付之時，須為證券之提示。無記名證券發行人，惟於持有人提示證券時，始有給付之義務。其為給付後，雖持有人就證券無處分之權利，仍生債務清償之效力，而免其債務（第七二〇條一、二項）。惟發行人若知持有人就證券無處分之權利，或受有遺失、被盜或滅失之通知者，則不得為給付（同條一項但書）。無記名證券持有人向發行人為遺失、被盜或滅失之通知後，未於五日內提出已為聲請公示催告之證明者，其通知失其效力。此項持有人於公示催告程序中，經法院通知有第三人申報權利而未於十日內向發行人提出已為起訴之證明者，亦同（第七二〇條之一）。此為解決無記名證券遺失、被盜或滅失之問題，俾免久延時日致損及他人利益。知之而為給付，因有第七二三條第二項之規定，證券上之義務雖仍得因而消滅，但須負損害賠償責任。若係無利息見票即付之無記名證券，又非利息年金及分配利益之證券者，例如銀行兌換券、商店禮券等，發行人雖知其無處分權利而為給付，亦不負損害賠償責任（第七二八條）。又無記名證券持有人請求給付時，應將證券交還發行人。發行人依此項規定收回證券時，雖持有人就該證券無處分之權利，仍取得其證券之所有權（第七二三條）。

無記名證券發行人，僅得以本於證券之無效，證券之內容，或其與持有人間之法律關係所得對抗持有人之事由，對抗持有人（第七二二條）。故在下列情形之一，始得對抗：①本於證券無效之事由，例如無能力人發行或除權判決等是。②本於證券內容之事由，例如日期未滿或給付處所不符等是。③本於發行人與持有人間之法律關係所得對抗之事由，例如抵銷或免除等是。此外，持有人取得證券出於惡意者，發行人並得以對持有人前手間所存抗辯之事由對抗之（第七二二條但書）。

第三節　無記名證券之喪失

無記名證券遺失、被盜或滅失時，其救濟方法如何，依證券之性質而有不同：

㈠**一般無記名證券** 無記名證券遺失、被盜或滅失者，除無利息見票即付之無記名證券外，法院得因持有人之聲請，依公示催告之程序，宣告無效（第七二五條一項）。於公示催告開始後，並得聲請為除權判決。經過法定呈報權利期限六個月時，由該管法院為除權判決，宣告無記名證券無效，而持有人即得據此判決，向發行人請求給付。在此情形，發行人對於持有人，應告知關於實施公示催告之必要事項，並供給其證明所必要之材料（同條二項）。無記名證券定有期間者，如法院因公示催告聲請人之聲請，對於發行人為禁止給付之命令時，停止其提示期間之進行。此項停止，自聲請發禁止給付命令時起，至公示催告程序終止時止（第七二六條）。

㈡**利息年金及分配利益之無記名證券** 利息、年金及分配利益之無記名證券，均為定期給付無記名證券，此等證券喪失時，其持有人如已將遺失、被盜或滅失等喪失事由，向發行人通知者，以消滅時效期間屆滿前，有無提示為準，分別規定：①法定關於定期給付之時效期間屆滿前，並無其他第三人提示證券，則原通知喪失之持有人，於時效期間屆滿後，即得向發行人請求給付證券所記載之利息年金或應分配之利益。但自時效期間屆滿後經過一年者，其請求權消滅（第七二七條一項）。②消滅時效期間屆滿前，如由第三人提示該項證券者，發行人應將不為給付之情事，告知該第三人，並於該第三人與為通知之人合意前，或於法院為確定判決前，應不為給付（第七二七條二項）。

㈢**無利息見票即付之無記名證券** 此等證券，於遺失、被盜或滅失時，並不得聲請公示催告，縱令掛失，發行人仍得向提示證券者為給付，不適用第七二五條之規定（第七二八條）。

第二十四章　終身定期金

終身定期金者，當事人約定，一方於自己或他方或第三人生存期內，定期以金錢給付他方或第三人之契約（第七二九條）。終身定期金必經他方承諾而成立，故為契約，是終身定期金契約之訂立，應以書面為之（第七三〇條），是為要式契約之一種。且終身定期金之給付，必須定期為之，又為訂定向他方或第三人給付，自係為第三人所訂立之契約，並應適用第二六九條之規定。

終身定期金契約之主要效力，在發生定期金債權，即終身定期金債權人，得向終身定期金債務人，依契約所定，請求給付定期金之權利。定期金給付義務之存續期間，依契約所定，若所定不明，尚有疑義時，則推定其為於債權人生存期內，按期給付。契約所定之金額有疑義時，推定其為每年應給付之金額（第七三一條）。定期金之支付，除契約另有訂定外，應按季預行支付。依生存期間而定終身定期金之人，如在定期金預付後，該期限屆滿前死亡者，定期金債權人，取得該期給付額之全部（第七三二條）。因死亡而終止定期金契約者，如其死亡之事由，應歸責於定期金債務人時，法院因債權人或其繼承人之聲請，得宣告其債權在相當期限內仍為存續（第七三三條）。終身定期金之權利，除契約另有訂定外，不得移轉，以維持債權人之生活（第七三四條）。若因遺贈之單獨行為，而發生終身定期金者，除適用關於遺贈之規定外，並適用第七三一條至第七三四條之規定（第七三五條）。

第二十五章　和　解

第一節　和解之性質

和解者，謂當事人約定互相讓步，以終止爭執或防止爭執發生之契約（第七三六條）。故和解乃以終止或防止爭執為目的，而以互相讓步為方法，必具上述二個條件，和解契約始得成立。因和解有創設之效力，須當事人有處分權能之法律關係，無論其種類如何，均得為和解之標的。他如親子關係之存否，婚姻關係之存否，或繼承順位之爭執，均不得和解，蓋此種法律關係，當事人並無任意處分之權能故也。至於無處分權限之人或無行為能力人，其所為和解，或為無效或為得撤銷，在此情形，曾因和解結果所為之給付，即失其所以給付之原因，自得依不當得利之原則，請求返還。

當事人間關於法律關係，苟現有爭執，或有生爭執之虞，即得成立和解。故無論訴訟上或訴訟外，均得為之。若在法院前所為之和解，記明筆錄或作成和解筆錄者，則為訴訟上和解，凡起訴前訴訟中或執行時，均可成立。論其性質，一面為民法上之和解，發生民法上之效力；一面為訴訟行為，發生訴訟法上之效力。如非在法院前所為之和解，斯為訴訟外之和解。即令在訴訟中，苟非在法院所為者，仍為訴訟外和解，此則為民法上之和解契約，二者並不相同。

和解亦屬契約之一種，觀之第七三六條規定至明。故和解契約當事人之一方，遲延給付者，他方當事人得定相當期限催告其履行，如於期限內不履行時，依第二五四條規定得解除契約（七四臺上六三二）。又和解有創設之效力，和解內容原不受起訴時原告所主張訴訟標的之法律關係之拘束，是為當然。又已經確定判決確定之法律關係，當事人雖不得於裁判上再行爭執，但因事實上仍有爭執，約定互相讓步以終止之，自屬和解契約，不得謂無第七三七條所定之效力（二三上二八一九）。

第二節　和解之效力

㈠創設之效力　因和解契約，創設新關係，使喪失權利及取得權利，而以前之法律關係如何，置諸不問者，即有創設之效力。而和解有使當事人所拋棄之權利消滅，及使當事人取得和解契約所訂明權利之效力（第七三七條）。故因和解契約，約定拋棄所主張之權利者，則該權利當然確定消滅，不問以前是否應歸消滅。他方因和解契約，約定認諾此方所主張之權利者，則此方當然確定取得權利，不問以前是否應行取得。例如甲乙互爭各對於對方有萬元之債權，和解之結果，由乙償還千元。在此情形，縱其結果與真實不符，而一經和解成立，乙之萬元債權視為因拋棄而消滅，甲之千元債權視為因和解契約而取得。至於和解之範圍，應以當事人相互間欲求解決之爭點為限，如有其他爭點或尚未發生之法律關係，雖與和解事件有關，如當事人並無欲求一併解決之意思，要不能因其權利人未表示保留其權利，而認該權利已因和解讓步，視為拋棄而消滅（五七臺上二一八〇）。對於和解內容，倘以他種法律關係替代原有法律關係者，則係以和解契約創設新法律關係，故債務人如不履行和解契約，債權人應依和解創設之新法律關係請求履行，不得再依原有法律關係請求給付（八三臺上六二〇）。例如雙方爭執房屋買賣糾紛，和解之結果，賣方同意解約而返還已付價金之全部，此際買方即不得再依買賣契約請求所有權移轉登記。

㈡**確定之效力**　和解契約合法成立，兩造當事人應均受該契約之拘束，縱使一方因而受不利益，亦屬讓步之當然結果，亦不得事後翻異，更就和解前之法律關係再行主張，雙方之法律關係即告確定。

㈢**債務之發生**　和解不問以前法律關係如何，而以和解契約另行確定關係，或預行確定關係，使得終止或防止爭執。故當事人雙方，均依和解契約之內容，各負相當之債務。例如甲乙爭某房屋之所有權，嗣經和解，約定以房歸乙，而乙則給甲萬元時，甲自不得再主張房屋所有權，而乙亦應給付甲萬元是。

㈣**和解之撤銷**　和解乃係一種契約，自應適用一般法律行為之規定，遇有無效或撤銷時，其效力應歸消滅。惟和解不得以錯誤為理由撤銷之（第七三八條），據此項規定，乃明定和解雖為法律行為，而在原則上不適用第八八條及第八九條之規定。立法理由，以和解既有創設之效力，以前法律關係如何，可以不問，縱令因和解當事人表意錯誤，致和解契約所確定之情事，與真正事實不符，亦不宜推翻和解契約，故原則上和解契約不以錯誤為理由而撤銷之。故和解契約成立後，除當事人之一方對於重要之爭點有錯誤而為和解者外，不得以錯誤為理由聲請撤銷之，從而倘無民事訴訟法第三八〇條第二項之情形，自無繼續審判之可言（五二臺上五〇〇）。

當事人得以錯誤為理由，主張撤銷和解契約者，限於左列情形（第七三八條但書）：

1.和解所依據之文件，事後發見為偽造或變造，而和解當事人若知其偽造或變造即不為和解者。此種撤銷，必偽造或變造之文件，係為和解之基礎文件；且和解當時對於文件之偽造或變造，須屬不知，始得成立。若知偽造或變造之文件，而仍成立和解，則不得據以撤銷。至於文件之偽造或變造，是否為對方之行為，可以不問。

2.和解事件，經法院確定判決當事人雙方或一方於和解當時所不知者 此種情形，必須和解事件曾經法院確定判決，而該確定判決為當事人於和解當時所不知始可。已經判決確定之法律關係，當事人間雖不妨成立和解，惟不知其已經判決確定而為和解者，仍得撤銷和解契約。雙方均不知者，雙方固得撤銷；僅一方不知者，該不知之一方始得撤銷。但當事人若不撤銷和解契約，縱令為確定判決，互有出入，仍以和解契約為準。

3.當事人之一方，對於他方當事人之資格，或對於重要之爭點有錯誤而為和解者 此種撤銷，僅須他方當事人之資格有錯誤，或重要之爭點有錯誤，即得撤銷。蓋當事人資格如有錯誤，勢必影響和解契約之內容，且違反和解互相讓步之原則，故許撤銷。至於重要爭點之錯誤，即本非相爭之點，而誤為爭點，自得據以撤銷。例如誤以為普通傷害而和解，但事後發見為永久的殘廢，此種錯誤，應許其撤銷和解。此種撤銷權之行使，既係以錯誤為原因，則第九〇條關於以錯誤為原因，行使撤銷權除斥期間之規定，於此當有其適用（八三臺上二三八三）。

第二十六章　保　證

第一節　保證之性質

保證者，當事人約定，一方於他方之債務人不履行債務時，由其代負履行責任之契約（第七三九條）。保證契約之當事人為保證人與債權人，僅因保證人與債權人雙方之合意，即行成立，毋庸經主債務人同意。至於主債務人與保證人之間，或為委任關係，或為無因管理，若保證人以贈與之意思而為保證者，則無此等關係。而主債務人之債務，必須為代替給付之債務，始得保證；至如專屬的債務或不作為債務，則不得保證。對於無效之債務為保證者，原則上保證亦為無效；惟保證人對於因行為能力欠缺而無效之債務，如知其情事而為保證者，其保證仍為有效（第七四三條）。

保證債務為從債務，故保證債務之成立，應以主債務之有效存在為前提。主債務消滅或減縮時，保證債務隨同消滅或減縮。而保證債務之標的，必與主債務之標的同一，且不得重於主債務。是保證債務通常為補充性，除連帶保證外，均須主債務人不履行時，始由其代負履行責任。又主債務內容變更，例如變為損害賠償債務時，保證債務隨之變更（第七四〇條參照）。主債務效力之強弱，亦及於保證債務，故保證人得主張主債務人所有之抗辯（第七四二條參照）。

保證債務之範圍，未經約定者，包含主債務之利息、違約金、損害賠償及其他從屬於主債務之負擔（第七四〇條）。至於主債務原本全部，應由保證人擔保，更不待言。因主債務人違約不履行，而經債權人解除契約時，主債務人回復原狀之義務，應解為在保證範圍內。保證契約訂立後，雖因主債務人與債權人間之契約，擴張主債務之範圍，而保證人並不因此更加負擔。且保證人之負擔，較主債務人為重者，應縮減至主債務之限度（第七四一條）。

第二節　保證人與債權人間之關係

㈠保證人之抗辯　情形有二：

1. 主債務人所有之抗辯，保證人得主張之（第七四二條一項）。蓋保證債務為從債務，主債務效力之強弱，當然及於保證債務。故債權人向保證人請求清償時，保證人得主張主債務人所有之抗辯，以拒絕自己債務之清償。此種抗辯，即為權利不發生之抗辯、權利已消滅之抗辯及拒絕給付之抗辯是。主債務人拋棄其抗辯者，保證人仍得主張之（第七四二條二項）。保證人於其保證之債務，除有第七四四條及第七四五條所定事由，對於債權人得為主債務人之抗辯故也。蓋保證人係以主債務人之抗辯，作為自己之抗辯，而非代行拒絕清償之抗辯外，就主債務人所有之抗辯，亦得主張之。惟第七四二條所謂保證人得主張主債務人所有之抗辯，係僅指主債務人所有與主債務自身之發生、消滅或履行有牽連關係之抗辯（如主債務人有不法事由，或當事人無行為能力等原因而發生，或因清償及其他原因而消滅，或由契約互負債務，他方未為對待給付前，得拒絕自己給付等抗辯），因其效力當然及於有從屬性之保證債務，故亦得由保證人主張之者而言。

若主債務人與債權人互負給付種類相同之債務，關於主債務人所有之抵銷抗辯，係本於主債務人以外之獨立原因所生，而與主債務之發生、消滅或履行並無牽連關係，則除保證契約另有約定外，自不在保證人得為主張之列（四二臺上一〇六〇）。又主債務人就其債之發生原因之法律行為有撤銷權者，保證人對於債權人，得拒絕清償（第七四四條）。即以主債務人撤銷權之存在，作為保證人自己之抗辯，惟主債務人之撤銷權，保證人僅得據以抗辯，不得行使。此因保證債務為從債務，如主債務不存在，保證債務自無從發生。又主債務人所有之抗辯，保證人均得主張之，主債務人拋棄其抗辯者，保證人仍得主張之（七一臺上四九三五）。若保證人不知主債務人有撤銷權，而履行保證債務，及其後主債務人行使撤銷權時，保證人可依不當得利之原則，向債權人請求返還其給付，本條設此規定，所以保護保證人之利益也。

2.保證人於債權人未就主債務人之財產強制執行而無效果前，對債權人得拒絕清償（第七四五條）。據此規定，係以檢索為保證人對債權人拒絕清償之抗辯，並非以檢索為債權人對保證人請求之要件。故債權人就主債務人之財產未強制執行以前，其對保證人之請求權已屬存在，惟保證人得以檢索為其抗辯而已（院二四三七）。且僅在債權人未就主債務人之財產強制執行而無效果前，得拒絕清償，並無否認債權人請求權之效力，實為一種延期抗辯而已。保證人在通常情形，固有檢索之抗辯，但有左列情形之一者，則喪失其檢索抗辯權，保證人不得主張第七四五條之權利（第七四六條）：

(1)保證人拋棄前條之權利者　檢索之抗辯，乃保證人之權利，得自由拋棄之。例如連帶保證其保證人受債權人之請求，並不主張檢索之抗辯，逕行清償者，亦為檢索抗辯之拋棄。再如保證債務人受債權人履行之請求時，依法雖得為先訴之抗辯，但當事人間如已特別約定主債務人屆期不履行，由保證人如數償還者，即應認為先訴抗辯權之拋棄，不得更為主張（三八臺上三〇七）。

⑵保證契約成立後，主債務人之住所營業所或居所有變更，致向其請求清償發生困難者　在此情形，保證人喪失檢索之抗辯。苟因上項變更，致請求清償發生困難，則主債務人有無資力，在所不問。

⑶主債務人受破產宣告者　主債務人既受破產之宣告，則無清償之資力，至為顯然，應由保證人清償，不得為檢索之抗辯。

⑷主債務人之財產不足清償其債務者　主債務人之財產，如不足清償債務，即屬無清償之資力，而保證人應即清償。所稱不足清償債務，係指不敷清償債務而言，不以全部不能清償為必要。

保證契約係保證人與債權人間成立之契約，不因主債務人之死亡而歸於消滅（四八臺上五五七）。

㈡共同保證　共同保證為數保證人保證同一債務，至於是否同時或先後，又是否以同一行為或分別行為而為保證，則非所問。數人保證同一債務者，除契約另有訂定外，應連帶負保證責任（第七四八條）。此即表明在共同保證，其各保證人原則上應負連帶責任，即成立連帶債務。保證人中之一人，如被請求全部時，應即為全部之清償，不得以尚有其他保證人，主張平均分擔清償。惟共同保證人內部，仍有其分擔部分，保證人中之一人向債權人為清償及其他免責行為後，其他保證人雖同免責任（第二七四條參照）。但該保證人仍得按其內部各自分擔之部分，向他保證人請求償還（第二八〇條至第二八二條）。又主債務不可分者，其保證債務，亦不可分。故數保證人保證同一不可分債務，而訂有負分擔責任之特約者，其特約無效，仍負連帶責任。共同保證原則上雖為數保證人之間連帶負責，但亦可約定與主債務人連帶負責，此時即成為共同保證與連帶保證併存。

㈢**連帶保證** 連帶保證為保證人對於債權人約與主債務人負連帶責任之保證，在此情形，保證人即應與主債務人，同負連帶責任，其與主債務人之責任，並無先後之分，故在連帶保證，債權人對於保證人及主債務人，得任意先後選擇請求清償（第二七三條參照）。惟連帶保證，仍為保證債務之一種，主債務人所有之抗辯，保證人仍得主張之。不論為明定負連帶責任，或約明拋棄檢索抗辯權而成為連帶責任者，連帶保證人均不得再為檢索之抗辯，惟其為保證人性質，並不消滅（四四臺上一一八二）。又連帶保證人與主債務人之內部關係，非各有分擔部分。連帶債務人對主債務人有全部求償權，而主債務人對連帶保證人則無求償權。

連帶債務與連帶保證須加區別，因連帶債務為債之一種體態，而連帶保證則為一種契約，屬於債之發生原因，二者在法律上之適用有左列不同：

1. 連帶債務發生之原因，多為契約或侵權行為，無從屬性問題。而連帶保證債務之發生原因為連帶保證，屬於保證之一種，其所發生之債務有從屬性。

2. 連帶保證債務對於有關保證從屬性之規定仍應適用，而連帶債務則不必如此，例如連帶保證債務，債權人向主債務人請求履行時，對保證人亦生效力（第七四七條）。而連帶債務其債權人向一債務人請求履行時，對他債務人卻不生效力（第二七三條）。

3. 連帶保證債務，債權人向主債務人免除債務時，連帶保證債務當然消滅。而連帶債務，債權人向債務人中的一人免除債務而無消滅全部債務之意思表示者，除該債務人應分擔之部分外，他債務人仍不免其責任（第二七六條）。

共同保證乃數人保證同一債務之保證，亦即同一債務，由多數人所為之保證。此種保證亦有連帶問題，與連帶保證類似，其實不同：

1. 連帶保證乃保證人與主債務人間之連帶，而共同保證乃保證人間之連帶，與主債務人間不成為連帶。

2. 連帶保證人無先訴抗辯權，而共同保證人則有之。

3. 連帶保證人通常為單數，而共同保證人必須為複數。

㈣中斷時效 向主債務人請求履行，或為其他中斷時效之行為，對於保證人亦生效力（第七四七條）。此即對於主債務人之時效中斷，對於保證人亦時效中斷。蓋恐主債務消滅時效尚未完成，而保證債務消滅時效業已完成，致變為無保證之債務，故為保護債權人計，設此便宜規定。關於中斷時效之行為，在第一二九條中分別列舉，履行請求，亦在其中。惟該條第一項第二款之承認，應解為不在其內。蓋承認為主債務人向債權人所為中斷時效之行為，而非債權人向主債務人所為中斷時效之行為。且主債務人承認以致時效中斷，乃拋棄抗辯之行為，保證人依第七四二條第二項之規定，仍得主張時效，以為抗辯，故此項時效中斷，對於保證人自不生效。

第三節　保證人與主債務人間之關係

一、保證人之抵銷權

主債務人對於債權人有債權者，保證人得否以之主張抵銷，學者及實務見解不一，為避免保證人於清償後向主債務人求償困難，爰於第七四二條之一規定：「保證人得以主債務人對於債權人之債權，主張抵銷」，此等抵銷，係屬單獨行為，其行使方法僅以當事人之一方意思表示為之即生效力。

二、保證人之求償權

保證人因履行保證債務而為清償或其他行為（例如抵銷、承擔債務、更改、代物清償），以消滅主債務後，得向主債務人請求償還之權利，謂之保證人之求償權。保證人之求償，限於自己有所給付，致有償的消滅主債務，若毫無給付，僅因其盡力致主債務消滅者，不得向主債務人請求償還。保證人與主債務人間之求償關係，應依保證人所以承擔保證之原因關係，分別適用關於委任及無因管理之規定。分述如左：

1.受委任而為保證者　保證人受主債務人之委任而為保證者，保證人與主債務人間，成立委任關係，其求償關係，應依委任之規定決之。在此情形，保證人所清償之原本，清償以後之法定利息，必要費用及其他損害，均得向主債務人請求償還（第五四六條一、三項）。

2.未受委任而為保證者　保證人未受主債務人之委任而為保證者，此則未受委任，並無義務，在保證人與主債務人間，成立無因管理，其求償關係，應依無因管理之規定決之。故①保證人辦理保證事務，利於主債務人並不違反其意思者，即保證人所清償之原本，清償以後法定利息，必要費用及其他損害，均得向主債務人請求償還（第一七六條參照）。②若不利於主債務人並違反其意思者，保證人僅於主債務人因保證人清償或其他消滅主債務行為所得利益之限度內，得向主債務人請求償還而已（第一七七條參照）。

三、保證人之代位權

保證人向債權人為清償後，於其清償之限度內，承受債權人對於主債務人之債權，代位行使之權利，謂之保證人之代位權。即債權人對於主債務人之債權，並不因保證人之清償，歸於消滅，於其清償之限度內，移轉於保證人，但不得有害於債權人之利益（第七四九條）。此項移轉，與債權讓與無異（第二九七條參照）。惟不須通知債務人，而依法律規定，當然生讓與之效力（一八上二〇四六）。故債權所有利益及瑕疵（第二九五條，第二九九條），均移轉於保證人。而債權人一切權能（履行請求權，損害賠償請求權，債之保全之代位權或撤銷權），亦歸之於保證人。主債務人對保證人間原有之抗辯，主債務人仍得主張之。

代位權之行使，在確保求償權。故其範圍應以得求償之數額為限。故保證債務保證人代償後，其代位所取得之債權全然與原債權相同。例如主債務人對於債權人負萬元債務，而債權人拋棄二千元，保證人僅清償八千元，即使債務全部消滅，其得代位行使債權之範圍，應以八千元為限。又代位權所確保者，僅為求償權中主債務之本利、違約金及其他從屬之權利。求償權中保證人所有之損害賠償及其他費用，非債權人所有，故保證人無從代位行使。至於代位權與求償權二者，得為併存，並不排斥。是保證人就代位權與求償權，不僅得選擇行使，且可一併行使。其中一種權利之行使，已受全部清償，則他種權利，應歸消滅。

四、免責請求權

保證人具有法定情形時，於未對債權人清償前，得向主債務人請求除去自己保證責任之權利，謂之保證人清償前之免責請求權。蓋保證人固須對債權人為清償後，始得向主債務人行使求償權及代位權。但主債務人之履行，若不確實，事後再行使此等權利，必無結果，故設有免責請求權之規定。惟須受主債務人之委任而為保證之保證人，有第七五〇條第一項各款情形之一時，始得向主債務人請求除去其保證責任。所謂除去其保證責任，與退保不同，乃請求主債務人清償債務或設定擔保，以免去保證責任。惟主債務未屆清償期者，則主債務人得提出相當擔保於保證人，以代保證責任之除去（第七五〇條二項）。在此情形，保證人仍負保證責任，惟有擔保以保其損害。至於未受委任而為保證者，保證人與主債務人間，僅生無因管理之關係，必在保證人實行清償之後，始有求償權及代位權（第七四九條參照）。在其清償以前，保證人對於主債務人，並無何等權利，自與委任關係有別（第五四五條參照），故不得請求除去其保證責任。

保證人受主債務人之委任而為保證者，有下列情形之一時，得向主債務人請求除去其保證責任（第七五〇條一項）：①主債務人之財產顯形減少者。②保證契約成立後，主債務人之住所營業所或居所有變更，致向其請求清償發生困難者。③主債務人履行債務遲延者。④債權人依確定判決得令保證人清償者。具備上述各款要件時，保證人始得請求除去其保證責任。縱使保證人拋棄檢索之抗辯（第七四五條），及連帶保證之情形，仍須合於此種規定，始得請求除去。

第四節　保證債務之消滅

保證債務，除因解除權之行使，解除條件成就，主債務消滅，混同或撤銷等原因，歸於消滅外，尚有特別規定如次：

㈠**債權人拋棄其擔保物權**　債權人拋棄為其債權擔保之物權者，保證人就債權人所拋棄權利之限度內，免其責任（第七五一條）。所謂為其債權擔保之物權，係指已具備物權之生效要件者而言。若欠缺物權之生效要件者，在物權法上既不得稱之為其債權擔保之物權，縱使債權人有不為主張或怠於行使之情形，亦無拋棄可言。蓋債權人之債權，附有質權抵押權等擔保物權時，本較確實易行，若拋棄此項擔保物權，而向保證人請求，有失公平，且保證債務與擔保物權併存時，原則上應先就擔保物權行使權利故也（一九上三三〇）。此項擔保物權，係保證人承擔保證之前或後所設定，則非所問。所謂拋棄，應有明示或默示，如債權已屆清償期而債權人未即行使擔保權，嗣後該擔保物價格低落者，不得謂為拋棄擔保物權（二一上一〇一五）。更易擔保物，如未得保證人之同意，視為債權人拋棄為其債權擔保之物權。至債權人對共同保證人中一人拋棄其權利者，他保證人之責任，應解為依第二七六條之規定，以債權人有無消滅全部債務之意思表示為準，決定他保證人免責之範圍。如債權人無消滅全部債務之意思表示，則他保證人僅於該保證人內部分擔部分之限度內，免其責任。實例認為：抵押權人於債權已屆清償期而未受清償者，得聲請拍賣抵押物，就其賣得價金而受清償，係債權人之一種權利並非義務，故在債務屆清償期而債務人不清償時，既經連帶保證人代為清償，債權人於債權已獲滿足後，自無更就擔保物求償之必要，債權人於受償後，依抵押物提供人之請求塗銷抵押權登記，自與拋棄擔保物權之情形有別（七四臺上二三三三）。

㈡**定期保證**　約定保證人僅於一定期間內為保證者，謂之定期保證。如債權人於其期間內，對於保證人不為審判上之請求，保證人免其責任（第七五二條）。蓋既約定保證人僅於一定期間內為保證，則保證人僅於所定期間內，負保證責任，如已逾期即行免責。惟恐債權人偶有遺誤，而喪失保證利益，故更以債權人在期間內不為審判上之請求，作為保證人免責之條件。至於聲請法院裁定拍賣抵押物，應解為審判上之請求（二一上二八三五）。就定有期限之債務為保證，與約定保證人於一定期間內為保證之情形不同。此項保證未定期間，而定有清償期之債務，在主債務清償期屆滿後，除保證人已定期催告債權人，向主債務人為審判上之請求者外，保證人不得以債權人遲遲不為審判上之請求，為免其保證責任之論據（四九臺上一七五六）。又約定保證人於一定期間內為保證者，則在此一定期間內所發生之債務，如債權人允許主債務人延期清償，而所延展之清償期仍在該一定期間內者，保證人不得主張不負保證責任（五〇臺上一四七〇）。

㈢**無期限保證**　約為保證而未定其期間者，謂之無期限保證。保證未定期間者，保證人於主債務清償期屆滿後，得定一個月以上之相當期限，催告債權人，於其期限內向主債務人為審判上之請求。若債權人不於此項期限內，向主債務人為審判上之請求，則保證人免其責任（第七五三條）。在此情形，保證人須於主債務清償期屆滿後，始得催告債權人向主債務人為審判上之請求。蓋以清償期為主債務人之利益，債權人原不得先行請求故也。至債務未定清償期者，應依第三一五條之規定，可依債之性質或其他情形決定其清償期，若並此不能時，即得以債權人請求之時，為清償期之屆至。

㈣**保證契約之終止**　就連續發生之債務為保證，而未定有期間者，保證人得隨時通知債權人終止契約。此項情形，保證人對於通知到達債權人後所發生主債務人之債務，不負保證責任（第七五四條）。所謂就連續發生之債務為保證，多因信用主債務人，或有特別情感關係，例如職務保證，交互計算之保證，租金支付之保證等是。終止保證契約（俗稱退保），並無溯及效力。雖已終止，對於以前所發生之債務，仍應負責；以後所生主債務人之債務，保證人則可免責。本條所定終止保證之通知，應向債權人為之，若僅登報公告則不能發生效力（二九上四三〇）。

就連續發生之債務為保證而未訂有期間者，保證人得隨時終止保證契約，其實務上常見之情形，提供左列判例作為參考：

1.保證人與債權人約定就債權人與主債務人間所生一定債之關係範圍內之不特定債務，預定最高限額，由保證人保證之契約，學說上稱為最高限額保證。此種保證契約如定有期間，在該期間內所生約定範圍內之債務，不逾最高限額者，均為保證契約效力所及，如未定期間，保證契約在未經保證人依第七五四條規定終止或有其他消滅原因以前，所生約定範圍內之債務，亦同（八六臺上二六九一）。上述情形，在該保證契約有效期間內，已發生約定範圍內之債務，縱因清償或其他事由而減少或消滅，該保證契約依然有效，嗣後所生約定範圍內之債務，於不逾最高限額者，債權人仍得請求保證人履行保證責任（七七臺上九四三）。

2. 所謂最高限額之抵押契約，係指所有人提供抵押物，與債權人訂立在一定金額之限度內，擔保現在已發生及將來可能發生之債權之抵押權設定契約而言。此等抵押權所擔保之債權，除訂約時已發生之債權外，即將來發生之債權，在約定限額之範圍內，亦為抵押權效力之所及。雖抵押權存續期間內已發生之債權，因清償或其他事由而減少或消滅，原訂立之抵押契約依然有效，嗣後在存續期間內陸續發生之債權，債權人仍得對抵押物行使權利。此種抵押契約如未定存續期間，其性質與第七五四條第一項所定就連續發生之債務為保證而未定有期間之保證契約相似，類推適用同條項規定，抵押人固得隨時通知債權人終止抵押契約，對於終止契約後發生之債務，不負擔保責任。反之，此種抵押契約定有存續期間者，訂立契約之目的，顯在擔保存續期間內所發生之債權，凡在存續期間所發生之債權，皆為抵押權效力所及，於存續期間屆滿前所發生之債權，債權人在約定限額範圍內，對於抵押物享有抵押權，除債權人拋棄為其擔保之權利外，自無許抵押人於抵押權存續期間屆滿前，任意終止此種契約。縱令嗣後所擔保之債權並未發生，僅債權人不得就未發生之債權實行抵押權而已，非謂抵押人得於存續期間屆滿前終止契約而享有請求塗銷抵押權設定登記之權利（六六臺上一〇九七）。

㈤主債務之延期 就定有清償期限之債務為保證者，如債權人允許主債務人延期清償時，保證人除對於延期已為同意外，不負保證責任（第七五五條）。蓋保證人重在一定期限以為保證，如延長期限，有背保證人之本意；且債權人允許延期，主債務人並非給付遲延，保證人不能依第七五〇條第一項第三款請求除去其保證責任，故除保證人同意延期者外，逕認保證責任消滅。但約定保證人於一定期間內為保證者，則在此一定期間內所發生之債務，如債權人允許主債務人延期清償，而所延展之清償期，仍在該一定期間內者，保證人自不得援引本條而主張不負保證責任（四八臺上一二六〇，五〇臺上一四七〇）。第七五五條之規定，於保證債務均適用之，是連帶保證債務不過保證人喪失先訴及檢索抗辯權，仍不失為保證債務之一種，自無排斥上開法條適用之理由（四四臺上一一八二）。

㈥**法定保證**　關於信用委任關係，委任人對於受任人須負法定保證責任。所謂信用委任契約，乃委任他人，以該他人之名義及其計算，供給信用於他人之契約（第七五六條）。例如甲委託乙借一萬元於丙，在此情形，其消費借貸關係，為乙丙二人，既非以甲之名義，亦非以甲之計算。惟乙之貸與金錢，並非僅基於甲之媒介，乃基於甲之委託，故甲對於丙之該一萬元債務，應負法定保證責任。關於保證之規定，除第七三九條及第七五二條外，均適用於此項法定保證。

此外，與保證之類似概念，尚有左列兩種情形，實務上最為常見：

㈠**免責的債務承擔**　即由第三人承擔債務人之債務，而原債務人脫離債之關係，免其責任之契約。此種契約，如由第三人方面觀察係承擔他人之債務，與保證之保證他人債務之情形相類似，但實不相同：

1. 債務由第三人承擔後，原債務人脫離關係，由第三人接替債務人之地位。而債務由保證人保證後，原債務人仍為主債務人，保證人不過為從債務人而已，並未接替主債務人之地位。

2.債務承擔後，如原債務有保證人，除該保證人對於承擔已為承認外，其保證因債務承擔而消滅（第三〇四條二項）。而債務經保證後，如該債務原已另有保證者，其保證並因之而消滅，應與此之保證併存，成立共同保證。

實務上認為：承擔契約為債務人利益而設，其主旨在使債務人免除責任，保證契約為債權人利益而設，保證人代位清償之後，對於主債務人仍可行使求償權，自不能與債務承擔相提並論（一八上二五七〇）。又債務承擔與保證債務不同，保證債務為於他人不履行債務時代負履行責任之從債務，該他人仍為主債務人，故除有第七四六條所列各款情形之一者外，保證人於債權人未就主債務人之財產強制執行而無效果前，對於債權人得拒絕清償。債務之承擔則係債務之移轉，原債務人已由債之關係脫退，僅由承擔人負擔債務，故承擔人縱令曾與原債務人約明將來清償債務之資金，仍由原債務人交付承擔人向債權人清償，亦不得以之對抗債權人（二二上四二六）。

㈡**併存的債務承擔**　乃第三人加入債務關係，與原債務人併負同一責任之契約，此種債務承擔，原債務人既不脫離債之關係，而又有新加入之債務人與之併負同一之責任，亦與保證之情形類似，但仍有不同：

1.併存的債務承擔，新加入之債務人並非從債務人，其債務無補充性，因而不發生所謂先訴抗辯之問題。而保證契約之保證人為從債務人，其債務有補充性，因而有先訴抗辯之問題。

2.併存的債務承擔，新加入之債務人與原債務人負連帶責任（二三上一三七七）。而保證契約，保證人除連帶保證外，不與主債務人負連帶責任。

第二十七章　人事保證

第一節　人事保證之性質

人事保證者，謂當事人約定，一方於他方之受僱人將來因職務上之行為而應對他方為損害賠償時，由其代負賠償責任之契約。此項契約，應以書面為之（第七五六條之一）。人事保證為無償之單務契約，對保證人至為不利，故如僱用人能依他項方法獲得賠償者，自宜要求僱用人先依各該方法求償，其有不能受償或不足受償，始令保證人負其責任。而保證人依此規定負賠償責任時，除法律另有規定或契約另有訂定外，其賠償金額以賠償事故發生時，受僱人當年可得報酬之總額為限，俾減輕保證人之責任（第七五六條之二）。

人事保證，除民法第二編（債）第二十四節之一有規定者外，準用關於保證之規定（第七五六條之九）。例如人事保證有專屬性，除有特約或特殊情形外，保證人之責任因其死亡而消滅，是屬當然。蓋此種保證於保證契約成立時，被保人尚未有具體的賠償之債務，必待被保人發生損害後，其賠償之責任始告具體確定。而遺產繼承應以繼承開始時被繼承人之權利義務狀態為準，倘繼承開始時，被保人尚未發生具體確定的賠償義務，則此種保證契約自不在其繼承人繼承範圍之內（五一臺上二七八九）。

人事保證約定之期間，不得逾三年，逾三年者，縮短為三年，此項期間，當事人得更新之（第七五六條之三第一、二項）。此因人事保證契約係以將來內容不確定之損害賠償債務為保證對象，對於保證人甚為不利，不可不設期間之限制。惟為免保證人負擔無限期之責任，此種人事保證如未定期間者，自成立之日起有效期間為三年（第七五六條之三第三項）。

第二節　人事保證之效力

㈠人事保證未定期間者，應許保證人於法定之三年有效期間內，得隨時終止契約，以消滅其人事保證關係。保證人於終止契約時，應於三個月前通知僱用人，但當事人約定較短之期間者，從其約定（第七五六條之四）。

㈡保證契約訂立後，無論其係定有期間或未定期間，如因可歸責於受僱人之事由發生，僱用人得終止僱傭契約，並即通知保證人，其情形有三：①僱用人依法得終止僱傭契約，而其終止事由有發生保證人責任之虞者。②受僱人因職務上之行為而應對僱用人負損害賠償責任，並經僱用人向受僱人行使權利者。③僱用人變更受僱人之職務或任職時間、地點，致加重保證人責任或使其難於注意者。有上述事由時，保證人對於已發生之賠償責任，固難脫免，惟為免將來繼續發生或加重保證人之責任，故保證人受前項通知者，自得終止契約，保證人知有前項各款情形者，亦同（第七五六條之五）。

㈢僱用人於有第七五六條之五第一項各款之情形，足使保證人責任發生或加重之情事之一時，應即有通知之義務，又僱用人對於受僱人有選任或監督義務，故若有選任或監督上之疏懈者，其對損害之發生或擴大既與有過失，自應依其比例由法院減輕保證人之賠償金額或免除之，始為公允（第七五六條之六）。

(四)人事保證之期間屆滿，保證人或受僱人死亡、破產或喪失行為能力，與受僱人之僱傭關係消滅時，其人事保證關係均應消滅。此之所謂保證期間屆滿，包括約定保證期間屆滿及未定期間之保證契約，其法定有效期間已滿三年者而言。

(五)僱用人對於人事保證之保證人所得主張之損害賠償請求權，因二年間不行使而消滅（第七五六條之八），俾免保證人負擔之責任持續過長，故設短期時效之規定。

第四編

物權

第一章 通則

第一節 物權之性質

物權者，直接支配特定物，而享受其利益之權利，不須以他人之行為為其媒介，而其客體，即物權之標的物，須為特定物，此乃基於物權乃直接支配物之權利而來，蓋若非特定物，即無從為直接之支配。如僅汎言物之種類數量，而未具體指定其物，僅為債權內容給付之標的物，即不能作為物權之標的。

物權具有排他性，故於一標的物上，依法律行為成立一物權時，不容在該標的物上，再成立與之有同一內容之物權。凡屬物權，均必同具此種排他性。但物權有排他效力，僅屬原則，在所有權以外之其他物權，如不以占有標的物為成立之要件者，尚有例外。例如在同一不動產上，成立同一內容之抵押權，或在同一供役地上，先後或同時設定數個同一內容之地役權，而二者登記之次序相同時，各該抵押權及地役權，均可成立，而無排他之效力。物權基於排他之效力，發生左列效果：

㈠**優先權** 基於物權係直接支配物之權利，在同一標的物上，有二個以上不相容物權存在時，該二物權不能同時直接支配一物，故次序在先之物權，優於次序在後之物權。惟依民法規定，不可能有二個以上合法之所有權、地上權、永佃權、留置權存在於同一標的物上，僅地役權、抵押權、質權有生次序先後之可能。若係所有權以外之限制物權，係於一定範圍內，限制物之權利，性質上當然具有優先於所有權之效力。例如土地所有人於設定地上權後，該土地上同時存有所有權及地上權（限制物權），此際地上權人有優先於土地所有權人使用該土地之權利。物權既為直接支配物之權利之原因，如於債權之標的物上，成立物權時，物權有優先於債權之效力。論其情形，大別有三：

1. 特定物已為債權之標的，如就此成立物權時，則物權有優先於債權之效力。例如甲將其動產出賣與乙，嗣又售與丙，而丙已受買賣標的物之交付，則丙取得所有權，其所有權優先於先買者之債權。又如甲以其不動產轉售與乙，而於未登記前，復將之出賣與丙，同時辦畢所有權移轉登記，此時丙因之取得所有權，反較乙之債權優先。蓋物權係對物直接支配之權利，而債權非有債務人之行為介入，則不能直接支配其物，二者性質本有不同，故物權有此優先效力。惟此種原則，有重大之例外，即第四二五條規定：「出租人於租賃物交付後，縱將其所有權讓與第三人，其租賃契約對於受讓人仍繼續存在。」據此規定，受讓租賃物所有權之人，無優先於已受租賃物交付之承租人而使用該物之權，是為物權優先於債權之例外。

2. 在買賣、租賃或贈與之情形，其物雖已成為債權之標的物，但如於該物上成立抵押權、質權或其他物權者，物權有優先於債權之效力。在此場合，債權人不得對物權權利人請求交付動產，或移轉不動產，且不得請求將該標的物上之物權除去。

3. 就債務人之物有擔保物權存在者，在受清償時，優先於債權。例如在債務人之物上，有質權、抵押權、留置權存在，於實行各該物權時，各該物權之權利人，就拍賣該物所得價金，均有優先於一般債權而受清償之權。

(二)追及權　物權既有排他性，不問其標的物發生何種變動及入於何人之手，均不因之妨礙其權利之行使。例如在他人之土地上有抵押權，為其債權之擔保，嗣後該土地之所有權，無論移轉於何人，而抵押權仍不受影響。又如甲所有土地，被乙冒稱為自己所有，出賣與丙，丙復轉賣與丁，而甲依然不失其為土地所有權人，得請求所有權之返還。物權之追及效力，如在動產則有限制，此在第八〇一條、第八八六條及第九四八條設有規定，容後述之。實務如下：

①第三人對於執行標的物，有地上權、地役權、永佃權、抵押權者，其權利係存在於該執行標的物之上，如該權利業經依法登記，則無論在執行中執行後，均可追及物之所在而行使其權利，否則應由有爭執之人，提起確認之訴。對於已拍賣之不動產，有優先受償之權利人，於拍賣時，其債權已屆清償期時，自可追及物之所在而行使其權利（院一六七〇）。

②抵押權本不因抵押物之所有人將該物讓與他人而受影響，其追及權之行使，自亦不因抵押物係由法院拍賣而有差異。故抵押物由普通債權人聲請拍賣後，抵押權人雖未就賣得價金請求清償，仍得對於拍定人行使追及權（院一七七一）。

(三)物上請求權　以回復物權本來圓滿狀態之請求權，謂之物上請求權。民法於所有權章中設有規定，即所有人對於無權占有或侵奪其所有物者，得請求返還之。對於妨害其所有權者，得請求除去之。有妨害其所有權之虞者，得請求防止之（第七六七條）。據此以解，此種請求權，分為所有權之返還請求權、保持所有權之請求權、預防侵害之請求權三種。至於地役權則設有準用之明文（第八五八條），其他因保護占有而發生者，另於第十章設有規定（第九六二條），但該請求權之存續期間，則有一年時效之限制（第九六三條）。他如地上權、永佃權、典權人等，除受占有保護之規定外，能否與所有權人有相同之物上請求權，民法並無明文，但依一般學者通說認為應採同一原則，而有其適用。

第二節　物權之得喪變更

民法規定之物權，計有所有權、地上權、永佃權、地役權、抵押權、質權、典權及留置權八種。至於占有，不認為物權，僅將關於占有，規定於物權編中最後一章而已。此等物權，均為直接支配物之權利。享有某種物權之人，得依法律規定該物權之內容，直接支配其物，而排除他人之干涉。故於第七五七條規定：「物權，除本法或其他法律有規定外，不得創設。」依此規定，以當事人之意思，設定關於物之權利，其權利若不為法律所認之物權，自不受物權法之保護，其結果實與得創設法定以外之物權無異，故禁止濫行創設物權。

物權之取得設定喪失及變更，簡稱物權之得喪變更，或稱物權之變動。取得者，指移轉之繼受取得而言，不包含繼承取得在內，如因買賣贈與而取得物權。設定者，於一定之物上發生限制物權，僅適用於所有權以外之其他物權，所有權則不能因設定而發生。如土地所有人於土地上設定地上權或抵押權。喪失者，有絕對的喪失與相對的喪失二種，前者如拋棄及撤銷是；後者如物權之脫離前主體而歸於後主體是。變更者，指物權之客體或其內容，有所改變而言，如存續期間與標的物之範圍有變化之類。

物權得喪變更之情形，種類不一，大別有三：

一、不動產物權之得喪變更

㈠法律行為

不動產物權，依法律行為而取得、設定、喪失及變更者，非經登記，不生效力（第七五八條）。此即關於不動產物權變動之行為，若僅有當事人之意思表示，尚不生效，必須踐行法定登記方式，始生效力。故在不動產物權，凡善意信賴登記而取得權利者，均受保護，不因登記原因行為之無效或撤銷而受影響。惟真正權利人在未有第三人取得權利之新登記時，對於登記名義人，仍有塗銷登記請求權（院一九五六）。例如自己建築之房屋，與依法律行為而取得者有別，縱使未經登記，亦不在民法第七五八條所謂非經登記不生效力之列（四一臺上一〇三九）。如非依法律行為而取得者，雖不以登記為取得所有權之要件，但其取得所有權之原因必須有相當之證明，否則無從認為有所有權之存在，而得據以排除強制執行（四七臺上七〇五）。不動產物權依法律行為而變動者，雖非經登記不生效力，但不動產買賣之危險負擔與利益享受，依第三七三條規定並非以已否登記（即所有權移轉）為準，而係以交付為準（三三上六〇四，四七臺上一六五五）。然土地所有權移轉登記與土地之交付係屬兩事，前者為所有權生效要件，後者為收益權行使要件。行使土地之收益權，以先經交付為前提，並不限於有償之買賣契約，即無償之贈與契約亦包括在內（四四臺上二六六）。至不動產物權之移轉或設定，則應以書面為之（第七六〇條）。此項書面，係指不動產物權移轉或設定之書面物權契約而言。不動產物權之移轉或設定行為應以書面為之，則此等物權行為之書面未合法成立者，不能生物權變動之效力（院解三〇四四㈤，五七臺上一四三六）。實例認為：不動產之出賣人，於買賣契約成立後，本有使物權契約合法成立之義務。系爭之買賣契約，苟已合法成立，縱令移轉物權契約，未經某甲簽名，但被上訴人為某甲之概括繼承人，負有補正法定方式，使物權契約合法成立之義務（三〇上四四二）。又不動產物權之移轉，固應以書面為之。倘移轉不動產之書面，未合法成立，則不生移轉之效力。惟當事人間約定，一方以其不動產之所有權移轉於他方，由他方支付價金，其當事人間苟就其移轉之不動產及價金，業經互相同意，則其買賣契約即為成立，而出賣不動產之一方，即應負與他方取得該不動產之義務（二三上三一二）。

㈡**非法律行為**

不動產物權之變動，非由於法律行為者，不以登記為生效要件（第七五八條反面解釋）。故因繼承、強制執行、公用徵收或法院之判決，於登記前已取得不動產物權者，均不以登記為生效要件。此種情形，雖不以登記為生效要件，但非經登記不得處分其物權（第七五九條）。所謂不得處分其物權，並不包括與人訂立買賣或其他債之契約之情形內（五一臺上一三三參照）。但基於此等變動原因事實之發生而取得物權者，既不經登記而生效，則就此等原因事實之存在，須負舉證責任（四七臺上七〇五）。因時效而取得不動產物權者，仍須登記。故占有不動產之時效雖已完成，而占有人未即取得其所有權，僅得請求登記為所有人（第七六九條，第七七〇條），在未經登記之前，尚未取得不動產所有權。

不動產物權之變動非由於法律行為者，其常見之情形如下：

1. **繼承**　依第一一四七條規定，繼承因被繼承人死亡而開始，故繼承人自繼承開始時，除法律另有規定（例如第一一七四條），承受被繼承人財產上非專屬性之一切權利義務（第一一四八條），無待於繼承人之主張（三二上四四二），因此，被繼承人於繼承開始時有不動產物權者，當然由繼承人取得，不受第七五八條所定須登記始生效力之限制（四〇臺上一〇〇一）。

2. **強制執行**　不動產物權因強制執行而變動之情形，權利人於領得權利移轉證書時，即為取得權利之時，不待登記而生變動之效力（五六臺上一八九八），故拍賣之不動產，買受人自領得執行法院發給權利移轉證書之日起，取得該不動產所有權（強制執行法第九一條），其由債權人承受者亦同（同法第九八條）。

3. **公用徵收**　因公用徵收而取得被徵收不動產之時間，係補償費發給完竣之日（土地法第二三五條，土地徵收條例第二一條），例如土地徵收條例之區段徵收屬之。

4. **法院之判決**　依法院之判決發生不動產物權變動之效力，惟形成判決始有之，不包括其他判決在內（四三臺上一〇一六）。所謂因法院之判決，於登記前已取得不動產物權者，係指以該判決之宣告足使物權法上取得不動產效果之力，恆有拘束第三人之必要，而對於當事人以外之一切第三人亦有效力者而言（六五臺上一七九七）。基於法院形成判決而取得不動產物權之時間，雖法無明文，但應解為判決確定之日。下列情形，為實務上所常見：⑴依第七四條暴利行為所為撤銷不動產物權行為之判決。⑵依第二四四條詐害債權行為所為撤銷不動產物權行為之判決。⑶依第八二四條第二項所為分割共有不動產之判決。至命被告履行不動產物權登記之判決，性質上係給付判決，原告於取得該確定判決後，仍須向地政機關辦理登記，始能取得不動產物權（四九臺上一二二五，六九臺上一七九七），依民事訴訟成立之和解或調解亦同。

5. **自己出資建築之建築物**　此係原始取得性質，與法律行為而取得者不同，不在第七五八條所謂非經登記不生效力之列（四一臺上一〇三九）。又自己出資之建築物，應解為建築完成時（建築法第七〇條，第七〇條之一）為其所有權取得之時。

6. **依法律之規定**　不動產物權依法律規定而變動者，於法律所規定之事由發生時，即生物權變動之效力。例如第五一三條之法定抵押權，第七六二條、第七六三條之不動產物權因混同而消滅，第八七六條之法定地上權，第九二三條第二項、第九二四條所定典權人之取得典物所有權（三一上三二二六，院二一九三）均屬之。

二、動產物權之得喪

動產物權之讓與，除當事人合意外，並以交付動產於受讓人為生效要件。故動產物權之讓與，非動產現實交付，不生效力（第七六一條一項）。所謂讓與，乃依權利人之意思作用，將其權利移轉於他人；若由法律行為以外事實之取得，即未可稱為讓與而受本條項之適用。至於非依法律行為之移轉或取得，如因繼承取得動產所有權時，雖無交付，亦得對抗第三人，故非動產物權之讓與。所謂交付，指動產物權之讓與人，將其對於動產之現實的支配力，移轉於受讓人而言，此種情形，通稱現實交付。除此以外，交付之方法尚有三種：

㈠**簡易交付**　即依簡易程序而完成其交付，至於受讓人已占有動產之原因如何，則非所問。例如物之所有人，讓與物之所有權於承租人、借用人或受寄人，祇須讓與人與受讓人合意，即生移轉之效力。第七六一條第一項但書：「受讓人已占有動產者，於讓與合意時，即生效力」，即指此而言。

㈡**占有改定**　即讓與人於讓與後仍繼續占有其動產者，讓與人與受讓人得訂立契約，使受讓人取得間接占有，以代交付（第七六一條二項）。以占有改定方法代替現實交付，使受讓人取得動產物權，必須讓與人與受讓人訂立足使受讓人因此取得間接占有之契約，始可成立。例如甲以耕牛讓與於乙，而甲因使用上之必要，仍須繼續占有耕牛時，則甲乙間得訂立租賃契約或使用借貸契約，使乙取得間接占有，以代現實交付。

㈢讓與返還請求權　又稱指示交付，以第三人占有之動產物權而行讓與者，讓與人得以其向第三人之返還請求權，讓與於受讓人以代交付（第七六一條三項）。此種情形，又稱指示讓與，或稱求還代位。所謂讓與返還請求權，係指讓與對於特定第三人之返還請求權而言。如讓與者為債的返還請求權，應通知該第三人，否則對該第三人不生效力（第二九七條參照）。若讓與者為物的返還請求權，法無通知該第三人之明文，應解為無通知必要。例如出賣人將其已出租之物讓與時，使買受人向承租人行使返還請求權，即生效力，蓋以省略周折，而圖交易之便捷也。又買賣標的物之利益及危險，自交付時起，由買受人負擔，為第三七三條所明定。但該條所謂交付，並非以現實交付為限，亦可準用第九四六條第二項、第七六一條第三項規定，讓與返還請求權以代交付（四四臺上八二八）。

三、物權之消滅

物權之消滅，乃物權絕對的喪失。其喪失之原因，除混同、拋棄（第七六二條至第七六四條）者外，尚有標的物滅失，存續期間屆滿，法定期間之經過（第八八〇條），他人因時效取得所有權（第七六八條，第七六九條，第七七〇條）等項。茲將混同及拋棄之情形，分別述之：

㈠混同　指二個無並存必要之物權，同歸於一人之事實。與債法上之混同，乃指債權與其債務，同歸於一人時而言之情形，稍有不同。故混同為不得併存之二資格，同歸於一人，蓋無論何人，權利義務二資格，集合於一身時，即不能不失其一，從而物權中除占有外，不得認有二資格之併存。其情形如左：

1. **所有權與其他物權混同**　同一物之所有權及其他物權，歸屬於一人者，其他物權因混同而消滅（第七六二條）。蓋所有權係對於全面的支配之權利，乃內容最完整之物權。對於物如有所有權，則其他物權，在通常情形，皆為所有權吸收，自無存在必要。例如甲於乙所有土地上有地上權，其後乙為甲之繼承人時，地上權與所有權混同，地上權歸於消滅。惟其他物權另有消滅之原因，該權利人始取得其物之所有權者，則與混同有別。例如抵押權人於拍賣抵押物時，因承受而取得拍賣不動產之所有權者，其抵押權係因拍賣抵押物而先行消滅，然後執行法院發給權利移轉證書，而取得該不動產之所有權，故此情形，不得認為混同。上述原則，尚有例外：

(1)**其他物權之存續於所有人有法律上之利益者**　例如甲以土地為某債務人抵押於乙，又抵押於丙，乙為第一順位抵押權人，丙為第二順位抵押權人，嗣後甲為乙之繼承人，取得乙之債權及抵押權，如依一般原則，使抵押權消滅，丙即取得第一順位抵押權，能受完全之清償，其結果使甲蒙受不利，為保護甲之利益，認甲取得之抵押權仍舊存在，並不消滅。但所有人與債務人同為一人時，其債權依第三四四條因混同而消滅者，自不能使抵押權存在。

(2)**其他物權之存續於第三人有法律上之利益者**　例如甲於乙之土地有地上權，丙於甲之地上權有抵押權，其後甲因繼承或其他事由取得乙之所有權。如依一般原則，甲於取得所有權時，其地上權應歸消滅。然丙之抵押權本以甲之地上權為標的，若認為消滅，使丙無端喪失擔保，在法律上顯然不利，故認地上權仍不消滅，以保護丙之利益。

2.**所有權以外之物權，及以該物權為標的物之權利混同時**　所有權以外之物權，及以該物權為標的物之權利，歸屬於一人者，其權利因混同而消滅（第七六三條一項）。所謂「其權利」，指以該物權為標的物之權利而言。例如甲以其地上權抵押於乙（第八八二條），其後乙為甲之繼承人時，則抵押權與地上權，均歸屬於乙，抵押權並無並存必要，則抵押權因混同而消滅。上述原則，尚有例外（第七六二條二項）：

(1)以他物權為標的物之權利，其存續於權利人有法律上之利益者　例如地上權人甲，以其地上權，向乙設定第一順位抵押權後，又向丙設定第二順位抵押權，嗣後乙為甲之繼承人，取得地上權，依一般原則，乙之以地上權為標的物之權利之抵押權，應歸消滅。然乙為第一順位抵押權人，其抵押權之存續，對其有法律上之利益，即得優先於丙而受清償，不因混同而消滅。

(2)以他物權為標的物之權利，其存續於第三人有法律上之利益者　例如甲在乙之地上權上有抵押權，甲以此抵押權連同債權為其他債權之擔保，向丙設定權利質權，嗣後甲為乙之繼承人，取得地上權，如依一般原則，其抵押權因混同而消滅。但因第三人即權利質權人丙，對抵押權之存續，有法律上之利益（第九〇二條適用第二九五條一項），故不因混同而使乙之抵押權消滅。

㈡**拋棄**　依權利人之意思表示，使物權歸於消滅之單獨行為，謂之拋棄。物權，除法律另有規定外，因拋棄而消滅（第七六四條）。所謂拋棄，係指物權人不以其物權移轉於他人，而使其物權絕對歸於消滅之行為而言（三二上六〇三六）。是權利人本得自由拋棄其權利，惟權利之拋棄，須以不妨害他人之權利為限。物權之得喪，於他人尤有利害關係，故關於物權之拋棄，在法律上有不許權利人任意拋棄者，例如：①有不得隨時拋棄其習慣者，不得拋棄未定有期限之地上權（第八三四條一項但書）。②有支付地租之地上權，其地上權人拋棄權利時，應於一年前通知土地所有人，或支付未到支付期之一年分地租（第八三五條）。物權一經拋棄，自失其從來所有之一切權利，非依法律再得權利，不得就該物為權利之主體。若因拋棄而害及他人之利益者，雖無禁止明文，法理上應認為不得拋棄。例如以自己取得之地上權、永佃權或典權為擔保，向他人借款而設定抵押權後，當然不得拋棄其地上權、永佃權或典權，此就第九〇三條之規定可以推知。

拋棄物權，應以何種方式為之，始生拋棄之效力？在拋棄動產物權，如所拋棄者為所有權，除為拋棄之意思表示外，並須拋棄對該動產之占有。在拋棄其他動產物權（質權、留置權），須向因拋棄而直接接受利益之人為拋棄之表示，並交付該動產。在拋棄不動產物權，如所拋棄者為所有權，須向地政機關為拋棄之表示，並為塗銷登記之聲請。如拋棄者為其他不動產物權，須向因拋棄而直接受利益者為拋棄之表示，並會同地政機關為塗銷登記之聲請。此種情形，均在塗銷登記之時，即已發生拋棄之效力。蓋不動產依法律行為而喪失者，非經登記不生效力，此為第七五八條所定，拋棄既為法律行為，亦有該條之適用。例如拋棄對於不動產公同共有之權利者，亦屬依法律行為喪失不動產物權之一種，如未經依法登記，仍不生消滅其公同共有權利之效果（七四臺上二三二二）。

第二章　所有權

第一節　通　則

一、所有權之權能

所有權在物權中，為最完全之權利。故所有權於法令限制內，得對於所有物為全面的支配，如無消滅原因，不論其權能如何減縮，仍不喪失其所有權。論其內容，可分為二：一為積極之權能，即所有人於法令限制之範圍內，得自由使用、收益、處分其所有物（第七六五條前段）。二為消極之權能，即排除他人之干涉（同條後段）。此即明示所有權非無限制，所有人行使權利，須在法令限制之範圍以內。至於法令已限制者，當無自由使用、收益、處分權能可言。分別言之：①使用：指不毀損物體，又不變更物之性質，依物之用法而供人類之便益。例如所有人住用自己房屋，耕作自己土地等是。②收益：指收取所有物之天然孳息及法定孳息而言，故不損物之實質而收取其物之出產者，斯為收益。例如耕土地而獲稻穀，栽果樹而收果實等是。③處分：所有物之處分，得分為事實上之處分與法律上之處分二種。前者乃有形的變更或毀損物之本體，例如拆除房屋，搗碎器物等是。後者乃變更限制，消滅對於物之權利，例如在土地上設定抵押權，所有人拋棄所有權等是。④排除他人之干涉：即他人無法律上之原因，不得於其物上為何等行為。

惟行使此項權能，應在法令限制範圍以內，否則構成權利之濫用（第一四八條）。例如他人之干涉，無礙其所有權之行使者，不得排除之（第七七三條），忍受越界建築（第七九六條），忍受通行（第七八七條）等是。至於物之成分及其天然孳息，於分離後，除法律另有規定外，仍屬於其物之所有人（第七六六條）。所謂法律另有規定，如第七〇條，第七九〇條第二款，第七九八條即是。

二、所有權之保護

所有權除依其他法令及基於侵權行為一般規定之救濟以外，其最主要之保護，厥為第七六七條之規定。依此規定，所有人對於無權占有或侵奪其所有物者，得請求返還之。對於妨害其所有權者，得請求除去之。有妨害其所有權之虞者，得請求防止之。此項權利，稱為所有權人之物上請求權，情形有三：

㈠所有物之返還請求權　即所有人對於無權占有或侵奪其所有物者，請求返還其物之權利。得請求返還所有物之人，為現在所有人。例如無權占有，並不以故意或過失為要件，倘無正當權源而占用他人之不動產，即負有返還之義務即是（七三臺上二九五〇）。若依法律規定，雖非所有人，仍得行使所有人之權利，則行使所有物返還請求權之人，即不以所有人為限。例如破產管理人（破產法第九〇條），有代位權之債權人（第二四二條），遺產管理人（第一一七九條一項一款）等是。至其相對人，一為現在占有人，一為侵奪人。而現在所有人，對於無權占有及侵奪之事實，須負舉證責任。實務認為，買賣契約僅有債之效力，不得以之對抗契約以外之第三人。因此在二重買賣之場合，出賣人如已將不動產之所有權移轉登記與後買受人，前買受人縱已占有不動產，後買受人仍得基於所有權請求前買受人返還所有物，前買受人即不得以其與出賣人間之買賣關係，對抗後買受人（八三臺上三二四三）。

㈡**除去妨害請求權**　即所有人對於妨害其所有權者，請求除去之權利。所謂妨害，謂反於所有人意思而為一種積極行為，使所有人不得行使其權利於所有物之上。例如以煤煙散入於鄰家，使鄰家所有人不得安居；或未經所有人同意而使建築物突出所有人之地面等是。在此情形，所有人尚未喪失占有，僅為事實上之妨害而已。至於妨害，是否由於其人之行為所致，以及有無故意過失，均非所問。妨害縱由於自然力所生，或由於第三人之行為所致，祇須為有將之除去之支配力之人，均得為此請求權之相對人。

㈢**防止妨害請求權**　即所有人對於有妨害其所有權之虞者，請求防止之權利。所謂有妨害之虞，必達如何危險之程度，始得請求防止，須就具體事實，依一般社會觀念決之，尤須注意禁止權利濫用之規定。例如甲與乙毗鄰而居，乙屋每夜製造炸藥，如一旦爆炸，則甲屋必大受影響，此時甲雖無現實之妨害，但有被妨害之虞，得請求乙預防其爆炸。

所有權物上請求權是否為消滅時效之客體？實務上向認為第一二五條所定之請求權，包括所有權物上請求在內，而為消滅時效之客體（院一八三三，院二一四五，四〇臺上二五八，四二臺上七八六），嗣因大法官會議釋字第一〇七、一六四號解釋，認為已登記不動產所有人之回復請求權（所有物返還請求權）及其除去妨害請求權二者，均無民法第一二五條消滅時效規定之適用。由此可知：

1.動產與未經登記不動產之所有權物上請求權，仍為消滅時效之客體，僅已登記不動產之所有權物上請求權，始有不罹消滅時效之情形。

2.不動產所有權已登記，包括現為登記之所有人，及曾為所有權登記之所有人。例如甲登記之土地，被乙以偽造文書登記為己有，則甲對乙之所有物返還與塗銷所有權登記之請求權，均不罹於消滅時效。

所有權物上請求權與侵權行為而生之損害賠償請求權，兩者之性質，要件與效力，各有不同，茲列表比較之：

所有權物上請求權	所有權損害賠償請求權
①基於物權而生之請求權。	①基於債權而生之請求權。
②非必為消滅時效之客體。	②必有消滅時效之適用。
③不以故意或過失及責任能力為要件。	③以故意或過失及責任能力為要件。
④目的在除去或預防侵害。	④目的在填補已生之損害。
⑤不以損害賠償為內容。	⑤重在損害賠償之內容。
⑥所有物滅失時即無請求權。	⑥不因所有物之滅失而失其存在。
⑦以物之占有人或妨害支配力之人為相對人。	⑦以侵權行為人為對象。

三、所有權之取得時效

㈠取得時效之性質　取得時效者，經過一定時間，繼續占有他人之物，而取得其所有權；或經過一定期間，事實上繼續行使所有權以外之財產權者，即取得其權利之制度。故取得時效，以經過一定期間為必要。又取得時效，係於他人之物上取得所有權之方法，在自已物上，固無取得時效可言，即於無主物上，亦無取得時效之適用。且取得時效，係依法律之規定而取得權利。僅以占有或事實上行使一定之財產權，及經過一定期間為必要。性質上為一般法律事實，而非法律行為。故無須有為法律行為取得權利之意思，亦不必有完全之行為能力，僅以有為事實行為之意識為已足。其既係依法律之規定而取得權利，即非繼受前權利人而取得其權利，自應解為係原始取得。

㈡**取得時效之要件** 論其要件，可分為二：

1. **普通要件** 於動產及不動產皆有適用（第七六八條至第七七〇條）：

⑴以所有之意思而占有 因時效而取得所有權，不問其所有物為動產或不動產，均須基於占有，並以所有之意思而占有始可。蓋取得時效之占有，係適應所有權之事實，須有所有之意思，故毫無意思能力之人，因無排斥他人而自己支配其物之意識，自不生以所有之意思而占有之問題。縱有意思能力，而依權源之性質，係為他主占有者，不能因占有時效取得所有權。例如地上權人、永佃權人、質權人及承租人之占有，僅係以某特定關係管領之意思所為之占有，均非自主占有。所有人之占有，及無所有權而誤信為有所有權之人之占有，固係以所有之意思而占有，即惡意占有，如因竊盜而取得之占有，亦為自主占有，不妨以時效取得所有權，此項所有意思，為法律上之推定（第九四四條一項）。惟依占有之性質，原無所有之意思者，不在此限（第九四五條）。

⑵須為和平之占有 和平乃對於強暴脅迫而言，即非暴行強迫而取得之占有。但取得占有雖屬不法，而保持占有係屬和平者，自保持占有之時起，仍屬和平占有。其取得占有雖屬和平，而保持占有係用強暴脅迫手段者，仍非和平占有。至於在他人異議之下而占有，祇須不用強暴脅迫手段，仍不失為和平占有。

⑶須為公然占有 公然乃對隱祕而言，即對利害關係人不為隱密之占有。凡無圖使他人不知其占有之

事實，而故為隱祕之占有，均為公然占有。例如甲占有乙物時，對他人雖隱祕之，對乙為公然時，亦能進行時效而取得時效之利益。至於是否為公然占有，應依一般社會觀念決之。

(4)占有須歷法定期間　取得時效重在保護永續之事實，從其繼續性而取得時效完成，即以所有之意思和平公然三種要件，非僅占有開始存在為已足，須繼續存在若干年而無間斷。例如占有當初為隱祕，但於變為公然之場合，於其時具備法定要件，而可開始取得時效之進行。又於占有之當初，雖具備各要件，嗣後又欠缺某種要件，則時效不能進行。動產之占有，不問是否善意，經過五年取得其所有權（第七六八條）。

2. **特別要件**　不動產之占有，除具備普通要件外，須於取得占有之當初，為善意而無過失。所謂善意，即不知無權利所為之占有。無過失云者，即不欠缺注意之謂。惟善意無過失之要件，僅於占有之始存在為已足，不以繼續存在為必要。故以所有之意思，二十年間和平繼續占有他人未登記之不動產者，得請求登記為所有人（第七六九條）；以所有之意思，十年間和平繼續占有他人未登記之不動產，而其占有之始為善意並無過失者，得請求登記為所有人（第七七〇條）。所謂他人未登記之不動產，通常係指自始未經登記於登記簿而言。若登記簿上所有人之所有權，實際上依法律規定，已歸他人所有，而未經登記者，仍不失為他人未登記之不動產。例如第九二三條第二項規定已歸典權人之典物所有權，而未經登記者是。由於占有為一種單純事實，故占有人本於第七七二條準用第七七〇條取得時效規定，請求登記為地上權人時，性質上並無所謂登記義務人存在，無從以原所有人為被告，訴請法院命其協同辦理該項權利登記，僅能依土地法規定程序，向該管地政機關聲請為地上權登記，如經地政機關受理，則受訴法院即應就占有人是否具備時效取得地上權之要件，為實體上裁判（六八臺上三三〇八，八三臺上三二五二，八五臺上五二九，八六臺上八二九）。

又時效制度係為公益而設，依取得時效制度取得之財產權應為憲法所保障，業經釋字第二九一號解釋釋示在案。地上權係以在他人土地上有建築物，或其他工作物，或竹木為目的而使用其土地之權，故地上權為使用他人土地之權利，屬於用益物權之一種。土地之共有人按其應有部分，本於其所有權之作用，對於共有物之全部雖有使用收益之權，惟共有人對共有物之特定部分使用收益，仍須徵得他共有人全體之同意。共有物亦得因共有人全體之同意而設定負擔，自得為共有人之一人或數人設定地上權。於公同共有人之土地上為公同共有人之一人或數人設定地上權者亦同。是共有人或公同共有人之一人或數人以在他人之土地上行使地上權之意思而占有共有或公同共有之土地者，自得依民法第七七二條準用同法第七六九條及第七七〇條取得時效之規定，請求登記為地上權人（釋四五一）。

取得時效完成後，如占有者為動產，占有人即取得該動產之所有權（第七六八條）。若占有者為不動產，僅得請求登記為所有人（第七六九條、第七七〇條），而非取得所有權。故在辦妥登記前，不能認為占有人於取得時效完成時，即已取得該不動產之所有權。至於所有權以外財產權之取得，準用所有權之規定（第七七二條），例如違章建築非法占用他人私有土地達到法定時效後，無須提出該建築物係合法建物之證明文件，即可完成其地上權之登記，而土地所有權人無法要求占有人拆屋還地（釋二九一）。故以行使地上權之意思，二十年間和平繼續占有他人之土地者，依第七七二條準用第七六九條規定，僅得為地上權人登記之請求，在未完成為地上權人登記前，尚不得謂對之有地上權存在（七三臺上四三五九、七一臺上一七九一）。又取得時效完成後，雖未經占有人援用，法院仍得據以裁判（二九上一〇〇三），此與消滅時效完成後，債務人僅取得拒絕給付之抗辯權（第一四四條），且非經主張，法院不得予以裁判者不同（二九上八六七）。

占有人之所有權取得時效，與原所有人之所有物返還請求權消滅時效，未必同時完成。若所有物返還之消滅時效已完成，而占有人之所有權取得時效尚未完成者，仍得拒絕返還（二八上二三一〇，院二二一六）。

㈢**取得時效之中斷**　依時效而取得所有權，以經過一定期間，繼續占有他人之物為前提要件。而占有又須為以所有之意思，和平公然之占有，否則不生所有權取得時效之效力。故於開始占有後，凡有不繼續占有，或非以所有之意思而占有，或非和平公然占有情事發生，其已經過之期間，應失其效力，此謂為取得時效之中斷。依第七七一條規定其中斷原因有二：

1.**意思喪失**　以所有之意思而占有他人之物，嗣後變為不以所有之意思而占有時，則生中斷。究竟有無「變」之事實，應由主張時效中斷之人，負舉證責任。例如原以所有之意思占有他人之土地，嗣後變為以地上權人之意思而行占有，則從來之占有即生中斷。但自占有變更性質之時起，開始新占有，基於新占有仍可完成地上權之取得時效。又如占有人遇所有人請求，承認其所有權，而自處於占有輔助人之地位，在此情形，其占有僅為機關，非真占有者，故不能進行時效。

2.**占有之喪失**　占有人自行中止占有者，則生中斷。例如占有人任意拋棄對於動產之占有，則須於回復對於物之管領時起，重新進行時效。惟占有被他人侵奪者，如依第九四九條、第九六二條之規定，回復其占有，其時效不中斷。蓋以他人不正之侵奪，使喪失占有，非占有人之自由意思故也（第七七一條後段）。

第二節　不動產所有權

一、土地所有權之範圍

所有權之效力，不僅止於地表，凡土地之上下，均為所有權之範圍。故土地所有權，除法令有限制外，於其行使有利益之範圍內，及於土地之上下，如他人之干涉，無礙其所有權之行使者，不得排除之（第七七三條）。關於他人之干涉，如何情形，始為無礙其所有權之行使，應依一般社會觀念決之，下列判解，可供參考：

①土地與房屋為各別之不動產，其所有人各得行使權利，甲將基地及第一、二層房屋出賣予乙，其對於未出賣之部分（如第三層）自得行使權利。又系爭房屋所存之基地，買賣契約既無特別約定，自應推定默許甲繼續使用（四三臺上六三九）。

②租地建屋之契約如無相反之特約，自可推定出租人於立約時即已同意租賃權得隨同房屋而移轉。故承租人將其房屋所有權讓與第三人時，應認其對於基地出租人仍有租賃關係之存在，所謂相反之特約，係指禁止轉讓其地上所建房屋之特約而言（四八臺上二二七）。

③土地與房屋，為各別之不動產，各得單獨為交易之標的。且房屋性質上不能與土地使用權分離而存在，亦即使用房屋必須使用該屋之基地，故土地及房屋同屬一人，而將土地及房屋分開同時或先後出賣，其間雖無地上權設定，然有特別情事，可解釋為當事人真意，限於賣屋而無基地之使用外，均應推斷土地承買人默許房屋承買人繼續使用土地（四八臺上一四五七）。

④土地所有權，於其行使有利益之範圍內，既及於土地之上空，因之，土地所有人，如能超越占有狀態之上空，於不妨害占有之情形下，利用該被占部分土地之上空，仍非法所不許。占有人不得僅據占有之事實，排除土地所有人對於土地上空之利用。

二、土地相鄰關係

相鄰關係者，相鄰接之不動產所有人間之權利關係也。蓋各相鄰接之不動產所有人，若各對於自己之不動產，為自由之支配，不免發生利害衝突，故為調和此種衝突，而有設一定限制之必要，自限制一方觀之，則為義務，從其他一方觀之，則為權利。關於相鄰關係之規定，不限於相鄰之所有人間，始能適用。即地上權人間、永佃權人間、典權人間，以及各該不動產物權人與土地所有人間，亦均準用（第八三三條，第八五〇條，第九一四條）。

㈠**鄰地損害之防免**　土地所有人經營工業及行使其他之權利，應注意防免鄰地之損害（第七七四條）此為土地所有人應負注意防免損害之義務，就鄰地所有人言，則享有請求土地所有人注意防免損害發生之權利。土地因蓄水排水或引水所設之工作物，破潰阻塞，致損害及於他人之土地，或有致損害之虞者，土地所有人應以自己之費用，為必要之修繕疏通或預防。但其費用之負擔，另有習慣者，從其習慣（第七七六條）。在此情形，其已受損害者，並得請求損害賠償，但不得請求拆除工作物，或停止蓄水排水或引水。又土地所有人，不得設置屋簷或其他工作物，使雨水直注於相鄰之不動產（第七七七條）。所謂屋簷或其他工作物，係在土地所有人自己地界之內，而雨水則由其屋簷或其他工作物直注於相鄰之不動產。若屋簷或其他工作物逾越地界，則係妨害鄰地之所有權，相鄰不動產所有人，得請求除去越界之屋簷或其他工作物，如已發生損害，並得請求賠償。至於土地所有人開掘土地或為建築時，不得因此使鄰地之地基動搖或發生危險，或使鄰地之工作物受其損害（第七九四條）。上項防免義務，如有違反，鄰地所有人得請求停止施工除去危險或為必要之措施，若生損害，並得請求賠償，此與第七七四條情形，稍有不同。再建築物或其他工作物之全部或一部有傾倒之危險，致鄰地有受損害之虞者，鄰地所有人，得請求為必要之預防（第七九五條）。此種危險損害預防之義務，準用於地上權（第八三三條）、永佃權（第八五〇條）及典權（第九一四條）。

㈡關於水之相鄰關係　由高地自然流至之水，低地所有人，不得妨阻（第七七五條一項）。又由高地自然流至之水，而為低地所必需者，高地所有人縱因其土地之必要，不得妨堵其全部（同條二項）。設非自然流至之水，而係水利機關開設水圳之流水，則與第七七五條第二項所謂由高地自然流至之水有別（四四臺上四九〇）。水流如因事變在低地阻塞，高地所有人得以自己之費用，為必要疏通之工事，但其費用之負擔，另有習慣者，從其習慣（第七七八條）。高地所有人，因使浸水之地乾涸，或排泄家用農工業用之水，以至河渠或溝道，得使其水通過低地，但應擇於低度損害最少之處所及方法為之。如因過水，致低地所受之損害，高地所有人應支付償金（第七七九條）。準此，相鄰關係之內容，雖類似地役權，但基於相鄰關係而受之限制，係所有權內容所受之法律上限制，並非受限制者之相對人因此而取得一種獨立的限制物權。而地役權則為所有權以外之他物權（限制物權），二者不能混為一談（六三臺上二一一七）。又土地所有人，因使其土地之水通過，得使用高地或低地所有人所設之工作物，但應按其受益之程度，負擔該工作物設置及保存之費用（第七八〇條）。

水源地、井、溝渠及其他水流地之所有人，得自由使用其水，但有特別習慣者，不在此限（第七八一條）。惟水源地或井之所有人，對於他人因工事杜絕減少或污穢其水者，得請求損害賠償。如其水為飲用，或利用土地所必要者，並得請求回復原狀，但不能回復原狀者，不在此限（第七八二條）。此處之損害賠償，並非以回復原狀為原則（第二一三條一項），僅於其水為飲用，或利用土地所必要者，始並得請求回復原狀，否則祇能請求金錢賠償。土地所有人因其家用或利用土地所必要，非以過鉅之費用及勞力不能得水者，得支付償金，對鄰地所有人，請求給與有餘之水（第七八三條）。又水流地所有人，如對岸之土地屬於他人時，不得變更其水流或其寬度。兩岸之土地，均屬於水流地所有人者，其所有人得變更其水流或寬度，但應留下游自然之水路。此種不得變更或得變更之情形，如另有習慣者，從其習慣（第七八四條）。若水流地所有人，有設堰之必要者，得使其堰附著於對岸。但對於因此所生之損害，應支付償金。對岸地所有人，如水流地之一部，屬於其所有者，得使用前項之堰。但應按其受益之程度，負擔該設置及保存之費用。此種設堰及用堰權之規定，如另有習慣者，從其習慣（第七八五條）。

(三)鄰地使用　土地所有人非通過他人之土地，不能安設電線水管煤氣管或其他筒管，或雖能安設而需費過鉅者，得通過他人土地之上下而安設之。但應擇其損害最少之處所及方法為之，並應支付償金（第七八六條一項）。依此項規定，安設電線、水管、煤氣管或其他筒管後，如情事有變更時，他土地所有人得請求變更其安設。關於變更安設之費用，由有變更其安設義務之土地所有人負擔。但另有習慣者，從其習慣（同條二、三項）。又土地所有人得禁止他人侵入其地內，但有下列情形之一者，不在此限：①他人有通行權者。②依地方習慣，任他人入其未設圍障之田地牧場山林，刈取雜草，採取枯枝枯幹，或採集野生物，或放牧牲畜者（第七九〇條）。土地所有人，於他人之土地有煤氣蒸氣臭氣煙氣灰屑喧囂振動及其他與此相類者侵入時，亦得禁止之。但其侵入輕微，或按土地形狀，地方習慣，認為相當者，不在此限（第七九三條）。至於土地所有人，遇他人之物品或動物偶至其地內者，應許該物品或動物之占有人或所有人入其地內，尋查取回。此項情形，土地所有人受有損害者，得請求賠償，於未受賠償前，得留置其物品或動物（第七九一條）。土地所有人，因鄰地所有人在其疆界或近旁，營造或修繕建築物，有使用其土地之必要，應許鄰地所有人使用其土地。但鄰地所有人，因使用土地所有人之土地，致其受損害者，土地所有人得請求償金，以填補其所受之損害（第七九二條）。

土地因與公路無適宜之聯絡，致不能為通常使用者，土地所有人得通行周圍地以至公路。但對於通行地因此所受之損害，應支付償金。此種情形，有通行權人，應於通行必要之範圍內，擇其周圍地損害最少之處所及方法為之（第七八七條）。此為土地所有人通行權之規定，例如原供耕作用之旱地，有小徑可通，現已變為工廠用地，工廠必需之汽車，不能由原有小徑出入，則可謂之必要通行權。因此第七八七條第一項所定之通行權，其主要目的，不僅專為調和個人所有之利害關係，且在充分發揮袋地之經濟效用，以促進物盡其用之社會整體利益，不容袋地所有人任意預為拋棄（七五臺上九四七）。至於償金並非通行土地之對價，故通行權人縱不支付償金，因該項通行權之基礎為土地所有權，祇須與公路無適宜聯絡之狀態存在，其通行權不因不支付償金而消滅，被通行地之所有人，僅得依債務不履行之規定，請求給付償金而已。本條項所謂土地與公路無適宜之聯絡，致不能為通常之使用，其情形不以土地絕對不通公路為限。即土地雖非絕對不通公路，因其通行困難以致不能為通常之使用者，亦應許其通行周圍地以至公路（五三臺上二九九六）。又土地原無不通公路之情形，其後由於土地所有人之意思，將土地之一部讓與他人，或因分割土地之結果，致有不通公路之土地者，其情形為當事人所明知，自不許通行周圍地以至公路。此際不通公路土地之所有人因至公路，僅得通行受讓人或讓與人或他分割人之所有地，此種通行權之通行權人，無須支付償金（第七八九條）。第七八九條規定之旨趣，乃在於土地所有人為土地一部之讓與或分割時，對於不能與公路適宜聯絡之情形，當為其所預見，而得事先為合理之解決。是土地所有人將土地之部分或分割成數筆，同時或先後讓與數人時，亦有本條規定之適用，並不以不通公路土地所有人與受讓人或讓與人或他分割人直接間就土地一部為讓與或分割結果，而有不通公路土地之情形為限（八六臺上二七二五）。此項通行權性質上為土地之物上負擔，隨土地而存在，於土地所有人將其一筆土地同時分割成數筆，再同時讓與數人之情形，亦有其適用（八五臺上三九六）。

㈣**逾越疆界** 土地所有人建築房屋逾越疆界者，鄰地所有人如知其越界而不即提出異議，不得請求移去或變更其建築物（第七九六條）。此就鄰地所有人言，則負有不得請求移去或變更其建築物之義務，無異承認一方之所有權擴張，他方之所有權受有限制，以期避免建築物被移去或變更之情事發生，而使個人及社會經濟，同受其益。適用越界建屋使用鄰地權之要件如左：

1. **須逾越疆界** 所謂越界，必有一部房屋，建於自己地上始可，若全部房屋建於他人地上，則係第七六七條無權占有之範圍，當無第七九六條之適用（二八上六三四）。

2. **越界建築人須為土地所有人** 如為地上權人、永佃權人或典權人，雖非土地所有人，惟關於越界建築之規定，仍有準用（第八三三條，第八五〇條，第九一四條）。

3. **越界者須為房屋**　所稱不得請求移去或變更之建築物，祇限於房屋，凡非房屋之建築物，例如牆垣或縱係房屋而無永久性或移去變更亦屬無礙之簡單房屋，均無本條之適用（五九臺上一七九九，六二臺上一一一二）。至於因越界而占有之土地，究為鄰地之一部或全部，在所不問。

4. **須鄰地所有人知越界情事而不異議**　知與不知，非依客觀情事定之，應就鄰地所有人個人情事決之。鄰地所有人如係法人，須其代表人知其情事，始能謂為已知。

土地所有人對於越界建築，雖因知而不即提出異議，致不得請求移去或變更其建築物，但其所有權並未喪失。故得請求土地所有人，以相當之價額，購買越界部分之土地，如有損害，並得請求賠償（第七九六條但書）。第七九六條但書既得請求土地所有人購買越界部分之土地，舉重以明輕，不知情而得請求移去或變更建物之鄰地所有人，當然更得不請求土地所有人移去或變更建物，而請求其以相當之價額購買越界部分之土地（八三臺上二七〇一）。此項土地相鄰關係致一方之土地所有權擴張，而他方之土地所有權受限制，該權利義務對於嗣後受讓該不動產而取得土地所有權之第三人仍繼續存在（八五臺抗一一九）。

土地所有人，遇鄰地竹木之枝根，有逾越疆界者，得向竹木所有人，請求於相當期間內刈除之。竹木所有人不於此項期間內刈除者，土地所有人得刈取越界之枝根（第七九七條一、二項）。所謂「刈除」，係由竹木所有人以自己之費用為之。所謂「刈取」，則由土地所有人刈除而取得之，不得向竹木所有人請求刈除之費用。但越界竹木之枝根，如於土地之利用無妨害者，土地所有人不得請求刈除或自行刈取（同條三項）。若果實自落於鄰地者，視為屬於鄰地。但鄰地為公用地者，該自落之果實，屬於公有，反覺不便，故仍歸果樹所有人之所有（第七九八條）。

三、區分所有

數人區分一建築物，而各有其一部分者，稱為區分所有。蓋土地與建築物，均得獨立為所有權之標的物，故一建築物而為一人所專有時，則其所有權，當然及於建築物全部。惟數人區分一建築物而各有其一部時，不在此限。例如五層之房屋，甲有一層，乙有二層，丙有三層，此等所有，即為區分所有。但區分所有中，常有一部分為共同部分，自其直線言之，如家屋之樓梯，皆為共同部分；自其橫線言之，如屋內之隔障牆壁，亦屬共同部分，此共同部分，至不能確證為何人所有者，即推定為共有物，此等共有，謂之互有。故數人區分一建築物，而各有其一部者，該建築物及其附屬物之共同部分，推定為各所有人共有，其修繕及其他負擔，由各所有人按其所有部分之價值分擔之（第七九九條）。此種情形，其一部分之所有人，有使用他人正中宅門之必要者，得使用之。但另有特約或習慣者，從其特約或習慣。如因使用正中宅門之結果，致所有人受損害者，應支付償金（第八〇〇條）。第八〇〇條所謂有使用他人正中宅門之必要者，係指依客觀事實有使用之必要者而言，如非使用他人之正中宅門，即無從通行出外者，自包含在內（五二臺上一〇五六）。

區分所有與共有，性質上並不相同：

共有	區分所有
①數人共同享有一所有權之狀態。	①數人區分一建築物而各有其一部之狀態。
②各人之應有部分抽象存在於共有物之全部，非限於特定部分。	②各人之獨立所有權，僅存在於區分所有物之特定部分。
③共有人得按應有部分，對於共有物全部有使用收益之權。	③各人只對自己所有部分，得自由行使權利。
④共有人得隨時請求分割共有物。	④對自己所有部分單獨所有，不生分割問題。
⑤共有人得自由處分其應有部分。	⑤各人得隨時處分其所有部分。

第三節　動產所有權

一、善意取得

善意取得者，動產所有權之讓與，雙方已為移轉所有權之合意，讓與人並將動產交付於受讓人，縱讓與人無移轉所有權之權利，善意受讓人仍取得其所有權（第八〇一條）。故善意取得，係以雙方有移轉動產所有權之合意為前提，乃一種法律行為而非事實行為。讓與人與受讓人均須有行為能力，無行為能力之讓與及受讓，依法無效，自無善意取得可言。從而善意取得旨在保護交易安全，使受讓人在已占有動產，且受占有規定之保護，則受讓人可基於占有保護之效力，仍取得所有權。他如質權人占有動產而係和平公然並出於善意者，縱出質人無處分質物之權利，質權人仍取得質權（第八八六條）。盜贓或遺失物，如係金錢或無記名證券，善意占有人，可取得所有權（第九五一條）。至由拍賣或公共市場，或由販賣與其物同種之物之商人，以善意買得者，讓與人雖無讓與之權利，受讓人亦即時取得所有權，有回復權人，非償還其支出之價金，不得回復其物（第九五〇條）。以上情形，均應受占有之保護，而藉占有之效力，取得所有權。

實務認為，動產之受讓人占有動產，而受關於占有規定之保護者，縱讓與人無移轉所有權之權利，受讓人仍取得其所有權。又以動產所有權或其他物權之移轉或設定為目的，而善意受讓該動產之占有者，縱其讓與人無讓與之權利，其占有仍受法律之保護，此為第八〇一條、第九四八條所明定。此所謂「受讓」，係指依法律行為而受讓之意，受讓人與讓與人間以有物權變動之合意與標的物之交付之物權行為存在為已足，至受讓動產占有之原因，舉凡有交易行為存在，不問其為買賣、互易、贈與、出資、特定物之遺贈，因清償而為給付或其他以物權之移轉或設定為目的之法律行為，均無不可（八六臺上一三，八六臺上六〇二）。

善意取得，須具備下列要件：①須有移轉動產所有權之合意，讓與人並將動產交付於受讓人。②須讓與人無移轉動產所有權之權利。③須受讓人為善意，即不知或無重大過失。凡具備上述要件，即取得其受讓動產之所有權。惟因善意受讓而取得所有權，並非因占有而生之效力，而係依法律行為而生之效力，故善意取得，應屬繼受取得。

二、先　占

先占者，以所有之意思，占有無主之動產，而取得其所有權（第八〇二條）。先占之標的物，須為無主物。無主物者，謂不屬於何人所有之物，其曾為何人所有與否，則非所問，如山野之禽獸，河海之魚蝦，均得為先占之標的物。且先占之物必為動產，不動產不得為先占。而先占必以所有之意思，僅以有將其物歸自己管領支配之意識為已足，無須有為法律行為取得所有權意思表示之意思。蓋先占非法律行為而為事實行為，凡具有依第九四〇條占有能力之人，均得為有效之先占。又先占之取得無主動產之所有權，非基於他人既存之權利而來，故為原始取得。

先占之性質，既為事實行為，即不以有取得所有權之意思，而由於事實即取得所有權。蓋第八〇二條以所有之意思占有云者，非指取得所有權之意思，指事實上所有之意思，故先占非法律行為，因生下列論斷：①能力之規定不適用之，僅以有占有取得之能力為已足。②關於意思表示通則之規定，不適用之。故如信為他人之物而占有者，其實乃無主物，仍不妨成立先占，不適用錯誤之規定。③先占不限於由自己為之，即指示他人為先占（第九四二條參照），亦無不可，然此不適用民法總則有關代理之規定。

三、遺失物之拾得

遺失物者，謂非基於占有人之意思，而喪失占有之動產，現非他人占有，且未成為無主物者也。占有人之占有是否喪失，應依客觀情形定之（第九六四條）。占有之物品或動產，偶至他人地內者，不能謂為喪失占有（第七九一條）。故凡非出於權利人拋棄之意思，又非因他人之奪取，無論其物為所有或占有，不問遺失於道路中，或一定之處所，皆為遺失物。若係發見他人遺失物而占有，則為拾得遺失物，此為無因管理之一種，屬於事實行為。故無完全意思能力之人，亦得為拾得人。

拾得人拾得遺失物後，須負通知其所有人之義務，其所有人為拾得人所知者，應逕通知之。若所有人為拾得人所不知，或所有人所在不明者，應為招領之揭示，或報告警署或自治機關，報告時並須將物一併交存（第八〇三條）。拾得物經揭示後，所有人不於相當期間認領者，拾得人應報告警署或自治機關，並將其物交存（第八〇四條）。如拾得物有易於敗壞之性質，或其保管需費過鉅者，警署或自治機關得拍賣交存之物，而存其價金（第八〇六條）。又遺失物拾得後六個月內，所有人認領者，拾得人或警署或自治機關，於揭示及保管費受償還後，應將其物返還之。此際，拾得人對於所有人，得請求其物價值十分之三之報酬（第八〇五條）。若遺失物拾得後六個月內，所有人未認領者，警署或自治機關，應將其物或其拍賣所得價金，交與拾得人歸其所有（第八〇七條）。警署或自治機關，於六個月經過後，有交付該遺失物或其拍賣所得價金與拾得人之義務。此項交付，並非拾得人取得遺失物所有權之要件，縱令未受交付，與拾得人依法取得之所有權，不生影響。至於拾得漂流物或沉沒品者，適用關於拾得遺失物之規定（第八一〇條）。

四、埋藏物之發見

埋藏物者，隱藏於他物中之動產，不知其屬於何人所有之物也。就其不知屬於何人之點言，埋藏物非無主物，僅不知其所有人而已。故埋藏物不以埋藏土地為限，凡藏於動產或不動產中者皆是。就普通情形言之，埋藏物大都埋於地下，但隱藏於牆壁或藏書中者，仍不失為埋藏物。凡發見埋藏物隱藏之所在，並加以占有者，謂之發見埋藏物。在此情形，得指示他人為之，此時其發現人為指示人（第九四二條）。發見埋藏物而占有者，取得其所有權。但埋藏物係在他人所有之動產或不動產中發見者，該動產或不動產之所有人與發見人，各取得埋藏物之半（第八〇八條）。惟發見之埋藏物，足供學術藝術考古或歷史之資料者，其所有權之歸屬，依特別法之規定（第八〇九條）。又埋藏物之發見，為事實行為。因發見而取得埋藏物之所有權，屬於原始取得，與先占及遺失物之拾得同。

埋藏物既不以埋藏於地下為必要，故有時與遺失物極易混淆，區別如左：

遺失物	埋藏物
①非基於占有人之意思，而喪失占有者。	①其埋藏未必由於喪失占有所致，且多為有意埋藏者。
②不必隱藏於他物之中。	②必隱藏於他物之內。
③可能在眾人易見之處。	③本質上不可能為眾人易見。
④不以遺失日久為必要。	④通常以埋藏日久為必要。
⑤有時可知其所有人，或係所有人所在不明。	⑤所有人必屬不明。
⑥拾得遺失物，經依法定程序處理後，可能全歸己得。	⑥發見埋藏物，無須經任何程序，除在他人所有之動產或不動產中發見，各取埋藏物之半外，原則上全歸己有。

五、添附

添附，非法條上用語，其意謂物之接合，或基於人工之改造，使某人取得附合物、混合物或加工物全部之所有權。故附合、混合、加工三者，通稱添附，均為動產所有權得喪之原因。其立法之理由，以附合物、混合物及加工物之分離，不僅事實上不能，且顯有困難，於經濟亦有不利，不如以其物為單獨所有，由一人取得添附物之所有權，免生共有之不便。至於其物歸屬何人所有或是否共有，以及因喪失權利而請求償金之規定，則與公益無關，當事人得以特約變更之。分別為三：

㈠**附合**　異其所有之二個以上之有形物相結合，交易上認為一物者，謂之附合。情形有二：①動產因附合而為不動產之重要成分者，不動產所有人，取得動產所有權（第八一一條）。此種動產附合於不動產，而歸不動產所有人取得動產所有權者，須以動產因附合而成為不動產之重要成分為要件，所謂成為不動產之重要成分，係指此種結合具有固定性、繼續性，而未成為另一獨立之定著物而言。如土地上之建築物如得獨立存在而可達經濟上使用之目的者，即為獨立之不動產，並無附合而為他人建築物之重要成分可言（八四臺上二六二五，八五臺上二五七七）。例如取他人木料，建築自己房屋，成為房屋之重要成分是。②動產與他人之動產附合，非毀損不能分離，或分離需費過鉅者，各動產所有人，按其動產附合時之價值，共有合成物。但附合之動產，有可視為主物者，該主物所有人，取得合成物之所有權（第八一二條）。例如甲為金環戒指之所有人，以乙之寶石嵌入，則甲乙二人原則上共有合成物。惟如以戒指為名貴時，則成為主物，由其單獨取得合成物之所有權。

㈡**混合**　異其所有人之動產，互相混合成為一物，不能識別，或識別需費過鉅者，稱為混合。例如甲以所有之米與乙所有之米，混於一處，即不能識別孰為甲有，孰為乙有，即為混合。關於混合之情形，在法理言，與附合無異。故各動產所有人，按其動產混合時之價值，共有混合物。混合之動產，有可視為主物者，該主物所有人，取得混合物之所有權（第八一三條）。惟附合在物體上非不能識別，但基於經濟上之理由，不許其分離，故法律作為不能識別者；而在混合之情形，事實上亦不能識別，應與附合受同一規定之適用，且二者之間毫無差別，故準用動產附合之規定。

㈢**加工**　加工作於他人之動產，成一新物，稱為加工。如何始為成一新物，須依一般交易觀念定之。通常指於加工後，與材料各為一物或異其名稱而言。例如加工於他人之布料，製成衣服；或彫刻於他人之木料，成為彫刻品是。加工須於他人之動產，故於他人之不動產施工作，不為加工。至加工物之材料，雖半屬自己之動產，但其內有他人之動產而加以工作，即是加工。凡加工於他人之動產者，其加工物之所有權，原則上屬於材料所有人。但因加工所增之價值顯逾材料之價值者，其加工物之所有權屬於加工人（第八一四條）。

添附之效果，除第八一一條至第八一四條規定者外，尚有二點：①依第八一一條至第八一四條之規定，動產之所有權消滅者，該動產上之其他權利，亦同消滅（第八一五條）。蓋添附之結果，一方取得他方動產之所有權，他方動產之所有權當然因此消滅。而該動產上之其他權利，諸如質權、留置權，均以質權人或債權人占有動產為成立及存在之要件（第八八四條，第八八五條，第八九八條，第九二八條，第九三八條），不發生附合之事實，故此種權利，亦同消滅。②因第八一一條至第八一五條之規定，喪失權利而受損害者，得依關於不當得利之規定，請求償金（第八一六條）。蓋因添附結果而成之物，當事人不得請求回復原狀，乃由於經濟利益重於個人利益，在法律上非有使動產所有人或其他權利人無端喪失其權利之理由。故因第八一一條至第八一四條喪失所有權者，及依第八一五條喪失該動產之其他權利者，均得依此規定，行使求償權。

第四節　共　有

共有者，數人共有一所有權於一物之狀態也，亦即一所有權而有多數權利主體之謂。按所有權之性質，雖不能數人同時對於同一之物，各有完全之所有權，然以一個所有權，同時分屬於數人，則非不可。共有之形式，一為分別共有，一為公同共有。前者於共有範圍中，定各人之應有部分，其應有部分，可以隨意處分。後者以數人結合為一體，對於其物之全部為共同之所有者，其間無所謂應有部分。

共有發生之原因，有基於共有人之意思者，例如數人共同受讓一物，夫妻共同財產契約，合夥等是。有非基於當事人之意思者，例如遺產繼承，區分所有中之互有，因發見埋藏物或添附結果所生之共有等是。

一、分別共有

(一)分別共有人之應有部分

公別共有者，數人按其應有部分，對於一物，共同享有所有權之狀態也（第八一七條一項）。例如甲乙合購一屋，如其權利相等，則甲乙各有其屋二分之一；若其權利不相等，例如甲出十萬元，乙出五萬元，則甲有三分之二，乙有三分之一。此種情形，所以無害其所有權者，適以各人之管領標的物，均有一定範圍，其範圍以內，仍不過為一個權利之行使，未嘗有兩個權利之存在。因之，應有部分實為分別共有之特徵，無應有部分之共有，並非分別共有。若各共有人之應有部分不明者，推定其為均等（同條二項）。因此，共有實乃數人共同享受一所有權，故各共有人本其所有權之作用，對於共有物之全部均有使用收益權，惟此使用收益權應按其應有部分而行使，不得損及他共有人之利益，若有侵害，則與侵害他人之所有權同，被侵害之他共有人，自得依侵權行為之規定，而行使其損害賠償請求權（五一臺上三四九五）。

分別共有，既係數人共同享有一個所有權。其權利主體既非一人，則各共有人如何使用收益或支配共有物，當有一定範圍，基此劃分而生之各共有人對於共有物所有權之成數，稱為應有部分，故所謂應有部分者，指其權利行使之範圍，非指其標的物上所劃分之範圍，是應有部分之性質及效力，與所有權並無不同，各共有人本其所有權之作用，對於共有物之全部，均有使用收益之權，惟其使用收益之權，應按其應有部分而行使之，不得害及他共有人之利益而已。各共有人之應有部分不明者，第八一七條第二項固推定為均等，惟各共有人之應有部分，通常應依共有關係發生原因定之，如數人以有償行為對於一物發生共有關係者，除各共有人間有特約外，自應按出資比例定其應有部分（二九上一〇二）。

㈡分別共有人之權利

1.共有物之使用收益　各共有人，按其應有部分，對於共有物之全部，有使用收益之權（第八一八條）。可知共有人得同時使用收益共有物之全部，但應按其應有部分之範圍為之。例如甲乙共有房屋一棟，應有部分甲為三分之二，乙為三分之一，則甲有三分之二之使用收益權。至於各共有人如何按其應有部分，對於共有物為使用收益，應依協議定之，不能協議時，得訴請法院定之。如有超過其應有部分而為使用收益者，則分別情形，依不當得利或侵權行為之法理解決之。因此：

⑴共有人除依共有物之性質，於無礙他共有人之權利限度內，按其應有部分為使用收益（五五臺上一九四九），非謂共有人得對共有物全部或任何一部，有自由使用收益之權利（六二臺上一八〇三）。

⑵共有人未經協議或他共有人同意，而侵奪共有物之全部或一部時，得提起確認或回復之訴：①他共

有人得本於所有權請求除去其妨害，或請求向全體共有人返還占有部分（院一九五〇㈠）。②他共有人亦得依侵權行為之規定，行使損害賠償請求權（五一臺上三四九五，六二臺上一八〇三）。③於該共有人受有利益時，他共有人亦得依不當得利之規定，行使其權利（五五臺上一九四九）。

⑶依第三四八條第一項規定，物之出賣人固負有交付其物於買受人之義務，惟應有部分乃共有人對於共有物權利抽象之成數，而非共有物具體之某一部分，是應有部分之出賣，與物之出賣，自屬有別。故除共有人係轉讓其全部應有部分與他人，該共有人又基於分管契約占有共有物之特定部分，得類推適用同條第二項規定，認應將該分管之特定部分交付受讓人外，受讓人無從請求交付共有物之特定部分（八四臺上二二五一三）。

⑷第八一八條所稱各共有人，按其應有部分，對於共有物之全部，有使用收益之權者，係指各共有人得就共有物全部，於無害他共有人之權利限度內，按其應有部分行使用益權而言。至共有人對共有物特定部分之使用收益，仍須徵得其他共有人全體之同意，非謂共有人對於共有物之全部或任何一部有自由使用收益之權利。故如共有物之出租屬共有物之管理行為，依第八二〇條第一項規定，除契約另有訂定外，由共有人全體共同為之，如共有人未經其他共有人全體同意，擅將共有土地出租予他人，對其他共有人不生效力（八六臺上三〇二〇）。

2. **共有物之處分**　各共有人，於不害他共有人權利之範圍以內，得按其應有部分之成數，自由處分其應有部分，不必得他共有人之同意（第八一九條一項）。例如甲乙二人共有土地一筆，而其應有部分均等，則甲得將其二分之一讓與他人或設定擔保。惟共有人處分其應有部分，須不害他共有人之權利，否則不能生效（一八上七三五）。所謂處分，原指法律上之處分與事實上之處分而言。惟應有部分原係抽象者，其性質上不得為事實上之處分，故此處之處分，僅以法律上之處分為限。若共有人間，訂有不許處分應有部分之特約者，對於第三人不生效力（三三上三七六八）。

應有部分在本質上與所有權同，則處分應有部分時，自應依處分所有權之規定辦理：

(1)共有物如為動產者，其應有部分之處分，依第七六一條規定為之。

(2)共有物如為不動產，其應有部分之處分，應依第七五八條、第七六〇條規定為之。

(3)共有物如為土地或建築物，分別共有人出賣其應有部分時，他共有人得以同一價格共同或單獨優先承購（土地法第三四條之一第三項）。共有人此項優先購買權，祇有債權之效力，如未履行，僅負損害賠償責任（六八臺上三一四一，六八臺上三八五七）。

(4)共有人固得自由讓與其應有部分，惟讓與應有部分時，受讓人仍按其應有部分與他共有人繼續共有關係。若將共有特定之一部分讓與他人，使受讓人就該一部分取得單獨所有權，則為第八一九條第二項所謂共有物之處分，其讓與非得共有人全體之同意，不生效力（四〇臺上一四七九）。

(5)土地法已於六十四年七月廿四日修正公布施行，依其第三四條之一第一項前段規定共有土地之處分、變更，以共有人過半數及其應有部分合計過半數即可行之，非必需共有人全體同意（六七臺上九四九）。而土地法為民法之特別法，應優先適用，宜加注意。

第八一九條第一項僅言及處分，而未及「設定負擔」，則應有部分之自由處分權，似不包括設定負擔在內，司法院院字第一五一六號解釋認為應有部分，不得為抵押權之標的物，即持此見解。但就法理言，處分係高度行為，設定負擔係低度行為，處分既得自由為之，設定負擔應無不許之理由，故通說均以共有人得就其應有部分設定抵押權，目前實務上亦持肯定見解，認為「共有之房屋，如非基於公同關係而共有，則各共有人自得就其應有部分設定抵押權」（釋一四一）。

對於共有物之處分變更及設定負擔，應得共有人全體之同意，否則不生效力（第八一九條二項）。蓋此等行為，非就共有人自己應有部分為之，而係就共有物為之，如不須經共有人全體同意，無異承認無權利人得處分他人之權利。此處所謂處分，包括事實上之處分及法律上之處分在內。又其處分變更及設定負擔，不以就共有物全部為之為必要，縱就共有物之特定部分為之，並未超過其可得使用共有物之範圍者，亦不得為之。例如甲乙丙共有土地一筆，應有部分相等，甲私將該地三分之一，讓由丁於其上建築房屋，此種情形，非應有部分之處分，而為共有物之處分。又第八一九條第一項所謂「應有部分」，與同條第二項所謂「共有物」不同。以土地言，前者係指共有人就共有土地抽象之共有權利持分（比例）而言，依同條第一項共有人固得自由處分其應有部分。但後者係指共有土地本身而言。依同條第二項規定其處分應得全體土地共有人之同意（七二臺上三九九一）。第八一九條第二項規定共有物之處分，如得共有人全體之同意時，既得由共有人中之一人或數人為之，則此項規定對於共有物買受人提起請求交付共有物買賣價金之訴，實具有同一之法律理由，自應類推適用（四二臺上一三四九）。

共有人如未經全體共有人之同意，予以處分變更或設定負擔時，對其他共有人不生效力，乃以此等處分行為，屬於無權處分，效力未定之故。如他共有人追認則為有效，否則確定無效。共有人若將共有物特定之一部讓與他人，受讓人得對於該締約之共有人，依債權規定請求使其就該一部取得單獨所有權，或請求使其取得按該一部計算之應有部分，與他共有人繼續共有關係（五五臺上三二六七）。

3. **共有物之管理** 共有物之管理，指共有物之保存利用及改良而言。其管理方法，除契約另有訂定外，由共有人共同管理之（第八二〇條一項）。情形有二：①共有物之簡易修繕及其他保存行為，得由各共有人單獨為之（同條二項）。此種行為，謂之保存行為。蓋於他共有人有利，且多須迅速為之也。②共有物之改良，非經共有人過半數，並其應有部分合計已過半數者之同意，不得為之（同條三項）。此種行為，謂之改良行為。於共有人全體之利害關係甚大，故不使各共有人單獨為之。凡屬改良行為，均以增加收益為目的，故如施肥於土地以望豐收，此與保存行為重在防止滅失毀損之情形，稍有不同。至於共有物之管理費及其他負擔，除契約另有訂定外，應由各共有人按其應有部分分擔之。共有人中之一人，就共有物之負擔為支付，而逾其所應分擔之部分者，對於其他共有人，得按其各應分擔之部分，請求償還（第八二二條）。

共有人間，就共有物之使用、收益或管理方法所訂之契約，俗稱為分管契約，乃係第八二〇條第一項所稱契約之一種。因之：

①分管後共有人仍維持共有關係，但得依分管內容，就共有物之分管部分為使用收益及管理，此與共有物分割後，共有關係消滅者有異（五七臺上二三八七）。

②分管後除經授予分管人有處分共有物之權外，仍不得自由處分其分管部分或共有物（一七上一一七九），應依第八一九條第二項規定為之。

③共有人與他共有人訂立共有物分管之特約後，縱將其應有部分讓與第三人，其分管契約對於受讓人仍繼續存在（四八臺上一〇六五）。

④分管土地之共有人得將分管部分土地出租與第三人，但仍應受分管契約之限制。

⑤共有人基於分管契約得就共有物之特定部分為占有使用收益，該分管契約且得對抗其餘共有人之後手，乃因其就共有物有應有部分使然。一旦喪失其共有物之應有部分，其依該分管契約，所得行使之權利即失所附麗，不得再對其後手或其他共有人主張分管契約上之權利（八四臺上二八八六）。

⑥未經共有人協議分管之共有物，共有人對共有物之特定部分占用收益，須徵得他共有人全體之同意。如未經他共有人同意而就共有物之全部或一部任意占用收益，他共有人得本於所有權除去妨害或請求向全體共有人返還占用部分（八五臺上一九五〇）。

第八一八條固規定各共有人按其應有部分，對於共有物之全部，有使用收益之權。惟第八二〇條第一項復規定，共有物除契約另有訂定外，由共有人共同管理之。而所謂管理，旨在為使用及收益，足見第八一八條之規定，係指共有物尚未經共有人為分管之約定時始有其適用。倘共有人就共有物已為分管之約定，共有人只能就各自分管部分而為使用收益，此為當然之解釋（八六臺上一六五六）。

4.**共有物上之請求權**　各共有人對於第三人，得就共有物之全部，為本於所有權之請求。但回復共有物之請求，僅得為共有人全體之利益為之（第八二一條）。蓋共有人之權利，即所有人之權利，凡所有人一切固有之權能，各共有人均得行使之。故各共有人不問其他共有人意思如何，均得單獨對於第三人，就共有物全部，為本於所有權之請求。此種請求，一方為保全共有物之行為，一方為擴張共有物所有權之行為，皆與共有人並無不利，自無由共有人全體同意為之之必要。

所謂「本於所有權之請求」，究何所指？依法理言，凡本於所有權之請求，均包括在內。例如第七六五條後段排除他人之干涉，第七六七條之所有物返還請求權，以及本於相鄰關係所生之各種權利（第七九五條，第七七五條，第七八六條，第七八七條等），皆得為之。惟在實務上，認為所謂本於所有權之請求，係指第七六七條所規定之物權之請求權而言，故在請求返還共有物之訴，請求除去妨害之訴，請求防止妨害之訴，皆得由各共有人單獨提起（院一九五〇，二八上二三六一），可供參考。

何種情形，始得謂為回復共有物之請求，須為共有人全體之利益為之（第八二一條但書）。按各共有人行使回復請求權時，非為各共有人全體之利益，不得為之。蓋共有物為不可分，故應請求向全體共有人返還。如共有物為第三人所侵害，而共有人專為自己部分請求回復，則必害及他共有人之利益，故設此限制。觀之下列各例甚明：

①為共有物所有權提起確認之訴，各共有人不得單獨為之，須由全體為之。因確認之訴之結果，有被否認其所有權，而受敗訴判決之可能，於其他共有人利害甚大，故不得本於所有權之請求而提起訴訟（一五上一七九九參照）。

②各共有人對於無權占有或侵奪共有物者，請求返還共有物之訴，依第八二一條但書規定，應求為命被告向共有人全體返還共有物之判決，不得請求僅向自己返還（四一臺上六一一）。

③民法關於分別共有之規定，各共有人對於第三人，得就共有物之全部為共有人全體之利益而為回復共有物之請求，如以此為標的之訴訟，固無由共有人全體提起之必要，惟其請求僅向自己返還者，應將其訴駁回（三八臺上六二，三七上六七〇三）。蓋共有物僅有一個，而其為不可分也。

④第八二一條關於分別共有各共有人得就共有物之全部為本於所有權請求或為共有人全體之利益為

回復共有物之請求之規定，於公同共有並不適用之。例如繼承人之一未經全體繼承人之同意，即行提起關於公同共有權利之訴訟，自屬不合（八六臺上三三一〇）。

㈢分別共有物之分割

1. **分割之請求**　各共有人得隨時請求分割共有物，但因物之使用目的不能分割者（界牆、界標），或因契約訂有不分割之期限者，不在此限（第八二三條一項）。惟所定不分割之期限，不得逾五年。逾五年者，縮短為五年（同條二項）。共有物分割請求權，為分割共有物之權利，非請求他共有人同意為分割行為之權利，故其性質為形成權之一種（二九上一五二九）。共有人於與其他共有人訂立分割或分管之特約後，縱將其應有部分讓與第三人，其分割或分管契約，對於受讓人仍繼續存在（四八臺上一〇六五）。惟受讓應有部分之人，仍係所有人，有按其應有部分自由支配共有物之權。故前共有人所訂分割或分管契約，除於受讓時，或為受讓人所明知，或經登記公示者外，在法理上均無當然拘束受讓人之理由，仍得主張隨時分割。

2. **分割之方法**　共有物之分割，依共有人協議之方法行之（第八二四條一項）。故其協議無論為分配原物，變賣原物而分配其價金，由一部分共有人取得原物，而以金錢補償其他共有人以及其他方法，均無不可。共有物之協議分割，祇須共有人全體同意分割方法，即生協議分割之效力，不因共有人中之一人或數人因協議分割取得之利益不等，而受影響（六八臺再四四）。又分割共有物係以消滅共有關係為目的，法院為分割共有物之判決時，除部分共有人曾經明示就其分得部分仍維持共有關係外，尚難將共有物之一部，分歸共有人共有，而使創設新的共有關係（七〇臺上一四九〇，六九臺上三八二六，七一臺上三七三八，七三臺上七〇五）。至於分割之方法，不能以協議定之者，法院得因任何共有人之聲請，命為下列之分配：①以原物分配於各共有人。②變賣共有物，以價金分配於各共有人（同條二項）。又共有物分割之方法，原則上須就原物分配，必於原物分配有困難時，始予變賣（五二臺上一四四八）。法院命以原物為分配時，如共有人中，有不能按其應有部分受分配者，得以金錢補償之（同條三項）。

分割共有物之訴，為形成之訴。關於分割方法，無須由起訴之原告主張，縱令原告聲明請求為如何之分割，然法院為分割之判決時，仍不受其聲明之拘束（二九上一七九二）。即使起訴之原告主張方法不當時，亦不得因此駁回其訴（四九臺上二五六九）。此種訴訟之當事人，必為共有人全體，由同意分割者為原告，反對分割者為被告。惟起訴時為共有人之一，而於訴訟進行中，將其應有部分讓與他人者，於訴訟無影響。

3. **分割之效力** 分割共有物，係將共有關係消滅，使各共有人成為單獨所有人。但其分割之效力，究於何時發生，應依情形定之：①協議分割，其效力非自達成協議時發生。在動產須經交付後，如為不動產，須俟該協議完成分割登記後，始生分割之效力。②判決分割，其效力自判決確定時發生。蓋法院以判決為分割，係屬形成判決，於判決確定時，即發生由共有變為單獨所有之形成力。如分割者為不動產，即有第七五九條之適用。

無論為協議分割或法院判決分割，其分割之效力，均非溯及共有關係成立之始發生。故在共有物分割前，從共有人中一人取得關於共有物之權利者，不因分割而受影響。是在分割前，在共有物上合法存在之限制物權（第八一九條二項），或於應有部分上設定之抵押權，均不因分割而生影響（第八六七條）。例如甲乙二人共有土地一筆，甲就其應有部分為第三人丙設定抵押權，甲乙分割土地，於丙不受影響。其結果所設定之抵押權，於分割後，仍按應有部分之比例，存於甲乙二人所得各部分之上，如將來拍賣抵押物，由丁拍定，則丁與乙之間，更發生共有關係。此種情形，為分割效力不溯既往之結果。

各共有人對於他共有人因分割而得之物，按其應有部分，負與出賣人同一之擔保責任（第八二五條）。蓋各共有人有對於共有物全部之權利，共有物之分割，乃共有人相互間應有部分之交換，而使各共有人就其所得部分取得完全所有權。故分割之性質，實與互易相同，準用買賣之規定（第三九八條）。因之分割共有土地，各共有人於分割前，在地上有建築物，法院為原物分配之分割時，如將其中一共有人之建築物所占有之土地，分歸他共有人取得者，他共有人本於其所有權，得請求除去該建築物（七一臺上一四八二）。因而使各共有人對於其他共有人因分割所得之物，與賣主同，按其應有部分負擔保責任（第三四七條）。又共有物分割後，各共有人應保存其所得物之證書（第八二六條一項）。在共有物分割後，關於共有物之證書，歸取得最大部分之人保存之。無取得最大部分者，由分割人協議定之。不能協議決定者，得聲請法院指定之。未保存證書之各分割人，並得請求使用他分割人所保存之證書（第八二六條二項）。

二、公同共有

(一)公同共有之性質

公同共有者，依法律規定或依契約，成一公同關係之數人，基於其公同關係而共有一物（第八二七條一項）。各公同關係人，稱為公同共有人。此種公同關係人之成立，以數人依法律規定或依契約成一公同關係為前提。其依法律規定者，如繼承財產（第一一五一條）。其依契約而生者，如合夥契約與夫妻共同財產制契約（第六六八條，第一〇三一條）。更有依習慣而發生者，如祠堂與祭祀公業是。本於此等關係而共有其物者，謂之公同共有。而公同共有人之權利，及於公同共有物之全部（同條二項）。因此，公同共有人不得主張公同共有物有其特定之部分（三〇上二〇二），如加以處分對公同共有人不生效力，對於主張因處分而取得公同共有物權利之第三人，亦僅得訴請確認該物仍屬公同共有人全體所有，而不得提起確認自己部分公同共有權存在或交還自己部分之訴（三二上二四四〇，三七上七三〇二）。

公同共有，係數人共同享有一所有權，與分別共有同。惟兩者仍有極大差異：

分別共有	公同共有
①數人按其應有部分，對一物有所有權。	①數人基於公同關係而共有一物，並無應有部分。
②分別共有之數人，不必為成一公同關係之數人。	②公同共有之數人，必須為成一公同關係之數人。
③分別共有人，係按其應有部分享有。	③公同共有人，非按其應有部分享有。
④各共有人按其應有部分，對於共有物全部，有使用收益之權。	④各公同共有人之權利，及於公同共有物之全部，非按應有部分之範圍行使權利。
⑤各共有人得自由處分其應有部分。	⑤其應有部分無自由處分可言。
⑥分別共有人對於第三人，得就共有物之全部為本於所有權之請求。	⑥此項權利之行使，應得共有人全體之同意。
⑦原則上，各共有人得自由請求分割共有物。	⑦公同關係存續中，各公同共有人不得請求分割其公同共有物。

(二)公同共有之內容

公同共有人之權利義務，依其公同關係所由規定之法律或契約定之。除此項之法律或契約另有規定外，公同共有物之處分及其他之權利行使，應得公同共有人全體之同意（第八二八條）。此因公同共有物及其他權利，均屬於公同共有人全體；且各公同共有人之權利，及於公同共有物之全部，有以致之。所謂「其他之權利」，包含公同共有物之使用收益變更及設定負擔，與對第三人為本於所有權之請求，以及其他權利之行使。惟公同共有人之一人，以其他公同共有人處分共有物為無效，對於取得權利人，得提起確認該物仍屬公同共有人全體所有之訴（三七上七三〇二）。公同共有人中之一人，對於主張有公同共有權之第三人或第三人對於公同共有人中一人，提起確認公同共有權不存在之訴，實務上，認為得由該公同共有人單獨起訴或被訴，此之所謂「公同共有權不存在」係指無公同共有關係而言。

公同關係存續中，各公同共有人，不得請求分割其公同共有物（第八二九條）。蓋公同共有之發生及終止，依其公同關係所由規定之法律或契約定之，此項公同關係之存續既非不可終止，則公同共有人中之一人或數人於訴訟外或起訴時，向其他公同共有人表示終止公同關係之意思，而請求分割公同共有物，如認終止合法，則其公同關係已不復存續，即無適用第八二九條之餘地（三七上七三五七）。而請求分割公同共有物之訴，為固有之必要共同訴訟，應由同意分割之公同共有人全體一同起訴，並以反對分割之其他公同共有人全體為共同被告，於當事人適格始無欠缺（三七上七三六六）。故於繼承人分割遺產前，其公同共有關係仍存續中，地政機關不得將之登記為分別共有。而繼承人將公同共有之遺產，變更為分別共有，係使原公同關係消滅，另創設繼承人各按應有部分對遺產有所有權之新共有關係，其性質應仍屬分割共有物之處分行為，故該遺產如係不動產，繼承人中一人或數人除經全體繼承人同意外，非先為全體繼承人之利益，辦理公同共有之繼承登記（土地登記規則第三一條一項）後，依第七五九條之規定，應不得逕行請求將該遺產變更為分別共有登記（八五臺上一八七三）。

公同共有之關係，自公同關係終止，或因公同共有物之讓與而消滅（第八三〇條一項）。例如合夥解散，婚姻消滅，則公同共有當然終止。公同共有之讓與，舊有之公同關係亦不存在。公同共有關係終止後，依第八三〇條第一項規定，公同關係歸於消滅，如同時就公同共有物予以分割，讓其化為分別共有，乃屬物權內容之變更，此項因法律行為而生之變更，依第七五八條規定，須經登記始生效力（八六臺上三〇七一）。因公同共有關係消滅，而須分割公同共有物者，其分割方法，除法律另有規定（如第六九九條，第一一六五條）外，應依關於共有物分割之規定（第八三〇條二項）。至於所有權以外之財產權，為數人共同享有，非無可能，如地上權、永佃權、抵押權或其他財產權，無論依其應有部分為數人共有或公同共有，均準用共有之規定（第八三一條）。蓋權利之性質雖殊，而其為共有則一，故仍準用之。

此外，實務上尚有左列各項可供參考：

①公同共有人中之一人，依第八二八條第二項規定得其他共有人之同意行使權利而起訴請求，與民事訴訟法第四一條規定之選定一人為全體起訴不同。前者不以文書證之為必要，不論以任何方法，凡能證明共有人已為同意即可（六五臺上一四一六）。

②繼承人共同出賣公同共有之遺產，其所取得之價金債權，仍為公同共有，並非連帶債權。公同共有人受領公同共有債權之清償，應共同為之，除得全體公同共有人之同意外，無由其中一人或數人單獨受領之權（七四臺上七四八）。

③公同共有物權利之行使，固應得公同共有人全體之同意，但事實上有無法得全體公同共有人同意之情形時，如有對第三人起訴之必要，為公同共有人全體之利益計，僅由事實上無法得其同意之公同共有人以外之其他公同共有人單獨或共同起訴，要不能謂其當事人之適格有欠缺（八五臺上一〇五九，八五臺上二二四三，八六臺上三〇六〇，院一四二五）。

④買賣並非處分行為，故公同共有人中之一人或數人，或繼承人中之一人或數人，未得其他共有人或繼承人之同意，出賣共有財產或遺產者，其所訂立之買賣契約雖非無效，惟對他共有人或他繼承人仍不生效力，而在訂約當事人間非不受其拘束（七一臺上五〇五一，八六臺上一四九八）。

第三章　地上權

第一節　地上權之性質

地上權者，以在他人土地上有建築物或其他工作物或竹木為目的，而使用其土地之權（第八三二條）。祇須以在他人土地上有建築物，或其他工作物或竹木為目的，而使用土地，即可成立，不以現在有工作物或竹木為必要。其既以有建築物或其他工作物或竹木為目的，而使用土地之權利，地上權人為達此目的，有引受他人土地而占有之必要，從而地上權包含占有權能，地上權人對於不法占有土地者，有請求回復之權利，與所有權無異。其以有建築物為目的者，並不禁止先設定地上權，然後在該地上進行建築，且地上權之範圍，不以建築物或其他工作物等本身占有之土地為限，其周圍之附屬地，如在設定之範圍內，亦有地上權之存在（四八臺上九二八）。實務認為，土地與房屋為各別之不動產，各得單獨為交易之標的，且房屋性質上不能與土地分離而存在，亦即使用房屋必須使用該房屋之基地，故土地及房屋同屬一人，而將土地及房屋分開同時或先後出售，其間雖無地上權設定，然除有特別情事，可解釋為當事人之真意，限於賣屋而無基地之使用外，均應推斷土地承買人默許房屋承買人繼續使用土地（四八臺上一四五七）。

地上權與土地租賃，同為使用他人土地建築或種植之權，但二者頗有不同：

地上權	土地租賃
①地上權為物權，依法律行為而得喪變更者，非經登記不生效力。	①土地租賃為債權，僅以出租人之交付租賃物為對抗第三人之要件。
②不以有地租為必要。	②以有租金為必要。
③存續期間，法律未設特別限制。	③土地租賃期限，不得逾二十年。
④設定或讓與地上權之契約，須立書據，始生效力。	④土地租賃書據，僅關係存續期間之效力。
⑤地上權得讓與，並得為抵押權之標的物。	⑤租賃權不得讓與，轉租亦受限制。
⑥地上權人，或地上權人與土地所有人間，準用相鄰關係之規定。	⑥否。

地上權與永佃權，就其係使用他人土地之物權，得為讓與並得為抵押權之標的各點言之，性質相同。惟仍有重大之差異：

地上權	永佃權
①地上權以所有建築物工作物或竹木為目的。	①永佃權以耕作或牧畜為目的。
②不以有地租為必要，得為有償或無償。	②必須支付地租，並無無償者。
③定期之地上權，不適用關於租賃之規定。	③定期之永佃權，適用關於租賃之規定。

地上權	永佃權
④地上權人，縱因不可抗力不能使用土地，亦不得請求減免租金。	④永佃權人，因不可抗力致其收益減少或全無者，得請求減免佃租。

地上權之取得，有由於法律行為者，有由於法律行為以外之原因者。前者如地上權之設定，地上權之讓與（第八三八條）等是。後者如取得時效（第七七二條），繼承（第七五九條），法定地上權（第八七六條）等是。設定地上權，未定有存續期間者，原則上地上權人得無期限使用他人之土地，其地上權不因工作物或竹木之滅失而消滅（第八四一條）。此因地上權其地上之工作物或竹木滅失，則標的物欠缺，然不因標的物欠缺之故，使其權利消滅，蓋地上權之標的為土地，非工作物或竹木也。其未定有期限者，地上權人得隨時拋棄其權利，但另有習慣者，不在此限（第八三四條一項）。此項拋棄，應向土地所有人以意思表示為之（同條二項）。若在有支付地租之地上權，其地上權人拋棄權利時，應於一年前通知土地所有人，或支付未到支付期之一年分地租（第八三五條）。

第二節　地上權之效力

㈠地上權人之權利

地上權人在設定目的範圍內，有使用收益權、相鄰權及處分權。除使用收益外，第七七四條至第七九八條關於土地所有人間相鄰關係之規定，於地上權人間或地上權人與土地所有人間準用之（第八三三條）。地上權人至於地上權人，得將其權利讓與他人，但契約另有訂定或另有習慣者，不在此限（第八三八條）。地上權人並得將其地上權供為擔保，設定抵押權（第八八二條）。基於第八三八條但書之理由，如有反對之習慣，或有禁止之特約時，則成為專屬權，不得以供擔保。

土地法第一〇二條規定，租用基地建築房屋，應由出租人與承租人於契約訂立後二個月內，聲請該管縣市地政機關為地上權之登記。本條規定應由出租人與承租人共同為之，祇須當事人雙方訂有租地建屋契約，承租人即有隨時請求出租人就租用土地為地上權設定之權利（六七臺上一〇一四）。其請求協同辦理地上權設定登記之請求權，有第一二五條所定消滅時效之適用，其請求權時效應自基地租賃契約成立時起算（六八臺上一六三七）。

㈡地上權人之義務

地租雖非地上權成立之要件，但以有地租者為常。如於設定地上權時，有支付地租之訂定者，地上權人即有支付地租之義務（第八三五條）。然地上權並不以支付地租為必要，當事人就地上權固可為支付地租之約定，亦得為無償之約定。但設定地上權時未同時約定地租者，參諸地上權性質上為一種用益物權，地上權人因設定地上權而獲有使用土地之利益，土地所有人則須負擔土地稅捐，為平衡雙方權益，土地所有權人應非不得請求地上權人支付地租（八六臺上九六〇）。惟地上權人縱因不可抗力，妨礙其土地之使用，不得請求免除或減少租金（第八三七條）。此時如認為土地不適於使用，或被妨礙使用之時間過久，於己不利時，得依第八三四條、第八三五條之規定，拋棄其地上權。又地上權人積欠地租達二年之總額者，除另有習慣外，土地所有人得撤銷其地上權（第八三六條一項）。此項撤銷權，係形成權，因一方之意思表示而成立，並應向地上權人以意思表示為之（同條二項）。

第三節　地上權之消滅

㈠地上權消滅之原因

地上權，因標的物滅失，存續期間屆滿，第三人取得時效以及混同等事由發生，當然消滅。且地上權並無如第四五一條之規定，其期限屆滿後自不生當然變更為不定期限之效果，因而應解為定有存續期間之地上權於期限屆滿時，地上權當然消滅（七〇臺上三六七八）。至第八七六條第一項規定之法定地上權，係為維護特定建築物之存在而發生，則於該建築物滅失時，其法定地上權即應隨之消滅，此與第八三二條所定之地上權，得以約定其存續期限，於約定之地上權存續期限未屆至前，縱地上之工作物或竹木滅失，依第八四一條規定其地上權仍不因而消滅者不同，宜加注意（八五臺上四四七）。地上權消滅之原因尚有：

1. **地上權之拋棄**　地上權未定有期限者，地上權人得隨時拋棄其權利（第八三四條）。此係指地上權未定有期限，且無支付地租之訂定者而言。此項拋棄，為有相對人之單獨行為，故應向土地所有人以意思表示為之（第八三四條）。在此情形，係依法律行為而喪失不動產物權，非經登記，不生效力（第七五八條）。如地上權已為抵押權之標的物者（第八八二條），因地上權人拋棄其權利塗銷登記之結果，抵押權隨之消滅（第八八一條），將使抵押權人遭受損害，故除經抵押權人同意者外，應解為地上權人不得任意拋棄其地上權。

2. **土地所有人之撤銷**　地上權人積欠地租達二年之總額者，除另有習慣外，土地所有人得撤銷其地上權（第八三六條一項）。此項撤銷，係指終止而言，地上權因被撤銷而歸於消滅。地上權縱因欠租而被撤銷，亦無溯及既往之效力(第一一四條一項參照)。撤銷地上權,為單獨行為,應向地上權人以意思表示為之(第八三六條二項)。並須經登記,始生消滅地上權之效力(第七五八條)。

(二)地上權消滅之效果

1.地上權消滅時,地上權人得取回其工作物及竹木,但應回復土地原狀(第八三九條一項)。此為地上權人之義務,非地上權人之權利;蓋地上權既已消滅,自不得使用他人土地,即不得更將其所有物放置於他人之土地,故取回云者,自係義務之性質。此項情形,土地所有人以時價購買其工作物或竹木者,地上權人不得拒絕(同條二項)。

2.地上權人之工作物為建築物者,如地上權因存續期間屆滿而消滅,土地所有人,應按該建築物之時價為補償,但契約另有訂定者,從其訂定(第八四〇條一項)。此係第八三九條之補充規定,須具二種要件:①地上權人之工作物,須為建築物。②地上權須因存續期間屆滿而消滅。如工作物為建築物,而地上權之消滅,係因地上權人之拋棄,或土地所有人之撤銷,或其他不因存續期間屆滿之事由而喪失者,均無此項之適用。又土地所有人於地上權存續期間屆滿前,得請求地上權人於建築物可得使用之期限內,延長地上權期間。地上權人拒絕延長者,不得請求前項之補償(同條二項)。此時雖不得請求補償,而地上權人仍負取回其建築物,回復土地原狀之義務。

第四章　永佃權

第一節　永佃權之性質

永佃權者，永久在他人土地上為耕作或牧畜之權（第八四二條一項）。就其行於他人土地之上，而以利用他人土地為目的之點以觀，與地上權同；惟永佃權之成立，以支付佃租為要件，此與租賃相似，而與地上權有異。永佃權有永久性質，若其設定定有期限者，即視為租賃，適用關於租賃之規定（同條二項）。故永佃權與耕地之租用，有時極難區別，試辨其異同如左：

⑴同點：

①均在他人土地上自任耕作，並須支付租金及不得轉租。

②均因災害或其他不可抗力時，得減免租金。

③均因欠租達二年之總額而受撤佃，並有優先承買權。

⑵異點：

永佃權	耕地租用
①物權，其設定應以書面為之，並係永久耕作之權利。	①債權，不以書面為必要，期限不得少於六年，不得逾二十年。
②永佃權得讓與。	②耕地租賃權不得讓與。
③永佃權人違法出租土地，土地所有人僅得撤佃。	③耕地承租人違法轉租，原租約無效。
④非經登記，不生效力。	④僅依交付租賃物，而生效力。
⑤前永佃權人欠租，由受讓永佃權人負償還之責。	⑤耕地承租人因不得讓與承租權，不生此項問題。

（註）關於耕地租用，請參閱「土地法」及「耕地三七五減租條例」有關之規定。

第二節　永佃權之效力

(一)永佃權人之權利

永佃權人在耕作或牧畜之範圍內，有使用土地之權。由土地而生之天然孳息，得由永佃權人收取。但不得將土地出租於他人，如有違反，土地所有人得撤佃（第八四五條）。永佃權人得將其權利讓與他人（第八四三條），並得將其永佃權供為擔保，設定抵押權（第八八二條）。且第七七四條至第七九八條關於土地所有人間相鄰關係之規定，永佃權人間或永佃權人與土地所有人間準用之（第八五〇條）。至於第七六七條之各種請求權，法無明文，不得準用。

㈡永佃權人之義務

永佃權人負擔佃租義務，為永佃權成立之要件。蓋永佃權為主物權，永佃權人自得支配土地，故永佃權移轉時，此項支付佃租之義務，隨同移轉。若永佃權人讓與其權利於第三人者，所有前永佃權人，對於土地所有人所欠之租額，由該第三人負償還之責（第八四九條）。而永佃權人因不可抗力，致其收益減少或全無者，得請求減少或免除佃租（第八四四條），此與地上權有別。至於永佃權人積欠地租達二年之總額者，除另有習慣外，土地所有人得撤佃（第八四六條）。此項撤佃，為單獨行為，應向永佃權人以意思表示為之（第八四七條）。又第八三九條之規定，於永佃權有其準用，與地上權同（第八四八條）。

第五章　地役權

第一節　地役權之性質

地役權者，以他人土地供自己土地便宜之用之物權（第八五一條）。地役權必有所有人各異之二個土地存在，而此兩個土地，謂之需役地及供役地。蓋地役權之性質，著眼於增加土地之效用，祇須彼此有利用此地之必要，經當事人合意，即可設定地役權。至於所謂便宜，乃為土地自身之便宜，非為利用土地人之便宜，實係指需役地利用上之方便利益而言。至便宜之種類，通常依當事人之設定行為定之。依此而言，地役權具有左列特性：

(一)地役權之從屬性

地役權之存續，須從屬於需役地之所有權而存在；故地役權不得由需役地分離而為讓與，或為其他權利之標的物（第八五三條）。情形有二：①地役權不得離需役地而為讓與。故：a.需役地所有人不得僅以地役權讓與他人，而自己保留需役地之所有權。b.不得僅將需役地之所有權讓與他人而自己保留地役權。c.不得將需役地之所有權、地役權，分別讓與於二人。②地役權不得與需役地分離而為其他權利之標的。若需役地所有人於其需役地上設定其他權利，則地役權亦包含在內。例如需役地所有人（地役權人）將其土地設定地上權時，雖未言明地役權隨同移轉，地上權人亦得行使地役權是。

㈡地役權之不可分性

地役權為單一性，不可分割為數個或僅有一部分之存在，稱為地役權之不可分性。例如地役權人有通行鄰地之權利，若不通行鄰地之全部，則不能達其目的者，如將地役權分割，為得通行二分之一，則其結果不能有何等作用，故地役權應不可分的為需役地而存在。依此原則，而生左列效果：

1.需役地為共有時，不得依一共有人之應有部分，對於他人土地取得地役權；供役地為共有時，亦不得於一共有人之應有部分上設定地役權。

2.需役地為共有時，各共有人無從就其應有部分，使已存在之地役權一部消滅；供役地為共有時，各共有人亦無從就其應有部分，除去供役地之負擔。

3.地役權設定後，需役地或供役地為共有時，地役權不受何等影響。

4.需役地經分割者，其地役權為各部分之利益，仍為存續（第八五六條）。例如甲乙共有之需役地，曾為共有地之便宜，與供役地所有人丙，設定得通行丙地之地役權。嗣甲乙分割共有地，其地役權為甲乙分得部分之利益，仍為存續是。但地役權之行使，依其性質，祇關於需役地之一部分者，則僅就該部分為存續，是為例外（同條但書）。

5.供役地經分割者，地役權就其各部分仍為存續（第八五七條）。例如甲乙二人因其共有土地之便宜，有存於丙丁共有地上之通行地役權，經分割共有地，各取得一部分，甲乙之地役權，就丙丁分割部分，仍為存續是。但地役權之行使，依其性質，祇關於供役地之一部分者，則僅對於該部分，仍為存續，是為例外

（同條但書）。

第二節　地役權之取得

地役權，自其發生之原因及權利之形態，得為種種之觀察。例如積極地役權（通行地役是）與消極地役權（眺望地役是）；繼續地役權（引水地役是）與不繼續地役權（汲水地役是）；表見地役權（通行地役是）與非表見地役權（埋設筒管於地下之引水地役是）。此種地役權之取得，固有基於法律行為之設定者，惟地役權為財產權之一，得依第七七二條準用第七六九條、第七七〇條之規定，因時效而取得。此種因時效而取得之地役權，以繼續並表見者始有適用（第八五二條）。蓋時效制度，在使權利人怠於為權利行使之時，迅速確定法律關係，實係本於公益上之理由而設之限制。若非繼續之地役權，其利用人之行為，不過偶然為之，供役地所有人無從對其主張權利。此兩種情形，若許因時效而取得地役權，對於供役地所有人，極不公平。

地役權取得時效之要件，除第八五二條規定以繼續並表見者外，尚有左列實務問題可供參考：

1. 地役權係以他人土地之利用為其目的，性質上僅為限制他人土地所有權之作用，而存在於他人所有土地上，故有繼續並表見利用他人土地之情形，即可因時效而取得地役權，並不以他人所有未登記之土地為限，此點與地上權之取得時效相同（五四臺上六九八，六〇臺上四一九五）。
2. 因時效而取得地役權，僅得請求登記為地役權人，並非當然取得地役權，故在未依法請求登記為地役權人時，自不能本於地役權之法律關係，而向供役地所有人有所請求（六〇臺上一六七七）。

3. 依占有事實完成時效而取得地役權者，雖可請求登記為地役權人，但供役地所有人並無協同請求登記之義務（六八臺上二九九四），此點與地上權之取得時效相同。

4. 地役權固有因時效而取得之規定，但依第七七二條準用第七六九條及第七七〇條之結果，僅使需役地人獲有得請求登記為地役權人之權利，在未登記為地役權人以前，固無地役權存在之可言，即無依第八五八條準用第七六七條規定請求排除侵害之餘地（六三臺上一二三五）。

第三節　地役權之效力

㈠地役權人於其權利範圍內，在供役地上有直接支配權。且地役權人在其權利範圍內，得優先於供役地所有人直接使用供役地，供役地所有人亦得為與地役權人相同之行為，此與地上權、永佃權及典權有異。

㈡地役權人因行使或維持其權利，得為必要之行為。但應擇於供役地損害最少之處所及方法為之（第八五四條）。此非指各種積極地役權本身一定行為，而係指為達到此等行為之目的，而為附隨之必要行為。

㈢地役權被侵害時，應受各種保護，故關於所有權物上請求權之規定（即第七六七條），於地役權準用之（第八五八條，第七六七條）。但依其性質，第七六七條所定之返還請求權，不在準用範圍之內。

㈣地役權人，因行使權利而為設置者，有維持其設置之義務。供役地所有人，雖得使用此項設置，但有礙地役權之行使者，不得為之。上項情形，供役地所有人，應按其受益之程度，分擔維持其設置之費用（第八五五條）。

㈤地役權無存續必要時，法院因供役地所有人之聲請，得宣告地役權消滅（第八五九條）。所謂無存續必要，係指地役權繼續存在，無可供或不能供地役權人土地便宜之用之情形而言。至於設定地役權當時，有無必要，則與地役權無存續之必要無關。

(六)地役權之特別消滅原因，計有土地滅失、土地徵收、混同、拋棄、土地重劃、存續期屆滿、約定消滅事由之發生及法院之宣告等，不另詳述。

第六章　抵押權

第一節　抵押權之性質

抵押權者，對於債務人或第三人不移轉占有而供擔保之不動產，得先於他債權人而就其賣得價金受清償之權（第八六〇條）。抵押權為物權之一種，其標的物以不動產為限。故土地及其定著物，均可為抵押權之標的物。至於地上權、永佃權與典權，亦可為抵押權之標的物，此種抵押權，謂之權利抵押權。將來實行抵押權拍賣抵押物時，係拍賣地上權、永佃權與典權，而非拍賣各該權利標的物之不動產。

抵押權不以占有標的物為要件，是與質權及留置權重大不同之處。而以抵押權擔保之債權，亦不以現在已存在者為限。就將來發生之債權，包括附條件之債權在內，不妨設定抵押權。例如客戶與銀行間，若交易為長期繼續者，可由客戶提供不動產為擔保，設定一定數額之抵押權。此種一定數額，即為預定被擔保債權之最高額，即為常見之就將來發生之債權，設定抵押權之一種。

抵押權，依法律行為而取得者，除當事人合意以書面設定外（第七六〇條），抵押權尚得連同債權而為讓與（第八七〇條）。在此情形，非經登記，不生效力（第七五八條）。其依法律規定而取得抵押權者，稱為法定抵押權。例如承攬之工作為建築物或其他土地上之工作物，或為此等工作物之重大修繕者，承攬人就承攬關係所生之債權，對於其工作所附之定作人之不動產，有抵押權（第五一三條）。此等依法律規定而取得之抵押權，不須登記，即生效力（第七五八條）。若承攬之工作物上，已有設定或法定之抵押權存在者，其次序依抵押權成立之先後定之。

最高限額抵押權，為目前抵押權契約中最常見者，且為實務上所肯定。所謂最高限額抵押權，係對於一定範圍內之不特定債權，預定一最高限額，由債務人或第三人提供抵押物予以擔保之特殊抵押權。例如甲公司就其產品與乙公司訂立經銷契約，約定經銷期間二年，為擔保日後各筆貨款之清償，由乙公司提供一筆土地設定抵押權於甲公司，最高限額為一百萬元即是。基此，最高限額抵押權所擔保之債權，必為自一定範圍內發生之債權，上例所述甲乙公司間之經銷契約屬之。此項特質，與普通抵押權所擔保者為現在之債權，且為特定債權者不同。

最高限額抵押權之基礎關係，得由債權人與債務人約定之，通常多有繼續性，大抵因當事人間之法律行為而生，例如銀行與客戶間之票據貼現契約、交互計算契約（第四〇〇條）、授信融資契約，均可為之。一般而言，最高限額抵押權，具有下列各點特性而與普通抵押權有異：(1)擔保之債權為不特定債權。(2)擔保之債權通常為將來之債權。(3)擔保之實際債權額不確定。(4)須約定最高限額。(5)當事人間須有基礎法律關係。(6)實行抵押權時須證明債權之存在。準此以觀，故為特殊抵押權。

實務上認為，最高限額抵押，係就將來發生之各債權而為擔保，其性質仍與一般抵押權之設定無異，倘此項抵押權業經依法辦理登記，裁判上自應承認其效力（六二臺上七七六）。因其債權額在結算前並不確定，實際發生之債權額不及最高額時，應以其實際發生之債權額為準。且最高限額抵押契約定有存續期間者，其期間雖未屆滿，然若其擔保之債權所由生之契約已合法終止或因其他事由而消滅，且無既存之債權，而將來亦確定不再發生債權，其原擔保之存續期間內所可發生之債權，已確定不存在，依抵押權之從屬性，應許抵押人請求抵押權人塗銷抵押權設定登記（八三臺上一〇五五）。

最高限額抵押權本質上仍屬抵押權，為財產權之一種，故具有讓與性。但因受抵押權處分上從屬性之規範，自有第八七〇條之適用。究其讓與以及讓與擔保債權與最高限額抵押權有如何之關連，此與普通抵押權有若干相異之處，分別言之：

1.最高限額抵押權確定前，已發生之各個債權，得依債權讓與之方法而為讓與，但該讓與後之債權即脫離該抵押關係，抵押權並不隨同移轉於受讓人（七五臺上一〇一一）。所謂最高限額抵押權之確定者，係指最高限額抵押權擔保債權之確定而言。

2.最高限額抵押權確定前，僅得與其擔保債權所由生之基礎法律關係（該不特定債權即由此一定範圍內發生），一併讓與，或於債權額確定後，與其所擔保之確定債權，共同為之（第八七〇條參照）。惟此項轉讓契約，應由基礎法律關係之原當事人及受讓人三方面以契約為之。讓與生效後，受讓人嗣後依基礎法律所生之債權，為該抵押擔保效力所及（七五臺上一〇一一，七八臺上三一四）。

3.最高限額抵押權確定後，與其所擔保之確定債權隨同讓與，則於讓與時，所擔保之債權即已由不特定而成為確定，此際最高限額抵押權已變為普通抵押權，故讓與此項抵押權，僅須依普通抵押權讓與之方式為之即可。故受讓人對債務人原有之債權或嗣後所生之債權，因不在原約定之一定範圍內，均非該抵押權所擔保之範圍（七五臺上一〇一一）。

4.最高限額抵押權所擔保之債權，於原債權確定前第三人為債務人清償債務者，其最高限額抵押權是否隨同移轉於第三人？法無明文，自應依法理而為適用。按最高限額抵押權於原債權確定前，不具一般抵押權之從屬性，故第三人於原債權確定前為債務人清償債務，該受償部分之債權即脫離擔保之範圍，其最高限額抵押權自無從隨同移轉予第三人，為維護最高限額抵押權之上開特性，理應如此解釋（八六臺上二四九六）。

抵押權人聲請拍賣抵押物，在普通抵押權因必有被擔保之債權存在，而後抵押權始能成立，故祇須抵押權已經登記，經登記抵押權所擔保之債權已屆清償而未受清償，抵押權人據以聲請拍賣抵押物，法院即應准許之。惟在最高限額抵押權，其抵押權登記時，無須先有債權之存在，法院無從依登記資料判斷債權之存否，抵押權人聲請拍賣抵押物後，如債務人或抵押人對於被擔保債權之存否有所爭執，而從抵押權人提出之其他文件為形式上之審查，又不能證明是否有債權存在時，法院自無由准許拍賣抵押物。此際應由抵押權人提起確認之訴，在其獲得勝訴判決確定前，法院當然不得逕為准許拍賣抵押物之裁定（七一臺抗三〇六，七八臺抗六六，七九臺抗九四）。

抵押權既為擔保物權之一種，其在法律上有左列之特性：

㈠抵押權之從屬性

1.**抵押權不得由債權分離而為讓與**　即抵押權人不得以抵押權單獨讓與於人，而自保留其債權；亦不得以其債權單獨讓與於人，而自保留其抵押權；更不得以債權與抵押權分別讓與於二人，此為抵押權從屬性當然之結果（第八七〇條前段）。又抵押權係擔保債權之清償，故祇須將來實行抵押權拍賣抵押物時，有被擔保之債權存在即可，至抵押權成立時有無債權存在，已非所問（四七臺上五三五）。

2. **抵押權不得由債權分離而為其他債權之擔保**　抵押權雖係財產權，但不得離原債權而僅以抵押權為債權之擔保。若抵押權人對於第三人負有債務，而與該第三人訂立擔保契約時，須連同債權設定之，成立附隨抵押權之債權質權（第九〇二條，第二九五條一項）。又抵押權因擔保債權之消滅而消滅後，雖未辦理塗銷登記，亦不過形式上存在，已無登記之效力（二六上七五九）。

㈡抵押權之不可分性

抵押權人，於其債權未受全部清償前，得就抵押物之全部行使權利。故抵押權以債權存在為限，得以標的物全部擔保之；又以標的物存在為限，得為其債權全部行使權利；其債權之一部消滅，或標的物一部滅失者，於抵押權不生影響，此為抵押權不可分性所生之結果。因之：

1. 抵押之不動產如經分割，或讓與其一部，或擔保一債權之數不動產，而以其一讓與他人者，其抵押權不因此而受影響（第八六八條）。在此情形，其抵押之不動產雖分割於數人，抵押權人對於其分割之部分，仍得就全部債權行使其權利。分割中之一人不得支付與其所得部分相當之金額，即免其責任（八二臺上三一五三）。其以抵押物之一部讓與於人，或抵押物有數個，而將其一讓與他人者亦同。

2. 以抵押權擔保之債權，如經分割或讓與其一部者，其抵押權不因此而受影響（第八六九條一項）。在此情形，以抵押權擔保之債權雖經分割，而其抵押權仍不分割，此際各債權人得依其債權額，對於抵押物之全部實行其權利。其以債權之一部讓與他人者，亦適用之。至於債務之分割，仍以一個抵押權擔保數人之債務，原有抵押權不因此而受影響（同條二項）。

抵押權之取得，可分為依法律行為而取得與基於法律行為以外之原因而取得二種。茲分述之：

1. **依法律行為而取得**

(1)**抵押權之設定** 因設定而生之抵押權，學說上稱為意定抵押權，以契約為最多，亦得以遺囑設定之，但須訂立書面並辦理登記後，始生效力。至約定設定抵押權之債權契約，則不在此限。

(2)**抵押權之讓與** 基於抵押權之從屬性，抵押權應與擔保之債權一併讓與之。

2. **基於法律行為以外之原因而取得**

(1)**基於法律規定而取得** 此等情形，稱為法定抵押權，例如承攬人之法定抵押權（第五一三條），國民住宅條例第一七條、第二七條之法定抵押權屬之。此種法定抵押權之取得，不待登記即生效力。

(2)**繼承** 抵押權為非專屬性之財產權，自得為繼承之標的。

第二節 抵押權之範圍

(一)**抵押權所擔保債權之範圍**

抵押權所擔保者為原債權、利息、遲延利息及實行抵押權之費用。但契約另有訂定者，不在此限（第八六一條）。依此規定，抵押權所擔保債權之範圍，得以契約訂定，不必與法律所定範圍一律。其中債權數額及清償期、利息及債權所附條件或其他特約，均應登記（土地登記規則第八五條）。

(二)**抵押權標的物之範圍**

1. **從物及從權利** 抵押權之效力及於抵押物之從物與從權利（第八六二條一項）。在設定抵押權當時，為抵押物之從物者，固為抵押權效力之所及。即在設定抵押權後為抵押物之從物者，該從物若係動產，亦為抵押權效力之所及。又從屬於抵押物之從權利，其情形與從物同。例如以需役地設定抵押權時，從屬於需役地之地役權，當然為抵押權效力之所及。惟第三人於抵押權設定前，就從物取得之權利，不受影響（第八六二條二項）。蓋抵押物之所有人當時既能獨立處分其從物，應保護與所有人為交易之第三人利益故也。

2. **天然孳息**　抵押權之效力，及於抵押物扣押後由抵押物分離之天然孳息（第八六三條）。故未由抵押物分離之孳息，為抵押物之部分，當然為抵押權效力之所及。已由抵押物分離之孳息，則為獨立之物，自不在抵押權效力所及之範圍內。必在抵押物扣押後，由抵押物分離之天然孳息，且原應由抵押人收取者，始可適用。

3. **法定孳息**　抵押權之效力，及於抵押物扣押後抵押人就抵押物得收取之法定孳息。但抵押權人非以扣押抵押物之事情，通知應清償法定孳息之義務人，不得與之對抗（第八六四條）。由此觀之，必在抵押物扣押後，始為抵押權效力之所及。惟於應清償法定孳息之義務人，非由抵押權人以扣押抵押物之事情通知之，不得與之對抗。

4. **賠償金**　因抵押物滅失得受之賠償金，得為抵押物之代替物，可為抵押權之範圍（第八八一條但書）。例如供抵押之土地被徵收所得受之補償地價及其他補償費，祇須抵押物之交換價值尚存，即為抵押權效力之所及。且第八八一條但書所定係「得受」而非「所受」之賠償金，故縱令抵押人尚未取得，抵押權之效力，亦及於此等賠償之請求權。

第三節　抵押權之次序

不動產所有人，因擔保數債權就同一不動產，設定數抵押權者，其次序依登記之先後定之（第八六五條）。蓋不動產所有人，就該不動產設定抵押權後，因不移轉占有，故性質上尚可就同一不動產設定抵押權，此為抵押權相互間效力之問題。故就同一不動產，設定數抵押權者，其次序依登記之先後定之；縱令設定抵押權之書面作成在先，而登記在後者，仍依登記之先後定其次序。因之：①次序在先之抵押權，就拍賣抵押物所得價金，優先受償；次序在後之抵押權人祗得就其餘額，而受清償。②次序相同之抵押權，各按債權額，平均分配拍賣所得價金。③次序在後之抵押權人聲請拍賣抵押物，次序在先之抵押權人，仍得優先受償。④次序在先之抵押權人與抵押人合意，增加擔保之債權數額，非經次序在後抵押權人之同意，對於次序在後之抵押權人，不生效力。

就同一不動產或其他應有部分設定二以上抵押權者，始有發生抵押權應以登記次序先後定其優先效力之問題。是以不同區分所有之各建物基地之應有部分為標的，分別為他人設定之抵押權，各該基地之應有部分乃屬各個不同之抵押標的內容，各該抵押權人應僅得就其所設定抵押權標的基地之應有部分行使優先受償之權利，各抵押權人間並不因登記而對不同之標的基地應有部分享有優先受償之權，初與所有權應有部分按其比例抽象存在於共有物全部之效果無涉（八六臺上一五九七）。

關於抵押權之次序，尚有左列問題，宜加注意：

1. **次序之讓與**　即對於同一債務人，有二以上不同次序之抵押權存在，先次序之抵押權人，為後次序抵押權人之利益，僅將其次序讓與於後次序之抵押權人。讓與人與受讓人之債權額合計，得受分配之金額，由受讓人先受清償，餘額歸讓與人取得。日本民法第三七五條第一項規定：「抵押權人得將其次序讓與同一債務人之其他抵押權人。」此種情形，對於其他後次序之抵押權人及利害關係之第三人，均無影響。

2. 次序之拋棄　即先次序之抵押權人，為後次序抵押權人之利益而拋棄其次序。此種拋棄，僅對於受拋棄之人失去優先權，使拋棄人與受拋棄利益人，居於同一次序，二人之債權額合計，得受分配之金額，各按其債權額平均分配，對於其他抵押權人則不生影響。

第四節　抵押人之權利

(一)得設定地上權及其他權利

不動產所有人，設定抵押權後，於同一不動產上，得設定地上權及其他權利，但抵押權不因此而受影響（第八六六條）。此為抵押人用益權之規定。故除地上權外，他如永佃權、地役權、典權、租賃權，均不妨在抵押權設定後為之，惟抵押權不因設定其他權利而受影響。故所有人於其不動產上設定抵押權後，復就同一不動產上，與第三人設定典權，抵押權自不因此而受影響（釋一一九）。蓋抵押權之設定，並不以移轉占有為其要件，設定抵押權後，對於抵押物設定典權，自非法所不許（四九上二四一〇）。由此可知，不動產所有人，設定抵押權後，於同一不動產上，所設定之地上權及其他權利，如於抵押權有所影響者，對於抵押權人不生效力。如於抵押權無影響者（即抵押物之價值不因此而降低者），則各該權利仍繼續存於抵押物上，拍賣之買受人不得主張其上之權利已因拍賣而消滅，無負擔的取得拍賣不動產之所有權（院一四四六參照）。

實務上，尚有左列問題宜加注意：

1.不動產所有人設定抵押權後，將不動產出租於第三人，其因而影響抵押物之價格時，依院字第一四四六號解釋，執行法院固得除去該租賃權，以無租賃狀態拍賣抵押物。但此僅係於拍賣執行程序中，決定拍賣之條件而已。倘該執行程序因執行債權人撤回執行之聲請而終結者，則該拍賣之條件自亦失其存在（七七臺上七〇〇）。實務認為，不動產所有人設定抵押權後，如與第三人訂立租賃契約而影響抵押物之售價以致抵押權無法受清償者，該租賃契約對於抵押權人不生效力，抵押權人因屆期未受清償，聲請拍賣抵押物時，執行法院自可依法以無租賃狀態逕予執行。故祇須其租賃係發生在抵押權設定之後，且影響抵押物之售價以致抵押權無法受清償者，法院即可為除去租賃權之裁定，而抵押權人聲請執行法院除去其租賃權，法院所為准駁之處分或裁定，並無確定實體上法律關係存否之效力，實體上就法律關係有爭執之人，仍應另提起訴訟，以求解決（八六臺抗一六〇）。

2.不動產所有人於設定抵押權後，雖得依民法第八六六條規定，復就同一不動產與第三人設定權利，但於抵押物之賣得價金，或該物扣押後由抵押物分離之天然孳息，或抵押權人原得收取之法定孳息，有所影響，則依同條但書之規定，其所設定之權利，對於抵押權人自不生效。如於抵押權設定後與第三人訂立租賃契約而致有上述影響者，不問其契約之成立，在抵押物扣押之前後，對於抵押權人亦當然不能生效（院一四四六）。

3.所有人於其不動產上設定抵押權後，復就同一不動產上與第三人設定典權，抵押權自不因此而受影響。

抵押權人屆期未受清償，實行抵押權拍賣抵押物時，因有典權之存在，無人應買，或出價不足清償抵押債權，執行法院得除去典權負擔，重行估價拍賣。拍賣之結果，清償抵押債權有餘時，典權人之典價，對於登記在後之權利人，享有優先受償權。執行法院於發給權利移轉證書時，依職權通知地政機關塗銷其典權之登記（釋一一九）。因此，不動產所有人於同一不動產設定典權後，在不妨害典權之範圍內，仍得為他人設定抵押權，自不待言（釋一三九）。

4. 第八六六條所定如其抵押權因設定地上權或其他權利而受影響者，依院字第一四四六號解釋認為對於抵押權人不生效力，抵押權人聲請拍賣抵押物時，執行法院自可依法逕予執行。乃因抵押權為物權，經登記而生公示之效力，在登記後就抵押物取得地上權或其他使用收益之權利者，自不得使登記在先之抵押權受其影響，如該項地上權或其他使用收益之權利於抵押權無影響時，仍得繼續存在，如此始能兼顧在後取得權利者之權益（釋三〇四）。

(二)得將不動產讓與他人

不動產所有人設定抵押權後，得將不動產讓與他人，但其抵押權不因此而受影響（第八六七條）。此為抵押人處分權之規定。蓋物權有追及效力，於抵押權成立後，其標的物無論轉入何人之手，物權之權利人均得追及物之所在，而行使權利故也。當事人有特約禁止者，對於受讓人不生效力。此種讓與，不以抵押人自由意思讓與為限，法院依他債權人之聲請，拍賣該不動產所為之強制讓與，亦包含在內。故抵押物由普通債權人聲請法院拍賣後，抵押權人未就賣得價金請求清償，亦僅喪失此次受償之機會，而其抵押權既未消滅，自得對於拍定人行使追及權，就供抵押之不動產聲請拍賣而受清償（院一七七一）。在此情形，抵押權人不得以他債權人之聲請拍賣為不合法，而訴請停止執行（二三上二一一七）。從而，第二〇四條第一項所定隨時清償原本之權利，惟債務人有之，如債務人就其債務設定抵押權後，復將抵押物讓與他人，該他人無此權利（三三臺上三一八）。

第五節　抵押權人之權利

(一)得將抵押權讓與或為其他債權之擔保

抵押權為財產權，若連同債權而為讓與，或為其他債權之擔保，均非法之所禁（第八七〇條）。在為讓與時，應依關於債權讓與之規定（第二九六條，第二九七條）為之，關於抵押權部分，則係依法律行為而移轉，須經登記，始生讓與之效力（第七五八條）。又抵押權為財產權，除有害第三人利益時，解釋上應認不得自由拋棄外，抵押權人得任意拋棄其抵押權，包含抵押權次序之拋棄在內。

(二)得請求抵押物價值減少時之救濟

抵押人之行為，足使抵押物之價值減少者，抵押權人得請求停止其行為。如有急迫情事，抵押權人得自為必要之保全處分（第八七一條一項）。故抵押人之行為，足使抵押物之價值減少時，抵押權人得為左列請求或處分：

(1)請求抵押人停止其行為　例如耕地供抵押後，抵押人挖取泥土製造土磚，致其價值有減少之虞，抵押權人得請求停止之。縱令僅對抵押之一部為之，仍得請求停止，此因抵押權不可分性之結果。

(2)自為必要之保全處分　例如供抵押之房屋，漏雨嚴重，迭逢豪雨仍不為修補，抵押權人得自為必要之修補。此際以有急迫情事及必要之保全處分為限。此項請求或處分，乃因抵押人之行為而發生，其所需費用，應由抵押人負擔之（第八七一條二項）。

抵押物價值減少時，抵押權人得請求抵押人回復抵押物之原狀，或提出與減少價額相當之擔保（第八七二條一項）。此係就抵押物價值已生減少之情形而為之規定，與第八七一條所定僅足使抵押物價值減少之情形，略有不同。故此種因可歸責於抵押人之事由，致價值減少時，抵押權人得為左列之請求：

⑴請求抵押人回復抵押物之原狀　例如抵押人將抵押物之建地，變為池塘，抵押權人得請求回復建地之原狀。

⑵提出與減少價額相當之擔保　此項擔保，無論為動產、不動產或保證人，均無不可，謂之擔保之補充。此項請求，可由抵押權人選擇行之。

抵押物之價值，因非可歸責於抵押人之事由致減少者，抵押權人僅於抵押人得受損害賠償之限度內，請求提出擔保（第八七二條二項）。所謂因非可歸責於抵押人之事由，指非因抵押人之故意或過失及第三人之侵權行為而言。蓋抵押權為物權，不惟標的物之危險，應由抵押人負擔，且標的物價值之減少，既非可歸責於抵押人之事由，若使抵押人負補充擔保之責，有失公平。惟抵押人若不負此責，有時反而因此受利益，故設此規定為擔保之補充。

第六節　抵押權之實行

實行抵押權之方法，大別為三：一為拍賣，二為取得抵押物之所有權，三為拍賣以外之處分方法。分別言之：

一、拍　賣

㈠拍賣之方法

抵押權人於債權已屆清償期，而未受清償者，得聲請法院拍賣抵押物，就其賣得價金而受清償（第八七三條一項）。故在債務人履行遲延時，抵押權人得實行其權利，至行使此項抵押權，則為債權人之權利，非其義務。關於未受清償之事實，不僅指全部未受清償而言，一部未受清償亦包含之（二三上三〇四五）。又所謂債權，係指本金債權，不包括利息債權在內。抵押權人聲請拍賣抵押物，無論債務人或第三人就抵押關係是否發生爭執，均應經法院裁定准許，不得逕行拍賣（強制執行法第四條五款參照）。實務上認為，此種拍賣，應解為私法上之買賣行為，即以債務人為出賣人，拍定人為買受人，執行法院即屬代債務人出賣之人（四七臺上一五二）。若拍賣之抵押物，不屬於抵押人之所有者，拍賣無效（院五七八）。又在設定抵押權之前，在抵押之不動產上，設定有地上權、永佃權等用益物權，或將抵押之不動產出租他人者，拍賣之不動產因執行異議之訴之結果，應屬於第三人所有者，當然失其拍定之效力（院一三七〇）。又在拍賣後，各該權利繼續存在，與一般買賣之情形，並無不同。但因拍賣而取得不動產物權，不以登記為生效要件，且拍定人就物之瑕疵無擔保請求權，又與一般買賣有別（強制執行法第六九條，第一一三條）。

抵押權經設定登記後，債權人因債務屆期未受清償，依第八七三條第一項之規定，即得聲請法院拍賣抵押物，如對於此項法律關係有所爭執時，亦應由有爭執之人提起訴訟，以求解決，不得僅依抗告程序聲明不服（五一臺抗二六九）。又聲請拍賣抵押物，原屬非訟事件，祇須其抵押權已經依法登記，並依登記之清償期業已屆滿而未受清償時，法院即應為許可拍賣之裁定，至實際上之清償期有無變更，本非所問（五八臺抗五二四）。以上情形，抵押權人聲請拍賣抵押物，在一般抵押固有適用，惟最高限額抵押，抵押權成立時，可不必先有債權存在，縱經登記抵押權，因未登記已有被擔保之債權存在，如債務人或抵押人否認先已有債權存在，或於抵押權成立後，曾有債權發生，而從抵押權人提出之其他文件為形式上之審查，又不能證明有債權存在時，法院即無從准許拍賣抵押物（七一臺抗三〇六）。

㈡**拍賣之標的物**　拍賣之標的物為抵押物，視抵押物為土地或房屋而異。因民法上認建築物為獨立之不動產，故在拍賣時設有左列規定：

1. **土地與土地上建築物同屬一人所有，而僅以其土地或建築物供抵押者**　土地及其土地上之建築物，同屬於一人所有，而僅以土地或建築物為抵押者，於抵押物拍賣時，視為已有地上權之設定。其地租由當事人協議定之，協議不諧時，得聲請法院定之（第八七六條一項）。又土地及其土地上之建築物，同屬於一人所有，而以土地及建築物為抵押者，如經拍賣，其土地與建築物之拍定人各異時，適用前項之規定（同條二項）。在此情形，即為法定地上權之規定。即拍定人取得建築物所有權時，視為土地所有人為拍定人設定地上權。拍定人取得土地所有權時，視為土地所有人保留地上權於自己。考其立法理由，係以土地及其定著物，為獨立之不動產（第六六條一項），得單獨為抵押權之標的物（第八六〇條），為基於經濟上理由，兼顧拍定人與抵押人之利益故也。

法定地上權之發生，須具備左列要件：

⑴須於設定抵押權當時，土地上已有建築物　第八七六條第一項之法定地上權，須以該建築物於土地設定抵押權時業已存在，並具相當之經濟價值為要件。此與第八三二條所定之地上權，得以約定其存續期

限，於約定之地上權存續期限未屆至前，縱地上之工作物或竹木滅失，依第八四一條其地上權仍不因而消滅者不同（八五臺上四七七）。在設定抵押權當時，必於土地上已有建築物之存在。其後該建築物滅失再行建築者，如當時僅以土地為抵押，於抵押拍賣時，不妨視為已有地上權之設定。若當時僅以建築物為抵押，則抵押權因建築物滅失而消滅。

(2)**須土地及其土地上之建築物，於設定抵押權當時，同屬於一人所有**　若在設定抵押權當時，土地及其上之建築物，同屬於一人所有，其後將土地或建築物分別讓與他人，或將土地與建築物，一併讓與他人，於拍賣抵押物時，不妨法定地上權之成立。苟非二者同屬於一人所有，則於拍賣抵押物後，仍可繼續利用土地之關係，無庸另行擬制已有地上權之規定。

(3)**須經拍賣結果，土地與建築物之所有人各異**　蓋地上權之成立，以使用他人之土地為必要，如抵押之土地或建築物，經拍賣結果，為同一所有人時，自不生使用他人土地之問題，當無成立法定地上權之餘地。

第八七六條之規定，雖係本於公益上理由而設，惟設定抵押權之當事人，以特約排除適用者，是否生效？通說認為，土地及土地上之建築物為一人所有，而僅以土地為抵押者，於拍賣土地時，抵押人不妨拋棄其法定地上權。若僅以建築物供抵押者，於拍賣建築物時，該建築物拍定人亦不妨拋棄其法定地上權，但有反對見解。

2.**土地所有人於設定抵押權後，在抵押之土地上營造建築物者**　就法理言之，拍賣之標的物為抵押物，若抵押物為土地者，僅能拍賣土地。惟土地所有人於設定抵押權後，其使用權能並未喪失，如在抵押之土地上營造建築物者，抵押權人於必要時，得將其建築物與土地併付拍賣。但對於建築物之價金，無優先受清償之權（第八七七條）。所謂「於必要時」，指僅拍賣土地無人應買，或僅拍賣土地所得價金不能受滿足清償之情形而言。此種情形，不過一種便宜辦法，且其優先受償權僅存於地價之上，故非抵押權範圍之擴張。

至於房屋所有人，於設定抵押權後，於原房屋之上增建一層或數層，附於原抵押之房屋者，無論在交易上有無獨立交換價值以及是否獨立之物，均應以抵押權設定時登記之範圍為準，關於增建部分，不在抵押權範圍之內。但有第八七七條規定之情形而有併付拍賣之必要時，得依該條之規定辦理（五三、八、十八最高法院民庭總會決議）。

㈢**拍賣之效果** 抵押物既為抵押權人行使拍賣權而拍賣，則抵押物所有人喪失其物之所有權。其抵押物賣得之價金，按各抵押權人之次序分配之，其次序同者，平均分配之（第八七四條）。為同一債權之擔保，於數不動產上設定抵押權，而未限定各個不動產所負擔之金額者，抵押權人得就各不動產賣得之價金，受債權全部或一部之清償（第八七五條）。於此情形，一個抵押權而有數抵押物，抵押權人得拍賣任何一不動產，就其賣得價金受債權全部或一部之清償，此蓋基於抵押權不可分性之原則。又因拍賣而取得之不動產物權，於買受人領得執行法院所發給權利移轉證書之日，即生取得之效力（強制執行法第九八條），自不以登記為生效之要件（第七五八條）。

二、取得抵押物之所有權

抵押權之行使，以拍賣抵押物為原則。惟拍賣程序繁雜，未必於抵押權人有利，故抵押權人於債權清償期屆滿後，為受清償，得訂立契約，取得抵押物之所有權。但有害於其他抵押權人之利益者，不在此限（第八七八條）。此種情形，學說上謂之「代物清償契約」。此一契約之訂立，須於債權清償期屆滿後，始得為之。若約定債權已屆清償期而未為清償時，抵押物之所有權移屬於抵押權人者，其約定無效（第八七三條二項），此項規定之目的在保護債務人，免其一時之急迫而蒙重大不利。是不動產之信託人與抵押權人約定，於抵押權人對債務人之債權已屆清償期而未為清償時，其信託登記為他人名義之不動產移屬於抵押權人者，基於同一理由，亦應認其約定為無效（八六臺上三九三二）。

訂立取得抵押物所有權契約，應具備左列要件：

㈠**須由抵押權人與抵押人訂立**　若抵押物為第三人所有，抵押權人與債務人訂立此項契約，須經該第三人之承認，始生效力（第一一八條一項）。雖已訂約，仍須經所有權移轉登記後，始生取得所有權之效力（第七五八條）。

㈡**須為受清償而訂立**　必須就抵押權人應受清償之債權額，作為取得抵押物所有權價金之全部或一部。故於取得抵押物所有權之價金，不必與應受清償之債務額完全相同。

㈢**須於債權清償期屆滿後訂立**　此契約之訂立，須在債權清償期屆滿後為之，若於債權之清償期屆至前約定者，其約定無效（第八七三條二項）。

㈣**須無害於其他抵押權人之利益**　同次序之數抵押權人與抵押人訂立契約，共同取得抵押物之所有權，固無不可。若其中一抵押權人與抵押人訂約，單獨取得抵押物之所有權者，即為有害及其他抵押權人之利益。此際其所訂立取得抵押物所有權之契約，對於其他抵押權人不生效力，仍得聲請法院拍賣抵押物。

第八七三條第二項之規定，學說稱為「禁止流質契約」。蓋在保護債務人，免其因一時之急迫，而蒙重大之不利，受債權人之剝削故也。違反本條項之規定者，僅其所為抵押物之所有權，移屬於抵押權人之約定為無效而已，至於抵押權設定契約，並不因之消滅（二二上三三四四）。抵押權人於屆期未受清償，仍得聲請法院拍賣抵押物。若債務人以不動產為擔保，向債權人借款，而有為於債權已屆清償期，未為清償，抵押物之所有權移屬於債權人之約定者，縱未為抵押權設定之登記，其約定仍難認為有效。實務認為：「被上訴人與上訴人訂立買賣契約，以房地作價二萬九千九百元，出賣與上訴人，言明如被上訴人不於約定期限前買回，始負移轉所有權義務，足見並無買賣事實，僅屬抵押借款性質，上訴人未因此項流質契約取得其房地所有權。」（五二臺上三〇〇〇），可供參考。

流質契約依第八七三條第二項規定為無效，所謂無效，僅指該流質契約而言。左列情形，認係流質契約而有該條項之適用：

1. 抵押權人於債權清償期屆滿後，與債務人另訂延期清償契約，附以延期以內不為清償即將抵押物交與債權人營業之條件，與自始附此條件無異，其約定依第八七三條第二項之規定為無效（院一七七九(一)）。

2. 債務人以不動產為擔保向債權人借款，而有流質之約定者，縱未為抵押權設定之登記，該項約定亦屬無效（四〇臺上七六六，四一臺上三〇一）。此在擔保借款契約，凡具有設定抵押權之性質，而有相同之約定者，亦同（五九臺上二三五三）。

3. 借款契約訂有屆期不償，可將抵押物自行覓主變賣之特約，實不啻將抵押物之所有權移轉於抵押權人，按諸第八七三條第二項之規定，其約定為無效（四〇臺上二二三）。

三、拍賣以外之處分方法

抵押權人於其債權清償期屆滿，為受清償，亦得與抵押人訂立契約，用拍賣以外之方法，處分抵押物。但有害於其他抵押權人之利益者，不在此限（第八七八條）。所謂拍賣以外之方法，指凡可以達清償之目的，經雙方同意者，均得為之。例如依通常變賣方法，變賣抵押物，而以代價供為清償。惟無論以何種方法處分抵押物，均不得害及其他抵押權人之利益，故如在抵押物上有其他抵押權人時，應受限制。

抵押權得由第三人以不動產供擔保，為債務人設定之（第八六〇條）。故為債務人設定抵押權之第三人，代為清償債務，或因抵押權人實行抵押權，致失其抵押物之所有權時，依關於保證之規定，對於債務人有求償權（第八七九條）。依此觀之，為債務人設定抵押權之第三人代為清償債務時，固得依關於保證之規定，對於債務人有求償權，但不得據此即謂第三人有代償債務之責任（二三上三二〇一）。從而，為債務人設定抵押權之第三人，並無保證或其他債務責任，抵押權人不得對於該第三人請求代為清償債務。又保證為債權人與保證人間締結之契約，縱為物上保證亦然。第八七九條規定物上保證人求償權之成立，係以物上保證人與債權人訂立物上保證契約並依法登記為前提（七三臺上四四八八）。

第七節　抵押權之消滅

抵押權消滅之原因甚多，除混同、拋棄、主債權消滅及公用徵收等情形外，尚有三種：

㈠**抵押物滅失**　抵押物全部滅失時，抵押權消滅。但因滅失得受之賠償金，應按各抵押權人之次序分配之（第八八一條）。抵押權因抵押物滅失而消滅者，如因滅失得受之賠償金，為抵押權標的物之代替物，在此情形，抵押權即移存於該代替物賠償金之上，抵押權人得就該項賠償金行使其權利，此即所謂物上代位原則。抵押物滅失後，既得之賠償金，抵押權人固得就該項賠償金行使權利。即尚未取得之賠償金，抵押權人依第八八一條但書規定，仍得逕向賠償義務人請求給付。蓋以該項賠償金為抵押物之代替物，抵押權人應有直接支配之權故也。該滅失之抵押物上，原有數抵押權者，其賠償金應按各抵押權人之次序分配之，其次序相同者，平均分配之（第八八一條，第八七四條）。

抵押物一部滅失者，依抵押權不可分性之原則（第八六八條），其抵押權仍存於殘留部分之上，擔保債權之全部，其滅失部分得受之賠償金，亦有第八八一條之適用。又擔保物雖已滅失，然有確實之賠償義務人者，依第八八一條及第八九九條之規定，該擔保物權即移存於得受之賠償金之上，而不失其存在，此即所謂擔保物權之代物擔保性（五九臺上三一三）。惟殘留部分已無不動產之性質者，應解為抵押權消滅。至於抵押權之標的物為地上權、永佃權或典權者（第八八二條），此等權利消滅，抵押權隨之消滅，但此等權利之拋棄，對於抵押人則不生效力。蓋物權之拋棄，雖係單獨行為，得由權利人之意思表示為之，惟與第三人之權利有關係時，應解為不得自由拋棄。例如甲於乙之土地有地上權，又將此地上權抵押於丙，則甲之地上權，為丙抵押權之標的，若許甲拋棄，則妨害丙之利益，故禁止之。

㈡時效　抵押權為物權，民法不認物權有消滅時效，故雖擔保債權之請求權因時效而消滅，抵押權人仍得就抵押物取償（第一四五條參照）。惟以抵押權擔保之債權，其請求權已因時效而消滅，如抵押權人於消滅時效完成後，五年間不實行其抵押權者，則權利狀態永不確定，為求交易之安全，其抵押權消滅（第八八〇條），此乃物權因除斥期間之經過而消滅之例外規定。至於他人因時效而取得抵押物之所有權者，因依時效而取得所有權，屬於原始取得，其上之抵押權，應歸消滅。惟除法定抵押權外（第五一三條），抵押權人既不占有其抵押物，無從防止取得時效之進行，故已登記之抵押權，他人不可能因時效而取得抵押物所有權，致抵押權消滅。又抵押權之設定，具有第一四四條第二項之情形者，因屬拋棄時效利益之默示意思表示，且時效利益一經拋棄，即恢復時效完成前之狀態，是該抵押權擔保債權之消滅時效，重新起算（五〇臺上二八六八）。實務亦以請求權時效期間為十五年，但法律所定期間較短者，依其規定（第一二五條）。故時效期間僅有較十五年為短者，而無超過十五年者。至第一四五條第一項係就請求權罹於時效消滅後，債權人仍得就其抵押物、質物或留置物取償而為規定，第八八〇條係抵押權因除斥期間而消滅之規定，均非謂有抵押權擔保之請求權，其時效期間較十五年為長（五三臺上一三九一）。

㈢抵押權之實行　抵押權人於其債權已屆清償期，而未受清償，為求優先受償，而處分抵押物者，其結果無論已未全部清償，抵押權均因之消滅。

地上權、永佃權及典權，均得為抵押權之標的物（第八八二條）。此種抵押權，乃權利抵押，僅於性質所許範圍內，準用本章之規定。蓋抵押權之標的物為不動產，權利抵押之標的物為權利，二者性質上有異，故如第八六三條之天然孳息，第八六六條之設定地上權，第八七六條之法定地上權，第八七七條之將建築物併付拍賣，均不在準用之列。若依法律直接規定之法定抵押權（第五一三條）及權利抵押權（第八八二條），當然適用本章之規定，自不待言（第八八三條）。

第七章　質　權

第一節　動產質權

一、動產質權之性質

動產質權者，債權人為其債權之擔保，占有由債務人或第三人移交之動產，得先於他債權人就其賣得價金，受清償之物權（第八八四條）。例如債務人甲因向債權人乙借用五萬元，以應急需，為擔保該債務之清償，甲以自己所有手錶一只交付於乙占有，因而成立質權是。故動產質權，以占有標的物為其成立要件，且得拍賣質物，以其賣得價金供債權全部或一部之清償。且動產質權之標的物，限於動產。此種動產必為可讓與之物，如為不得讓與之物，欠缺物之融通性，自不得為動產質權之標的。至於動產為共有者，其應有部分得設定質權，但須使質權人與其他共有人共同占有該動產，始得成立。

動產質權與抵押權，各有其同異之點，分別列之：

⑴同點：

①同為擔保物權及從物權，並以當事人之意思設定。

②債權人於債權已屆清償期而未受清償者，得拍賣擔保物，以其賣得價金優先受償。

③均以擔保債權而存在，具有從屬性與不可分性。

④實行抵押權之方法，與動產質權同（第八九五條，第八七八條）。

⑵異點：

動產質權	抵押權
①標的物以動產為限。	①限於不動產。
②以占有標的物為存續要件。	②不必移轉標的物之占有。
③擔保範圍較廣，及於質物有瑕疵而生之損害賠償。	③擔保範圍較狹，不生抵押物有無瑕疵之賠償問題。
④屆期未清償債權，得拍賣質物，不須聲請法院為之。	④拍賣抵押物，必須聲請法院裁定，始可為之。
⑤債權未清償前，均得占有質物。	⑤債權屆期縱未清償，亦不得占有抵押物。
⑥以占有由債務人或第三人移交之動產為必要。	⑥對於債務人或第三人不移轉占有之不動產設定之。

動產質權既為擔保物權之一，凡擔保物權具有之從屬性、不可分性及代物擔保性，均具有之，此與抵押權同。因之：①債權移轉，動產質權隨同移轉；債權消滅，動產質權隨之消滅。動產質權不得由債權分離而為讓與，或由債權分離而為其他債權之擔保。②動產質權人，於其債權未受全部清償前，得就質物全部行使其權利。故質物之每一部分，係擔保債權之全部；債權之每一部分，係由質物全部擔保之。③因拍

賣質物所得價金，或質物滅失毀損，因而得受之賠償金，均為動產質權標的物之代替物，質權人得就該項價金或賠償金行使其權利。

二、動產質權之取得

㈠法律行為

1.設定行為　動產質權之成立，多由當事人合意為之，其設定行為通常為契約。惟動產質權之設定，係屬物權行為，僅有當事人設定動產質權之合意，動產質權尚未成立，必須由設定人將動產移轉占有於質權人，動產質權始為成立（第八八五條一項）。若質權人占有動產，而受關於占有規定之保護者，縱出質人無處分其質物之權利，質權人仍取得質權（第八八六條）。此為善意取得之一種，旨在保護善意取得動產質權之質權人。

動產質權之設定，以移轉占有為要件；而占有之移轉，因占有物之交付，而生效力（第九四六條一項）。此項移轉，準用第九四六條第二項之結果，其交付不以現實交付為限，簡易交付或讓與返還請求權，均包含在內（第七六一條一項但書及三項）。惟不得依占有改定方法（第七六一條二項），使出質人為現實占有。蓋以占有改定代替交付之方法，因與第八八五條第二項「質權人不得使出質人代自己占有質物」之規定有違，故不在準用之列。實務認為：依第八八五條第一項之規定，質權之設定，因移轉占有而生效力。其移轉占有，固應依第九四六條之規定為之。惟第八八五條第二項既規定質權人不得使出質人代自己占有質物，則第七六一條第二項之規定，自不得依第九四六條第二項準用於質物之移轉占有（二六渝上三一〇）。

2.讓與行為　動產質權具有從屬性，必從屬於債權而存在。故讓與附有質權之債權時，動產質權隨同移轉（第二九五條一項），使受讓人取得動產質權。惟仍須將質權標的物之動產交付於受讓人，始生取得動產質權之效力（第七六一條一項）。

㈡法律行為以外之事實

1.**取得時效**　債權人以實行質權之意思，五年間和平公然占有他人之動產者，取得質權（第七七二條準用第七六八條）。惟此情形，實所罕有。

2.**繼承取得**　動產質權得因繼承而取得，於繼承開始時，繼承人即取得動產質權。

3.**善意取得**　動產質權與所有權同，得依善意取得之方法取得。故第八八六條規定：「質權人占有動產，而受關於占有規定之保護者，縱出質人無處分質物之權利，質權人仍取得質權。」是為質權之善意取得。例如甲以其動產存於乙處，託乙保管，乙未得甲之同意，擅將此動產出質於丙，在丙並不知乙無處分權而受領，丙即取得質權。

三、動產質權之範圍

㈠所擔保債權之範圍　動產質權所擔保債權之範圍，依其設定行為而定，若當事人未為訂定，其所擔保者為①原債權。②利息。③遲延利息。④實行質權之費用。⑤因質物隱有瑕疵而生之損害賠償（第八八七條）。此與抵押權所擔保之債權之範圍相較，除第⑤項外，均屬相同。蓋抵押權不移轉占有，而質權人須占有動產，可能因質物隱有瑕疵，致質權人發生損害，故有此規定。例如債務人交付有傳染病之牛馬於質權人，使質權人自已之牛馬感受傳染而被損害時，質權人對於此損害賠償債權，得在質物上行使權利。至質權人於占有質物當時知質物之瑕疵者，則無請求損害賠償之可言。

在同一動產上設定質權後，如有第二次序以下之質權時，出質人與質權人合意，擴張所擔保債權之範圍者，將有害於第二次序以下質權人之利益，非經此等質權人同意，對之不生效力。

(二)標的物之範圍　動產質權標的物之範圍，除供擔保之質物外，尚應及於其設定時之從物（第六八條二項參照），質權人並得收取質物所生之孳息（第八八九條），此項孳息，除用以抵充收取孳息之費用外，並以抵充原債權之利息及原債權（第八九〇條二項）。若因質物有敗壞之虞，或其價值顯有減少，足以害及質權人之權利者，質權人得預行拍賣質物（第八九二條）。在此情形，賣得之價金，為質物之代替物，此際質權即移存於此種代替物上。質權人於債權已屆清償期，而未受清償者，即得以代充質物受償。又動產質權雖因質物滅失而消滅，但出質人對於第三人，有由標的物滅失所生之損害賠償請求權者，依物上代位法則，質權人得就賠償金取償，與抵押權同（第八九九條）。

四、動產質權之效力

(一)出質人之權利

動產質權之設定，以移轉動產之占有為成立要件，故出質人就出質之動產，無使用收益之權。且質物為質權人占有，出質人雖無事實上之處分權，惟法律上之處分權，出質人並未喪失，並非不得為之。在此情形，出質人除將質物讓與於質權人外，如質權人經出質人同意，將質物出租他人，或他人實際上占有質物，而質權人未喪失其對於質物之占有時（例如他人為受寄人之場合），尚得以簡易交付方法（第七六一條一項但書，第八八五條一項，第九四六條），將質物讓與或出質於該直接占有質物之他人。上項情形，乃在同一動產設定數個動產質權，其質權之次序，依設定先後定之。

(二)質權人之權利

1. **留置質物**　質權人雖無使用質物之權利，但在質權存續期間，有留置質物拒絕出質人請求返還之權。質權人之留置，不外為拍賣之準備行為，其債權一屆清償期，即得拍賣質物。縱令出質人將質物所有權讓與他人，質權人於其債權未受完全清償以前，仍得留置質物而拒絕交付。

2. **收取質物孳息**　質權人得收取質物所生之孳息，但契約另有訂定者，不在此限（第八八九條）。此項孳息，包含天然孳息及法定孳息在內。故質權之效力既及於孳息，則質權人自有先於他債權人以之充清償之權利。其抵充之順序，先為收取孳息之費用，次為原債權之利息，最後為原本。惟質權人應以對於自己財產同一之注意而收取孳息，並以出質人之計算為之（第八九〇條）。

3. **將質物轉質**　動產質權人於質權存續中，得以自己之責任，將質物轉質於他人（第八九一條）。故所謂轉質，乃質權人於質權存續中，為供自己債務之擔保，將質物移轉占有於他人，於質物上設定新質權之行為。在此情形，係在一個動產上設定兩個質權，為非所有人不得處分他人財產之一種例外。在法理上，殊有可議：①動產質權乃擔保物權，僅得為清償之目的處分質物，今許質權人將其質物轉質，無異許其利用質物。②動產質權重在擔保債務之履行，在自己之債權已屆清償期，而未受清償時，始得處分質物，而轉質係於自己之債權未屆清償期，處分質物，顯然違反當事人之意思。

質權人依第八九一條之規定，不經出質人之承諾，以自己之責任，為質物之轉質者，謂之責任轉質。其應具備之要件如左：

(1)須於質權存續期中為之　無論何人不得處分其所無之權利，質權人之轉質權，係基於質權而來，故質權已消滅者，縱質物尚在質權人占有中，仍不得轉質，是質權存續，實為轉質權存續之前提要件。

(2)須以自己之責任為之　對於轉質所生一切責任，均由質權人負責。關於轉質所生損害，如質物因質權人之過失而滅失毀損者，質權人應負賠償責任。

(3)須將質物轉質於第三人　轉質為新質權之設定，仍須具備設定質權之一般要件，故必須將質物移轉占有於轉質權人，始與設定質權之要件相符。

責任轉質後，發生左列效果：

(1)新質權擔保之債額，不得逾原質權所擔保之債額，轉質權人僅得在原質權人對於債務人之債權額限度內，實行質權。

(2)轉質權人之質權雖已屆清償期，而原質權人對於債務人之債權未屆清償期者，轉質人仍不得行使權利。

(3)轉質權人對於質物賣得價金，有較質權人受優先清償之權。故轉質權人對於轉質人之質權，有優先效力，否則轉質權之效力，即與第二次序以下之質權無異。在此情形，出質人欲清償債務取回質物，應先向轉質權人為之。

(4)轉質人對於因轉質所受不可抗力之損失，亦應負責（第八九一條後段）。但縱不轉質，質物仍不免滅失毀損者，其滅失毀損，轉質人不負賠償責任。

質權人得出質人之承諾，為供自己債務之擔保，將質物移轉占有於第三人，於質物上設定新質權之行為者，稱為承諾轉質。民法對此雖無明文，惟承諾轉質之內容，依承諾之範圍定之。此與責任轉質均須移轉占有，並得留置質物以實行質權各點，大致相同。若無特別約定，兩者差異如後：

責任轉質	承諾轉質
①質權人未經出質人之承諾，以自己之責任而轉質。	①質權人得出質人之承諾，為質物之再度設質。
②轉質之範圍，須在原質權範圍內。	②得有效的為超過質權範圍之轉質。
③以自己責任轉質，因轉質所受不可抗力之損失，亦應負責。	③不因轉質而加重質權人之責任。
④質權人在其權利存續中為轉質，若質權消滅時，轉質權人之質權已無可存在。	④質權雖因清償或其他原因而消滅，轉質權人之質權不因而受影響。
⑤質權人之債權雖已屆清償期，但在轉質權人之質權存續中，仍不得實行其質權。	⑤質權人之質權達於實行時，雖在轉質權人之質權存續中，質權人亦得行使質權。

4.**預行拍賣質物**　質物如有敗壞之虞或其價值顯有減少，足以害及質權人之權利者，縱質權人之債權尚未屆清償期，亦得預行拍賣質物，以其賣得價金代充質物（第八九二條）。此項規定，非僅在保護動產質權人，並兼為出質人之利益而設。質權人預行拍賣質物時，應於拍賣前，通知出質人。惟出質人死亡、情形急迫，或有其他情形不能通知者，不在此限（第八九四條）。

㈢質權人之義務

1.質權人應以善良管理人之注意，保管質物（第八八八條）。至動產質權所擔保之債權消滅時，質權人應將質物返還於有受領權人（第八九六條）。如有損害，應負賠償責任。

2.質權人有收取質物所生孳息之權利者，應以對於自己財產同一之注意，收取孳息，並為計算（第八九〇條一項）。如有違反該項注意義務，致出質人受損害時，應負賠償責任。

3.質權人於質權存續中，雖得以自己之責任，將質物轉質於第三人，但因轉質所受不可抗力之損失，亦應負責（第八九一條）。蓋以未經出質人之同意，必須加重質權人之責任，始足保護出質人之利益也。

五、動產質權之實行

實行動產質權之方法，與抵押權同。一為拍賣質物。二為取得質物之所有權。三為拍賣以外之處分方法。分別言之：

㈠拍賣質物 質權人於債權已屆清償期而未受清償者，得拍賣質物，就其賣得價金而受清償（第八九三條一項）。此項拍賣，與拍賣抵押物必須聲請法院為之者，極有區別。就法理言，以依市價變賣，最為妥當（院九八〇參照）。所稱未受清償，不僅指全部未受清償者而言，一部未受清償者，亦包含之。故債務人不得以已為債務一部之清償，阻止質權人拍賣質物（二三上三〇四五）。第八九三條祇謂質權人於債權屆期未受清償時，有拍賣質物優先受償之權利，並非認其必須負有拍賣之義務，故質權人就質物行使權利或逕向債務人請求清償，仍有選擇之自由，要無因拋棄質權，而債權亦歸於消滅之理（四九臺上二二一一）。至質權人拍賣質物應於拍賣前通知出質人，但不能通知者，不在此限（第八九四條）。若在同一質物上，先後設定次序不同之數個動產質權，而拍賣質物所得價金，不足清償各質權人全部債權者，應按各質權人之次序分配之（第八七四條參照）。

㈡**取得質物之所有權**　質權人於債權清償期屆滿後，為受清償，得訂立契約取得質物之所有權（第八九五條，第八七八條）。此種代物清償契約，須無害於其他質權人之利益。若在設定動產質權當時，或於債權清償期屆滿前，為屆期未為清償，質物之所有權移屬於質權人之約定者，其約定無效（第八九三條二項）。此種流質契約之禁止，依物權編施行法第一四條之規定，於當舖或其他以受質為營業者，不適用之。

㈢**拍賣以外之處分方法**　質權人於清償期屆滿後，為受清償，得訂立契約，用拍賣以外之方法，處分質物。但有害於其他質權人之利益者，不在此限（第八九五條，第八七八條）。

六、動產質權之消滅

㈠**主債權之消滅**　動產質權為從物權，以其主債權之存在為其成立要件，故其所擔保之債權消滅者，從屬於該債權之動產質權，當然隨同消滅（第八九六條）。在債務承擔之情形，債權雖未消滅，但從屬於該債權之動產質權，如係由第三人提供動產而設定者，除該第三人對於債務之承擔已為承認外，因債務承擔而消滅（第三〇四條二項）。主債權因時效而消滅者，依第一四五條之規定，債權人仍得就質物取償。

㈡**質物返還**　動產質權，以繼續占有為要件，於動產質權成立後，質權人將質物返還於出質人者，其質權消滅（第八九一條一項）。所謂返還，即事實上交付標的物於出質人占有，至其交付之原因如何，則非所問。質權人如將質物寄託於出質人託其保管，而保留其質權繼續存在者，其保留無效（同條二項）。蓋不如此，第八八五條第二項之禁止規定，等於虛設。

㈢**喪失占有**　質權人喪失其質物之占有，不能請求返還者，其動產質權消滅（第八九八條）。所謂不能請求返還，即不能依第七六七條，第九四九條，第九六二條請求返還質物是。因質物之占有，既經喪失，而不能請求返還，自無從屆期拍賣質物，故在此情形，動產質權應歸消滅。動產質權人並無第七六七條之返還請求權，故質物被侵奪後一年間不請求返還者（第九六三條），如經侵奪人以時效完成為抗辯，質權人當無主張依第七六七條請求返還質物之餘地。

㈣**質物滅失** 質物滅失時，質權缺其存立之基本要件，當然歸於消滅（第八九九條）。但出質人有對於第三人，由標的物滅失所生之損害賠償請求權者，依物上代位法則，動產質權人得就其賠償金上，行使權利。又動產質權有不可分性，故標的物一部滅失者，質權仍不消滅。

第二節 權利質權

一、權利質權之性質

權利質權者，以所有權以外之財產權為標的物之質權也。得為此種質權之標的物者，非有體物而為權利，如債權質權之設定，有價證券之質入等，大都可以讓與移轉，供為擔保債權之實行。故可讓與之債權及其他權利，均得為質權之標的物（第九〇〇條）。故權利質權之標的，存於所有權以外之財產權。此種物權，係存於權利之上，並非存於不動產或動產之上。凡財產權之有讓與性者，固均得為權利質權之標的，惟權利質權，係以就質入權利之價值，受債權優先清償為目的之物權，而權利質權之設定，應依關於其權利讓與之規定為之（第九〇二條）。故必須可以讓與之債權或其他權利，始得為權利質權之標的物。

權利質權，既以可讓與之債權及其他適於出質之權利為標的，其與動產質權有異者，僅標的物為權利而非動產而已。故權利質權，除本節有規定外，準用關於動產質權之規定（第九〇一條）。至於準用之範圍，除第八八五條第一項，因第九〇二條、第九〇八條已有特別規定，不在準用之列外，第八八五條第二項關於質權人不得使出質人代自己占有證明權利之文件或質物，應予準用。

權利質權之標的，應按左列權利之性質定之：

㈠**物權**　用益物權中之地上權、永佃權及典權，均為不動產物權，與權利質權之性質不能相容，故不得為權利質權之標的。擔保物權中之動產質權及留置權，具有從屬性，質權人或留置權人，不得以質權或留置權單獨讓與他人，而自己保留其債權，亦不得由債權分離而為其他債權之擔保。故動產質權或留置權，均不適為權利質權之標的物。惟以其所擔保之債權設定權利質權時，動產質權及留置權隨同移轉於權利質權之質權人（第九〇二條，第二九五條一項），此時應將質物或留置物交付。是第九〇〇條所定之權利質權，其標的物以可讓與之債權及其他權利為限。依第九〇一條所定權利質權準用動產質權之規定觀之，不動產物權自不適用為權利質權之標的物。抵押權為不動產物權之一種，無從準用關於動產質權之規定，如以抵押權為權利質權之標的物，不生權利質權之效力（六九臺上三一一五）。

㈡**債權**　債權得分為普通債權及證券債權二種，其附有擔保物權者（如抵押權、動產質權），原則上有從屬性，與主債權同為權利質權之標的，惟其結果仍為債權質權之範圍，並非認此等擔保物權之本身，得為權利質權之標的物。所謂債權，不以金錢債權為限（第九〇六條），其給付之標的，有財產價格者，固為債權，即不以有財產價格為給付標的之債權，亦僅因其性質不得讓與者，不得為權利質權之標的。又所謂不得讓與之債權，大別有三：①性質上不得讓與者，例如委任、承攬、僱傭關係所生之債權，及因身分關係所生之扶養費請求權是。②當事人以特約禁止讓與之債權，惟禁止讓與之特約，不得對抗善意第三人。③

債權禁止扣押者及非財產上損害之賠償請求權。此等不得讓與之債權，自不適於為權利質權之標的。

因之，權利質權之設定，除別有規定外，應依關於其權利讓與之規定為之，此項權利質權設定之通則，對於以「債權」為標的物之質權，仍有適用。又債權讓與，債務人於受通知時，所得對抗讓與人之事由，皆得以之對抗受讓人（第二九九條一項）。所謂得對抗之事由，不以狹義之抗辯權為限，而應廣泛包括凡足以阻止或排斥債權之成立、存續或行使之事由在內。蓋債權之讓與，在債務人既不得拒絕，自不宜因債權讓與之結果，而使債務人陷於不利之地位（八四臺上二七五八）。又債務人於受債權讓與通知時，對於讓與人有債權時，如其債權之清償期，先於所讓與之債權，或同時屆至者，債務人得對於受讓人主張抵銷（第二九九條二項）。此項規定，依第九〇二條規定，對於權利質權之設定，仍有其準用。是為質權標的物之債權，其債務人於受質權設定之通知時，對於出質人有債權，如其債權之清償期，先於為質權標的物之債權，或同時屆至者，債務人自得於同額內主張抵銷之（八六臺上一四七三）。

權利質權之設定，不外為債權創設的讓與，從而以債權為標的之質權，無異以債權為母權之子權。債權之讓與，因處分而生完全移轉占有之效力，而質權之設定，其標的之債權主體，仍屬於設定人，不生移轉之效力。於此情況下，該債權之債務人可得對抗債權人之事由，如認為於債權讓與可得對抗，而於質權設定時不得對抗，亦非立法本意，顯而易見（八六臺上二八五〇）。

權利質權之標的物，必須為可讓與並與質權性質無違之財產權，除此以外，均不得設定之。關於何種權利不得為權利質權之標的物，具體言之：

1. **性質上不得讓與之債權或權利**（第二九四條一項一款）例如公益社團法人之社員權、扶養請求權、不作為債權等，多不具讓與性。但租賃權、勞務請求權、處理委任事務請求權，於出租人、受僱人或受任人同意時，仍得讓與（四三臺上四七九，第四八四條一項，第五四三條）是為例外。

2. **依法律規定不得讓與之債權或權利** 例如非財產上損害賠償請求權（第一九五條，第九九九條，第一〇五六條），終身定期金權利（第七三四條）均屬之。

3. **法律禁止扣押之債權**（第二九四條一項三款） 例如公務人員保險法上請領保險給付之權利，強制執行法第一二二條所定債務人對於第三人之債權係維持債務人及其家屬生活所必須者，乃因公益上理由而不得設定質權。

4. **依當事人特約不得讓與之債權**（第二九四條一項二款） 因當事人既以特約禁止其讓與，故此等債權不得設定質權。但此項不得讓與之特約，不得以之對抗善意第三人。

二、權利質權之設定

㈠設定行為之準則

權利質權之設定，除本節有規定外，應依關於其權利讓與之規定為之（第九〇二條），此為權利質權設定之準則。故不問何種權利，除有次述特則外，均須依權利讓與之規定為之。例如普通債權、無體財產權或股份設定權利質權，均依債權、無體財產權及股份讓與之規定為之。是以債權設定權利質權者，除依第九〇四條以書面為之外，如債權有證書者，並應交付其證書於質權人，另須依第二九七條規定，通知債務人。以無體財產權中之著作權設定權利質權者，須依著作權法之規定完成註冊，始能對抗第三人。如以公司股份設定權利質權，其股票為記名者，須依公司法在股票及股東名簿記載等是。

權利質權之取得，除設定行為外，尚有繼承、時效取得、善意取得三種。因時效而取得權利質權，在理論上雖無不能（第七七二條），然事實上究屬罕見。至於善意取得，僅於無記名證券，有其適用（第八八六條，第九〇一條，第九五一條）。

㈡設定行為之特則

1. 債權質權之設定　以債權為標的物之質權，稱為債權質權。以債權為標的物之質權，其設定應以書面為之，如有證書者，並應交付其證書於債權人（第九〇四條）。故債權質權之設定，係屬要式行為，無論有無證書，均須有此設定質權之書面，否則不生設定權利質權之效力（第七三條）。又依第九〇二條規定，債權質權之設定，尚須依第二九七條通知債務人，否則對於債務人不生效力。

2. 證券質權之設定　以證券為標的物之質權，稱為證券質權。此等質權，以無記名證券為標的物者，因交付其證券於質權人，而生設定質權之效力（第九〇八條前段）。故以無記名證券為標的物者，因交付其證券於質權人而生設定質權之效力，於第九〇八條已有特別規定，自無須再以書面為之（二九上三六四）。若以無記名證券以外之其他有價證券為標的物者，其設定除須當事人合意及交付其證券於質權人外，並應以背書方法為之，始生設定質權之效力（第九〇八條後段）。故有價證券中之指定證券或記名證券，除不得讓與者外，均得為證券質權之標的物。

三、權利質權之效力

㈠債權質權之效力　以債權設定權利質權後，出質人即債權人並未喪失其債權。故為質權標的物之債權，其債務人受質權設定之通知者，如向出質人或質權人一方為清償時，應得他方之同意。他方不同意時，債務人應提存其為清償之給付物（第九〇七條）。嗣後質權人之質權，當然存於提存物或提存金之上。又給付物，若不適於提存或有毀損滅失之虞，或提存需費過鉅者，債務人得聲請法院拍賣，而提存其價金（第三三一條參照）。

㈡**證券質權之效力**　質權，以有價證券為標的物者，其附屬於該證券之利息證券、定期金證券或分配利益證券，以已交付於質權人者為限，其質權之效力，及於此等附屬之證券（第九一〇條）。蓋此等證券所代表之權利，固為從權利或孳息，在原則上為主證券質權效力之所及。然證券上權利之行使，與證券之占有有密切之關係，故必須將此等證券交付於質權人，質權之效力始及於此等證券。

㈢**對於出質人之效力**　為質權標的物之權利，非經質權人之同意，出質人不得以法律行為使其消滅或變更（第九〇三條）。此即出質人之處分權應受限制，如拋棄其權利，或減縮其權利之內容，或延長第三債務人之清償期限，均與質權人之權利有重大關係。若未經質權人之同意，其處分行為，對於質權人不生效力。本條對於善意之權利取得，並不因此規定而受影響（七二臺上三二三三）。

四、權利質權之實行

㈠**債權質權之實行**　一般債權，不適於拍賣。通常情形，應使質權人得直接索取為質權標的之債權，以供自己債權之清償。至其實行方法，區別為二：

1. **為質權標的之債權，其清償期先於所擔保之債權之清償期者**　為質權標的物之債權，其清償期先於其所擔保債權之清償期者，質權人得請求債務人提存其為清償之給付物（第九〇五條）。在此情形，質權人之債權，尚未屆清償期，無從預測出質人屆期是否清償，故不得於此時實行其質權，質權人有請求第三債務人，提存標的物之權利。標的物提存後，質權人之質權，即移存於該提存物上，而不以債權為標的。

2. **為質權標的之債權，其清償期後於所擔保之債權之清償期者** 為質權標的物之債權，其清償期後於其所擔保債權之清償期者，質權人於其清償期屆滿時，得直接向債務人請求給付。如係金錢債權，僅得就自己對於出質人之債權額，為給付之請求（第九〇六條）。此種情形，即以收取之金錢，抵充其債權，視為已受出質人全部或一部之清償。給付物若係金錢以外之物，質權人之質權存於其所受領之物上。

㈡ **證券質權之實行** 質權以無記名證券、票據或其他依背書而讓與之證券為標的物者，其所擔保之債權，縱未屆清償期，質權人仍得收取證券上應受之給付。如有預行通知證券債務人之必要，並有為通知之權利，債務人亦僅得向質權人為給付（第九〇九條）。此種情形，實為第九〇五條「必俟質權人自己之債權已屆清償，始得行使權利」之例外。蓋證券上之權利，與證券有密切關係，限於證券持有人，始有受領給付之權利。

第八章 典 權

第一節 典權之性質

典權者，謂支付典價，占有他人之不動產，而為使用收益之物權（第九一一條）。乃明定典權為用益物權，非以典價之支付成立借貸關係（院二一四六，三三上一七九）。典權與地上權、永佃權及地役權，同為使用他人不動產之物權，典權人就典物為使用收益與所有人得自由使用收益其所有物之情形，並無不同（第七六五條）。典權人就典物為使用收益，必須占有典物。故占有他人之不動產，為典權人就他人不動產為使用收益之當然結果，而非典權之成立要件。蓋設定典權，如已依第七五八條登記，自不得僅以典權人尚未占有出典人之不動產之故，而謂典權尚未成立。在此情形，應認典權人於登記完畢時即已取得典權，得請求出典人交付不動產而為使用收益。且典權人占有典物，不以直接占有為必要，以占有改定方法，由出典人繼續占有出典之不動產，而訂立租賃或其他契約，使出典人因此取得間接占有，亦無不可，故認「占有他人之不動產」，並非典權之成立要件，不惟學者持此見解，判例亦有揭明：

①出典人受領典價，而未將典物之占有移轉於典權人者，典權人得請求交付典物，以便使用收益（院解三一三四）。

②民法第九一一條所稱之占有，不以典權人直接占有為必要。出典人於典權設定後，仍繼續占有典物者，如已與典權人訂立契約，使出典人因此取得間接占有時，即不得謂典物之占有，尚未移轉於典權人（三三上三七五四）。

③典權與抵押權之根本不同，不在標的物有否移轉占有。蓋在抵押權之設定，仍可依其他法律關係移轉抵押物之占有（例如第八七八條）。故典權之成立，應不以移轉占有為要件，始符不動產用益物權之本質（五四臺上一八七〇）。

典權之設定，必為有償，並為使用收益之用益物權，及因設定行為而發生各點，與永佃權同。惟其性質，有下列差異：

典權	永佃權
①標的物為土地及建築物。	①標的物限於土地。
②對於典物之使用收益，並無限制。	②支付佃租，永久在他人土地上而為耕作牧畜。
③典權之期限，最長不得超過三十年。	③永久存續，並無期間之限制。
④出典人所取得之典價，於回贖典物時，須返還典權人。	④佃租一經支付，即屬土地所有人所有，於永佃權消滅時不生返還問題。
⑤因回贖或找貼而消滅。	⑤因撤佃或拋棄而消滅。
⑥支付典價，為典權發生之要件。	⑥支付佃租，為使用土地之對價。

⑦典權人得因出典人到期不贖而取得典物所有權。	⑦永佃權消滅時，永佃權人有返還土地之義務。

典權與抵押權之標的物，均為土地及建築物，並須經登記始生效力。但二者有左列區別：

典權	抵押權
①用益物權。	①擔保物權。
②占有典物而使用收益。	②抵押權人不占有抵押物，對抵押物無使用收益之權。
③典權得單獨讓與，或為抵押權之標的物。	③抵押權人不得將其抵押權由債權分離而為讓與，或為抵押權之標的物。
④典權人得以典物之收益抵充典價之利息。	④抵押人須就抵押物所擔保之債務支付利息。
⑤典價作為取得典權之對價。	⑤抵押權所擔保之債權額，並非抵押權之對價。
⑥典物之危險由出典人與典權人分擔（第九二〇條）。	⑥抵押物之危險由抵押人負擔（第八七二條，第八八二條）。
⑦出典人有回贖之權利，而無回贖之義務（第九二三條，第九二四條）。	⑦抵押權人得就所擔保之債權，向債務人請求清償。
⑧出典人放棄回贖時，典權人即取得所有權（第九二三條，第九二四條）。	⑧抵押權人於債權屆清償期而未受償時，非當然取得抵押物所有權（第八七三條）。

⑨典權在十五年以上時，得附到期不贖即作絕賣之條款（第九一三條）。	⑨抵押權不得附有流質條款（第八七三條二項）。

又典價之性質，雖與買回契約之價金相似，但典權與買回契約，並不相同：

典　權	買　回　契　約
①典權為物權。	①買回權為債權。
②設定典權後，出典人對於典物仍有所有權。	②契約成立後，出賣人須交付標的物，使買受人取得該物之所有權。
③典權之回贖，在消滅典權，除去典權對於所有權所受之限制。	③買回契約之買回其標的物，為出賣人對於標的物所有權之再取得。
④典權之回贖期限，為出典人停止行使回贖權之期間。	④買回期限為出賣人得行使買回權之期間。
⑤典權回贖之價金，以原典價為限。	⑤買回之價金得另行約定，不以原買賣價金為限。
⑥典權約定之期限，不得逾三十年。	⑥買回之期限，不得超過五年。

典權與租賃二者，目的雖均在使用收益，但本質上頗有差異：

典權	租賃
①物權，有對抗一般人之效力。	①債權，僅特定當事人間有其效力。
②典權之標的物以不動產為限。	②租賃之標的物，得為動產或不動產。
③典權之期限不得逾三十年。	③租賃之期限，不得逾二十年。
④出典人於典權期限內，不負使典物保持合於約定使用收益狀態之義務。	④出租人於租賃關係存續中，負有此項積極義務。
⑤出典人取得之典價，於典期屆滿回贖典物時，須返還典權人。	⑤租賃之租金，一經交付即歸出租人所有，無須返還承租人。
⑥典權人得將典權讓與他人或將典物轉典。	⑥承租人原則上不得將租賃權讓與他人，或將租賃物轉租。

第二節　典權之取得

典權之取得，得分為基於法律行為及基於法律行為以外之事實兩種。分別述之：

㈠**法律行為**　可分為典權之設定，典權之讓與及轉典三種：

1. **典權之設定**　典權之設定行為，有為契約者，有為遺囑者，均須作成書面，且非經登記不生效力。在同一不動產上，不得設定數典權（五上八七七）。土地與房屋同屬一人所有，能否僅以房屋或土地出典，或分別出典於二人；就理論言，因典權人須就典物為使用收益，單獨出典房屋之地基，典權人無從就地基為使用收益，故應解為不得為之。如單獨出典房屋，典權人得就房屋為使用收益，自法理上言，似無不可。惟實務見解，與此有異：認為房屋與地基同屬一人所有者，其所有人設定典權之書面，雖僅載明出典房屋若干間，並無地基字樣。但使用房屋必須使用該屋之地基，除有特別情事，可解釋當事人之真意，僅以房屋為典權標的外，自應解為地基亦在出典之列。典權人依民法第九二三條第二項之規定，取得典物所有權時，當然包括地基在內（院解三七〇一，院解四〇九四，八一臺上二二一七）。此種情形，在物權登記地區，並無適用餘地（第七五八條參照）。

各共有人雖得自由處分其應有部分，所謂自由處分，包含設定負擔在內（第八一九條一項）。惟應有部分，係指一個所有權幾分之幾，非指一個所有物幾分之幾而言，故凡須占有使用標的物之權利，均與應有部分之性質不相容，且有害他共有人之利益，各共有人自不得就其應有部分設定各該權利。出典人須將典物交付典權人使用收益，故各共有人無從將其應有部分設定典權。至於數人有建築物區分所有權時（第七九九條），得以建築物之一部設立典權，自不待言。

2. **典權之讓與** 典權有讓與性，典權人得以其典權讓與他人。有典權之讓與行為時，受讓人取得讓與人同一之權利。至其必須作成書面並經登記，則與設定行為同。

3. **轉典** 典權存續中，典權人得將典物轉典（第九一五條一項）。在此情形，典權人將其典物交付他人使用收益，而收取其支付之典價，即於典物上設定新典權，該他人因轉典而取得典權。

㈡法律行為以外之事實 典權為財產權，得依繼承取得。被繼承人之典權，由於繼承開始之事實，其繼承人當然取得典權。惟非經繼承登記，不得處分其典權（第七五九條）。至於典權能否依時效取得，見解不一。主張典權不能依時效而取得者，認典權之成立，以支付典價為要件，則占有人如支付典價，而業主收受時，亦等於因合意而設定；如不支付典價而僅占有時，又與典權之成立要件不合，故典權在事實上不可能因時效而取得。主張典權得因時效而取得者，認時效為法律事實中之自然狀態，依第七七二條典權為所有權以外之財產權，自可準用不動產所有權取得時效之規定，可因時效而取得。例如甲將乙之不動產盜典與丙，由丙支付典價與甲後，則丙得依第七六九條或第七七〇條之規定，請求登記為典權人。余則認為，典權乃財產權之一，且因時效取得權利之效力，又非溯及占有開始時發生，故因時效而取得典權，雖有可能，但占有人既能完成二十年或十年之時效期間，何不逕行取得所有權，獨願取得典權，故上述事例，實所罕見。

第三節　典權之期限

典權之期限，與通常所稱權利存續期間之觀念有別。例如地上權訂有期限者，於其期限屆滿時，權利即歸消滅；而典權之期限，乃限制回贖權之行使。故典權訂有期限者，在其期限屆滿前，出典人不得向典權人回贖，於期限屆滿後，出典人不於二年內為回贖者，在此二年之中，其典權仍復存在，經過此二年，典權人即取得所有權。

典權約定期限不得逾三十年，逾三十年者，縮短為三十年（第九一二條）。此項約定期限，在屆滿前，得由當事人合意伸長或縮短。但此為典權內容之變更，須經登記始生效力。無論如何伸長，連同已經過之期限合計，仍受不得逾三十年之限制。典權約定期限不滿十五年者，不得附有到期不贖即作絕賣之條款（第九一三條）。蓋附有到期不贖即作絕賣之條款，與出典人甚為不利，故禁止之。至於絕賣條款之效力，止於絕賣。此與第九二三條第二項、第九二四條但書所定典權人即取得典物所有權之情形，稍有不同，故於絕賣條款生效後，典權人並未取得典物所有權，僅得依該絕賣條款，請求出典人為典物所有權之移轉登記而已。

第四節 典權之效力

一、典權人之權利

㈠占有及使用收益權 典權人須占有典物而為使用收益（第九一一條），此為典權最主要之效力。典權人既占有典物，應受占有規定之保護（第九六二條），並有物上請求權（第七六七條，第七七二條），故典物被侵奪時，典權人不獨基於占有，並得基於典權，行使與所有人相同之權利，是為當然。

㈡轉典權 典權存續中，典權人得將典物轉典於他人（第九一五條一項）。此係典權人收取典價，將典物交付他人使用及收益，於典物上設定新典權之行為。故轉典並非典權人處分其典權，而係典權人處分典物，惟典權人之典權並未喪失，將來出典人回贖典物時，應向典權人及轉典權人各為回贖之意思表示，並向典權人提出多於轉典價部分之原典價，向轉典權人提出轉典價，始得請求轉典權人返還典物，其僅向典權人提出原典價回贖者，不得以之對抗轉典權人（三三上一九一六）。如屆期出典人不回贖典物，關於所有權之取得，應屬於典權人而非轉典權人（院一七八七）。

依第九一五條規定，轉典須具備下列要件：①須在典權存續中。②須無禁止之特約或習慣。③轉典之期限，不得逾原典權之期限；原典權未定期限者，轉典亦不得定有期限。④典價不得超過原典價。在此情形，轉典權人對於典物取得轉典權，在原典權範圍為使用收益。出典人得向原典權人取贖，並追及典物之所在，逕向轉典權人回贖，原典權之法律關係，不因轉典而受影響。至於典權人對於典物因轉典所受之損害，雖無故意或過失，亦應負賠償責任（第九一六條），是為轉典最主要之效力。

第九一五條設定之轉典權為物權之一種，不僅對於轉典權人存在，對於出典人亦有效力。故出典人回贖典物應向典權人及轉典權人各為回贖之意思表示，如出典人回贖典物時，典權人及轉典權人，對於其回贖權有爭執者，得以典權人及轉典權人為共同被告，提起確認典權及轉典權不存在，並請求轉典權人返還典物之訴（四六臺上五五五）。而轉典為典權之再設定，轉典權亦為物權之一種，原典權人於取得典物所有權後，轉典權人之權利，仍有效存在。此際原典權人對於轉典權人言，其地位與出典人無異，而轉典權人對於原典權人取得之權利，亦與典權人相同。從而出典人及原典權人均逾期不回贖時，轉典權人即取得典物之所有權（八一臺上二九九）。

典權人將典物出租於他人後，是否尚得轉典？學者概採肯定見解。如係轉典於承租人後，僅須依第九四六條第二項準用第七六一條第一項，以簡易交付方法，將典物移轉占有於轉典權人（承租人）即可。如係轉典於承租人以外之人者，典權人將出租之權利讓與於轉典權人，並通知承租人，使轉典權人取得出租人地位，因而對於典物取得間接占有。典權人將典物出租後，可否再為轉典，使轉典權人向承租人收取租金以成其使用收益之權？實務認為不得為之。蓋於此情形，承租人與典權人間之關係，不能當然援用第四二五條之規定使其繼續，僅另發生租賃關係，應適用關於租賃之規定（院七三七）。

㈢**出租權**　典權存續中，典權人得將典物出租於他人。但契約另有訂定或另有習慣（第九一五條一項）。其租賃期限，須在原典期以內。典權未定有期限者，租賃不得定有期限（同條二項）。若出典人於典期屆滿後，不為回贖，承租人仍得繼續就典物行使其租賃權。典權人對於典物因出租所受之損害，應負賠償責任（第九一六條）。

㈣**相鄰權**　典權係支付典價而取得用益他人不動產之權利，其所加於所有人對於所有物支配之限制，大於任何不動產物權，故典權人之地位，實與不動產所有人無異。凡土地所有人間，因土地相鄰關係所享有之權利及負擔之義務，典權人均應享有或負擔。故第七七四條至第八〇〇條之規定，於典權人間或典權人與土地所有人間，準用之（第九一四條）。

㈤**處分權**　典權為無專屬性之財產權，具有讓與性，故典權人得將典權讓與他人（第九一七條一項），並得將之設定抵押，以供債權之擔保（第八八二條）。在典權之讓與，受讓人對於出典人取得與典權人同一之權利（第九一七條二項）。是此情形，典權與地上權及永佃權同得為抵押權之標的。又典權設定抵押權後，抵押權之標的物為不動產，學者稱為準抵押權，得準用抵押權之規定（第八八三條）。無論讓與或設定抵押權，均應依第七五八條規定登記始生效力。又典權之讓與，與轉典之性質及效力，有左列之異同：

⑴同點：

①無須出典人之同意，得自由為之；轉典權人或受讓人取得典權後，得為使用收益。

②同為物權行為，須作成書面，並經登記始生效力。

③出典人得逕向轉典權人或受讓人回贖。

(2)異點：

典權讓與	轉典
①典權讓與後，典權人完全脫離典之關係。	①典權人雖將典物轉典，並未脫離典之關係。
②因讓與所受之損害，讓與人不負賠償責任。	②因轉典所受之損害，典權人負賠償責任。
③出典人不得以特約禁止讓與。	③出典人得以特約禁止轉典。
④典權讓與後，受讓人得拋棄其典權。	④轉典權設定後，原典權人不得拋棄其典權。
⑤讓與行為具買賣性質，價金並無限制。	⑤轉典之典價，不得超過原典價。

(六)**留買權**　出典人將典物之所有權讓與他人時，如典權人聲明提出同一之價額留買者，出典人非有正當理由，不得拒絕（第九一九條）。典權人行使此項留買權，須對於出典人聲明提出同一之價額，但無優先於他人而購買之權利。故典權人之留買權，僅為典權人知悉出典人將典物之所有權讓與他人時，在出典人無正當理由下，提出同一價額，阻止其讓與，請求由自己購買而已。聲明留買之時期，應在出典人與第三人買賣契約尚未成立之前。出典人違反關於留買之規定，而將典物之所有權讓與他人時，典權人僅得向出典人請求賠償損害，不得主張受讓典物所有權之契約無效。故出典人於其讓與典物所有權於他人之契約已生效力後，復以之讓與典權人時，即係無權利人所為之處分，非經該他人之承認，不生效力（二九上二〇）。蓋

此情形，出典人與第三人之契約，已為移轉所有權登記，則祇能向出典人請求不履行之損害賠償而已（二三上三六二三）。

㈦**重建修繕權**　典權存續中，典物因不可抗力致全部或一部滅失者，典權人除經出典人同意外，僅得於滅失時滅失部分之價值限度內，為重建或修繕（第九二一條）。故典權人就滅失之典物，於其滅失時之價值限度內，有重建或修繕之權。因第九二〇條第一項規定，典物因不可抗力致全部滅失或一部滅失者，就其滅失之部分，典權與回贖權均歸消滅。是以典權人就滅失部分之典物，並無重建或修繕之義務。所謂重建或修繕，係指出典之建築物而言。於土地有滅失時，不生此問題。典物縱因不可抗力而滅失者，典權人仍有重建修繕之權，使其得達繼續用益之目的。

㈧**找貼權**　出典人於典權存續中，表示讓與其典物之所有權於典權人者，典權人得按時價找貼，取得典物所有權（第九二六條一項）。所謂找貼，乃出典人表示將典物所有權讓與典權人，典權人表示願買，除以典價充作價金之交付外，找回差額與出典人之行為。此種行為，實為典權人之權利，而非其義務。故出典人將典物別賣他人時，典權人之留買權（第九一九條），不因之而受影響。找貼，固須在典權存續中為之，然其找貼，以一次為限（同條二項）。典權人為找貼後，非即取得典物所有權，仍須作成書面，非經登記不生效力（第七六〇條，第七五八條）。

㈨**求償權**　典權人因支付有益費用，使典物價值增加，或依第九二一條之規定重建或修繕者，於典物回贖時，得於現存利益之限度內，請求償還（第九二七條）。依此規定，典權人得請求償還之費用，以條文列舉者為限。此種費用，係指支出時之價額，多於現存之利益額而言，典權人始可在現存利益之限度內，請求償還（三二上二六七二）。出典人回贖典物時，係出典人行使回贖權，並非對於典權人之請求權。故出典人縱未提出其依第九二七條應償還之費用，典權人亦不得以此項費用未償還為拒絕出典人回贖典物之理由（三二上三二六四）。

二、典權人之義務

㈠**損害賠償**　典權人對於典物因轉典或出租所受之損害，負賠償責任（第九一六條）。在典權存續中，因典權人之過失，致典物全部或一部滅失者，典權人於典價額限度內，負其責任。但因故意或重大過失致滅失者，除將典價抵償損害外，如有不足，仍應賠償（第九二二條）。惟出典人已受第三人之全部損害賠償者，則不能向典權人請求；典權人對於出典人為賠償者，有賠償代位之適用（第二二八條參照）。

㈡**返還典物**　典權人既有典物，則於典權消滅時，應將典物返還出典人。故因出典人回贖典物，或典權人拋棄其典權而典權消滅時，均負返還典物於出典人之義務，典物為土地，典權人在土地上設置工作物或有竹木者，其情形與地上權消滅無異，應類推適用第八三九條，第八四〇條第一項之規定。

㈢**分擔損失**　典權存續中，典物因不可抗力致全部或一部滅失者，就其滅失部分，典權與回贖權，均歸消滅（第九二〇條一項）。前項情形，出典人就典物之餘存部分為回贖時，得由原典價中扣減典物滅失部分滅失時之價值之半數，但以扣盡原典價為限（同條二項）。由此可知，典物因不可抗力全部滅失時，典權人不能收回典價，應負擔典價之損失。典物因不可抗力一部滅失時，典權人應與出典人平均分擔損失，即有分擔該部分滅失時價值之半數之責任。在第九二〇條之規定，僅於出典人就典物餘存部分為回贖時，始有適用，否則典權人無回贖請求權，自不得請求返還典價（院一九九四）。

三、出典人之權利義務

㈠**典物所有權之讓與** 出典人於典權設定後，得將典物之所有權讓與他人（第九一八條）。出典人將典物之所有權讓與他人時，典權人有留買權（第九一九條）。蓋以出典人於設定典權後，對典物仍保有所有權，而典物又為物權，出典人縱將典物所有權讓與於他人，於典權不生影響（一九上四九一），此際出典人之回贖權一併移轉於受讓人，不得仍以出典人地位，向典權人回贖典物（三一上一六五五）。

㈡**設定抵押權** 出典人在同一不動產上，固不得再設定典權，亦不得再設定與其有相同內容或與之相牴觸之物權，例如地上權或永佃權等用益物權是。蓋典權既為物權之一種，自有排他效力。但與之不相牴觸之物權，例如抵押權為擔保物權，兩者性質並非不能相容故也。故典權人得以其典權為債務之擔保而設定抵押權（第八八二條）。雖在第九一八條第一項明定出典人以讓與所有權為限，不得設定其他之物權云云。然不動產所有人於同一不動產設定典權後，所有權既未喪失，故於不妨害典權之範圍內，仍得為他人設定抵押權，此際典權與抵押權自應以登記之先後，決定其優先效力之次序（院一九二，釋一三九）。蓋不動產所有權之讓與及設定抵押權，同為不動產所有人處分不動產之行為，就處分之程度言，讓與高於抵押，讓與既可為之，抵押當無不可，此種將典物設定抵押權之行為，其標的物為不動產，與在典權上設定抵押權（第八八二條），其標的物為典權之情形，應嚴加區別。上項情形，發生左列效果：

①出典人於典權設定後，於典物上設定抵押權者，基於物權優先之效力，先成立之典權，有優先於後成立之抵押權之效力。

②以抵押權擔保之債權清償期，不得在第九二三條第二項及第九二四條所定典權人取得典物所有權

之後，否則即係妨害典權人之典權。

③拍賣抵押物時，僅得將有典權負擔之不動產拍賣。拍定人取得之不動產所有權，仍有典權之存在。關於不動產所有人於同一不動產設定典權後，能否設定抵押權之問題，實務曾持反對見解，認為依第九一八條第一項，既僅規定出典人於典權設定後，得將典物所有權讓與他人，非如第八六六條，第八六七條，特以明文准許不動產所有人設定抵押權後，除得將該不動產讓與他人外，尚得設定地上權及其他權利，自應認為典權成立後，不得設定其他之物權，包括抵押權在內。蓋典權依第八八二條規定，既得為抵押權之標的物，尚許出典人就同一不動產為債務之擔保，而以典物設定抵押，不惟權利行使發生衝突，且使法律關係愈趨複雜故也（五三、十、二十七最高法院民庭總會決議）。因此土地登記規則基於上開解釋，於第一〇六條明定：「同一土地所有權人設定典權後再設定抵押權者，應經典權人之同意。」是出典人之設定抵押權，已成為非經典權人同意不得為之，宜加分辨。

(三)回贖典物　回贖權為所有權出典後之一種效力，無論典權是否定有期限，出典人均有以原典價回贖典物之權（第九二三條，第九二四條）。故回贖權為出典人提出原典價，向典權人表示回贖之單獨行為，其性質為形成權，且為出典人之權利而非義務。出典人於其得回贖典物之期間內，向典權人提出原典價為回贖之意思表示者，典權人雖拒絕受領典價及返還典物，其典權亦因回贖之意思表示及典權登記之塗銷而消滅（院二五六二參照）。回贖權行使之要件，分述如左：

①須於一定期限內為之　定有期限之典權，回贖權人須於期限屆滿後二年內回贖。未定期限之典權，回贖權人固得隨時回贖，但須在出典後三十年以內為之。有回贖權人經過此期限而不回贖，其回贖權消滅。

②須由回贖權人為之　出典人及其繼承人，均得行使回贖權。典權人如將典物轉典，行使回贖權時，應以典權人及轉典權人為相對人。

③須提出原典價　支付典價，為典權成立要件；而返還典價，則為回贖要件。如回贖權人不以原典價回贖，典權人仍得行使典權，進而取得所有權。

④須為回贖之意思表示　回贖權之行使，不必經典權人之同意，祇須出典人向典權人提出原典價並為回贖之意思表示，即足使典權發生消滅之原因。回贖後因典權有消滅之原因存在，出典人遂有塗銷典權登記與不動產之返還請求權，但此為回贖權所生之結果，不能因此謂回贖權為請求權（院二一四五，院二六二七）。

上項情形，不問典權是否定有期限，出典人行使回贖權時，如典物為耕作地者，應於收益季節後次期作業開始前為之。如為其他不動產者，應於六個月前，先行通知典權人（第九二五條）。從而，逾限不贖得生下列效果：①典權定有期限者，出典人於典期屆滿後，經過二年不以原典價回贖者，典權人即取得典物所有權（第九二三條二項）。依此規定取得典物之所有權，係直接依法律規定而取得，無待出典人為所有權之移轉登記。亦即出典人並無為所有權移轉登記之義務，依第七五九條之規定，僅非經登記，不得處分其物權而已（院二一九三，八五臺上二三四一）。②典權未定期限者，出典人自出典後經過三十年不回贖者，典權人即取得典物所有權（第九二四條）。上述二年或三十年之期間，為回贖權之除斥期間，自無消滅時效規定之適用（院二〇六四，三一上一八五六）。

(四)**費用償還** 典權人因支付有益費用，使典物價值增加，或依第九二一條之規定重建或修繕者，出典人於回贖典物時，典權人請求償還其費用者，出典人應於現存利益之限度內，負償還之責任（第九二七條）。

第九章　留置權

第一節　留置權之性質

留置權者，債權人占有屬於其債務人之動產，而具有一定之要件者，於未受清償前，得留置其動產之擔保物權（第九二八條）。留置權以物之占有為要件，僅因占有債務人之物之故，法律賦予債權人以為留置。所謂留置，乃拒絕返還所占有之物，故占有債務人之動產，實為留置權之成立及存續要件。惟債權人占有其債務人之動產，於未受清償前，並非概得留置，必須具備一定之要件，始得為之。留置權既以占有對於其債務人之動產，且其債權以關於該物所生者為必要。其債權大別有三：

①由契約所生之債權　例如鐘錶匠受修理鐘錶之委託，在修理費未受清償前，得留置其錶是。

②由無因管理或不當得利而生之債權　例如物之占有人，對於占有物支出必要費用，於未受清償前，得留置其占有物是。

③由侵權行為而生之債權　例如受寄人因於寄託物之瑕疵而受損害時，於未受賠償前，得留置寄託物是。

留置權為法定擔保物權，其主要作用，一在留置，以間接促使債務之履行，二在就留置物取償，以滿足債權人之債權。故債務人欲受占有物之返還，非清償其所負擔之債務不可。欲取回其所有物，自應先清償自己之債務。因而留置權人依一定要件有就留置物取償之權利，是留置權之效用不僅在扣留其物，且債務人不為清償時，債權人得依關於實行質權之規定，拍賣留置物或取得其所有權。學者有謂留置權為間接強制債務人履行其債務方法，洵屬允當。

動產質權與留置權，雖同為以動產為標的物之擔保物權，惟二者顯有不同：

動產質權	留置權
①基於意定而成立，故為意定擔保物權。	①基於法定而成立，故為法定留置權。
②其標的物不以屬於債務人者為限。	②留置權之標的物，以屬於債務人者為限。
③占有動產在擔保債權。	③非因擔保債權而占有。
④質權人雖喪失占有，仍須不能請求返還時，質權始歸消滅。	④因占有之喪失而消滅。
⑤屆期未受清償，質權人通知出質人後，即得拍賣質物。	⑤屆期未受清償，債權人須定六個月以上之相當期限，並為適當之聲明，俟不為清償，始得拍賣留置物。
⑥不因他方另提擔保，而使質權消滅。	⑥因他方已提出相當之擔保，使債權人之留置權消滅。
⑦質權人扣留質物，為拍賣之準備行為。	⑦留置權人扣留占有物為留置權之特別作用。

抵押權與留置權，雖同為擔保物權，具有從屬性及不可分性，但二者之性質有左列差異：

抵押權	留置權
①標的物為不動產。	①標的物以動產為限。
②有法定及意定抵押權。	②均為法定留置權。
③其標的物不必移轉占有。	③移轉占有為其存續要件。
④屆清償期未獲清償，即得拍賣或以他法處分之。	④主在留置，非當然有變賣及優先受償之權。
⑤讓與債權時，抵押權當然隨同移轉，故有伴隨性。	⑤讓與債權時留置權非當然移轉，故無伴隨性。
⑥債權屆清償期，乃權利實行之要件。	⑥債權屆清償期，乃權利行使及發生之要件。
⑦一經屆清償期，即可實行抵押權，毋須踐行何種程序。	⑦實行留置權時，須定期通知並為適當之聲明。

抵銷，係二人互負債務，而其給付種類相同，並均屆清償期，各得以其債務，與他方之債務，互相抵銷，乃債之消滅原因（第三三四條以下）。此與留置權同為基於公平觀念而設，惟有左列異點：

抵銷權	留置權
①使雙方債務依對等額消滅之形成權，抵銷之標的物，為一切適於抵銷之債權債務。	①擔保物權，其標的物以動產為限。
②有使雙方債務終局的消滅之效力。	②僅於相對人履行債務前，有一時的留置效力。
③依相互同種給付債務之對立而發生。	③於物之交付債務與關於物所生之債務之對立而發生。
④其目的在避免交換給付之勞費。	④其目的在債權之擔保。
⑤在使雙方債務，依抵銷額而消滅。	⑤他方如不清償，得就標的物受償。
⑥不因他方另提擔保而消滅。	⑥因他方另提擔保而消滅。

第二節　留置權之取得

留置權乃由法律直接規定所生之權利，即具備法律所定之要件時，當然取得留置權。故留置權之成立，須債權人非因侵權行為就他人之動產為占有，且債權已屆清償期，並其發生與物有牽連關係，即足成立（第九二八條）。是留置權僅得因法定而生，不能依時效而取得。分述如左：

㈠**須債權人占有屬於債務人之動產**　留置權係以占有標的物為其成立要件，故債權人須占有屬於債務人之動產。至有價證券視同動產，得為留置權之標的物，但能對之實行留置權以資優先受償者，仍以無記名有價證券為限，蓋記名有價證券之轉讓，須以背書為之，當屬不得為留置權之標的物。

㈡**須債權已至清償期** 債權已至清償期，為留置權發生之要件，此與抵押權及質權，債權已屆清償期而未受清償，為拍賣抵押物或質物之要件（第八七三條一項，第八九三條一項）。惟留置權之成立，以債權已至清償期為已足，不以債務人遲延為必要。如債權之請求權已罹於時效者，亦為債權已屆清償期，留置權仍可成立。但債權人欲實行留置權，依法催告債務人時（第九三條），債務人為拒絕給付之抗辯者（第一四四條一項），債權人不得實行其留置權而已。上述情形，僅屬原則，但有一例外。即債權人之債權縱未屆清償期，而債務人已喪失支付能力者，為保護債權人計，仍認其有留置權，稱為緊急留置權（第九三一條一項）。

㈢**須債權之發生與占有之動產有牽連關係** 留置權之作用，在促債務之清償，適於公平原則，故不得為擔保債權，而留置與其全無關係之物，惟兩者之關係，達如何程度，始得謂有關聯，學說甚多。通說認為左列情形之一，均為債權之發生與該動產有牽連之關係：

1.**債權由於該動產本身而生者** 例如受寄人因寄託物之瑕疵，所生損害賠償，於未受清償前，得留置其寄託物是。

2.**債權與該動產之返還義務，由於同一法律關係或事實關係而生者** 在此情形，可別為二：

⑴由於同一法律關係而生者。如工匠修理費請求權與交修人之修理物返還請求權，係基於同一契約關係而生，故工匠對於修理物有留置權。

⑵由於同一事實關係而生者。如二人彼此錯撐對方雨傘，則一方之返還請求權，對於他方之返還請求

權，係基於同一事實關係而生，各就對方之傘，有留置權。

上列債權發生之原因，無論為契約、無因管理、不當得利或侵權行為，均非所問。惟商人間因營業而占有之動產，及其因營業關係而發生之債權，視為有牽連關係（第九二九條）。縱其債權與占有，係基於不同關係而發生，且無任何因果關係，亦無不可。此項留置權，與民事上之留置權不同，不以占有物與債權間有牽連關係為必要，是為例外。

㈣**須其動產非因侵權行為而占有** 占有人行使留置權，以占有標的物之開始適法為必要。蓋留置權乃占有人得繼續占有，以促使債務人之清償。占有人如依不法行為取得占有，對被害人應迅速返還，當然不能成立留置權。例如強盜奪取他人之物品，縱為保存占有物而支出必要費用，亦不得以未受費用之償還，而留置其物。因此第九二八條第三款明定，動產須非因侵權行為而占有者，債權人始得留置之，債權人如係以侵權行為占有動產者，自不得主張留置權。

第三節　留置權之限制

在通常情形，具備上列要件時，即可取得留置權。但如有左列情形之一時，則仍不能取得，謂之留置權之限制，或留置權成立之消極要件。分別言之：

㈠**動產之留置，有違反公序良俗者** 占有之關係，縱非因侵權行為，但如行使留置行為之結果，足以影響公共秩序與善良風俗者，不得為之（第九三〇條前段）。例如甲以壽木，令乙製棺以備親喪之用，其親死亡，不得以工資未付而留置其棺木是。

㈡**動產之留置，與債權人所承擔之義務相牴觸者**　留置權人占有他人之物，本負有交付物之義務，法律許其留置者，原為促進相對人之清償，其與雙務契約同時履行抗辯權之行使，雖有不同，而其作用，則多相類。故若依其情形，認其留置與其所承擔之義務相牴觸者，則所不許（第九三〇條中段）。例如運送貨物，尚未到達目的地，運送人不得以運費未付，而留置其物是。

㈢**動產之留置，與債務人交付動產前或交付時所為之指示相牴觸者**　債務人於交付動產前或交付時，曾為指示者，若違背指示，就債務人言，不能達預期目的，就債權人言，交易信用盡失，故禁止此種情形之留置（第九三〇條後段）。例如債務人使債權人修繕物件，於交付該物時，聲明修繕完畢，須試用若干時期，然後付費，此時如未試用即加留置，則與債務人之指示牴觸是。

上項情形，雖為留置權限制之規定，但法律設有例外。即在㈡㈢兩種情形，債務人於動產交付後，成為無支付能力，或其無支付能力，於交付後始為債權人所知者，其動產之留置，縱有前條所定之牴觸情形，債權人仍得行使留置權（第九三一條二項）。此與債務人無支付能力時，債權人縱於其債權未屆清償期，亦有留置權相似（同條一項），同為緊急留置權，乃對於前項限制之擴張。

留置權為無專屬性之財產權，得為讓與或繼承。但留置權為擔保物權，有從屬性，且以占有動產為成立及存續之要件，故僅得連同債權一併讓與，並須將留置物占有移轉於受讓人，始生留置權讓與之效力。又債權人於債權未受清償前，得留置標的物（第九二八條）。故其作用，一在標的物之留置，一在優先受償之實行。是以債權人於債權未受全部清償前，得就留置物之全部，行使其留置權（第九三二條）。此為留置權之不可分性。在此情形，債權如有分割或減縮，留置物不生分割或減縮之結果；留置物如有分割或減縮，其所擔保之債權，亦不生比例分割或減縮之結果。

債務人之動產，經債權人留置後，其所有權並未喪失。雖因債權人占有該動產，使債務人之使用收益權能，受有限制，但法律上之處分權仍然存在。故留置物之所有人，於留置權存續中，除得將留置物之所有權讓與於留置權人外，並可能將之讓與於他人。無論何種情形，均得為之。至於動產被人留置後，所有人可否就之設定質權？法無明文。依理論言，並無不可；就實際言，甚少可能。蓋設定質權，固以移轉占有為成立要件，然移轉占有，不限於現實交付，即依指示交付方法為之，亦非不可。故所有人如將其對於留置權人之返還請求權，讓與質權人，使其取得間接占有時，自可同時成立質權。惟該項返還請求權，已因留置權之存在而不完整，殊少可能成立質權。基此言之，留置權與質權得併存於一物之上，惟有左列情形，始有可能：

①留置物所有人之同意，以該留置物，為他人設定質權時，則一物之上同時併存留置權與質權。但留置權人與質權人，異其主體，此時質權之效力優於留置權。

②質權人以質物交付他人修理，因修理費未能付清，而為該他人取得留置權時，則該他人留置權優先於質權。在此情形，該他人之留置權，係擔保修理費所致，自應優先受償。

③所有人之動產，被他人留置，該他人取得留置權。而所有人復將動產依指示交付（第七六一條三項）之方法，更為第三人設定質權，此際留置權優先於質權。

第四節　留置權之效力

一、留置權人之權利

㈠留置占有之動產　留置權人在其標的物有占有之權利，且因留置權有不可分性，於其債權未受全部清償時，得就留置物之全部繼續占有（第九三二條）。在留置權存續中，債務人請求返還留置物者，除債權已受清償外，債權人得主張留置權而拒絕返還。留置權人占有留置物，自應受占有之一般保護（第九六二條）。

㈡收取留置物所生孳息　債權人得收取留置物所生之孳息（第九三五條）。此種孳息，留置權人有收取之權，以抵償其債權。其收取孳息，應先抵充費用，次為利息，再次為債權，且應以自己財產同一注意為之（第八九〇條參照）。若經動產所有人之同意，將留置物出租他人，以收取法定孳息抵充債權，亦所不妨。但留置權人之孳息收取，係以債務人之計算為之，不得據此誤將留置權認為用益物權。

㈢求償所支出之必要費用　債權人因保管留置物所支出之必要費用，係為債務人之利益，故得向其物之所有人請求返還（第九三四條）。對於此種費用債權，亦為留置權之擔保範圍；即因債務人未為償還前，得繼續留置其物。至於債權人就留置物支出有益費用，不在得依第九三四條規定請求返還之列，僅得依關於不當得利之規定，請求返還。

二、留置權人之義務

㈠保管留置物　留置權人扣留其占有屬於其債務人之動產而拒絕返還，非兼為債務人之利益，而係專為自己之利益，故就留置物之保管，應負較重責任。是以債權人應以善良管理人之注意，保管留置物（第九三三條）。留置權人違反此項義務，應負損害賠償責任。

㈡返還留置物　留置權人就其留置之動產，本負有返還於債務人之義務，不過因其債權未受清償，得暫時扣留而拒絕返還而已。若其債權已受清償，或債務人已提出相當之擔保（第九三七條），或留置權人拋棄其留置權者，自無繼續占有之權，應將留置物返還於有受領權人。

三、留置權之實行

留置權人不但得扣留留置物，以促債務之履行；且得就留置物取償，以其賣得價金而受優先受償。其實行之方法，可分為二：

㈠債權人於其債權已屆清償期而未受清償者，得定六個月以上之相當期限，通知債務人，聲明如不於其期限內為清償時，即就其留置物取償（第九三六條一項）。

㈡債務人不於第九三六條第一項所定期限內為清償者，債權人得依關於實行質權之規定，拍賣留置物，或取得其所有權（第九三六條二項）。此項拍賣，應照市價變賣。賣得價金，留置權人有優先受償之權（院九八〇，第八九三條一項）。

不能為本條第一項之通知者，於債權清償期屆滿後，經過二年仍未受清償時，債權人亦得行使前項所定之權利（第九三六條三項）。在此情形，債權人得依關於實行質權之規定，拍賣留置物。

留置權既為確保其債權之清償而行留置，若債務人提供相當之擔保，債權人之留置權消滅（第九三七條）。蓋留置人已有其他之擔保，自無不得受清償之危險。如其提出之擔保不相當者，留置權人仍得拒絕。又留置權因占有之喪失而消滅（第九三八條）。因留置權以占有屬於其債務人之動產為成立及存續要件，占有既已喪失，自屬無從留置，留置權當然消滅。但其占有被侵奪，依第九六二條規定回復其占有者，視為未喪失占有，留置權仍然存在。依此情形以觀，可知第九三八條與第八九八條不同：

①留置權隨占有之喪失而消滅（第九三八條）。故其占有被侵奪時，留置權即已消滅，祇能依占有之保護（第九六二條），請求返還占有物，在占有物返還時，再發生留置權。留置權人不能依留置權請求返還，故無追及效力。

②質權人之喪失占有，須不能請求返還者，其質權始歸消滅（第八九八條）。蓋質權人占有質物，為質權之存續要件，質物之占有既已喪失，而不能請求返還，自無從屆期拍賣質物。在此情形，喪失占有之質權人，如能依第九四九條，第九五〇條，第九六二條規定，請求返還者，其質權不消滅，故質權本身具有追及效力。

第九三九條規定：「法定留置權，除另有規定外，準用本章之規定。」所稱法定留置權，例如出租人之留置權（第四四五條以下）、營業主人之留置權（第六〇七條以下）、運送人之留置權（第六四七條）、承攬人之留置權（第六六二條）等是。於此情形，應依各該法律規定，各該法律無規定者，自應準用本章關於留置權各條之規定。

第十章 占有

第一節 占有之性質

占有者，對於物為現實支配之謂。詳而言之，得排斥他人，施有形的行為於有體物上之事實的狀態，斯為占有。占有究為事實，抑為權利？各國法例，未盡相同。日本民法認係「權利」，我國民法則認為「事實」。惟無論以之為一種事實，或明認為一種權利，其對於事實賦予法律上之效果，則無大異。蓋占有本為一種事實，法律既賦予一定效果，予以保護，使占有人得享受占有所生之利益。是以占有不論為權利或事實，與占有在法律上之地位，並無影響。實務上，認占有為單純之事實，自不得為確認之訴之標的（五二臺上三一一五）。因之，占有實非權利而為事實，法律加以保護，無非欲維持社會現狀，是第九四三條之規定，其目的在於保護物之現在占有人，使其地位得以安定，故僅止於免除占有人舉證證明其有該權利之責任而已為主要理由，占有人不能援引該條之規定，為積極之主張（八六臺上一八六二）。

對於物有事實上管領之力者，為占有人（第九四〇條）。依此規定，民法雖認占有係事實而非權利，但又賦予種種效力。故事實上雖為占有人，但除第九六一條之特別規定外，法律對之不賦予效力者，並非占有人，例如受僱人、學徒或基於其他類似之關係，受他人之指示而對於物有管領之力者，僅該他人為占有人（第九四二條）。因而占有與權利二者，雖同受法律之保護，惟有左列不同：

權利	占有
①凡有權利能力者，皆得享受權利。	①有權利能力者，非均能對物加以占有。
②物之構成部分，除別有規定外，不得單獨為權利之標的物。	②物之構成部分，可對之占有。
③權利有主從之分。	③占有無主從之別。
④權利有不得讓與或繼承者。	④否。
⑤權利無直接間接之別。	⑤占有有直接間接之分。
⑥權利有可供擔保者（例如地上權設定抵押權）。	⑥否。
⑦權利與權利有混同可能。	⑦占有與占有不生混同問題。
⑧數人共有一物時，共有人中之一人如受他人侵害其權利，得請求物上請求權之保護。	⑧數人共占有一物時，各占有人就其占有物使用之範圍，不得相互請求占有之保護。

刑法上之持有（刑法第三三五條，第三三六條）與民法上之占有，雖係指對物有事實上之管領力，但持有重在對物之事實上之實力支配（二〇上一五七三）。兩者之範圍或有重疊之處，例如受寄人對於寄託物為民法上占有，亦屬刑法上持有他人之物，其區別為：

民法上占有	刑法上持有
①得依抽象狀態而為間接占有。	①否。
②占有人於占有物上行使之權利，推定其適法有此權利，並推定其為以所有之意思，善意和平及公然占有。	②持有則無相類之推定。
③占有得為移轉，並得以觀念之交付為之（第九四六條）。	③否。
④占有得為繼承。	④否。
⑤因犯罪所得之贓物而置於自己管領下之物，係屬占有。	⑤贓物不得成為持有。
⑥絕對之違禁物（嗎啡之類），不得為占有之標的物。	⑥通常得為持有之標的物，並構成犯罪行為。

在一物之上，能否同時成立兩個占有？實務認為一物不能同時有二個以上之占有（五上九五）。但就法理言，兩個不相容之權利，在實體上不能並存於一物之上者，則其權利行使之占有，亦不容存於一物之上。例如所有權行使之占有，與典權行使之占有，不得同時並存於一物之上。但在同一物之上，得成立數個性質不同之物權，則在同一物上，亦得成立數個異其性質之占有。蓋為權利主體之占有人，不必自己現實占領其物，得使他人為現實占領，對於占領者有間接支配其物之地位。例如甲所有人為乙設定地上權，而移

轉土地之占有於乙，則甲對於乙有返還請求權，而乙對於甲有為之占有之權利。在此情形，乙為直接占有人，甲為間接占有人（第九四一條參照）。此際在同一物上有兩個占有，其內容不相衝突。

第二節 占有之分類

占有關係之狀態，得依種種觀察，而為左列之分類：

㈠**自主占有與他主占有** 凡以所有之意思而占有者，謂之自主占有。無此意思者，則為他主占有。故如地上權人、永佃權人、典權人、質權人、留置權人、承租人、借用人及受寄人，基於各該法律關係而占有他人之物，均非以其物為自己之物而占有，故為他主占有。二者區別之實益，在於時效取得（第七六八條至第七七〇條），先占（第八〇二條），占有人之賠償責任範圍（第九五六條）。

㈡**善意占有與惡意占有** 不知其無占有之權利而為之占有，謂之善意占有。例如甲以乙之機車出賣於丙，丙不知機車為乙所有，買受並占有之，則丙為善意占有。如明知無占有之權利而為占有，則為惡意占有。例如上述情形，丙於買受時，明知為乙之所有物，是為惡意占有。兩者區別之實益，在於不動產之取得時效（第七七〇條），善意取得（第九四八條），占有之效力（第九五二條至第九五五條），各有不同。

㈢**直接占有與間接占有** 直接的對於物有事實上之管領力者，謂之直接占有。非現實占有其物，僅對於現實占有其物之人，有返還請求權，因而間接有物上管領力者，稱為間接占有人。故凡基於質權、租賃、寄託及其他類似之法律關係而占有他人之物者，即為直接占有人，該他人即為間接占有人。可知質權人、承租人、受寄人或基於其他類似之法律關係，對於他人之物為占有者，該他人為間接占有人（第九四一條）。

直接占有人，雖指占有人事實上占有其物之占有，但不以占有人親自占有為必要。其以受僱人、學徒或基於其他類似之關係，受他人之指示而對於物有管領之力者，僅該他人為占有人（第九四二條）。在此情形，該他人仍不失為直接占有。受他人之指示對於物有管領力之人，稱為「占有輔助人」或「占有機關」。對於主人言，立於從屬地位，雖有物之管領，而無獨立之目的，僅為主人手足之延長而已。

㈣有權占有與無權占有　基於法律上之原因而為之占有，謂之有權占有，例如所有權人、地上權人、典權人、承租人之占有是。若無法律上之原因而占有他人之物，則為無權占有。例如拾得人占有遺失物，以及盜賊占有贓物等是。此項區別之實益，在占有人為有權占有者，得行使所有人之物上請求權（第七六七條）。又在留置權發生要件之占有，須非無權占有（第九二八條三款）。

第三節　占有之推定及變更

㈠占有之推定

1.占有權利之推定　占有人於占有物上行使之權利，推定其適法有此權利（第九四三條）。故因占有所推定之權利，不問其為物權抑為債權，均受第九四三條之適用。例如占有人於占有物上行使所有權者，推定其適法有所有權。占有人於占有物上行使租賃或其他權利者，推定其適法有租賃權或其他權利。惟爭執占有人有此權利，而能提出確實之反證者，不在此限。於此情形，受權利推定之占有人，免除舉證責任。但占有之推定力，祇有防禦性質，立於消極地位，得援用之。若占有人對於他人積極主張為有權占有，仍不免舉證責任。本條所謂占有人於占有物行使之權利，推定其適法有此權利者，其所指之權利，究為何種權利，應依占有人行使權利當時之意思定之，並非專指所有權而言（七三臺上二九八四）。

2. **占有事實之推定** 占有人就占有物，是否以所有之意思、善意、無過失、和平、公然及繼續占有，關係占有之效力甚大。若適用占有之現象，須為一一證明，不惟有所困難，且與法律因欲維持社會現狀而設占有制度之本旨相違。故占有推定其為以所有之意思、善意、和平及公然占有者（第九四四條一項）。經證明前後兩時為占有者，推定前後兩時之間，繼續占有（同條二項）。占有事實之推定，最有實益者，例如取得時效（第七六八條至第七七〇條），動產之善意取得（第八〇一條），先占（第八〇二條），占有權利之享有（第九五二條），占有人之責任（第九五三條，第九五六條），占有人之費用償還請求權（第九五五條，第九五七條）均屬之。

㈡**占有之變更**

在占有存續中，占有狀態發生變更，謂之占有之變更。情形有二：

1. **他主占有變為自主占有** 占有人對於使其占有之人表示所有之意思之時起，為以所有之意思而占有。其因新事實變為以所有之意思占有者，亦同（第九四五條）。由此可知，他主占有人，僅內心自由變更為自主占有者，不生變更之效力。必須對於使其占有之人表示，今後以所有之意思占有，始生變為自主占有效力。其因新事實，變為以所有之意思占有者，自新事實完成時起，為以所有之意思而占有。例如租賃關係存續中，承租人買受租賃物，此為新事實，自買賣成立時起，變為自主占有。

2. **善意占有擬制為惡意占有** 原為善意占有，其後知無占有之權利，而仍然占有者，即變為惡意占有。故善意占有人，於本權訴訟敗訴時，自其訴訟拘束發生之日起，視為惡意占有人（第九五九條）。所謂本權之訴，係對於占有之訴而言。凡關於得為占有權利之訴均屬之，此等實體上之訴訟，占有人既經敗訴，自無善意占有之可言，故應使之變為惡意占有。例如甲誤認乙所有之物為自己之物而占有之，經乙提起所有權返還之訴，經判決確定乙勝訴者，即追溯於訴訟拘束之日，視甲為惡意占有人。

本權之訴與占有之訴，兩不相妨。在占有人同時有實體上權利者，得提起占有之訴，亦得提起本權之訴。兩者可分別提起，亦可同時提起，不受一事不再理之拘束。法院就兩種訴訟所為之判決，亦不妨互相牴觸。例如甲拾得遺失物後，被乙竊去，甲對乙得提起請求返還占有物之訴，遺失人對乙得提起返還所有物之訴。提起占有之訴，係依第九六二條規定而為主張。提起本權之訴，則依第七六七條規定行使，兩者中之一訴敗訴時，更得提起他訴。且本權之訴與占有之訴，為各別請求權，占有之訴雖因時效而消滅，尚得提起本權之訴，是為當然。

占有之訴，僅以保護對物之實力關係為目的。而本權之訴，乃以確定基本權利關係完成其權利實現為目的。兩訴雖均獨立而不相妨，但有差異：

(1)目的不同　占有之訴，以維持管領之事實為目的。本權之訴，則以確定權利之關係為目的，故占有之侵害，非基於實體上權利之爭者，占有人以行使占有之訴，即為已足。

(2)程序不同　占有之訴，不問其標的之金額或價額，一律適用簡易訴訟程序。本權之訴，則適用通常訴訟程序，故占有人兼實體上權利人者，均捨本權之訴而取占有之訴。

(3)效力不同　占有之訴勝訴，僅使其對物之管領力得完全行使而已，於實體上權利之歸屬如何，無所影響。若本權之訴勝訴，可使實體上權利之主體確定。

第四節 占有之取得

㈠**原始取得** 非基於他人之占有，而從自己新發生占有者，謂之原始取得。蓋占有以對於物為事實上管領為要件（第九四〇條），故凡具此要件，即取得占有，不問占有人之意思如何，均可取得該動產或不動產之占有。例如占有無主動產，拾得遺失物等是。

㈡**繼受取得** 基於他人既存之占有，從而取得占有，謂之繼受取得。情形有二：

1. **占有之移轉** 占有之移轉，因占有物之交付而生效力，前項移轉，準用第七六一條之規定（第九四六條）。此種移轉，係指依法律行為移轉而言，非依法律行為之移轉，不包含在內。故因繼承而移轉占有，不須交付即生效力，自與此不同。在所有權移轉，如係動產，固須將動產交付，始生效力（第七六一條一項）；如為不動產，則不以交付為移轉生效之要件（第七五八條）。而在占有之移轉，不問動產或不動產，一律因占有物之交付而生效力；惟其交付，不限於現實交付，第七六一條各項規定，均在準用之列。

2. **占有之繼承** 占有雖為事實，但與財產上之權利，並無大異，故得為繼承。於繼承開始時，當然取得，無須另有移轉行為，仍依繼承開始時狀態，移轉占有於繼承人。

占有之繼受取得，無論為移轉或繼承，法律均有同一之效果。大別有二：

⑴占有之繼承人或受讓人，得僅主張自己之占有，或將自己之占有，與前占有人之占有，合併而為主張（第九四七條一項）。在此情形，繼受人如認為前占有人之占有於己不利時，則得單獨主張自己之新占有；如認前占有人之占有於己有利時，則得與前占有人之占有，合併而為主張，兩者之分離或合併，任由占有

人之自由選擇。

⑵合併前占有人之占有而為主張者，並應承繼其瑕疵（第九四七條二項）。故占有人若不主張為分離，則占有不失其同一性，如前占有人之占有有瑕疵，自應承繼其瑕疵。前主占有，若係強暴或隱秘占有，或係惡意，或有過失，占有繼承人縱無此等瑕疵，仍應繼承，故實際上未必有利。例如前占有人占有某不動產為惡意，或雖善意而有過失時，依第七六九條須經過二十年始得請求登記為所有人，而後之占有人若係善意而無過失時，則不為合併主張，只須占有十年（第七七〇條），即可完成取得時效。

第五節　占有之效力

一、占有之推定

㈠占有權利之推定　占有人於占有物上行使之權利，推定其適法有此權利（第九四三條）。

㈡占有事實之推定　占有人推定其為以所有之意思、善意、和平及公然占有者。或經證明前後兩時為占有者，推定前後兩時之間，繼續占有（第九四四條）。

二、善意受讓

凡以動產所有權，或其他物權之移轉或設定為目的，而善意受讓該動產之占有者，縱其讓與人無讓與之權利，其占有仍受法律之保護（第九四八條）。此與第八〇一條及第八八六條同為善意受讓之規定，旨在保護交易之安全，不使第三人遭受不測之損害。例如甲以所有機車一臺委託乙為其保管，乙未得甲之同意，以此機車出賣於丙，而交付其物，丙不知為無權處分者，甲不能向丙請求返還其物，祇得向乙請求賠償是。

故善意受讓之要件，分述如下：⑴占有標的須為動產。⑵須由無處分權人取得占有。⑶須有移轉或設定動產物權之合意。⑷須因善意受讓動產之占有。

具備上述要件，即受第九四九條規定之保護。所謂「其他物權之移轉或設定」，係指動產所有權外，包括質權及留置權二者在內。若以成立租賃或借貸關係為目的，而受讓動產之占有時，並無本條之適用。善意受讓，發生左列效力：

⑴占有人因於占有之效力，取得占有物之實體權，為所有權、質權或留置權。真正權利人，不得向占有人主張法律行為之無效而請求返還其物，至讓與人與占有人（即受讓人）之法律關係，仍依一般法律行為之規定。

⑵善意第三人基於一定法律關係，從讓與人占有動產，即時取得動產上之權利，不問其是否有償取得。例如甲以乙之耕牛，贈與於丙，丙係善意受讓，應受保護。

⑶依占有之效力所取得之權利，為原始取得，故新占有人取得所有權時，原所有人之權利消滅。但新占有人取得質權時，原所有權並不消滅。

第九四八條及第八〇一條所定之「受讓」，係指依法律行為而受讓之意，受讓人與讓與人間有物權變動之合意與標的物之交付之物權行為存在為已足，至受讓動產占有之原因，舉凡有交易行為存在，不問其為買賣、互易、贈與、出資、特定物之遺贈、因清償而為給付或其他以物權之移轉或設定為目的之法律行為，均無不可（八六臺上一二一）。

左列情形，法律上認係善意受讓之例外：

(1)占有物如係盜贓或遺失物，其被害人或遺失人，自被盜或遺失之時起，二年以內，得向占有人請求回復其物（第九四九條）。蓋因被盜或遺失，乃不本於權利人之意思而喪失其占有，若不許回復，有失公平。所謂盜贓，以竊盜、搶奪或強盜行為奪取之物為限，不包含侵占、詐欺而所得之物在內（二二上三三〇，四〇臺上七〇四），恐嚇所取得之物亦同。至於被害人或遺失人，通常固為所有人，但就該物為無實體權者，不在得請求回復之列。例如甲竊取乙耕牛後，丙又從甲之占有中，盜去耕牛，出賣於善意之丁，甲不得依第九四九條規定請求回復。對於盜贓或遺失物，須自被盜或遺失之時起二年以內請求，此為除斥期間，逾此期間，其回復請求權即不存在。

(2)盜贓或遺失之物，如占有人由拍賣或公共市場或由販賣與其物同種之物之商人，以善意買得者，非償還其支出之價金，不得回復其物（第九五〇條）。於此情形，被害人或遺失人，非對善意買得者，償還其支出之價金，不得回復其物。蓋善意買得人於其買受時，並無考慮物品來源必要，若許被害人或遺失人無償向其請求回復，將使蒙受不測之損害。

(3)盜贓或遺失物，如係金錢或無記名證券，不得向其善意占有人請求回復（第九五一條）。在此情形，回復請求人，仍不得向其善意占有人，請求回復。蓋金錢與無記名證券，均有高度之流通性，脫離原主之手後，即屬無從辨別，若許被害人或遺失人請求回復，有礙交易之安全，故應除外。

三、善意占有人之權利義務

(一)善意占有人有使用收益之權利　善意占有人，依推定其為適法所有之權利，得為占有物之使用收益（第九五二條）。所謂依推定其為適法所有之權利，自指有收取孳息之權利；故如所有權、永佃權及地上權等，於權利之內容上，包含使用收益時，占有人即得為使用收益。若占有人所行使之權利，不包含用益權能者，縱令占有人係善意，亦不得使用收益。如所行使之者為動產質權，亦不得收取由動產所生之孳息，僅得於保存物之必要範圍內為使用而已。蓋依第八八九條之原則，動產質權人雖得收取孳息，然須為出質人之計算，以充當債權（第八九〇條），純為便宜而設，故無收取孳息之權利。

(二)善意占有人有請求償還費用之權利 善意占有人，因保存占有物所支出之必要費用，得向回復請求人請求償還。但已就占有物取得孳息者，不得請求償還（第九五四條）。故善意占有人，就占有物支出費用者，於回復請求人請求回復其物時，得請求償還所支出之必要費用。占有人於其費用未受償還前，自得留置其物。

(三)善意占有人有請求償還改良占有物費用之權利 善意占有人，因改良占有物所支出之有益費用，於其占有物現存之增加價值限度內，得向回復請求人，請求償還（第九五五條）。本條所定善意占有人因改良占有物所支出之有益費用償還請求權，與土地所有人之回復請求權，非因契約而互負債務，不生同時履行之問題（六九臺上六九六）。

(四)善意占有人有定限賠償之義務 善意占有人，因可歸責於自己之事由，致占有物滅失或毀損者，對於回復請求人，僅以因滅失或毀損所受之利益為限，負賠償之責（第九五三條）。故善意占有人又為自主占有人，對於占有物之滅失毀損，雖不負賠償義務，但若因此而受利益，究屬不當得利，應依不當得利之法則，償還於有回復權人。例如占有他人之不動產，因第三人之侵權行為，致滅失毀損而受領之賠償額，返還於所有人是。

四、惡意占有人之權利義務

㈠惡意占有人有請求償還費用之權利　惡意占有人，因保存占有物所支出之必要費用，對於回復請求人，得依關於無因管理之規定，請求償還（第九五七條）。至於其因改良占有物所支出之有益費用，則不得請求償還，此與善意占有人之權利不同。

㈡惡意占有人有損害賠償之義務　惡意占有人，或無所有意思之占有人，因可歸責於自己之事由，致占有物滅失或毀損者，對於回復請求人，負損害賠償之責（第九五六條）。至於占有物之滅失毀損，若因於不可抗力，占有人自不負賠償責任。

㈢惡意占有人有返還孳息之義務　惡意占有人，負返還孳息之義務。其孳息如已消費，或因其過失而毀損或怠於收取者，負償還其孳息價金之義務（第九五八條）。蓋惡意占有人，既明知無占有其物之權，自當知無收取孳息之權利，故於受權利人回復之請求，應同時返還其孳息。若已消費或毀損，或怠於收取，則應負返還代價之責。

第六節　占有之保護

占有為一事實，並非權利。但究屬財產之法益，第九六〇條至第九六二條設有保護之規定。如侵害之，即屬違反法律保護他人之規定，自應成立侵權行為。至占有人對於該占有物有無所有權，則非所問（七一臺上三七四八）。又民法有關保護占有之規定，於無權占有，亦有其適用。故占有人事實上管領占有物，縱無合法權源，對其主張權利者，仍應依合法途徑謀求救濟，以排除占有（七四臺上七五二）。

㈠占有人之自力救濟　權利侵害，須依公力以為救濟，為現代各國法制之原則，但占有保護，重在迅速，故認自力救濟。惟此項自力救濟權，不但占有人自身得為行使，即其占有輔助人，亦得行使。至間接占有人，則不能有此權利（第九四二條）。情形有四：

⑴占有人對於侵奪或妨害其占有之行為，得以己力防禦之（第九六〇條一項）。

⑵不動產占有人，於其占有被侵奪時，得於侵奪後，即時排除加害人而取回之（第九六〇條二項前段）。

⑶動產占有人，於其占有物被侵奪時，得就地或追蹤向加害人取回之（第九六〇條二項後段）。

⑷占有輔助人，於其所輔助之占有被侵奪或被妨害時，亦得行使前述占有人自力救濟之權利（第九六一條）。

㈡占有人之物上請求權　占有雖為事實而非權利，但得移轉或繼承（第九四六條，第九四七條），且可因而取得占有物之所有權（第七六八條至第七七〇條）。故占有人，其占有被侵奪者，得請求返還其占有物；占有被妨害者，得請求除去其妨害；占有有被妨害之虞者，得請求防止其妨害（第九六二條）。是為占有人之物上請求權，該項請求權乃係為維持占有之原狀，對於占有之侵害，請求排除或防止之權利。此種占有人之請求權為私權，非訴訟法上之權利，惟占有人不妨基此請求權而為訴訟上主張，學說上謂之占有訴權。大別為三：

⑴占有物返還請求權　占有人，其占有被侵奪者，得請求返還其占有物（第九六二條前段）。所謂侵奪，指占有人對於物之管領力，被他人奪取，已全失管領力而言。例如甲占有他人之動產，被乙竊去，甲即得請求返還是。此項請求權，惟占有人始得行使之（四二臺上九二二），如非占有人，縱使對於占有物有合法

之權源，亦不能行使此項權利（六四臺上二〇二六）。又占有如為有權占有，其為物權人或債權人均包括在內。是以物之借用人、承租人，於借用物或租賃物之交付後，固得行使此項請求權（四三臺上一七六），即竊賊對於盜贓，如受他人侵奪時，亦得行使此項請求權。

⑵除去妨害請求權　占有人，其占有被妨害者，得請求除去其妨害（第九六二條中段）。妨害云者，未至於使占有人喪失占有之程度，而有阻礙圓滿之狀態。例如占有之土地，被鄰居設置籬笆，種植水果是。

⑶防止妨害請求權　占有人，其占有有被妨害之虞者，得請求防止其妨害（第九六二條後段）。占有有被妨害之虞，指占有人之占有物，有受妨礙之危險而言。例如鄰居挖井過深，有妨害房屋占有人屋基穩固之危險是。

上列各項請求權，自侵奪或妨害占有或危險發生後，一年間不行使而消滅（第九六三條）。此為消滅時效期間，而非除斥期間。因其請求權以維持占有現狀與迅速救濟為目的，自不宜過長故也。

占有，因占有人喪失其對於物之事實上管領力而消滅。但其管領力僅一時不能實行者，不在此限（第九六四條）。蓋占有之存續與占有之取得，其要件相同，故占有人喪失對於物之事實上管領力，則占有當然消滅。惟僅一時不能實行其占有者，如飼養之家畜逸去，占有人尚在追捕中，不能認為占有之消滅。數人共占有一物時，各占有人，就其占有物使用之範圍，不得互相請求占有之保護（第九六五條）。此種規定，乃數人共同占有一物，例如遺產繼承人共同占有其繼承財產是。共同占有被他人侵害時，各占有人皆得行使物上請求權，但於內部關係，不得就其占有物使用之範圍，互相請求占有之保護。蓋在有本權占有之情形，其使用權範圍及方法，皆與本權有關，應依本權而定。而在無本權之占有，則純依各人之實力，以達其支配物之目的，當無相互請求保護之可言。

對於事實上行使不因物之占有而成立之財產權者，法律予以與占有同等之保護，謂之準占有。行使此項財產權之人，為準占有人（第九六六條一項）。例如持有債權證書之人，向債務人請求給付（第三一〇條二項），此種情形，關於占有之規定，於前項準占有人準用之（同條二項）。故凡關於占有之規定，於性質上與準占有不相牴觸者，均在準用之列。

所有人之物上請求權與占有人之物上請求權，兩者之目的與效力各異，但可各自獨立而互不相妨，分別言之：

1.兩者以訴訟方式行使時，可合併提起，亦可先後提起，不生一事不再理之問題。例如甲之所有物被乙竊取，甲訴請乙返還時，於同一訴中，甲得本於其所有人之物上請求權與占有人之物上請求權合併主張之。

2.請求人與相對人相互間訴訟時，可相互提起，亦可以反訴方式為之。例如乙無權占有甲之土地與建房屋，乙嗣後改建時，甲予以干擾，乙乃基於占有人之地位，訴請甲停止妨害，甲亦得基於所有人之地位，另行起訴或以反訴請求乙拆屋還地。

至所有人之物上請求權與占有人之物上請求權，適用上有左列區別：

1.前者以確定權利關係為目的，故其請求權主體為所有人。後者則以維護管領之事實為目的，其請求權主體為占有人。

2.前者於訴訟上行使時，原則上為通常訴訟程序；後者則適用簡易訴訟程序。

3.前者於訴訟上行使時，多須審查其實體之權利義務關係。後者僅須證明占有之事實即可。

4. 前者消滅時效期間為十五年，不動產已登記者，不受消滅時效之適用。後者消滅時效期間為一年。

5. 所有物返還請求權，以無權占有物為行使之原因。占有物返還請求權，僅以占有受侵奪為原因。

第五編

親屬

第一章　通　則

血緣觀念為親屬觀念之基礎，蓋親屬本由自然血緣而發生，次則包括擬制血緣，最後又包含配偶及配偶之血緣，構成親屬之範圍。我國民法上親屬，得分為三款：

㈠**血親**　血統有連繫之人之互稱，謂之血親。血親可分為自然血親及法定血親二種。前者為自然血統之血親，例如父母子女之關係；後者乃法律所擬制之血親，例如養父母與養子女（第一〇七七條），指定繼承人與被繼承人（第一〇七一條），非婚生子女與生父母（第一〇六四條，第一〇六五條）。

㈡**姻親**　因婚姻而生之親屬，謂之姻親。凡有姻親關係者，兩親屬中之一方須為夫或妻。第九六九條規定：「稱姻親者，謂血親之配偶、配偶之血親、及配偶之血親之配偶。」由此可知，所謂姻親，不外下列三種：

⑴血親之配偶　舉凡兄弟之妻、伯叔父之妻、姪之妻，推而至於堂兄弟之妻均是。

⑵配偶之血親　舉凡配偶之父母、兄弟、姊妹、兄弟之子及姊妹之子均是。

⑶配偶之血親之配偶　舉凡配偶之兄弟之妻、兄弟之子之妻、伯叔父之妻皆是。

親系，為親屬關係之連絡，此與親等為表示親屬關係之親疏者微有不同，親系有直系與旁系之別，稱直系血親者，謂己身所從出或從己身所出之血親（第九六七條一項）。所謂己身所從出之血親，例如父母及祖父母等是。所謂從己身所出之血親，例如子女、孫子女等是。又稱旁系血親者，謂非直系血親，而與己身出於同源之血親（同條二項）。例如兄弟姊妹雖非己身之直系血親，然與己身出於同源之父母；堂兄弟姊妹雖非己身之直系血親，然與己身出於同源之祖父母，故凡此血親，皆為旁系連絡之血親。

至於親等之計算，以兩親屬間之世數定之。其計算方法，因血親而異：

⑴血親　血親親等之計算，在直系血親，從己身上下數，以一世為一親等；在旁系血親，從己身數至同源之直系血親，再由同源之直系血親，數至與之計算親等之血親，以其總世數為其親等（第九六八條）。故在直系血親，從己身上數，則如己身與父母為一親等，與祖父母為二親等；從己身下數，則如己身與子女為一親等，與孫子女為二親等。若於旁系血親，則計算己身與兄弟之親等，先由己身數至同源之父母，再由同源之父母數至與己身計算親等之兄弟，以其總世數為親等之數，為二親等。

⑵姻親　姻親之親系及親等之計算，分為三種（第九七〇條）：

①血親之配偶，從其配偶之親系及親等。例如己身與兄弟為血親，兄弟之妻為己身之血親之配偶，己身與兄弟為二親等，與兄弟之妻亦為二親等。

②配偶之血親，從其與配偶之親系及親等。例如己身與妻為配偶，妻之父母為己身之配偶之血親，妻與妻之父母為一親等，己身與妻之父母亦為一親等。

③配偶之血親之配偶，從其與配偶之親系及親等。例如己身與妻為配偶，妻之兄弟為妻之血親，妻之兄弟之妻為妻之血親之配偶，妻與妻之兄弟之妻為二親等，己身與妻之兄弟之妻亦為二親等。

親屬關係之發生，以出生及婚姻為根本原因。大別言之，分為四種：

⑴出生　婚生子女（第一〇六三條）、生母之非婚生子女（第一〇六五條二項）。

(2)認領　生父認領非婚生子女（第一〇六五條一項）。

(3)婚姻　非婚生子女之準正（第一〇六四條）、姻親（第九六九條）。

(4)收養　生前收養子女（第一〇七二條）、遺囑收養子女（第一〇七一條，第一一四三條）。

親屬關係，因左列原因而消滅：

(1)死亡　血親與姻親關係，均因死亡而消滅（四一臺上一一五一）。惟所消滅之親屬關係，僅限於死者與其親屬之間；死者以外之親屬相互間之親屬關係，仍然存續（三〇上二〇三九）。

(2)離婚　姻親關係，因離婚而消滅（第九七一條前段）。

(3)婚姻撤銷　婚姻經撤銷者，姻親關係消滅（第九七一條後段）。

(4)收養關係終止　由於收養而發生之法定血親關係，因收養關係之終止而消滅（第一〇八〇條，第一〇八一條），其血親關係自亦消滅。

(5)收養關係撤銷　因收養而與人倫秩序不符者，被收養者之配偶或法定代理人得請求法院撤銷之（第一〇七九條之二），其法定血親關係消滅。

第二章 婚姻

第一節 婚約

一、婚約之要件

婚姻者，一男一女間，以將來訂立婚姻契約為目的，所訂立之預約。婚約之訂立，以將來結婚之當事人為限，如當事人之尊親屬為其子女，所訂立之婚約，於法不應認為有效（二〇上一三〇七）。關於婚約之要件，分述如左：

㈠**須當事人有訂婚能力** 訂婚能力以有意思能力為已足，心神喪失人，則無訂婚能力。

㈡**須當事人有合意** 婚約應由男女當事人自行訂定（第九七二條）。此為強制規定，故父母代子女所訂之婚約無效，不生解除問題（院一一七四，院解三二八五），又不因此發生損害賠償（三三上六一二七）。蓋身分行為不適用無權代理之法則，其代理行為當然無效，不因子女之承認而生效力（院二五五五）。但如當事人雙方均承認代訂之婚約時，自可認為新訂婚約（三三上一七二三，三七上八二一九）。

㈢**男須滿十七歲女須滿十五歲** 男未滿十七歲，女未滿十五歲者，不得訂定婚約（第九七三條）。未達此年齡之訂婚，縱已得法定代理人之同意，或事後得其承諾，仍非完全有效（三三上二〇一六）。

(四)**未成年人訂婚，須得法定代理人之同意**　凡人已達訂婚年齡，而未達成年者，須得法定代理人之同意（第九七四條）。未成年人結婚者，雖有行為能力（第一三條三項），但此限於財產上行為，縱使解除婚姻，再與他人訂婚時，如仍未成年，亦須再得法定代理人之同意。未得法定代理人同意之婚約，其效力如何？應解為準用第九九〇條之規定，法定代理人有撤銷該婚約之權，如事後承認婚約者，其撤銷權消滅。

(五)**須非禁婚親**　準用第九八三條規定，禁婚親之婚約，應屬無效。

(六)**須無配偶，亦非一人同時與二人以上訂婚**　準用第九八五條及第九八八條第二款之規定，此項婚約應為無效。

(七)**須非不能人道**　準用第九九五條之規定，婚約當事人之一方，於訂定婚約時不能人道而不能治者，他方得撤銷其婚約。

(八)**須非被詐欺被脅迫**　準用第九九七條因被詐欺或被脅迫而訂定婚約者，得撤銷其婚約。

具備上述要件者，成立合法之婚約，其在身分上之效力，雖未發生配偶或姻親關係（院九五九，二九上七三七）自不負同居之義務（三三上九三七），其婚約亦不得請求強迫履行（第九七五條）。但婚約當事人之一方，無第九七六條之理由而違反婚約者，對於他方因此所受之損害，應負賠償之責（第九七八條）。此項損害，以積極的損害為限，消極的損害不在其內。在此情形，雖非財產上之損害，受害人亦得請求賠償相當之金額，但以受害人無過失者為限（第九七九條一項）。因其賠償請求權，專屬於本人，不得為讓與或繼承之標的物。但他方已依契約承諾，或受害人已經起訴者，其請求權變為財產上之債權，自得為讓與或繼承（同條二項）。

二、婚約之無效

(一)婚約無效之原因，計有四種：

1. **無訂婚能力者** 當事人無意思能力者（例如心神喪失），該婚約應屬無效，乃屬當然。

2. **意思欠缺者** 如為通謀虛偽表示或附有條件，由於訂婚意思之欠缺，解釋上其婚約應為無效。

3. **禁婚親者** 準用第九八三條之規定，禁婚親間之婚約，應屬無效。

4. **有配偶者或一人同時與二人以上訂婚者** 此於第九八八條第二款明定違反第九八五條之規定者，其結婚無效，而婚約亦宜準用。

(二)婚約無效，係當然的、絕對的、自始的無效，但對婚約是否無效發生爭執時，有受確認婚約無效之法律上利益者，得提起確認婚約無效之訴（院二七〇三，三九臺上七九六）。而當事人因婚約無效，僅能依第九七九條之一請求返還贈與物，如有財產上之損害，並不能請求損害賠償。

三、婚約之撤銷

(一)婚約撤銷之原因，計有三項：

1. **未達法定年齡** 男未滿十七歲女未滿十五歲而訂定婚約者，應準用民法第九八九條規定，當事人或其法定代理人得撤銷婚約，但當事人已達法定年齡者，其撤銷權消滅。

2. **未成年人之訂婚未得法定代理人之同意** 此種情形，應準用第九九〇條規定，法定代理人得撤銷之，但事後承認婚約者，其撤銷權消滅。

3. **不能人道** 婚約當事人之一方，於訂婚時不能人道而不能治者，他方得撤銷婚約，應準用第九九五條之規定。

㈢婚約之撤銷與婚姻之撤銷不同，前者無須請求法院裁判，由撤銷權人向相對人為撤銷之意思表示即生效力。又婚約之撤銷，有溯及之效力，即可回溯訂定婚約時發生效力。後者須以訴訟方式為之，且婚姻之撤銷不溯既往，係因婚姻當事人既已結婚，其與第三人發生複雜關係之故。又婚約當事人間，因訂定婚約而為贈與者，婚約撤銷時，得請求他方返還贈與物（第九七九條之一），並準用第九九九條損害賠償之規定。

四、婚約之解除

㈠**約定解除**　婚約係依男女雙方之合意而訂立，自得依男女當事人之合意而解除。此雖無明文，在法理上，要屬當然。

㈡**法定解除**　婚約當事人之一方，有左列情形之一者，他方得解除婚約（第九七六條一項）：

1.**婚約訂定後，再與他人訂定婚約或結婚者**　在此情形，如於訂定婚約後再與他人訂婚，顯無與原訂婚人成立婚姻之合意；如與他人結婚，則更無與原訂婚人成立婚姻之可能故也。但後訂婚約或結婚，仍然有效，前訂婚約當事人不得撤銷之。

2.**故違結婚期約者**　所謂故違，係指婚約當事人之一方，對於約定之結婚日期，故意違背而言（二二上三〇二五）。故凡無正當理由，而故違所定之婚期者，即得解除婚約。

3.**生死不明已滿一年者**　所謂生死不明，指未知其已死或尚生存而言。本款之適用，以已滿一年為已足，與請求離婚必須已滿三年者，稍有不同。

4.**有重大不治之病者**　所謂重大不治，指在醫學上不易治療者而言。至於疾病之種類如何，則非所問。

婚約當時明知他方有重大不治之病者，不得解除婚約。

5.**有花柳病或其他惡疾者**　所稱花柳病，通常指梅毒、下疳及淋病而言。至於惡疾，指有礙於將來夫妻共同生活之疾病，包括痲瘋、肺病在內（二三上四〇五一）。若於訂婚時明知此情，即不得解除婚約。

6.**婚約訂定後成為殘廢者**　所謂殘廢，係指人身五官四肢陰陽之機能，有一失去其作用而言。必須訂婚後成為殘廢，始得解除。當事人之一方，在訂婚前已殘廢，而他方不知此情者，可為詐欺成為婚約撤銷之原因。

7.**婚約訂定後與人通姦者**　所謂通姦，指與一方以外之異性性交而言，該異性不必係有配偶之人，是否成立犯罪，則非所問。至於強姦他人，仍可為婚約解除原因。

8.**婚約訂定後受徒刑之宣告者**　因犯罪而受徒刑之宣告，足以毀損他方之名譽，故為婚約解除之原因。至有無受緩刑之宣告，已未受刑之執行，均可不問。當事人之一方，明知他方在訂婚前受刑之宣告，則不許解除。

9.**有其他重大事由者**　所謂其他重大事由，應就具體事實決之。例如雞姦、虐待及侮辱他方或其父母，均可謂為重大事由，構成解除婚約之事由。

婚約之解除，與一般之解除同，應向他方當事人以意思表示為之（第二五八條一項）。依第九七六條第一項規定解除婚約者，如事實上不能向他方為解除之意思表示時，無須為意思表示，自得為解除時起，不受婚約之拘束（第九七六條二項）。且婚約之解除為身分上之行為，須本人始得行使，未成年人並應得法定代理人之同意（第一〇四九條）。婚約解除後，發生左列效力：

(1)身分上之效力　雙方當事人自解除時，不受婚約之拘束。

(2)財產上之效力　禮物之返還及損害賠償之請求，為婚約解除最主要之效力。凡依第九七六條規定解除婚約時，無過失之一方，得向有過失之他方，請求賠償其因此所受之損害（第九七七條）。在此情形，如其具有第九七六條各款之事由者，均可認為有過失。至損害賠償之範圍，一般均認為僅限於積極的損害（所受損害），而不及於消極的損害（所失利益），從而預期利益，並不在內。

民法上解除婚約與違背婚約二者，其性質及損害賠償責任，各不相同。所謂解除婚約，係因當事人之一方，有第九七六條第一項所定之事由，他方解除婚約而言。至於違背婚約，則因當事人之一方，無第九七六條第一項所定之事由，致違反婚約者。故在解除婚約，無過失之一方得向有過失之他方，請求賠償其因此所受之損害（第九七七條一項）。前項情形，雖非財產上之損害，亦得請求賠償相當之金額（同條二項），該項非財產上之請求權不得讓與或繼承，但已依契約承諾或已起訴者，不在此限（同條三項）。所謂有無過失，指有無第九七六條第一項所定之事由言之，有此法定事由，謂之有過失；無此法定事由，則為無過失。若在違背婚約，則其效果與此有異。故婚約當事人之一方，無第九七六條之理由而違反婚約者，對於他方因此所受之損害，應負賠償之責（第九七八條）。前項情形，雖非財產上之損害，受害人亦得請求賠償相當之金額，但以受害人無過失者為限（第九七九條一項）。是在違背婚約，其違背婚約之一方，對於他方所受之非財產上之損害，應負賠償責任。此項請求權，係專屬權，亦不得讓與或繼承，但已依契約承諾或已起訴者，不在此限（同條二項）。

解除婚約與裁判離婚，同使當事人間之婚約或婚姻關係消滅，受害人得向他方請求損害賠償。惟二者比較，頗有不同：

解除婚約	裁判離婚
①解除原因採概括主義，事由較寬，所解除者為未來之婚姻。	①離婚原因採限制主義，事由較嚴，所消滅者為已成立之婚姻。
②有花柳病或其他惡疾，及重大不治之病，得為解除婚約。	②須為不治之惡疾，或重大不治之精神病，始可請求離婚。
③婚約訂定後成為殘廢者，得為解除原因。	③結婚後成為殘廢，不構成離婚原因。
④婚約訂定後受徒刑之宣告者，成為解除原因。	④被處三年以上之徒刑或因犯不名譽之罪被處徒刑，始可請求離婚。
⑤生死不明已滿一年即得解除。	⑤生死不明須滿三年始可。
⑥解除婚約請求權之行使，未設任何限制。	⑥逾法定期間，或發生其他事由時，不得請求離婚。
⑦解除之方法，以意思表示為之已足。	⑦裁判離婚，須以訴為之。

五、贈與物之返還

在民法上，婚約之成立與聘禮之授受無關，但於事實上，婚約當事人常因婚約而贈與他方財物，於此情形，如婚約無效、解除或撤銷時，應許他方請求返還贈與物，因之第九七九條之一規定：「因訂定婚約而為贈與者，婚約無效、解除或撤銷時，當事人之一方得請求他方返還贈與物。」此項返還贈與物請求權，因二年間不行使而消滅（第九七九條之二）。

因訂婚而授受贈與物之性質，判例以為係附有解除條件之贈與（四七臺上九一七），故第九七九條之一明定贈與物之返還，以免紛擾。但此乃專屬性之權利，因當事人一方之死亡而婚約消滅時，既不得以此為繼承之標的，則他方不得請求返還贈與物，乃當然之解釋（院八三八）。

第二節　結　婚

結婚，因當事人之合意而成立，此項婚姻契約之成立，須具備左列要件：

一、結婚之要件

(一)形式要件

結婚，應有公開之儀式及二人以上之證人（第九八二條一項）。所謂公開儀式，指其儀式公然，足使一般不特定之人，均可知悉之表徵，而得共見者，始得認為公開（院八五九，院一七〇一）。至於二人以上之證婚，祇須有判斷結婚意義及其效果之人，除此而外，關於證人之資格，並無任何限制，故當事人之家屬，亦可為證人（院九五五）。證人不必為特邀之人，又不必載明於婚書之上，但必須當時在場親見，並願負責證明之人（院八五九）。證人不論是否簽章於結婚證書，但必須到場；若未到場，而委託他人在結婚證書內簽章，仍不得為證人（院一七〇一）。又經依戶籍法為結婚之登記者，推定其已結婚（同條二項），乃基於結婚戶籍登記之事實，推定已結婚，即屬舉證責任轉換之規定。

(二)實質要件

1. **須由當事人自行訂定**　婚約既應由男女當事人自行訂定，則為此婚姻預約之本約的結婚，更須有男女當事人合意。因此婚姻以雙方當事人婚姻意思之一致為其根本要件，自須有意思能力。民法對此雖無明文，但婚約既有此規定，結婚之當事人具有一致之婚姻意思，乃屬當然（第九七二條）。

2. **須達一定之年齡**　男未滿十八歲，女未滿十六歲者，不得結婚（第九八〇條）。此種限制，重在防止早婚之弊害。違反此項規定之婚姻，僅可撤銷（第九八九條），未撤銷前，縱令男女雙方未達結婚年齡，仍為有效（院一二八二）。

3. **未成年人結婚，須得法定代理人之同意**　婚姻關係當事人之利害至大，故未成年人之結婚，應得法定代理人之同意（第九八一條）。未成年人第二次結婚時，須再得法定代理人之同意（第一〇四九條，第一〇〇六條參照）。蓋已結婚之未成年人，雖有行為能力，但此僅限於財產上之法律行為（第一三條三項），而不及於身分行為；且法定代理人之同意，非為補充未成年人之能力，乃為保護子女而設故也。

4. **須非禁婚親**　親屬於相當範圍內，禁止互為婚姻。此重在倫常觀念，以及生理關係之理由。依第九八三條第一項規定，與左列親屬不得結婚：

(1) 直系血親及直系姻親。

(2) 旁系血親在六親等以內者。但因收養而成立之四親等及六親等旁系血親，輩分相同者，不在此限。

(3) 旁系姻親在五親等以內，輩分不相同者。

前項直系姻親結婚之限制，於姻親關係消滅後，亦適用之（第九八三條二項）。又第九八三條第一項直系血親及直系姻親結婚之限制，於因收養而成立之直系親屬間，在收養關係終止後，亦適用之（同條三項）。

5.**須無監護關係**　監護人與受監護人，於監護關係存續中，不得結婚。但經受監護人父母之同意者，不在此限（第九八四條）。故監護人與受監護人之結婚，不問其為未成年人或禁治產人之監護（第一〇九一條，第一一一〇條參照），均被禁止。但如已經受監護人父母之同意，則其結婚，即可認為無礙於受監護人之利益，是為例外。

6.**須非重婚**　有配偶者，不得重婚（第九八五條一項）。重婚得為婚姻撤銷原因，並非當然無效，故刑法上之重婚罪有無起訴，與民法上之重婚，毫無關連。凡人既已舉行結婚儀式，即生婚姻效力；縱令尚未同居，而與他人結婚者，仍為重婚（院二三七二）。苟已具備第九八二條結婚之形式要件，雖名為妾，仍為重婚（院六〇九）。配偶之一方，縱有離婚原因或死亡宣告之事由，但未經判決離婚或死亡宣告，而他方再婚者，則為重婚（院一三三八）。

7.**須非一人同時與二人以上結婚**　第九八五條第二項規定，一人不得同時與二人以上結婚，違反該規定者，其婚姻為無效（第九八八條二款）。良以一人同時與二人以上結婚，既無前婚、後婚之情形，於法自不能使其婚姻為有效。

8.**須非不能人道**　性交之可能，為婚姻要件之一。凡當事人之一方，於結婚時不能人道而不能治者，他方得撤銷婚姻。是否不能人道，以結婚時為準。如一方知他方不能人道者，仍可撤銷之（第八八條一項但書，不能適用）。

9.**須非在無意識或精神錯亂中**　當事人雖非無意思能力，而結婚時係在無意識或精神錯亂中者，得為婚姻撤銷之原因，故以健全意思，為婚姻要件之一。

10. **須非被詐欺或脅迫** 因被詐欺或被脅迫而結婚者，得請求撤銷婚姻。故自由意思實為婚姻要件之一。若因詐欺而撤銷婚姻時，得以撤銷之效力，對抗善意之第三人（第九二條二項）。

二、結婚之無效及撤銷

㈠**結婚之無效** 依第九八八條規定，結婚有下列情形之一者，無效：①不具備第九八二條第一項之方式者。②違反第九八三條或第九八五條之規定者。蓋法律行為不依法定方式者，無效（第七三條）。結婚既為法律行為之一，如不具備第九八二條所定之方式，應屬無效。因此，結婚無效之事由有四：①結婚不具備第九八二條第一項所定之方式者。②結婚違反第九八三條禁止近親結婚之規定者。③有配偶而重婚者。④一人同時與二人以上結婚者。又結婚之無效，無須以訴為之，乃婚姻自始非當然存在，故當事人間不生身分上或財產上之效力，所生子女為非婚生子女。

㈡**結婚之撤銷** 結婚有左列情形之一者，皆為可得撤銷之原因：

1. **違反結婚年齡者** 結婚違反第九八〇條之規定者，當事人或其法定代理人，得向法院請求撤銷之。但當事人已達該條所定年齡或已懷胎者，不得請求撤銷（第九八九條）。在此情形，其撤銷權人，為當事人或其法定代理人。但其撤銷權因已達結婚年齡，或已懷胎而消滅。當事人已達結婚年齡，包括雙方而言，必須雙方當事人於起訴時俱達結婚年齡，其撤銷權始行消滅（院一七八三，院二四六八）。故當事人或其法定代理人，如當事人之任何一方未達結婚年齡，均得撤銷婚姻（院二五八七）。

2. **未得法定代理人之同意者** 結婚違反第九八一條之規定者，法定代理人得向法院請求撤銷之。但自知悉其事實之日起已逾六個月，或結婚後已逾一年，或已懷胎者，不得請求撤銷（第九九〇條）。在此情形，其撤銷權人為法定代理人。雖法定代理人可於事後承認結婚，如已承認，則其撤銷權消滅（二一上二九六二）。

3. **結婚在監護關係存續中者** 結婚違反第九八四條之規定者，受監護人或其最近親屬，得向法院請求撤銷之。但結婚已逾一年者，不得請求撤銷（第九九一條）。在此情形，其撤銷權人有二：①受監護人。②受監護人之最近親屬。何謂最近親屬，通常指與受監護人親等較近之親屬而言，其為血親姻親，直系旁系，均可不問。受監護人行使撤銷權時，不須得法定代理人之同意。至其撤銷權行使期間，為自結婚之日起一年以內，逾此期間，不得撤銷。

4. **於結婚時不能人道者** 當事人之一方，於結婚時不能人道而不能治者，他方得向法院請求撤銷之。但自知悉其不能治之時起已逾三年者，不得請求撤銷（第九九五條）。在此情形，其撤銷權人為不能人道之相對人，不能人道之本人則否。撤銷權之消滅事由，為自知悉其不能治時起已逾三年。當事人之任何一方死亡後，即屬不能撤銷。

5. **於結婚時在無意識或精神錯亂中者** 當事人之一方，於結婚時係在無意識或精神錯亂中者，得於常態回復後六個月內，向法院請求撤銷之（第九九六條）。在此情形，其撤銷權人為他方當事人。撤銷權之行使期間，為回復正常狀態後六個月。

6. **因被詐欺或被脅迫而結婚者** 因被詐欺或被脅迫而結婚者，得於發見詐欺或脅迫終止後，六個月內，向法院請求撤銷之（第九九七條）。在此情形，其撤銷權人為被害人。結婚縱因第三人之詐欺或被脅迫，或因對第三人之詐欺或脅迫而成立，婚姻撤銷權仍為被害人本人。其撤銷權之行使期間，為自發見詐欺或脅迫終止後六個月內。

結婚之撤銷，其撤銷權人不以本人或其法定代理人為限，固如上述；此與通常法律行為之撤銷，須由本人或其法定代理人（第七九條，第八八條，第八九條，第九二條）之情形，已有差異。且結婚之撤銷，須向法院請求撤銷之（第九八九條至第九九一條，第九九五條至第九九七條），此種訴訟，為形成之訴，與通常法律行為之撤銷，應以意思表示為之，如相對人確定者，其意思表示應向相對人為之者（第一一六條），又有不同。又結婚撤銷之效力，不溯及既往（第九九八條），與通常法律行為經撤銷者，視為自始無效（第一一四條），復有區別。綜上觀之，結婚撤銷之效力，大別有二：

⑴結婚撤銷之效力，不溯及既往，僅向將來發生消滅婚姻之效力。蓋因婚姻所生之身分及財產上效果，如依嗣後之撤銷，視為自始無效，殊足以使法律關係陷於紛亂，而動搖其既定之利害關係故也。因之：

①在撤銷判決確定前，婚姻關係仍然存續，而由婚姻所生之效力，亦不因撤銷而消滅（院一二一〇）。故未撤銷前，夫妻仍負同居義務（三二上二四一一）；前婚未經撤銷，如與他人結婚，則為重婚；後婚未經撤銷，而夫已死，後妻仍為配偶而有繼承權（院一九八五）。

②結婚雖得撤銷，但其所生子女仍為婚生子女。故子女在撤銷婚姻訴訟之判決確定以前受胎，縱於撤銷以後出生，仍推定為父之婚生子女（第一〇六二條，第一〇六三條）。

③在結婚未撤銷前，姻親關係仍然存續，撤銷以後始行消滅（第九七一條）。

⑵結婚撤銷之效力，雖不溯及既往。惟未成年人已達法定年齡結婚者，因結婚而取得之行為能力（第一三條三項），不因結婚被撤銷而喪失其效力。故未達法定年齡而結婚者，在未依法撤銷前，應認為有行為

能力（院一二八二）；若經撤銷後，即喪失其行為能力。至於已達結婚法定年齡之未成年人，在同一情形，應解為仍不喪失其行為能力。

結婚無效及撤銷，與無法定原因違反婚約者（第九七八條）相同，發生損害賠償之問題。情形有二：①當事人之一方，因結婚無效或被撤銷而受有損害者，得向他方請求賠償。但他方無過失者，不在此限（第九九九條一項）。②前項情形，雖非財產上之損害，受害人亦得請求賠償相當之金額，但以受害人無過失者為限（同條二項）。前項請求權，不得讓與或繼承。但已依契約承諾或已起訴者，不在此限（同條三項）。當事人因結婚無效或被撤銷而發生之損害賠償請求權，民法未設有行使期間之限制。但其因有侵權行為之性質，似應解為準用第一九七條第一項行使侵權行為損害賠償請求權消滅時效之規定。

又第一〇五七條（因判決離婚而陷於生活困難者請求贍養費）及第一〇五八條（離婚後取回固有財產之規定，於結婚無效時準用之（第九九九條之一第一項）。第一〇五五條（裁判離婚子女之監護）、第一〇五五條之一（離婚後親權之行使法院為裁判時應審酌之事項）、第一〇五五條之二（離婚後子女選定監護人及扶養費之負擔）、第一〇五七條（判決離婚贍養費之給與）、第一〇五八條（財產之取回）之規定，於結婚經撤銷時準用之。

第三節　婚姻之普通效力

(一)身分上之效力

1. **夫妻之冠姓**　夫妻各保有其本姓，但得書面約定以其本姓冠以配偶之姓，並向戶政機關登記。冠姓之一方得隨時回復其本姓，但於同一婚姻關係存續中以一次為限（第一〇〇〇條）。

2. **同居義務** 夫妻互負同居義務，但有不能同居之正當理由者，不在此限（第一〇〇一條）。本條所定之夫妻同居義務，惟已結婚而有夫妻之身分者始負擔之，若僅訂有婚約而未結婚者，不負與他方同居之義務（二三上九三七）。夫妻之一方於同居之訴判決確定或在訴訟上和解成立後，仍不履行同居義務，在此繼續狀態存在中，而又無不能同居之正當理由者，即與第一〇五二條第五款所定之離婚事由相當（四九臺上九九〇）。至夫妻之住所由雙方共同協議之，未為協議或協議不成時，得聲請法院定之。法院為前項裁定前，以夫妻共同戶籍地推定為其住所（第一〇〇二條）。

㈡**財產上之效力**

1. **相互代理權** 夫妻於日常家務，互為代理人（第一〇〇三條一項）。所謂互為代理，即妻固可為夫之代理人，夫亦可為妻之代理人。妻為夫之代理人時，無須以夫之名義為之。妻在日常家務代理權之範圍內，日常家務代理人（妻）得處分對方（夫）之財產（第一〇二一條，第一〇三三條二項但書，第一〇四六條三款）。如夫妻之一方，濫用其代理權時，他方得限制之，但不得對抗善意第三人（第一〇〇三條二項）。

2. **扶養義務** 夫妻互負扶養之義務，其負扶養義務之順序與直系血親卑親屬同，其受扶養權利之順序與直系血親尊親屬同（第一一一六條之一）。觀之第一〇二六條家庭生活費用先由夫負擔，而夫無支付能力時，始由妻就其財產之全部負擔之規定，至為明瞭。家庭生活費用，包括必要之醫藥費在內（三三湘粵上九三）。扶養義務之不履行，係惡意之遺棄，成為離婚之原因（第一〇五二條五款）。

第四節　夫妻財產制

夫妻財產制，為婚姻共同生活中，夫妻之財產關係之制度。民法上即有法定財產制（第一〇〇五條）與約定財產制（第一〇〇四條）之分。

婚姻當事人間，於結婚前或結婚後，得以契約就民法所定之約定財產制中，選擇其一，為其夫妻財產制（第一〇〇四條）是為約定財產制。夫妻未以契約訂立夫妻財產制者，除另有規定外，以法定財產制為其夫妻財產制（第一〇〇五條）是為法定財產制。關於夫妻財產制契約之訂立、變更及廢止，當事人如為未成年人或為禁治產人時，應得法定代理人之同意（第一〇〇六條）。故未成年人已結婚者，雖有行為能力（第一三條三項）。但關於夫妻財產制契約，仍須得法定代理人之同意。不問為未成年人或禁治產人，如未得法定代理人之同意，訂立、變更或廢止夫妻財產制契約，則為效力未定之法律行為，須經法定代理人之承認，始生效力（第七九條）。又夫妻財產制契約之訂立、變更或廢止，為要式行為，須以書面為之（第一〇〇七條）。且非經登記，不得以之對抗善意第三人（第一〇〇八條）。夫妻於婚姻關係存續中，得以契約廢止其財產制契約，或改用他種約定財產制（第一〇一二條）。

夫妻財產制，本應以夫妻之一切財產為其對象，其組成夫妻財產制之財產，謂之原有財產。但除夫妻之聯合財產或公同共有財產外，尚有下列財產為其特有財產（第一〇一三條）：①專供夫或妻個人使用之物。②夫或妻職業上必需之物。③夫或妻所受之贈物，經贈與人聲明為其特有財產者。此三者中，為夫或妻之特有財產，不許當事人依自由意思變更，謂之法定特有財產。此外，夫妻尚得以契約訂定以一定之財產，為特有財產（第一〇一四條），是為約定特有財產。不論何種情形，皆適用關於分別財產制之規定（第一〇一五條）。

關於夫妻財產制契約之訂約能力、契約形式及契約登記，第一〇〇六條至第一〇〇八條定有明文，已如前述。又夫妻之約定特有財產為有關夫妻財產之其他約定，關係當事人之權益及交易之安全，故依第一〇〇八條之一亦應準用前三條之規定。

一、法定財產制

婚姻當事人未訂定夫妻財產制契約時，依法律規定，適用於夫妻間之財產制度，謂之法定財產制。通常情形，以聯合財產制，為法定財產制。結婚時屬於夫妻之財產，及婚姻關係存續中，夫妻所取得之財產，為其聯合財產。但特有財產，不在其內（第一〇一六條）。可知，不問其為夫之特有財產，或為妻之特有財產，亦不問其為法定或約定之特有財產，均不在聯合財產之內。在聯合財產制下，發生左列效力：

㈠夫妻財產所有權之歸屬 聯合財產中，夫或妻於結婚時所有之財產，及婚姻關係存續中取得之財產，為夫或妻之原有財產，各保有其所有權（第一〇一七條一項）。聯合財產中，不能證明為夫或妻所有之財產，推定為夫妻共有之財產（同條二項）。於此情形，因民法親屬編修正公布並自民國七十四年六月五日起發生效力，而該規定並無溯及效力（親屬編施行法第一條），故實務上認為，民法親屬編施行後修正前已結婚者，夫或妻於修正後發生之取得財產等事件，適用修正後之規定（同條後段參照），宜加注意。因此：

1. 夫妻聯合財產不動產部分，凡在民國七十四年六月四日前結婚者，以妻名義登記屬夫妻聯合財產之不動產，得以更名登記為夫所有，但以民國七十四年六月四日前登記者為限。反之，七十四年六月五日以後以妻名義登記之不動產，不得再辦理更名登記為夫所有。

2.七十四年六月五日以後結婚者，其夫妻聯合財產中不動產歸屬之認定，應依修正後民法親屬編之規定辦理。

3.以上情形，均以婚姻關係尚存續中，且該不動產仍以妻之名義登記者，或如夫妻已離婚而該不動產仍以妻之名義登記者，始有民國七十四年民法親屬編修正後之第一○一七條規定之適用。

㈡**管理及用益權**　聯合財產由夫管理，但約定由妻管理時，從其約定，其管理費用由有管理權之一方負擔（第一○一八條一項）。聯合財產，原則上由夫管理，但得約定由妻管理之。如夫妻約定由妻管理聯合財產時，須以書面為之，並經登記始可對抗第三人（第一○○八條之一）。由夫管理時，如妻請求，夫有隨時報告妻原有財產狀況之義務（第一○二二條）。又聯合財產由妻管理時，第一○一九條至第一○三○條所定有關夫或妻因管理權而發生之權利義務，均分別移轉於妻或夫，即原適用於夫之規定，適用於妻，原適用於妻之規定，適用於夫（第一○一八條二項）。夫對於妻之原有財產，有使用、收益之權。但收取之孳息，於支付家庭生活費用及聯合財產管理費用後，如有剩餘，其所有權仍歸屬於妻（第一○一九條）。但如夫妻約定由妻管理聯合財產時，則妻對於夫之原有財產，亦有上開相同之權利（第一○一八條二項）。

㈢**處分權**　夫對於妻之原有財產為處分時，應得妻之同意，但為管理上所必要之處分，不在此限（第一○二○條一項）。此之所謂處分，應指法律上之處分，至於事實上之處分，不在其內。夫處分妻之原有財產，如未得妻之同意，又非為其管理上所必要者，該處分行為，本為效力未定（第一一七條）。此項同意之欠缺，不得對抗第三人，但第三人已知或可得而知其欠缺，或依情形可認為該財產屬於妻者，不在此限（第一○

二〇條二項）。又妻對夫之處分其原有財產，如無正當理由而拒絕同意時，夫得請求法院宣告改用分別財產制（第一〇一〇條三款）。此外，依第一〇一七條規定，聯合財產中，夫或妻之原有財產仍由夫或妻保有其所有權，夫對於妻之原有財產為處分時，第一〇二〇條已有規定，因此妻對於夫之原有財產，於第一〇〇三條所定代理權限內，得處分之（第一〇二一條）。

(四)清償債務責任　下列債務，由夫負清償之責：①夫於結婚前所負之債務。②夫於婚姻關係存續中所負之債務。③妻因第一〇〇三條所定代理行為而生之責任（第一〇二三條）。又下列債務，由妻負清償之責：①妻於結婚前所負之債務。②妻於婚姻關係存續中所負之債務（第一〇二四條）。

妻就其特有財產設定之債務，或妻逾越第一〇〇三條代理權限之行為所生之債務，由妻僅就其特有財產負清償之責（第一〇二五條）。至於家庭生活費用，夫無支付能力時，由妻就其財產之全部負擔之（第一〇二六條）。又妻之原有財產所負債務，而以夫之財產清償；或夫之債務，而以妻之原有財產清償者，夫或妻有補償請求權。但在聯合財產關係消滅前，不得請求補償（第一〇二七條一項）。妻之特有財產所負債務，而以聯合財產清償；或聯合財產所負債務，而以妻之特有財產清償者，雖於婚姻關係存續中，亦得為補償之請求（同條二項）。

上述聯合財產關係，因左列事由而消滅：

(1)妻死亡時，妻之原有財產，歸屬於妻之繼承人。如有短少，夫應補償之。但以其短少，係因可歸責於夫之事由而生者為限（第一〇二八條）。

(2)夫死亡時，妻取回其原有財產，如有短少，並得向夫之繼承人請求補償（第一〇二九條）。

⑶聯合財產之分割，除另有規定外，妻取回其原有財產。如有短少，由夫或其繼承人負擔。但其短少，係由可歸責於妻之事由而生者，不在此限（第一〇三〇條）。

⑷夫妻離婚時，不論為兩願離婚或裁判離婚，其聯合財產關係，自因婚姻關係之消滅而歸於消滅。

聯合財產關係消滅時之剩餘財產分配請求權，民法另有規定：

⑴聯合財產關係消滅時，夫或妻於婚姻關係存續中所取得而現存之原有財產，扣除婚姻關係存續中所負債務後，如有剩餘，其雙方剩餘財產之差額，應平均分配，但因繼承或其他無償取得之財產，不在此限（第一〇三〇條之一第一項）。但依前項規定，平均分配顯失公平者，法院得酌減其分配額（同條二項）。

⑵第一〇三〇條之一第一項剩餘財產差額之分配請求權，自請求權人知有剩餘財產之差額時起，二年間不行使而消滅。自聯合財產關係消滅時起，逾五年者亦同（同條三項）。

二、約定財產制

㈠共同財產制　夫妻之財產及所得，除特有財產外，合併為共同財產，屬於夫妻公同共有之夫妻財產制（第一〇三一條一項）。所謂夫妻之財產，指夫妻現有及將來取得之一切動產及不動產而言。共同財產既為公同共有，當然適用關於公同共有之規定。此項共同財產，夫妻之一方，不得處分其應有部分（同條二項）。

茲分述其效力如左：

1.**管理及處分**　共同財產由夫管理，其管理費用，由共同財產負擔（第一〇三二條）。夫妻之一方，對於共同財產為處分時，應得他方之同意，但為管理上所必要之處分，不在此限（第一〇三三條一項）。前項同意之欠缺，不得對抗第三人。但第三人已知或可得而知其欠缺，或依情形可認為該財產屬於共同財產者，不在此限（同條三項）。

2.夫妻責任　下列債務，由夫個人並就共同財產，負清償之責：①夫於結婚前所負之債務。②夫於婚姻關係存續中所負之債務。③妻因第一〇〇三條所定代理行為而生之債務。④除前款規定外，妻於婚姻關係存續中，以共同財產為負擔之債務（第一〇三四條）。惟下列債務，則由妻個人並就共同財產，負清償之責：①妻於結婚前所負之債務。②妻因職務或營業所生之債務。③妻因繼承財產所負之債務。④妻因侵權行為所生之債務（第一〇三五條）。但妻就其特有財產設定之債務，或妻逾越第一〇〇三條代理權限之行為所生之債務，僅由妻就其特有財產負清償之責（第一〇三六條）。至於家庭生活費用，應由共同財產負擔之。但共同財產不足負擔者，妻個人亦應負責（第一〇三七條）。又共同財產所負之債務，而以共同財產清償者，夫妻間不生補償請求權。至共同財產之債務，而以夫或妻之特有財產清償；或夫或妻之特有財產之債務，而以共同財產清償者，應予補償。雖在婚姻關係存續中，亦得請求補償（第一〇三八條）。蓋以夫妻對其特有財產，各保留其所有權，不併入共同財產之故。

共同財產制，因左列事由而消滅：

1.夫妻之一方死亡時，共同財產之半數，歸屬於死亡者之繼承人，其他半數，歸屬於生存之他方。但此項財產之分劃，其數額另有約定者，從其約定（第一〇三九條一、二項）。故生存配偶，除對於夫妻共同財產取得其半數外，就其他半數尚有繼承權（院七八〇）。在此情形，如該生存之他方，依法不得為繼承人時，其對於共同財產得請求之數額，不得超過於離婚時所應得之數額（同條三項）。至共同財產關係消滅時，除法律另有規定或契約另有訂定外，夫妻各得共同財產之半數（第一〇四〇條）。

2.夫妻得以契約訂定僅以所得為限為共同財產。所謂所得，指婚姻關係存續中，夫妻因勞力所得之財產及原有財產之孳息而言。在此情形，僅就其所得部分，適用關於共同財產制之規定（第一〇四一條一、二項）。其結婚時及婚姻關係存續中，屬於夫妻之原有財產，則適用關於法定財產制之規定（同條三項）。

㈡分別財產制　結婚後夫妻之財產，各別獨立存在，夫妻各保有其財產之所有權、管理權及使用收益權（第一〇四四條）。於分別財產制，原則上夫妻管理各人之財產。但妻以其管理權付與於夫者，推定夫有以該財產之收益，供家庭生活費用之權。前項管理權，妻得隨時取回，其取回權不得拋棄（第一〇四五條）。下列債務，由夫負清償之責：①夫於結婚前所負之債務。②夫於婚姻關係存續中所負之債務。③妻因第一〇〇三條所定代理行為而生之債務（第一〇四六條）。又下列債務，由妻負清償之責：①妻於結婚前所負之債務。②妻於婚姻關係存續中所負之債務。若夫妻因家庭生活費用所負之債務，如夫無支付能力時，由妻負擔（第一〇四七條）。故夫得請求妻對於家庭生活費用，為相當之負擔（第一〇四八條）。

分別財產制之原因，計有左列三種情形：

1.夫妻之一方受破產之宣告時，其夫妻財產制當然成為分別財產制（第一〇〇九條）。

2.有下列各款情形之一時，法院因夫妻一方之請求，得宣告改用分別財產制（第一〇一〇條）：

⑴夫妻之一方依法應給付家庭生活費用而不給付時。

⑵夫或妻之財產，不足清償其債務，或夫妻之總財產，不足清償總債務時。

⑶夫妻之一方為財產上之處分，依法應得他方之同意，而他方無正當理由拒絕同意時。

⑷夫妻之一方對於他方之原有財產，管理顯有不當，經他方請求改善而不改善時。

(5)夫妻難於維持共同生活，不同居已達六個月以上時。

(6)有其他重大事由時。

3.債權人對於夫妻一方之財產已為扣押，而未得受清償時，法院因債權人之聲請，得宣告改用分別財產制（第一〇一一條）。

第五節 離婚

婚姻之消滅，原有種種。除夫妻一方之死亡，係因自然之事實外，離婚則由於人為之原因。此與婚姻之撤銷，雖同為人為的消滅婚姻之一種，但兩者之性質及效力，頗有差異：

婚姻撤銷	離婚
①婚姻撤銷之原因，於結婚時已經存在。	①離婚之原因，於結婚後始行發生。
②婚姻撤銷，在消滅不完全之婚姻。	②離婚則係消滅完全之婚姻。
③撤銷，除夫妻外，第三人亦得行使。	③離婚權人，惟限於婚姻當事人。
④撤銷必須依訴之方法。	④離婚，除裁判離婚外，毋庸呈訴為之。
⑤撤銷，於夫妻一方死亡後仍可行使。	⑤否。
⑥婚姻撤銷之效力，不溯及既往。	⑥離婚，僅向將來發生效力。

一、協議離婚

婚姻當事人以消滅婚姻關係為目的之要式契約，謂之協議離婚，或稱兩願離婚。其要件如左：

㈠**形式要件**　協議離婚為要式行為，須以書面為之，並應有二人以上證人之簽名（第一〇五〇條）。如僅當眾焚燬贅婚字條，而不另立離婚書面，尚不發生離婚效力（三三上三七四〇）。又兩願離婚並應向戶政機關為離婚之登記（第一〇五〇條）。此為兩願離婚之形式要件，故兩願離婚如未經登記，則不發生離婚之效力。故兩願離婚雖已具備書面，二人以上證人之簽名，但因未向戶政機關登記，其離婚要件即有欠缺，離婚契約尚未有效成立。而與離婚契約聯立之不動產歸屬之契約，既為兩願離婚後不動產歸屬之約定，該契約顯以離婚生效為停止條件，兩願離婚契約既未有效成立，停止條件自未成就，其就不動產歸屬之契約，自難認已生效（八五臺上三〇二〇）。

㈡**實質要件**　其情形有三：①當事人須為夫妻。②須為當事人之合意。③未成年人須得法定代理人之同意。蓋協議離婚，須由當事人自行訂定，代訂之離婚無效（二九上一九〇四）。但本人決定離婚意思後，以他人為表示機關，則無不可（二九上一六〇六）。若未成年人未得法定代理人之同意，自行離婚時，應解為得予撤銷，準用婚姻撤銷之規定（第九九〇條）。

二、裁判離婚

夫妻之一方，如有法律所定之原因，他方對之提起離婚之訴，依勝訴判決而為離婚者，謂之裁判離婚。關於裁判離婚之原因，分為十一種（第一〇五二條一、二項）：

㈠**重婚**　所謂重婚，指有配偶而重為婚姻，但同時與二人以上結婚者，不包括在內。蓋同時與二人以上結婚者無效（第九八八條二款），則其二個婚姻均不存在故也。娶妾並非婚姻，自無所謂重婚；如妻請求離婚，祇得依其他理由而不得援用重婚（院六四七）。夫妻之一方，對其配偶之重婚，於事前同意或事後宥恕，或知悉後已逾六個月，或自其情事發生後已逾二年者，不得請求離婚（第一〇五三條）。此項期間，皆為除斥期間，而非消滅時效。

㈡**與人通姦**　所謂與人通姦，指與異性為婚姻以外之性交者而言。故納妾宿娼之類，均為與人通姦。至因姦構成刑法上之犯罪與否，則非所問。若在結婚前之通姦，雖可為婚姻撤銷之原因，但不能為離婚原因（三三上二九四）。強姦他人者，則為離婚原因。如係被人強姦，不得據為請求離婚之原因。對於通姦有請求權之一方，於事前同意或事後宥恕，或知悉後已逾六個月，或自其情事發生後已逾二年者，不得請求離婚（第一〇五三條）。若知悉通姦後已逾六個月者，雖自情事發生後未逾二年，亦不得請求離婚（二九上一七二，三二上五七二六）。

㈢**配偶之虐待及受虐待**　夫妻之一方，受他方不堪同居之虐待者，得請求離婚。所謂不堪同居之虐待，指與以身體上或精神上不可忍受之痛苦，致不堪繼續同居者而言（二三上六七八，三四上三九六八）。虐待至如何程度，始為不堪同居之虐待，須依客觀標準，不可依主觀見解（三四上三九六八，四四臺上一二六）。若受他方虐待已逾越夫妻通常所能忍受之程度，而有侵害人格尊嚴與人身安全者，均可認為受不堪同居之虐待（八六臺上二九一一）。下列情形，得認係不堪同居之虐待：①偶然毆打，則視其受傷程度；如係重傷，成為離婚原因（二九上九九五，三三上四二九三）。②若為慣行毆打，則不重視其受傷程度，均構成離婚原因（二七上二二一一，三二上五二三八）。③夫妻之一方，誣稱他方通姦（二三上六七八）。④夫誣稱其妻謀害本夫（三三上一二〇一）。⑤夫叛國附逆（院二八二三）。⑥夫參加偽組織不反正（院二二八五）。⑦夫勒妻為娼（二一上八三四）。⑧誣控他方竊盜，致被判罪刑（四六臺上一七一九）。⑨夫姦淫其親生女（六三臺上一四四四）。⑩夫強命妻下跪，頭頂盆鍋（六九臺上六六九），均為不堪同居之虐待。

(四)直系尊親屬之虐待或受其虐待　夫妻之一方對於他方之直系尊親屬為虐待，或受他方之直系尊親屬之虐待，致不堪為共同生活者，夫或妻得請求離婚。所謂共同生活，與同居不同。同居指夫妻間之共同生活，而此所稱共同生活，則泛指家屬間之共同生活而言。故如因細故將其姑毆打成傷，為不堪共同生活之虐待（三一上二四六一）。至於婆媳因家庭細故有所爭執，則否（一九上三四二六）。又所謂不堪共同生活之虐待，係指予以身體上或精神上不可忍受之痛苦，致不堪共同生活而言（三二上一九四九），此包括重大侮辱在內（七〇臺上四四九九）。虐待是否已達不堪為共同生活，應依客觀情事定之（四四臺上二六）。

(五)惡意之遺棄　夫妻之一方以惡意遺棄他方，在繼續狀態中者，則他方可請求離婚。所謂遺棄，以出於惡意者為限。如因故離家，或家道貧寒，或無力贍養，而非確有遺棄之惡意者，不得據為請求離婚之原因。是以惡意遺棄他方，不僅須有違背同居義務之客觀事實，並須有拒絕同居之主觀情事，始為相當（四〇臺上九一）。又夫妻互負同居義務，若同居之訴判決確定後，仍不履行同居義務，在此狀態繼續存在中，而又無不能同居之正當理由者，得認為惡意之遺棄（釋一八）。關於夫妻間之扶養義務，實務上持肯定見解（四三臺上七八七）。通說並以夫妻之扶養義務為生活保持義務。是以第一一一六條之一規定「夫妻互負扶養之義務」，立法意旨在此。

(六)殺害之意圖　夫妻之一方意圖殺害他方者，構成離婚原因。所謂殺害之意圖，包含殺人未遂及預備殺人在內。至於就此有無起訴或宣判，與離婚請求權無關。有殺害之意圖，自離婚請求權人知悉此情事後已逾一年，或自其情事發生後已逾五年，不得請求離婚（第一〇五四條）。

㈦**不治之惡疾**　有花柳病或其他惡疾，為離婚原因。所謂惡疾，應解為包含人之身體機能之健康有礙，而為人所厭惡之病症在內，並須至不治之程度，否則尚可治癒，縱暫時不堪同居，仍不得據以請求離婚。故如痲瘋（二三上四〇五一），花柳病之不能治者（三一上三一〇），固為惡疾。但婦女白帶（三〇上一七九八），殘廢（三二上六六八二），雙目失明（二七上三七二四）以及單純之不妊症（院解二九四五），均非不治之惡疾。

㈧**重大不治之精神病**　所謂重大，通常固對輕微而言，但應已至不能使他方忍受之程度始可。至其精神病不問由於遺傳或後天患之，結婚前或結婚後得之，尤其不問是否由於可歸責於離婚請求人之原因所致（三三上五七七七）。又其是否因精神病而受禁治產之宣告，與離婚請求無關。

㈨**三年以上生死不明**　凡夫妻之一方生死不明已逾三年，他方得請求離婚。所謂生死不明，指離去其向來之住居所，生死不明，並無歸還之音信者而言。三年之期間，應自最後發音信，或其他生存配偶知悉失蹤人生存最後之日起算（院一三三八）。生死不明已逾三年，如未經判決離婚或為死亡之宣告而再婚者，仍為重婚。

㈩**處刑**　被處三年以上之徒刑，或因犯不名譽之罪被處徒刑者，得請求離婚。所謂處三年以上徒刑，指宣告刑而言，其法定刑如何，則非所問（三一上一一九七），且不問其宣告緩刑與否，但需判決確定者始足構成離婚原因。何謂不名譽犯罪，實務認為非法施打速賜康或吸食安非他命，竊盜（三三上五七四九），侵占

（二七上三一九六），背信及偽造文書（三三上三一四三），營利和誘（二七上五〇六），吸食鴉片（三三上三四〇六），為人父者姦淫親生女（六三臺上一四四四）等均是，至於好賭則否（二〇上一九一六）。在此情形，有請求權之一方，自知悉後已逾一年，或自其情事發生後已逾五年者，不得請求離婚（第一〇五四條）。

(十一)**有前項以外難以維持婚姻之重大事由** 有前項以外之重大事由難以維持婚姻者，夫妻之一方得請求離婚（第一〇五二條二項）。此即抽象的離婚原因，至是否為難以維持婚姻之重大事由，應由法院依客觀情形判斷之。例如迷於同性戀，致他方配偶感到厭惡，或有虐待之事實，但未達於不堪同居之程度，婚姻難以繼續時，均屬之。但難以維持婚姻之重大事由，應由夫妻之一方負責者，僅他方得請求離婚（第一〇五二條二項但書）。

三、離婚之效力

離婚，乃夫妻間向將來消滅由婚姻而生之身分上及財產上一切效力之方法。故離婚之成立時期，頗關重要。在協議離婚，以離婚書面之作成及由二人以上證人之簽名；在裁判離婚，則於判決確定時，為其離婚效力之發生時期，其向戶政機關為離婚登記與否，在所不問。

(一)**身分上之效力** 因離婚夫妻之身分關係消滅，夫妻關係即已不存在。未滿二十歲之離婚人再婚時，仍應得法定代理人之同意。夫妻與其所生子女間之血親關係，不因離婚而消滅。至夫妻之一方與他方之血親及血親之配偶間之姻親關係，則因離婚而消滅（第九七一條）。由於姻親關係消滅，近親結婚之限制亦適用之（第九八三條二項）。

㈡**財產上之效力**　離婚，使夫妻財產契約或法定財產關係歸於消滅。故夫妻離婚時，無論其原用何種夫妻財產制，各取回其固有財產。如有短少，由有管理權之一方負擔。但其短少係由非可歸責於有管理權之一方之事由而生者，不在此限（第一〇五八條）。此之所謂固有財產，因夫妻財產制而有不同：①在聯合財產制，為夫或妻之原有財產及夫妻共有之原有財產。②在共同財產制，為夫及妻加入共同財產之財產。

㈢**親權上之效力**　夫妻離婚者，對於未成年子女權利義務之行使或負擔，依協議由一方或雙方共同任之，未為協議或協議不成者，法院得依夫妻之一方、主管機關、社會福利機構或其他利害關係人之請求或依職權酌定之（第一〇五五條一項）。此項協議不利於子女者，法院得依主管機關、社會福利機構或其他利害關係人之請求或依職權為子女之利益改定之（同條二項）。行使、負擔權利義務之一方未盡保護教養之義務或對未成年子女有不利之情事者，他方、未成年子女、主管機關、社會福利機構或其他利害關係人得為子女之利益，請求法院改定之（同條三項）。以上三項情形，法院得依請求或依職權，為子女之利益酌定權利義務行使負擔之內容及方法（同條四項）。另外，法院亦得依請求或依職權，為未行使或負擔權利義務之一方酌定其與未成年子女會面交往之方式及期間，但其會面交往有妨害子女之利益者，法院得依請求或依職權變更之（同條五項）。又法院為第一〇五五條裁判時，應依子女之最佳利益，審酌一切情狀，參考社工人員之訪視報告，尤應注意左列事項（第一〇五五條之一）：

1. 子女之年齡、性別、人數及健康情形。
2. 子女之意願及人格發展之需要。
3. 父母之年齡、職業、品行、健康情形、經濟能力及生活狀況。

4.父母保護教養子女之意願及態度。

5.父母子女間或未成年子女與其他共同生活之人間之感情狀況。

㈣賠償上之效力　夫妻之一方，因判決離婚而受有損害者，得向有過失之他方，請求賠償。在此情形，雖非財產上之損害，受害人亦得請求賠償相當之金額，但以受害人無過失者為限（第一〇五六條一、二項）。上述非財產上之損害賠償，具有專屬性，故不得為讓與或繼承之標的物。但已依契約承諾或已起訴者，則變為普通債權，應不在此限（同條三項）。至於夫妻無過失之一方，因判決離婚而陷於生活困難者，他方縱無過失，亦應給與相當之贍養費（第一〇五七條）。是民法在判決離婚，承認損害賠償與贍養費之給與。而在兩願離婚，如當事人未為協議者，則不得為此請求（二八上四七八）。損害賠償請求權以被請求人有過失為要件，贍養費請求權則以請求人無過失為要件，均以判決離婚為請求權發生之原因。

㈤監護上之效力　父母均不適合行使權利時，法院應依子女之最佳利益並審酌第一〇五五條之一各款事項，選定適當之人為子女之監護人，並指定監護之方法，命其父母負擔扶養費用及其方式（第一〇五五條之二）。

第三章　父母子女

第一節　婚生子女

一定之人與一定之人間，為直系一親等之血親關係，及擬制血親關係者，為父母子女關係，又稱親子關係。故關於子女，亦有自然子女與擬制子女之別。在自然子女，其子女從父姓。贅夫之子女從母姓，但母無兄弟，約定其子女從母姓者，從其約定（第一〇五九條一項）。而贅夫之子女從母姓，但約定其子女從父姓者，從其約定（同條二項）。至養子女則從收養者之姓（第一〇七八條）。又未成年子女，以其父之住所為住所（第一〇六〇條）。

㈠**婚生之推定**　稱婚生子女者，謂由婚姻關係受胎而生之子女（第一〇六一條）。至受胎期間之推定，應從子女出生日回溯第一百八十一日起至第三百零二日止，為受胎期間。能證明受胎回溯在前項第三百零二日以前者，以其期間為受胎期間（第一〇六二條）。因之妻之受胎，係在婚姻關係存續中者，推定其所生子女為婚生子女（第一〇六三條一項）。前項推定，如夫妻之一方能證明妻非自夫受胎者，得提起否認之訴，但應於知悉子女出生之日起一年內為之（同條二項）。又妻須有分娩子女之事實，始受婚生之推定。故妻將他人之子女，戶籍上登記為自己與夫之婚生子女，亦不能受婚生之推定（二八上一四四五）。

㈡**不受婚生推定之婚生子女** 不能受第一〇六三條第一項推定之子女，有時應認為婚生子女，是為不受婚生推定之婚生子女，其情形有三：

1.**受胎期間在結婚前者** 婚生之推定，既以受胎期間內夫妻有合法婚姻關係為要件，則妻之受胎期間在結婚前者，不受法律上婚生之推定。結婚前如夫與妻同居，縱其子女於結婚後出生，亦非婚生子女。

2.**客觀上妻顯然非自夫受胎所生之子女** 在客觀上妻顯然不可能由夫而受胎者，應排除第一〇六三條第一項婚生推定之適用，於此情形，妻所生之子女，應作為不受婚生推定之婚生子女。

3.**妻之重婚** 重婚並非無效，僅為撤銷之原因。故後婚未經撤銷前，仍為有效婚姻。在此情形，不能適用第一〇六三條第一項規定，推定其所生子女為婚生子女，應提起確認之訴，請求法院確定其父。

第二節 非婚生子女

非婚生子女，謂非由婚姻關係受胎而生之子女。若對非婚生子女，以其父母之結婚為原因，予以婚生子女身分者，謂之準正（第一〇六四條）。故準正之要件，一為生父之認領，一為生父與生母之結婚。準正之子女被視為婚生子女，受與婚生子女同一之法律地位，民法上稱為準婚生子女。既取得婚生子女同一之身分，則其對於生父母之權利義務及其他法律關係，均與婚生子女同。

非婚生子女，除因生父母結婚，視為婚生子女外，法律又設有因父母之認領，視為婚生子女之規定。分別言之：

㈠**任意認領** 認領者，生父承認為其婚生子女之父之單獨行為。至非婚生子女與其生母之關係，視為婚生子女，毋須認領（第一〇六五條二項）。故非婚生子女經生父認領者，視為婚生子女。其經生父撫育者，視為認領（同條一項）。是非婚生子女如有經其生父撫育之事實，即足以發生認領之效力，其撫育時間之久暫與認領效力之發生無關。所謂視為婚生子女，即非婚生子女之身分，與婚生子女同。又非婚生子女或其生母，對於生父之認領，得否認之（第一〇六六條）。在此情形，宜以訴主張之。

㈡**強制認領**　非婚生子女對於應認領而不認領之生父，向法院請求確認父子女關係之存在者，謂之強制認領。若經生父撫育之子女視為認領，取得婚生子女身分，自不必請求認領（第一〇六五條一項）。但就此有爭執，則子女或其法定代理人可提起父子關係存在確認之訴，但不得提起認領之訴，故不受民法第一〇六七條第二項請求權時效之限制（二三上三九七三）。上述認領之訴係確認之訴，非婚生子女或其生母或其法定代理人，均得請求其生父認領為生父之子女（第一〇六七條一項）。其原因如左：

⑴受胎期間，生父與生母有同居之事實者。

⑵由生父所作之文書可證明其為生父者。

⑶生母為生父強制性交或略誘性交者。

⑷生母因生父濫用權勢性交者。

生母於受胎期間內，曾與他人通姦或為放蕩之生活者，則生母或其法定代理人，不得為非婚生子女請求認領（第一〇六八條）。前項請求權，非婚生子女自成年後二年間或生母及其他法定代理人自子女出生後七年間不行使而消滅（第一〇六七條二項）。但非婚生子女經生父自幼撫育者，既視為已經認領，即已取得婚生子女之身分（第一〇六五條一項後段）。如嗣後生父否認者，得提起確認父子女關係存在之訴，不受第一〇六七條第二項關於時效期間之限制（二三上三九七三）。生父認領非婚生子女後，不得撤銷其認領（第一〇七〇條），是為認領之絕對效力。又認領請求權係身分上之權利，應不許拋棄（七四臺上八五，七四臺上一七三二）。

非婚生子女經生父認領者，視為婚生子女（第一〇六五條）。從而其對生父之權利義務以及其他關係，均與婚生子女同。故非婚生子女認領之效力，溯及於出生時。但第三人已取得之權利，不因此而受影響（第一〇六九條）。在此情形，非婚生子女對已死亡之生父或其繼承人，不得請求認領。故關於繼承，準婚生子女不因溯及效力而為繼承人。非婚生子女經生父撫育而視為認領者，即已受生父之扶養，在此範圍內，不生溯及效力之問題。至於非婚生子女經認領者，關於未成年子女權利義務之行使或負擔，準用第一〇五五條、第一〇五五條之一及第一〇五五條之二之規定（第一〇六九條之一）。

第三節　養子女

一、收養之要件

(一)實質要件

1. 須有收養之合意　收養以發生身分關係為目的，故須當事人間有收養之合意。收養子女惟本人始得為之，如其人死亡，則不得由配偶、父母代為收養（二六上四八六，三三上六四一），亦不得以遺囑委託他人於其身故後代為收養（三二上二八四）。

2. 須間隔一定年齡　收養者之年齡，應長於被收養者二十歲以上（第一〇七三條）。因收養他人之子女為子女時，其收養者為養父或養母，被收養者為養子或養女（第一○七二條）。故收養子女，違反第一○七三條收養者之年齡應長於被收養者二十歲以上之規定者，僅得請求法院撤銷之，並非當然無效（釋八七）。

3. **被收養人須非收養人之婚生子女或經準正、認領之準婚生子女**　婚生子女，不得收養為養子女。非婚生子女經準正、任意認領或強制認領者，視為婚生子女，亦不得收養為養子女（第一○七三條之一第一款），乃以此等情形，其地位與婚生子女完全相同，再為收養並無任何實益。

4. **須為一人之養子女**　除第一○七四條為夫妻之養子女外，一人不得同時為二人之養子女（第一○七五條）。所謂同時，指在收養關係存續中而言。至收養關係消滅以後，再為他人之養子女，自為法所不禁。

5. **須不違反近親及輩分不相當親屬間收養之限制**　民法明定下列親屬不得收養為養子女：①直系血親。②直系姻親，但夫妻之一方，收養他方之子女者，不在此限。③旁系血親及旁系姻親之輩分不相當者，但旁系血親在八親等之外，旁系姻親在五親等之外者，不在此限（第一○七三條之一）。

6. **收養須與配偶共同為之**　有配偶者收養子女與夫妻之一方，均發生直系血親關係，乃有共同收養必要。但被收養人為夫妻之一方之直系卑親屬者，則無與其配偶共同收養之必要。但夫妻之一方，收養他方之子女者，不在此限（第一○七四條）。

7. **被收養者須得配偶之同意**　有配偶者被收養者，應得其配偶之同意（第一○七六條）。因收養關係一經成立，妻即隨夫入於收養者之家，如夫為養子，而事先未得妻之同意，影響家庭之和諧故也。

8. **須無監護關係**　監護人在監護關係存續中，非得受監護人之父母之同意，不得收養被監護人，此為準用第九八四條之當然結果。

㈡形式要件

收養子女，應以書面為之。但被收養者未滿七歲而無法定代理人時，不在此限（第一〇七九條一項）。未滿七歲之未成年人被收養時，由法定代理人代為意思表示或代受意思表示，但無法定代理人時，不在此限（同條二項）。滿七歲以上之未成年人被收養時，應得法定代理人之同意，但無法定代理人時，不在此限（同條三項）。

收養子女應聲請法院認可（同條四項）。是法院之認可為收養之成立要件，故收養子女未經法院認可者，縱已作成書面，仍不成立。但收養有左列情形之一者，法院應不予認可（同條五項）：

1. 收養有無效或得撤銷之原因者。
2. 有事實足認收養於養子女不利者。
3. 成年人被收養時，依其情形，足認收養於本生父母不利者。

二、收養之效力

收養制度，原使無直系血親關係者之間，發生親子關係為目的，故其主要效力，當為被收養人取得收養人婚生子女之身分（第一〇七七條），且被收養人從收養人之姓，有配偶者收養子女時，養子女之姓適用第一〇五九條之規定（第一〇七八條）。從而養子女與養父母之關係，除法律另有規定外，與婚生子女同，在身分法上，互負扶養義務（第一一一四條一款），而與本生父母間則不互負扶養義務（院二一二〇），又養子女與養父母互有繼承權（第一一三八條一款），但與其本生父母則互無繼承權（二一上四五一）。在收養關係存續中，本生父母對出養子女，其親權被停止（第一〇八三條）。

三、收養之無效及撤銷

(一)收養之無效

收養子女，違反第一〇七三條、第一〇七三條之一及第一〇七五條之規定者，無效（第一〇七九條之一）。因之，左列情形構成無效之原因：

1. 當事人間無收養之意思　當事人間既無收養之意思，自不生收養關係，應解為收養無效（二三上四八二三）。

2. 收養者之年齡非長於被收養者二十歲以上　此等情形，有悖公序良俗，易滋流弊，而認為無效（第一〇七三條）。

3. 近親間及輩分不相當之親屬間之收養　由於收養當事人昭穆不相當，違反倫理觀念，認其收養為無效（第一〇七三條之一，四九臺上一九二七）。

4. 除為夫妻所共同收養外，養子女同時為二人以上收養者　一人同時為非夫妻之二人所收養，將使收養關係複雜，認為無效（第一〇七五條，五八臺上三三一〇）。

5. 收養未經法院認可者　收養應經法院認可，方為有效。故理論上，收養未經法院認可者，應解為不成立（即不存在）。

收養無效，為當然絕對的無效，法律上有利害關係之人均得提起收養無效之訴，就收養無效所為之判決，對第三人亦有效力。

(二)收養之撤銷

收養撤銷之原因，依第一〇七九條之三規定，分列如下：

1. **有配偶者收養子女時，未與配偶共同為之者**　亦即收養子女違反第一〇七四條之規定，僅得撤銷而非當然無效（四二臺上三五七參照）。其撤銷權人為收養者之配偶。

2. **有配偶者被收養時，未得其配偶之同意者**　亦即違反第一〇七六條之規定，得撤銷之，其撤銷權人為被收養者之配偶。

3. **滿七歲以上之未成年人被收養時，未得法定代理人之同意者**　亦即違反第一〇七九條第三項之規定，得撤銷之，其撤銷權人為未成年人之法定代理人。

4. **收養或被收養係因被詐欺或被脅迫者**　此等情形，法無明文，應準用第九九七條之規定，其撤銷權人為被詐欺或被脅迫之表意人。

5. **監護人收養受監護人，未得受監護人父母之同意者**　關於此點，法無明文，應解為得撤銷，其撤銷權人為受監護人之父母。

6. **同意權人因被詐欺或被脅迫而為收養之同意者**　此種情形，法無明文，亦應解為得撤銷，其撤銷權人為同意權人。

撤銷權之行使期間，第一〇七九條之二規定，就違反第一〇七四條或第一〇七六條或第一〇七九條第三項之情形，自知悉其事實之日起已逾六個月，或自法院認可之日起已逾一年者，不得請求撤銷，係屬除斥期間。

關於撤銷收養之效力，第一〇七九條之三第三項明定：「依前二項之規定，經法院判決撤銷收養者，準用第一〇八二條及第一〇八三條之規定」，亦即撤銷收養之效力，準用關於終止收養之效力。故收養經撤銷時，僅向將來發生效力，並不溯及既往。例如收養撤銷時，本生父母已先死亡者，養子女對於本生父母之遺產無繼承權，乃因第三人已取得之權利，不因收養撤銷而受影響（第一〇八三條但書參照）。

四、收養關係之終止

收養關係，有因養父母及養子女之合意而終止者，謂之協議終止。有因法院之宣告而終止者，則為裁判終止。分別述之：

㈠**協議終止**　養子女與養父母之關係，得由雙方同意終止之（第一〇八〇條一項）。可知收養關係得由雙方當事人之合意，而其當事人須為養父母及養子女。此項終止，並應以書面為之（同條二項）。養子女未滿七歲者，其終止收養關係之意思表示，由收養終止後為其法定代理人之人代為之（同條三項）。此即代理終止收養，亦為身分行為不得代理之例外規定。如養子女為滿七歲以上之未成年人者，其終止收養關係，應得收養終止後為其法定代理人之人之同意（同條四項）。又養父母死亡後，養子女不能維持生活而無謀生能力者，得聲請法院許可終止收養關係（同條五項）。此項聲請準用本條第三項及第四項之規定（同條六項）。再養父母死亡後，養子女之一方無從終止收養關係，不得與養父母之婚生子女結婚。但養父母收養子女時，本有使其與婚生子女結婚之真意者，不在此限（釋九一）。

㈡**裁判終止**　收養當事人之一方，如有法定原因，他方對之提起收養關係終止之訴，依勝訴判決而為收養之終止。述其原因如左（第一〇八一條）：

1. **對於他方為虐待或重大侮辱者**　所謂虐待，指對於身體予以痛苦之行為，至其虐待之種類程度如何，可以不問。但重大侮辱，則以精神上受有痛苦為限，如養父母逼令為娼是。

2. **惡意遺棄他方時** 所謂遺棄，指違反扶養義務而言，但須出於惡意，不以繼續狀態中為限，故縱一度遺棄，嗣已回復原狀者，仍得終止收養。

3. **養子女被處二年以上之徒刑時** 此不以因犯不名譽之犯罪被處徒刑者為限，其請求終止收養之人，養父母一方始得為之。

4. **養子女有浪費財產情事時** 所謂財產，不僅為養父母之財產，即養子女之特有財產亦包含在內。是否浪費，須就養家之資產、社會地位及其他各種情事，由法院斟酌定之。

5. **養子女生死不明已逾三年時** 所謂生死不明，係指離去其向來之住居所，生存莫定，並無歸還之音信者而言。未滿三年以前，其住所已分明者，則不得請求終止收養。

6. **有其他重大事由時** 所謂重大事由，應由法院依社會一般觀念，斟酌各種情形定之。故如養子意圖使養父受刑事處分，而為虛偽之告訴，經檢察官為不起訴後，復申請再議，自係重大事由（二八上八四三）。若養子告訴養母犯傷害及遺棄罪，而非誣告者，不能謂為重大事由（三三上三九九七）。至於養子吸食鴉片，則為重大事由（三一上一三六九）。養父母對於所收養之未成年女子，乘其年輕識淺，誘使暗操淫業（四八臺上一六六九），養子動輒與養母爭吵，並惡言相加肆意辱罵，有背倫常之道（五〇臺上八八）均屬之。

裁判終止收養，與裁判離婚二者，其法定原因中之虐待、遺棄、生死不明及被處徒刑等項，雖屬相同，但有左列各點差異：

裁判離婚	裁判終止收養
①虐待須至不堪同居之程度。	①僅舉虐待，不以不堪同居為必要。
②遺棄指違反同居義務，並在繼續狀態中為限。	②遺棄則指違反扶養義務而言，不以繼續狀態為必要。
③被處徒刑三年以上或因犯不名譽之罪被處徒刑即可。	③不問犯何罪名，祇須被處二年以上徒刑，即得請求終止。
④以不治之惡疾或重大不治之精神病，為離婚原因。	④無此限制，但養子女有浪費財產情事時，得請求終止收養。
⑤設有事前同意或事後宥恕以及期間經過而消滅，即不得請求離婚之限制。	⑤否。

裁判終止之主張，應以訴為之，故法院因他方之請求，得宣告終止其收養關係。此種之訴，為形成之訴，不論養父母或養子女均得為之。是終止收養惟向將來發生效力，故養子女在養方既得之特有財產（例如因繼承或贈與所取得之財產及所受之教養費用）均無須返還。養子女自收養關係終止時起，回復其本姓，並回復其與本生父母之關係。但第三人已取得之權利，不因此而受影響（第一〇八三條）。依此規定，養子女與其本生父母之關係，並非因收養而消滅，不過在收養關係存續中處於停止之狀態，收養關係既已消滅，自應回復其本姓，並回復其與本生父母之關係。惟第三人已取得之權利，如因本生父母死亡，其兄弟已繼

承遺產者，不得主張其應繼分是。收養關係經判決終止時，無過失之一方，因而陷於生活困難者，得請求他方給與相當之金額（第一〇八二條）。所謂無過失之一方，即無終止原因之一方。至給與相當之金額，乃一種慰藉金性質，與損害賠償不同。

第四節 親權

親權者，為父母對於未成年子女，以身體上及財產上之監督保護為目的之權利義務之集合。故親權原則上為權利，亦為義務，父母不得拋棄其權利（二八上一八，三八臺上一七一），亦不許濫用（院解三三九九）。親權之效力，大別有五：

㈠**保護教養權** 父母對於未成年子女，有保護及教養之權利義務（第一〇八四條二項）。父母濫用其對於子女之權利時，得依第一〇九〇條糾正或宣告親權之停止。又因無行為能力人及限制行為能力人，以其法定代理人之住所為住所（第二一條）。但親權之行使，原則上由父母共同為之，是子女居住所之指定，仍應共同為之（第一〇八九條參照）。但子女應孝敬父母（第一〇八四條一項），乃強調法律重視孝道之旨，兼顧傳統倫理觀念

㈡**懲戒權** 父母得於必要範圍內，懲戒其子女（第一〇八五條）。所謂必要範圍，例如以言語斥責為已足者，不得施以體罰；以一日禁閉為已足者，不得施以長期監禁。如其懲戒逾此範圍，在民法上為親權之濫用，於刑法上構成犯罪之原因。

㈢**法定代理權** 父母為其未成年子女之法定代理人（第一〇八六條）。但父母代理子女，原則上限於財產

上行為，而不及於身分上行為。故未成年子女之婚約、結婚、協議離婚，由本人得法定代理人之同意為之，父母不能代理。至認領請求權，由非婚生子女之父母或其他法定代理人行使之（第一〇六七條），此為例外。若為財產上行為，如繼承之拋棄（第一一七四條），單純承認或限定承認（第一一五四條），遺產之分割（第一一六六條二項），均得代理之。

㈣**管理權**　未成年子女，因繼承、贈與或其他無償取得之財產，為其特有財產（第一〇八七條）。未成年子女之特有財產，由父母共同管理（第一〇八八條一項）。

㈤**使用收益權**　父母對於未成年子女之特有財產，有使用收益之權，但非為子女之利益，不得處分之（第一〇八八條二項）。所謂處分，應解為不問法律上之處分或事實上之處分，均包括在內。處分是否對子女有利應斟酌當時之一切情形定之（三二上三七一六）。父母為不利於子女之處分，其效力如何？實務上認其處分違反強制規定而無效（四二臺上一二二六，四四臺上八二八，六九臺上一〇三九），但有例外：

1.父母向他人購買不動產，而約定逕行移轉登記為其未成年子女名義，不過為父母與他人間為未成年子女利益之契約（第二六九條一項），在父母與未成年子女之間，既無贈與不動產之法律行為，自難謂該不動產係由於父母之贈與，故父母事後就該不動產取得代價，復以未成年子女名義，為第三人提供擔保而設定抵押權者，不得藉口非為子女利益而處分應屬無效，而訴請塗銷登記（五三臺上一四五六）。

2.子女之財產如係由父母以其子女之名義置產，則應推定父母係提出財產為子女作長期經營，故父母以子女之名義置產後，復在該價額限度內以子女名義承擔債務，提供擔保，不能概謂為無效（五三、三、二五最高法院民庭總會決議，六〇臺上三〇四三）。

父母對於未成年子女之權利義務，除法律另有規定外，由父母共同行使或負擔之。父母之一方不能行使時，由他方行使之。父母不能共同負擔義務時，由有能力者負擔之（第一〇八九條一項）。所謂父母之一方不能行使對於未成年子女之權利，兼指法律上不能（例如受停止親權之宣告）及事實上之不能（例如在監受徒刑之執行、精神錯亂、重病、生死不明）而言。至於行使有困難（例如自己上班工作無暇管教，子女尚幼須僱請傭人）則非所謂不能行使（六二臺上四一五）。如父母對於未成年子女重大事項權利之行使意思不一致時，得請求法院依子女之最佳利益酌定之。法院為前項裁判前，應聽取未成年子女、主管機關或社會福利機構之意見（同條二、三項）。至父母濫用其對於子女之權利時，其最近尊親屬或親屬會議，得糾正之。糾正無效時，得請求法院宣告停止其權利之全部或一部（第一〇九〇條）。所謂濫用，不但積極不當行使其親權，謂之濫用；即消極不盡其親權應盡之義務，亦謂濫用。泛稱最近親屬，係指與子女親等較近之親屬而言，其為血親姻親或直系旁系，在所不問。

第四章　監　護

監護者，為保護未成年人及禁治產人之身體，並管理其財產，且代理其財產上之行為，所開始之私法上之職務，其於未成年人之監護，實係親權之延長。情形有二：

一、未成年人之監護

㈠監護之開始

未成年人，在何種狀態下始有監護之必要？大別有五：①未成年人無父母時，應置監護人，以為親權之補充（第一〇九一條前段）。②父母均不能行使負擔對於其未成年子女之權利義務時，應置監護人（同條後段）。例如父母失蹤或受親權停止宣告均是。以上兩種未成年人如已結婚者，不得設置監護人（同條但書）。蓋未成年人已結婚者，有行為能力（第一三條三項），既有行為能力，即無再為監督保護之必要。③父母對其未成年之子女，得因特定事項，於一定期限內，委託他人行使監護之職務（第一〇九二條）。④後死之父或母，以遺囑作監護人之指定時（第一〇九三條）。⑤禁治產人被宣告為禁治產時（第一一一〇條）。

㈡監護之機關

未成年人之監護人，得分為指定監護人及法定監護人。前者在後死之父或母，得以遺囑指定監護人（第一〇九三條）。後者在父母均不能行使負擔對於未成年子女之權利義務，或父母死亡而無遺囑指定監護人時，依下列順序，定其監護人：①與未成年人同居之祖父母。②與未成年人同居之兄姊。③不與未成年人同居之祖父母（第一〇九四條一項）。未能依前項之順序定其監護人，或為未成年子女之最佳利益，法院得依未成年子女、檢察官、當地社會福利主管機關或其他利害關係人之聲請，就其三親等內旁系血親尊親屬、社會福利主管機關、社會福利機構或其他適當之人選定或改定為監護人，並得指定監護之方法（第一〇九四條二項）。法院為前項選定或改定前，應命主管機關或其他社會福利機構進行訪視，提出調查報告及建議，聲請人或利害關係人亦得提出相關資料或證據，供法院斟酌（第一〇九四條三項）。依本條第二項選定或改定之監護人，不適用第一一〇六條之規定（第一〇九四條四項）。未成年人無第一項之監護人，於法院依第二項為其選定確定前，由當地社會福利主管機關為其監護人（第一〇九四條五項）。法定監護人，非有正當理由，固不得辭其職務（第一〇九五條），但未成年人及禁治產人，不得為監護人（第一〇九六條）。未成年人雖已結婚，已有行為能力，仍不得為監護人。禁治產人之監護，則與此不同，父母或配偶縱未成年，仍可為其子女或其配偶之監護人。至監護人有左列情形之一時，親屬會議得撤退之（第一一〇六條）：

⑴違反法定義務時　所謂法定義務，指第一〇九七條至第一一〇三條、第一一〇三條之一、第一一〇四條、第一一〇五條、第一一〇七條至第一一〇九條、第一一一二條、第一一一三條之各種義務而言。

⑵無支付能力時　所謂無支付能力，兼指停止支付及支付不能而言。

⑶由親屬會議選定之監護人，違反親屬會議之指示時　由親屬會議選定監護人，僅於未成年人有之，如違反其指示，得撤退之（第一〇九四條五項）。

㈢監護之事務

(1)監護人為受監護人之法定代理人（第一〇九八條）。此之所謂代理，解釋上應係專指財產上之代理而言。故監護人除另有規定外，於保護增進受監護人利益之範圍內，行使負擔父母對於未成年子女之權利義務。但由父母暫時委託者，以所委託之職務為限（第一〇九七條）。

(2)監護開始時，監護人對於受監護人之財產，應會同親屬會議所指定之人，開具財產清冊（第一〇九九條）。且受監護人之財產，由監護人管理。其管理費用，由受監護人之財產負擔。監護人管理受監護人之財產，應與處理自己事務為同一之注意（第一一〇〇條）。

(3)監護人對於受監護人之財產，非為受監護人之利益，不得使用或處分。為不動產之處分時，並應得親屬會議之允許（第一一〇一條），但提起返還財產之訴，無須得親屬會議之允許（院五五五）。至於監護人不得受讓受監護人之財產（第一一〇二條），更不待言。監護人並應將受監護人之財產狀況，向親屬會議每年至少詳細報告一次（第一一〇三條）。又監護人因執行財產上之監護職務有過失所生之損害，對於受監護人應負賠償之責（第一一〇三條之一）。

(4)監護人於監護關係終止時，應即會同親屬會議所指定之人，為財產之清算，並將財產移交於新監護人。如受監護人已成年時，交還於受監護人。如受監護人死亡時，交還於其繼承人（第一一〇七條一項）。親屬會議對於前項清算之結果未為承認前，監護人不得免其責任（同條二項）。又監護人死亡時，此項清算當由其繼承人為之（第一一〇八條）。

此外，監護人得請求報酬，其數額由親屬會議按其勞力及受監護人財產收益之狀況酌定之（第一一〇四條）。與未成年人同居之祖父母為監護人時，在第一〇九九條、第一一〇一條後段、第一一〇三條、第一一〇三條之一及第一一〇四條之情形，於祖父母為監護人時，不適用之（第一一〇五條）。又監護人對於受監護人財產所致之損害，其賠償請求權，自親屬會議對於清算結果拒絕承認之時起，二年間不行使而消滅（第一一〇九條）。

二、禁治產人之監護

禁治產人之監護，以有禁治產之宣告為監護之開始。蓋在受禁治產宣告之人，恆居心神喪失或精神耗弱，致不能處理自己之事務，而其身體財產全賴他人為之保護管理，與未成年人同，故需為其設置監護人。故禁治產人應置監護人（第一一一〇條），其監護人依下列順序定之：①配偶。②父母。③與禁治產人同居之祖父母。④家長。⑤後死之父或母以遺囑指定之人。如不能依上項規定定其監護人時，由法院徵求親屬會議之意見選定之（第一一一一條）。關於監護之事務，重在禁治產人身體之護養療治。是以監護人為受監護人之利益，應按受監護人之財產狀況，護養療治其身體。監護人如將受監護人送入精神病院或監禁於私宅者，應得親屬會議之同意。但父母或與禁治產人同居之祖父母為監護人時，不在此限（第一一一二條）。

禁治產人之監護，與未成年人之監護，其目的相同，故除禁治產人之監護節中有規定外，準用關於未成年人監護之規定。但第一一〇五條之規定，於父母為監護人時，亦準用之（第一一一三條）。

第五章 扶　養

扶養者，對於無力謀生或無力求學之一定親屬，本於身分關係，而供給其生活或教育費用之制度。所稱扶養，必於一定親屬間存在，即有第一一一四條至第一一一六條所定情形，始為民法上扶養。如非一定之親屬，有時發生私法上之扶養權利義務關係，例如因侵權行為所生之扶養費賠償（第一九二條二項），終身定期金契約（第七二九條以下），均與親屬編所定之扶養無關（四七臺上九）。

一、扶養範圍及順序

扶養之範圍，除夫妻外，依第一一一四條規定，下列親屬互負扶養之義務：①直系血親相互間。②夫妻之一方與他方之父母同居者，其相互間。③兄弟姊妹相互間。④家長家屬相互間。所謂兄弟姊妹，包含同父異母或同母異父之兄弟姊妹，但同祖父母之兄弟姊妹，則不在其內（院八七八）。至扶養之順序，得分為二：

㈠扶養義務人之順序　負扶養義務者有數人時，應依下列順序定其履行義務之人：①直系血親卑親屬。②直系血親尊親屬。③家長。④兄弟姊妹。⑤家屬。⑥子婦女婿。⑦夫妻之父母。以上之扶養義務人，同係直系尊親屬或直系卑親屬者，以親等近者為先。如扶養義務者有數人，而其親等同一時，應各依其經濟能力分擔義務（第一一一五條）。至夫妻互負扶養義務，其負扶養義務之順序與直系血親卑親屬同，其受扶養權利之順序與直系血親尊親屬同（第一一一六條之一）。

㈡受扶養權利人之順序　受扶養權利者有數人，而負扶養義務者之經濟能力，不足扶養其全體時，依下列順序，定其受扶養之人：①直系血親尊親屬。②直系血親卑親屬。③家屬。④兄弟姊妹。⑤家長。⑥夫妻之父母。⑦子婦女婿。以上之扶養權利人，同係直系尊親屬或直系卑親屬者，以親等近者為先。如受扶養權利者有數人而其親等同一時，應按其需要之狀況，酌為扶養（第一一一六條）。至於父母對於未成年子女之扶養義務，不因結婚經撤銷或離婚而受影響（第一一一六條之二）。

二、扶養之要件及方法

扶養制度，本屬變例。其扶養範圍不可失之寬泛，故在扶養範圍內，須具相當要件。由扶養義務人觀之，其因負擔扶養義務，而不能維持自己生活者，免除其義務（第一一一八條）。但受扶養權利者為直系血親尊親屬或配偶時，減輕其義務（同條但書）。若自扶養權利人言之，受扶養權利者，以不能維持生活而無謀生能力者為限（第一一一七條一項）。此項無謀生能力之限制，於直系血親尊親屬不適用之（第一一一七條二項）。本條第二項所定並非規定前項之限制，於直系血親尊親屬不適用之，是直系血親尊親屬，如能以自己財產維持生活者，自無受扶養之權利，易言之，直系血親尊親屬受扶養之權利，仍應受不能維持生活之限制（八六臺上三一七三）。

扶養之程度，應按受扶養權利者之需要，與負扶養義務者之經濟能力及身分定之（第一一一九條）。又扶養之方法，由當事人協議定之，不能協議時，由親屬會議定之（第一一二〇條）。其扶養之程度及方法，如因情事發生變更，當事人得請求變更之（第一一二一條）。

第六章　家

民法上稱家者，謂以永久共同生活為目的而同居之親屬團體（第一一二二條）。所謂永久同居，指有永久同居之意思及永久同居之事實而言。家置家長，同家之人除家長外，均為家屬。雖非親屬而以永久共同生活為目的同居一家者，視為家屬（第一一二三條）。至於家長由親屬團體中推定之，無推定時，以家中之最尊輩者為之，尊輩同者，以年長者為之。最尊或最長者，不能或不願管理家務時，由其指定家屬一人代理之（第一一二四條）。所謂不能，指事實上不能而言。所謂不願，以不欲就任家長為已足，其所持理由如何，要非所問。

家務由家長管理，此即家長之家務管理權。但家長得以家務之一部，委託家屬處理（第一一二五條）。家長管理家務，應注意於家屬全體之利益（第一一二六條），違反此項義務，應負損害賠償責任。家屬如已成年，或雖未成年而已結婚者，得請求由家分離（第一一二七條）。蓋家屬既已成年，已有完全行為能力；縱未成年而已結婚者，亦有完全行為能力，由家分離均能獨立經營生計。又家長對於已成年或雖未成年而已結婚之家屬，得令其由家分離，但以有正當理由時為限（第一一二八條）。所謂正當理由，例如已成年之家屬，足以自謀生計，或家屬眾多，食指浩繁，均得令其由家分離也。

第七章　親屬會議

親屬會議，以處理監護及其應行會議之事項為目的，其以會員五人組織之（第一一三〇條）。關於親屬會議會員，應就未成年人、禁治產人與被繼承人之下列親屬與順序定之：①直系血親尊親屬。②三親等內旁系血親尊親屬。③四親等內之同輩血親。上項同一順序之人，以親等近者為先，親等同者，以同居親屬為先，無同居親屬者，以年長者為先（第一一三一條一、二項）。依前二項順序所定之親屬會議會員，不能出席會議或難於出席時，由次順序之親屬充任之（同條三項）。若無前條規定之親屬或親屬不足法定人數時，法院得因有召集權人之聲請，於其他親屬中指定之，其所指定之人，即為指定會員（第一一三二條一項）。此等親屬會議會員之指定，其性質為非訟事件（院二四七〇）。親屬會議不能召開或召開有困難時，依法應經親屬會議處理之事項，由有召集權人聲請法院處理之，親屬會議經召開而不為或不能決議時亦同（同條二項）。至於監護人、未成年人及禁治產人，均不得為親屬會議會員（第一一三三條）。不論其為法定或指定會員，祇須依法應為親屬會議會員之人，非有正當理由，不得辭其職務（第一一三四條）。

親屬會議，應由當事人、法定代理人或其他利害關係人召集之（第一一二九條）。當事人有召集權者，因此等之人有保護自己利益之必要故也。至利害關係人，包含身分上及財產上之利害關係在內。親屬會議非有三人以上之出席，不得開會。非有出席會員過半數之同意，不得為決議（第一一三五條）。又親屬會議會員，於所議事件有個人利害關係者，不得加入決議（第一一三六條）。第一一二九條所定有召集權人，對於親屬會議有不服者，得於三個月內向法院聲訴（第一一三七條）。所謂聲訴，旨在消滅其決議之效力，既得主張決議無效，又可提起撤銷之訴，視不服內容定之。

親屬會議之權限，以法律有明文規定者為限，茲分述之：

㈠**關於監護監督機關之權限**

1. 監護人之選定或對於法院為選定時之陳述意見（第一〇九四條五款，第一一一一條二項）。
2. 監護人管理、使用或處分受監護人財產之監督（第一〇九九條，第一一〇一條，第一一〇三條）。
3. 監護人報酬之酌定（第一一〇四條）。
4. 監護人之撤退（第一一〇六條）。
5. 監護人監護關係終止時之監督（第一一〇七條，第一一〇九條）。
6. 禁治產人一定監護方法之同意（第一一一二條二項）。

㈡**關於無人承認繼承之遺產管理人之監督機關之權限**

1. 遺產管理人之選任及呈報法院（第一一七七條，第一一七八條）。
2. 遺產管理人管理遺產之監督（第一一七九條二項，第一一八〇條）。
3. 遺產管理人報酬之決定（第一一八三條）。

㈢**關於遺產繼承及遺囑之權限**

1. 遺產酌給之決定（第一一四九條）。

2.口授遺囑真偽之認定（第一一九七條）。

3.遺囑執行人之選定及改選（第一二一一條，第一二一八條）。

4.遺囑提示之收受（第一二一二條）。

5.封緘遺囑開視之在場（第一二一三條）。

㈣其他權限

1.親權濫用之糾正及親權停止宣告之聲請（第一〇九〇條）。

2.扶養方法之議定（第一一二〇條）。

3.就收養或認領事件代未成年人或禁治產人為訴訟行為人之指定（民事訴訟法第五八六條，第五九六條二項）。

第六編

繼承

第一章　遺產繼承人

第一節　繼承之開始

繼承者，因被繼承人之死亡，其一切權利義務，法律上由繼承人當然的概括的承繼。故繼承因被繼承人之死亡而開始，並且繼承開始於有親屬關係人之間。繼承開始前之繼承權，對於被繼承人財產上之權利，不過有因繼承而取得之期待權而已，繼承人自繼承開始時，始承受被繼承人財產上之一切權利。故繼承權實為期待權，而非既得權。

繼承本於法定原因而開始，故繼承開始之原因，為被繼承人之死亡（第一一四七條）。若失蹤人受死亡之宣告者，推定其為死亡，其繼承亦因之而開始；如失蹤人未受死亡之宣告，即無從認其繼承為已開始（二八上一五七二）。凡有權利能力之人，均有繼承人之資格；但繼承人須於繼承開始當時生存，雖被繼承人死亡後，繼承人即行夭折，仍不失為繼承人，不得謂之無遺產繼承權（二九上四五四）。

一、繼承人之順序

遺產繼承人，除配偶外，依左列順序定之（第一一三八條）：

㈠**直系血親卑親屬**　遺產繼承人中，除生存配偶外以此等之人為第一順序繼承人。其有親等不同之直系血親卑親屬時，以親等近者為先（第一一三九條）。第一一三八條所定第一順序之繼承人，有於繼承開始前死亡或喪失繼承權時，其直系血親卑親屬之繼承順序，提前而得代位繼承（第一一四〇條）。

㈡**父母** 父母為第二順序繼承人，包含本生父母與養父母在內。但養子女與其本生父母間之權利義務被停止（第一〇八三條），故於收養關係終止前，本生父母對於出養子女之遺產，並無繼承權。至於父母對出贅男子之遺產，仍有繼承權（院七八〇）。父母對已嫁子女之遺產，則有繼承權（院七八〇）。父母再婚後，對其子女之遺產，仍有繼承權（三二上一〇六七）。又準婚生子女與其生母之間，互有繼承權（二三上一七二七）。

㈢**兄弟姊妹** 兄弟姊妹係指同父同母、同父異母及同母異父而言，同祖父母之兄弟姊妹，當然不包括在內（院八九八）。親生子女與養子女，及養子女相互間，仍係兄弟姊妹，自有繼承權（三三上三四〇九）。兄弟姊妹之應繼分，雖為均等，但被繼承人有配偶者，除由配偶繼承二分之一外，由其按人數平均繼承。

㈣**祖父母** 所謂祖父母，包括外祖父母在內。祖母與其孫之血親關係，並不因其改嫁而消滅，故祖母已改嫁者，對其孫之遺產，仍有繼承權（院二八二四）。養父母之父母亦為祖父母，自得為養孫及孫女之繼承人（院二五六〇）。

生存配偶，如無第一一三八條所定第一順序至第四順序之繼承人時，其應繼分為遺產全部（第一一四四條四款）。

二、代位繼承

代位繼承者，被繼承人之直系血親卑親屬，有於繼承開始前死亡或喪失繼承權時，由其直系血親卑親屬與之同一順序繼承其應繼分之制度。故所謂代位繼承，係以繼承人於繼承開始前死亡或喪失繼承權者為限。是於繼承開始前死亡或喪失繼承權，而得由其直系血親卑親屬代位繼承其應繼分之繼承人，僅限於第一一三八條所定第一順序之繼承人，即被繼承人之直系血親卑親屬（八五臺上一四三六）。其要件有四：①代位繼承之事由，須為死亡或喪失繼承權，至於繼承權之拋棄，則非代位繼承之原因（釋五七）。②死亡或喪失繼承權，須在繼承開始前。③被代位繼承人，須為被繼承人之直系血親卑親屬。④代位繼承人須為死亡或喪失繼承權者之直系血親卑親屬。具備上述要件，則代位繼承人即代位繼承其應繼分。代位繼承之應繼分與被代位繼承人之應繼分相同，如代位繼承人有數人時，其應繼分乃就被代位繼承人之應繼分平均分配之（院四一六）。

養子女於法既為被繼承人之直系血親卑親屬，當屬第一順序之繼承人（第一一三八條一款），自得為被代位繼承人。因此，大法官會議釋字第五七號解釋謂：「民法第一一四〇條所謂代位繼承，係以繼承人於繼承開始前死亡，或喪失繼承權者為限。某甲之養女乙拋棄繼承，並不發生代位繼承問題。惟該養女乙及其出嫁之女，如合法拋棄其繼承權時，其子既為民法第一一三八條第一款之同一順序繼承人，依同法第一一七六條第一項前段規定，自得繼承某甲之遺產。」實已間接承認養子女之子女對於養子女之養父母為直系血親卑親屬關係。同會議釋字第七〇號解釋又謂：「養子女與養父母之關係為擬制血親，關於繼承人在繼承開始前死亡時之繼承問題，與釋字第五七號解釋繼承人拋棄繼承之情形有別。故養子女之婚生子女，養子女之養子女，以及婚生子女之養子女，均得為代位繼承。」至此再承認養子女之子女得為代位繼承，養子女有為被代位繼承人之資格，固不待言。至於繼父母子女，非直系血親關係，而為直系姻親，繼子女自不能代位繼承其繼父母（院七四四）。

三、應繼分

應繼分者，各繼承人對遺產上之一切權利義務，所得繼承之比例。在繼承人為一人時，被繼承人所有遺產上之權利義務，應由其全部繼承，固無問題。然如繼承人有數人，則其權利義務，應由各個繼承人共同繼承，此時須有一定之比例，乃有應繼分之規定。易言之，應繼分即繼承遺產應有之成數，不僅權利且為義務。但應繼分係各繼承人對於遺產上之一切權利義務所得繼承之比例，並非對於個別遺產之權利比例（七〇臺上三三九五）。又應繼分與應有部分，二者之概念不同。應繼分係繼承人對於遺產上之一切權利義務，所得繼承之比例。而應有部分乃各共有人對於該所有權在分量上應享有之部分，不可不辨（七五臺上七六九）。其情形有二：

共同繼承人所得繼承遺產之比例，在被繼承人無遺囑指定時，須由法律規定之，謂之法定應繼分。因此在同一順序之繼承人有數人時，按人數平均繼承。但法律另有規定者，不在此限（第一一四一條）。所謂「法律另有規定者」，乃指民法第一一四四條所定配偶之應繼分而言。而第一一四四條規定配偶有相互繼承遺產之權，其應繼分依左列各款定之：

㈠與第一一三八條所定第一順序之繼承人同為繼承時，其應繼分與他繼承人平均。則配偶與直系血親卑親屬同為繼承人時，其應繼分與他繼承人同。

㈡與第一一三八條所定第二順序或第三順序之繼承人同為繼承時，其應繼分為遺產二分之一。

㈢與第一一三八條所定第四順序之繼承人同為繼承時，其應繼分為遺產三分之二。

(四)無第一一三八條所定第一順序至第四順序之繼承人時，其應繼分為遺產全部。

第二節　繼承權之喪失

繼承權之喪失，又稱繼承之缺格。因有缺格之原因事實，當然喪失繼承權利。依第一一四五條第一項規定，有左列各款情事之一者，喪失其繼承權：

1. **故意致被繼承人或應繼承人於死，或雖未致死因而受刑之宣告者**　繼承人而有此種情形，或在企圖繼承之早日實現，或在圖謀遺產之非分繼承，可謂罪大惡極，自不許繼承。所謂致死，以出於故意者為限，如係過失不得為繼承權喪失之原因。且不以繼承人本人直接為之，即教唆他人或幫助他人殺害，亦應同視。至於受刑之宣告，指科刑判決確定而言，已否受刑之執行，則非所問。

2. **以詐欺或脅迫使被繼承人為關於繼承之遺囑，或使其撤回或變更者**　繼承人以詐欺或脅迫，積極的使被繼承人為關於繼承之遺囑或撤回變更遺囑者，乃對被繼承人遺囑行為之不正行為，當然喪失繼承權。繼承人有此行為，被繼承人回復其意思自由時，仍得撤回或變更以前之遺囑（第一二一九條以下），但繼承人之失權，不因此而回復。

3. **以詐欺或脅迫妨害被繼承人為關於繼承之遺囑，或妨害其撤回或變更者**　繼承人以詐欺或脅迫之手段，消極的妨害被繼承人變更或撤回關於繼承之遺囑，殊有背於遺囑應以被繼承人之意思為基礎之旨趣。此項遺囑須關於繼承之遺囑，並為有效之遺囑。故遺囑無效時，不喪失繼承權。

4. **偽造、變造、隱匿或湮滅被繼承人關於繼承之遺囑者**　在此情形，乃對遺囑本身之不正行為，害及遺囑之真實性，影響其他繼承人之權利，故以之為喪失繼承權之事由。至其有無圖利自己或他人，或妨害其他繼承人權利之意圖，以及行使之意思與否，則非所問。

5. **對於被繼承人有重大之虐待或侮辱情事，經被繼承人表示其不得繼承者**　所謂侮辱，係毀損人格價值之行為。至於虐待，則為對於身體精神予以痛苦之行為。但侮辱或虐待，均以重大為必要，並經被繼承人表示其不得繼承。以遺囑為此表示時，應適用第一一八六條及第一一八七條之規定。

喪失繼承權，發生下列效力：①繼承人一有第一一四五條第一項各款之情事，即喪失繼承權，不須法院以判決宣告之。②喪失繼承權之事由，發生於繼承開始後者，喪失繼承權人自命為繼承人而繼承時，真正繼承人或其他共同繼承人，得請求回復其繼承權（第一一四六條一項）。③繼承權喪失之範圍，僅就繼承人本身喪失繼承權。④繼承人喪失其繼承權時，其因繼承取得之遺產，應行返還，並應返還繼承開始後由其遺產所生之孳息（第九五八條）。⑤第一一四五條第一項第二款至第四款之規定，如經被繼承人宥恕者，其繼承權不喪失。

第三節　繼承權之回復

發生繼承開始之原因，繼承人當然取得繼承權。於此情形，若繼承人不知繼承開始之事實，而已為他人所繼承或雖知繼承開始之事實，而已為他人所繼承，或雖知繼承開始之情事，而誤信自己無繼承權，致為他人所繼承，均足以發生繼承權被侵害之情事。例如甲乙二人為兄弟，甲於父之繼承開始時，即已自命為惟一繼承人，而行使遺產上之權利，即係侵害乙之繼承權，乃設有繼承回復請求權之規定。

繼承權被侵害者，被害人或其法定代理人得請求回復之（第一一四六條一項）。其請求權人為被害人及法定代理人。所謂被害人，即在繼承順位之繼承人，其非在於繼承順位之繼承人，則無此權利。被害人如為無行為能力人或胎兒，其回復繼承之請求，由法定代理人為之。至其相對人，為與繼承人爭執繼承資格之表見繼承人。繼承回復請求權，自知悉被侵害時起，二年間不行使而消滅。自繼承開始時起逾十年者亦同（同條二項）。又繼承回復請求權，原係包括請求確認繼承人資格，及回復繼承標的之一切權利。此項請求權，如因時效完成而消滅，其原有繼承權，即已全部喪失，自應由表見繼承人取得其繼承權（四〇臺上七三〇）。無論何種表見繼承人，均須占有被侵害繼承財產者始可，否則並無繼承權回復請求之必要，即因無請求回復之標的物故也（六九臺上二一六一，七〇臺上三四三六，七二臺上四九二二）。

至於財產權因繼承而取得者，係基於法律之規定，繼承一經開始，被繼承人財產上之一切權利義務，即為繼承人所承受，而毋需為繼承之意思表示，故自命為繼承人而行使遺產上權利之人，必須於繼承開始時，即已有此事實之存在，方得謂之繼承權被侵害，若於繼承開始後，始發生此事實，則其侵害者，為繼承人已取得之權利，而非侵害繼承權，自無第一一四六條之適用（八五臺上二三五〇）。

因之，繼承因被繼承人死亡而開始，繼承人自繼承開始時，除民法另有規定及專屬於被繼承人本身之權利義務外，承受被繼承人財產上之一切權利義務，無待繼承人為繼承之意思表示。繼承權是否被侵害，應以繼承人繼承原因發生後，有無被他人否認其繼承資格並排除其對繼承財產之占有、管理或處分為斷。凡無繼承權而於繼承開始時或繼承開始後僭稱為真正繼承人，或真正繼承人否認其他共同繼承人之繼承權，並排除其占有、管理或處分者，均屬繼承權之侵害，被害人或其法定代理人得依第一一四六條規定請求回復之，初不限於繼承開始時自命為繼承人而行使遺產上之權利者，始為繼承權之侵害（釋四三七）。

繼承回復請求權，發生左列效力：

⑴繼承權之回復，係回復未被侵害時之權利狀態，表見繼承人因繼承取得之遺產應行返還，並應返還其孳息。如表見繼承人不能返還，則依其善意或惡意，按不當得利之規定，定其返還範圍（第一八一條以下）。

⑵繼承權回復後，表見繼承人應回復其繼承標的物，若不回復時，真正繼承人得提起給付之訴，請求占有繼承財產之返還（第九六二條）。表見繼承人如已死亡，而由其繼承人繼續占有該財產者，真正繼承人仍得對之請求回復。

⑶繼承回復後，真正繼承人對第三人得請求其所取得財產之返還，並請求繼承債權之清償。

第二章　遺產之繼承

第一節　繼承之效力

繼承人自繼承開始時，除本法另有規定外，承受被繼承人財產上之一切權利義務。但權利義務專屬於被繼承人本身者，不在此限（第一一四八條）。所謂法律另有規定，例如限定繼承（第一一五四條），拋棄繼承（第一一七四條）等是。分別言之：

一、繼承之標的

(1)繼承人原則上承受被繼承人財產上之一切權利義務。除一身專屬者外，其他一切財產上之權利，均為繼承之標的物。不動產物權之繼承，雖毋須登記，惟處分其物權時，非經登記不得為之（第七五九條）。被繼承人之債務，亦一併由繼承人繼承之。因各繼承人對於遺產全部取得公同共有之物權（第一一五一條參照），亦即當然發生物權變動之效力。而遺贈固亦於繼承開始時生效，惟受贈人僅取得請求支付遺贈物之債權，尚不當然發生物權變動之效力（八六臺上九二一）。

(2)財產上之權利義務專屬於被繼承人本身者仍不得繼承。凡係被繼承人身分上之權利義務，且有專屬性，固不得繼承。即如僱傭、委任及合夥契約而生之權利義務，每與被繼承人之人格相始終，亦不得繼承。

又所謂專屬於被繼承人本身之義務，指以其契約之效力，被繼承人應為履行之義務而言。如已由專屬義務變為普通義務，例如因不履行或不完全履行，以及僱傭、委任、合夥契約而生之損害賠償債務，仍應由繼承人繼承。

關於遺產管理分割及執行遺囑之費用，係屬一種共益費，由遺產中支付之。但其費用係由繼承人之過失而支付者，則無由遺產負擔之理由（第一一五〇條）。至於被繼承人生前繼續扶養之人，應由親屬會議依其所受扶養之程度及其他關係，酌給遺產（第一一四九條），但不得逕向法院請求遺產之酌給（三七臺上七一三九、四〇臺上九三七）。此項遺產之酌給，須係被繼承人生前繼續扶養之人，且被繼承人未為相當之遺贈（二六渝上五九）始克相當。

二、共同繼承

被繼承人財產上之權利，因繼承開始歸屬於繼承人。故在繼承人為一人時，自繼承開始，即時取得遺產全部之所有權。惟繼承人有數人時，在分割遺產前，各繼承人對於遺產全部為公同共有（第一一五一條）。所謂公同共有，係包含全部遺產而言，非指各個財產之公同共有。既為公同共有，除另有規定外，應適用第八二七條、第八二八條及第八三一條關於公同共有之規定。此項公同共有之遺產，得由繼承人中互推一人管理之（第一一五二條）。遺產管理人祇能對於遺產為利用行為及保存行為，若為改良行為，非經共有人全體之同意，不得為之（第八二八條二項）。繼承人有數人時，對於被繼承人之債務，於遺產未分割以前，應負連帶責任。至於繼承人相互間對於被繼承人之債務，除另有約定外，按其應繼分比例負擔之（第一一五三條）。各繼承人既按其應有部分比例分擔債務，則繼承人中之一人，因清償或其他行為致他繼承人同免責任時，得向他繼承人請求償還其各自分擔之部分（第二八一條參照），自不待言。

關於遺產之繼承，尚有左列問題宜加注意：

1.由共同繼承人中之一人或數人，未得其他共同繼承人之同意，擅自處分共同繼承之個別財產時，其處分應屬無效，但應注意第八〇一條、第八八六條、第九五一條及土地法第四三條之規定（三七上七三〇二）。

2.共同繼承人不能按其應繼分受領清償，更不得以繼承債權，抵償其個人之債務。

3.繼承債務人不得以其對於共同繼承人中之一人之債權，抵銷其對於繼承財產所負之債務。

4.繼承財產之撤銷權、解除權之行使或拋棄，屬於處分行為，應由共同繼承人全體或管理人始能行使（第二五八條二項參照）。

5.繼承人共同繼承被繼承人之債權，固屬繼承人公同共有，然繼承人共同繼承被繼承人之債務者，僅係負連帶責任而已。該繼承之債務並非各繼承人公同共有（八六臺上二〇五七）。

6.繼承人共同出賣公同共有之遺產，其所取得之價金債權，仍為公同共有，並非連帶債權。公同共有人受領公同共有債權之清償，應共同為之，除得全體公同共有人之同意外，無由其中一人或數人單獨受領之權（七四臺上七四八）。

7.共同繼承之遺產在分割以前，應為各繼承人公同共有，如公同共有人中之一人或數人，以其他公同共有人處分公同共有物為無效，對於主張因處分而取得權利之人，雖非不可提起確認該物仍屬公同共有人全體所有之訴，但提起確認自己部分公同共有權存在，或交還自己部分之訴，則為法所不許（三七上七三〇二）。

第二節　限定之繼承

繼承一經開始，非專屬於被繼承人本身之財產上權利義務，固應當然移轉於繼承人。但繼承人對於此項權利義務是否無條件承受，則有問題。究竟繼承人選擇權之範圍如何，民法定有單純承認、限定承認及拋棄繼承三種。在單純承認，繼承人不附何種限制，承認其繼承之意思表示。在限定承認，繼承人限定以因繼承所得之遺產為限，償還被繼承人之債務，承認其繼承之意思表示。在拋棄繼承，則屬繼承人不為繼承主體，即立於與繼承無關地位之意思表示，此三者在法律上之效果，各有不同。

無論為承認或拋棄，均為法律行為，須具備行為能力要件。故在無行為能力人或限制行為能力人，其為承認或拋棄，自須由其法定代理人為之，或應得其法定代理人之允許。又承認及拋棄，祇須繼承人或其法定代理人一方之意思表示，即生效力，是承認及拋棄為無相對人之單獨行為，關於真意保留（第八六條）及通謀虛偽表示（第八七條）之規定，均不能適用。繼承人如已表示承認或拋棄，縱在法定期間內，亦不許撤銷。但如有錯誤（第八八條，第八九條），被詐欺或脅迫（第九二條，第九三條）之情形，得依關於法律行為之規定，行使撤銷權。其撤銷之方法如次：①在單純承認，應向原受意思表示之利害關係人為之。②在限定承認，應向原呈報法院為之（第一一五六條）。③在拋棄繼承，應向原聲明法院為之（第一一七四條二項）。

承認或拋棄，應溯及繼承開始時發生效力，故在承認繼承時，自繼承開始即為繼承人。在拋棄繼承時，則自繼承開始時不為繼承人。故繼承權經合法拋棄者，該繼承人之繼承權，即溯及於繼承開始時而喪失，其應繼分歸屬於其他同一順序之繼承人(四四臺上一二五七)。

一、單純承認

(一)遺產繼承,以單純承認為本則。在此情形,繼承人不附何種限制,承認其繼承之意思表示,是為一般單純承認,但實際上,如此單純承認者甚少。故有左列情形時,認係法定單純承認:

⑴未於法定期間內為限定承認及拋棄繼承時　繼承人自知悉其得繼承開始時起三個月內,得拋棄其繼承權(第一一七四條二項)。而自繼承開始後三個月內,得為限定承認(第一一五六條一項)。如於上述法定期間內未為限定承認及拋棄繼承之表示,縱其未為表示係由繼承人之怠疏,甚且並無單純承認之意思,亦應認為已有單純承認之表示。

⑵繼承人有不正行為時　限定承認,係為繼承人之利益而設,如繼承人有一定之不正行為,則無與以保護之必要。故繼承人中有左列各款情事之一者,不得主張第一一五四條所定限定承認之利益(第一一六三條):

①隱匿財產　在此情形,繼承人須有故意,但有無其他加害之意圖,則非所問。

②在遺產清冊中為虛偽之記載　在遺產清冊中為虛偽之記載,通常為隱匿遺產之手段。例如將被繼承人已經償還之債務,仍列入遺產清冊中是。

③意圖詐害被繼承人之債權人之權利而為遺產之處分　繼承人在法定期間內,未為表示承認或拋棄前,對於遺產不過有單純之管理權,若將遺產出賣、贈與、清償債務或設定負擔等處分時,則繼承人有為單純承認,意思甚為顯然。

上述情形，不論為一般單純承認及法定單純承認，則被繼承人之一切權利義務，除專屬於其本身者外，當然歸屬於繼承人。因之：①繼承人對於被繼承人之權利義務，因混同而消滅。②遺產多於被繼承人之債務，或被繼承人全無債務時，則繼承人受其利益。③遺產少於被繼承人之債務，或被繼承人全無遺產時，則繼承人應以其固有財產，償還被繼承人之債務。

二、限定承認

限定承認者，繼承人以因繼承所得之遺產為限，償還被繼承人之債務，承認其繼承之意思表示，此為保護繼承人之利益而設。在繼承人為一人時，祇須有人為限定承認之主張，即依限定承認之規定為之。但在繼承人為數人時，如其中一人主張限定承認，縱令其他繼承人表示單純承認或拋棄繼承，視為同為限定之繼承（第一一五四條二項）。

㈠**限定承認之方式**　因限定承認係以因繼承所得之遺產為限，償還被繼承人之債務，對於被繼承人之債務人影響極大，故繼承人欲為限定承認，須於一定期間為之，且為要式行為一種。故為限定之繼承者，應於繼承開始時起三個月內，開具遺產清冊呈報法院；此項三個月期限，法院因繼承人之聲請，認為必要時得延展之（第一一五六條）。開具遺產清冊，並無一定方式，祇以記載忠實及記載完全為已足。至於呈報法院，屬於非訟事件，以繼承開始時被繼承人之住所地為管轄法院。

㈡**限定承認之效力**　⑴為限定承認之繼承人，對繼承債權人及受遺贈人，祇負有限責任，僅以因繼承所得之遺產，償還被繼承人之債務，不必以自己之固有財產為清償（第一一五四條一項）。⑵繼承人如不主張限定承認之抗辯，而以固有財產為清償者，繼承人不得以非債清償為理由，請求不當得利之償還（第一八〇條三款)。⑶繼承人為被繼承人之連帶債務人或保證債務人,其連帶債務或保證債務,不因限定承認而受影響。⑷限定承認之繼承人,對被繼承人之權利義務,不因繼承而消滅(第一一五四條三項)。蓋在限定承認,其目的在使繼承財產與繼承人之固有財產分離,繼承人對被繼承人之義務,若因繼承而消滅,則無異使繼承人以其固有財產,清償被繼承人之債務故也。⑸限定繼承之繼承人,就被繼承人之債務,惟負以遺產為限度之物的有限責任,故就被繼承人之債務為執行時,限定繼承人僅就遺產之執行居於債務人之地位,如債權人就限定繼承人之固有財產聲請強制執行,應認限定繼承人為強制執行法第一五條之第三人,得提起第三人異議之訴(七七臺抗一四三)。⑹限定繼承之繼承人,仍應繼承被繼承人之債務全額,僅以因繼承所得之遺產為限度,負償還責任,即限定繼承人非無債務,僅其責任有限而已。故限定繼承之債權人,得就債權全額為裁判上或裁判外一切請求,惟債權人起訴請求,繼承人如提出限定繼承之抗辯時,法院應為保留的給付(於繼承財產限度內為給付)之判決(八六臺上三五八)。

㈢**遺產之清算** 限定承認之繼承人,須對繼承債權人或受遺贈人,為清償或交付,故須清算遺產。繼承人呈報法院為限定承認時,法院應依公示催告程序公告,命被繼承人之債權人於一定期限內,報明其債權,至其報明期間,至少為三個月(第一一五七條)。繼承人在該條所定之一定期限內,不得對於被繼承人之任何債權人償還債務(第一一五八條)。其清算程序如左:

⑴在第一一五七條所定之一定期限屆滿後,繼承人對於在該一定期限內報明之債權,及繼承人所已知之債權,均應按其數額比例計算,以遺產分別償還(第一一五九條)。依此規定,繼承人對於普通債權,僅以債權人已於一定期間內報明,或縱未於一定期間內報明而為繼承人所已知者為限,始負清償之義務。但

此情形，不得害及有優先權人之利益（同條但書）。蓋有優先權之債權，如抵押權、質權、留置權等，均應先於普通債權而受清償。且有優先權之債權，常以一定之物或權利供擔保之用，自無須於第一一五七條所定期間內報明其債權之必要。

⑵繼承人非依第一一五九條規定償還債務後，不得對受遺贈人交付遺贈（第一一六〇條）。蓋遺贈為遺贈人之恩惠處分，自必於清償自己之債務後尚有賸餘，始有對於他人以恩惠之可能；且債權人通常係有償取得其權利，而受遺贈人則否，尤非交付遺贈後於清償債權，不足以示差別。

⑶被繼承人之債權人，不於第一一五七條所定之一定期限內，報明其債權，而又為繼承人所不知者，僅得就賸餘遺產行使其權利（第一一六二條）。所謂賸餘財產，指除清償債務及交付遺贈外，現實所餘之遺產而言。其僅得就賸餘遺產行使其權利者，蓋被繼承人之債權人既不在公告所定之一定期間內報明其權利，難認有行使權利之意思。如其債權又為繼承人所不知，尤無強其保留遺產之全部或一部，以為他日清償之理由。

⑷繼承人違反第一一五七條至第一一六〇條之規定，致被繼承人之債權人受有損害者，應負賠償之責（第一一六一條一項），是為繼承人之賠償責任，情形有四：①於公告期間內，對一部分繼承債權人或受遺贈人償付，致其他債權人或受遺贈人，不能受其應得之償付者。②侵害有優先權之債權人利益者。③對已報明之債權，或已為繼承人所知之債權，不按比例清償者。④未償還繼承債務以前，先對受遺贈人交付遺贈者。有此情形之一者，受有損害之人，對於不當受領之債權人或受遺贈人，得請求返還其不當受領之數額（同條二項）。

第三節　遺產之分割

共同遺產繼承人，以消滅遺產之公同共有關係為目的之行為，謂之遺產之分割。繼承人得隨時請求分割遺產，是為遺產分割請求權，性質上為純然之財產權，凡繼承人或受讓應繼分之第三人，均得行使此項權利。繼承人對於遺產雖有分割之自由，但法律另有規定或契約另有訂定者，不在此限（第一一六四條）。所謂法律另有規定，當係指第一一六五條第二項及第一一六六條之規定而言，而與第八一九條之規定無關。被繼承人之遺囑，若定有分割遺產之方法或託他人代定者，從其所定。遺囑禁止遺產之分割者，其禁止之效力以十年為限（第一一六五條）。

㈠分割之方法

遺產之分割，應按各繼承人之應繼分為之。被繼承人得以遺囑指定分割之方法，此項分割遺產之遺囑，以不違背特留分之規定為限，應尊重遺囑人之意思。至於胎兒以將來非死產者為限，關於其個人利益之保護，視為既已出生（第七條）。故胎兒為繼承人時，非保留其應繼分，他繼承人不得分割遺產（第一一六六條一項）。若分割遺產而未保留胎兒之應繼分，其分割無效（第七一條）。胎兒關於遺產之分割，以其母為代理人（第一一六六條二項）。於遺產之分割，乃以消滅遺產公同共有關係為目的，須共同繼承人全體始得為之。故請求分割遺產之訴，原告須以其他共同繼承人全體為被告而起訴，其當事人之適格始無欠缺（八四臺上二四一〇）。故除被繼承人以遺囑禁止繼承人分割之遺產，及共同繼承人以契約約定禁止分割之遺產外，應以全部遺產整體為分割，不能以遺產中之各個財產為分割之對象。亦即遺產分割之目的在遺產公同共有關係全部之廢止，而非各個財產公同共有關係之消滅（八四臺上三四一〇，八六臺上一四三六）。

㈡分割之效力

1.遺產之分割，為繼承人應有部分之相互移轉，故須俟遺產分割後，各繼承人就分得之財產，始能取得單獨所有權。此因共同繼承在遺產分割前，既為公同共有關係，是關於遺產分割之效力，具有創設的或移轉的效力。

2.遺產分割後，各繼承人按其所得部分，對於他繼承人因分割之遺產，負與出賣人同一之擔保責任（第一一六八條）。所謂擔保責任，即為出賣人之瑕疵擔保責任。依第三五三條及第三五九條規定，買受人於出賣人不履行擔保責任時，得依情形，或解除契約，或請求減少價金，或請求損害賠償。但此三者中，在遺產分割時，僅有請求損害賠償一種可以適用。蓋遺產之分割，既無契約，更無價金故也。遺產分割後，各繼承人按其所得部分，對於他繼承人因分割而得之債權，就遺產分割時債務人之支付能力，負擔保之責（第一一六九條一項）。所謂債權，當係指未附停止條件之債權，屆滿清償期之債權及不定期限之債權而言。蓋未附停止條件及已屆清償期之債權，原可即時行使，而不定期限之債權，一經債權人催告，債務人即應履行，各繼承人分得此等債權，皆不難於分割後立時行使其權利，故各繼承人就遺產分割時債務人之支付能力，負擔保責任。若為附有停止條件或未屆清償期之債權，各繼承人則就應清償時債務人之支付能力，負擔保之責（同條二項）。蓋此等債權，必俟條件成就或清償期到來，始能請求債務人為債務之履行也。

各繼承人對於遺產之瑕疵及債務人之支付能力，固應互負擔保責任。故負擔保責任之繼承人中，有無支付能力不能償還其分擔額者，其不能償還之部分，應由有請求權之繼承人與他繼承人，按其所得部分比例分擔之，此與第二八二條第一項關於連帶債務之規定相同。但其不能償還，係由有請求權人之過失所致者，不得對於他繼承人請求分擔（第一一七〇條）。

3. 遺產分割後，其未清償之被繼承人之債務，移歸一定之人承受，或劃歸各繼承人分擔，如經債權人同意者，各繼承人免除連帶責任（第一一七一條一項）。蓋債權人既同意於其債務移歸一定之人承受，或劃歸各繼承人分擔，則應認有拋棄其連帶責任利益之意思，故此情形，各繼承人免除連帶責任。又繼承人之連帶責任，自遺產分割時起，如債權清償期在遺產分割後者，自清償期屆滿時起，經過五年而免除（同條二項）。因遺產既已分割，且已屆清償期，則債權人自應即時為清償之請求，若經過五年仍未請求，已怠於為權利之行使，故設短期消滅時效之規定。

4. 繼承人中如對於被繼承人負有債務者，於遺產分割時，應按其債務數額，由該繼承人之應繼分內扣還（第一一七二條）。在此情形，該債務不因混同而消滅，否則其他繼承人易受損害。繼承人中如對繼承人有債權者，於遺產分割時，得由應繼財產中，予以清償。

各繼承人中有在繼承開始前，因結婚分居或營業，已從被繼承人受有財產之贈與者，應將該贈與價額加入繼承開始時被繼承人所有之財產中，為應繼遺產。但被繼承人於贈與時有反對之意思表示者，不在此限（第一一七三條一項）。前項贈與價額，應於遺產分割時，由該繼承人之應繼分中扣除（同條二項）。此種扣除義務人，為承認繼承之繼承人，不問其為單純承認或限定承認，但拋棄繼承之繼承人，則不包含在內，至其扣除權利人，則為共同繼承人。如非共同繼承人，例如拋棄繼承人，則無此權利。又扣除之權利，以各繼承人按其應繼分之不足部分單獨行使已足，不以共同行使為必要。關於扣除之規定，既係維持共同繼承人間之公平而設，自與公益無關，從而共同繼承人中一人或數人得拋棄其扣除請求權。至於贈與價額，則依贈與時之價值計算（同條三項）。

第四節　繼承之拋棄

繼承之拋棄者，繼承人與繼承立於無關係地位之意思表示，故繼承權之拋棄，乃消滅繼承效力之單獨行為。凡為繼承人皆得拋棄其繼承權，此項拋棄，應於知悉其得繼承時起二個月內，以書面向法院為之。同時以書面通知因其拋棄而應為繼承之人，但不能通知者，不在此限（第一一七四條）。故繼承之拋棄與限定承認，同為單獨行為須一定期間內為之，且為要式行為，並向法院聲請，及於繼承開始後為之，但有左列不同：

繼承之拋棄	限定承認
①消滅繼承效力之單獨行為。	①繼承人限定以因繼承所得遺產，償還被繼承人債務之意思表示。
②於知悉其得繼承時起二個月內為之。	②於繼承開始時起三個月內為之。
③各共同繼承人得單獨為繼承之拋棄。	③共同繼承人中之一人或數人為限定承認時，其他繼承人視為同為限定承認。
④向法院親屬會議或其他繼承人為之。	④僅得向法院呈報。

⑤不得聲請延展。	⑤呈報期間得聲請延展。
⑥拋棄繼承權，毋須開具遺產清冊。	⑥限定承認時，必須開具遺產清冊呈報法院。

繼承之拋棄，得發生左列之效力：

⑴繼承之拋棄，溯及於繼承開始時發生效力（第一一七五條）。故繼承人自繼承開始時即不為繼承人，從而拋棄繼承人既未取得被繼承人之權利，自不負擔被繼承人之債務。至於拋棄繼承人之固有財產，應與遺產絕對分離，不生混同問題。拋棄繼承人既與繼承立於無關之地位，則在繼承開始前縱因結婚分居或營業，已從被繼承人受有贈與，亦不得以其贈與價額加入繼承開始時被繼承人財產之中。

⑵拋棄繼承權者，就其所管理之遺產，於其他繼承人或遺產管理人開始管理前，應與處理自己事務為同一之注意，繼續管理之（第一一七六條之一）。

⑶繼承之拋棄，對於其他繼承人之效力如何，情形有六：

①第一一三八條所定第一順序之繼承中有拋棄繼承權者，其應繼分歸屬於其他同為繼承之人（第一一七六條一項）。但拋棄繼承之人，依法既自始不為繼承人，其子女自不得代位繼承。

②第一順序之繼承人，其親等近者均拋棄繼承權時，由次親等之直系血親卑親屬繼承（第一一七六條五項）。

③第二順序至第四順序之繼承人中，有拋棄繼承權者，其應繼分歸屬於其他同一順序之繼承人（第一一七六條二項）。

④與配偶同為繼承之同一順序繼承人均拋棄繼承權時，而無後順序之繼承人時，其應繼分歸屬於配偶（第一一七六條三項）。

⑤配偶拋棄繼承權者，其應繼分歸屬於與其同為繼承之人（第一一七六條四項）。

⑥先順序繼承人均拋棄其繼承權時，由次順序之繼承人繼承，其次順序繼承人有無不明或第四順序之繼承人均拋棄其繼承權者，準用關於無人承認繼承之規定（第一一七六條六項）。

因他人拋棄繼承而應為繼承之人，為限定繼承或拋棄繼承時，應於知悉其得繼承之日起二個月內為之（第一一七六條七項）。此之所謂「知悉其得繼承之日起」，非指繼承人知悉被繼承人死亡發生之時，而為繼承人知悉自己為法律上之繼承人之時，宜加區別。

繼承人拋棄繼承權時，其應繼分之歸屬，乃本於法律之規定而生。故拋棄繼承人之應繼分，不但歸屬於現尚生存之繼承人，且歸屬於業已死亡之繼承人，從而其人有繼承人時，自得代位繼承其應繼分。又拋棄繼承人之應繼分與繼承人固有之應繼分為不可分，從而拋棄其固有之應繼分時，此應繼分亦同時拋棄；承認其固有之應繼分時，此應繼分亦同時承認。蓋拋棄繼承權時，係指全部拋棄而言，若為一部拋棄，則為繼承性質上不許故也。故繼承權之拋棄，本於繼承拋棄不可分之原則，須就被繼承人之全部遺產而為拋棄繼承之表示，如僅為一部拋棄，不生拋棄繼承之效力（六五臺上一五六三，六七臺上三七八八）。

第五節　無人承認之繼承

無人承認之繼承，指繼承開始時，繼承人之有無不明而言。既係有無繼承人不明，則確有繼承人僅其所在不明者，不得謂為無人承認之繼承。在此情形，應為不在之繼承人選任管理人或聲請死亡宣告。又有為繼承之人，不過承認繼承與否尚屬未定，或無繼承人業已確定，均非此之所謂無人承認之繼承。蓋繼承人之承認繼承與否尚屬未定，其遺產依第一一四八條規定，當然歸屬於該繼承人。無繼承人業已確定，則其遺產成為無主之財產，或歸屬國庫或已被先占，均有一定之歸屬。僅於繼承人所在不明，其遺產始有管理之必要，故有無人承認繼承制度之設。

㈠繼承人之搜索

繼承開始時繼承人之有無不明者，由親屬會議於一個月內選定遺產管理人，並將繼承開始及選定遺產管理人之事由向法院報明（第一一七七條）。親屬會議選定遺產管理人後，應將繼承開始及選定管理人之事由呈報法院，法院應依公示催告程序公告繼承人，命其於一定期限內承認繼承。此項公示催告之期間，應在六個月以上（第一一七八條一項）。在上項期限內有繼承人承認繼承時，遺產管理人在繼承人承認繼承前所為之職務上行為，視為繼承人之代理（第一一八四條）。既視為繼承人之代理，則管理人在繼承人承認繼承前所為之行為，直接對於本人發生效力（第一〇三條一項參照）。惟如無親屬會議或親屬會議未於前條所定一個月期限內選定遺產管理人者，利害關係人或檢察官，得聲請法院選任遺產管理人，並由法院依前項規定為公示催告（第一一七八條二項）。又繼承開始時繼承人有無不明者，在遺產管理人選定前，法院得因利害關係人或檢察官之聲請，為保存遺產之必要處置（第一一七八條之一）。

㈡遺產管理人之職務

1. 編製遺產清冊　遺產管理人應於就職後三個月內編製之（第一一七九條一項一款）。

2. **保存遺產必要之處置**　此係對於遺產防止其毀損滅失，所為之處分（同條項二款）。

3. **對於繼承債權人及受遺贈人之公告及通知**　遺產管理人應聲請法院依公示催告程序，限定一年以上之期間，公告被繼承人之債權人及受遺贈人，命其於該期間內報明債權，及為願受遺贈與否之聲明。被繼承人之債權人及受遺贈人為管理人所已知者，應分別通知之（同條項三款）。

4. **清償債權或交付遺贈物**　依此所定債權之清償，應先於遺贈物之交付。為清償債權或交付遺贈物之必要，管理人經親屬會議之同意，得變賣遺產（同條一項四款及二項）。

5. **遺產之移交**　有繼承人承認繼承，或遺產歸屬國庫時，管理人應為遺產之移交（同條項五款）。

6. **遺產狀況之報告或說明**　遺產管理人，因親屬會議、被繼承人之債權人或受遺贈人之請求，應報告或說明遺產之狀況（第一一八〇條）。

被繼承人之債權人，非於第一一七九條第一項第三款所定期間屆滿後，不得對被繼承人之任何債權人或受遺贈人償還債務或交付遺贈物（第一一八一條）。又被繼承人之債權人或受遺贈人，不於第一一七九條第一項第三款所定期間內為報明或聲明者，僅得就賸餘財產行使其權利（第一一八二條）。至於遺產管理人得請求報酬，其數額由親屬會議按其勞力及其與被繼承人之關係酌定之（第一一八三條）。

㈢**賸餘遺產之歸屬**

第一一七八條所定之期限屆滿，無繼承人承認繼承時，其遺產於清償債權並交付遺贈物後，如有賸餘，歸屬國庫（第一一八五條）。蓋第一一七八條之期間，乃搜索繼承人之期間，於此期間內如無繼承人承認繼承，則不問實際有無繼承人，其繼承人之存在將甚渺茫，故以其清算賸餘之遺產歸屬於國庫。此項歸屬，係本於法律之規定而生，是為原始取得。而國庫既非繼承人，於遺產歸屬國庫後，繼承債權人及受遺贈人，均不得對國庫行使權利。

第三章　遺　囑

第一節　通　則

遺囑者，以使法律行為於死後發生效力為目的，依法定方式所為之無相對人之單獨行為。故遺囑以遺囑人一方之意思表示而成立，不以受遺囑人之同意為必要。又遺囑須依法定方式為之，此種方式，應依遺囑當時以為決定，遺囑執行之際是否與法定方式相合，則非所問。法律行為得以遺囑為之者，有下列數種：①監護人之指定（第一〇九三條）。②遺產分割方法之指定（第一一六五條一項）。③遺產分割之禁止（第一一六五條二項）。④遺贈（第一二〇〇條）。⑤遺囑執行人之指定（第一二〇九條）。

遺囑制度，在使個人得自由處分其所有財產，故遺囑必須遺囑人自行為之，不許他人代理。若係無行為能力人，不得為遺囑（第一一八六條一項）。凡未滿七歲之未成年人（第一三條一項）及禁治產人（第一五條），均為無行為能力人，固不得為遺囑。即限制行為能力人為未滿十六歲者，仍不得為遺囑（第一一八六條二項但書）。苟已滿十六歲之人，縱係未成年者，毋庸得法定代理人之同意，自己得為有效之遺囑（同條二項）。

遺囑之內容，雖不以特定法律行為為限。但遺囑人於不違反關於特留分規定之範圍內，得以遺囑自由處分遺產（第一一八七條）。是以遺贈得以遺囑為之，繼承人不得拒絕履行，自不待言。所謂遺贈，係於遺囑人死亡後發生效力之無償行為，就其為無償行為之點言之，與一般贈與頗相類似，但有不同：①贈與於其成立之瞬間，即生效力；遺贈則非遺囑人死亡不生效力。②贈與為契約；遺贈則為單獨行為。③贈與在原則上贈與人不得任意撤銷；遺贈則贈與人於其未發生效力以前，隨時皆可撤銷。④贈與無須何種方式；遺贈則否。至於受遺贈人之規定，於受遺贈人如有第一一四五條喪失繼承權原因之一，即喪失其受遺贈之能力。故第一一四五條喪失繼承權之規定，於受遺贈人準用之（第一一八八條）。而第一一四五條所謂被繼承人，應解為遺囑人；所謂繼承人，應解為應受遺贈人；所謂關於繼承之遺囑，應解為關於遺贈之遺囑。民法設此準用規定，在使受遺贈人如有第一一四五條各款所定之情事，應使其不得享受遺囑之利益，用示制裁故也。

第二節　遺囑之方式

遺囑為遺囑人最終之意思，必須保障其真意，故為要式行為。情形如左：

㈠**自書遺囑**　自書遺囑者，應自書遺囑全文，記明年月日，並親自簽名。如有增減、塗改，應註明增減、塗改之處所及字數，另行簽名（第一一九〇條）。

㈡**公證遺囑**　公證遺囑，應指定二人以上之見證人，在公證人前口述遺囑意旨，由公證人筆記、宣讀及講解，經遺囑人認可後記明年月日，由公證人、見證人及遺囑人同行簽名。遺囑人不能簽名者，由公證人將其事由記明，使按指印代之（第一一九一條一項）。前項所定公證人之職務，在無公證人之地，得由法院書記官行之，僑民在中華民國領事駐在地為遺囑時，得由領事行之（同條二項）。

㈢**密封遺囑**　密封遺囑，應於遺囑上簽名後，將其密封，於封縫處簽名，指定二人以上之見證人，向公證人提出，陳述其為自己之遺囑。如非本人自寫，並陳述繕寫人之姓名住所，由公證人於封面記明該遺囑提出之年月日及遺囑人所為之陳述，與遺囑人及見證人同行簽名（第一一九二條一項）。第一一九一條第二項之規定，於密封遺囑準用之（同條二項）。密封遺囑，若不具備第一一九二條所定之方式，而具備第一一九〇條所定自書遺囑之方式者，有自書遺囑之效力（第一一九三條）。

㈣**代筆遺囑**　代筆遺囑，由遺囑人指定三人以上之見證人，由遺囑人口述遺囑意旨，使見證人中之一人筆記宣讀講解，經遺囑人認可後，記明年月日及代筆人之姓名，由見證人全體及遺囑人同行簽名，遺囑人不能簽名者，應按指印代之（第一一九四條）。

㈤**口授遺囑**　遺囑人因生命危急或其他特殊情形，不能依其他方式為遺囑者，得依下列方式之一為口授遺囑（第一一九五條）：①由遺囑人指定二人以上之見證人，並口授遺囑意旨，由見證人中之一人，將該遺囑意旨據實作成筆記，並記明年月日與其他見證人同行簽名。②由遺囑人指定二人以上之見證人，並口授遺囑意旨，遺囑人姓名及年月日，由見證人全體口述遺囑之為真正及見證人姓名，全部予以錄音，將錄音帶當場密封，並記明年月日，由見證人全體在封縫處同行簽名。至於口授遺囑自遺囑人能以其他方式為遺囑之時起，經過三個月而失其效力（第一一九六條），又口授遺囑，應由見證人中之一人或利害關係人，於為遺囑人死亡後三個月內，提經親屬會議認定其真偽。對於親屬會議之認定如有異議，得聲請法院判定之（第一一九七條）。

上述五種遺囑，除自書遺囑外，其他各種遺囑，皆須由見證人參與，藉以確保遺囑之真實，故見證人之信用關係甚大。下列之人不得為遺囑見證人：①未成年人。②禁治產人。③繼承人及其配偶或其直系血親。④受遺贈人及其配偶或其直系血親。⑤為公證人或代行公證職務之同居人、助理人或受僱人（第一一九八條）。此等之人，或無判斷能力，或有利害關係，以之為遺囑見證人，難期遺囑內容之真實，故設此限制。

第三節　遺囑之效力

㈠遺囑生效之時期

遺囑自遺囑人死亡時發生效力（第一一九九條）。其於遺囑人死亡時發生效力者，蓋遺囑為死者最終之意思故也。遺囑既於遺囑人死亡時發生效力，則在未發生效力以前，受遺囑人祇有將來取得權利之希望，而非現實取得何種之權利。遺囑人於其未死亡以前，如撤銷其遺囑，則受遺囑人之此種希望，全然消滅（第一二一九條參照）。

遺囑所定之遺贈，附有停止條件者，自條件成就時發生效力（第一二〇〇條）。條件如在遺囑人死亡前已成就者，其遺囑與未附條件者同，自遺囑人死亡時發生效力（第一一九九條）。條件如於遺囑人死亡後始成就者，則自條件成就時發生效力。但第一二〇〇條並非強行規定，如遺囑人另有意思表示，使條件成就之效力不於條件成就之時發生，自無不可（第九九條一項參照）。遺囑附解除條件者，自條件成就時失其效力。如條件之成就在遺囑人死亡之後，則與未為遺囑者同，遺囑不因遺囑人之死亡而發生效力。

繼承人自繼承開始時，承受被繼承人財產上一切權利義務，繼承人有數人時，在分割遺產前，各繼承人對於遺產全部為公同共有（第一一四八條，第一一五一條參照）。而遺贈固亦於繼承開始時生效，惟受贈人僅取得請求支付遺贈物之債權，尚不當然發生物權變動之效力（八六臺上九二一）。故遺贈僅具有債權之效力，故受遺贈人並未於繼承開始時，當然取得受遺贈物之所有權或其他物權，尚待遺產管理人或遺囑執行人於清償繼承債務後，始得將受遺贈物移轉登記或交付受遺贈人。是以受遺贈人於未受遺贈物移轉登記或交付前，尚不得對於第三人為關於受遺贈財產之請求，是為當然（八六臺上五五〇）。

㈡遺囑之無效、不生效與撤銷

1. **遺囑之無效**

⑴遺囑人為無遺囑能力者（第一一八六條）。

⑵遺囑之內容違反強制規定或禁止規定者（第七一條），但其規定如不以之為無效者，則仍有效（同條但書）。

⑶遺囑之內容違反公序良俗者（第七二條）。

⑷遺囑違反法定之方式者（第七三條）。但其規定不以之為無效者，則仍為有效（同條但書）。

2. **遺囑之不生效**

⑴附解除條件之遺囑，於遺囑人死亡前，其條件業已成就者。

⑵受遺贈人於遺囑發生效力前業已死亡者（第一二〇一條）。

⑶附停止條件遺贈之受遺贈人，於條件成就前業已死亡者。

⑷受遺贈人於遺囑成立後，喪失受遺贈權者（第一一八八條）。

(5)繼承開始時，遺贈標的物已不屬於遺產者（第一二〇二條）。

(6)以遺囑為遺贈而侵害特留分時，該侵害之部分為扣減之標的者（第一一八七條，第一二二五條）。

(7)附始期之遺囑，其期限於遺囑人死亡前已屆至者。

3. **遺囑之撤銷**

(1)以財產事項為內容之遺囑，均適用民法總則有關撤銷之規定，故關於錯誤（第八八條），因被詐欺或被脅迫（第九二條）而為遺囑者，遺囑人得撤銷之。但遺囑人於生前得隨時依遺囑之方式或其他行為撤回其遺囑（第一二一九條），實無須以上述理由行使撤銷權。至遺囑之撤回權屬於專屬權，不得為繼承之標的。

(2)附有負擔之遺贈，受遺贈人不履行其負擔時，繼承人得請求受遺贈人履行其負擔或撤銷其遺贈（第一二〇五條準用第四一二條）。

(三)遺　贈

遺囑人以遺囑對受遺贈人，無償讓與財產上之利益者，謂之遺贈。故遺贈為單獨行為，於遺囑人死亡時立即發生效力，故為死因行為。惟受遺贈人不願承受時，得拋棄之（第一二〇六條）。就遺贈發生效力，係在遺囑人死後之點言之，與死因贈與相同。但贈與為契約，於贈與人生前即已有效成立，自無須依遺囑為之，是以遺贈之拋棄（第一二〇六條），受遺贈權之喪失（第一一八八條準用第一一四五條），在死因贈與不能準用。因之，死因贈與乃以受贈人於贈與人死亡時仍生存為停止條件之贈與，性質上須有雙方意思表示之合致，其與遺贈之同異點為：

(1)同點：

①皆以行為人死亡為效力發生之基準。

②均為無償給與財產。

(2)異點：

死因贈與	遺贈
①為契約，行為人須有行為能力。	①須以遺囑為之，遺贈人以有遺囑能力即可。
②不要式行為。	②須以遺囑為之。
③在贈與人未死亡前已成立，祇因條件未成就而未發生效力。	③僅依遺贈人一方之意思表示而成立。
④效力發生後，發生贈與之法律關係，繼承人有履行義務。	④為實現遺贈之內容，有賴繼承人或遺囑執行人之執行。

1.單純遺贈，自遺贈人死亡時發生效力（第一一九九條）。如為附停止條件遺贈，則自條件成就時發生效力（第一二〇〇條）。其條件之成就，縱在遺囑人死亡以前，仍自遺囑人死亡時發生效力。但受遺贈人於遺囑發生效力前死亡者，其遺贈不生效力（第一二〇一條）。蓋遺贈著眼於受遺贈人個人之關係，受遺贈人既先於遺贈人死亡，其遺囑自然失效。

2.遺贈人為本身及其繼承人或第三人之利益，對於受遺贈人課以履行某種義務者，稱為附負擔之遺贈。

此就遺贈人對於受遺贈人課以負擔之點言之，實與單純遺贈有異，然其遺贈之本質，並無變更。遺贈附有義務者，受遺贈人以其所受利益為限，負履行之責（第一二〇五條）。此種規定，在使合於當事人之意思，且無損於負擔義務人之利益。又附負擔之遺贈，與附條件之遺贈二者，雖皆以遺贈人之死亡為其發生效力之時期，但有不同：①附負擔之遺贈，雖附有負擔，但不停止遺贈之效力，仍於遺囑人死亡時發生效力（第一一九九條，第一二〇〇條）。且受遺贈人如不履行其負擔，遺贈並非當然消滅其效力，僅遺贈義務人得拒絕遺贈之交付，或撤銷其贈與而已（第四一二條參照）。②附條件之遺贈，非條件成就，其遺贈不生效力。在此情形，條件是否成就，與遺贈發生效力與否，至有關連。

3. 遺囑人以一定之財產為遺贈，而其財產在繼承開始時，有一部分不屬於遺產者，其一部分遺贈無效。全部不屬於遺產者，其全部遺贈為無效。但遺囑另有意思表示者，從其意思（第一二〇二條）。所謂遺囑另有意思表示，例如遺贈人表示，欲以屬於某甲之物遺贈某乙，余之繼承人應由某甲買受某物，以為遺贈是。至於以遺產之使用收益為遺贈，而遺囑未定返還期限，並不能依遺贈之性質定其期限者，以受遺贈人之終身為其期限（第一二〇四條）。又遺囑人因遺贈物滅失、毀損、變造或喪失物之占有，而對於他人取得權利時，推定以其權利為遺贈。因遺贈物與他物附合或混合，而對於所附合或混合之物取得權利時亦同（第一二〇三條）。

4. 受遺贈人在遺囑人死亡後，得拋棄遺贈（第一二〇六條一項）。受遺贈人得就遺贈之承認及拋棄二者，任擇其一。遺贈之承認及拋棄，均為財產上行為，無行為能力人固不得為之，否則無效（第七五條）。在限制行為能力人，如係單純遺贈本人得為之（第七七條但書）。若為附負擔遺贈，須得其法定代理人之允許（第七七條）。又拋棄遺贈，以受遺贈人對於遺贈義務人表示拋棄之意思已足，無須何種方式，此與拋棄繼承須以書面，並向法院親屬會議或其他繼承人為之者，顯有差異。至於遺贈之承認及拋棄，均無期間之限制，又與繼承之限定承認（第一一五六條）及拋棄繼承（第一一七四條二項），稍有不同。

遺贈之承認及拋棄，既無期間之限制，則受遺贈人如永不為承認或拋棄之意思表示，勢將影響於繼承人及其他遺贈義務人之利益。故繼承人或其他利害關係人，得定相當期限，請求受遺贈人於期限內為承認與否之表示。期限屆滿尚無表示者，視為承認遺贈（第一二〇七條）。

遺贈之拋棄溯及遺囑人死亡時，發生效力（第一二〇六條二項）。既認拋棄遺贈有溯及效力，則一經拋棄，受遺贈人即與自始未受遺贈同。至遺贈無效或拋棄時，其遺贈之財產仍屬於遺產（第一二〇八條）。此之所謂無效，係指受遺贈人於遺囑發生效力前死亡，其遺贈不生效力而言。

遺囑人僅於不違反關於特留分規定之範圍內，得以遺囑自由處分遺產（第一一八七條），但違反特留分之遺贈並非無效，僅特留分被侵害之繼承人，於保全特留分必要之限度內，得為扣減而已（第一二二五條，五八臺上一二七九），如繼承人不為扣減，則侵害其特留分之遺贈仍為有效。

第四節　遺囑之執行

遺囑保管人知有繼承開始之事實，應即將遺囑提示於親屬會議，無保管人而由繼承人發現遺囑者亦同（第一二一二條），此為遺囑之提示，藉以認定遺囑之有無。遺囑固應由保管人或繼承人提示於親屬會議，但如為密封遺囑，非在親屬會議當場，不得開視，此項遺囑開視時應製作紀錄，記明遺囑之封緘有無毀損情形或其他特別情事，並由在場之人同行簽名（第一二一三條）。雖未在親屬會議當場開視，僅不過欠缺適法之保障，遺囑本身並非當然無效。且遺囑保管人，不將遺囑提示於親屬會議，於遺囑之效力並無影響（二二上一八五五）。

遺囑人得以遺囑指定遺囑執行人，或委託他人指定之。受此項委託者，應即指定遺囑執行人，並通知繼承人（第一二〇九條）。遺囑未指定遺囑執行人，並未委託他人指定者，得由親屬會議選定之。不能由親屬會議選定時，得由利害關係人聲請法院指定之（第一二一一條）。遺囑執行人有管理遺產，並為執行上必要行為之職務（第一二一五條一項），故未成年人及禁治產人，不得為遺囑執行人（第一二一〇條）。除此之外，其他一切之人皆得為遺囑執行人（院三一二〇）。未成年人雖已結婚而有行為能力，仍不得為遺囑執行人（院一六二八）。至繼承人及受遺贈人，雖有利害關係，亦非不得為遺囑執行人。又遺囑執行人怠於執行職務或其他重大事由時，利害關係人得請求親屬會議改選他人，其由法院指定者，得聲請法院另行指定（第一二一八條）。遺囑執行人就職後，於遺囑有關之財產，如有編製清冊之必要時，應即編製遺產清冊，交付繼承人（第一二一四條）。

遺囑執行人因管理遺產並為執行上必要行為時，視為繼承人之代理（第一二一五條二項）。遺囑執行人有數人時，其執行職務以過半數決之，但遺囑人另有意思表示者，從其意思（第一二一七條）。是以遺囑執行人之職務，大別為五：①編製遺產清冊。②繼承人或占有人不將占有財產交出者，得請求移轉占有。③管理遺產。④清償被繼承人之債務，並將遺贈物交付於受遺贈人。⑤管理或執行上有必要時，視為繼承人之代理。⑥繼承人妨害之排除。

被繼承人財產上之權利義務，自繼承開始時，即歸屬於繼承人（第一一四八條）。從而繼承人對於遺產原可自由處分。但在有遺囑執行人時，遺囑執行人依此有管理遺產，及為其他執行上必要行為之職務。在此情形，繼承人所為之處分行為，難免與執行遺囑之職務行為發生牴觸。故繼承人於遺囑執行人執行職務中，不得處分與遺囑有關之遺產，並不得妨礙其職務之執行（第一二一六條）。本條所謂處分，以與遺囑有關之遺產為限，如繼承人處分其自己之應繼分，當無不可。繼承人違反本條規定所為之行為，不生效力；但繼承人之處分行為，於遺囑執行完畢後，與遺囑執行人之處分不相牴觸者，仍為有效（第一一八條參照）。

第五節　遺囑之撤回

遺囑之撤回，係基於遺囑人之意思，以使其所為有效遺囑，對於將來不生效力為目的之行為。蓋遺囑既為遺囑人最終意思之表示，於有數個遺囑時，僅其最後之遺囑為有效力故也。遺囑人得隨時依遺囑之方式，撤回遺囑之全部或一部（第一二一九條）。此種撤回，係遺囑尚未發生效力前，無庸任何理由，任意予以撤回，與一般法律行為之撤回，有下列不同：①遺囑之撤回，無須任何法定原因，更不受期間之限制，得隨時撤回；而法律行為之撤回，須有法定原因及行使期間之限制（第八八條，第八九條，第九二條及第九三條）。②遺囑之撤回，須遺囑人自行；而法律行為之撤回，除表意人外，其代理人或繼承人亦得行使之。③遺囑之撤回，得就遺囑之全部或一部為之；而法律行為之撤回，應就法律行為全部為之。④遺囑之撤回，使向將來發生效力之遺囑，得在生存時防止其發生效力；而法律行為之撤回，一經撤回，其行為之效力溯及消滅。

前後遺囑有相牴觸者，其牴觸之部分，前遺囑視為撤回（第一二二〇條）。在此情形，僅以前遺囑與後遺囑牴觸部分為限，視為撤回，其他不相牴觸之部分，依然併有其效力；若前遺囑與後遺囑全部牴觸時，其全部視為撤回，自不待言。又遺囑人於為遺囑後所為之行為與遺囑有相牴觸者，其牴觸部分，遺囑視為撤回（第一二二一條）。此之所謂行為，係指生前處分及其他之法律行為而言。例如遺囑人於其生存中，將遺贈標的物出賣或贈與第三人者，不問其有無撤回其遺囑之意思表示，其遺囑當然視為撤回。故遺囑人之行為與遺囑牴觸，其牴觸部分視為撤回，乃推測遺囑人之意思而設之規定，故在處分行為或其他法律行為非基於遺囑人之意思時，其遺囑不能認為撤回。例如強制拍賣或公用徵收喪失遺囑標的之權利，及因他人之侵權行為致遺贈標的歸於消滅是。

遺囑人故意破毀或塗銷遺囑，或在遺囑上記明廢棄之意思者，其遺囑視為撤回（第一二二二條）。此種廢棄，包含三種情形：①遺囑之破毀。②遺囑之塗銷。③在遺囑上記明廢棄之意思。此三者之中，更須出於遺囑人之故意，若為過失或錯誤，則不生撤回遺囑之效力。至第三人或繼承人及因不可抗力原因之破毀塗銷，皆不得視為撤回。

第六節　特留分

特留分者，指繼承開始時，應保留於繼承人之遺產之一部分而言。所謂遺產之一部分，非指被繼承人遺產中之某特定財產，僅係遺產中一定數額而已。故被繼承人固應特留相當數額財產與繼承人，但以何種財產遺留於繼承人，仍屬自由。繼承人而有喪失繼承權或拋棄繼承權者，則無特留分之權利。故特留分實係被繼承人必須就其遺產保留一定財產於繼承人之比例，乃概括存在於被繼承人之全部遺產上，並非具體存在於各個標的物上，此與應有部分乃各共有人對於具體物之所有權在分量上應享有之部分者，有所不同（八六臺上三八六四）。

特留分之比例，因繼承人與被繼承人情誼親疏而有不同，故繼承人之特留分，依左列各款之規定（第一二二三條）：

㈠直系血親卑親屬之特留分，為其應繼分二分之一。例如遺產為十二萬元，有配偶及子女各一人，依第一一四一條及第一一四四條第一款之規定，其應繼分各為四萬元，而其特留分為該四萬元二分之一，即各為二萬元是。

㈡父母及配偶之特留分，為其應繼分二分之一。例如遺產為十二萬元，無直系血親卑親屬而有配偶及父母時，依第一一四一條及第一一四四條第二款規定，配偶應繼分為六萬元，父母應繼分各為三萬元，而其特留分則配偶為該六萬元二分之一，即三萬元。父母各為該三萬元二分之一，即一萬五千元是。

㈢兄弟姊妹及祖父母之特留分，為其應繼分三分之一。例如遺產為十二萬元，無直系血親卑親屬、父母及配偶，僅有兄弟姊妹各一人，依第一一四一條之規定，其應繼分各為三萬元，而其特留分為該三萬元三分之一，即一萬元是。又同上例，如並無兄弟姊妹，僅有祖父母，依第一一四一條之規定，其應繼分各為六萬元，而其特留分為該六萬元三分之一，即二萬元是。

特留分，由依第一一七三條算定之應繼財產中，除去債務額算定之（第一二二四條）。故算定特留分之順序有三：①繼承開始時遺產之計算。②贈與價額之加入。③債務額之除去。至遺贈財產之價額，因其屬於繼承開始時所有財產之內，故不應算入。依此言之，計算特留分時，先將生前贈與價額，算入積極財產之內，而後由其總和除去債務額。若債務額與應繼財產額相等，或超出應繼財產額，則應繼分為零或負數，自無特留分可言。例如積極財產十萬元，生前贈與五萬元，而債務額十五萬元，自無特留分。

算定特留分之結果，如被繼承人就其財產，超過得自由處分之範圍而為遺贈，致繼承人不能保全特留分時，應有救濟方法，此即遺贈之扣減。故應得特留分之人，如因被繼承人所為之遺贈致其應得之數不足者，得按其不足之數，由遺贈財產扣減之。受遺贈人有數人時，應按其所得遺贈價額比例扣減（第一二二五條）。由此可知，遺贈縱違反關於特留分之規定，不過應得特留分之人有請求扣減之權，遺贈並非當然無效。關於扣減之標的，僅限於遺贈而已。共同繼承人中，有在繼承開始前因結婚分居或營業，已從被繼承人受有財產上之贈與者，其贈與價額縱須算入應繼財產之內（第一一七三條），但不為扣減之標的。

第一二二五條僅定「遺贈」為扣減之標的，因此關於扣減之標的如何？解釋上認為除「遺贈」以外，尚有「遺產分割之指定」及「死因贈與」諸種情形在內。下列實務，可供參考：

①民法第一二二五條僅規定應得特留分之人，如因被繼承人所為之遺贈，致其應得之數不足者，得按其不足之數由遺贈財產扣減之，並未認特留分權利人有扣減被繼承人生前所為贈與之權。是被繼承人生前所為之贈與，不受關於特留分規定之限制（二五上六六〇）。

②被繼承人生前所為之贈與行為，與民法第一一八七條所定之遺囑處分財產行為有別，即可不受關於特留分規定之限制（二五上六六〇，四八臺上三七一）。

③民法第一二二五條僅規定應得特留分之人，如因被繼承人所為之遺贈，致其應得之數不足者，得按其不足之數由遺贈財產扣減之，並未認侵害特留分之遺贈為無效（五八臺上一二七九）。

附　錄

歷屆司法官及律師考試民法試題

一、何項權利得為消滅時效之客體？何項權利不得為消滅時效之客體？試列舉之，並附理由。

二、試述留置權之性質及其與同時履行抗辯之異同。

三、甲售與乙貨物乙批，託丙運交與乙收受。迨貨物運到乙之處所，乙已他遷，丙復將貨物繼續運往乙之新遷處所，該貨物於途中因丙車與丁車相撞而滅失。肇事原因雙方均有過失。問：⑴乙方可否請求丙賠償其貨物滅失之損失？⑵乙可否請求甲賠償其給付不能所致之損失？⑶乙可否請求丁賠償其貨物滅失之損失？⑷甲可否請求丙賠償其所受之損失？⑸甲與丙可否請求丁賠償其各受之損失？（五十、律、法）

一、對於意思表示錯誤之撤銷權，與對於被詐欺而結婚之撤銷權以及對於法人違反許可條件之撤銷權，三者之性質、要件、行使方法及行使期限有何不同？試分述之。

二、何謂抵押權之不可分性？試釋其意義。

三、甲有耕牛一頭，租與乙使用，定期一年，期滿前，牛忽逃亡，甲向乙交涉，並約定於期滿之日，乙方不能交牛時，由乙方賠償甲方一千元，未幾，牛復歸來，乙以之售與鄰人丙，議定價金為二千元，尚未交付，事為甲方所悉。問：⑴甲可否請求乙返還其牛？⑵乙、丙之買賣契約是否有效？如屬有效，甲可否訴請撤銷之？⑶甲可否請求乙交付其賣牛可得之價款？⑷甲、乙間所訂之賠償契約係屬債務更新？抑為任意之債？抑屬兩者均否？（五十一、律、法）

一、試述虛偽表示、信託行為，及應登記之法律行為對於相對人及善意第三人之效力及其理由。

二、試論典權之性質，並述其與抵押權不同之點。

三、甲以對於丁之債權讓與乙，以償宿欠，並通知債務人丁照付，丁即如數給付，但未向甲或乙取回其借據。旋甲復以此一債權連同丁之借據讓與丙。甲於通知丁時，並聲明其對乙所為之讓與，係受乙之脅迫，應予撤銷。丙持借據向丁請求給付，經丁拒絕後，丙對丁提起訴訟。事為甲之債權人戊所悉，戊亦訴請法院撤銷甲對乙及丙所為之讓與。問：⑴甲對乙所為之債權讓與是否有效？⑵甲對丙所為之債權讓與是否有效？⑶如⑵項讓與無效，丙可否僅憑丁之借據向丁訴請給付？⑷如⑵項讓與無效，丙將有何救濟？如⑵項讓與有效，丁將有何救濟？⑸戊可否撤銷甲對乙及丙之讓與？（五十二、律、法）

一、甲有古瓶一隻，寄存於乙處。乙未得甲之同意質押於丙，借款二萬元。乙旋復向丙偽稱有人欲購買之，請求丙准予取去一觀。丙不疑之而與之。乙竟以之出質於不知情之丁，借款二萬元。事為丙悉，丙乃向丁索還其質物，丁不允。嗣經雙方議定以訴訟決定其占有之誰屬，古瓶則交由第三人戊保管，勝訴者取得之。一年後，甲由海外返國，得悉其瓶已為乙出質於丙、丁，而由戊保管。斯時丙、丁之訴訟尚未終結。甲遂逕向戊要求返還其所有物。問：⑴丙可否訴請法院撤銷乙、丁之質押行為？⑵在訴訟進行中，古瓶之占有，應屬何人所有？⑶甲可否請求戊返還其古瓶？⑷除請求戊返還其所有物外，甲有無其他救濟？

二、限制行為能力人未得法定代理人之允許所訂立之契約，無權處分人所為之法律行為，以及第三人與債務人所訂立之承擔債務契約，在未經法定代理人，本人，及債權人之承認前，其效力如何？又該法定代理人，本人及債權人對於該項契約或行為之承認，其性質如何？並述其理由。

三、試述債務承擔人對於債權人所得為之抗辯與保證債務之保證人對於債權人所得為之抗辯之異同。如果保證人所負之債務為連帶保證，其效果是否可使其對於債權人之抗辯與承擔人對於債權人之抗辯相同？（五十三、律、法）

一、甲有金錶乙隻，寄存乙處，乙不慎，錶為人竊去，由丙代為賠償甲二千元，未幾，該錶為警局查獲，交甲受領，甲以之贈與丁，丁又以之抵償對戊之舊欠。事為乙知悉，問：⑴乙可否請求甲給予其被竊之錶？或請求其他救濟？⑵丙可否向甲主張上項同樣之權利？⑶乙可否向丁主張上項同樣之權利？⑷乙可否向戊主張上項同樣之權利？

二、我國民法上之「撤銷」，有不同之意義，試列舉其主要者，釋明其意義，並述其效力。

三、試述留置權與質權之異同。又留置權與質權可否併存於一物上？如屬可能，孰者為優？試舉例說明之，並附理由。（五十四、律、法）

一、形成權與抗辯權，無權處分與無權代理，同意與承認，附條件之法律行為與附負擔之法律行為，以及解除權與撤銷權之區別何在？試就其性質或要件與效力言之。

二、論占有之效力。

三、甲有房屋二間租與乙使用，每月租金八百元。乙復將該屋一間未經甲同意轉租與丙，同時又將鋼琴租與丙使用，每月租金共計六百元。乙租與丙之房屋一間及鋼琴因遭颱風損害，丙耗去修理費二千元。乙欠甲租金二個月共計一千六百元，無力償還。丙欠乙租金二個月共計一千二百元。乙與甲及丙與乙之租賃關係均未滿期。問：⑴甲可否向丙主張乙之欠租一千六百元？⑵丙可否主張以其墊款與甲向其主張乙之欠租抵銷？⑶甲可否訴請丙遷讓房屋？⑷丙可否對於其租用之鋼琴主張留置權？甲可否對之主張同樣之權利？如果甲、丙二人均可主張留置權？孰者為優？（五十五、律、法）

一、試述結婚成年制之意義，並述及其結婚撤銷時尚未成年者之行為能力，是否因而受影響？

二、試述損害賠償之範圍。

三、試述公同共有之意義，並述及其與分別共有（即普通共有）主要不同之點。（五十六、律、法）

一、因錯誤而得撤銷之行為與因被詐欺而得撤銷之行為，其要件及效果有何不同？

二、試述留置權與質權之異同。

三、甲死後遺有房屋一所，由乙丙丁共同繼承，乙繼任為戶長。乙不經丙丁同意，將該房屋售與戊，並以其個人名義，辦理移轉登記，以其所得之價金，用以清償甲之身後債務。丙丁得悉，訴請撤銷乙戊之買賣行為。問丙丁能否勝訴否？（五十七、律、法）

一、捐助行為與贈與行為有何不同？試就其性質，得撤銷之情形及撤銷之方法論述之。

二、加工於他人之動產，或動產與他人之動產附合或混合者，其所有權將如何歸屬？並舉例說明之。

三、甲乙二人各有房屋一所，約定按照約定時情形交換，在交換手續未完成前，乙之房屋屋頂發現漏洞處，乙即僱丙修理，甲遷入乙之房屋時，修理工作尚未完竣，而甲對之亦未作任何表示，迨工作完成後丙向甲請求給付，甲因與丙並未訂立修繕契約，拒不給付，丙轉向乙請求給付，乙以房屋非屬己有為詞，亦不願給付，問：⑴丙可否向乙請求給付？⑵丙可否向甲請求給付？⑶乙如給付，可否向甲求償？⑷甲如給付，可否向乙求償？⑸如甲乙均拒絕給付，丙有無其他救濟之途徑？（五十八、律、法）

一、民法第一〇六條但書「專履行債務」是否包括債務人履行債務時所為之「同時履行抗辯權」？「抵充權」？「抵銷權」？

二、試比較解除婚約與離婚條件之異同點。（五十九、律、法）

一、遺贈與捐助行為之性質有何不同？在何種情形下可以撤銷或視為撤銷？

二、典權與質權之成立及消滅有何不同？

三、甲遺失提琴，乙於丙處拾得，丙未經乙同意租與丁用，一旦為甲遇見，向丁請求返還其物，丁拒絕，問：

⑴甲可否請求丁返還其物？丁此時可採何種措施？

⑵甲可否請求丙返還其物？丙此時可採何種措施？

⑶甲可否請求乙返還其物？乙有無抗辯理由？

⑷甲可否以乙丙丁為共同侵權行為人，使其負連帶賠償之責？

以上答案須具理由。（六十、律、法）

一、甲將房屋一幢出賣於乙。收取半數價金後即將房屋交乙接收，尚未辦就房屋所有權之移轉登記，適鄰居丙不慎失火，延燒該屋全毀，問乙應否對甲再給付其餘半數之價金？或不須給付且可請求甲返還已付之半數價金？又丙如負損害賠償責任，乙能否請求其賠償？

二、乙竊得甲之手錶乙隻，偽稱係自己之手錶，出售於不知情之丙，事越半載，甲發現丙手戴該錶，即逕向丙索還，問丙應否將該手錶返還於甲？如該手錶被甲索還，乙對丙應負如何責任？

三、甲男與乙、丙、丁三女同時以同一公開儀式舉行結婚典禮，有親友多人到場觀禮，嗣乙生一子戊，丙生一子己，丁無所出，甲愛戊而憎己，對戊撫育備至，丙己則另居一處，甲置其母子於不顧，旋甲死亡，問乙、丙、丁、戊、己對甲之遺產孰有繼承權？其應繼分如何？（六十一、法）

一、甲與乙約定，偽裝貸與乙若干金錢，將所有某處房屋出賣與乙，以圖隱匿財產，在貸款交付前，乙以之轉贈與善意之丙，又將房屋轉賣與知情之丁，由丁授權善意之戊，代理訂立契約。問甲乙、乙丙、乙丁間之契約效力若何？試分別列舉理由以對。

二、甲以其所有土地設定抵押權復為擔保，向乙借用六萬元，已為抵押權設定登記，屆期未還而甲死亡，其繼承人丙，延不辦理繼承登記，亦不清償借款，問乙應如何求償？

三、下列情形，應如何適用現行民法之規定？

⑴甲女尚未成年，其父代為與乙男訂定婚約，甲女不願，乘其父母出國期間，與丙男結婚，乙男於知悉後，向法院請求撤銷甲丙之婚約。

⑵甲之妻早故，其子乙、女丙，約定於甲死亡後，所遺房屋二棟由乙繼承，乙於甲死後請求丙依約履行。

⑶甲與其妻乙共同收養丙為子後，又納丁為妾，生子戊，甲死，遺有財產，乙、丙、丁、戊均對該財產主張權利。（六十一、律）

一、某甲以贗品古畫一幅示乙，為一萬元出賣之要約，乙誤認為真，表示願意照價買受此一真品古畫。迨標的物及價金交付後，乙發覺該畫係贗品，主張契約不成立，向甲請求收回古畫返還價金，並賠償真畫不能買得所喪失之預期利益。甲則以雙方意思表示既已一致，契約早已成立，縱有錯誤，於未依約撤銷前，雙方均應受其拘束，拒絕乙之請求。問甲、乙孰為有理？

二、甲以其所有建地及地上平房一間為乙設定抵押權登記後，甲又於該平房上增建二樓一間並於該平房旁增建附屬平房二間。嗣乙因債權屆期未受清償，聲請法院裁定准予拍賣抵押物。強制執行時，執行法院就該增建部分之二樓房屋及附屬平房可否拍賣以清償乙之債權？如拍賣結果，建地由丙拍定買受，地上房屋由丁拍定買受，丁就該建地可否主張何種權利？

三、甲乙為兄弟關係，父母早亡，另無兄弟姊妹，均未結婚。甲出國經營商業，將其所有房屋一所託乙管理，詎乙竟以自己名義將該房屋出賣與丙。嗣乙因病死亡，該項買賣契約之效力如何？設如死亡者為甲，其法律上之效果有無不同？（六十二、法）

一、甲以司機為業，但生性粗疏曾有車禍記錄，乙因其所索工資較低僱其充當汽車司機，某日甲私自駕駛乙之汽車外出訪其女友經過某街，適有四歲幼童丙，因天氣炎熱，其母丁令其在街中遊玩，甲駕駛到來，遠距離即發現丙在街中心，遂按喇叭示警，但既未減速慢行亦未停車或避讓致將丙撞傷，問乙應否與甲負連帶損害賠償責任？能否減輕賠償？乙如履行賠償義務，能否向甲求償？甲如履行賠償義務，能否向乙求償？

二、甲向乙借款廿萬元以其自有房屋所設立抵押權以供擔保，在清償期間尚未屆至時，該房屋一部分被颱風吹毀，經甲招丙承攬修繕後，約定承攬報酬十五萬元迄未支付，越二年內向甲請求給付報酬甲拒絕給付，其時乙借款已屆清償期而未償還聲請拍賣該抵押之房屋，賣得價金卅萬元，問甲對丙給付報酬是否有理？丙該項承攬報酬金債權能否就該項賣得價金分配受償？如丙能分配受償，則乙之廿萬債權及丙之十五萬債權對此賣得卅萬價金應如何分配？

三、甲女結婚後生乙女其夫死亡，甲改嫁於丙，丙生子丁，乙長大後與戊結婚（未約定夫妻財產制），旋丙先死，不久甲女亦死亡，丙有遺產一百萬元，問此一百萬元，結果丁可得若干元？如戊因債務被強制執行，法院能否就乙此一百萬元之輾轉所得之款予以執行？（六十二、律）

一、甲將其單獨所有之土地，以應有部分二分之一出賣於乙，乙委任其十八歲之子丙代理買受該土地，並將該買受之土地為丁設定抵押權，由丁出借價金直接交付甲，並聲請地政機關為物權登記，但地政機關以買賣契約無效為由，拒予登記，問無效之原因何在？並說明甲乙與乙丁間之關係如何處理。

二、甲有土地一宗，以口頭授與乙代理出售之權，嗣後又委任乙代其買受房屋，乙以甲名義出售該宗土地後，以乙自己之名義買受房屋，然後又將房屋售予知情之丙，丙又將該房屋贈與善意之丁，均已完成登記，甲起訴為下列之請求，問是否有理由？

(1) 請求確認該宗土地仍屬伊所有。

(2) 請求撤銷乙丙及丙丁間之物權移轉行為，並塗銷其登記。

(3)命乙移轉房屋所有權於伊。

三、甲女無兄弟，嫁予乙男為妻，為母家之宗祧計，甲乙乃約定次子應從母姓，迨次子出生後，乙男於戶口登記時，仍使次子從父姓，事為甲女知悉，爭吵不已。最後訴請法院離婚，並將其所有之財產，預立公證遺囑，全部捐贈救濟院，問甲乙之行為應如何處斷？（六十三、法）

一、甲將房屋出租於乙，乙又全部轉租予丙，嗣後甲將房屋出賣予丁，問丁如欲取得房屋之交付，應行使何種權利？

二、越界建築，地主請求拆屋還地，嗣後成立和解，談妥地價每坪五千元，由屋主收買，但地主旋又主張時價一萬元，而以對於重要爭點有錯誤為由，訴請撤銷和解，應否准許，請求拆屋還地有否理由？

三、甲乙宴客舉行結婚典禮，但於結婚證書上約定於女方生第一胎時，結婚始生效力，不料乙女於懷胎二個月後即意外死亡，甲乙兩人之婚姻是否有效？甲可否繼承乙之財產？（六十三、律）

一、甲在某銀行存有乙種活期存款，乙盜取其存摺，並盜蓋其印章向銀行領取，甲於發現遺失後即通知該銀行止付，銀行收到通知後因承辦人疏未注意，仍讓乙領取存款，問此際何人為受害人？由何人向何人負損害賠償責任？

二、甲開電器行，從事電器之修理與出售，今有乙購買一臺冷氣機，物已交付，但價金有一部分尚未付清，嗣後因乙自己不注意使用，致冷氣機故障，乙仍囑甲取回修理，甲修好後，主張乙有一部分價金尚未付清，拒絕交回冷氣機而加以留置，問甲是否合法？

三、甲男與乙女結婚時未約定夫妻財產制，乙女於婚姻關係存續中，以從事證券交易所獲利潤購買房屋一

幢，並登記為其所有，嗣後甲乙協議離婚，試問離婚後甲男對該幢房屋是否有處分權？（六十四、律）

一、某甲於臺灣省日據時代，娶乙女為妻，未以契約訂立夫妻財產制。臺灣省光復後，乙繼承其父遺留之田產十畝，及因勞力所得之報酬，自置田產十畝。又在婚姻關係存續中，以乙之名義，購買田產十畝。均經登記為乙所有。嗣甲因經商失敗，虧欠某丙債款甚鉅，丙於取得執行名義後，聲請就上項田產及其孳息，一併拍賣充償。問依民法之規定，應否准許？理由安在？試分別說明之。

二、甲、乙、丙共有建築基地一筆，甲之應有部分為七分之五，乙、丙之應有部分各為七分之一。該基地經丁租用建屋，嗣因地價高漲，甲思將該基地出賣，商洽乙、丙，而乙、丙拒絕出賣，甲竟單獨將全部基地出賣與戊。問此項買賣之效力如何？又甲如出賣其應有部分時，何人可優先承買？（六十五、法）

一、甲將特定名牌鋼琴一架出售於乙，價金二十萬元，乙先交付定金二萬元：

1.若該琴已於契約成立前焚燬時，則甲、乙間之法律關係如何？

2.若該琴於契約成立後交付前，因不可歸責於雙方當事人之事由而焚燬時，則甲、乙間之法律關係又如何？

二、甲、乙二人共有房屋一幢，出典於丙後，甲乃以其應有部分為A設定抵押權。其後丙以其「典權」為標的，設定抵押權於B：

1.甲、乙二人為共有物之分割後，對於丙之典權，A及B之抵押權，各有若何之影響否？

2.若甲、乙並未分割共有物，亦未回贖，而丙依法取得典物之所有權時，則對於A、B之抵押權，各有若何之影響否？

三、「混同」與「限定繼承」、「抵銷」與「故意之侵權行為」，各有何種關係？試扼要述之。（六十五、律）

一、某甲與其未成年之子某乙（未結婚）通謀，將其所有之房屋一幢，虛偽意思表示賣與某乙，並辦妥所有權移轉登記。不久某乙擬將該屋出賣，由某甲代理某乙登報願以新台幣一百萬元出售，某丙見報將代理權授與於年十八之某丁（亦未婚），某丁乃代理某丙以信函向某乙表示願照價買受，該信函送達於某乙。問某甲與某乙所為買賣契約及所有權移轉登記之效力如何？某乙與某丙間之買賣行為，是否有效成立？

二、甲係乙貨運公司之司機，於民國六十六年六月六日駕駛該公司之卡車自子地運煤往丑地，在途中與丙駕駛之計程車互撞，計程車乘客丁因傷重致死，經某汽車肇事鑑定委員會鑑定結果，計程車應負百分之八十五責任，卡車應負百分之十五責任。丁之父戊以其子被撞傷重死亡，曾支出殯葬費新台幣（以下同）十五萬元，又以其子正就讀某醫學院竟遭橫死，其精神上所受痛苦甚大，甲丙為共同侵權行為人，乙為甲之僱用人，均應連帶負賠償責任，訴請法院判命甲乙丙連帶賠償殯葬費十五萬元，精神慰藉五百萬元，法院應如何判決？試根據理論及目前實務上之見解，加以論斷。

三、甲與乙結婚後，生子丙丁，均已成年，見甲乙年高，乃約定將甲所有房屋一棟分歸丙，土地一筆分歸丁。甲死亡後，丙以房價低落，地價上漲要求重分，為丁拒絕。問丙丁間之契約之效力如何？又甲所遺房地，如應重分，應如何分配？（六十六、法）

一、甲、乙、丙合夥經營計程車營業，購進計程車一輛，由甲、乙、丙三人輪日駕駛，某日甲駕車載客丁，丁因急於趕往某地，命甲違規超車，甲聽命照辦。適迎面有屬於戊所有由戊自己駕駛之卡車侵入對面來車道，致與甲駕駛之計程車碰撞，卡車、計程車均有損毀，甲、丁身體亦受有傷害。經有關機關鑑定，此次車禍之過失責任，甲駕駛之計程車佔百分之三十五，戊駕駛之卡車佔百分之六十五。問此次車禍何人對何人應負損害賠償責任？其責任之範圍如何？

二、乙盜用其父甲之印章，私擅將甲之房屋一所，為丙設定抵押權，約定設定抵押權後乙向丙借款，以五十萬元為範圍，以該房屋設定之抵押權為擔保。該項抵押權登記後，乙共陸續向丙借款四十萬元，均尚未屆清償期限，此際甲忽死亡，除乙外別無其他繼承人。甲死後乙又續向丙借款三十萬元。問乙向丙前後所借七十萬元，丙是否均得主張有抵押權存在？

三、夫甲妻乙，結婚後多年未有生育，經醫生診斷乙患有不妊症。又乙之母即甲之岳母與甲、乙雖不同居一處，但時常前來女家，向甲需索金錢，不給則惡言相加，甚至動手打甲，甲痛苦不堪，乃向法院起訴，以上開兩事由為理由，請求與乙離婚，問甲之請求是否有理？（六十六、律）

一、無權處分與無權代理，賠償代位與物上代位，附條件之法律行為與附負擔之法律行為，均各相似，試分別舉例說明其性質及效力，並要言解除契約與終止契約之條件與效果。

二、甲尚未成年，擅將所有房屋出賣與乙，經即收清價款，交付房屋，並經地政機關誤為所有權移轉登記，問：

(1)買賣契約之效力如何？

(2)房屋所有權為何人所有？

三、甲男與乙女結婚後，生有子女丙丁二人，嗣因夫妻反目，甲離家出走，一去不歸，音訊杳然，失蹤滿十年後，乙聲請法院判決宣告甲死亡確定。問：

⑴如甲之子女均拋棄繼承時，其遺產應由何人繼承？

⑵如乙、丙、丁均拋棄繼承權，而甲尚有父母在世時，其遺產應如何處理？

⑶如甲於法院判決死亡宣告時，實際並未死亡，在他地與戊女同居生子己，並對己有多年撫養之事實，其事均在甲受死亡宣告判決確定之後，嗣甲因病亡故，戊發現甲在其本籍住所地有遺產，乃以己為原告，自為法定代理人，以乙、丙、丁為被告，起訴主張甲並非於其死亡宣告判決所確定之時死亡，己對甲之遺產有繼承權，請求判決分割遺產，己之訴有無理由？

⑷己應否先行訴請判決更正死亡之時？（六十七、法）

一、甲乙丙三人向B銀行貸款一百萬元，約定三人負連帶責任而為清償。並由甲將其土地一部設定抵押權與B銀行，同時委託丁為其保證人。問：

⑴如債權人B銀行同意延期清償者，丁應作如何主張？

⑵如B銀行僅向甲請求清償，對丙、丁是否亦生消滅時效中斷之效力？

⑶如甲乙丙三人之債務由丁一人承擔者，對B之抵押權及丁之保證債務是否有影響？

⑷如甲將該抵押土地之一部讓與A者，B之抵押權是否就該部分消滅？

二、因被詐欺而為意思表示之撤銷與因被詐欺而結婚之撤銷，其「要件」上、「效果」上、「除斥期間」上，各有何不同？

三、解釋名詞：

㈠不安抗辯權。

㈡權利質權。

㈢自書遺囑。（六十七、律）

一、左列各項有無理由：

㈠甲無權占有乙所有已登記之基地及該基地上已登記之房屋逾十五年以上，乙訴請甲返還，甲以請求權罹消滅時效而拒絕返還。

㈡甲欠乙債款由丙以其房屋設定抵押，嗣後乙之債權因消滅時效而消滅，旋即實行抵押權，丙主張該抵押權正隨所擔保之債務而消滅。

二、甲為乙（姓張）治病，託丙帶送藥品，丙見藥袋已有「張先生」即取交乙，迨甲發現錯誤後，乙已服多份，述甲、乙、丙之法律關係如何？

三、甲男乙女為夫妻，68. 1. 5.兩願離婚，後68. 5. 5.又與丙男結婚，68. 11. 15.生子丁，問：

㈠丁應推定為甲或丙之婚生子。

㈡甲丙均主張丁為其婚生子，應如何解決紛爭？

㈢丁出生之前乙丙之婚姻關係已由甲訴請撤銷確定，則丁是否應推定為甲之婚生子。（六十八、法）

一、民法親屬編未將「血親之配偶之血親」列入姻親，復於「表兄弟姐妹之結婚」不加禁止，是否妥當，請分別說明。

二、甲將屋一棟租乙月租三千押租金九萬，租期三年，一年後甲將屋轉讓與丙而乙將其押金請求權對丁設定權利質權以擔保對丁之債務，問：㈠乙之押金返還請求權應向何人請求。㈡如乙積欠租金，於丁之債務亦未還，該押金應先抵充租金或債務。（六十八、律）

一、試就左列二事予以判斷，並說明其理由：

㈠甲赴日本經商，將其所有房屋一棟交其母乙保管，嗣乙因需款應急，未徵得甲同意，擅將該房屋賣與丙，收清價款，並交予丙使用。旋乙死亡（甲為乙之概括繼承人），甲回國後，以其母無權處分其房屋，訴請丙回復原狀。丙則訴請甲辦理所有權移轉登記。

㈡甲向乙買受房屋一棟，交清價款，並已接管使用，惟未及辦移轉登記，即因事赴美國，逾十五年始回臺，得悉乙已死亡，該屋由乙之子丙繼承，並經繼承登記，即訴請丙辦理所有權移轉登記，丙以甲之請求權已罹時效消滅為抗辯。並另案主張甲無權占有其房屋，訴請交還。

二、甲偽造乙之印章，以乙為主債務人，甲自任保證人，向丙借款一萬元，屆期未償還，該借款旋經乙予以承認，問：

㈠丙是否得請求甲乙二人清償？甲可否主張先訴（檢索）抗辯權？

㈡丙訴請甲清償時，甲是否得以丙欠乙之貸款一萬元，主張抵銷之抗辯？

㈢設乙係未滿七歲之未成年人，該項借貸契約，於乙丙間之效力如何？

三、甲之子乙於民國六十五年滿十八歲，未得甲之同意，於六十六年元旦娶丙為妻，甲知悉後，於同年五月十日訴請法院撤銷，丙則於同年十月二十日生子丁。甲乙復於同月二十三日同乘飛機出國遇難失蹤。問：

㈠甲對於乙丙二人間之婚姻有無撤銷權？

㈡甲乙二人間有無繼承問題？

㈢丙對甲之遺產有無代位繼承權？

㈣丁對甲之遺產有無代位繼承權？（六十九、法）

一、夫甲、妻乙採分別財產制，某日甲向乙借款一百萬元，借期三年，年利率百分之十五，由第三人丙為保證人，丁為連帶債務人：

㈠甲借用一年後，倘擬提前清償原本，是否合法？

㈡倘三年屆滿，甲未清償，乙亦未請求，十六年後，乙逕向丙、丁請求清償：

⑴丙可否主張甲之債務已罹於時效，而拒絕給付？

⑵丁可否主張自已之連帶債務業已時效完成，而拒絕清償？

⑶丙、丁均未清償，甲亦不理，乙可否以此為由，而訴請與甲離婚？

二、民法第三四〇條規定：「受債權扣押命令之第三債務人於扣押後，始對其債權人取得債權者，不得以其取得之債權與受扣押之債權為抵銷。」試舉例說明之，並闡述其禁止抵銷之理由。

三、司法院釋字第一〇七號解釋：「已登記不動產所有人之回復請求權，無民法第一百二十五條消滅時效規定之適用。」又同院釋字第一六四號解釋：「已登記不動產所有人之除去妨害請求權，不在本院釋字第一〇七號解釋範圍之內，但依其性質，亦無民法第一百二十五條消滅時效規定之適用。」試就此兩號解釋加以評釋。（六十九、律）

一、某甲與某乙係同胞兄弟，在臺灣日人佔據時期昭和十八年（民國三十二年）二月二十日，訂立分家契約書，約定將其共有之土地兩筆，各分一筆，但並未辦理分割及移轉登記。嗣本省光復，政府於民國三十五年間辦理土地總登記，雙方仍各登記為二分之一之共有權。民國四十五年間，甲、乙相繼死亡，並已辦妥繼承登記，至六十六年十月間，甲之繼承人丙，依據甲、乙間之分家契約書，訴請乙之繼承人丁，就上開共有土地，辦理所有權移轉登記，其請求應否准許？並說明准否之理由。

二、某乙向經營汽車買賣業之某甲購買飛快牌新車一輛，甲明知經售之該廠牌某輛汽車剎車間或失靈，仍交乙使用，乙駕車返家途中，剎車忽又失靈，致翻車受傷。問：

㈠甲之給付，在法律上之性質如何？

㈡甲對於乙應負何種法律責任？

三、甲、乙二人為夫妻，甲與前妻生子丙，乙則與前夫生女丁。問：

㈠甲、丁為何種親屬？

㈡丙、丁可否結婚？

㈢丙對乙之遺產有無繼承權？（七十、法）

一、甲獨資開設出售百貨之某商號，聘任乙為該商號之經理，乙之友人丙因向丁借款，商請乙以該商號為其償還保證人，乙遂代理該商號與丁訂立保證契約（甲不知情），問該保證契約是否對甲發生效力。

二、狹義共同侵權行為（共同加害行為）是否以行為人相互間有意思聯絡為必要？試就實務上先後所持不同之見解，略評述之。

三、買賣不動產之契約，是否必須以書面為之？

四、甲男乙女於臺灣光復後結婚，生有一女丙，甲旋即死亡，乙秉承甲之父丁之意旨（甲之母已先卒），收養戊為養子，以奉祀甲之香火。不久丁死亡，別無其他親屬。問丁之遺產應由何人繼承？（七十、律）

一、左列行為是否違背權利行使原則？試說明之。

㈠甲將自己所有供公眾使用之水井封閉。

㈡乙不清償債務，將所有之房屋贈與救濟院。

㈢律師接受訟案，當事人於第一審因和解而終結訴訟，律師請求給付約定之三審酬金。

二、甲向乙購買高級機器一部，價金三百萬元，約定十月廿七日交付機器給付價金，甲方向銀行如數借款，並以所有之空地乙筆設定抵押權，以資擔保，嗣該款為丙全數竊去，甲屆期無法給付價金，亦無法償還借款，問：

㈠乙以「甲遲延給付」為由，請求解除契約，甲則以「因不可歸責於乙之事由，致給付不能，應免給付義務」為抗辯，何為有理？

㈡甲對丙得主張不當得利返還請求權，亦得主張侵權行為損害賠償請求權，二者範圍有何不同？

㈢某銀行實行抵押權時，甲已於其空地上自建房屋一幢，銀行可否將該房屋一併拍賣？

三、乙原有養子丁與甲同居時生子戊，甲乙結婚後，甲未得乙同意，收養己為養子，嗣後甲又與其伯父母（均已死亡）之養女丙結婚生庚，甲即出國經商，甲於七十一年十月二十三日死亡，留有遺產壹佰萬元，乙亦於次日死亡，問繼承人對該遺產各可繼承多少？（七十一、法）

一、甲、乙、丙合夥開設某商行，以經營不善，負債甚多，其債權人以某商行與甲、乙、丙，為共同被告起訴請求判令某商行清償債務，並請求如執行某商行合夥財產而不足之額時，由甲、乙、丙負連帶清償債務之責，其請求是否有理？又債權人如僅以某商行為被告，請求清償債務獲有勝訴判決確定時，該確定判決對甲、乙、丙是否有何效力？

二、甲將其所有房屋一棟連同基地設定抵押權予乙，擔保乙對甲之債權，設定登記後甲在該房屋上加蓋違建房屋一層，嗣因甲遲不清償債務，由乙聲請法院拍賣抵押物，問此際可否將加蓋之一層房屋併予拍賣？又如基地係向他人租來，甲僅以房屋設定抵押權時，上述情形其結論又如何？

三、甲娶妻生子丙，不久其妻死亡，甲續娶乙為妻，共同收養丁為養女，甲、乙未約定夫妻財產制，在婚姻關係中乙受贈其舅父贈與之房屋一棟，乙用以出租，將歷年租金所得在該房屋旁又加蓋一棟小屋，不久甲、乙先後死亡，問甲死亡時其遺產由何人繼承？其應繼分如何？乙死亡時其遺產由何人繼承？其應繼分如何？丁向乙受贈之房屋及另蓋之小屋是否在甲的遺產範圍內？（七十一、律）

一、甲於72.1.1.向乙購買古董、手錶、首飾成立買賣契約，雙方請求標的物之交付及價金之給付均未有結果。甲於72.5.5.就古董價金提供擔保於公證處做成公證書，就手錶價金部分起訴於72.10.10.判決確定，就首飾價金部分於72.12.12.經仲裁達成判斷，左列請求權消滅時效，應於何時經過：

㈠甲對乙之交付標的物請求權。

㈡乙對甲之價金給付請求權。

二、甲、乙共同向某銀行借款三百萬元，除約定共同連帶負責外並請求丙、丁以其共有之A、B兩段土地供擔保：

㈠債權已屆清償期，某銀行得否對丙、丁請求清償？

㈡丙、丁將A土地分劃，將B土地轉讓他人，則某銀行抵押權是否存續？

㈢甲對某銀行有五十萬債權，乙得否主張將其抵銷甲、乙共同對某銀行之借款債務？

三、㈠何謂限定承認？其立法理由何在？

㈡甲死亡後乙、丙、丁為共同繼承人，乙為限定承認，分就左列情形說明之。

1.丙為單純承認繼承，有何影響？

2.丁為拋棄繼承，有何影響？

3.乙隱匿甲之遺產，對乙限定承認有何影響？（七十二、法）

一、乙竊取甲之鑽戒，翌日贈與知情之丙，一星期後，丙將之出賣於不知情之丁，丁當日戴該鑽戒出外，為甲發見，即向丁追討，請求返還，丁則主張已取得該鑽戒之所有權，以為拒絕返還之抗辯。問甲之請求與丁之抗辯，孰為有理？如甲之請求有理由，丙對丁是否應負何責任？乙對丙是否應負何責任？又甲是否尚得對乙請求損害賠償？

二、甲有房屋一所，原已為乙設定抵押權，作為向乙借款之擔保，其後因該屋年久破舊，交由丙包工包料修繕，約定酬金若干，迄未支付。嗣因借乙之款到期未償，經乙聲請法院拍賣該屋，問丙於此際得主張如何之權利？其酬金之債權，與乙之貸款債權，孰先受償？

三、物上請求權是否因時效期間經過而消滅？

四、甲男與乙女結婚生丙女。丙女長大後甲乙共同收養丁男同時以丙女妻之，丙丁生己及庚。甲乙又共同收養戊女，戊女生有非婚生子辛。甲死亡時遺有現金新台幣壹百萬元。試問在左列情形，各繼承人應分得若干元？

㈠丙女偽造甲父有關繼承之遺囑。

㈡丙女偽造甲父有關繼承之遺囑，而戊女於甲父死亡前死亡。（七十二、律）

一、民法規定權利之行使有何限制？試述之。

二、甲在自己土地上建築房屋，全部工程由乙承包，現已完工。問：

1.施工期間，因運磚不慎，曾傷及行人丙之左肩，則甲應否與乙對丙負連帶賠償責任？

2.所建房屋，越入鄰人丁之地內三公尺，此時丁得否請求甲拔除越界部分之房屋？

3.甲拖欠工程報酬新臺幣五十萬元，乙有何法定擔保否？

4.甲發見房屋有瑕疵，定期通知乙修補，乙竟置之不理，則甲得解除承攬契約否？

三、甲男與乙女結婚後，生子丙與丁。丙與戊女結婚後生A女，並收B為養子。丁與己女結婚亦生C子。甲生性風流，與乙之外甥女庚發生關係而生D子。甲恐發生家庭風波，始終不敢認領D，但仍與庚女維持性關係。其後丙知悉其父甲之外遇而加以侮辱，以致被甲表示剝奪其繼承權。乙知悉甲之姦情後，亦以通姦為理由，提出離婚之請求而告勝訴。甲於離婚半年後，與庚女依民法第九八二條舉行結婚儀式。於婚禮之翌日，甲與庚前往日月潭度蜜月，不幸甲在半途遇車禍而留下遺產六十萬元死亡。試問：丁依法拋棄其繼承權時，由何人為甲之繼承人？其應繼分多少？（七十三、法）

一、何謂婚生子女？何謂非婚生子女？非婚生子女在何種情形，視為婚生子女？

二、基於法院之判決可否發生物權之變動？試就民法物權編之規定，對物權之取得及物權之消滅分別舉例說明之。

三、甲與乙結婚生女丙，另與丁通姦生子戊，並書立遺囑將全部財產遺贈與丁。問甲死亡後，乙、丙、戊依法能否取得甲之遺產？

四、甲委託乙代理出賣房屋一幢，並代收價款及交屋。結果乙乃將房屋以價金三百萬元，出賣於丙。問：

1.乙故意遲延交屋，致丙發生損害。丙得否逕向甲請求損害賠償？

2.乙代收價款後，自行花用，則甲得向乙作何請求？

3.丙遷入房屋後，發現牆角多處有裂痕，則甲對丙應負何種責任否？

4.甲在該房屋上早已為丁設定抵押權，現該房屋既變為丙所有，則丁之抵押權是否因之而消滅？（七十三、律）

一、試問某法人，以及該法人之董事甲、職員乙及清算人丙，於左列情形時，應負何種賠償責任？又法人能否以無故意過失為理由，不負賠償之責任？

㈠董事甲代表法人與某公司洽訂契約時，乘機在某公司辦公室內竊取古董一件。

㈡職員乙奉命收取貨款時，私自塗改帳單，浮收貨款壹萬元。

㈢清算人丙執行職務時，詐騙法人之債權人，使債權人免除法人之債務壹萬元。

二、甲在其父遺產中發現時值捌萬元之清代漆盤乙件，贈送於乙。乙以玖萬元讓售於丙。丙復以之與丁所有價值相當之宋畫乙幅互易，並同時互相交付之。經查甲係禁治產人，丙、丁知其情事。試問：

㈠甲與乙間之贈與契約，乙與丙間之買賣契約，丙與丁間之互易契約是否有效？

㈡甲向丙請求交付宋畫，有無理由？

㈢甲得向乙主張何種權利？

三、抵押物因拍賣而得之價金與抵押物因滅失而得之賠償金，各應如何處理？

四、試申論親權之內容及親權行使之限制。

五、甲男因前妻死亡而與乙女再婚，甲男曾與前妻生一子丙，又與乙女生丁與戊二子。丙男長大後，與已女結婚生A女與B女，並收C男為養子。丙男與父甲及繼母乙感情不睦。有一日，乙女與丙男發生爭吵，乙女非常氣憤，意圖殺害丙男未成，而被判刑一年。甲男見乙女被判徒刑，悲傷過度而死亡。不久丙男獲悉甲男留有密封遺囑於自宅之木箱內，但無法打開，丙男唯恐該遺囑對他不利，將該木箱偷偷燒掉，但該行為被丁男所識破。甲男死亡時，留下遺產七十五萬元，且甲男生前為丁男之分居贈送四十八萬元，為A女之營業贈送十五萬元。

試問：甲男死亡時，其遺產由何人繼承？各人應繼分多少？（七十四、法）

一、甲經營中古車買賣，受乙脅迫，贈送時值二十萬元之A車與不知情之丙。丙於受讓該車所有權之後，即噴烤漆，支出二萬元，裝設音響支出三萬元，更換毀損之輪胎，支出一萬元。一個月後，乙因案被判徒刑，甲乃向丙說明事由，請求返還A車。丙表示已於三週前將該車以二十六萬元讓售於丁，並為交付。經查丁不知甲受脅之情事。問甲與丙間之法律關係如何。

二、甲駕車偕同其妻乙，六歲之子丙及友人丁赴烏來觀光，途中與戊駕駛之卡車相撞，翻落山谷，甲當場死亡，乙、丙、丁均受重傷。經鑑定甲之過失為百分之八十，戊之過失為百分之二十。試問：

㈠乙、丙、丁得向戊主張何種權利？

㈡戊主張乙、丙、丁應承擔甲之過失，有無法律上之依據。

三、乙、丙為甲收養之子，丁為甲所生之子，甲死亡時，其遺產計有房屋一棟、漁船一艘及承租之山坡地二分，乙與丙繼承開始後十日即對丁表示彼二人均願拋棄漁船及山坡地承租之繼承權。一月之後，彼二人失業，乃書面通知丁，彼二人祇願拋棄房屋之應繼分。問乙、丙、丁就甲之遺產究應如何繼承？試申述之。

四、甲以房屋一棟供擔保向乙借款三十萬元，辦理抵押權設定登記時，僅就區分所有之房屋部分為設定登記，共同使用部分，則未為設定登記，故借款屆期未受清償，乙實行抵押權，亦僅聲請拍賣抵押登記部分，致法院辦理強制執行，囑託登記機關為查封登記，均未包括共同使用部分在內。問：執行法院核發權利移轉證書於拍定人丙，是否應包括共同使用部分？試說明之。（七十四、律）

一、公務員某甲因公出差時遭遇特別災難失蹤多年，其配偶基於倫理及習俗觀念，認為某甲尚生存，不願聲請死亡宣告。試問：

㈠檢察官得否向法院聲請死亡宣告？

㈡某甲受死亡宣告後再安然生還時，其財產及身分上之效果如何？

二、甲於某年八月八日在乙經營之禮品店看到一個意大利水晶花瓶，造型典雅，標價五萬元，回家後與其妻商量，決定購贈其弟丙作為結婚禮物。甲於次日打電話給乙，乙說明該瓶業已出售，惟將於近期進貨。甲表示訂購，並表明係贈丙之禮物，丙對其亦有直接請求給付權，乙同意之。當晚甲對丙為贈與之表示，丙於允受後，即與乙連絡，商定於九月十日十一時在丙宅交付。乙之店員丁於上開約定時間送貨至丙處時，丙因病住院，不能受領。丁於回程途中，被戊駕車違規超速所撞倒，水晶花瓶全毀，丁對於事故之發生亦與有輕過失。試問：

㈠乙得否對甲請求支付價金？

㈡丙得對乙主張何種權利？

㈢丙對戊請求損害賠償，有無理由？

三、甲、乙二人於民國五十年間結婚後，生子丙，另收養丁為養女，丙於成年後娶戊為妻，生子女己、庚二人，不久，丙告死亡。嗣至民國七十四年八月三日，甲與乙以書面及證人三人簽名之方式，成立兩願離婚，尚未為離婚登記，甲又以乙為被告提起離婚之訴，經第一審法院判決准予離婚，乙對之提起上訴，在第二審訴訟繫屬中，甲因病死亡，因而發生左列問題：

㈠甲與乙間之婚姻關係，是否因前述兩願離婚或判決離婚而消滅？

㈡甲死亡後，乙、丁、戊、己、庚對之有無繼承權？如有繼承權，其應繼分各為若干？

㈢甲如於民國七十四年五月三日死亡，丁之應繼分是否相同？

㈣設丙後於甲死亡，於戊之繼承權有無影響？（七十五、法）

一、法律行為方式有幾種？某甲向未得法定代理人同意而已離婚未成年之女子乙購買房屋一棟，其效力如何？子因債臺高築，為圖脫產，與丑訂立虛偽之買賣契約，將已有房屋出售與丑且已辦畢所有權移轉登記，其效力又如何？試分別說明之。

二、甲有某屋，於六月初遭地震損壞，召乙承攬修繕。乙未經甲之同意，逕轉包於丙，於八月底完工。甲自十月份起出租該屋於丁經營餐廳。訂約時，丁再三詢問該屋之安全。甲鄭重表示：「絕無問題，願負全責。」丁於十二月二十四日舉辦聖誕餐會，屋頂突然破裂，污水毀損顧客戊之大衣及丁之地毯。又丁停業一週，營業損失五萬元。經查屋頂漏水係因丙偷工減料所致。

試問：

㈠戊得向丁主張何種權利？

㈡丁就其所受之損害得向甲主張何種權利？

㈢甲就其所受之損害得向乙主張何種權利？

三、甲夫乙妻生子丙、丁後協議離婚，甲可否請求乙協同辦理離婚戶籍登記？如業經離婚登記而乙於甲死亡後生女戊，甲所遺現款三百萬元，應如何分割？（七十五、律）

一、甲出售所有之A地給乙，委託代書丙辦理所有權移轉登記，因丙之職員丁之過失，致將甲所有之B地亦連同A地移轉於乙。乙發現登記錯誤，即將B地贈與戊，並辦畢所有權移轉登記。試問甲對乙丙丁戊主張何種權利？

二、甲竊得乙自有汽車一輛及其證件全部，乃偽造乙之讓渡書將該車出售與合法開設中古車行不知情之丙。丙轉售與丁。丁僅使用數日又被戊竊去。乙、丁於被竊時先後報案，嗣經偵破並尋獲該車。警局因該車登記之所有人為乙，故發還給乙。丁以即時取得為理由，請求乙返還汽車。乙則以汽車係自己所有，故予峻拒。試問：

㈠爭議發生時（距乙被竊約十日）該車之所有權誰屬？究竟屬於原所有人抑即時取得人？學者間意見不一，請評其得失並申己見。

㈡如經起訴，應如何處斷？

㈢敗訴之一造，另有求償之道否？

三、甲男與前妻生一女A，離婚後與乙女再婚，又生一女B，並依法收養C為養子。甲與乙結婚時未約定夫妻財產制。結婚時，甲有工作積蓄二十萬元，乙一文不名。他們婚姻維持甚久。有一日，甲與乙遭車禍同時罹難，不知誰先死亡。他們死亡時，A女已出嫁而生D、E二子，但A女先於甲、乙死亡。甲死亡時，留下財產一百四十萬元，其中一百二十萬元係婚後工作之收入，二十萬元為再婚前工作之積蓄。乙死亡時亦留下一百萬元，其中六十萬元為其勞力之所得，四十萬元為繼承其父之遺產。另外甲、乙住宅之客廳尚懸掛親友為他們結婚二十週年所贈送之一幅名畫，現值二十萬元。甲死亡時B女對甲之遺產依法表示拋棄繼承權。試問：

㈠甲留下多少遺產？

㈡甲之遺產應如何被繼承？（七十六、法）

一、甲出售某屋給乙，因房地產價格暴漲，不欲履行，乃與丙通謀為虛偽之買賣，並即辦理所有權移轉登記。丙遭車禍死亡，其繼承人丁不知甲與丙間通謀虛偽買賣之情事，於辦畢繼承登記後，將該屋出租於知情之戊，並交付之。半個月後，丁復將該屋贈與善意之庚，並移轉其所有權。試說明當事人間之法律關係。

二、甲將其所有之AB兩棟房屋出賣於乙，A屋原出租於丙，租期尚未屆滿，B屋則屬空屋。買賣契約訂就後，乙即將買賣價金全部付清，甲亦將B屋交付於乙，並將其對丙之A屋返還請求權讓與於乙，一面通知丙知照。在甲尚未辦就房屋所有權移轉於乙之登記之前，丙不慎失火將A屋全部燒毀，此時丙之租期及甲乙約定移轉登記之期限均尚未屆滿，而B屋因在毗鄰，救火人員為救火而踐踏其屋頂，致屋瓦幾全部損毀。問：

㈠乙能否請求甲返還關於A屋部分之價金並解除B屋部分之買賣契約？

㈡甲及乙能否請求丙為損害賠償？

㈢甲對踐踏屋瓦救火之救火人員能否請求損害賠償？

三、先是甲將其自有土地一筆出售予乙。因甲延不過戶，乙訴由法院判決令甲將該地所有權移轉登記與乙確定，另某國家機關丙公用徵收該筆土地，在上開判決確定之次日，因甲領取其應受之補償，徵收程序完竣。甲卻於領得補償後死亡。請問：

㈠該筆土地所有權究應誰屬？

㈡未能取得該筆土地之各該關係人，是否都別有求償之道？

四、某甲有母乙、妻丙、子丁、女戊，試問有左列情形，應如何適用民法之規定：

㈠丙以其夫甲棄家不顧，全賴其做工謀生，不能維持生活，請求甲履行扶養義務，有無理由？

㈡甲丙雙方兩願離婚，惟結婚當初，因未辦理結婚登記，故亦未辦理離婚登記，其離婚效力如何？

㈢嗣後甲死亡，遺有遺產六十萬元，戊於繼承開始時，即以書面向乙、丙、丁表示拋棄繼承，究應由誰繼承？各應分得若干元？（七十六、律）

一、某甲因誤信畫商某乙謂其所收藏畢卡索之名畫為贋品，遂以新臺幣十萬元將該畫廉讓與乙，嗣後乙卻稱該畫為真品又以新臺幣五十萬元轉售與丙圖利。該畫經丙請專家鑑定為真品。試問：

㈠甲知悉該畫為真品後，不甘受損，應如何請求救濟？

㈡如乙亦誤認該畫為贋品時，則甲是否仍能請求救濟？

㈢乙知悉該畫若為真品，則應值新臺幣百萬元時，是否得以錯誤為理由撤銷其與丙間所為買賣之意思表示，而取回該畫？

二、某甲騎機車上班，途中遇到就讀國小之鄰居某乙，即順道送其上學，於十字路口被丙駕駛自用車及丁駕駛戊客運公司之公車違規超速所撞倒，甲及乙均受傷。丙與丁發生嚴重爭吵，路人某己僱計程車送甲乙赴醫院救治，支出必要費用參仟元。其後乙之父某庚復為乙支付醫藥費伍萬元，經查對損害事故之發生，丙丁各有相同之過失，甲有百分之十之過失，而己為禁治產人。試問：

㈠己得向何人請求償還其所支出之費用？

㈡庚得否向丙丁戊請求賠償其所支出之醫藥費？

㈢丙對被害人為全部賠償後，對戊客運公司有無求償權？

三、甲於民國七十二年十月十日，拾得乙遺失之手錶乙隻，未為通知、揭示或報告官署之行為。試回答下列問題，並扼要說明理由：

㈠甲於何種情況下（法律行為除外）仍可取得該手錶之所有權？

㈡若甲於拾得手錶後，隨即出售與善意之丙，問乙可否於七十四年八月十日向丙請求回復其物？

㈢若甲未將手錶出售與丙，問乙可否於七十四年十二月十日向甲請求回復其物？

四、甲收養乙女所生之女丙後，再與乙女結婚，嗣生女丁，前年某日晨，甲乙於門前共同將被遺棄之男嬰戊抱入家中撫養，依俗視同己出，乙於本年死亡，立有遺囑，其全部財產由戊繼承。問：

㈠乙丙、乙戊為何種關係？

㈡乙之遺囑之效力如何？

㈢乙之遺產應由何人繼承？其應繼分各為若干？（七十七、法）

一、某甲十九歲，未得其法定代理人同意，受僱於乙公司為職員。旋奉公司派為代理人與丙接洽並簽訂一項交易契約。其後乙公司發現如依約履行將無利可圖。乃以甲乙間之僱傭契約，未經甲之法定代理人同意，應不生效力，故其授與代理權為錯誤。且甲年輕無商業經驗等理由。請求法院撤銷該契約。法院應否准許？請依民法規定析論之。

二、甲將其所有之A屋（連同A屋基地）出租於乙，交付乙居住一段時日後某夜，鄰人丙於鄰屋炊事時，過失引起火警，A屋亦受波及，付之一炬（A屋全燬）。請依此設例，說明下列各題之法律上結論。

㈠乙在原A屋基地上搭建臨時性房屋，並請求甲讓與甲對丙之損害賠償請求權於乙。

㈡乙以租賃權受侵害，請求丙賠償其所受損害。

㈢A屋如係乙之過失（與丙無關）所燒燬，甲就A屋之滅失，依侵權行為請求乙損害賠償。又甲乙之租賃關係，是否因乙之失火而受影響？

三、甲所有之房屋，乙於民國五十年侵占使用，甲於今年辦妥所有權保存登記，並起訴請求乙返還房屋，乙則以業因時效而取得該屋之所有權及甲之返還請求權已因時效而消滅為抗辯。問乙之抗辯有無理由？

四、甲女未婚，生活放蕩，先後與乙男、丙男有性關係，乙男為一般商，有妻丁，女A，兄戊及弟己。丙男為一工人，未婚。嗣後甲女分娩一子B，長得活潑可愛。甲女有充分證據可證明該B子為丙男之血統，但顧慮丙男經濟條件不好，只告訴乙男。乙男因尚無子嗣，故表示願意認領B子，但恐妻女反對，而願為其父。B子七個月大時，乙男病死而留下遺產二四〇萬，A女又依法拋棄繼承權。試問：乙男提供B子生活費，令甲女撫養。B子六個月大時，丙男訪甲女，見B子酷似自己，表示B子為其血統，之遺產應如何依法繼承，請附理由說明之。（七十七、律）

一、甲製造新藥銷售，並託乙代為廣告；乙因貪圖利潤，故為誇大不實之廣告；丙見此廣告後，前往丁所經營之藥房購服此藥，不但全未見效，反使病情加重。試問：

㈠丙如受有侵害，應如何請求賠償？

㈡丁能否要求甲收回藥品，並賠償損失？

㈢乙對甲應負如何責任？若甲知悉乙為誇大不實之廣告而不加以制止時，則又如何？

二、甲有ABC三筆土地；A地出賣於乙建築公司，已移轉占有，但迄未辦理登記；B地出租於丙種植果樹，C地無償借給丁文教基金會作為停車場，均已交付。甲病故，其繼承人戊將ABC三地轉售於知情之庚，並即辦畢所有權移轉登記。試說明甲、乙、丙、丁、戊、庚間之法律關係。

三、甲竊取乙時價新臺幣（下同）十萬元之電腦一台，持向丙當舖當得七萬元，約定回贖期間為六個月。屆期甲未回贖，一年後丙當舖以甲未回贖該電腦為流當品，將之出賣與丁，得價五萬元。

㈠甲所為「當」之行為，在法律上之性質為何？與質權有無不同？

㈡乙可否對丁主張權利？

㈢丙可否對甲請求受償不足之五萬元？

四、乙為甲繼承人中之一人，於繼承開始前死亡或喪失繼承權，丙在下列情形下，能否對甲之遺產行使代位繼承權？試分別釋答之。

㈠丙為乙之養子。

㈡丙為乙之子，已於乙死亡時拋棄對乙之遺產繼承權。

㈢丙為乙喪失繼承權後所收養之子。（七十八、法）

一、甲持有小客車駕駛執照，受雇於乙公司擔任小客車司機。某日該公司之大客車司機請假，由甲代理。當甲駕大客車行經某路時，適有丙駕機車迎面超速疾駛而來，雙方均剎車不及，不幸相撞，丙當場死亡。丙遺有妻丁及未成年子戊。丁戊均訴請甲及乙公司賠償損害。試詳述各當事人間之法律關係。

二、甲、乙、丙三人共同繼承農地一甲。甲因見大家均無暇耕作，乃將其中三分之一出租於佃農丁使用。乙、丙因不滿甲未徵求其意見即擅自處分，故亦不經甲之同意，即共同決定，將該土地出售與丁，並辦妥所有權移轉登記。請問：

㈠該買賣契約是否有效？

㈡甲可否請求塗銷該所有權之移轉登記？

㈢就該農地之買賣言，甲與丁孰有優先權？

三、甲委任乙出售某車，並授與代理權。乙以甲之名義與丙公司之董事丁訂立買賣契約後，即依讓與合意交付該車。試就左列情形分別說明當事人間之法律關係：

㈠甲係限制行為能力人。

㈡乙係禁治產人。

㈢丁係無代表權人。

四、甲女生子乙後，夫死亡，丙男與丁女結婚後未生育子女，乃於民國七十三年再娶甲為妻，亦未生育子女。今年初，丁收養年齡與彼相差十九歲之乙為子，並向法院聲請認可，丙於法院裁定前死亡。問：

㈠法院應否認可？

㈡丙之遺產應由何人繼承？其應繼分各為若干？（七十八、律）

一、土地代書甲利用乙為委託其辦理土地登記，交付之印章與印鑑證明，擅以乙為其保證人，向丙約定借款問：

㈠乙能否拒絕丙請求其履行保證債務？

㈡如丙將上述對甲之債權讓與丁時，乙是否能拒絕丁之請求？

㈢於本案中，乙丙丁如受有損害，各應如何請求救濟？

二、設某甲向乙銀行申請中小企業貸款壹仟萬元，並以其所有之土地一甲為乙設定期限三年之最高限額抵押權，遽乙於雙方簽訂契約，並完成抵押權設定登記後，竟以景氣逆轉，甲之企業前景黯淡為由，拒絕履行借款義務，同時，又不同意塗銷其抵押權之設定，致甲告貸無門，原計畫無法實行損失慘重。請問：依現行法規，甲有無救濟之途徑？

三、甲於乙之土地上種植果樹。問：

㈠所產果實屬於何人所有？

㈡如果實落入鄰地，其所有權屬於何人？

四、甲男與乙女於民國七十年中秋節依法結婚。結婚時，二人並未約定夫妻財產。甲男為一銀行高級職員，於民國七十七年間經營期貨買賣，獲利甚多，故甲男出資以乙女之名義購買一高級A套房，出租給丙男，每月租金二萬元。乙女為職業高爾夫球選手，於民國七十八年元旦，參加一職業高爾夫球比賽，獲第一名而得一部B新車。甲男與乙女育有一年滿六歲之丁女，因其愛好音樂，父母請一名師戊男教琴，每月付一萬八千元。試問：

㈠乙女將該B車借給其好友練習考駕照，應否得甲男之同意？（七十九、法）

㈡甲男以A套房每月二萬元租金支付丁女學琴費用一萬八千元是否妥當？

一、某甲假冒某槍擊要犯之名，脅迫兼營六合彩之建築商某乙，以甲之姘婦某丙之名義，贈送A屋及B車給丙之父親某丁。半年後，甲在與警察槍戰中被擊斃，乙即向丁請求返還其物。丁表示已將A屋出售於庚，B車贈送於辛，並經辦理登記及交付。試說明當事人間之法律關係。

二、甲建設公司將五層樓房分層出賣於乙、丙、丁、戊、己五人，基地所有權亦連同出賣於該房屋買受人，每人應有部分各五分之一，均已辦理所有權登記。基地庭院並劃定停車位三處，另加價出賣，由乙、丙、丁分別買受使用。問：

1. 試說明乙、丙、丁三人使用停車位權利之性質。此項權利是否適用民法第七百五十八條規定，非經登記不生效力？

2. 戊將其所有房屋所有權連同基地所有權應有部分五分之一出賣於庚，並已辦理移轉登記，庚以乙、丙、丁三人佔用停車位而未經登記，庚不受拘束，本於基地所有權共有人地位，將車輛停放乙之停車位，乙有無權利請求庚移去？

3. 丙將其房屋所有權連同基地所有權應有部分五分之一出賣於辛，己就該基地所有權應有部分主張有優先承購權，己之此項主張有無理由？

三、試依我國現行民法之規定，就互易雙方當事人間均已為對待給付後，契約經解除時。解答左列問題：

1. 連帶保證債務是否消滅？

2. 是否有瑕疵擔保責任之適用？

3. 其中一方當事人所受領之物已在其約解除前贈與並交付與第三人，當事人間之法律關係如何？

四、甲男、乙女民國七十五年十月一日辦理結婚登記，但未舉行公開儀式，亦未約定夫妻財產制。結婚登記時，乙女有工作收入二〇萬元，甲男負債二〇萬元。甲男尚有父丙、兄丁、姊戊，甲男與乙女共同生活三年。甲男經商成功，乙女亦懷胎A。不久丙男偽造甲男遺囑，使丙男分得甲男遺產三分之二，但為乙女所識破。丁男則向法院提起確認甲男與乙女婚姻無效之訴。甲男於獲悉法院宣告其婚姻無效後，即心臟病突發死亡，此時乙女之胎兒A尚未分娩。甲男死亡時，有工作收入四八〇萬，與遺贈所得四〇萬元。但結婚登記前之二〇萬債務尚未清償。乙女則有結婚登記前之工作收入二〇萬元與結婚登記後之工作收入四〇萬元。

試問：甲男留下之遺產應如何被繼承？（七十九、律）

一、最高法院三十九年台上字第一〇五號判例謂：「系爭房屋就令如上訴人所稱係因上訴人出國往加拿大經商，故僅交其母某氏保管自己收益以資養贍，並未授與處分權，但某氏既在上訴人提起本件訴訟之前死亡，上訴人又為某氏之概括繼承人，對於某氏之債務原負無限責任，以民法第一百十八條第二項之規定類推解釋，應認某氏就該房屋與被上訴人訂立之買賣契約為有效，上訴人仍負使被上訴人取得該房屋所有權之義務，自不得藉口某氏無權處分，請求確認該房屋所有權仍屬於己，並命被上訴人回復原狀。」試就上開判例要旨分析討論左列問題：

㈠某氏與被上訴人所訂買賣契約之效力。

㈡設上訴人先於某氏死亡，而某氏又為上訴人之概括繼承人時，其法律關係如何？

㈢設某氏與上訴人為該房屋之共有人時，其法律關係如何？

二、甲經營餐廳業有年，夙有聲望。乙慕其名，得甲同意，以甲餐廳名義，對外營業。約定盈虧由乙自理，與甲無涉。乙經營餐廳之建築物係向丙承租，建築物所有人為丙。某日，乙僱用之廚師丁因烹飪時不慎，引起火災。食客戊倉皇逃避。詎建築物未設太平門，致為濃煙嗆傷。雖送醫急救，終告不治。問：

㈠戊死亡後，得請求賠償損害之債權人為何人？

㈡債權人請求甲、乙、丙、丁連帶賠償所受損害，有無理由？

三、設甲向乙購得價值新台幣（以下同）廿五萬之汽車一輛，約明先交付十五萬元，以占有該車，迨甲分期付清餘款，再由乙將該車之權狀及所有權一併移轉於甲。遂乙竟於交車後旋以廿萬元將該車售予善意之丙，除將權狀交付於丙外，並以「指示交付」之方式，移轉該車之占有於丙。丙尚未及向甲催討該車，該車即因甲駕駛不慎而遭撞毀。經甲送丁車廠修理，計費十萬元正。甲不但無錢取車且因無法清償對戊之廿萬元債務而被戊申請法院宣告破產。請問：丙、丁、戊孰得優先實行自己之債權？

四、甲男自民國七十六年六月一日起與乙女同居。甲男於知悉乙女懷孕丙後，為逃避責任，離開乙女。乙女於生下丙子後，令丙子從母姓而獨自撫養。二年後，乙女認識丁男後，二人又告同居。丁男對丙子頗為疼愛。於丙子三歲時，甲男不期而遇乙女與丙子。甲男見丙子酷似自己，且經查丙子為其血統，故對乙女表示認領丙子。試問：

㈠丙子應如何稱姓？

㈡丙子應如何受親權之行使？（八十、律）

一、試依民法之規定，附理由簡述左列法律事實之效果：

㈠基地出租人與第三人為假買賣真贈與其基地。

㈡代理人脅迫第三人將土地出賣其本人。

㈢甲借用乙車行之名義，以自備款購車營業，嗣因積欠修車費一筆，修車行向乙催討，乙生氣之下，將該車出售並交付與丙。

二、甲貨運公司接受乙之委託，同意為乙承運乙所有之古瓷器，及珍本二十四史十套。雙方約定，古瓷器運至A地，交與受貨人丙丁，運費新台幣（下同）伍萬元；二十四史運至B地，交與受貨人戊己，運費陸萬元。甲貨車之司機庚，運送途中，將車停靠於休息站，於站內餐廳用餐。貨車為癸所駕駛之大卡車撞倒（癸擬停車，因凝視路旁妙齡美女，忘記煞車而撞及甲貨車）。古瓷器因而破裂（庚之停車及甲庚對於貨物之包裝，放置及保管均已為善良管理人之注意）。二十四史幾經波折，幸無毀損且及時送至B地，經甲指示庚交付於己。

問：

㈠乙對於古瓷器之滅失，向甲庚癸請求連帶損害賠償，其結論為何？

㈡前項之請求若由丙丁為之，其結果有何不同？

㈢戊可請求之權利為何？

三、動產質權與動產抵押有何不同？試比較說明之。

四、甲男乙女同居，曾因性行為致乙生有一子A。其後，甲乙公證結婚，惟未辦理結婚登記。婚後，甲男與未婚之丙女發生姦情，丙因而生下一子B。乙女憤而離家出走，與丁男同居，一年後生下一子C。甲生前曾以自書遺囑認領B，且指定由B單獨繼承。甲之遺囑未書有姓名，僅於遺囑文尾蓋有印章，並註明年、月、日。問甲之遺產如何繼承？（八十、法）

一、何謂負擔行為？何謂處分行為？二者主要不同之點？又甲將其對乙之債權讓與丙，並通知乙後，甲解除其對丙之原因關係（雙務有償契約）問當事人間法律關係？

二、甲出售A屋於乙，約定價金為新台幣（下同）參仟萬元，乙先行支付其中半數；但乙要求甲須覓妥殷實擔保保證甲履行給付A屋之債務。甲商經丙、丁同意，由丙出面為連帶保證人，丁則提供與A屋等值之B屋，設定擔保額本金為參仟萬元之抵押權於乙。乙於訂約後，持其與甲成立之買賣契約書為憑，於當日下午，以參仟貳佰萬元之價格，出售A屋於戊；不料，甲竟於當晚，將A屋再度出售於庚，並迅速將A屋所有權移轉登記於庚。問：

㈠乙對甲請求損害賠償，其數額為何？

㈡戊對乙如何主張權利？

㈢乙主張撤銷甲庚之間之買賣，結果如何？

㈣設乙對甲解除買賣，請求丙丁連帶給付，其結果如何？其範圍是否包括乙先行支付之壹仟伍佰萬元？

三、就他人已登記之土地，可否因時效而取得地上權？又因時效完成，而經登記為地上權人者，對土地所有人應否支付地租？

四、甲男與乙女為夫妻，結婚時未定夫妻財產制，婚姻存續中，乙女為家中送洗衣物之清潔費，積欠A洗衣店十萬元，問：

(A)A洗衣店向甲男請求清償該十萬元有無依據？

(B)A洗衣店向乙女請求清償該十萬元有無依據？（八十一、法）

一、我國民法「類推適用」之基本法理何在？其與「當然解釋」或「類推解釋」是否相同？並請回答左列問題：

㈠董事因執行職務所加於他人之損害，法人於賠償被害人後，對該董事有無求償權？

㈡不動產之交付有無觀念交付之適用？

二、債權人甲錯誤指封乙之房地為債務人丙之財產，並經法院依強制執行程序拍賣。善意之拍定人丁不但已付清價金，且已完成所有權移轉登記。嗣因乙以真正所有人之身分訴請法院返還房地，並塗銷該不動產之移轉登記。若丙已全無資力，丁應如何保護自己之權益？試簡述我國實務上之見解，並評析其得失。

三、甲乙丙丁共有建地一筆，應有部分各為四分之一，未約定管理方法。甲乙丙於八十一年二月間將該地出租予戊並即交付其使用。丁於八十一年十二月間始知悉其事，乃依所有人之所有物返還請求權，訴請戊將該地交還予伊及其他共有人全體，甲乙丙則共同具狀向法院聲明反對丁之訴訟。請附具理由說明丁對戊之請求有無理由？又戊對甲乙丙，丁對甲乙丙有何權利可得主張？

四、甲有一繼母乙，另有外祖父丙、外祖母丁。甲生前以其所有房屋抵押向A銀行貸款二四〇萬元。甲又因侵權行為而對B應負六十萬元損害賠償之債務。甲死亡時僅有該抵押之房屋，值三四〇萬元。丙發現甲生前曾依法立下一遺囑，載明遺贈甲之舅母戊十萬元，遺贈甲之姪女己三十萬元。丙唯恐甲之遺產不足清償其債務，故在法定期限內依法表示限定繼承。其後繼母乙以生前與甲共同生活且受其扶養為由，請求法院酌給甲之遺產，經法院裁定十萬元。

試問：甲留下之三四〇萬元，應如何處理？（八十一、律）

一、甲於民國六十年元月五日向乙借款新台幣五十萬元，作為購屋之用，約定兩年為期，按月支付利息，並以該購得之房屋及其基地設定抵押權為擔保。兩年期滿，甲仍按月支付利息，乙亦未予催討，自六十五年二月份起，甲未再支付利息，乙至七十九年十月始向甲催討，甲以消滅時效完成為由拒絕返還。問：

㈠原本清償請求權之消滅時效是否業已完成？

㈡利息清償請求權之消滅時效是否業已完成？

㈢乙於八十一年底聲請拍賣抵押物，甲以時效完成為由，主張乙無權拍賣，是否有理？

二、甲有車一部租與乙使用，定期一年。租期中該車被丙所盜，經乙向警察機關報案。乙向甲交涉，雙方協議，租期屆滿，乙不能還車時，由乙折價新台幣三十萬元賠償甲，協議後不久，乙經警局通知領回失車，並將之售與不知情之丁，價金四十萬元，交車後為甲所悉。問當事人間之法律關係如何？

三、動產可否設定抵押權？與不動產抵押權有無不同？

四、甲男與乙女為夫妻，乙女因失蹤多年，由甲男向法院聲請乙女死亡宣告，並經法院判決確定死亡之日。嗣甲男認識丙女後，始知悉乙女尚健在。但甲男因不願與乙女破鏡重圓，故與丙女依民法第九八二條第二項為結婚之戶籍登記，但未舉行公開婚禮。乙女見甲男之再婚，自認無法與甲男維持夫妻關係，乃與丁男舉行公開之婚禮，而未為結婚之戶籍登記。一年後，甲男與丙女生一子A，丁男與乙女生一子B。試問：

㈠子A如何確定其身分？

㈡子B如何確定其身分？（八十二、法）

一、試述信託行為之意義，及受託人違反義務，讓與受託財產與第三人或為其他處分行為，而受讓人或其他相對人為惡意時，其效果如何？

二、甲將其所有房屋壹間出租並交付與乙，租期中乙未得甲之允許，復將該屋借與丙居住；租期中甲又將該屋出售與丁，尚未移轉所有權登記前，丙不小心失火致該屋全燬。問當事人間之法律關係如何？

三、某甲不慎遺失天然奇石二方，各值新台幣（以下同）捌仟元正，乙誤其為無主物而拾回處理。其一略加清理，鑲嵌基座；另一則精心設計，刻成石雕。好友丙見而心喜，分別以壹萬元及伍萬元將之購回，並公開展示以饗同好。旋為某甲發現為自已之失物，向丙追索。請問：甲、乙、丙三人間之權義如何？

四、甲男與乙男為兄弟。甲男有妻丙女，子丁男與戊男。乙男亦有子己男。丁男與庚女依法結婚後，生A男、B男與C男三子。甲男因丁男對其有重大侮辱行為，故聲明丁男不得繼承其財產。不久甲男依法立一自書遺囑，分別贈與其兄乙男三十萬元，贈與其姪兒己男亦三十萬元。於A男、B男、C男長大成年後，庚女生病死亡，丁男續弦辛女。A男對丁男的再婚大為不滿，於爭吵中，一時氣憤，將丁男殺害死亡，而被判刑十二年。其後甲男因車禍死亡，乙男先發現甲男所立之遺囑，偷偷將贈與自已之三十萬元改為八十萬元，但立即為丙女所識破。試問：甲男死亡時，如留下其財產四八〇萬元時，應如何被繼承？（八十二、律）

一、我國民法規定，消滅時效，自請求權可行使時起算，以不行為為目的之請求權，自為行為時起算，其意義如何？左列請求權之消滅時效自何時起算，請說明之。
㈠附有停止條件之請求權。
㈡未定清償期限之債權。
㈢出租人對於承租人返還租賃物之請求權。
㈣貸與人對於借用人未定有返還期限之消費借用物返還請求權。

二、試述抵押權效力所及於標的物之範圍。

三、乙積欠甲新台幣（下同）伍佰萬元，迭經催討，乙均藉詞拖延，甲不勝其煩。乃於某日經丙同意，以肆佰萬元價格出售於丙。當晚，因丁出價肆佰伍拾萬元，再度出售於丁，並由甲即時通知於乙，適乙收得鉅額貸款，當即如數清償於丁。越數日，丙請求乙清償債款。問：
㈠甲丁間之債權買賣、債權讓與，效力各為如何？
㈡乙主張業已清償於丁，拒付債款於丙，有無理由？
㈢丙有何權利可以主張？

四、甲男與乙女同居後，乙女懷孕A，甲恐無力扶養，離乙女他去。乙女生A後，因無力扶養，由丙男收養。嗣乙女與丙男依戶籍法為結婚登記，但未舉行公開婚禮。二年後甲男與乙女重逢，舊情復發，又生下B，甲男因經濟充裕，表示願認領B。不久丙男與乙女出外旅行同遇車禍，乙女先於丙男死亡。試問：
㈠丙男留下遺產三百六十萬元時，應如何繼承？

㈡乙女留下遺產一百二十萬元時，應如何繼承？（八十三、法）

一、甲明知其收藏之唐伯虎字畫，並非真蹟，惟其鑑定極為困難，竟冒充真蹟，以新台幣（下同）貳佰萬元之價格出售於乙（實則僅價值伍萬元而已），乙一時亦未能鑑得真象。越三年，適有唐氏字畫鑑定專家來台，告知實情於乙，乙憤而對甲主張撤銷買賣。問：

㈠乙請求返還所得價款，其範圍為多少？

㈡乙未撤銷買賣，但請求甲賠償壹佰玖拾伍萬元及自交付時起之利息，有無依據？

㈢乙撤銷買賣，甲返還價款於乙後，請求乙返還字畫，乙拒絕返還，結果如何？

二、甲於八十年一月二日借給乙一百萬元，依約應於八十年十二月三十一日返還，月息一分。乙未經甲之同意，竟與丙約定由丙承受其對甲之債務；甲雖承諾不將債權讓渡他人，卻瞞著乙於八十六年六月三十日將債權讓售與丁，得款應急。問：

㈠案例中當事人間法律關係如何？

㈡丙依乙、丙間約定於八十年十二月三十一日向甲清償本息，甲起初以丙非債務人為由拒絕受償，遲至八十一年一月三十一日始受領之，問當事人間法律關係有何變動？

㈢丁於八十年十二月三十一日將甲之讓渡書出示丙，請求付款時，始知丙已於十二月初陷於支付不能，問丁可否請求甲賠償損害？

三、甲在自己土地上建造房屋後，僅以基地設定抵押權於乙，作為向乙借款之擔保，其後將該房屋之所有權讓與於丙，丙以該房屋設定抵押於丁，借款期滿丙未清償債務，丁實行其抵押權由戊拍定。乙亦實行其抵押權，由已拍定，則戊、已之間究生如何之法律關係？

四、何謂限定繼承？繼承人中一人隱匿遺產時，於限定繼承有無影響？被繼承人之債權人，於此情形，應如何要求繼承人清償債務？（八十三、律）

一、何謂代理權之授與行為的無因性，其與代理權之消滅，依其所由授與之法律關係定之（民法第一百零八條第一項）的規定間有無矛盾？

二、請附理由及依據解析下列法律問題：

(一)甲對於乙一百萬元之債權已於八十年十二月三十一日罹於消滅時效，為恐乙為時效之抗辯，乃於八十一年一月三十一日其對乙之債務屆期應清償時，主張抵銷之。

(二)甲僱乙於八十年十月十日前來辦公室打掃，一天工作八小時給二千元，詎料鐵門深鎖，乙竟日空等無著，乃於次日請求甲支付報酬，甲主張同時履行之抗辯。

(三)甲將工程交由乙承包，約定於八十年十二月三十一日完工，但乙遲至八十一年一月三十一日完工交付，害甲應賠償丙違約金一百萬元，甲心有未甘，乃於八十一年二月二十八日請求乙賠償遲延損害。

(四)甲乙合夥開設之必中補習班，積欠丙兩千萬元債務不還，丙乃訴請必中補習班、甲、乙連帶清償債務。

三、試就下列一系列事實所組成之各不同組合，解答後列各問：

(1)甲有一建築用地。

(2)甲向乙借錢而將該建築用地設定抵押權於乙。

⑶甲在該建築用地上建造房屋。

⑷甲將該建築用地設定地上權於丙。

⑸丙取得地上權後，在該建地上建造房屋。

問：

㈠在⑴、⑵、⑶依序組合下，屆清償期，甲未清償，乙實行抵押權，無人應買，乙應如何主張權利？

㈡在⑴、⑶、⑵依序組合下，屆清償期，甲未清償，乙實行抵押權時，將發生何種問題？

㈢在⑴、⑵、⑷、⑸依序組合下，屆清償期，甲未清償，乙實行抵押權，無人應買，乙應如何主張權利？

四、遺囑可否撤回？如何撤回？（八十四、法）

一、無權代理與無權處分有何異同？

二、甲在乙地上設定有地上權、建築房屋，地上權存續期間屆滿，乙訴請甲塗銷地上權登記，甲主張在乙依民法第八百四十條第一項規定，補償其建築物之時價以前，伊得加以拒絕。甲之主張是否正當？

三、聯合財產與普通共同財產因夫妻一方先死亡而消滅夫妻財產制時，二者就夫妻財產分割之情形有何不同？試說明之。

四、甲委任乙管理房屋，乙本於該委任雇丙粉刷牆壁支付工資新台幣三十萬元後，將該屋出租於丁，每月租金新台幣十萬元，問該工資應由誰負擔？該租金應由誰享受？當甲乙互為請求前開債務之給付時，甲乙得否主張同時履行抗辯權或抵銷權或留置權？（八十四、律）

一、何謂權利能力？自然人之權利能力的始終為何？胎兒有無權利能力？失蹤人有無權利能力？經死亡宣告之自然人實際尚生存者有無權利能力？

二、隨著所謂塑膠貨幣時代之來臨，消費者持信用卡簽帳消費之情形已日益增多，設甲為持卡人，乙為發卡銀行，丙為接受乙銀行所發信用卡簽帳之商店。甲向乙銀行申請使用信用卡，約定甲得在接受乙發行信用卡之商家簽帳消費，而其簽帳消費之款項，應於翌月十五日前付與乙。乙則與丙約定，丙應接受持有乙發行信用卡之人簽帳消費，並約定丙於每月二十日向乙請求付款。問：

㈠甲與乙間之法律關係其性質究何所屬？如甲不將款項如期付於乙，乙如何主張其權利？

㈡乙與丙間之法律關係其性質又如何？如丙將帳單寄交於乙，乙不付款，丙如何主張其權利？

㈢乙可否以甲不付款為由，拒絕對丙之付款？

㈣丙可否直接向甲請求付款，甲可否直接向丙給付貨款？

㈤丙如不接受甲之簽帳，應負何責任？由誰主張權利？

三、鄰地通行權與地役權有無不同？試說明之。

四、甲男與乙女於民國七十四年中秋節依法結婚，但未約定夫妻財產制。結婚時甲男之原有財產有一百萬元，但有二十萬元之債務應清償而未清償。乙女亦有嫁妝四十萬元現金及個人佩帶之耳環、項鍊共值二十萬元。民國七十八年春節，甲男為酬謝乙女持家辛勞，贈送現金六十萬元。民國八十二年二月十日乙女因病死亡。甲男此時除償還結婚前之二十萬元債務外。其原有財產累積至三百六十萬元，乙女之原有財產亦累積至一百八十萬元。乙女死亡時，其尚有祖父丙、祖母丁。試問：

㈠乙女死亡時留下多少財產？

㈡該乙女財產應如何繼承？（八十五、法）

一、擅將他人事務當成自己事務管理之不法無因管理，其不當得利返還請求權之內容及範圍，與無因管理返還請求權或侵權行為之損害賠償請求權之內容與範圍有何不同？

二、甲為丙公司之負責人，乙為參加投資人，甲乙協議，由乙以新台幣（下同）伍仟萬元購買甲持有丙公司股份總數百分之五十之股份，並約明：「乙繳股款後第一次改選董監事後，應依法辦理董監事變更登記，違者每遲延一日應給付乙違約金一萬元至變更登記止。」又乙為購買甲之股份，由丁委請銀行戊提供信用給乙貸得三仟萬元，還款期限一年，期限屆滿，乙無法償還該筆貸款，經乙戊和解以乙所有土地一塊過戶給戊銀行。又丙公司於第一次選出新任董監事後，一直拒絕變更登記。試問：

㈠乙可否向甲請求違約金？

㈡乙、丁、戊間之法律關係如何？

三、甲將其耕地及耕地上之農舍設定典權於乙，試問：

㈠乙在該耕地上所播之種子，其所有權誰屬？所播之種子已發芽時則又如何？

㈡在乙未耕作之情形下，丙擅自在該耕地上種植蔬菜，則該蔬菜之所有權誰屬？

㈢乙就該農舍因使用空間不足，而增建一房，則該增建部分之所有權誰屬？若係另行加蓋一獨立之建物時則又如何？

四、甲女有一兄乙、弟丙，乙男與丁女依法結婚後，生A子與B女。丙男被戊女招贅後，未加冠妻姓，仍保留其本姓，嗣乙男遇車禍死亡。甲女自認識己男後，二人相戀而依法結婚。結婚一年後，甲女與己男生下C子。

試問：甲女與己男可否約定C子從甲女之姓？（八十五、法㈡）

一、為委任事務之處理須為法律行為者，為其委任事務之完成能否不授與代理權？委任契約締結時，雙方未言明是否授與代理權，而事後委任人不同意受任人以委任人之名義處理委任事務者，其不同意是否構成委任人義務之違反？委任人本來授與代理權者，在委任關係存續中得否撤回代理權？又其撤回對於善意第三人之效力為何？

二、甲、乙、丙共有土地一筆，各應有部分為三分之一，甲、乙未得丙之同意，將土地出租與丁，丙訴請丁返還共有土地與共有人全體，丁主張伊與甲、乙訂有租約，依土地法第三十四條之一之規定，其效力對丙亦有效力，此項主張是否正當？

三、甲向乙銀行貸款新台幣（下同）陸佰萬元，應乙之要求，甲商請丙提供丙所有A屋為乙設定同額抵押權（A屋價值逾千萬元，且未曾設有擔保），並央求庚、辛出面為連帶保證人。嗣甲無力返還，乙拍賣A屋獲得全部清償。問：

㈠丙請求甲支付陸佰萬元，有何依據？

㈡丙向庚、辛各請求支付貳佰萬元，有無理由？

㈢如乙係執行庚之財產而獲清償？庚在法律上有何權利可資主張？

四、甲男與乙女為夫妻，生A與B二子。乙女因飛機失事而失蹤多年，經甲男聲請法院死亡宣告確定。甲男明知乙女尚生存，但不願破鏡重圓，而與丙女依民法第九百八十二條第二項規定為結婚之戶籍登記，但未舉行婚禮。乙女見甲男再婚，祇好先撤銷其死亡宣告，而與丁男依民法第九百八十二條第一項規定舉行公開婚禮，並有二人以上成年證人，但未至戶政機關為結婚登記。乙女與丁男於次年生一子C。甲男生前為A子結婚贈送六〇萬元，為丙女之營業贈送三〇萬元。試問：甲男死亡而留下一八〇萬元時，該財產應如何繼承？（八十五、律）

一、簡述我民法上除斥期間與消滅時效之法理，並附理由說明下列權利之行使之限制究為除斥期間或為消滅時效期間？

㈠以抵押權擔保之債權於消滅時效完成後五年間應實行其抵押權，其期間行使之限制。

㈡買受人因物有瑕疵得向出賣人請求減少價金之請求權，應於物之交付後六個月期間內行使之限制。

㈢承攬人對定作人之損害賠償請求權，因其原因發生後一年間應行使之期間限制。

㈣不動產共有人協議分割共有物之共有物分割登記請求權。

二、某日，甲在乙百貨公司選購A牌洗碗機一台，價金新台幣三萬元，貨款付清後，店員丙告以可代客送貨，甲乃於包裝好之所購洗碗機箱上書明姓名、地址，請求丙代為送達。丙於當天下午交由與乙公司有送貨特約之丁貨運行送貨，不意運送途中，丁貨運行之司機戊，駕車不慎，與己所駕之自用車相撞，戊、己均有過失，洗碗機因撞車而損壞。

則：

㈠該洗碗機之所有權究誰屬？

(二)甲可依何種法律關係向乙主張權利？

(三)甲可否向丁、戊、己請求損害賠償？

(四)乙可否向丁、戊請求損害賠償？

三、甲以其所有之房屋設定抵押權予銀行，向銀行借款，並以該房屋為標的物投保火災保險，指定甲為被保險人。某日，因鄰居乙之過失，該甲所有之房屋化為灰燼。請問：

(一)銀行之債權是否還有擔保物權？

(二)保險人，乙應如何清償？

四、何謂遺贈？何謂死因贈與？二者有何不同，試說明之。（八十六、法）

一、民法上有所謂「絕對無效」、「相對無效」及「不可對抗善意第三人」，請依此三種法律概念解答下列問題：債務人甲為避免其債權人乙強制執行查封拍賣其土地一筆，與丙通謀虛偽買賣並完成該筆土地所有權移轉登記，其後丙又將該筆土地出售並完成所有權移轉登記予善意之丁。問當事人間之法律關係如何？

二、甲出賣某筆土地給乙，價金五十萬元。甲於乙支付價金後即交付該地，惟遲未辦理所有權移轉登記。十五年後該地被政府徵收，甲受領徵收補償費壹仟萬元。試問：

(一)乙得否向甲請求交付土地徵收補償費？

(二)乙依不當得利規定向甲請求返還土地徵收補償費，有無理由？

(三)設甲係將該筆土地贈與給乙時，其法律關係如何？

三、試依民法之規定，說明物權行為之意思表示之存在。並從物權移轉或設定之交易過程，分析所涉及之行為。

四、甲男與乙女為大學同學，甲男對乙女有好感，但乙女於大學畢業後，即與甲男之舅父丙依法結婚。惟二人婚後感情不睦而告兩願離婚。甲男於乙女離婚滿六個月後，即與乙女共同前往戶政事務所為結婚之登記，但未舉行公開的婚禮。其後甲男因投資股票獲利，生前分別贈送祖父丁二十萬元，祖母戊十萬元讓其營業。甲男又以遺囑贈送庚文教基金會三十五萬元。當甲男死亡時，其血親之親屬祇有祖父丁與祖母戊。甲男死亡而留下財產六十萬元（包括遺贈的三十五萬元）時，應如何繼承？（八十七、法）

一、試依我國民法規定，說明下列情形有無行為能力：

㈠限制行為能力人某甲偽造其身分證年齡使相對人信其為有行為能力與其訂立買賣契約，某甲有無行為能力？

㈡滿二十歲之某乙，在無意識或精神錯亂中將其所有價值壹仟萬元之土地以三百萬元出賣予他人，某乙有無行為能力？

㈢滿十八歲之某丁未經其法定代理人之允許自書遺囑，關於其自書遺囑，某丁有無行為能力？

㈣滿十八歲之某戊經他人授權代理出賣機車一部，關於該買賣行為，某戊有無行為能力？

二、甲因出國考察數周，爰將其所有A車，委託友人乙保管，約定保管費新台幣三千元。保管期間，乙之子丙商經乙同意，由丙駕駛A車，偕丙之女友丁同車環島旅行（丁不知A車為甲所有，但於行車途中，時常提醒丙小心駕駛，注意交通號誌）。途中經過台東知本，丙丁下車小憩進餐，丙停車於餐廳附設之停車場。不料，A車竟為酒後駕車之戊不慎撞毀。甲訴請乙丙丁戊連帶損害賠償，結果如何？又除損害賠償外，甲是否尚有其他權利可資主張？

三、甲、乙共同出資買受A地，並共同受讓該地之所有權移轉登記，但未為分管之約定。甲、乙另共同繼承B地，已完成繼承登記。但尚未辦理分割登記。其後，乙未經甲同意，佔用A地某特定部分設置倉庫供自己使用，並將A地其餘部分全部出租且交付予丙。乙又竊取甲之印鑑章、印鑑證明及其他相關文件，而就B地為善意之丁辦理抵押權登記。請問：

㈠關於A地，甲對乙、丙二人得分別為如何之請求？

㈡關於B地，在乙明白表示反對下，甲仍訴請丁塗銷抵押權之登記，有無理由？

四、甲中年喪妻，有一女乙。甲又收養其侄子丙為養子。乙、丙感情不睦，某日，乙、丙發生爭執，乙竟教唆其男友殺丙未遂，而被處徒刑。甲於民國七十六年底死亡，其遺產由丙單獨繼承。乙出獄後，於民國八十七年初發現甲之年齡長於丙十九歲，乃請求丙返還其所繼承之遺產。試問：乙之請求有無理由？丙是否有權拒絕返還？（八十七、律）

一、甲、乙基於通謀虛偽意思表示，將甲之土地所有權移轉登記予乙。不久，乙死亡，該地經辦妥繼承登記予善意之丙，丙立即出租並交付該地予亦為善意之丁。其後，丙被戊之代理人己詐欺，而就該地辦理抵押權登記予戊，戊及己均不知甲、乙之通謀情事。半年後，甲請求丙及戊分別塗銷所有權及抵押權之登記，並請求丁返還該地，有無理由，試說明之。

二、甲將其所有店面壹間未經公證出租與乙四年，在乙使用中，甲將該店面未經公證出售並移轉所有權登記與丙。某日，丁酒後駕車失控衝撞該店面，致乙所自行未經懸掛妥當之招牌掉落而砸死路人戊，戊死遺有妻己及子庚。請問：當事人間之法律關係如何？

三、甲、乙、丙兄弟三人共有一筆土地，各有應有部分三分之一。十六年前，甲、乙、丙訂立分割協議書，載明將該地劃分為三部分，分別由甲、乙、丙分得A、B、C部分，但因父母健在，僅由各人單獨管理各該分得部分，遲未辦理分割登記。今年初，丙要求依當初協議辦理分割登記，甲、乙均以消滅時效為理由，拒絕分割家產。丙為報復甲、乙食言，在C部分築起圍牆，使A、B部分均無法與公路連絡。請問：甲、乙得否不支付償金，而通行C部分以至公路？丙得否請求法院依當初協議之方法，判決C部分之所有權歸屬於丙？

四、自我國民法施行以來，第一千零五十一條與第一千零五十五條有關父母離婚時，對其共同未成年子女之照顧，一直規定「監護」之用語，但自民國八十五年九月二十五日修正公布親屬編時，將第一千零五十五條之「監護」改為「對於未成年子女權利義務之行使或負擔」之用語。請問：民法第一千零五十五條之用語如此修正，是否妥當？其理由何在？（八十八、法）

一、請問判例得否構成我國民法之法源？又適用判例之原則如何？請舉三則民法修正後：㈠判例不能再適用，㈡判例仍可繼續適用。

二、甲與乙訂立承攬契約，由甲負責包工包料為乙之房屋進行重大修繕。八十七年六月，甲依約定日期完工並交付。同年八月，乙出賣並交付該屋予丙，且完成所有權之移轉登記。次月，丁經由戊之仲介，向丙承租該屋供營業用，租期三年，訂有書面租約。同年十月，丙交屋予丁，丁則交付戊仲介費十萬元。八十八年七月，該屋因甲使用之防水漆有瑕疵，發生嚴重漏水現象，須支出一百萬元始能修復，且丁耗資五十萬元之裝潢因前述之漏水必須全部拆除。經查，防水漆係由己公司生產，甲則因過失不知此項瑕疵。請問：

㈠丁對丙得否表示解除或終止契約？丙對乙、乙對甲，得否表示解除契約？

㈡丁得否請求戊返還仲介費？

㈢丁得否依侵權行為規定，請求甲或己公司賠償裝潢費及拆除該裝潢之費用？

三、甲提供其所有六十坪之土地一筆，設定地上權於乙建築房屋，然而，乙實際建築使用者，僅五十五坪，不足五坪土地，係乙屋後之空地，在地上權設定前，即由丙占有使用中。試問：丙占有該五坪土地：

㈠若係無權占有，甲得否請求丙返還於自己？

㈡無權占有時，乙對丙是否有權利得以主張？

㈢若係基於與甲口頭成立之不定期租賃契約時，乙對丙是否有權利得以主張？

四、民法第九八三條有關禁婚親屬之規定，於民國七十四年六月三日修正一次，又於民國八十七年六月十七日再度修正。試問後者對前者之規定有那些新的修正？該修正之立法意旨是否妥當？（八十八、律）

一、試依我民法債編修正前後之有關規定，分析下列各法律事實之結果：

㈠甲將其未定期間租予乙使用中之房屋出賣並移轉登記予丙，則乙之租賃權是否受影響？

㈡丁委由戊營造商在丁自有之建地上營造房屋，戊因同時承包了數工地之建築，恐無法如期完工，乃將丁所委建之房屋工程轉包予己，己將丁屋建造完成後，丁未付報酬之情形下，是否有法定抵押權之發生？

㈢庚向辛瓦斯行購買了一具壬工廠所生產之熱水爐，在使用中發生爆炸，致庚之家人癸受傷，則癸就其所受傷害，可如何請求賠償？

二、甲積欠乙二千萬元，應於八十九年二月十四日清償。甲有A、B二宗土地及對丙之三百萬元債權（清償期為八十九年二月十日）。A地已出租於丁建屋使用。甲為擔保上述對乙之債務，八十八年二月間將上述二宗土地與對丙之債權，分別設定抵押權與質權於乙，並即對丙為設質之通知。

㈠於乙實行抵押權時，設有下列情形，請附具理由說明之。

1.丁已於八十八年五月間取得A地所有權，丁就A地對其指定人有無使用權可得主張？

2.甲於八十八年三月間在B地上建築房屋，並將之出租於戊使用，乙有無救濟之道？

㈡丙於八十八年一月間，對甲有三百萬元之債權，清償期為八十九年二月九日，丙主張得此項債權，與所欠甲之上述三百萬元債務抵銷，是否有理由？

三、甲投資高科技產業致富，開設二個新台幣三千萬元之存款帳戶，作為分別捐助設立A、B二財團法人之用。A財團法人已設立完成，由甲自任董事長，章程中明定董事長對外代表法人，並禁止該法人從事或贊助任何政治活動。B財團法人已召開設立前之董事會，選舉乙為董事長，但甲在向主管機關聲請許可後，主管機關尚未審議該許可案前，因心臟病死亡。甲於死亡前一星期，曾代表A財團法人捐贈新台幣五百萬元給丙，支持其參選次屆總統，並已匯款入丙之帳戶。請問：

㈠甲之繼承人對於甲捐助設立B財團法人之行為，得否撤回之？

㈡A財團法人向丙請求返還捐款，有無理由？

四、甲男與乙女為夫妻，育有丙、丁二男。丙男與戊女亦為夫妻，生有A、B、C三女。甲男與乙女結婚時，未約定夫妻財產制，當時甲男之原有財產為一百二十萬元，乙女之原有財產為三十萬元。甲男為報答其恩師，以自書遺囑贈與其恩師之子D三十萬元，並由D保管該遺囑。但D嫌過少，擅自將金額塗改為五十萬元，此為甲男所不知。甲男與乙女於婚姻關係存續中，乙女從其生母繼承六十萬元，惟至甲男死亡前，尚有乙女應分擔其生母之繼承債務十萬元未清償。某日，甲男與丙男共乘一部機車慘遭車禍。丙男當場死亡，甲男則送醫急救後，始告不治。D見甲男已死亡，即提出該贈與之遺囑於共同繼承人，但被丁男識破D塗改遺囑之事，此時乙女則依法表示拋棄繼承。甲男死亡時，甲男與乙女均無特有財產，而甲男累積之原有財產為二百四十萬元，乙女累積之原有財產為一百四十萬元。試問：

㈠甲男死亡時，其所留下遺產多少？

㈡甲男之遺產應由何人繼承？各得繼承遺產若干？（八十九、法）

一、甲向經營中古車行之乙購買A車。翌日甲告知乙其已將該車贈與於丙作為生日禮物，並約定丙有直接對乙請求給付之權利。丙自乙受領A車後某日駕車前往陽明山賞櫻，於馬槽附近發生車禍，丙受傷，車半毀。經查車禍之發生係因A車曾經泡水，機件故障所致，代理乙出售A車之店員丁明知該車泡水之事，而對乙保證未曾有泡水之情事。試說明：

㈠甲得對乙主張何種權利，其消滅時效或除斥期間，及競合關係。

㈡丙得對乙主張何種權利，其消滅時效或除斥期間，及競合關係。

二、甲有名貴天山雪狐一隻，突然遍尋不著。甲爰於某報登載廣告如下：「本人所有右耳註記卍暗號之雪狐走失，凡尋獲而送還本人者，致送勞力士滿天星鑽名錶一只。」數週後，ABC於其共有之山上農園採收柑橘時，發現該雪狐四腿遭人打斷，並已奄奄一息，遂一起將雪狐送往寵物醫院治療，B為之支付醫治費九萬元。嗣B查悉其為甲所有，乃通知甲前往醫院領回。試問：

㈠B請求甲支付九萬元，其根據為何？又B得否請求甲支付利息？

㈡如ABC事後知悉甲有登報送錶情事，聯袂請求甲交付名錶，其結果如何？甲得否以ABC未送還雪狐而拒絕給付？

㈢如B以自己名義訴請甲交付名錶，結果如何？

三、甲、乙、丙、丁共有建地一宗，面積六百坪，市價每坪三萬元，另外又共有五層樓房屋之第三層全部及該層房屋之基地應有部分五分之一，各共有人就上述共有物之應有部分均為四分之一。因丁其後過世，有無繼承人不明，由法院依法指定戊為遺產管理人。嗣甲訴請法院分割共有之六百坪建地及第三層房屋。法院為甲勝訴之判決，其分割之方法如下：建地分為四部分，甲分得一百六十坪，乙分得一百五十五坪，丙分得一百四十五坪，一百四十坪分歸為丁之遺產，另命甲補償戊（即丁之遺產管理人）三十萬元，乙補償丙十五萬元。第三層房屋部分則予以變賣，價金平均分配各共有人。丁之遺產（分得之土地、價金及所獲之補償），均由戊管理。請就法院判決兩共有物准予分割及建地之分割方法是否合法，附具理由說明之。

四、甲男乙女於民國七十年結婚，未約定夫妻財產制。民國七十四年一月，甲購買價值三百萬元之A屋，登記乙之名義。乙為小說家，民國七十五年起，參加數次小說創作比賽，共獲得獎金二百萬元。乙以該二百萬元為頭期款購買價值四百萬元之B屋，以自己之名義為登記，另以B屋向銀行抵押貸款二百萬元，甲每月以其薪水之一部分繳納貸款，於民國八十七年還清。民國八十八年甲乙離婚時，甲自民國七十四年六月五日以後之工作所得尚存有二百萬元現金。乙除其名下之A、B二屋外，別無其他財產。試問：

㈠乙自何時取得A屋之所有權？

㈡甲乙離婚後，其財產關係應如何處理？（八十九、律）

三民大專用書書目——法律

書名	作者		服務單位
最新綜合六法 要旨增編 判解指引 法令援引 事項引得 全書	陶百川 王澤鑑 劉宗榮 葛克昌	編	國策顧問 司法院大法官 臺灣大學 臺灣大學
最新六法全書（最新版）	陶百川	編	國策顧問
基本六法	本局編輯部	編	
憲法、民法、刑法	本局編輯部	編	
中華民國憲法與立國精神	胡佛 沈清松 石之瑜 周陽山	著	臺灣大學 政治大學 臺灣大學 臺灣大學
中國憲法新論	薩孟武	著	前臺灣大學
中國憲法論	傅肅良	著	前中興大學
中華民國憲法論（增訂版）	管歐	著	國策顧問
中華民國憲法概要	曾繁康	著	前臺灣大學
中華民國憲法	林騰鷂	著	東海大學
中華民國憲法	陳志華	著	臺北大學
中華民國憲法逐條釋義(一)～(四)	林紀東	著	前臺灣大學
大法官會議解釋彙編	編輯部	編	
比較憲法	鄒文海	著	前政治大學
比較憲法	曾繁康	著	前臺灣大學
美國憲法與憲政	荊知仁	著	前政治大學
國家賠償法	劉春堂	著	行政院
民法	郭振恭	著	東海大學
民法總整理	曾榮振	著	內政部
民法概要	鄭玉波	著	前臺灣大學
民法概要（修訂版）	劉宗榮	著	臺灣大學
民法概要	何孝元 著 李志鵬 修訂		前中興大學
民法概要（修訂版）	朱鈺洋	著	屏東商業技術學院
民法總則	鄭玉波	著	前臺灣大學
民法總則	何孝元 著 李志鵬 修訂		前中興大學
判解民法總則	劉春堂	著	行政院
民法債編總論	戴修瓚	著	

書名	作者		單位
民法債編總論（修訂版）	鄭玉波	著	前臺灣大學
民法債編總論	何孝元	著	
民法債編各論	戴修瓚	著	
判解民法債編通則（修訂版）	劉春堂	著	行政院
民法物權	鄭玉波	著	前臺灣大學
判解民法物權	劉春堂	著	行政院
民法親屬新論	陳棋炎 黃宗樂 郭振恭	著	前臺灣大學 臺灣大學 東海大學
民法繼承論	羅鼎	著	
民法繼承新論	陳棋炎 黃宗樂 郭振恭	著	前臺灣大學 臺灣大學 東海大學
商事法	編輯部	編	
商事法	潘維大	編著	東吳大學
商事法	劉渝生	著	東海大學
商事法	潘維大 羅美隆 范建得	合著	東吳大學
商事法論（緒論、商業登記法、公司法、票據法）	張國鍵	著	前臺灣大學
商事法論（保險法）	張國鍵	著	前臺灣大學
商事法要論	梁宇賢	著	臺北大學
商事法新論	王立中	著	臺北大學
商事法概要	張國鍵 著 梁宇賢 修訂		前臺灣大學 中興大學
商事法概要	蔡蔭恩 著 梁宇賢 修訂		前中興大學 臺北大學
公司法	潘維大	著	東吳大學
公司法（增訂版）	鄭玉波	著	前臺灣大學
公司法論（增訂版）	柯芳枝	著	臺灣大學
公司法論（修訂版）	梁宇賢	著	臺北大學
公司法要義（增訂版）	柯芳枝	著	臺灣大學
公司法新論	王泰銓	著	臺灣大學
稅務法規概要	劉代洋 林長友	著	臺灣科技大學 臺北商專
租稅法新論	林進富	著	協和國際法律事務所
證券交易法論	吳光明	著	臺北大學

書名	作者		單位
票據法	鄭玉波	著	前臺灣大學
票據法	潘維大	著	
銀行法	金桐林	著	
銀行法釋義	楊承厚	編著	銘傳大學
國際商品買賣契約法	鄧越今	編著	外貿協會
國際貿易法概要（修訂版）	于政長	編著	東吳大學
國際貿易法	張錦源	著	前政治大學
國際商務契約 ——實用中英對照範例集	陳春山	著	臺北大學
貿易法規	張錦源 白允宜	編著	前政治大學 中華徵信所
海商法（增訂版）	鄭玉波 著 林群弼 修訂		前臺灣大學
海商法論	梁宇賢	著	臺北大學
海商法修正草案	編輯部	編	
保險法論（修訂版）	鄭玉波	著	前臺灣大學
保險法規	陳俊郎	著	成功大學
合作社法論	李錫勛	著	前政治大學
民事訴訟法	陳榮宗 林慶苗	著	臺灣大學 銘傳大學
民事訴訟法概要	莊柏林	著	律師
民事訴訟法釋義	石志泉 原著 楊建華 修訂		文化大學
民事訴訟法論（上）（下）	陳計男	著	司法院大法官
破產法	陳榮宗	著	臺灣大學
破產法論	陳計男	著	司法院大法官
商標法論	陳文吟	著	中正大學
刑法總整理（增訂版）	曾榮振	著	內政部
刑法總論（修訂版）	蔡墩銘	著	臺灣大學
刑法各論	蔡墩銘	著	臺灣大學
刑法特論（上）（下）	林山田	著	臺灣大學
刑法概要	周冶平	著	前臺灣大學
刑法概要（修訂版）	蔡墩銘	著	臺灣大學
刑法概要	黃東熊	著	前中興大學
刑法之理論與實際	陶龍生	著	律師
刑事政策（增訂版）	張甘妹	著	臺灣大學
刑事訴訟法（上）（下）	朱石岩	著	公懲會
刑事訴訟法論（增訂版）	黃東熊	著	前中興大學

書名	作者	單位
中國法制史概要	陳顧遠 著	
中國法制史	戴炎輝 著	前臺灣大學
法學概論	陳惠馨 著	政治大學
法學概論（修訂版）	劉作揖編著	東方學院
法學緒論（修訂版）	鄭玉波 著 黃宗榮修訂	前臺灣大學
法學緒論	孫致中編著	各大專院校
法律與生活	潘維大編著	東吳大學
法律實務問題彙編	周叔厚 段紹禋 編	司法院
誠實信用原則與衡平法	何孝元 著	
工業所有權之研究	何孝元 著	
強制執行法（修訂新版）	陳榮宗 著	臺灣大學
法院組織法論	管歐 著	國策顧問
醫事護理法規概論（修訂新版）	蘇嘉宏 吳秀玲 編著	輔英技術學院
財經法論集 ——柯芳枝教授六秩華誕祝賀文集	柯芳枝教授六秩華誕祝賀文集編輯委員會編	
固有法制與當代民事法學 ——戴東雄教授六秩華誕祝壽論文集	戴東雄教授六秩華誕祝壽論文集編輯委員會編	
憲法體制與法治行政 ——城仲模教授六秩華誕祝壽論文集（一）憲法	城仲模教授六秩華誕祝壽論文集編輯委員會編	
憲法體制與法治行政 ——城仲模教授六秩華誕祝壽論文集（二）行政法總論	城仲模教授六秩華誕祝壽論文集編輯委員會編	
憲法體制與法治行政 ——城仲模教授六秩華誕祝壽論文集（三）行政法各論	城仲模教授六秩華誕祝壽論文集編輯委員會編	

三民大專用書書目——政治・外交

書名	作者		單位
政治學	薩孟武	著	前臺灣大學
政治學	鄒文海	著	前政治大學
政治學	曹伯森	著	陸軍官校
政治學	呂亞力	著	臺灣大學
政治學	凌渝郎	著	美國法蘭克林學院
政治學概論	張金鑑	著	前政治大學
政治學概要	張金鑑	著	前政治大學
政治學概要	呂亞力	著	臺灣大學
政治學方法論	呂亞力	著	臺灣大學
政治理論與研究方法	易君博	著	政治大學
公共政策（修訂新版）	朱志宏	著	臺灣大學
公共政策	曹俊漢	著	臺灣大學
公共關係	王德馨 俞成業	著	交通大學
中國社會政治史(一)～(四)	薩孟武	著	前臺灣大學
中國政治思想史	薩孟武	著	前臺灣大學
中國政治思想史（上）（中）（下）	張金鑑	著	前政治大學
西洋政治思想史	張金鑑	著	前政治大學
西洋政治思想史	薩孟武	著	前臺灣大學
佛洛姆（Erich Fromm）的政治思想	陳秀容	著	政治大學
中國政治制度史	張金鑑	著	前政治大學
比較主義	張亞澐	著	政治大學
比較監察制度	陶百川	著	國策顧問
歐洲各國政府	張金鑑	著	前政治大學
美國政府	張金鑑	著	前政治大學
中國吏治制度史概要	張金鑑	著	前政治大學
國際關係——理論與實踐	朱張碧珠	著	臺灣大學
中國外交史	劉彥	著	
中美早期外交史	李定一	著	政治大學
現代西洋外交史（正統主義和民族主義時代）	楊逢泰	著	政治大學
中國大陸研究	段家鋒 張煥卿 周玉山	主編	政治大學

書名	作者		單位
大陸問題研究	石之瑜	著	臺灣大學
立法論	朱志宏	著	臺灣大學
中國第一個民主體系	蔡玲、馬若孟 著 羅珞珈 譯		史丹佛大學
政治學的科學探究 (一)方法與理論	胡佛	著	臺灣大學
政治學的科學探究 (二)政治文化與政治生活	胡佛	著	臺灣大學
政治學的科學探究 (三)政治參與與選舉行為	胡佛	著	臺灣大學
政治學的科學探究 (四)政治變遷與民主化	胡佛	著	臺灣大學
政治學的科學探究 (五)憲政結構與政府體制	胡佛	著	臺灣大學